JN226294

住本規子
廣田篤彦
正岡和恵
訳

情報爆発

初期近代ヨーロッパの情報管理術

アン・ブレア

中央公論新社

Ann M. Blair

TOO MUCH TO KNOW

Managing Scholarly Information before the Modern Age

© 2010 Yale University

Originally published by Yale University Press
Japanese edition published by arrangement
through The Sakai Agency

私の生活を喜びあふれるものとしてくれる、ジョナサン、アダム、ザカリに

凡例

一、固有名詞の表記は、慣用を尊重しつつも、やや厳密な原音主義を採用した。ギリシア語、ラテン語はおおむね古典式の読みを採ったが、長音は省略したものが多い。

二、〔　〕は訳者による補足である。

装丁・本文組　細野綾子

目次

編集方法 6
序論 7
第1章 比較の観点から見た情報管理 19
第2章 情報管理としてのノート作成 80
第3章 レファレンス書のジャンルと検索装置 146
第4章 編纂者たち、その動機と方法 215
第5章 初期印刷レファレンス書の衝撃 284
エピローグ 326
謝辞 331
訳者解題 335
原注 394
引用文献 438
索引 446

編集方法

◎注

紙幅の都合上、外国語の引用原文は本書では割愛したが、私のハーヴァード大学のウェブサイトでオンライン閲覧できる。原文は本書の脚注番号の順番通りに並んでいる。https://projects.iq.harvard.edu/ablair/too-much-know-supplements からアクセスできるが、今後サイトアドレスが変わる可能性もある。

注の数を減らすため、隣り合った複数の文章の複数の引用元は、しばしば一つの注の中にまとめた。定かでなければ、次の番号の注も参照しご確認いただきたい。

引用元の表記について、用いられている数字は、それぞれのテクスト内のさまざまな区分に対応しており、大きな区分を示す数字から始まり、だんだんと下っていって頁番号か葉番号（p. や f. は省略した）が最後に来る。セクションの区分はピリオドで示され、頁番号や葉番号の前にはカンマを用いた（それゆえ、Morhof 1.1.21, sec.50.247 は、第1部、第1巻、第21章、第50セクション、247頁を意味する）。初期の印刷本の多くの頁の右下に印刷されている折丁記号（signature）は、頁番号や葉番号が付いていない頁を示すのに用いられている（sig と記されている）。ブラケット（[　]）で括られた数字は、当該頁に何の番号や記号も付されていない場合に私が補ったものである。

◎綴り字

さまざまな外国名について、私は慣用的な英語表記を用いた。たとえば私は、現在ドイツ語では一般的である Konrad Gessner ではなく、英語における通常の表記である Conrad Gesner（Conradus Gesnerus に由来している）を用いている。中国人やアラブ人の名前は音訳されるために多くの表記法が存在してきたが、私は自分の文章の中では現在の標準的表記を用い、二次資料を引用するさいはそこで用いられている表記に従った。テオドール・ツヴィンガーは、『人生の劇場』という自分の本の題名を、*Theatrum vitæ humanæ*（一五六五年、一五七一年、一五七五年）から *Theatrum humanæ vitæ*（一五八六年）に変えた。早い時代の諸版にとくに言及しているのでなければ、著者が最終的に選択したものとして、私は後者の表題を用いている。

序論

われわれは、あたかもこれが何かまったく新しいことであるかのように、自分たちは情報化時代に生きていると言う。だが実際は、われわれが情報について考えたり、情報を扱ったりする今日の方法の多くは、何世紀も前に遡る思考の型や実践に由来しているのである。本書は、最も長く受け継がれてきた情報管理の伝統の一つについて、その歴史を探っている――すなわち、私が便利な略記として「レファレンス書」[1]と呼ぶものの中に、抜粋されたテクストを、参照を目的として収集し、配置していくという伝統である。引用文、範例、あるいは出典表記によってたいていは構成される文字素材の大いなる集積が、権威があるとみなされている膨大な数のテクストに容易にアクセスする方法として、多くの時代、多くの場所で利用されてきた。レファレンス書は、ときには、ある特定の主題に関して抱かれている通念を明らかにするための根拠や、語の意味を求めて検分されてきたこともあれば、ときには、それが形成するジャンルのゆえに研究されてきたものもある（とりわけ百科事典）[2]。本書の目的は、初期近代ヨーロッパにおけるそのような参照道具《ツール》を研究し、それらが同時代人によっていかに着想され、産出され、利用されたかを考察することによって、われわれの時代に先立つ過去の一時期において、時代錯誤的にではあるが「情報管理」と呼びうるものの理念と実践について洞察を得ることである。その目的に向かって、私は、多様な時代や場所、そしてさまざまなジャンルのレファレンス書を射程に収め、コンテクストの網を大きく広げるとともに、一五〇〇年から一七〇〇年のあいだに印刷された、規範的で一般的なラテン語のレファレンス書のいくつかを個々の焦点として浮かび上がらせた。

「情報」という語は長い歴史をもち、英語では一四世紀から「訓育」という意味が、一五世紀から「ある特定の事実に関する知識」[3]という意味が、確認されている。われわれは今日それを、ＤＮＡから神経処理までさまざまな次元における情報伝達を研究する生物学から、意味内容を考慮することなく情報を数学的に分析するコンピュータ科学にいたるまで、多様な文脈において用いている[4]。よりくだけた言い方をするならば、「情報化時代」（一九六二年に造られた語）という概念は、コンピュータが、より高次の情報（たとえば、言語や数字によって記されているような）を産出し利用するうえでの利便性や方法を一変させたという見解にもとづいている[5]。私は、「情報」という語を、データ（それが意味あるものとなるためにはさらなる処理が必要とされる）や知識（その知識をもっている個々の人間を含意する）とは異なる、技術や専門に収斂することのない意味合いで用いている。われわれは、情報を蓄え、引き出し、選択し、整理することについて語るが、そこには、情報とは、多くの人々が異なる方法で利用し再利用するために、蓄え共有することができるものであるという、言外の含みがある――情報とは、個人の知識とは異なる、ある種の公有財産である。さらに、情報とは、ふつう、その元来の文脈から切り離され、「切れ端」として都合よく使い回しして利用できる、ばらばらの小さい品目という形態をとる[6]。

他の学者たちに倣って、私も、時代錯誤に陥らないよう細心の注意を払いつつ、「情報」という語を近代以前の文脈に当てはめて用いている。というのも、この語は、初期のレファレンス書の著者と読者が、素材をいかに扱ったかを記述するのに役に立つからである。よしんば彼らが、情報ではなく知識や啓発という観点から己れの目的を明言していようとも、そうなのである。当事者たちの概念に従って、当時ごくあたりまえに用いられていた語を用いれば、初期のレファレンス書は、〈言葉と物（*verba et res*）〉[7]を蓄えて利用しやすくするためのものであった。それは、自然界についての定義や記述（たとえば、この植物にはそのような特性があり、あの現象の原因はこうである、といった）から、人間が何を行い何を言ったか（Ｘはこの本を書いた、Ｙはこのような状況のもとでそう言った、Ｚにこれが起こった、といった）にいたるまで、広く網羅していた。レファレンス書の作者たちは、みずから編纂者をもって任じ、他の人々がよそで書いたことを正確に報告する責任はあるものの、それらの言明そのものの真偽には責任がないとした。それゆえ、編纂者とは、自分自身の見解や立場を発信する者というよりは、情報を伝達する者であった（第４章で論じるように）。そのような者だからこそ、彼らは、自分たちがいかに多くのさまざまな典拠から素材を収集してきたかを声高に誇るのをつねとしていた。彼らは典拠を示したりその目録を作ったりすることはあるが、それについて論じたり、己れが選んだ素材をその文脈に当ててはめて解釈したりすることはなかった。そのかわりに、読者が、みずからの判断力を行使して、自分に必要なものを、この宝庫から選び取るようにと勧めるのである。そしてそうして選び取ったものは、口述されたものであれ書かれたものであれ——たいていは、なんらかの種類の作文（たとえば、弁論、書簡、あるいは論考）——、自分自身の知識生産に組み入れるべき金塊なのである。そうした理由によって、私は、近代以前の参照道具の作者や利用者は、「情報管理（information management）」に、それら二つの語が造られる以前からまさに携わっていた、と論じている。

今日、われわれは、コンピュータとコンピュータ・ネットワークによって生じた未曾有の情報爆発を受けて、情報管理への挑戦をひしひしと感じている。ある研究は、五エクサバイト（一エクサバイトは一〇〇京バイトである）分の新しい情報が二〇〇二年に産出されたと見積もっており、その九二パーセントは磁気メディアに記録され、「新しい情報は、一九九九年から二〇〇二年のあいだに、毎年約三〇パーセントずつ新たに増蓄された」、としている。[8] われわれは、ホームセンターの在庫から図書館の蔵書数、ひいてはインターネットの検索数にいたるまで、ほぼすべての領域で過負荷だとぼやいている。[9] グーグルで「情報過負荷（information overload）」と検索すると、ヒット数は一五〇万件以上あり、たとえばそこには、事務用品店、経営コンサルティング会社、ストレス解消サーヴィスなど、解決を謳うものが山をなしているという具合である。だが、過負荷であるという認識や愚痴は、われわれの時代に特有のものではない。古代、中世、初期近代の作家たち、そして非西欧の文脈において仕事をした作家たちも、同様の懸念を示していた。とりわけ、書籍が氾濫しているのに、それらを修得するための人間のもてる資源（記憶力や時間のような）はあまりにも限られているという不安があった。

それゆえ、過負荷であるという認識は、たんに客観的な状態を反映しているというよりは、既存のツールや文化的・個人的な期待、吸収して処理すべき情報の量や質など、さまざまな要因が複合したために生じたというのが最も妥当な説明である。あるいは、こう示唆しても、納得もいき興味深いのではないだろうか（といっても私には、その示唆を評価する専門知識も手段もないのであるが）。すなわち、たとえば記憶力や想起力といった、人間の生得的な能力とされているものは、文化が何を期待しているか、われわれがいかなる技術を用いているか、という二つのことに影響されて、時が経つにつれて変化する、と示唆することである。[10] だが、過負荷の感覚を経験している人々は、あたかもそれがまったく新しい現象であるかのように実感していることがしばしばである。おそらくそれは、とりわけ近代《モダン》あるいは近代以降《ポストモダン》の時代においては、感情全般や自己認識の特徴をなすことなのだろう。今日ではたしかに、未曾有の過負荷を経験しているという認識が蔓延している[11]。明らかに、われわれは、ほとんどすべての問題について、過去の世代よりもはるかに膨大な情報量にさらされ、それを処理せねばならないし、頻繁に変革され、よってしばしば新しいものである技術を用いる。にもかかわらず、われわれが用いる基本的方法は、初期のレファレンス書において何世紀も前に考案された方法とだいたいは同じなのである。初期の編纂物は、四つの肝要な作業をさまざまに組み合わせることからなる。すなわちそれは、蓄えること（storing）、分類すること（sorting）、選択すること（selecting）、要約すること（summarizing）であり、私はこれを、文書管理の四つのSとみなす。われわれも、情報を蓄え分類し選択し要約するが、いまやわれわれは、過去の世紀のように、人間の記憶、手稿、印刷物だけに頼るのではなく、コンピュータ・チップ、検索機能、データマイニング、ウィキペディアにも、他のさまざまな電子技術とともに頼っている。

もちろんレファレンス書は、文書情報――選択され、収集され、なんらかのかたちで整理され利用できるようになった語や文や文献の列挙――に特化した情報管理形態の一つでしかない。他の多くの種類の情報も、近代以前から初期近代の諸々の文化において、蓄えられ、伝達され、管理された――自然のあるいは人工的な事物の収集（珍宝収集室、博物館、植物園や動物園など）、商取引や行政業務の記録（文書館など）、あるいはありとあらゆる環境における、技能や言葉の口伝や経験を通じての伝達（家庭、市場、あるいは作業場など）。近年では、そうした蓄積の形態を情報管理の場として吟味する研究が多くの領域で始まっているが、そのそれぞれが実践的であり知的であり政治的でもあるような独自の問題を突き付けてくる。われわれは、多くの個別的な研究の成果を得て、時代やさまざまな領域をまたいで、たとえば言葉と物との扱い方の相違や、学術、商業、行政における実践の相違をまたいで、作業や組織化の方法において類似や相互のつながりを見定めることが、やがてはできるようになることだろう[12]。本書で私は、ルネサンス期にとりわけ活発な蓄積がなされた二つの領域に焦点を当てた。古典古代の言語と文化の人文主義的な研究に触発された、手稿ノートと印刷されたレファレンス書である。私は、これら二つが密接に関連していると考える。レファレンス書は、そもそも、編纂者が書き溜めた読書ノートをもとにして作られた。そしてそれは購買者にとって、直接原典に当たってノートを取るという煩わしさのない、既製の備蓄ノートとして用いられた。

初期近代のレファレンス用書籍は、中世と古代の手本から発展してきたもので、厳密な基準によってそれぞれを区別するのが困難であるような、さまざまなジャンルを広範に網羅していた。私は、神学、法学、医学に関する専門的なレファレンス書は除外し、いかなる職業であれ教養人にとって必須とみなされていた情報への足がかりとなったレファレンス書に注目した。それらは主として、（現代の図書分類に従えば）以下のジャンルからなる。言葉（一言語ないしは多言語）の辞書と物の事典（たとえば、人物や地理に関する事典）、引用句や歴史上の逸話を集めたもの、検索のための索引が付いている雑録を集めた評釈集。これに加えて、私は、書誌目録、図書館の蔵書目録、書籍商の販売目録のような、読者を他の書物へと導く種々様々な「書物についての書物」について考察した。レファレンス書はふつう、配列の仕方（アルファベット順、体系的、あるいは雑録風）に応じて、一つないしは複数の検索手段を採用している。目次、アルファベット順の索引、概要、樹形図、相互参照、区分や小区分への階層的分割がそれに当たるが、それらは、配置を工夫したり、シンボルを使ったり、異なる活字書体《フォント》を用いたりして、頁の上でひと目でわかるようになっていた。もちろん、初期近代には、指南書あるいは処方・秘訣本（ルネサンス期に人気のあった家庭実用書のジャンルで、薬や化粧品などの製法が記されていた）といった、参照を目的とする種類の書物がほかにも多くあったし、これらも同様の検索手段を用いていた。だが私の焦点は、あくまでも、主要な人文主義的レファレンス書にある。なぜなら、そうしたレファレンス書は並外れて浩瀚で、扱う範囲も広いため、それらがいかに作成され、構成され、利用されたかを研究する絶好の機会を与えてくれるからである。[13]

たゆみなく増え続けて蓄積されていく素材を管理するうえで、四つのSの方法だけが、初期近代の情報爆発への唯一の対処法であったというわけではない。情報の野心的な蓄積に対処するための方法を編み出すかわりに、たとえば（伝統的な哲学の徹底的な見直しを要求した一七世紀の思想家たちの中でも）ルネ・デカルト（一五九六—一六五〇年）は、蓄積されたテクストの山はうっちゃり、哲学の土台を根本的な原理から見直して、新たに出発することを推奨した。「たとえ書物にあらゆる知識を見出せるとしても、知識はそこであまりにも多くの無益な事柄とごた混ぜにされ、膨大な量をなしてでたらめに積み上げられているので、それらの書物を読むには一生かけても時間が足りず、有益な事柄を選び出すのは、自分一人でそれを見つけ出すよりもなお難儀なことであろう[14]」。過去の大家たちの蓄積があまりにも大きく、あまりにも無秩序になったため、それなしでやっていくほうが事は簡単であるとデカルトには思えたのだ。古典の権威に対するデカルトの軽侮を分かち合う人々は他にもいたが（フランシス・ベイコンにも、同様のことを述べているくだりがある）、古典の文化と文学に精通することは、ヨーロッパの教育にとって、また教養ある者と無学な者を選り分ける基準として、肝要であることに変わりはなかった。だが、蓄積された情報を拒んでそれを極端に間引くことに惹き付けられる人々は、つねに散見された。たとえば神秘主義者たちは、概して、蓄積された人間の知識を管理することよりも神からの霊感を強調した。デカルトは、自分の新哲学は夢の中でもたらされたと語ったが（デカルトは一六一九年に三つの啓示的な夢をみた）、デカルト以降、通念を拒絶することは、他のところでは情報の消費者であり生産者である作者たちのあいだですら、ありふれた態度になった。一八世紀には、多くの作家たちが、やむことのない蓄積を食い止めるため、無益な書物を破壊するという空想を書き綴った。ギボンは、破壊すべき書物の中に「アリウス派とキリスト単性論派の冗長な論議の山」を含め、ダランベールにとって、破壊すべきは「役立たずの歴史書」[15]であった。ある批評家は、崇高概念の表出を、過剰に対する別のかたちの反応であるとした。カントとワーズワスは、一時的に思考が停止するという経験を、感覚あるいは精神のいずれかに負荷がかかりすぎたことから生じる「認識作用の激しい疲労」であると綴った書き手たちの仲間である。[16]そのような場合、その瞬間（崇高であれ破壊的であれ）が過ぎていくにつれて、哲学者は、より伝統的な仕事の方法——蓄積された情報を入手し利用することを可能にする方法も含めて——にだいたいは戻っていくものである。レファレンス書は、なるほど、過剰な情報を管理するという難題への反応すべてを集約的に体現しているわけではない。だがそれは、初期近代と近代以前に、文書情報がいかに管理されたかを考察するための、最良の手がかりのいくつかを提供してくれるのである。

本書における私の目的は、目下の関心事を歴史的視座から見るだけではなく、初期近代ヨーロッパの精神文化に新たな光を投げかけることにある。過剰であるという認識や文書管理の基本的方法（四つのS）は、そのいずれもが、ルネサンスにとって新しいものでも独特のものでもなかった。さらに、アルファベット順配列、索引、参照しやすいレイアウトといった、印刷されたレファレンス書の特徴の多くは、中世の写本制作の技法を印刷本に転用したものであった。ルネサンス期に特有であったのは、個人による手稿ノートの収集においても、印刷された編纂書においても、テクストからの抜粋が膨大に蓄積されたことである。たしかに印刷術によって、印刷されたレファレンス書は点数も大きさも爆発的に膨れ上がった。印刷術は、大型本も含めて書物の制作をより安価にしたし、たとえば、入手できる書物の数を増やして抜粋しやすくしたり、紙――紙は、手書きノートを蓄積するための最適の媒体でもある――の製造を促したりすることによって、大規模な編纂事業を間接的に助けもした。だが、印刷術や紙が入手しやすいことは、それだけでは、学識ある人々が、なぜそこまでの精力と金を喜んで費やし、手稿ノートや印刷されたレファレンス書の中に文書情報を大量に収集し蓄積したのかという理由を説明してはくれない。ルネサンスにおける古典のテクストや遠隔地の発見は、より伝統的な源泉に加えて、分類し蓄積すべき新しい素材をもたらしたが、これらすべての新しい知識に学識ある人々がいかに反応したかにこそ、何にもまして重要な要因が潜んでいる。すなわち、可能なかぎり多くの情報を収集して管理したいという情報への欲望が新たに燃え上がったということである。本書が焦点を当てた、膨大なノートの作成者や巨大な書物の編纂者は、有用性を秘めた情報を求めて、すべての書物、すべての分野に目を配りたいという新しい熱意をはっきりと示している。彼らは、古代の学識の喪失というトラウマを痛切に感じており、それを二度と繰り返すことのないよう、自分たちが収集した素材を保護したいと望んだのである。編纂者たちは、自分たちの仕事は公益に資するものであり、できるかぎり多くの異なる主題や関心に応えることによって、人々の役に立つのだと考えていた。

私は大規模編纂物の手稿と印刷本に焦点を当てて論じており、すべてを網羅してはいない。ルネサンスの著者たちの中には、抜粋を山のように収集した人々の拡大のヴィジョンには与せず、テクストや抜粋の正典を限定することを提唱する者もいた。[17] だが、最も巨大なレファレンス書は、文書を扱う通常の方法と通常ならざる方法の双方について、印刷術の衝撃について、ラテン語教育を受けた人々のあいだでレファレンス書がいかに読まれ、いかに広まっていたのかについて、そしてそれが普及したことによってもたらされた不安について、独自の視点を与えてくれる。私が考察したラテン語の大型レファレンス書は、口承によってもしくは活字によって伝えられたラテン語テクストを読んで作文することを助けるためのものであり、学生、教師、説教師、さらには学者、著述家そして「行動的生を送る人々」によっても利用されていた。初期近代のレファレンス書にはさまざまなジャンルがあったが、そのほとんどは、形式と内容において、一三世紀に生じた中世の手本を大いに模倣していた。だが、一六世紀初期までには、多くの新しい書物が、それがよりどころとした中世の手本よりも大きくなり、内容も多彩になった。なかでも最も成功した作品は、ラテン語のレファレンス書のほとんどが刊行を終えた一七世紀最後の数十年間にいたるまで、頻繁に増補改訂されて数十版を重ねたのである。

そうした大部の二つ折り本は、作者や印刷者が膨大な人的、物的資源を集合的に投資して作り出した産物である（ドメニコ・ナニ・ミラベッリによる四三万語を擁する一五〇三年の『ポリアンテア』から、ラウレンティウス・バイヤーリンクによる一六三一年の『人生の大劇場』八巻本の一〇〇〇万語にいたるまで）。それらの書物を購入した組織や個人も、大いに投資したことになる。印刷業者たちがつねに一定の売り上げ部数を当てこんできたことを考えると、ある書物史家が賢明にも指摘したように、もちろん、ほとんどの印刷本は一度も読まれなかったことになる。[18]だが、これら大部のレファレンス書は、とりわけそれが高額の大型本であることを考慮すれば、売れ行きはよかったし、利用したことを認めた著者はほとんどいなかったという事実にもかかわらず、それらが実際いかに用いられたかを私は本書で跡付けている。購入者がレファレンス書に求めたのは、そこに収録されている抜粋文の原典を読むための手立て（時間、精力、金）があればみずから作成したいと願ったであろうような読書ノートのたぐいであった、と私は論じた。手稿ノートから最終的には印刷された本となるそうしたレファレンス書は、物理的にいかに産出されたのだろうかと思い巡らしているうちに、私は、編纂者たちが骨の折れる仕事を少しでも軽くするためにと考案した特異な方法をいくつか見つけたが、そこには、紙片に書かれたノートを活用したり、書き写す手間を省くために手稿や印刷本から切り貼りしたりすることが含まれている。

本書で考察されているレファレンス書の作業方法は、人文主義と後期人文主義が抱いていた野心が特徴的に窺える方法であり、古典古代の文学や文化に精通すること、および精通していることを顕示することが目指されていた。どのようにして作ったのかという作業方法への関心は、近年、精神史の他の領域においても高まっている。長いあいだ、完成形の作品に加えて、手稿ノートや原稿にも関心を払ってきた主要な学者集団は、「生成批評（genetic criticism）」を実践する文学研究者たちであり、彼らは紙を豊富に手に入れることができた一九世紀と二〇世紀の主要作家たちを主に扱ってきた。中世学者の中にも、とりわけスコラ学に特有な作業方法やその条件を考察する者たちがいる。[19]だが、作業方法に対する新しい関心は、科学史における近年の研究——それもとりわけ、初期近代を対象とし、観念と、観念が形成される社会的、物質的な文脈とが相互に依存しているさまを強調する——から生じてきた。なかには、実験室、解剖学教室、植物園、天文台など、科学的な仕事をなすための固有の場所を対象とした研究もある。科学史に由来する他の研究としては、知識人たちがしばしば仕事場とした家庭内の環境や、手稿本と印刷本のどのような体制《エコノミー》のもとで概念が形成され拡散されていったのかといった、知的仕事に関連する文脈をより全般的に探究したものもある。また、さまざまな文脈のもとで仕事がいかに遂行されたかを入念に検討することによって、妻や子供たちから実験助手や文筆助手にいたるまで、多くの協力者の存在が浮上してきた。彼らはしばしば「見えない者」として扱われてきたので、人物を正確に特定することは難しい。[20] レファレンス書は、読者がそれをいかに用いたかということと同様、編纂者たちが、時代をまたいで、また同時代に、いかに共同して作業したかということに光を投げかけてくれる。

　広い意味での人文主義的な流儀で働いた人々――もっぱら古典のテクストの研究から知識を生み出そうと努めた人々――の仕事を理解するためには、彼らがいかなる種類の本をいかなる読み方で読んだかを、より深く知ることがとくに役立つ。人文主義者たちが仕事をした部屋やそこに置かれていた家具に関する、あるいは最も有名な人文主義者たちが古典のテクストをいかに読み、いかに注解を施したかということに関する研究はすでにある。[21] だが、一五〇〇年から一七〇〇年のあいだに、人文主義者であれ、ラテン語教育は受けたがさほど学識のない人々であれ、〔ノートを取るための〕ペンを手にしているいないにかかわらず、検索装置を用いてテクストを部分的に利用するという、参照のための読書に携わる機会が増えていった。[22] 索引が付いていたり、どこを探せばよいのかがはっきりしているときには、どのような書物であれ参照読みをすることができるが、通読するというよりも参照することを目的として作られたさまざまなジャンルのレファレンス書を吟味することによって、参照のためのさまざまな方法は、とりわけよく理解できる。私がここで吟味したラテン語の大型レファレンス書は、小さい単位の情報（引用、定義、あるいは範例）を無数に蓄えており、読者は、本文そのものとそこに付された検索装置を参照することによって、自分が関心をもつ事項をそこから選び取るようにと誘われる。自分が提供している素材は正確であると編纂者が保証していることに鑑みれば、レファレンス書は、初期近代の文化――とりわけイングランドにおける――の多くの領域で勃興しつつあった〈事実〉〔という概念〕によく似た事実の貯蔵庫を、テクスト上で提供していたのである。[23] レファレンス書は、読み物、あるいは繰り返し読む本の代用品になりえたし、状況によってはさらに他の種類の読み方をすることもできた。学識者やより広範な、ラテン語の読み書き能力のある公衆によって、いかなる読書法が用いられたかについては、日常的なものとみなされていたたぐいの書物――引用されたりじかに議論されたりすることはないが、一五〇〇年から一七〇〇年のあいだにますます多くの部数が印刷され所有された書物――を考慮することによって、より完璧な絵図が得られる。

レファレンス書は、初期近代ヨーロッパにおける印刷術の衝撃を考えるための、新しい視座を提供することにもなる。書物史は、一九八〇年代に副領域として出発してこのかた、印刷術が与えた衝撃や「印刷文化」という概念について多くの新しい研究を生み出してきた。なかでもエリザベス・アイゼンステインは、印刷術の影響力がいかに深甚であったかを最も声高に主張し、版を重ねるごとにどんどん改良されることや、書物が迅速に広範囲に普及することを強調した。彼女の研究をめぐる近年の議論は、職人によって仕上がりに差ができるうえ、節操のない営利目的の商習慣をともなう手刷り印刷機による印刷が、産業化時代における印刷からわれわれが想起する規格化や信頼性を育めるものであったかを疑問視している[24]。アイゼンステインの主張に対するまた別の反応としては、印刷術によって引き起こされた変革はそれほど急激なものではなかったとし、後期中世の写本には、たとえば、索引が付いていたり、参照を容易にするような頁構成がなされていたり、商業的な写本工房では依頼に応じてというよりも需要を見越して写本制作が行われていたり、ということも含めて、近代の書物に特徴的な点が数多く認められると示唆している[25]。レファレンス書を、古代と中世のヨーロッパ、イスラムと中国の世界を含む、近代以前のいくつかの場面で概観することによって、私は、大規模編纂、検索装置、参照のための読書を容易にするための頁構成など、レファレンス書の主な特徴はすべて印刷術とは関わりなく独自に発展してきたものであると結論づけた。だが私はこうも論じている。初期近代ヨーロッパにおいて、印刷術はレファレンス書の形式、内容、衝撃を形成するうえで重要な作用を及ぼしたのである、と。

印刷されたレファレンス書の普及は、初期近代を通じて、不満の声をたゆみなく鳴り響かせることになった。その声は一七世紀後期にことに喧しくなったが、おりしもそれは、各国語（俗語）が優勢になることによって（とりわけイングランドとフランスにおいて）、また、古典古代の著者や思想はより近年のもののために放棄するべきだという感覚が募っていくことによって、ラテン語の学知そのものが脅かされていると見えた時代であった。そうした不安は、参照のための読書が教養ある人々の隅々にまで浸透したことをさらに証明するものであると、私は解釈している。ラテン語のレファレンス書が印刷されなくなった一七〇〇年頃までには、もともとは中世のエリート知識人というごく一部の人々に限られていた参照のために読むという読書法は、レファレンス書によって、ラテン語教育を受けたはるかに幅広い層の読者に普及し馴染み深いものとなっていた。一八世紀は「辞書の時代」として知られるようになった。なぜなら、編纂者も読者もともに、一六世紀と一七世紀のラテン語の大型レファレンス書において発展した、参照のために読むことの大義名分、検索手段、読書法をあたりまえのこととみなしていたからである。もっとも、そうした作品は今日ほとんど知られておらず、一八世紀の「近代的」な各国語のレファレンス書には間接的な影響しか及ぼさなかったのではあるが。

本書は、第1章から第3章までは文脈の分析を重ねて徐々に焦点を絞っていき、次いで第4章と第5章で具体的な作品について考察する。第1章では、近代以前のさまざまな文脈の中で産出されたレファレンス書を概観する。文書管理の基本的な方法と問題には多くの文化をまたいでいちじるしい類似点があることに着目すると同時に、初期近代ヨーロッパにおける特異点にも光を当てる。第2章では、初期近代ヨーロッパにおけるノートの作成方法が、二点において、レファレンス書の発展により密接に関与する文脈を提供していると論じる。すなわち、印刷された編纂物は、通常は一人ないしは複数の編纂者が書き溜めた個人的なノートをもとにしており、そのような編纂物は、読者が自分で取ったノートではないが、手元において利用したいと望むようなたぐいのノートを、印刷された既製品というかたちで提供していたのである。手稿ノートの蓄積は、管理、共同作業、共有の問題を生じさせたが、それはまた、印刷された編纂書に特有の問題でもあった。第3章では、一五〇〇年から一七〇〇年のあいだに出版された、専門家向けではないジャンルのラテン語のレファレンス書とその検索装置を概観する。そのさい、「百科事典」という概念も含めて、同時代人がレファレンス書について語るのにどのような用語を用いたか、そしてまた、歴史家たちがどのような用語を用いてきたかを入念に検討する。第4章では、いくつかの主要なレファレンス書（とりわけ『ポリアンテア』と『人生の劇場』）の推移と作成に焦点を当て、本文やその印刷史およびチューリッヒのコンラート・ゲスナーとバーゼルのテオドール・ツヴィンガーの現存する作業原稿に注目する。第5章では、そうしたレファレンス書がいかに受容されたかを、現存する版とそこに付された書き込み、引用元の明記と無断引用、さらにレファレンス書に対する苦情を取り上げて考察する。こうしたレファレンス書は一七一〇年以降、もはや印刷されることはなく、手本として仰がれることもほぼなくなってしまったが、ラテン語のレファレンス書が築いた基礎によって、一八世紀には各国語のレファレンス書や百科事典が爆発的に出現した。ほぼ二世紀にわたって、人文主義的な印刷されたレファレンス書は、情報管理の方法やツールをしだいに洗練させていきながら、それらを編纂者、印刷業者、読者のあいだに普及させた。それらの技術は、啓蒙主義のレファレンス書に特徴的な近代的な諸言語や内容に容易く応用することができた。そして今日においても、そうした技術は十分に馴染み深く、われわれがあたりまえのものとみなしている多くの慣習は、何世紀も前に中世と初期近代のヨーロッパにおいて開発されたさまざまな試みが今に伝えられたおかげであることを思い出させてくれるのである。

第I章

比較の観点から見た情報管理

初期近代の研究者たちは、筆者自身をも含めて、かつてない規模の情報の過負荷がルネサンスに起きていたことを、今日私たちが経験している状況と比較しながら論じてきた。歴史家はルネサンスにおける情報の爆発的な増加について、とりわけ以下の三つの原因を指摘している。すなわち、新世界の発見、古典古代の文献の復活、印刷された書物の急増である[1]。この章では、初期近代における情報爆発についての理解を、二つの重要な観点から、洗練されたものにしたいと思う。一つ目は、情報の過負荷はルネサンスのヨーロッパにおいて初めて起きたことではなく、また、その時代に特有のものでもなかったという点である。素人が少し調べただけでも、近代以前にも学者たちが情報の過負荷に似た状態を認識し、今日でもそれとわかるような管理方法を考え出していたさまを多様な文脈の中に見つけ出すことができる。初期近代の情報管理にじかに影響を与えた（または与えたと考えられている）古代や中世における方法の発展に加えて、初期近代の西ヨーロッパとは限定的な接触しかもたなかった、またはまったく接触がなかった諸文化——他にも等しく参考になる文化はありうるだろうが、とくにビザンティウム、イスラム、中国——からの実例についても考えてみたい[2]。

二つ目に、ルネサンスの学識ある人々が情報を収集し管理することになぜ熱中したのかを説明するさいに、文化的要素が果たした役割を私は強調したい。新しい種《しゅ》、新しい文献、新しい書物のルネサンスにおける収集は、未知の土地への旅行や新しい技術が必然的にもたらしてきた結果ではなく、新しいものも過去数世紀にわたって存在してきたものも含めて、「情報への渇望（infolust）」、または情報への強迫観念として一言でまとめられるような、一群の文化的態度によって動機づけられたものであった。たとえば、ブライアン・オギルヴィーは、一五五〇年の時点で植物学の最高峰とみなされていたディオスコリデスの五〇〇種から、カスパル・ボアンが一六二三年の『植物対照表（*Pinax theatri botanici*）』に記載した六〇〇〇種へと、既知の植物種の数が爆発的に増えた、と述べている。しかしながら、オギルヴィーによれば、植物学におけるこの情報爆発は、新大陸の植物標本によって促されたものではなく、ルネサンスの博物学者たちが、植物を細部まで入念に記述しようと欲したあげく、ヨーロッパ（東部と北部を含む）や、レヴァント（地中海東部沿岸地域）のようなつとに知られた異国の地に生えている、それまで同定されていなかった多数の植物に新たに関心を向けたために生じたものなのである。[3]テクストの編纂物を調べていて、似たようなことに気づいた。詞華集《フロリレギウム》に収集された引用がどんどん増えている理由は、ルクレティウスやセクストゥス・エンピリクスのような新たに発見された古代の文献への関心によってではなく、むしろオウィディウス、ホラティウス、キケロといった、長いこと知られていて人文主義教育の中心をなしていた古典古代の著者や、古典作品を熟考することから生じたおびただしい数の新しい作品（たとえば、ペトラルカや、アルチャーティやカメラリウス（一六世紀ドイツの植物学者で『象徴とエンブレム』の著者）のエンブレム集のような）への関心が増大したことによって説明できるのである。情報を探し出し貯蔵するというこの新しい態度こそが、個々のいかなる新発見にもまして重要な、情報爆発の決定的な原因なのである。

　あらゆる知識を網羅しようという野望や、すべての領域にわたる視座を獲得するために権威ある原典からの抜粋を並置する技法は、ルネサンスに始まったものではない。古代や中世には、形式においても対象範囲においても似通っていた、さまざまな作品が存在した。行為者の範疇にはない語（すなわち、そうした作品が書かれた時点ではこういう用語はなかった）であるが、それらは歴史学者によって伝統的に百科事典と呼ばれてきた。「百科事典（encyclopedia）」という語は一六世紀の造語で、あるギリシア語の表現が「学問の輪、連関」を意味すると誤って解釈された（輪を意味する*kyklos*に由来するかのように）ことから生じた。近代の学者たちは、この場合に関連するギリシア語は、実際は「共通の知識」または「一般教養」を意味する*enkuklios paideia*であることを示したが、それでも輪のイメージは長く続き、現代の百科事典でもこのイメージはいまだに呼び起こされている。[4]一六世紀と一七世紀において、「百科事典」という語は学問分野間の連関をほぼ意味しており、一八世紀にイフレイム・チェインバーズの『百学連環書（*Cyclopædia*）』（一七二八年）と、これに触発されたフランスの『百科全書（*Encyclopédie*）』が現れて、この語を題名に用いることや学芸に関する辞典という新たな分野が人口に膾炙するまで、これがある種のレファレンス書を意味するとは考えられていなかった。しかしながら、「百科事典」という語を現代の意味で用いるならば、百科事典的な野心をルネサンスにおける情報集積への執着の中核をなす要素として語ることは筋が通っている。この野心は新しいものではなかったが、ルネサンスには収集妄想の新たな高みへと駆り立てられた者たち（テオドール・ツヴィンガーのような）も出現した。

ルネサンスに特有の新しい現象は、巨大な文化的トラウマの意識であり、それはペトラルカが初めて中世と呼んだ時代に、古典古代の学問が失われたことによって生じた。人文主義者たちは、とりわけビザンティン帝国やヨーロッパ各地の図書館における綿密な調査と、それに続く文献学的な校訂によって、一度は失われた多くの作品を復活させたことを誇りにしていたが、同時に、古典古代の大量の文献が失われたままになっていることもまた痛切に意識していた。[5] 初期近代の著者の多くは、これから集積される情報が適切に保管され管理されれば、破滅的な喪失が繰り返されることはあるまいという考えを表明していた。喪失を避けんとする強迫観念は、この時代に独特なもう一つの特徴と結び付けられるかもしれない——それは、あらゆるノートを保存し、あらゆるテクストを救出し利用せんとする欲求である。このような立場は、もちろんみなに共有されていたわけではないが（著者の中には、それとは逆に、多かれ少なかれ限定された、許容しうる書物のリストの作成に専念した者もいた）、大規模な編纂事業に従事した者たちは、プリニウスが言ったとされる「いかに悪い書物であれ、何かしら有益なところがある」という句を繰り返していた。その結果、ルネサンスの編纂物は、中世における類書を規模において急速に凌駕した。印刷された編纂物の著者たちは、当然のことながら、公衆の多様な関心に合致するよう、多くの主題に関する情報を蓄えることで、公共の善に寄与していると高らかに謳った。編纂作業の規模と原典の範囲が大掛かりになるにつれて、新しい作業方法や新種の検索装置が工夫されるようになっていった。これについては後の諸章で検討することとする。

印刷術も、情報の生産と流布に新たな可能性と制約をもたらした。印刷術の与えた主要な影響は、書物を生産するのに必要な費用と時間を削減したことにある。この影響は、とくに広く流通したジャンルの生産について、これまで強調されてきた。たとえば、免罪符は小さな片面印刷のチラシ様のものとして、きわめて安価に大量に作り出されたが、ほんのわずかな数しか残っていない。一四九八年から一五〇〇年のあいだに、カタロニアのモンセラートのベネディクト会修道院の命令によって印刷された二〇万部の免罪符のうち、現存しているのはたったの六部である。[6] 大部の書物の制作に印刷術がいかに影響したかについて論じられることは、これに比べて少ないが、明白なものも意外なものも含めて、その影響は甚大である。きわめて大部の写本を数多く制作するときにかかる莫大な経費を前提とすれば、大部の書物が印刷術によって、空前の規模で普及し保存されるようになった。それと同時に、印刷術は独自の制約ももたらした。つまり、印刷業者が制作費を回収するために、こうした大きな書物を何百部も売らなければならなくなったのである。そのため、百科事典を含め、レファレンス書として利用されるような大部で高価な書物の編纂者は、用いられる原典と扱われる主題の幅を広げることによって、可能なかぎり広範で多様な読者を惹き付けようと懸命になったのである。

　印刷された書物は買い手を見つけなければならない。この必要性が、印刷された書物の価格と大きさの最大値の制約となったにもかかわらず、大きさに関しては、初期刊本《インキュナブラ》の時代の一五〇〇頁の一巻ものの二つ折り本から、一七世紀中盤には、それよりさらに大部で複数巻の二つ折り本へと時が経つにつれて巨大化していった。[7] しかしながら、近代以前に作られた最大の書物は、商業的には成り立ちえないものであった。それは、中国の皇帝によって、しばしば写本のかたちで委嘱され、売るためというよりは、皇帝たち自身のために作られた書物であった。印刷術は、より多くの主題について、より多くの書物が、より多くの読者の手に入ることを促すことによって、情報爆発の性格を決定づけただけでなく、広範な種類の印刷本のレファレンス書を含む、爆発的に増大した情報に対処するための方法をも形成した。印刷術によって、すでに存在していた情報管理のための諸技術が以前にもましてはるかに広く普及し、新しいレイアウト、検索装置、文章作成方法を含む、新たな技術の実験を促すことになったのである。

古代における情報管理

「情報管理」という語を自由に解釈することが許されるならば、情報管理法の中には、大昔からその存在を認めることができる形態もあり、書くことの発明はたしかにその一つに数えられる。筆記の最古のかたちは、商業取引や貯蔵した穀物の記録を残すことを目的として作られた——個人の記憶が当てにならず、自分の利益に都合のよい思いこみも存在する以上、これらの情報を、ときに長期間にわたって保存しておくことは有益であった。古い書類はしばしば保管庫にしまわれ、現在まで残っているものの中には（たとえば粘土板に記録されて）、一〇〇項目に及ぶリストを含むものもあるが、こうした一覧には、それと認識できる検索装置は付いていない。だから、何かを探そうとするときには、あちこち目を通さねばならなかったはずである。[8] 口承文化も、とりわけ、伝統的な物語を繰り返し語り、複雑な商業取引を思い返すことを通じて、情報管理に携わっていた。ある種の思考形態（なかでも歴史的で論理的な思考）は読み書きによってはじめて可能になった、というかつては広く普及していた見解は、今では論議の的になっている。[9] しかしながら、筆記が実用文書以外に普及してはじめて、われわれは、人々が情報管理のプロセスにどのような態度に臨んでいたかという証拠を得ることができるし、しかもこうした態度はしばしば相矛盾しているのである。

筆記に対するプラトン（前四二八頃—前三四八年頃）の有名な批判は、新技術が採用されるさいによく見られる二律背反の初期の例を示している。紀元前四世紀のアテネで筆記の習慣が広まったとき、プラトンは、（他の著作ではこの新しい発明を称賛したものの）書かれた言葉は著者の制御の及ばないところまで広がるので、対話の相手に話される言葉よりも誤解されたり間違って使われたりしやすいという恐れを表明した。[10] それと同じ頃には、情報の過多に対する、それよりはるかに長く命脈を保つことになる不満も表面化しているが、書くことや書物がとくに非難されていたわけではない。「学芸は長く、人生は短し（*ars longa, vita brevis*）」という縮約されたラテン語のかたちで最もよく知られている、ヒポクラテス（前四六〇頃—前三七〇年頃）のものとされる格言の第一番は、「人生は短く、学芸は長く、機会は逃げ去り、経験は当てにならず、判断は困難である。医師はみずから義務を果たすだけでなく、患者、付き添い人、そして外部の人たちの協力を得るよう、心がけなければならない」となっている。[11] しかしながら、ヒポクラテスの医術における成功への実際的な助言は、ローマのモラリストであるセネカ（前四—六五年）によって造られた、今日までよく知られている人生と学芸についてのラテン語の簡潔な決まり文句からは切り離されてしまった。「学芸は長く、人生は短し」は、とりわけ融通のきく常套句となり、知識の集積を楽観する者と悲観する者の両方によって引き合いに出されている。[12]

セネカの論点は、人生は十分長いが、私たちはその多くを贅沢や不注意の中で費やすので短く感じられる、ということである。セネカはとくに、同時代の裕福な人たちが、あまりに多くの書物を集めて時間とお金を浪費することに苦言を呈している。彼はこういう人たちによる、手あたり次第の浅薄な読書を非難するために、「書物の豊富さは気を散らす（*di-stringit librorum multitudo*）」という格言をみずから造り出してもいる。かわりにセネカが推奨したのは、限られた数の良書を徹底的に、かつ繰り返し読むことであった。「模範的な作家の本をいつでも読むべきである。そして、変化が欲しいときには、以前読んだ作家に戻りなさい」[13]。この立場は、効果的でしばしば主流をなしている情報管理法の見本である――すなわち、情報の量と質を制限し、たいていは道徳的な理由によって容認できるとみなされる、規範としての地位が確立した作品のみを扱うとする立場である。セネカの助言と〈大量の書物（*multitudo librorum*）〉に対する彼の否定的評価は、初期近代のヨーロッパにおいて多くの著者に好意的に受け入れられたが、そこには、第2章で論じる、イエズス会の教育者であるフランチェスコ・サッキーニ（一五七〇―一六二五年）も含まれていた[14]。

対照的に、「学芸は長く、人生は短し」によって、狭く限定された正典に焦点を当てるのとはまた別の発想を心に抱いた人たちもいる。たとえば、フランシス・ベイコン（一五六一―一六二六年）は、新しい科学の必要性を説明するのにヒポクラテスの名句を引き合いに出している。すなわち、その新しい科学は「科学的な見解や概念を統一することによって、真実という概念が許容するぎりぎりのところまで個人の経験の無限性を切り詰め、人生は短く学芸は長いという不平への処方箋を提供するであろう」というのである[15]。ベイコンは、経験を通じて集積される過剰なデータを管理するために、個別の事象からの一般化を求めた。そして『森の森（*Sylva sylvarum*）』において、書物から得られた情報と直接の観察とを統合する、そうした集積の過程の見本を示した[16]。ベイコンにとっては、集積された情報のまさにその巨大さこそが、自然を統御し知るための道のりへの貴重な一歩だったのである。

ヘレニズム時代には、情報の集積に対する賛否両論の双方の側から、模範となるような貢献がさらになされた。かたや聖書にもとづく非難であり、かたや空前の規模で行われた書物とテクストの収集である。『伝道の書』一二章一二節、「書物を多く作ってもきりがない（ウルガータ〔ラテン語訳聖書〕で、*faciendi plures libros nullus est finis*）」〔日本語訳は、旧約聖書翻訳委員会訳『旧約聖書』Ⅳ「コーヘレト書」岩波書店、二〇〇五年による（六〇九頁）〕は、おそらくは書物の氾濫に対する最古の非難であり、『伝道の書』の創作年代を定めるのは諸説があってとりわけ困難であるが、紀元前四世紀から三世紀に記されたと思われる[17]。ここでは、賢人が、書物と勤勉を人の一生における虚栄の一部として退けている。この一節が書き手たちの意を挫くうえでどれほど効果的であったかはわからないが、実際に書き物をした者たちにはさほどの抑止力は認められない。

この箇所については、キリスト教、ユダヤ教のいずれにおいても、中世には注釈があまり付けられていない[18]。だが、非難の口調抜きでこの一節を引用した著者は幾人かいる。たとえば、偉大な編纂者であるヴァンサン・ド・ボーヴェは、一二五五年に、書物の終わりのない執筆は、読み手と聞き手の終わりのない好奇心と釣り合っていると指摘しているし、リチャード・デ・バリー（一二八一－一三四五年）は「新たな書物を書き、古い書物を新しくすることは称賛に値する」と題する章においてこの一節を引用するさい、侮蔑的な意味合いはいっさい無視している[19]。『伝道の書』がよく知られるようになったのは（とくにピート・シーガーの歌のおかげで）、ここ数十年のことであり、今日では、情報過負荷についての現在の懸念に言及する過去の知恵として、この一節は広く引用されるようになった[20]。

聖書に書かれたこのメッセージが、情報の集積への情熱の邪魔にならなかったことは確かである。その情熱は、文字に記されたかたちでは何も残っていないものの、同じ頃のアレクサンドリア図書館の活動によって明らかである。紀元前三三一年のアレクサンドリアの創建からまもなく、プトレマイオス朝エジプトのファラオたちは、ギリシア語で書かれたすべての著作を王立図書館に集めるという理想を追求した。この図書館は、主として、近くのムセイオンにファラオが雇った学者たちが利用するためのものであった。ファラオたちは、入港してくる船から写本を没収し、写本原本のかわりに急いで作った写しを返し、原本は図書館に残す、といった強引な手段にまで訴えていた。この図書館を手本として、ほかにも大きな図書館が造られたが、アレクサンドリア図書館は世界最大の図書館として古代において伝説と化していた。その蔵書の規模はさまざまに見積もられてきたが、パピルスの巻物が五〇万巻に達していたと今では考えられている。ただ、著作の全体数はより少なかったであろう。というのも、巻物は後の時代の冊子《コデックス》ほど多くの本文を収めることができず、多くの作品は複数の巻物（あるいは巻）を必要としたからである。この図書館の破壊も、また同じく伝説的である。図書館は五世紀までには完全になくなっていたが、原因は、一度の破滅的惨事というよりは、数次にわたる衰退によるものだろう。この図書館で制作された作品のほとんどは失われたが、アレクサンドリア図書館とムセイオンで活動していた学者たちは、ホメロスやその他のギリシアの作家たちの作品の新版や注解書、天文学と医学の研究書、さまざまな種類の語彙集（たとえば、まれにしか使われない語、地方語、ヒポクラテスの用語など、その対象はさまざまであった）を生み出していた[21]。

かくもおびただしい数の書物が収集されたため、それを契機として、おそらくは世界初であると思われる大規模なレファレンス用ツールが誕生した。アレクサンドリア図書館の広範囲にわたる蔵書にもとづく、ギリシア文学の著者略伝付き文献目録である。ギリシア語で、リスト、記録、板、を表すピナクス（*pinax*）に由来する『ピナケス（文献目録通覧）*Pinakes*』は、もともとは一二〇巻からなっていたが、今に残るのは、古代の他の著者たちによる断片的な引用のみである。これらの断片的な引用から、各項目には、伝記的情報と洗練された書誌情報が含まれていたことがわかる。後者の書誌情報は、文学形式や学術分野によって分類された各作品の、題名、冒頭の語、行数を含み、一つのカテゴリーに含まれる著者名や一人の著者による作品の題名は、アルファベット順に配列されていたと思われる。[22]『ピナケス』は図書館蔵書点検目録でも図書館にある著作の完全なカタログでもなかった。つまり、図書館が所有しているすべての図書がここに記載されているわけではなく、また、ある作品を館内のどこで見つけられるのかも示されていない――実際に目当てのものを入手するためには、司書に相談する必要があっただろう。『ピナケス』は、一覧作成法（アリストテレスの取り上げた詩人一覧を含む）、分類法（主題ごとにまた年代順に分類されたテオプラストスの学説誌のような）、アルファベット順を用いるなど、既存の方法にもとづいて作成された。こうした方法は、これほど大規模に用いられたことはかつてなかったにせよ、すでによく理解されていたものであったと考えられる。[23]

『ピナケス』の作成には、図書館の蔵書点検目録に始まり、各項目を主題別やアルファベット順に整理するための草稿といった、複数の準備段階が必要であった。[24]その成果は、紀元前二八〇年頃から二四〇年頃にアレクサンドリアで活動していたカッリマコスという一人の男に帰されているが、それだけではなく、口述筆記や書写を担当する多くの秘書が学者たちを支えていたムセイオンで、大勢が共同して働いた所産であることもまた明らかである。[25]カッリマコスは、今日では「大きな書物は大きな害悪（*mega biblion, mega kakon*）」という警句によって最もよく知られている。だが彼がこの名言を発したのは、おそらくは、自分でも作詩し、伝統的により格が高くより長大な叙事詩以上に彼が好ましく思っていた、短い抒情詩やエレジーを擁護するためであっただろう。[26]こう言いながらもカッリマコスは、彼の時代で最も大部な書物を、（今日では編集長と呼びうるような職責を果たしながら）アレクサンドリア図書館が大規模に収集した文献を自在に使うための道具として生み出したのである。アレクサンドリアでは、学者たちは、情報の過多を嘆くどころか、増える一方の書物を克服することに挑んで成功を収めていたと思われる。

似たような情報収集の熱意は、ヘレニズム時代の多作な《ポリグ》作者《ラポイ》たちにも明らかに見られる。なかでも最も多作であったことから「真鍮のはらわたを持つ」とか「本を忘れる」とか呼ばれたディディモスは、紀元前一世紀にアレクサンドリアで三五〇〇冊以上の書物を書いたと伝えられている。この時代の「書物」という語は、一巻の巻物を指すこともあるし、多くの巻からなる作品全体も指すこともあったが、この曖昧さを心に留めたとしても、かくも膨大な量の書き物をするためには、われわれには知られていないものを含めた、あらゆる組織化された手段を使っての、筆写と編纂の作業がまず必要であっただろう。[27]こうした多作者たちの作品はほとんど現存していないので、われわれは主に、哲学者たちの伝記や見解を収集した古典古代の学説誌に頼らねばならない。たとえば、三世紀のディオゲネス・ラエルティオスによれば、テオプラストスは、二三万二八〇八行にのぼる三〇〇冊の本を書き、クリッシュポスは七五冊を書き、また、ウァッロは六二〇冊にわたる七四作品を書いたとのことである。初期近代の教育者たちはこうした話をそのまま使って、学生たちにノートを取るようにと促すきっかけにしていた。ノートを取れば、学生たちもたくさん書くようになるだろう、というわけである。[28]

三八冊というより控え目な分量ながら、古典古代の多作者の作品の中で今日までしっかりと伝えられている作品の一つが、大プリニウス（二三―七九年）の『博物誌』である。大プリニウスはその中で、一〇〇人の著者の二〇〇〇巻から、二万の事項を集めた、と誇っている。『博物誌』は、部分的にではあるが、（セレヌスによる医学に関する部分とソリヌスによる地理に関する部分の要約を通じて）初期中世には知られており、一二世紀からは完全版がより広範に流通するようになっていた。[29]大プリニウスの『博物誌』は、情報集積の豊かさを称揚するものとしてセネカとはきわだった対照をなし、長きにわたって百科事典的な編纂の模範になっていた。ルネサンス期には、小プリニウスがおじの言葉とした「いかに悪い書物であれ、何かしら有益なところがある」という警句は、書物やその内容の蓄積に熱心な人々によって頻繁に引用された。[30]甥である小プリニウスはおじの仕事の習慣をいささか面白おかしく伝えているが、人文主義者たちや初期近代の教育者たちは、大プリニウスを、大量の本を読みノートを取ることの最高の手本とみなしていた。

『博物誌』は、現存している古代の書物の中では、第一巻に詳細な目次が付いている点で注目に値する。各項目は、関連するものを次々と読んでいけるよう、おおむね連想的に配置されているとはいえ、おそらく大プリニウスは特定の情報を検索しやすくするために、この目次を作成したのだろう。検索機能を書物の冒頭に置くと、その部分は、パピルスの巻物の一番外側という、損傷を受けたり失われたりする危険がとりわけ高い場所に来ることになる。そのことに鑑みると、おそらく、プリニウスの冒頭の目次は、今日におけるほど無比のものではなかったと思える。[31]古典古代から残っている目次のもう一つの例が、アウルス・ゲッリウスの『アッティカ夜話』（一八〇年頃）のものである。目次があるために内容が探しやすくなっているので、自分が提供するものはでたらめに集められた読書ノートにすぎないという著者自身の主張はそのまま鵜呑みにはできない。最近の研究はこう強調している。ゲッリウスのノートは、教養あるローマ人なら誰でも精通していることを誇示したがっていた、膨大なギリシア・ラテン文学への案内となるよう入念に構成されたものである、と。古典古代の多くのテクストは、目次がなくとも、特定の箇所に辿り着くことを手助けするための、各巻またはセクションごとの見出し名（*tituli*）や要約（*capitula*）とともに今に伝わっている。こうした装置がいつ付け加えられ、後世に伝えられていく過程でそれらに修正が加えられたのかどうかについて、定かなことはわからないが、パピルスの巻物の中には、検索機能に対する近年の関心のおかげで、そうしたものが付いていることが判明したものもある。[32]

古代の書き物は残存しにくいため、増えていく一方の文献を管理するために他にどのようなツールが用いられていたのかを理解することは難しい。通常の状況下では、パピルスの巻物は二、三〇〇年のうちに自然に劣化してしまう。[33]したがって、ある作品が後世に伝えられるためには、古代において少なくとも一度は筆写され、最終的には、二世紀から四世紀に冊子《コデックス》へと移行するのと同時に一般的に使われるようになった、より耐久性の高い羊皮紙に書き写される必要があった。パピルスの巻物とは異なり、羊皮紙の写本はそのまま眠らせておけば数世紀はもちこたえ、後世にまた流通させることができた。そのおかげで、一五世紀と一六世紀の人文主義者たちは、修道院の図書館で長いあいだ忘れられていた古典古代の作品の羊皮紙写本を見つけて胸をときめかせることになったのであるが、同時に彼らは、写本がまったく残らなかった古典古代のテクストがきわめて多くあったことも痛切に意識していた。実際、初期キリスト教時代の写字生たちは古代の文献のほんの小さな一部分しか伝えなかった。もちろん、彼らが筆写できたのは手に入った書物だけであるし、介在する数世紀のあいだに筆写されなかった古典古代の数多くの作品は、すでに失われていたのである。さらに、多くの写字生は、修道院という環境で働き、通常は、教えるためや学習するために自分たちにとって有用であると思えた書物か、異教徒たちのあいだで評価が高く保存するに値すると考えた書物を書き写した。こうした判断基準を考えるならば、写字生たちが選んだ書き物は、たんなる仕事用のツールと彼らがみなすたぐいの書物ではなく、洗練された作品であったであろう。

したがって、こうしたツールの存在は、現存する文献の性格から推測するしかない。ある学者の説によると、アテナイオスは『食卓の賢人たち（*Deipnosophistæ*）』（一九二年頃）を書くさいに、文学引用集を頼りにしたとのことである。一五巻からなるこの書物（もとはおそらく三〇巻であったと思われる）は、記憶だけを頼りにしたのでは思い起こすことはできないと思われるような、文学作品への複雑な言及や、的確で、多くの場合正確な引用で飾られた言葉遊びで満ち溢れている。アテナイオスのような学者や、彼が描いた教養ある会話の話し手であるような人々は、おそらくは用語集や語彙集といった、文章の一節や言葉についての注釈を主題別に集めたものを虎の巻として頼りにしていたであろう。こうした参考書の中には私的な覚え書きもあっただろうし、友人たちの小さなグループ内で回覧されていたものもあっただろう。アテナイオスは、公表されていた（つまり書き手が流通させていた）と思われるものからいくつか引用しているが、そのどれ一つとして現在まで残っていない。[34] 古典古代後期にはギリシア語文献からの引用集が存在していたことが推測できるが、その根拠となるのは、全四巻からなるストバイオスの『文選』や『選集』のような、今日まで残っている後の時代の編纂物である。これらは、五世紀の初頭に作られ、おそらくは、既存の編纂書に多くを負っているはずである。[35] 後期古代における情報管理のめざましい成果の一つが、エウセビオス（二六〇―三三九年）による教会史一〇巻であるが、エウセビオスはカイサリア図書館の豊富な蔵書から引用するために数多くの職員の助けを得ていた。この書物は、年表を含めて完全なかたちで今日まで伝えられているが、カイサリアで生み出された他の多くの学問的業績については、ほんの一部が残されているか、またはまったく失われてしまっている。たとえば、初期キリスト教時代における偉大な多言語対訳聖書である、オリゲネス（一八五頃―二五五年頃）の『六欄組聖書《ヘクサプラ》』は、ヘブライ語とさまざまなギリシア語訳による、旧約聖書の異なる版を六つの欄にわたって並べたものであるが、ほんの断片しか残っていない。[36]

大きい書物は、短い書物よりも写本の制作により多くの資源を必要としたため、後世にはことに伝わりにくいものであった。たとえば『博物誌』は、ウァッロやケルソスのような作者の作品とともに、紀元前から紀元後に移り変わる時期に出版された多くの百科事典的作品の一つであるが、今日まで残っているのは大プリニウスのこの作品だけである。ある学者の説によれば、大プリニウスが巧みな献呈文を書いてウェスパシアヌス帝を喜ばせ支援を得たことが、その決定的な要因であるとされる。[37] 人文主義者たちは古代史についての大部の著作が失われたことに言及し、なかには、古代において原典に代わって流通していた概要の存在に責があるとする者もいた。エラスムスは、とくにリウィウスによる『ローマ建国史（*Ab urbe condita libri*）』（当初の一四二巻のうち三六巻のみが現存）の大部分が失われたことを嘆いていたが、この原因を、ルキウス・アンナエウス・フロルスによる『ローマ建国史梗概（*Epitome*）』が二世紀半ばに出回ったことと考えた。[38] エラスムスはこの判断を「幾人かのラテン語学者」にもとづくと主張していたが、それが誰であるか筆者には特定できていない。一六八五年にある作家が、リウィウスの著作のような重要な原典が後世に無視された原因はフロルスの書物のごとき取るに足らない要約にある、という考え方を退けたものの、現代の学者たちは、この現象が当てはまると思えるような事例を一つ見つけ出している。[39]

古典古代の作家たちがきわめて効果的に発展させ、ラテン中世にじかに伝えた本文管理の技法は、要約と編纂であった。要約は古典古代期を通じて、アッティカ演劇（紀元前四世紀）のプロットの要約から、長大な散文作品の概要や要約にいたるまで、習得すべき内容を減らすために用いられた。大規模な編纂作業は文芸活動の中心をなすかたちとして、とくに二世紀から出現し、ラテン語（すでに一世紀に活動していたプリニウスとウァレリウス・マクシムスやアウルス・ゲッリウス）とギリシア語（アイリアノス、アテナイオス、ずっと遅くなってストバイオス）の双方において、さらには、キリスト教徒たちのあいだでも行われた（たとえば、紀元二〇〇年頃の、アレクサンドリアのクレメンスの『ストロマテイス（「綴織」[40]）（*Stromateis*）』）。文学的な雑録は、「ギリシア語とラテン語の書物の量が、普通の人間には、読破することができないまでに（暗記することは言うに及ばず）膨れ上がった時代の」教養あるエリート層の支持を得た。[41] 集成物は、他のジャンルでも中心的な役割を果たしており、たとえば、（ディオゲネス・ラエルティオス、エウセビオス、ヒエロニムスによる）伝記集や、異教とキリスト教における奇跡や不可思議な事象の集成物が挙げられる。申命記に始まり、マルコによる福音書やその他の原典をマタイやルカが利用したことにいたるまで、編纂と要約は、ユダヤ教とキリスト教の宗教的な文献の核心にあった。[42] 同様に、ユスティニアヌス帝（在位五二七―六五年）が命じたローマ法の体系化には、ローマ法に関する約一五〇〇点の現存する作品を、『学説彙纂』（*Digesta*〔ラテン語〕あるいは*Pandectæ*〔ギリシア語〕）という、主題によって分類された五〇巻に集約することが含まれていた。この仕事には、三九人の学者が四年以上にわたって従事した。彼らはまず、しばしば断片的であった原典を収集し、次いで価値があると認めたものを選択し要約したが、その過程で重複や矛盾を取り除き、選択したものを体系的に配列した。『学説彙纂』は、それに先立つローマ法を多く保存することになったが、ユスティニアヌス帝がそれ以外のあらゆる法典を禁じたため、そこに含まれないものを破棄するという結果をもたらした。[43] ローマ帝国が外部からの侵入にしだいに席巻され東西に分裂して教育が衰退し、西方ラテン世界がギリシアにおける集成物と要約についての記憶を失った後でさえ、集積と要約の形式は、ラテン語文化にすでにしっかりと根づいていたので、断絶する恐れはなかった。

要約しよう。古典古代において、学者たちは、カッリマコスのアレクサンドリア、プリニウスのローマ、エウセビオスのカイサリアのようなさまざまな場所を背景として情報を大規模に蓄積し、多すぎる書物やテクストを管理するための新たな方法を考案していた。だが、さまざまな理由によって（大部の作品を伝えることがとくに困難であったとか、ギリシア語に精通した人がいなくなったなど）、古代における情報管理の多くの例は、西方ラテン世界には直接受け継がれなかった。『ピナケス』は、ヘレニズム時代の東ローマ帝国の主要な諸図書館で模倣され、ビザンティン文化において、語彙集成（lexicographical collections）をアルファベット順に並べる方法の普及を助けた。[44] 後に編纂されたこのような語彙集の一つである『スーダ辞典』は、人文主義者たちのあいだでよく知られていたが、その一方で『ピナケス』の記憶自体は、人文主義者たちが失われた文献を復活させた後も、西ヨーロッパでは失われたままだった。たとえばコンラート・ゲスナーは、一五四五年に広範な文献目録を作成したときも、カッリマコスについては詩作品しか引用していない。[45] 同様に、アテナイオスのような状況にあった（似たような状況にあった人はおそらく他にもいただろうが）学者たちによってどのような編纂物や語彙辞典が作成されようと、そうした作品は、それらを典拠とし手本としたと思われる後世の編纂物を通じてしか知ることができないのである。その一例として、ストバイオスは人文主義者たちによって再発見されたが、ゲスナーは、彼が一五四三年に最初に出版したストバイオスの翻訳の中で、それを整然と収集された抜粋集の手本として称賛している。[46] 中世を通じて、編纂と要約の最も基本的な技法は、プリニウスを含む古典古代または後期古代のラテン語作品によるばかりか、ボエティウス（四八〇―五二四年）の教本類、そしてカッシオドルス（四九〇―五八五年）やセビリァのイシドルス（六〇〇―六三六年）の百科事典的な摘要録（compendia）によってもじかに伝えられた。古典古代の書物の中では唯一、アウルス・ゲッリウスの『アッティカ夜話』が、ルネサンスにおけるレファレンス書という新しいジャンルの直接の霊感源となった。レファレンス書とは、その初期近代の形として（一つまたは複数の）索引を検索装置として含む、雑多に配列された注釈のことである（これについては第3章で論じる）。このジャンルはエラスムスの『格言集（*Adages*）』という長い命脈を保つ手本を生み出したが、一六世紀以降は、情報管理の形式に影響力を持ち続けることはなかった。

古典古代のレファレンス用書籍の多くが後世に残らなかったとしても、古代が遺したもの——つまり、スコラ学者や人文主義者が古典古代から受け継いだと感じたもの——は、強力で汎用性に富む先例と警句《アフォリズム》の一群であり、これらは、知識の爆発に対する二種類の異なる反応を正当化するために引き合いに出すことができた。[47] 一方では、少数の書物に専念して「悪書」と思われる多くの書物を無視するために、セネカ（と彼が引用したヒポクラテス）が引き合いに出された。他方では、ときに中世において、またとりわけルネサンス期において、プリニウスとその情報収集への情熱、アレクサンドリア図書館の記憶、ヒポクラテスの名句の新たな解釈が、情報の大規模な集積とノート作成を正当化するために持ち出されることがますます多くなっていった。こうして人文主義者たちは、一三世紀になって初めて発展した情報管理法に実際上は強く依存していたにもかかわらず、情報爆発への己れの対応を擁護するために古典古代の先人たちを頼ることができたのである。だが同時に、ルネサンスの人文主義者たちは、古典古代の文献を新たに大量に復活させながらも、学問の伝達——それはしばしば、改悪や取り返しのつかない喪失に終わる——がいかに困難であるかについて、新たな結論を引き出しもした。結果として、私が論じるように、初期近代の学者たちは情報を保護することにとりわけ熱心であった。情報を備蓄し、写本や印刷物のかたちで他の人々と共有し、裕福な王侯やパトロンに大規模な図書館を造るよう勧めることによって、情報が失われないようにしたのである。

比較のための幕間
——ビザンティウム、イスラム、中国

多くの文化において、古代の権威を後世に伝えることは、新旧両方のテクストのたゆみない蓄積と、それらを分類し、格納し、選択し、そして要約するための効果的な方法の発展を促した。ここでは、西欧ラテン語世界以外における文献の氾濫とその管理の形態を考察することによって、情報管理法

を形成していくうえで、文化的要因と、口承、筆記、紙、印刷術といった技術的な側面とのあいだにいかに複雑で多様な相互作用が生じたかということに焦点を当てたい。文献の氾濫やレファレンス用図書は、西欧ラテン語世界に特有のものではない。異なる文脈におけるレファレンス用図書を検証することによって、初期近代ヨーロッパにおける発展がどのような特徴をもつのか——その最も有名なものとして、可動活字による商業的な活版印刷がある——が、よりよく理解できるだろう。ビザンティウム、イスラム、中国が、比較対象となる主要な地域である。それは、これらの文化において百科事典的な伝統が長く歴史的に記録されてきたからだけではなく、最近の書物史研究によって、文献管理技術に対する態度を形成したさまざまな要因を考察することが可能になってきたからでもある。その最も明確な例として、印刷術は、断続的であるとはいえ早い時期（八世紀）に中国で始まり、ずっと遅くなって一七九五年にイスラム文化に取り入れられた（それまでにはビザンティウムはイスラム圏になっていた）。しかしながら、いずれの場合も、多様な技術（写本や口承を含む）が、テクストとレファレンス用図書の形成と伝達に関わっていた。異なる文化におけるレファレンス用図書を比較すると、効果的な情報管理には印刷術や何かめだって「近代的な」または「西洋的な」特徴が必要であるという、いかなる主張も誤っていることが示されるのである。

ビザンティウム

西欧ラテン語文化圏がギリシア語原典との接触を失い、長く続く喪失感を抱いていた一方、東ローマまたはビザンティン帝国はたゆみない接触のもと、ホメロスのようなギリシアの古典の注解書をとぎれなく生み出していた。イスラム世界では、ビザンティン帝国との接触によってギリシア哲学のアラビア語への翻訳が九世紀と一〇世紀に促され、その結果、イスラム哲学と高等教育機関が発展することになった。さらに、それと同じ頃、八世紀後期から逆方向に、紙の使用が中国からイスラム世界へと普及し始めたことによって、より脆弱なパピルスとより高価な羊皮紙のいずれもが駆逐され、写本の急速な増加が促された。一方ビザンティウムでは、紙は国内で生産されず輸入されていたので、一二世紀を通じて高額な商品であり続け、羊皮紙と併存していた。[48]

ギリシア語の使用という言語上の連続性にもかかわらず、七世紀から九世紀にかけて、ビザンティウムの学問は比較的停滞した状況にあったが、それは、イスラム世界の膨張と聖像破壊をめぐる内紛によって生じた圧力と軌を一にしている。しかしながら九世紀後期以降、学問におけるビザンティン・ルネサンスが古いテクストの研究と新しいテクストの執筆を促し、たとえば、ホメロスについての注釈または注解（scholia）の伝統を長く続くものにした。[49] 皇帝コンスタンティノス七世「ポルフュロゲネトス」（九〇五―五九年）は、この文芸復興運動のパトロンの一人であり、さまざまな論説（彼自身の一族の歴史、軍事行動、帝国の行政に関する）を著しもしたが、人が居住している地域《オイクメネ》すべてにわたって、古代から蓄積されてきたすべてのギリシア語作品を探し出し、そこから有益な部分を選び出すことを心に描いて、以下のように述べた。「かくも多くの世紀を経るあいだに、数え切れないほどの出来事が起きたが、これまでに書かれた書物もまた同じく数え切れない……このため、コンスタンティノスは、万人にとっての有用性と実生活における利便性のために、オイクメネのあらゆる地域から、さまざまな学術分野にわたる、あらゆる種類の書物を積極的に探し出すことを決意した。そうすれば、そこに書かれた、考えるのも嫌になるほどの大量の記述は分類され細分化されて、そこに含まれている有用なものが、万人の手の届くものになろう。また、選び出すことによって、文芸を学ぶ者の注目をよりたゆみなく惹き付けておくこともできるようになるだろう」[50]。コンスタンティノスにとって、多すぎる文献は何世紀にもわたるたえまない蓄積の結果であった。最良の解決法は選集を編纂することであり、彼は実際、みずからの「牧歌集」を主題別に五三のセクションに分け、より詳細に吟味できるようにした[51]。

多すぎるギリシア語文献に対処するため生み出された作品には、さらに変わったものもある。フォティオス（八一〇―九三年）の『図書総覧（*Bibliotheca*）』である。コンスタンティノープルの高官であったフォティオスは危険な外交上の任務に赴く前に、兄弟の求めに応じて、自分が読んだ二八〇冊ほどの書物の注釈を書き上げた。彼はそれぞれについて、作者名、題名、要約、若干の個人的な批評を、一七世紀後期になって初めて文芸雑誌に現れた書評にも似た形式で書き残した。各項目は数行から七〇頁までさまざまな長さがあり、全部で約五〇万語にも及ぶ。とくに自分で所有していなかった書物については、過去に取ったノートを参考にしただろうが、秘書の助けを得たものの、順番については考慮せず、記憶を頼りに急いで書き上げたとフォティオスは記している。『図書総覧』では、その後失われたヘレニズム期やビザンティン帝国の多くの作品が論じられており、レファレンス用図書と考えられるものも数冊含まれている――トラレスのフレゴノスによる日付についての辞書（二世紀）や、ネロ帝の時代（一世紀）の女性学者であったパンピレの『歴史注解』などである[52]。

さらに大規模で、また明らかに参照用に構想された、作者不明の『スーダ辞典』は一〇世紀後期に制作され、ビザンティン・ルネサンス期に編纂された多様な語彙集や歴史編纂物を素材として利用した（コンスタンティノス七世の牧歌集も含まれる）。『スーダ辞典』は巨大な百科事典であり――三万一三四二の項目数があり一五〇万語を超える――、歴史的、伝記的、語彙的な情報を、一般名詞や固有名詞の区別なくアルファベット順の項目に配列している。おそらくは複数の著者集団によって作成された『スーダ辞典』は、古典古代から九世紀中盤にいたるまでのギリシアとローマの文献について、正統的なキリスト教の観点から情報と評価を与えている。[53] 全聖書についてのギリシア語用語索引《コンコーダンス》が、バシリウス修道院の修道士であったロードスのエウタリオスによって、一三〇〇年頃に編纂されたと伝えられるが、印刷されたことはなかった（それゆえ、ゲスナーにも知られていなかった）。[54] ビザンティウムの書物を入手する可能性は、中世のラテン語文化圏ではかならずしも困難極まりないものではなかった。たとえばロバート・グロステスト（一一七五―一二五三年）は、『スーダ辞典』のかなりの部分を、個人的に使う手稿の中で翻訳していた。それでも、ビザンティウムのレファレンス書がより広く流通したのは人文主義者たちのおかげである。『スーダ辞典』は一四九九年に、フォティオスの『図書総覧』は一六〇一年に最初に印刷された。ゲスナーは、どちらも高く評価しており、『図書総覧』は実際より五〇年くらい早く印刷してもらいたかったとの希望を漏らしている。[55]

イスラム

イスラム世界も文献の氾濫を経験したが、それはギリシア語書物の翻訳と、コーラン研究に特化した学問分野の発展に煽られたためであった。宗教テクストは、七世紀以降はモスクにおいて、また、とくに一一世紀以降は多数のマドラサ（モスクに付属する教育機関）において、主として口伝えの指導によって伝えられた。母音がない書き物（アラビア語では母音は文字ではなく記号で表される）からは曖昧性が生じうる。そのため口伝は、宗教テクストの正確な理解にとって不可欠なものと考えられていた。学生たちは、権威ある教師から学ぶために遠くから来て、高い授業料を払っていた。学生は「聴講の証明書（certificate of audition）」を受け取ると、自分でテクストを教えることができた。教師と学生は、はじめのうちは、暗誦されたテクストを教授し学習するさいの補助として非公式なノートだけに頼っていたが、カリフからの圧力、次いで、教養ある読書人からなる聴衆の増加に促されて、九世紀からは宗教と世俗の文献を含む「書物」が出版されるようになった。[56] たとえば、ハディースの大規模な集成物、すなわち正統な伝承者の名前の列記（そのリストはしだいに長くなっていく）とともに暗誦される正統な言行集は、九世紀には、万一忘れたときに見つけやすいようにと、内容順に配列されて出版されていた。[57]世俗の主題としては、古代ギリシアの自然哲学と天文学に特化したファルサファ（*falsafa*）と、古典アラビア語の文法、修辞、詩学といった人文主義的な分野のアダブ（*adab*）があり、教養あるエリート層がこれらの学問分野に触れることができるよう、さまざまなジャンルの参考書籍が数多く提供されていた。たとえば、主題別に配列された物語や事実の編纂物、各種の手引書、そして、西洋の歴史記述では便宜的に「百科事典」と呼ばれる、学問分野のあいだの関係を説明しその内容を概説するさまざまな作品である。[58]こうした編纂事業の動機の一つは、西欧ラテン語世界においてと同様、知識の喪失に対する恐怖であり、たとえばアダブの初期の編纂者の一人であるアル＝ジャーヒズ（七八一―八六九年）は、それをはっきりと口にしている。[59]

　バグダッドを中心とした古典イスラム文化において、いかに数多くの多様な書物が生み出されたかは、バグダッドの書籍商であったイブン・アル＝ナディームが九三八年に出版した『目録の書（*Fihrist*）』に見ることができる。この、アラビア語で書かれた作品の完全な文献目録を作成するという最初の試みは、分野または主題（経典の著者、文法家、歴史家、詩人、哲学者など）ごとに一〇のセクションに区分されているが、これは、アル＝ファーラビー（八七二―九五一年）による学問分野の分類にもとづいている。イブン・アル＝ナディームは、すべてを網羅することを目指していた。彼は三五〇〇人以上の著者を記し、その全著作をリスト化したが、そこには、世に知られていない著者による、重要でなかったり短命であったりした作品や、彼自身は見ることができず読者に情報提供を呼びかけた書物も含まれていた。イブン・アル＝ナディームはビザンティウムにおける書誌学的試みを知っていたであろうと思われ、とくに、『スーダ辞典』の情報源として引用されている、八世紀後期または九世紀前期の、ミレトスのヘシュキオスによる『オノマトログス（*Onomatologus*）』の縮約版を通じて情報を得ていたと考えられる。『目録の書』の一覧に載っている作品のほとんどは今では失われているが、『目録の書』自体は、いずれも部分的なものながら複数の写本で残っており、一七世紀後期に初めてヨーロッパの学者に知られることになったのである。[60]

　イスラム世界において参考図書として特化したジャンルの中には、アルファベット順に配列され、さらにはしばしば主題ごとに、またはその他の体系によって分類された書誌辞典と伝記辞典がある。辞典におけるアルファベット順の配列は、しばしば、（おそらくは脚韻を見つける助けとするために）語根の最初ではなく最後の文字に従っている。アルファベット順は概して厳密には守られてはおらず（最初のたった数文字も含めて）、象徴的な理由により、名前のリストの冒頭にムハンマドとその一族が置かれていることもある。[61]アルファベット順の索引はハディース集に主として見られ、古典イスラム文献のそうしたジャンル以外ではあまり使われていない――これは、暗記が学習の理想的なかたちとして重視されたことによるのかもしれない。だが、目次はより普通に用いられている。[62]

さまざまなジャンルにおいて主題がだいたいどのような順序で扱われるかは予測可能であったため、熟練した読者ならば、索引や目次の手助けなく参照読みをすることができた。たとえば、偉大な医学者であったイブン・スィーナー（アヴィセンナ、九八〇―一〇三七年）の伝記作者であるアル＝ジュザジャーニーは、独学者であったイブン・スィーナーの読書法についてこのように伝えている。「この大学者について着目すべきことの一つは、私が師の伴侶であり従僕であった二五年間、師が新しい書物を手にするたびに、最初から最後までじっくりと読んだのを見たことは一度もなかったことである。そうではなく、師は難しい一節やこみいった問題のところをすぐ読み始め、それについて著者が何と言っているかを見たのである」[63]。アル＝ジュザジャーニーは、ここで、アヴィセンナの書物に対する接し方が特筆に値すると述べているのだが、伝統的に「百科事典」と呼ばれてきた作品の多くは、主題や体系に則った明確なもしくは見当のつく配列法を備えているため、すぐさま参照できるような知識の概要を提供してきたのである。

古典時代（九世紀から一一世紀）において、百科事典はおおむね一巻本であった（これは、後世に印刷された諸版の数百頁分に当たる）。しかしながら、百科事典の編纂活動の第二期（一三世紀から一五世紀）に編纂された事典はより長くなり、参照をより容易にするために新しい方式のレイアウトが使われるようになった。[64]アラビア語の写本は早くから、見出しや、特殊な用語のうち固有名詞に別の色のインクを使っていた。そして、一三世紀のエジプトでは、写本のレイアウトに新しい構成要素が取り入れられ、階層化し番号を付けた本文の分割、欄外見出し、異なる大きさや色の文字、目次が用いられ始めた。たとえば、マムルーク朝時代のエジプトの、アフマド・アル＝カルカシャンディー（一三五五―一四一八年）による、一四巻からなる事務官用の手引書には、アルファベット順の索引はないものの、大きな判型で六五〇〇頁にもわたる情報から特定のものを取り出すことを容易にするために、詳細な目次とクロスレファレンスが付けられている。また、本文がいかに分割され構成されているかを、色を変えたり、余白を挿入したり、書体を変えたりして強調している写本もある。[65] 一三世紀のヨーロッパにおける写本のレイアウトに見られる類似した特徴が、アラビア語の写本と接触したことによってもたらされ発展したという可能性は、精細に研究するに値するテーマだろう。[66]

イスラム世界では、一七九五年以降、印刷術がだんだんと導入されてくるまでは、あらゆる書物が写本であった。二〇世紀にいたるまでの長い期間、写本の伝統が残った理由としては、筆写と書道に与えられた特別な価値や筆耕の強力な地位とともに、コーランを不正確に印刷することへの怖れ（コーランはずっと後まで印刷することが禁じられていた）が挙げられる。[67] 古典古代やビザンティン帝国の状況と同様、イスラム世界においても、筆写による書物制作は、旺盛に執筆したり、きわめて大きな作品をきわめて多く著したりすることの妨げにはならなかったし、そのことを示す文献や状況証拠もイスラム世界にはさらにはっきりと残っている。たとえば、宗教学者のイブン・アサーキル（一一〇五―七六年）は、一〇〇冊の本を書き、その多くは複数の巻からなっていたと伝えられている。そのうちの一冊が、八〇巻からなる『ダマスカスの歴史』であるが、これには一〇人の筆耕が二年間かかったとされている。[68] キャーティプ・チェレビーとしても知られているハジ・ハリファ（一六〇九―五七年）が、一〇世紀の『目録の書』以来初めて、アラビア語文献の完全な図書目録を完成したとき、そこにはラテン語訳では総計八〇万語を超える、一万五〇〇七個のアルファベット順に配列された項目が含まれていた。[69] この『書誌総覧（*Kashf*）』と付随する伝記辞典（*Sullam*）の現存する草稿の分析により、チェレビーは原稿の一部を小さな紙片に書いて糊で貼り合わせ、そのような紙片をさらに糊付けすることで挿入部を追加していったことが判明した。この書物は、はじめの一、二文字だけでなく、厳密にアルファベット順になっていることで異彩を放っているが、歴史家たちは、チェレビーは項目をアルファベット順に配列するさいにも紙片を使ったと推測している。[70] イスラム世界では紙片の利用例はこれまでほかに確認されておらず、チェレビーが初期近代のヨーロッパで紙片が使われていたことを知っていたとする理由もないので、彼はこの技術を自分で発明したのだろうと思われる。

西方ラテン世界と同様、文献の数が多くなりすぎ、とくに要約や教本が蓄積されたことは、学者たちに懸念を呼び起こした。医者であるアリー・イブン・リドゥーン（九八八―一〇六一年）は、編纂物によってイスラム教徒の医師たちのあいだで「医学に関する真に価値ある部分が消滅し破壊された」と苦言を呈した。同様に、攻撃の対象は異なるものの、一二世紀のエジプトにおけるファーティマ朝宮廷の医師であったイブン・ジャミーウは、初期のキリスト教徒たちが、手引書や摘要録に依存した結果、イスラム世界の医師たちだけがまだ続けている、古代の原典の研究を止めてしまったと批判した。[71] イブン・ハルドゥーン（一三三二―一四〇六年）は、みずからも多作な学者で歴史家であったが、一生かかっても読み切れないほどの「大量の学術書」があらゆる分野で手に入ることは否定的な帰結をもたらす、と最も執拗に声を上げた。彼は、この情報過多な状況がもたらす結果の一つが教科書への過大な依存であるとし、これは、学問にとって、そして学生がよい学習習慣を修得するうえで有害であると語っている。[72] それでも一方では、初期近代ヨーロッパにおいてと同様、大量の情報が時とともに増大していくにもかかわらず、特定の作品が手に入らないことへの不満はなくならなかった。たとえば、一七世紀のオスマン帝国では、とりわけ宗教とはかかわりのない主題を扱った書物が手に入らなくなることへの怖れから、写本の輸出が禁止されたのである。[73]

イスラム世界における情報管理法には、古代とビザンティン帝国において広く普及していた方法が含まれていた――編纂物と要約集、目次の使用とお定まりの主題別配列である。そこにはまた、書誌辞典や伝記辞典におけるアルファベット順の配列や、参照を容易にするために写本のレイアウトを工夫するといったことも含まれていた。こうした管理用ツールは特定の場合や状況においてよく発展したが、時とともにしだいに広まっていくことはなく、専門家の領域に留まっていた。[74] 記憶に与えられた高い価値と、師から学生への個人的な権威の伝達によって、索引の有用性が制限されたのである。写本は、必要な書物を読む方法をすでに伝授された人々のあいだの個人的なつながりを通してほとんどの場合流通したので、専門知識をもつ読み手には検索装置は必要不可欠なものではなかった。一八世紀の終わりまで写本文化に完全に依存していたため、大部のレファレンス書が頻繁に書き写されることは、そこに費やされる金額と労力を考えると、ありそうになかった。[75] それでも、学者たちの意欲と専門家たる読者の興味によって、中世と初期近代のイスラム世界では、めざましくも多様なレファレンス書が生み出され、なかには大規模なものもいくつかあった。文化と言語の瞠目すべき連続性のおかげで、『目録の書』や『書誌総覧』のような文献目録だけでなく、百科事典的な摘要録を含めて、こうした作品の多くは今日でも印刷され実際に使われてもいるのである。[76]

中国

中国における書物の集積と学問を助ける道具の伝統は、ラテン、ギリシア、イスラムのいずれの伝統とも接触することなく発展した（もっとも、紙や火薬といった技術は中国からそれらの文化へと波及している）。しかしながら、中国の伝統は、類似点と相違点をあいともに示している点で貴重な比較の視座を提供している。[77] 他の文化伝統と同様、中国における学問文化は、権威あるテクスト――紀元前二世紀に正典となった儒教の古典――の学習に集中しており、アンソロジー、注釈集、編纂物の大いなる集積を生み出した。他の文化伝統と同様、これらのジャンルの書物は、既存の原典から抜粋し要約する、そしてこうして集められた本文を、しばしば伝統的な主題別配列法に従って分類する、という手順を組み合わせて作られていた。しかしながら、各文化に共通して見られるそうした情報管理の方法は、中国では諸々の制度によって独自に形成されたのである。一方では、皇帝が、すべての伝統的なテクストを選集化し組織化するという巨大な共同編纂事業を命じ、それはどの文化にも見られないほどの規模に達していた。他方では、科挙の受験準備という圧力のために、受験者が解答を作成するための引用を集めた、類書と呼ばれる商業的な出版物が数多く売られていた。木版印刷は、中国においては最もありふれた印刷法であり（一一世紀以降は可動活字もときどきは使われたものの、木版印刷は漢字という表語文字で書かれたテクストによく適していた）、少部数での書物の制作、後からの再版、そして分散したさまざまな場所での印刷を容易にした。[78] 八世紀における仏典の複製に始まり、一一世紀から一三世紀にかけての民衆的な幅広いジャンルの作品や政府のための刊行物にいたるまで、印刷術は中国ではゆっくりと断続的に発展した。一二世紀から一三世紀および一六世紀から一七世紀に印刷術の興隆が見られたにもかかわらず、教養あるエリートたちはけっして能書と、入念な筆記（*biji*）への称賛を捨てなかった。[79]

　中国の皇帝たちは、少なくとも漢王朝（前二〇二―二二〇年）から早くも学問の後援者となったが、そこには宮廷の図書館に所蔵されている書物の目録作りも含まれていた。その目録に含まれる六七七冊のうちの一五三冊が今日まで残っているということは、テクストを後世に伝達することに入念な注意が払われ、転写が定期的になされたことの証左である。転写は、はじめは竹簡の上になされたが、二世紀以降は紙が用いられた。[80] 現存する最も古い書物は九世紀のものにすぎず、最も古い時代のテクストのほとんどは宋（九六〇―一二七九年）かそれ以降の時代の木版印刷によって伝わっている。書物は自然の力によっても失われたが、戦乱によってはさらに簡単に失われた。多くの皇帝たちが大規模な編纂物を制作するよう依頼したのは、手稿本であれ印刷本であれ、書物がいかに失われやすいかという痛切な認識に促されてのことであった。こうして作られた選集は、皇帝と廷臣が選別されたテクストを宮廷の図書館で利用できることを保証した。そしてまた、そうした編纂物は、皇帝の偉大さを証明し、世間にどのような書物を流通させるかという管理の方策としても機能していた。なぜなら、皇帝による編纂作業から除外された作品は、失われる可能性がより高くなったからである。[81]

現存する最も古い大規模集成物の一つは、北宋の太宗（九七六―九七年）によって命じられたものである。それは、当代の文芸と科学に関する知識を集めた選集であり、戦乱の時代の終焉を印すものであった。皇帝の官僚の一団が九七七年から九八三年のあいだ、前王朝である唐時代の歴史書や百科全書などさまざまな原典に依拠しながら、この編纂事業に従事した。その結果編まれた『太平御覧』は、一〇〇〇巻からなり、五五の部門にわたる五〇〇〇以上もの類目のもとに分類されている。この書物は一一世紀になるまで印刷されなかったが、個人の図書室でもきちんとしたところでは写本で所蔵されていた。太宗の息子で後継者でもある真宗（九九八―一〇二二年）もまた、父親の太宗が収録しなかったものも含む、彼自身の編纂事業を主導した。[82] 次に編纂事業の規模の記録を更新したのは、永楽帝（在位一四〇二―二四年）として知られている明の朱棣《しゅてい》の命によって作られた『永楽大典』であり、これは途方もないことに三億七〇〇〇万字からなっている。選りすぐりの学者たちの指揮のもと、二〇〇〇人以上の皇帝の官僚によって編纂されたこの巨大な書物は、それに先立つ数世紀のあいだに集積された文献に依拠しているが、そのうち四〇〇作品が今日なお知られているのは、ひとえにここに収録されたからである。一万冊以上、二万二八七七巻からなるこの書物は、皇帝にとってさえも、印刷するには経費がかかりすぎるものであった。したがって、この本は手稿本でのみ存在し続け、これを失わせないために一六世紀にさらに二つの写本が作られた。それでも、今日にいたるまでの数世紀にわたる喪失によって、現存しているのは八六五巻しかなく、これは当初の四パーセントにすぎない。[83] 一八世紀には、これをさらに上回る規模の『四庫全書』が、清朝の乾隆帝の命によって編纂された。乾隆帝は、官僚たちに対して、編纂物に収録すべき写本や書物を多くの図書館から収集し吟味するさい、それと同時に反清朝的な作品を破棄することを命じた。『四庫全書』は三万六〇〇〇冊、七万九〇〇〇巻からなり、一七七三年から一七八二年にかけて（三八〇〇人以上の書写生を動員して）、七部の写本が作成された。このうちの一部は紫禁城内で完全なかたちで残っており、一九八〇年代に写真平板《フォトリソグラフィ》によって再現され、今はオンラインで見ることができる。この書は八億語からなるが、この記録はほんの最近、英語版ウィキペディア（二〇一〇年六月の時点で一〇億語以上）によって超えられた。しかしながら『四庫全書』

の総語数は、『ブリタニカ百科事典』の一五版の四〇〇〇万語を一八世紀の時点で、はるかに上回っていたのである。[84]

規模において記録を作ったこれら二つの作品が示すように、皇帝の命による最大の編纂事業のために選ばれた媒体は手稿本であった。しかしながら、他の勅命による大規模な編纂物の媒体は印刷本であり、その最大のものが『古今図書集成』である。この本は（もしかするとイエズス会修道士の影響によって）珍しいことに銅製の可動活字を使って、一七二九年に印刷され、総計七五万頁に及ぶが、当時はほんの六四部しか印刷されなかった。このような少部数での印刷は、木版印刷の場合は投資に見合う戦略であった。というのも、木版は一度彫ればそのまま保管でき、後で重刷するときに使うことができたからである。だが可動活字が使われた場合（この『古今図書集成』のように）、制作のために投じられた資金を回収するには、できるだけ多くの部数を刷ることが必須であった――ひとたび活字が解版されると、重刷のためにははじめに組版するのと同じ労力がかかったからである。だがこの場合、販売して投資金額を取り戻す必要性は、おそらくは皇帝からの資金によってさほど切実なものではなかっただろう。[85] このような大規模編纂物の主要な検索装置は目次であったが、目次自体もきわめて長大であった（たとえば『永楽大典』では六〇巻、『古今図書集成』では四〇巻）。分類法は、主題ごとの配列（たとえば、天、地、人、礼など）から、音韻による分類（『永楽大典』では見出しは韻と声によって分けられている）、あるいは文字による分類（一八世紀には辞書の標準となった、文字の画数や部首順によるもの）にいたるまでさまざまであった。[86]

中国に特有の学習補助手段の発展の原動力になったのが、唐の時代（六一八―九〇七年）に制度化された科挙であり、これは国と地方の両レヴェルで官吏を選抜するための公務員試験であった。この試験に成功すると社会的、経済的報酬が得られることは明らかであったため、受験準備のための印刷教材の、巨大でますます拡大する市場が形成された。こうした教材には、権威ある原典からの引用を集めたもの、学習すべき科目の概要をまとめたもの、それに模範論文集が含まれる。こうしたジャンルの成功は、それらが解決することを目指していた問題をさらに加熱させる一方で、ジャンルのさらなる発展に火をつけた。こうした教材がより多くの受験生の受験準備の手助けとなるにつれて、科挙はいっそう難しくなり、競争率は上昇し、さらに多くの文献を暗記しなければならなくなり（その量は五〇万字にも達した）、そして、新しくより効果的な教材を購入して勉強しなければならなくなったのである。試験準備用の参考書は、一九世紀には不正を助長するとの理由で信用を失い禁止されたが、それまでは大量に印刷されて売られていた。[87]

科挙準備用のジャンルとして主流をなしていたのが、類書と呼ばれる項目別に分類された参考図書で、これは九四五年に完成した文献目録の中に初めて現れた。[88] 類書には、幅広い原典から採られた引用、逸話、情報が集められ、科挙受験者が効果的に学習し、作文中で引用できるよう、主題ごとの見出しと小見出しによって分類されており、通読することもできるし、参照読みをすることもできるようになっていた。九世紀における類書やその他の参照用図書（韻律辞典のような）の発展は、書物の体裁の変化――古代で用いられた巻物から、参照読みにより適した、冊子《コデックス》を思わせる胡蝶装への変化――と同時に起きている。[89] 一二世紀までには、参照を容易にするための数多くのレイアウト上の工夫が、この冊子《コデックス》様の体裁に施されるようになった。そこには、見出し、欄外注、本の題名や章について頁の小口側（またはノドの力紙）に記した欄外見出し、頁の上方に書かれた本文とその下に書かれた注釈を分けるための二つに区分した頁の使用（上に注釈、下に本文ということもある）、異なる大きさや色の書体などが含まれる。一六世紀までには、頁の読みやすさと一字一字の漢字の判読のしやすさを実現するために、縦方向だけでなく横方向にも引いた格子状の線の中に、楷書体で文字を印刷することが、しだいに標準的慣行となっていった。[90]

類書はさまざまな主題による分類に従い、しばしば相互参照できるようになっていた。主題ごとに、儒教の古典文献を筆頭に、権威が高い著者順に引用が並んでいた。それゆえ類書は、〔どの著者がどれほどの権威を有しているかという〕文化的な手掛かりを理解する素養のある読者にとって、きわめて効率よく参照できたのである。類書の大多数は、印刷業者が市場での売り上げを見越して出資した商業出版であり、一巻ものから多数の巻にわたるものまで、その長さもさまざまであった。これらは、学者たちがしばしば共同作業をしながら生み出したものであるが、彼らは、文芸指南のみならず道徳的な啓発も提供していると謳っていた。[91] 類書には繰り返しが多く、類書同士で、あるいは他の書物から借用しても、その旨を記さないことが多かった。古い木版から重版を出すことは簡単であるうえ改訂版を作ることもまた容易く、さらに、古い出版情報《インプリント》の記載が残される割合が低く、その割合の見当もつけにくい、という諸々の理由によって、近代以前の中国で類書あるいは書物全体について版が何回重ねられたかを算定する試みはまったくなされてこなかった。部数の見積りも同じく困難である――宋時代の印刷に関しては、需要がまだそれほど大きくなかったので、一〇〇部から六〇〇部が普通であったと考えられているが、木版の場合、修理が必要になるまでに一万部は刷ることができただろう。[92] ヨーロッパでは活版印刷術が一四五〇年から一五〇〇年までのあいだに急速に発展したが、木版の印刷技術が中国全土に普及するまでには数世紀（八世紀から一六世紀）を要した。しかし、ひとたび木版印刷の技術が確立した後は、国中に無数の印刷所が広がったので、歴史家の中には「一六〇〇年から一八〇〇年までのあいだに、中国では世界のどこよりも多くの印刷物が作られた」と推定する者もいる。[93]

中国ではテクストの蓄積がいちじるしく長期にわたって継続的になされており、学者たちは否応なしにその伝統に対峙することになった。そのため彼らは、上は勅命による編纂物や選集から下は類書での学習の近道の提供まで両極にわたって、蓄積された情報を管理するためのツールの考案に関わった。いずれの極にあろうと、解決法としてのこれらのツールのいずれもが、とくに宋代になって木版印刷術が初めて学問の領域に入り込んでくるにつれて、苦情を招いた。葉夢得（一〇七七―一一四八年）は、九九〇年から九九四年にかけて作成された古典の欽定版がもたらした結果について、一五世紀のヨーロッパの人文主義者を思わせる口調でこう嘆いた。「今では学者が（印刷された）書物を簡単に手に入れることができるようになったため、暗誦の力が低下した。いや、そもそも木版は正確ではなく、間違いのないものはないのである。しかし、今の人々（と将来の世代）は、木版の本を正確なものとして扱い、収集家の有する手稿本は日々失われていく。したがって、誤りが正されることはけっしてない。なんと悲しむべきことか！[94]」印刷本が容易に手に入ることで、写本の収集、暗記、改訂といった伝統的な学問の手法が失われ、欽定版から除かれた写本のヴァリアントやテクストが忘却の彼方に追いやられることを葉夢得は怖れたのである。皇帝の命による手稿本の編纂事業への苦情を一つも知らないが、これもまた――収集の過程でテクストのいくつかを直接破棄した編纂事業は一つしかない（清朝の『四庫全書』）としても――そこに含まれない作品が後世に残るのを妨げることで、中国におけるテクスト蓄積の潮流を堰き止めたと考えられる。

類書もまた、つねに苦情の対象になっていた。葉夢得と多くの点で一致しているが、朱子（一一三〇―一二〇〇年）は、真の学問には、ゆっくりした読書と、もとの文脈に注意を払ったうえでの、古典の深い理解と文章の暗記が必要なのに、類書は断片的で不注意かつ雑な読み方を助長すると論じている。朱子は、歴史家が「集中的な」と呼ぶ読書を奨励し、拡散的読書（多読）の習慣には反対した――「読む量は少なくし、しかし、読んだものはよく理解するようにしなさい。本文を何度も何度も追体験しなさい……多くを読もうとしてはならない……とくに飛ばし読みはやめなさい……今の人々がだらしない読み方をするのは、印刷された本が多すぎるからだ」[95]。朱子は、彼の時代に書物が溢れていることで悪しき読書習慣が生じていると批判し、その対処法としてみずからの読書法を開陳している。しかしながら、朱子も、初期近代ヨーロッパにおける書物の氾濫の批判者たちと同様、自分の主張と名声をできるかぎり広めるために印刷物を利用した。朱子の時代以降も印刷技術は普及し続けたが、それにともない類書も生産され続けたので、類書が真の学習をないがしろにすることを助長する短絡的な方法であるという、非難の声もまた絶えることがなかった。五〇〇年後には、顧炎武（一六一七―八二年）がお馴染みの懸念を表明している。すなわち、科挙用の教本のせいで、学者たちは「出来合いの書物を読むだけの存在に成り下がっており」、それがために以前あった学問的な討論の伝統から切り離されているという懸念である[96]。近代以前の中国では、初期近代ヨーロッパと同じく、レファレンス書を利用したと公然と認めることはまずなかった。だが、学習を手助けするツールについて学者たちが漏らした不満が、それが利用されていたことを示す間接的な証拠を提供しているのである。

多すぎる文献と情報過負荷についての苦情は、いかなる時代のいかなる場所においても――文献研究が、研究に値するとみなしうる一連のさらなる二次文献を生み出してくるところでは――見受けられる。異なる文脈において考案されたかくも多様な学習支援ツールは、たいていの場合、今日でもなお中心的に用いられている、テクスト管理のいくつかの基本的な方法を組み合わせたものを含んでいる――すなわち、テクストからの抜粋やテクストの要約を分類し保存することである。しかしながら、それぞれの事例が最終的にどのような姿をとるかということは、それぞれの文脈に働く数多くの要素によって決定づけられる。政治、教育、宗教の制度。テクストを複製するための技術。言語と文字体系から学問の理想にまで及ぶ文化的伝統。いかなる要素であれ――技術であれ、制度であれ、文化的伝統であれ――それ一つだけでは、異なる文脈における学習支援ツールの性格と運命を説明するには十分ではない。ここで比較した数少ない例がその証左になっていることを私は望む。また、それらの比較を引き続き検討することで、そこにさらなる複雑な要素が導入されるだろうと考えている。

ラテン中世におけるレファレンス用書籍

ルネサンスの学者たちが、模倣すべき手本や学ぶべき源泉として古典古代を振り返ったことはよく知られている。プリニウス、ディオゲネス・ラエルティオス、ストバイオスの著作のような、古代に編纂された書物の多くは、ルネサンス期には情報源や手本としてまさに尊重されていたし、雑録的な編纂物の著者たちは、アウルス・ゲッリウスをこのジャンルの創始者として引き合いに出していた。一六世紀の宗教分裂に刺激された教会史家たちも、エウセビオスを、歴史的な編纂物と年表を主導して作成した手本とみなしていた。しかしながら、人文主義者たちはおそらくこの恩義を意識していなかっただろうし、認めたこともまずなかったが、初期近代における情報管理法の最も重要な源泉は中世にあった。初期近代のヨーロッパで産出されたレファレンス用書籍のほとんどは、一三世紀のあいだかそれ以前に発展した書類や工夫にもとづいているのである。これには以下のものが含まれる。アルファベット順に配列された詞華集〔文学的あるいは宗教的な書き物からの抜粋によって構成される精選引用集で、韻文と散文をともに含む〕や辞典。体系的に配列された摘要録や百科事典。目次。聖書の用語索引とアルファベット順の索引。巻や章の番号（たとえば聖書におけるように）もしくは他の下位区分による正確な引用の場所の特定。頁レイアウトに関する参照しやすくするための工夫としては、欄外見出し、番号付きのセクションに分けること、大きさや色を変えて文字を書くこと、書き込みをするための欄外余白。葉番号や頁番号ですら、後期中世の手稿本に見ることができる。[97] 中世の手本や源泉を、手稿本と印刷本をともに仕事の材料とした初期近代の編纂者たちが、どのように変化させ新たな方法で用いるようになったかは後により詳しく論じるが、近代の所産と考えられている情報管理技術のいかに多くが中世に由来しているかを、まずわれわれは理解する必要がある。

後期古代から初期中世への移行期間には、異教徒（たとえば、五世紀のマクロビウスやマルティアヌス・カペッラ）にとっても、キリスト教徒（カッシオドルスやセビリァのイシドルス）にとっても、摘要録が古代の学問を後世に伝えるための主要なジャンルであった。カッシオドルスは、東ゴート族のもとで公職にあったが引退後にみずから修道院を設立し、そこの修道士たちのために『教育方法論』（六世紀初頭）を著した。そしてまた、セビリァの司教であったイシドルスは、主として自分の管区の聖職者たちに宛てて、『語源（*Etymologies*）』（七世紀初頭）を書いたのである。これらの作品はいずれも、ローマ帝国が分裂し、その教育システムが衰退した後、数が少なくなり、手にすることが困難になった書物に関する知識を広めることを目的としていた。[98] 両作品とも、はじめは特定の集団が利用するために書かれたが、しばしば転写されることで、多様な状況下にある読者へと拡散していったのである。

イシドルスは『語源』を「古代の文献の読書の記憶から」編纂したと述べている。だが、彼はまた、自由七科《リベラル・アーツ》、博物誌、人文学に関する作品を手に入れて抜粋や要約をするために、助手の手を借りたと思われる。流通へと向けて写本を準備した年下の同僚であるブラウリオは、この書物は「巨大な」ものであるので、それを二〇巻に分けたと説明している。彼はまた、作品中で扱われている主題をかなりでたらめに並べたリストも目次として付け加えた。『語源』は、中世を通じて流通した。八〇〇年までにはヨーロッパの主要な文化の中心地ならどこにでもその写本が存在し、一五世紀を通じて複製され続けたのである。今日でも一〇〇〇冊の写本が現存しているが、きわめて浩瀚な作品（英語に翻訳すると約二五万語にも及ぶ）であることから、完全版はそのうちの六〇冊のみである。[99]後世の著作家たちは、この作品の内容を存分に再利用した。とくにはなはだしいのが、フラバヌス・マウルスの『事物の本性について（*De naturis rerum*）』（九世紀）であるが、アレクサンダー・ネッカムの『事物の本性について 全二巻（*De naturis rerum libri duo*）』（一一九五年頃）や、カンタンプレのトマの『事物の本性について（*De natura rerum*）』（一二四五年頃）も同様である。『語源』は、二つの点において情報管理の手本となり、長きにわたって影響力を揮った。すなわち、一つには、書物――とりわけ原典に接することが難しい書物――の要約にもとづいていたこと、もう一つは、その採用する主題別配列が、かならずしも予測のつくものではないかわり、巻や章の見出しの一覧からなる目次によって検索することができるという点において、情報管理の模範となっていたのである。[100]

初期中世において、書物の不足を補ううえで役に立ったジャンルとしては、他に詞華集がある。これは、要約するというよりは、権威ある原典からその「精華」とも言うべき最良の一節を選び出したものである。詞華集（florilegium）という語（花を表す*flores*と、「選ぶ」という意味を含む*legere*から造られている）は初期近代から用いられており、おそらくはアルドゥス・マヌティウス（アルド・マヌーツィオ）によって、ギリシアのエピグラム集のラテン語訳のために最初に使われたものと思われるが、たしかに古代でも、あるテクストや議論の覚えるに値する部分を集めることは行われていた。[101]ただし、古代名言集の中世における写本の乏しさを考えると、中世の名言集を作成するうえで古代の名言集が典拠として重要な役割を果たしたとは考えられない。[102]

中世における最初の詞華集はおそらく、七世紀末の、リギュジェのデフェンソルによる『火花の書（*Liber scintillarum*）』であろう。これは主題別の章のもとに、典拠とした原本の権威の高いほうから順に抜粋を配列したものである——最初に福音書、次いでパウロと他の使徒たち、聖書のその他の書、そして教会博士たち、の順になっている。[103] カロリング朝ルネサンスの影響のもと、詞華集は古典古代の著者たちも含むようになったが、それらはしばしば、読まれた順にでたらめに並べられていた。詞華集の中には詩の抜粋を集めたものがあり、それは韻律学を教えるために使われたが、その一方で散文に特化した詞華集もあった。いずれの種類も、さまざまなレヴェルの教育に用いられたと思われる——九世紀半ばのミコン・ケントゥレンシス（サン・リキエのミコ）による『詩文語彙用例集（*Opus prosodiacum*）』で言及されている若い男の子たち（*Pueri*）の教育から、二〇歳のオセールのエリックにいたるまで。エリックは、フェリエールのルプスの口述を筆記して、ウァレリウス・マクシムスとスエトニウスからの抜粋に哲学と神学の格言集を加えた『名文集（*Collectanea*）』を、八五九年から八六二年頃に作成した人物である。[104]

詞華集は一方で、中世にすでによく知られていた著作家たちの作品に由来する抜粋を普及させ、正典をさらに強固なものとした。それは、聖書と教父たちに始まり、（引用数の多い順に）オウィディウス、ウェルギリウス、ホラティウス、キケロ、ユウェナリス、ルカヌス、セネカといった古典古代の作家たちからなっていた。[105] その一方で、詞華集は、その時代にはほとんど知られていなかった著者たちからの抜粋を含むこともあった。たとえば、一二世紀の『ガリア詞華集（*Florilegium Gallicum*）』には多くの写本が残っているが、「中世においてティブッルスが読まれたのは主にこの作品を通じて」であり、そこに収録されている抜粋は、後年の詞華集やヴァンサン・ド・ボーヴェによって再録されさらに拡散していった。[106] 似たような例として、『ウァレリウスとゲッリウスの選集』は、ウァレリウス・マクシムスとアウルス・ゲッリウスの著作からの抜粋を提供することによってその有用さを謳っていたが、それは、これらのテクストがなかなか見つからないものだったからである。[107] したがって、中世の詞華集は、一七世紀のヨセフ・ユストゥス・スカリゲルやヤヌス・ドゥサから今日にいたるまでの古典学者たちからは、稀少なあるいはユニークな古代の一節を伝えるものとして、長いあいだその価値を認められてきた——もっとも今日の評価によれば、中世の詞華集は古典古代の原典の忠実な記録とはみなされていないにせよ。[108] 図書館が少なく、小さく、修道院の共同体の特権的な構成員以外にはおおむね閉ざされていた時代に、初期の詞華集は、引用された著作家がよく知られていようといまいと、原典からの素材を広く知らしめ読むことができるようにしたのである。詞華集の起源は、おそらくは、記憶するに値する言葉が記された個人的な覚え書きであったであろう。それは、「情報の過少負荷」への対応策として、あるテクストに触れることができた機会に書き留められ、次いでそのテクストに触れるすべをもたない人たちと共有されたのだろう。

盛期中世を通じて、社会と政治における多くの発展のおかげで、宗教的、知的活動だけでなく、法律や行政の分野でも筆記されることが増えていった。[109] 一二世紀以降、摘要録や詞華集が取り組むべき状況は、だんだん文献の欠乏ではなく過剰になっていった。一二世紀にドゥエで作られた写本であることから『ドゥエ詞華集（*Florilegium Duacense*）』として知られている『花摘みの書（*Libri deflorationum*）』の序文は、あまりに多くの書物で気が散ると適切な記憶の妨げになるので、本書は読者がその禍に陥らないようにするうえで有益である、と説明している――「実際、書物が多すぎると気が散ってしまい、誰もそのすべてを覚えていることはできない。さらに、すべてを記憶しておこうと思う人は、何もしっかりと覚えられないのである」。[110] セネカの格言を暗に引き合いに出しながら、『ドゥエ詞華集』やその他の詞華集は、記憶する価値のある一節だけを収めていると約束する――編纂者たちはまた、必要と思われたときには、古典古代の作品からの一節を黙ってキリスト教風に修正した。[111] 詞華集はまた、一三世紀初頭にシトー会修道院で制作された『天国の華（*Flores paradysi*）』が高唱するように、所有者にとっては、大部の書物を購入して保管する費用と手間を省いてくれるものでもあった――「大きな本でいっぱいのたくさんの本箱に見出せるもののすべてが、ここでは短くかつ要約されてあなたのお手元に届けられます」。実際、詞華集の写本は、抜粋の引用元となった写本と比べると、携帯しやすい小さな判型で作られていることが多かったのである。[112]

詞華集は、一三世紀における情報管理ツールの爆発的増加において、きわめて重要な位置を占めている。というのも、詞華集は、それ以前の世紀に比べてはるかに大量に作られ、より整然と項目を配列するようになったからである。現存する一〇〇〇冊の詞華集手稿本のうち、一三世紀以前のものは一〇パーセントを占めるにすぎない。一三世紀以降、詞華集に収録されている引用は、おおむね、簡単に検索できるよう分類されるようになった。それに比べて、それ以前の時代の読者は、特定の項目を見つけるためには全体に目を通さねばならなかった。聖書の用語索引で用いられたアルファベット順に倣って、詞華集に収録された引用も、冒頭の語のアルファベット順か、アルファベット順または体系的に並べられたトピックないしはテーマ別見出しによって、しだいに配列されるようになっていった。なかには、索引が付いたものさえあるが、これはおそらく、聖職者が説教のテーマに関連した引用を探すさい利用しやすくするためだろう。[113]
この時代の最も顕著な成果としては、三つの巨大な共同編纂事業が挙げられる。一つ目は、聖書に含まれるすべての語に索引を付けた用語索引である（その最初のものが一二四七年頃に完成した）。二つ目は、ヴァンサン・ド・ボーヴェの『大いなる鑑（*Speculum maius*）』（一二五五年）であるが、これは空前の規模（西方ラテン語世界では）で編纂された要約と抜粋の集成物で、語数は四五〇万語ほどもあった。そして三つ目が、一四世紀初めに作られた、アイルランド、イングランド、スコットランドにまたがるフランシスコ会図書館の蔵書の総合目録である。情報管理におけるこれらの新機軸と、そうした新しい試みを促した要素に関する研究の先駆者は、リチャードとメアリのラウス夫妻である。[114]第一に、これらやその他の新しい事業は、それよりも早い時代である一一世紀と一二世紀のあいだに考案された、さほど定形化されていないものではない、「未出版の」先例を土台としてふまえていた。第二に、新たに誕生した諸機関によって説教と教育はいちじるしく拡大することになった。説教と教育は、これらの新しい編纂物が役立った二つの主要な活動である。托鉢修道会は、熱心な説教によって宗教的異端と戦うことを目的として設立された（フランシスコ会は一二一〇年に、ドミニコ会は一二一六年に）。シトー会修道士のクレルヴォーのベルナール（一〇九〇―一一五三年）は説教を多作した人物の見本（三七七ほどの説教が今日に伝わっている）であるが、しかるに一方、托鉢修道会はヨーロッパ中に何千人もの説教師を送り出した。おりしも、ヨーロッパ中の主要な学問の拠点において、大聖堂付属学校を母胎として大学が組織されていた。一二世紀後期のボローニャ、オックスフォード、パリに始まり、一三世紀には他の街でも次々と大学が作られた。大学では、教師と学生が互いに議論するだけでなく、権威のある文献を論評し、引用し、それについて論じることが求められたため、書物の急速な収集が進行した。[115]説教と教育のいずれの場においても（托鉢修道士は多くの大学で一大勢力となっていたので、両者が交差するところでも）、説教家と教師は、ある主題に関連する一節を、詞華集が可能にする以上に体系的に効率よく見つけ出す必要があったのである。
スコラ学の発展に決定的な役割を果たしたのは、評釈と議論を触発した諸々の権威ある文献である。教会法と神学におけるスコラ学の教育は、一二世紀に大聖堂付属学校で用いるために作成された少数の文献を定番教材としていたが、学生がそれらの分野において修得すべき内容を凝縮して学べるようにと、そうした教材は要約集と選集を組み合わせたものであった。教会法においてはグラティアヌスの『教令集』が、神学においてはペトルス・ロンバルドゥスの『命題集』とウルガータへの注釈を含む『標準注釈（*Glossa ordinaria*）』が、過去の見解が集成され体系的に（法学や神学における主題の標準的な順番、または聖書における順番に従って）分類された教材であった。学生たちは主題が出現する順番を記憶することになっていたので、検索装置がなくても書物の必要箇所に効果的に辿り着くことができた。[116] 一三世紀までには、それまで知られていなかったアリストテレスやアラビア語の文献がラテン語に訳される（一一三〇年から一二三〇年頃）ことによって、引用すべき権威ある原典や解釈の範囲が拡がり、哲学や神学上の議論も大掛かりなものとなった。スコラ学の著作には巨大な規模になるものもあり、その最も壮麗な例が、約二二〇万語の語数を擁するトマス・アクイナスの『神学大全』である。[117]

　テクストを利用しやすくするため、スコラ学の著作にはたいてい、巻や章の入念な区分に加えて、番号付きの質問、反論、応答が含まれていた。スコラ学の写本に顕著な特徴は、正確な引用と参照を可能にする頁レイアウトである。どの見開きの頁にも欄外見出しにその頁がどのセクションに含まれるかが明示されていたし、ルブリケーション〔装飾的な頭文字〕、番号に加えて、文字の大きさ、書体、レイアウトの変化（欄外余白の幅を変えたり空白を開けたりする）によって、本文中の異なる箇所――反論と応答、典拠、注釈、注釈の解説――が区別されていた。この点においても、スコラ学は先行モデルの慣例をふまえていた。すなわち、先立つ時代に修道院で制作された写本を手本としていたのである。メアリ・カラザーズは、色やイルミネーション〔写本装飾〕がそれぞれの頁に与えた特徴的な外観は、その頁を記憶に留めるうえで不可欠な助けとみなされていたと主張している。それと同様、スコラ学の著作に特徴的なレイアウトも、それぞれの頁にきわだった外観を与え、記憶の手がかりとなっただけでなく、番号（一三世紀に広く使われるようになったアラビア数字も含む）を振りセクションごとに明確な区分をすることによって、目当ての一節を探すのを容易にもしたのである。[118]

　聖書の用語索引は、一三世紀に考案された唯一無二の最も重要なツールであり、これを手本として、集積された書物、正確な引用、アルファベット順の配列にもとづくレファレンス書がさらに生み出されることになった。だが、用語索引そのものも、過去のさまざまな工夫を受け継いだものであった。一二世紀には、ペトルス・コメストルとリールのアランが『語義識別表（*distinctiones*）』を「出版」している。これは、聖書中のいくつかの語（動作を表す語、抽象語、具象語）を、そのさまざまな寓意的意味の説明とともにアルファベット順に並べ、目当ての主題にふさわしい聖書の一節を説教者が見出すための助けとしたものである。[119] 現存するさまざまなノートブックから判断すると、学生も教師も、聖書における寓意や見慣れない語の一覧や、興味を覚えた作品の部分的な索引を作って個人的に利用していた。聖書の用語索引がパリとイングランドの両方でほぼ同時期に別々に作成されていたことは――イングランドの用語索引はパリの用語索引の陰に隠れてしまい、部分的な写本が一部しか残ってないが、それでもなお――、聖書に索引を付けることに広く関心がもたれていたことを示すさらなる証拠である。一二三〇年頃には、パリのサン・ジャック修道院のドミニコ会士たちによって、一二四七年までに完成することになる編纂事業が始められた。チームの各メンバーは、自分が割り振られたアルファベットの最初の文字（または最初の二文字）で始まる語を聖書を読んで見つけ出し、文脈についての短い説明と正確な位置とともに記録した。この用語索引は、主に一三世紀に作られた二二の写本で現存しているが、すべてが簡素で携帯しやすい小型版である。後年の、一二八〇年から一三三〇年にかけて制作された写本は八〇冊残っているが、その中には、利用しやすくするためにルブリケーションを施した大判で豪華な装丁のものがあり、さらにそのうちの数冊には、ペシア・システムに従い、大学の学生が書き写すための原本として用いた痕跡が残っている（ペシア・システムとは、学生たちが書籍商から原本の分冊された各部分を借り出して書き写していき、最終的に原本の新しい写本を自分用に完成させるという方式である）。[120]

一頁に含まれる本文の長さが写本ごとに異なっていたので、聖書を参照するための方法としては、レイアウトに頼らないものでなければならなかった。聖書をさまざまな書に分けることは初期の公会議によって決められたが、ドミニコ会の聖書用語索引が一二〇三年のスティーヴン・ラングトンの番号付けを踏襲し、これを標準と定めるまで、キリスト教徒のあいだでは各書の章に標準となる番号はなかった。節ごとの番号は、一六世紀における印刷本の聖書諸版で初めて導入された。[121]ドミニコ会の聖書用語索引は、節に番号が付いていなかったので、各書の章の特定の箇所に言及するため、その一節がどこにあるかを確定する新しい方法を採用した。すなわち、各章をAからGまでのアルファベットを振った、七つの等しい長さのセクションに分割したのである。このセクションは写本上には記されていないが、読者は頭の中でセクション分けをすることを期待された。アルファベットの一文字を振られたセクションは、それぞれ一章の七分の一になるが、章の長さによってその長さも変化した。それでも、用語索引の利用者は聖書に詳しかったので、ある一節の場所を探すのに必要な計算をすることはさほど難しくはなかっただろう。[122]この参照システムは用語索引からその他の写本に広まり、たとえばエラスムスの『格言集』に見られるように、大判の印刷本の中には、頁の余白に文字を振り、索引の項目と対応させているものがあるが、そのシステムの源となったと考えられる。印刷本では、検索用の文字はそれぞれの頁に印刷されたので、いっそう使いやすかったであろう。

　聖書を詳細に研究し、広範な注解をなしたのはキリスト教徒だけではなかった。正統派ユダヤ教の近代における教育が、最も重要なテクストの暗記にもとづいていることはよく知られている。一二世紀や一三世紀の中世ヘブライ語の写本には、聖書で用いられている語のアルファベット順の一覧が、その語が出てくる聖書の一節とともに記されているものも数点あるが、聖書の中の正確な場所を記したものはない――それはおそらく、学識のある人には場所がはっきりわかっていたからであろう。こうした写本のうち少なくとも一冊はドミニコ会の用語索引より前に作られているが、今度はその後者が、一五世紀になって同じような一覧を含むヘブライ語の類書がさらに作られるきっかけとなった。[123] 一四三七年から一四四五年のあいだに作成された、ヘブライ語による最初の聖書用語索引（*Me'ir nativ*）の序文の中で、アルルのイツァーク・ナータン・ベン・カロニモスは、キリスト教徒自身が作り出した道具を用いて、彼らに反駁してやるのだと説明している。ナータンはまこと、キリスト教の用語索引を使ったとき「この書物の助けを借りれば、反駁できない議論などない」と知ったと書いている。彼はキリスト教の用語索引をそのまま翻訳するのではなく、ヘブライ語聖書からじかに用語索引を編纂したが、キリスト教で慣例となっていた章分けは取り入れ、以降章分けは印刷された諸版のヘブライ語聖書でも標準となった。[124] より一般的な内容のものとしては、ユダヤ教の百科事典が、一三世紀と一四世紀にイスラム圏とキリスト教圏の双方（たとえば、トレドとアルル）において数多く編纂された。[125]

　キリスト教徒のあいだでは、聖書の用語索引に続いて、同じような参照ツールがすぐに作られるようになった。テクストは残存していないものの、「本物の《リアル》」聖書用語索引《コンコーダンス》とみなせるものは一二四〇年代に出現し始めたという証拠がある。こうした「コンコーダンス」（当時そう呼ばれていた）は、単語そのものではなく、聖書の中の神学的概念（*realia*）をアルファベット順に配列した索引からなっていた。それは、今日では主題別索引と呼ばれるものに相当する。[126] それに続いて、主要著者たちのアルファベット順主題別索引が相次いで作られた。アリストテレス（一二五〇年にパリにおいて制作者不詳で）、アウグスティヌス（一二五六年から六一年にオックスフォードで、ドミニコ会修道士のキルウォードビーによって）、トマス・アクイナス（フォンテーヌのゴドフリーによって、まずは個人用に、次いでより広範に流通した索引として）などである。こうした索引は明確な配列方式（アルファベット順）と、スコラ学者たちのあいだで標準となっていた主題名を採用しており、ヨーロッパ中の学生や学者で手にすることができる者にとっての共通の財産となっていた。[127]また、これらの索引は、本体の作品とは別個に流通していた。索引によって、前の数十年間の学者たちがより個別的に取り組んでいた問題への共通の解決法が与えられることになった。たとえばロバート・グロステスト（一一七五―一二五三年）は、手持ちの聖書や教父たちの著作に（ギリシア文字や数学で使われる記号を含めて）四〇〇以上もの符号を付け、そのそれぞれが異なる主題を表していた。どの符号がどの主題を表すかを読み解く鍵もまた、彼は蔵書の写本の一冊に残している。グロステストは、おそらくは他の人々（同じく高名なイングランド人フランシスコ会修道士のアダム・マーシュ（一二〇〇―一五九年）も含めて）の助けを借りて、多くのテクストの神学的な主題別索引を作成することに取り組んでいたようである。この索引は未完成に終わったが、それがどれほど便利に利用できるものになっていたかは、主題別見出しがいかに示され（記号や言葉によって）、いかに配列されていたかにかかっていたことであろう。[128]

用語索引が作られる以前にも、アルファベット順配列法が知られていなかったわけではない。一例として、ギリシアのディオスコリデスに由来するラテン語の植物誌が、アルファベット順配列をもつ写本として現存しているが、それは一一世紀後期という早い時期に作られている。しかしながら、アルファベット順配列をより広範に用いるきっかけとなったのは、用語索引であった。『一つかみの花々（*Manipulus florum*）』という一三〇六年の詞華集では主題別見出しがアルファベット順になっているが、これには「用語索引の様式に倣って《モーレ・コンコルダンティアエ》」配列されたという説明がなされている。[129]パリで作成された最初の用語索引の下書き頁の数枚が、サン・ジャック修道院で一五世紀に作成された写本の装丁に転用されたために発見されて今に残っている。これらの頁からは、学者たちが認定したところの、古代と中世によく見られるアルファベット順方式で、この用語索引が配列されていたことが看て取れる。この方式では、しばしば、最初の一文字または二文字のみの部分的なアルファベット順配列が用いられていた。編纂者は、ある文字で始まる語のために紙を用意し、見つけた順にそこに書き込んでいく。書き込まれた語は、その頁全体がふたたび転写されるさい、より注意してアルファベット順に並べられたというわけである。アルファベット順配列は、一一世紀に作成された最初のラテン語諸辞典において、すでに基準をなす方式であった。パピアスの『学問の初歩の手引き（*Ele-*

mentarium doctrinæ rudimentum)』（一〇五三年頃）は最初の三文字が、またピサのウグッチョが作ったとされる『語源（*Derivationes*)』（一二世紀後期）は最初の一文字だけが、アルファベット順になっている。ウグッチョの一文字だけのアルファベット順は非常に使いにくかったので、一三世紀には、この本のアルファベット順索引が複数作られ、なかでもペトルス・デ・アリンギオによるものが最も広く流通した。完全にアルファベット順になっている最初のラテン語辞典は、ドミニコ会士であったジョヴァンニ・バルビによる一二八六年の『カトリコン（*Catholicon*)』であった。バルビは順序（たとえば *justicia* が *justus* の前に来るといった）について詳細な説明を加えており、このことから、この方式が辞典における新機軸だとバルビが感じていたことが窺える。[130] ドミニコ会士の使用に供するためにこの辞書を作ったとバルビ自身は書いているが、『カトリコン』の写本は一九〇冊も残存しており、ドミニコ会以外の多くの組織もこの辞典を所有していた。なかには、ペシア・システムのもとで書き写され、大学の学生が用いた痕跡のあるものも五冊ある。また、『カトリコン』は、グーテンベルクによって一四六〇年に印刷された最初期の本の一つである。[131]

権威ある著作（聖書に始まり、主要な聖職者の著作にいたるまで）にアルファベット順索引を付したのは、説教師に充実した虎の巻を与えるためであるというのは、理由の一部であるにすぎない。一般的な説教師にとって、説教手本集は、詞華集、語義識別表、教訓話集（道徳的な逸話を集めたもの）とともに基本的なツールであり、それらの書物は、聖職者が利用するほぼすべての図書館に複数部数が所蔵されていた。[132] より網羅的で高価なツールの使用を促したもう一つの要素は、説教と議論におけるスコラ学的環境であった。大学という場では、説教の聴衆は老練なうえ要求水準が高かった。すべての教師と、一年に一度は神学部の全学生も説教を書くことが求められた。学生はまた年に約一〇〇もの説教を聴いていたが、かならずしもそれを楽しんでいたわけではあるまい。[133] こうした状況では、詞華集と、あらかじめ分類済みの抜粋集に頼るだけでは十分でなかった。たとえば、一二七〇年代のパリ大学の教師の一人は、既製品を買ったり自分で考案したりした、さまざまな著作についての索引に加えて、アルファベット順の用語辞典と聖書の用語索引を各一冊と聖書の『語義識別表』を二冊所有していた。より全般的に言えば、「原典（*originalia*)」という語は、抜粋に対して原本がより高い権威をもつことを表すために一三世紀に初めて造り出された語であるが、まさしくそれは抜粋がますます広く用いられるようになった時代であり、いわば概念上の「逆成」の一例として造語されたのである。[134] 広く流通していた詞華集の少なくとも一つが、この種の書物が抜粋への過度の依存を助長しているという批判に応えている。一三〇六年に、アイルランドのトマスによって編まれた『一つかみの花々』は、定番の抜粋を収録しているが、興味を惹いた引用を見つけたらその原典を参照しなさいと読者に勧め、その助けとして、引用元の著者とその著作のリストが付録として付いている。原典を読むようにというトマスの助言に従おうと考えた人々によって、このリストも、一種の文献案内として、本体の詞華集とは別に書き写されていった[135]。

聖書の用語索引と並んで、もともとは托鉢修道会説教師の訓練のために作られたものの、そこでの需要をはるかに超えて利用されたもう一つの巨大な作品が、最も浩瀚で最も有名な中世の「百科事典」――ヴァンサン・ド・ボーヴェによる『大いなる鑑』(一二四四年から一二五五年に作成された)――である。それは、約四五〇万語を擁し、四部構成(第四部はヴァンサンの死後に書かれ追加された)で、全八〇巻、九八八五章に分けられている。この書物は、一六〇〇年以前は、西欧における最も巨大なレファレンス書であったと思われる。完全版の手稿本は少なくとも、各五〇〇頁からなる七巻の二つ折り本を必要とする[136]。ヴァンサンは、長大な序文を己れの著作の説明に費やし、情報が多すぎるという認識を鮮やかに示しながらこのように口を切る。「書物が多すぎ、時間は少なすぎ、記憶は当てにならないので、書かれたものすべてを等しく覚えておくことはできない。きわめて多くの「著者の」本を熟読し、長いこと読書に没頭しながら、ついに同志の中で最もつまらない者である私は(私より優れた同僚の方々の助言によって)、われらと同じカトリックの博士であれ、異教徒の哲学者や詩人であれ、自分が読むことができたほとんどすべての著者たちから、また、「教会史と世俗の」双方の種類の歴史家たちから、私の能力の及ぶかぎりに選りすぐった精華を簡潔に並べた、ある種の摘要録のような書物一巻にまとめることを思いついた」[137]。ここでヴァンサンは、過剰な情報に直面したさいの時間と記憶の限界を雄弁に語ったうえで、『大いなる鑑』がこれに対する古典的な解決法であると述べている。すなわちこれは、最良の細切れを集めたものであるが、ただ、著者と主題が空前の規模で網羅されているというわけなのだ。ヴァンサンは、すでによく知られていた古代の著作家や教父たちだけでなく、アリストテレスやアヴィセンナといった新たに手に入るようになった原典や、イシドルスの『語源』からカンタンプレのトマによって編まれたばかりの『事物の本性について』にいたるまで、他の百科事典からも抜粋した[138]。だがヴァンサンは手に入るものを編纂するだけでは満足せず、主要な原典に欠落があると思えば、その空白を補うための典拠を他に探しもした。アルノ・

ボルシュトの指摘によると、ヴァンサンは、プリニウスの自然界の描写に何が欠けているかを見定め、その欠落を埋めるために他の著者たちを参照できるように（たとえば、プリニウスの『博物誌』にはないヴェスヴィウス火山を扱ううえで、ヴァンサンはイシドルスの『語源』を用いている）、助手たちに「プリニウスの主題別索引」を用意させた。[139]

リチャードとメアリのラウス夫妻が研究したレファレンス用書籍と同様、『大いなる鑑』は説教家の助けとなるよう意図されていた。ヴァンサンの序文は、この作品がどのような機関を母胎として始められたかについてははっきりとは述べていないが、それについては専門家たちがかなり詳細に解明している。托鉢修道会は、それぞれの修道院で読師（lector）が修道士を訓練することを定めていた。読師たちの多くは、ノートを取って蓄積し、彼らはそれを修道会内外で人々と共有した。ヴァンサンはドミニコ会の上司たちから、読師用の〈普遍の書（opus universale）〉――とくに、図書館がまったくないか、あっても不十分なものしかない修道院で働いている読師のための――を書くように依頼された。[140]『大いなる鑑』は少なくとも五段階を経て、しだいに大きく膨らんでいったが、それはおそらくヴァンサン（とその共著者たち）が新たな書物に接した結果であろうと考えられる。パリのサン・ヴィクトル、ヴァンサン自身が読師であったロワイヨモン、ヴァンサンの出身修道院であるボーヴェといったドミニコ会修道院の図書館のほか、ヴァンサンはルイ九世の王室図書館も使うことができただろう。[141]ヴァンサンは、己れのような読師だけでなく宗教上のありとあらゆる活動にとって自分の大作は有用であるとして、以下のように述べている。「けれども、私だけでなく、あらゆる勤勉な読者にとって、本書が大いに有用であることを確信し、また神がそうあらしめたまうことを信じている。神自身と、目に見えるものであれ見えないものであれ、その創造物を読者に知らしめ、そしてその知識を通じて神を愛さしめ、多くの学者たちの愛に満ちた言葉や行為によって読者の信仰心をかきたてるだけではなく、説教をし、読み、論じ、問題の解決法を見出し、また、一般的にほぼすべての分野の学問について明確な説明をするためにも、本書は役に立つ[142]」。実際、『大いなる鑑』は、普通の読師や説教家が必要とするよりもはるかに多くのものを含んでおり、さまざまな職業の読者がさまざまに用いることができる汎用性のある書物として作られていた。ヴァンサンも、「おそらくは好奇心にかられて、知らないことを学び研究するうえで、そうした事柄についての知識を得て喜びを感じるであろう人々」を満足させることも望んでいる、と認めている。[143]

あまりにも冗長で、あまりにも新奇であるという批判を予期していたヴァンサンは、この作品は実は短く、古くからある伝統に則ったものであると強調してこう述べた。「この新しい書物はまた同時に古いものでもある。また、短くもあり長々しいものでもある。その権威と素材においては古くからのものであり、そこから採ってきた部分を編纂し配列する方法においては新しい。そして、これは多くの言葉を短くまとめている点で簡潔なものである。とはいえ、素材の量が膨大なので長いものとなっているのである」と述べている。[144]ヴァンサンは、まさに、普遍的なものを目指していた。彼の目的は、第一部『自然の鑑』では自然を、第二部『諸学の鑑』では学芸と科学を、そして、最も長く、全体で最もよく読まれている第四部『歴史の鑑』では全世界の歴史を通じて、神の存在を明らかにすることであった。第三部『道徳の鑑』は、彼の死後追加されたものであり、歴史的な傾向をもつこの企てに、哲学的な次元を与えている。[145]好奇心という罪を犯し、魂の救済に必要な範囲を超えたと自責の念にかられている箇所もあるが、そうしながらもヴァンサンは、「この作品に含まれるすべてのものは……それ自体よいものであり、熱心な読者にとって有用なものである」と主張するのだ。[146]実際、ヴァンサンは、読みすぎたというよりも、読み足りていないことを後悔しているように思える――「これまでに書かれたすべてのものを見つけ出し、読むことができないことはわかっている。また、読むことができたものからでさえ、注目に値するものすべてを書き表せたとはとても言えない。そうするためには、巨大な一巻を追加しなければならなかっただろう。しかし、私は、よいものの中からよりよいものを集め、よりよいものの中から、たしかにそのいくらかを集めたと思う」。[147]ヴァンサンの望みは、できるかぎり多くの素材をできるかぎり網羅し、完璧な百科事典的知識という目標を目指すことにあった。

『大いなる鑑』の中世における受容の研究を通じて、全巻そろったかたちでの現存が確認されたのは、中世に制作された数少ない例のうちの二組だけである。この作品は、主に分冊のかたちで流通し、そのうちの三〇〇点（その大多数が『歴史の鑑』の写本）が今に残っている。しかしながら、『歴史の鑑』も、完全版で残っているのは三七点にすぎない。その巨大さから、『大いなる鑑』の写本を作るのは、一部分だけでなければ、費用がかかりすぎたのである。印刷本の時代になってようやく、初期刊本《インキュナブラ》期に四部それぞれの完全版が、また全巻のセットが一五九一年と一六二四年に流通するようになった。[148]とはいえ、ヴァンサン・ド・ボーヴェが収録した素材は、より短く携帯に便利で購入しやすい百科事典的な編纂物を介して広く知られたのである。こうしたものの中で、バルトロメウス・アングリクス（イングランドのバーソロミュー）による『事物の特性について（*Libri de proprietatibus*）』は中世を通じて広く書き写され、一四九一年までに九回印刷され、さらに、英訳本は一五八二年にいたるまで印刷された[149]。カンタンプレのトマ、ヴァンサン・ド・ボーヴェ、バルトロメウス・アングリクスによって作成された、一三世紀の三冊の主要な百科事典に対する説教家たちの反応の研究によれば、これらのいずれもが、実際には広く用いられていなかったようである。これらの作品にこめられた百科事典的な野心や、前提をなす調和の思想は、説教家たちのつねの題材である苦難や苦闘の経験とは合致しなかったのである[150]。したがって、これらの作品は、当初こそ説教家の参考書として存在意義を主張したものの、独自の野心と論調をもつ独立したジャンルを形成することになった。それでもなお、現存する写本の大多数は修道院（しばしばシトー会とベネディクト会）の図書館に所蔵されており、広範囲にわたる主題やテクストに新しく触れるためのツールとなっていた。

『大いなる鑑』には索引が付けられていないものの、それでも参照は可能であった（最もよく利用された部分である『歴史の鑑』についてのみ、書かれてからおよそ七〇年後の一三二〇年から一三二三年頃に、後にアヴランシュの司教になったジャン・ド・オーフュニーによって索引が作られた[151]）。しかし、ヴァンサンが説明しているように、この本は系統的に配列されているので、読者はどこを見ればよいのか自分で見つけることができた。『自然の鑑』は聖書に記述されている六日間の創造をふまえて六つの部分に分かれており、『歴史の鑑』は年代順になっている。また、いくつかのセクション（鉱物、植物、動物に関する）に収録された素材は、アルファベット順に（しかも厳密に）配列されている。ヴァンサンは、参照しやすさに留意して作品を多くの短い章に分けた、と述べている。「この作品の各部分を読者がより簡単に参照できるように、私は全作品を巻と章に分けたいと思った[152]」。『大いなる鑑』の写本には、写本の前か後ろ、あるいは各巻の冒頭に章の表題の一覧が付けられているものが多い。さらにヴァンサンは各分巻に要約を付している。ただし、索引付きのテクストが流通するようになったのは、印刷版になってからである[153]。

聖書の用語索引やヴァンサン・ド・ボーヴェの『大いなる鑑』のような大部のレファレンス用書籍が一三世紀になぜ新たに出現したのかを説明するのは簡単ではない。実務的な観点からは、どちらの場合も、ドミニコ会という宗教組織の存在が、一〇年またはそれ以上かかるような、テクストの素材の抜粋、分類、編纂という骨の折れる仕事に従事する時間と資源を、一団の教養ある人々に提供するうえで決定的な役割を果たした[154]。この投資は、他の諸々の宗教的な目的の中でも、その成果が説教師にとっていかに価値あるものであるかを高唱することによって正当化された。知的な観点からは、説教の質を向上させ準備しやすくしたいという欲求以上の要素も、そこには作用していた。権威ある文献に付けられた用語索引や索引は、詞華集には限界があるという新たな感覚が生じた証拠である。すなわち、詞華集では複雑化する大学での教育と説教には対応できない、としだいに感じられるようになってきたのだ。ヴァンサン・ド・ボーヴェは、既存の編纂物が原典の言葉を黙って削除したり、追加したり、変えたりして、もとの意味を伝えていないことに文句を言っている。[155]「後期中世の学生の大多数が、哲学者たちの著作を抜粋集でしか知らなかったとしても」――「抜粋集」とは、たとえば『小華集（*Parvi flores*）』のような――、アリストテレスの受容によって、哲学的な複雑さや誤った伝達の危険性に対する意識は高まっていた。[156]だが、用語索引の編纂を促していた要因は、明らかにアリストテレス受容に先立っており、また、ヴァンサン・ド・ボーヴェに関する最新の研究が強調しているのは、彼もまたアリストテレスとその哲学に関連する論争には関わらないようにしていたことである。[157]

アリストテレスのテクストが新たに受容される以前にすでに、サン・ヴィクトルのフーゴー（一〇九六―一一四一年）は、聖書へ百科事典的にアプローチすることを説き、「すべてを学びなさい。後になったら余計なものは何もないことがわかるでしょう」と述べ、知識全般については、「どんな学問であれ軽蔑してはいけない、なぜならあらゆる学問がよいものなのだから」と述べている。このような、プリニウスの「いかに悪い書物であれ、何かしら有益なところがある」という名言のさらなる変奏は、中世に作成された他の百科事典の序文にも見られる。[158]こうした新しい態度が、情報過負荷を示すどの客観的な事例にもまして、一三世紀の最も巨大なレファレンス書に見られる徹底的かつ普遍的な欲求の発現を促すための重要な要因であったと私には思える。[159]ラウス夫妻は、初期の索引が狭い範囲の権威ある見解や主題を正典として押し付けたと強調しているが、こうした参照ツールは、それ自体としては、しだいに多様性を増していく素材を自在に包含することができた。[160]『大いなる鑑』は部分的にしか写本にされなかったとはいえ、それでもヴァンサン・ド・ボーヴェは、自分が扱う主題はそのいずれにも多様な見解があることを読者に知らしめている。用語索引も百科事典的な摘要録も、本文の難解なところや矛盾しているところを見せてはくれるが、その解決法を示してはいない。ヴァンサンは、一つの問題について存在しうるさまざまな権威ある見解の中から、最終的な結論を下す仕事ははっきりと読者に委ねている。「とくに事物の本性について、哲学者たちが相矛盾するさまざまな意見を表明しているという事実を私は知らないわけではない……読者が怖気づくといけないので警告しておくが、この種の矛盾をさまざまな権威ある著者たちのあいだに本書のさまざまな箇所で読者が見出したとしても、ここでは私は著者としてではなく抜粋者として振る舞っているので、それがために、哲学者たちの意見を一致させようと努めてはおらず、それぞれの人間がそれぞれの事柄について言ったり書いたりしたことをそのまま報告するだけである。どの見解を支持するかは読者の判断に任せている」[161]。このように、権威ある見解がおびただしくかつ多様に存在するときに感じる心理的圧力――それについてはピエール・アベラール(一〇七九―一一四二年)がすでに前の世紀に表明しているが――は、原典を検索可能にした索引や用語索引に始まり、多様な源泉から抜粋し要約した巨大な編纂物にいたるまで、レファレンス書の発展によってますます強くなっていったのである。

一三世紀半ばまでには、情報過負荷の認識と、それに対する解決法についての主要な材料は出揃っていた。学者の中の選りすぐりの者たちは、アリストテレスとそのアラビア語の注釈者たちを受容する以前から、だが受容後はさらにいっそう、聖書、教父、古典古代、アラビア語、スコラ学の見解と注釈からなる、巨大でたえまなく増大していくコーパスを利用する方法を切り開いていた。こうした学者たちが、アルファベット順の索引、体系的な分類法、本文の論理的な分割、分割された諸部分に誘導する視覚的な手がかりといった、文書管理のための新たなツールを考案した。また彼らは、特定の職業が必要とする範囲を超えて素材を蓄積せんとする普遍主義的な野心を抱いていた。後期中世には、紙の使用に促進されて写本の生産が驚くほど増加するとともに、修道院やスコラ学の文脈を超えた読者層の拡大が起こった[162]。それにともない、「無限の書物」、「多様な著者と書物」、「歴史における無限の行為」といった、過負荷を表す修辞が、歴史物の摘要録といった他のジャンルにも波及していった[163]。現存する写本の数から判断すると、自分用にあるいは他の人々の用途のためにテクストを抜粋し要約する人々が増えてくるにつれて、編纂物――とくに詞華集や百科事典的な摘要録――の数も増え続けていったと思える[164]。一三世紀半ばまでに考案された新しい方法が、古典古代から受け継がれた要約と抜粋の技術と合わさって、情報管理の中心をなす効果的で洗練された一揃いのツールとなった。そしてそれは初期近代や近現代にいたるまで続いているのである。

印刷術の衝撃

　短い概観ではあるが、これまで見てきたように、初期近代や近代のレファレンス書の特徴と考えられてきたものの多くは、写本の時代にすでに存在していた。きわめて大規模な編纂物（ヴァンサン・ド・ボーヴェの『大いなる鑑』、『スーダ辞典』、アフマド・アル＝カルカシャンディーの手引書、『永楽大典』のような）がその一つであり、もう一つは、さまざまな配列法（体系的、アルファベット順、雑録風といった）と、それを、たいていは頁レイアウトや本文の階層的な分割を用いて視覚的に認識できるようにする方法である。それらの事例を念頭に置くと、ヨーロッパにおける印刷術の発明と初期近代のレファレンス用書籍の性格とのあいだに単純な因果関係を見出すようないかなる主張にも、抵抗できるようになる。たとえば、アルファベット順の索引、大規模な編纂事業、参照読みや多読という読書法は、印刷術とともに出現したのではないのである。印刷術は、参照のための読書に付随する装置を、より広範なより多くの読者層に広く普及させ、より大きな書物をより多く生み出すことを容易にしたが、初期の印刷本において新規の発明と呼べる特徴はわずかしかない。依頼に応じて作られるというよりは売り上げを当てこんで作られる本を売るために必要となった題扉がその一つであり、セクションの分割や階層を示すための新しい方法がもう一つであるが、これは、手書きで書き加えるにしろ、二色刷りをするにしろ、印刷本では赤や他の色を使うのがはるかに難しかったという事情がもたらした工夫である。

　書物史の研究者は、幅広い文化的潮流から特定の技術における変遷まで、さまざまな次元において印刷術の衝撃について論争してきた。印刷が文化にもたらしたより全般的な影響を、ちょうど同じ時期に進行していた他の複数の文化的変化と切り離すことは、とりわけ困難である。[165]西ヨーロッパにおける印刷術の発明は、たとえば中国などとは異なり、通念への多様な挑戦と同時に起きた。この挑戦は、他の原因（古典古代の新たな権威ある著者たちの再発見、航海と新世界の発見、宗教的な分裂）に端を発し、批判的思考の新しい習慣や経験的で理性的な議論にもとづく新しい哲学体系の種をまいた。これらのさまざまな動きは、印刷術がなければ異なる展開となっただろうが、印刷という技術が与えた衝撃も、こうした動きと一致していなければ、異なるものとなっていたことだろう。ここでは、ルネサンスから啓蒙主義への移行の背後にある複雑な因果関係の連鎖を、一つの技術の衝撃とか特定の観念の集合体に還元するのではなく、この時代の人々が、しだいにその量を増し、多様性を増していく情報の源泉に、理論と実践の両面において、いかに反応したかを検証することにしたい。

当初、印刷術に対する主たる反応は、「神の発明」としての大いなる称賛であった[166]。同時代の人々は、印刷によって労力が削減されることに感銘を受けていた——もっとも、どれほど省力化されたかについての評価はさまざまで、おそらくは実際よりも誇張されていたであろう。なかには、「一人が一日に印刷できる量は、多くの筆耕が丸一年かけて書くものに匹敵する」と驚嘆した者もいる[167]。あるイングランド人は一六三〇年に、一軒の印刷所（通常は複数が雇われていた）を支えている生産基盤により現実的に着目し、一〇人が一年かけて羽根ペンで書いていた量を、四人が一日で印刷できると見積もった[168]。また、印刷業者は文字をよく識っている必要すらないと書いている者もいる[169]。さらに、同時代人たちは、印刷術による書物の価格の大幅な下落も指摘した。さまざまな人文主義者たちが見るところでは、それをよいほうの変化と考えようが（アンドレア・デ・ブッシャルドヴィーコ・カルボーネ）、悪いほうの変化と考えようが（たとえば、イエロニモ・スクアルチャフィーコ）、印刷術は書物をこれまでになく多くの人々の手の届くものにしたのである[170]。そして最後に、印刷術は書物の保存を保証した。古代の人々が印刷術を有していたら、彼らの著作が失われることはなかっただろう——ルドヴィーコ・ドメニーキのこの言葉ははなはだ心に響いたので、競争相手のアントン・フランチェスコ・ドーニ（一六世紀に活躍したフィレンツェ出身の多筆家）がそれを剽窃して用いたほどである[171]。

称賛とともに、同時代人たちは不満も表明した。最初期に見られる不満は、印刷された書物の質とそこに含まれる間違いについてのものであったが、これらの原因としては、制作や校正を急いだことや、元になる写本の選び方がまずかったことが挙げられる。いずれにせよ——今日、書物のデジタル化に対する懸念が表明されているのと同じく——金儲けという動機は、最終的な仕上がりの質を脅かすものと考えられた。人文主義者の中には、印刷された諸版の質を保証するために規制が必要であると説く者もいた。一四八五年にマインツの大司教によって発布された最初の検閲令の一つは、教会に対する侮辱とともに、欠陥のある印刷と著者を誤って記載することを防止することを謳っていた[172]。だがこうした努力はほとんど効を奏さず、宗教改革後にプロテスタントとカトリックの各所において確立されたより苛烈な宗教的な検閲に、すぐさま取って代わられることになった。一六世紀半ばまでには、印刷術の衝撃については、書かれかつ印刷される書物の数が膨大で、どんどん蓄積されていくことに焦点を当てて語られることが多くなった。著者たちは、彼ら自身のさまざまな仕事の動機づけとして、それがプリニウス的な豊饒を目指すものであれセネカ的な制限を目指すものであれ、大量の書物の存在をお定まりのごとく口にしている。というのも彼らは、書物の氾濫はみなが経験していることなので、自分の主張に説得されて読者が本を買うことを当てにすることができたからである。こうした状況について以下でより詳細に論じようと思う。

印刷術の、より容易にそれとわかる影響は、当時の人々は言及していないが、今日でもなお馴染み深い、題扉、頁番号、検索装置といった書物の付随的部分に見られる。最初期の印刷本は中世にすでに手に入れることができたテクストからなり、中世写本を模倣して印刷されていた。レファレンス用書籍の中では、『カトリコン』――一二八六年に作成された、正確なアルファベット順配列をもつラテン語大辞典――が最初に印刷されたものである。それは一四六〇年にグーテンベルクによって印刷され、一四六九年にふたたび印刷されている。可動活字を用いて印刷していたこの最初期の頃、グーテンベルク（一四六八年没）は、『カトリコン』の第二版のために、文字ごとではなく、再利用することが可能な二行ごとのまとまりで鋳造する実験をしていた。これによって、活字を解版しては再版時に一文字ずつ組み直す手間を省こうとしたのである。この技術は、二行ごとではあるが、ライノタイプの一種である（ライノタイプは一行ごと）。ライノタイプは、一九世紀に、たとえば新聞用の組版に使われたステロ版（頁全体に対応した鉛版）とともに、安価な印刷物を大量生産するのに中心的な役割を果たした。だが、一四六九年にこの実験的な試みが繰り返されることはなかった[173]。それでも、このことは、二行ごとの活字鋳造を実験的に行った第二版の後にも、グーテンベルクが『カトリコン』を再版しようと考えていたことを示している。実際、この書物は、（グーテンベルクによってではないが）一五〇〇年までに少なくともさらに九回印刷され、印刷本のレファレンス書が商業的に成功しうるものであることをまさに初めから示す強力な例となった。辞書は、さまざまなジャンルのレファレンス書のうちで、つねに最もよく売れたものであった。アンブロージョ・カレピーノの『辞典（*Dictionarium*）』が一五〇二年に出版されると、それは『カトリコン』を急速に市場から追いやり、さらに上回る実績をあげた。『辞典』は、一七〇〇年まで平均して二年に一度新版が出版された（これに対して、『カトリコン』の新版が出版されたのは四年に一度であった[174]）。

最初期の印刷本はそれが模倣した手稿本と見た目がそっくりであったが、印刷術は、一五〇〇年頃までには、他のジャンルと同様、レファレンス用書籍の外見にも多くの変化をもたらしていた。たとえば、本文中での読者の案内役として頁上で色のかわりに空白のスペースを用いることや、題扉、葉番号や頁番号などである。とりわけ葉番号や頁番号は、索引や正誤表のような追加部分でも、場所を特定するための主要な手段として用いられるようになった。[175] 中世の手稿本のレファレンス書においては、本文や検索装置をより参照しやすくするうえで、色を使うことはとくに役立つ手段であった。ルブリケーションは、おおむね、辞典や詞華集では新しい項目を強調するために用いられた。一頁に本文をできるだけ多く載せるために、改行なしに次々と項目が書き連ねてある手稿本において、ルブリケーションはきわめて重要な役割を担った。ルブリケーションを入れるには、本文を書き写す筆耕のほかに専門の職人を雇わねばならないぶん、費用がかさんだ。そのため、手稿本のレファレンス用書籍の多くはこうした装飾がなく、その結果、さらに輪をかけて使いにくいものとなっているように思える。

　印刷本ではテクスト本文は白黒であった。初期近代には、赤と黒の二色刷りがとくに題扉や暦においてときおり用いられることがあったが、赤インクで印刷するためにそれぞれの頁を二度印刷機に通すには、余分の手間と費用がかなりかかった。初期刊本《インキュナブラ》の時代（一五〇〇年以前）には、初期の印刷本の所有者たちは、専門のルブリケーターに金を払って蔵書に色を入れてもらうこともできた。だが、この職業は、手稿本にルブリケーションを施すという依頼にも依存していたので、まもなく消えていったのである。[176] 一方、印刷によって、空白のスペース、多様な書体、印刷用の各種の記号、木版の装飾や挿絵といった、頁を読みやすくするための他のさまざまな方法が発展することになった。レファレンス用書籍はとくに、参照しやすくするためのそうした新機軸の場となることが多かった。それとは逆に、他の長い作品の中には、そのような工夫をいっさい拒んでいるものもあった。たとえば、モンテーニュの『エセー』（一五八〇年）は、切れ目のない散文が一〇〇頁にも達する章もあるのに、章の中で段落すら使われていないのである。

　レファレンス書は、本文中の位置情報を知るための工夫が発明される場でもあった。印刷術は、そもそものはじめから、印刷業者と製本業者の助けとなるよう、折丁記号というかたちで一枚一枚の紙に番号を付けることを促した。各葉に付けられた葉番号は、読者の助けとなるために提供された、最初の番号付けであった。印刷本では、新版を作るたびに頁番号を振り直さねばならなかったにもかかわらず、目次、索引、正誤表のような頁のレイアウトからは独立した検索装置よりも、葉番号や頁番号がほとんどつねに好まれていた。[177] 頁の両面にアラビア数字の番号を付けて頁数とした最初の書物は、おそらくはニッコロ・ペロッティの『豊穣の角（*Cornucopiæ*）』の一五一三年版であったと思われる。マルティアリスのエピグラム集の注釈書であるこの書物は、マルティアリスが用いたすべての語について幅広い注釈を施しており、この時代のラテン語辞典の中で最も洗練されたものとして尊ばれていたが、各語がマルティアリスの詩に出てくる順番に配列されていたため、強力なアルファベット順索引が必要不可欠であった。ヴェネツィアの印刷業者であるアルドゥス・マヌティウス（アルド・マヌーツィオ）は、自分の索引で頁番号を使うことの新奇さを、こう説明している。「非常に内容豊富な索引であり、算用数字で……全巻を通して半頁ごとに番号を振ってあるため、どの語を探していようがごく容易く見つけられる」。アルドゥス自身も学識ある人文主義者で、高品質の印刷業者という評判を得ていたことは、けっして偶然ではない。同じく人文主義者で印刷業者であったバーゼルのヨハン・フローベンは、書物の中の特定の箇所を探すためのツールにさらなる改良を加えた。彼が印刷したエラスムスの『格言集』の一五二八年版の正誤表は、どの一節であるかを頁番号と行数によって示しているが、これがそうした工夫が用いられた最初の例であると思われる。さらに、この版の索引では、頁番号とともに、冒頭、中間、末尾の別が（それぞれp、m、fと記されている）示されている。そして、『格言集』の後の諸版では、それぞれの一節が頁番号とともに本文の各段の横に印刷されたAからFまでの大文字によって特定されているのである。[178]

何よりも、印刷術は書物生産の経済的な力学を激変させた。写本はたいてい依頼によって制作され、必要な物資や時間が投入される前に支払いがなされるか、支払いの約束がなされていた。対照的に、印刷業者の仕事の多くは売り上げを当てこんでのものであった。彼らは、書物を作るために必要な金属製の活字、紙、労働のために相当な資本を投じ、印刷された書物を売ることで経費を回収し、利益を上げねばならなかった。だから、十分な冊数が売れた場合にのみ黒字になり、そうでなければ借金を抱えたり、破産したりすることになったのである。とくに学術書はゆっくりとしか売れなかったので、印刷業者は、新たな市場に参入し、売り物の種類を増やすためにも、売れ残った印刷済みシート（未製本の頁）の在庫を互いに交換し合っていた。[179] リスクを緩和し、大きな書物を印刷するのに必要な資金を生み出すために、印刷業者は、前金で支払われることが多かった小さな仕事（政府の布告や免罪符）や、すばやく仕上げることができて売れ足が速い短い印刷物（パンフレットや暦）も引き受けた。[180] 一五世紀と一六世紀において一回の印刷で何部刷るのが標準的であったのかということについては、確かな証拠がほとんどない——本の

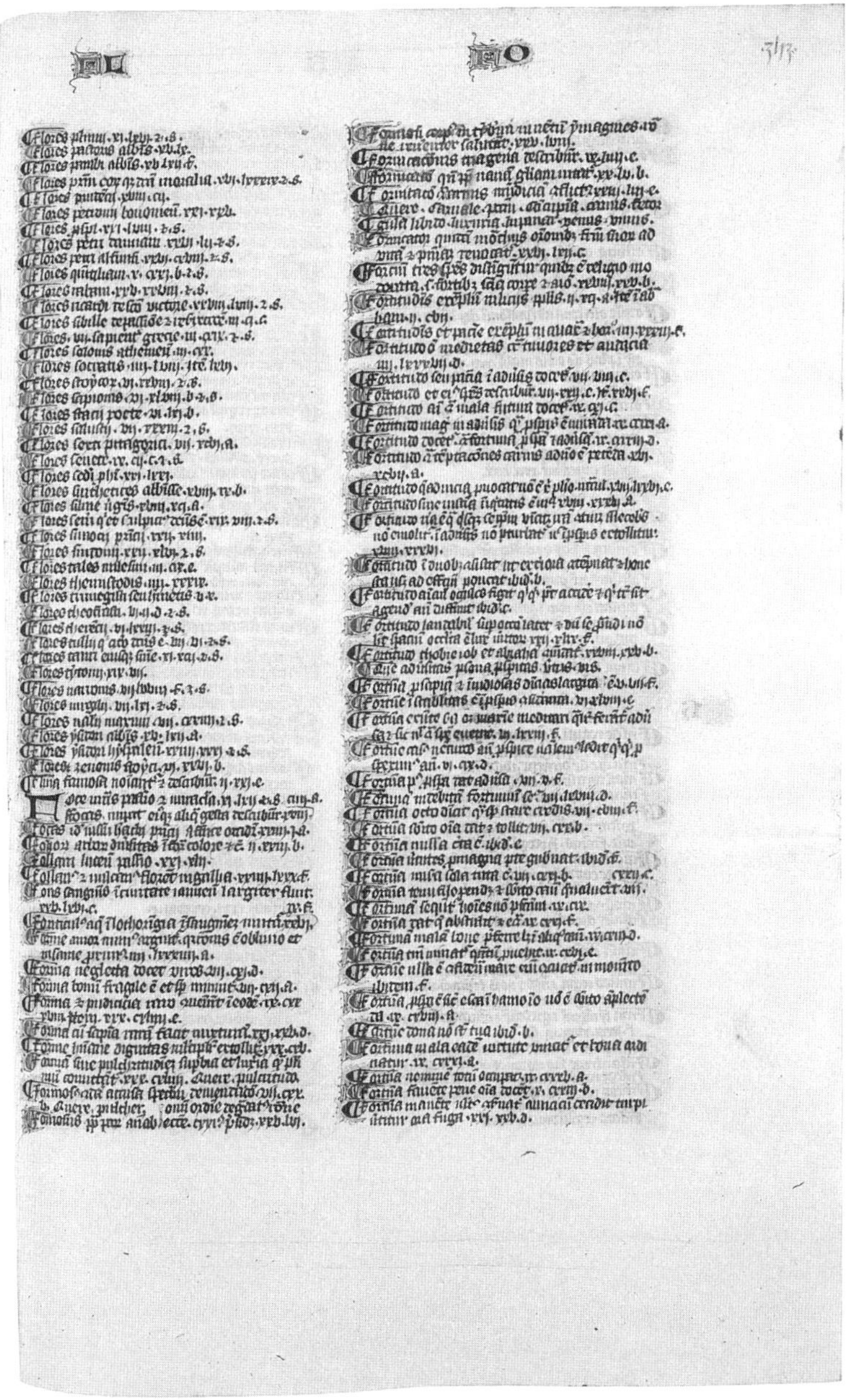

図1・1　ジャン・ド・オーフュニーによるヴァンサン・ド・ボーヴェの『歴史の鑑』（1255年）への索引の14世紀の写本。青と赤のルブリケーションは、この写本の制作費を上げているが、そのぶん参照が容易になっている。パリのフランス国立図書館の許可を得て複製。MS Lat 14355, f. 353r.

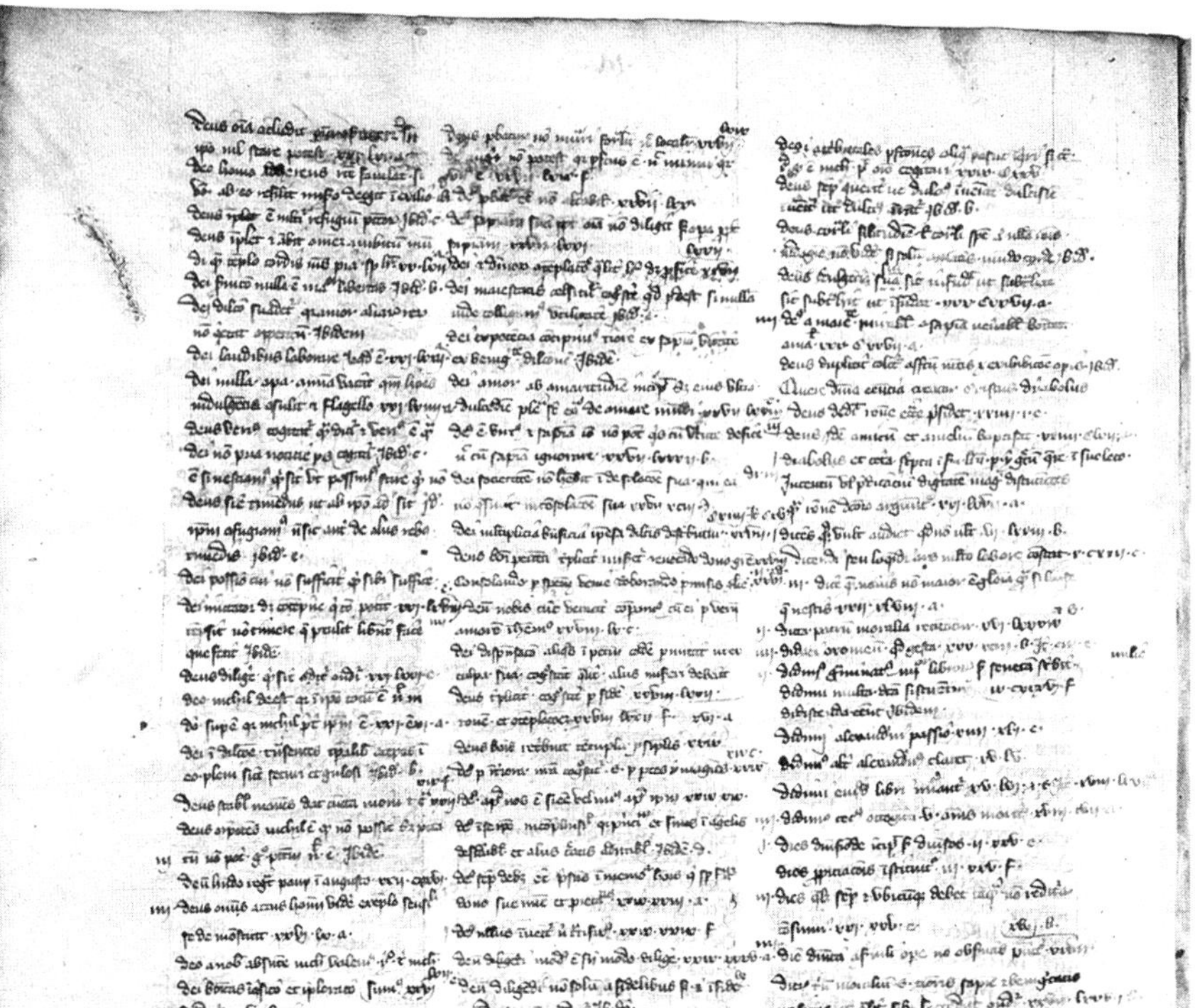

図1・2　ジャン・ド・オーフュニーによるヴァンサン・ド・ボーヴェの『歴史の鑑』への索引、14世紀の別の写本。二つの図は同じ情報を示す索引であるが、こちらはルブリケーションが施されておらず、各段が狭いため、項目を区別しにくくなっている。パリのフランス国立図書館の許可を得て複製。MS Lat 14356, f. 17v.

種類や売り上げ見込みによって異なっていただろうが、印刷の経済が、それ以下の部数であれば本を印刷するための投資が商売として成立しなくなるというぎりぎりの数字を定めていた。多くの初期刊本《インキュナブラ》には三〇〇部印刷されたと書かれているが、この数字は実際の数というよりは決まり文句のようなものだったと思われる。状況による相違はあるものの、ほとんどの学者は、印刷部数は一六世紀に全般的に増加したと考えている――おおよその見積りとして、しばしば用いられる数字は一〇〇〇部である。[181]

高価な書物（挿絵入り書物や大型本）は制作費がかさむため、利益を得られるようにするためにも、より多くの部数を印刷しなければならなかった。ゼバスティアン・ミュンスター〔一六世紀ドイツの地理学者・神学者〕の『世界誌（*Cosmographia*）』は挿絵を多く使っていたので、そこに掲載されている都市のいくつかが進んで寄付をしたにもかかわらず、印刷業者にとっては制作費がことに高くつくものであった。『世界誌』の一五五〇年版は三六〇〇部印刷されたことがわかっている。[182]私が研究の対象とした印刷本のレファレンス書の個別の印刷部数について、私は何の証拠も得ていないが、こうした書物は大部であったので、印刷部数としては最も多い部類に入るほどの数――一つの版につき、少なくとも五〇〇から一〇〇〇部――が印刷されたと推測してよいであろう。パリ大学のような中心的な大学の中には、商業的な写本工房を抱えているところもあったが（そこでは写本が大量に、売り上げを当てこんで制作されていた）、印刷術によって、書物の数は手稿本経済とはまったく異なる規模で増加した。[183]手稿本と印刷本を制作するときの相違は、大部の書物においてとくにきわだっていた。手稿本経済では、大部の書物全体を筆写することはあまりに高くついたので、しばしば、依頼人の興味に合致する部分だけを選んで筆写された。[184]それとは逆に、印刷業者は、利益の幅を広げるため、大きい書物についてはより小さい書物よりも多くの部数を刷りたいと考えており、そしてたいていは書物全体を印刷した。というのも、できるかぎり多くの部数を売り捌くためには、できるかぎり多くのさまざまな読者に訴えかけ、できるかぎり多くの人々の興味を惹くことが必要だったからである。

ひとたび本を印刷すると、それを売らねばならない――初期の印刷本に題扉が付くようになった理由も、これで説明がつく。中世の写本には題扉はなく、書誌学者たちはインキピットすなわち冒頭の数語でどのような書物かを特定している。制作を依頼しそれが筆写されるのを待つというかたちで生産される写本には、何の本かを示すための標識はとくに必要がなかったのだ。[185]これに対して、印刷本は、その書物についての知識を事前にもたない買い手を惹き付ける必要があった。そのため題扉が広告の役を果たして、題名、著者、印刷業者および（もしくは）書籍商（その本を買うことができる場所）、出版年月日（たいていは記されている）に加えて、役に立つ特徴――「充実した索引」や「訂正され、いちだんと増補された」――を謳うことになったのである。題扉はときに、たとえば、斬新とはとても言えないのに新しさを謳うなど、虚偽の宣伝をすることもあった。[186] ただし、書誌学者たちが指摘する、手刷りの書物に見られる異同はごまかしとは考えられていない。印刷の途中で間違いが訂正されても、訂正済みの頁とともに未訂正の頁もそのまま使われたので、同じ版であってもそれぞれの本のあいだで小さな違いが見られるのである。[187] さらに根本的な訂正のためには、印刷職人が、一頁または折丁（quire）全部を新しいものに差し替えることもあった（これはキャンセルと呼ばれている）。印刷業者はときに、売れ残った古い書物を見栄えをよくして売るために、新しい改訂版であると謳う新しい題扉を付けることもあった（こうした事例を、書誌学者はその作品の新版ではなく新刷と呼んでいる）。[188]

題扉からわかるのは、一六世紀の買い手にとって、索引が大きなセールスポイントであったことである。中世には索引はわずかしか見られず、たいていは作品本体から独立した別冊になっていた。印刷本のレファレンス書では、主要な作品（たとえば、聖書、ガレノス、アリストテレス）の索引がそれだけ別に印刷されることはときにあったものの、本文と索引が一体となって一冊の本が作られていた。中世の索引は、巻、章、項といったすこぶる効果的な参照方式を用いていたので、手稿本に限らず印刷本であっても、それをそのまま印刷して異なる版すべてに使うことができた。だが、印刷本の索引は、頁番号や葉番号を用いてそれぞれの版ごとに作成されるのが普通だった。頁構成には関係のない標識を索引で用いることを印刷業者が避けたのは、新しい改訂された索引を餌にして読者に新版を買わせたいがためであったかもしれない。印刷本によって、中世よりもはるかに広範な読者層に、索引が馴染み深いものとして浸透していったのは確かである。俗語の著作や対話体の作品のような「とっつきやすい」ジャンルにすら、索引が付けられていた。潜在的な買い手にとって索引が意味したものが、その本の重々しさであろうと有用性であろうと、またはその両方であろうと、索引によって売り上げも増えるだろうと期待したからこそ、印刷業者は余分の手間と出費をかけたのだろう。[189]

書物の外観のこうした変化は、グーテンベルク以後の最初の五〇年から七〇年のあいだにはっきりと表れていた。だが、書物の蓄積という印刷術がもたらした衝撃については、一六世紀から語られるようになり、決まり文句のようにしばしば繰り返されながら今日にいたっている。印刷機によって、販売できる書物の数が膨大に増えたことは明らかである。手刷りによる印刷にはさまざまな特徴があるが、なかでもとくに、印刷部数に幅があることを考えると、この市場の拡大を数量的に特定し評価することは困難である。全部で約二万七〇〇〇点の出版物を収録した初期刊本のほぼ完全な目録があるにもかかわらず、一五〇〇年以前に印刷された書物の数の見積りは、八〇〇万冊から二〇〇〇万冊のあいだと幅がある。[190] 初期刊本期以降については、ヨーロッパで印刷された書物の完全なリストは存在していない。フランス王立図書館のような、印刷されたすべての本が納められていたとされる図書館の蔵書数をもとにした見積りは、納本制度がうまく機能しておらず――地方で印刷された本はもちろん、パリで印刷された本でさえおそらくはその半分も王立図書館に納められなかっただろう――信頼できるものではない。[191] 一四七五年から一八〇〇年のあいだに英国に現存した出版物をリスト化したショート・タイトル・カタログ（ＳＴＣ）も、初版と再版以降を区別していないため、統計的に正確に用いるには問題がある。だがそれでも、書物の数は、初期刊本期の四一六点から一五〇〇―一五五〇年のあいだに印刷された四三七三点へと劇的に増加している。さらに一七世紀には、書物の生産数は、年間およそ五〇〇点から、内乱の混乱期（一六四三―一六六〇年）には平均二〇〇〇点と急上昇しているが、この水準にふたたび達するには一六八五年まで待たねばならなかった。それ以降、印刷出版数は安定して増加し続け、一七七五年までには一年につき平均四〇〇〇点が出るようになり、一八〇〇年までにはさらに急増して八〇〇〇点が出版されるようになっていた。[192]

信頼できる数字はないにせよ、われわれは、印刷術の累積的な影響は甚大であり、出版点数をたゆみなく増加させたと結論づけることができよう。新しく印刷された書物は、それ以前のものに置き換わるのではなく、そこに付け加わったのである。短期間の影響力を意図して作られた、パンフレットや暦のようなはかなく安価な印刷物だけが、紙そのものとして、たとえば物を包んだりするために再利用されたと思われる。また、出版物の中には、古い書物に取って代わるべき後継の書物として印刷されたものもあったが、古いほうの書物も古書市場を通じて新しい所有者の手に渡ることがよくあった。[193] 一五世紀から一八世紀にかけて、所蔵されている書物の規模が、個人であれ機関であれあらゆる場所で膨らんでいったことから、歴史家たちは書物の蓄積を容易に跡づけることができる。個人の蔵書の最大のものは、一六世紀後期には三〇〇〇冊ないしは四五〇〇冊であったが、一八世紀半ばには数万冊にもなっていた（たとえば、ハンス・スローンが一七五三年に死去したとき、彼は四万五〇〇〇冊の書籍と四〇〇〇冊の写本を所有していた)[194]。ルネサンス期とそれ以降に見られる、書物の過剰が新たに進行しているという認識には、たしかに客観的な根拠が存在した。だがその認識は、多くの学者たちが可能なかぎり幅広く読書し、可能なかぎり多くの情報を蓄積しようという野心をもったことで、いっそう強められたのである(次章で検討するように)。文化的な状況が異なっていたならば、そして何より、人文主義者たちが古代の学問の破滅的な喪失をあれほど強く感じておらず、将来同様の喪失が起こることを防ごうとあれほど切に望まなければ、他の反応——とりわけ、書物の氾濫を無視したり過小に見積もったりするような態度——もまた妥当であっただろうが、けっしてそうはならなかったのである。

多すぎる書物という主題

これまで述べてきたように、多すぎる書物という現象は、それが(豊穣の角のごとき豊かさであると)好意的に認識されようと、(過剰であると)批判的に捉えられようと、初期近代よりはるか以前に出現していた[195]。一六世紀までに印刷物が急速に蓄積されたことを考えると、〈大量の書物(*multitudo librorum*)〉という現象は、誰もが経験し認識している事柄であり、お馴染みの論調であれ新しい切り口であれ、さまざまな議論に引き合いに出されていた。ゼバスティアン・ブラントが『阿呆船』(一四九四年)でこの問題を皮肉ったとき、その中心にあったのは一世紀にセネカが述べた、書物のこれみよがしの所有に対するモラリストの視点からの批判であった[196]。また、ジャン・ボダンが一五六六年に、「いかに人が長生きをしようと」、それは歴史を「読むのに十分な長さとはまず言えない」と指摘したとき、そこには歴史に関する摘要録を編纂した中世の著者たちの声が響いていた[197]。レファレンス書(編纂物、文献目録、蔵書案内)の著者たちは、山なす蓄積をしばしばありがたがる口調で〈大量の書物〉という言葉を引き合いに出し、自身の作品を正当化することがつねであった。また、悪いところがあると感じた書き物を標的にするために、書物の氾濫を批判した者たちもいた。

人文主義者たちが抱いていた印刷術への懸念によって、多すぎる書物という主題は早い時期から現れていた。エラスムスがその例である。一五二六年に初めて『格言集』に収録された「ゆっくり急げ(*festina lente*)」という格言にエラスムスが付した注釈は、本題から脱線していることで有名であるが、以下のとおりである。「こうした新しい本の大群から逃れられる場所が地上にあるのだろうか？　たとえこうした本が、一冊ずつ検分すれば知る価値のあることを提供しているにせよ、なにしろあまりに多いのでうんざりしてしまって、学問の重大な妨げになるであろう。なぜなら、よいものにとって食傷ほど有害なものはないからであり、あるいはまた、人の心は、簡単に満腹して目新しいものを渇望するものなので、こうした新しい本に気を散らされて、古典古代の著者たちの書物を読まなくなるからである」。エラスムスはここで、おびただしく出版される新しい書物は、古代の著者たちの書物より価値が低く真の学問の妨げになる、と苦言を呈している。エラスムスは、こうした新しい悪い書物の氾濫の原因として印刷術をやり玉に挙げている。アルドゥスを理想の印刷業者としてひときわ高く讃美するという目的もあって、エラスムスは、ほとんどの印刷業者が、何の規制もなければ、「愚かで、無知で、悪意に満ちていて、中傷的で、狂っていて、不敬で、転覆的な……パンフレットや書物で世の中を満たしている。そして、この洪水があまりにも凄まじいので、なんらかの善をなせたかもしれないものでさえ、そのよさをすべて失くしてしまうのである」と述べている[198]。悪書が多すぎて、そこに含まれている可能性のあるよい点もすべて失われてしまう、と言うのである。

エラスムスが質の高い人文主義的テクストの出版と研究を促進しようと試みたように、宗教改革者のジャン・カルヴァン（一五〇九―六四年）も、善なるものの尺度は異なるものの、やはり「書物のあの雑然とした森」を嘆き、「判断力とともに権威にも恵まれ、敬虔で正しい物の考え方をする人々によって、学知溢れる健全でまじめな注解書」が書かれるべきであると促していた[199]。エラスムスもカルヴァンも、まわりに悪書が多すぎると訴えることで、自分が書いたり広めたりしたいと望むたぐいの良書（人文主義的な書物であろうが宗教書であろうが）がより多く必要であると主張しているのである。

書物の量が多すぎるというより直截的な不満としては、一五二二年に、アスティのジョヴァンニ・ネヴィッツァーノ（一五四〇年没）という法学者が、手に入る本が多すぎて必要な本がなかなか見つからない、と述べた。最も重要なのは、あまたの入手可能な本から適切に選択することである。というのも、「自分の研究に必要な書物を持っていなければ、学者であることの恩恵を享受できない」からである[200]。いくつかの新しいジャンルは、まさにそのような懸念に応えていた。すなわち、文献目録から書物を選ぶための案内書や、蔵書を構築する方法を教える書物がそれに当たる。このような、書物についての書物の著者たちは、しばしば、多すぎる書物という問題に苛立っているふりをしていた――アントン・フランチェスコ・ドーニは、俗語〔イタリア語〕で書かれた書物の目録を初めて作成した人物であるが、その中で、「書物の呪い」を知らないですんでいる非識字者の幸せを讃えた。だが、彼らもまた、自分たちの作品に対する需要を正当化し作り出すうえで、多すぎる書物という主題をよりどころにしていた。[201] コンラート・ゲスナー（一五一六—六五年）もまた、学術的な言語（ラテン語、ギリシア語、ヘブライ語）で書かれた世に知られている文献すべてを網羅した巨大な『万有文庫（*Bibliotheca universalis*）』（一五四五年）において、「この時代における無益な書き物の愚かしさ」や「有害で人を混乱させる書物の氾濫」に苦言を呈している。だがゲスナーはきっぱりと、二つ目の問題の解決を国王や君主に委ねている。プリニウスの「いかに悪い書物であれ、何かしら有益なところがある」という名言を引用して、ゲスナーは、自分が知ることができたすべての文献についての情報——異教徒のものであれキリスト教徒のものであれ、手稿本であれ印刷本であれ、現存するものであれ失われたものであれ——を、よいものと悪いものを区別せず集積したことを強調し、「ただそれらを一覧にしたかっただけで、選択と判断は他の人たちの自由に任せた」と述べた。[202] ゲスナーは、続篇として『総覧（*Pandectæ*）』（一五四八年）を作成したが、それは『万有文庫』に所収された書物のテーマ別索引という野心的な試みであった（ただし、神学に関する著作の索引は一五四九年に出版され、医学に関する索引は未完に終わった）。こうした検索装置によって、読者は、ある主題について有用な一、二冊の書物を、多すぎる本の中からより容易に見つけ出すことができ、役に立たない本が今後書かれるのを阻止することができる、とゲスナーは説明する。[203] ゲスナーは、多すぎる書物を非難しながらも、その状況に高揚していた。そして、他の人々が各自の判断と興味に沿って選択できるよう、主題と作品の双方について徹底的に蓄積することを目指したのである。

一七世紀の初めには、蔵書を構築し整備するための案内書という新しいジャンルも、多すぎる書物に言及して、己れの存在意義を主張した。スペイン王室の役人で、セビリァに駐在していたフランシスコ・アラオスは、蔵書とするにふさわしい良書を選別し整理するための案内書（一六三一年に出版された）を著し、その有用性をこんなふうに説明している。「当節は、書物が増えすぎ膨大な数になってしまったので、手紙を落手して読むよりも、群なす書物のあいだからよいものの見極めをつけるほうが余程骨が折れる」（ある読者は手書きで「余程」のところに「あるいは、少なくとも同じくらい」と書き加えている）[204]。これと同じ種類の案内書を一六二七年に書いたガブリエル・ノーデは、自分の蔵書を選ぶさいに、蔵書家として定評のある人々の所蔵目録に頼るのは正しい方法であると主張し、「個人の労力だけでは、所有すべき書物すべての質を知ることはできないからである」と述べた。これら二人の著者たちは、似たような理由で、「根気のいる」研究の助けとして、レファレンス書を購入して利用するようにと勧めている。「人生は短く、学識ある人間の仲間入りをするために知らねばならないことは今日あまりにも多いので、すべてを自分でする余裕はない」のである。[205]

多すぎるという問題は、書物の数が多すぎることだけでなく、さまざまな新しい相対立する権威ある著者たちや見解や経験が、あまりに多く書物の中に書かれていることも含んでいた。もちろん、書物は、こうした多様性が普及するための数ある媒体の一つでしかなかった――（口頭や書面で交わされるコミュニケーションの形態の中でも、とくに）手紙や会話、そして直接の経験もみな、情報過負荷の濃度を高める一因となっていた。印刷本は早い時期から、代理的経験の情報源として機能し、ヨーロッパ各地や異国への旅行記を普及させたが、旅行の目的地には、図書館や、珍品を集めて陳列した〈驚異の部屋（cabinets of curiousities）〉が含まれていた。さらに、脈々と受け継がれてきた伝統的なテクストの修得が文化の基盤をなしているため、新しいあるいは新たに再発見された見解が印刷されることによって、哲学（アリストテレスを中心とする）と宗教（聖書と教父を主要関心事とする）の双方の領域で、対立する権威を和解させるという難問が新たな激しさをもって浮上してきた。その問題への応答は、混合主義《シンクレティズム》（異なる意見を単一の真実を構成する部分であるとしてまとめようとする立場）から、一つの権威（たとえば、アリストテレス、プラトン、エピクロス主義、ストア主義）を他の権威よりも優れたものとする議論、さらには、テクストであれ人間であれ、いかなる権威にもとづこうが確かなものには辿り着けないとする、より一般化された懐疑主義（これには古代にも先例があった）まで、さまざまであった。たとえば、フランシスコ・サンチェスは、たとえ一〇〇〇万年かかっても今あるすべての書物を読むことは不可能であるし、どのみち益になることは何も書かれていないのである、と慨嘆した。サンチェスのこの結論は、『何も知られていない（*Quod nihil scitur*）』（一五八一年）という自著の題名に明らかである。[206]

権威ある文献に集積された知識を無視し、経験と理性的原則にもとづく新しい哲学を打ち立てることによって懐疑論的危機に対応した近代派のあいだでも、書物の氾濫への言及は同様に多く見られる。ルネ・デカルト（一五九六―一六五〇年）は、知識を求めて万巻の書を参照することを非効率であるとして退けたが、その一方でフランシス・ベイコンは、すでに多くありすぎるからという理由で書物を書くのをやめるのはよくないと、以下のように警告した。「というのも、豊かであるという考えは欠乏の原因の一つになるからである。大量の書物は欠乏というよりは過剰を示すものである。しかしながら、そのような過剰は、これ以上書物を生み出さないことではなく、良書をより多く生み出すことで改善されるべきである。良書には、モーゼの蛇のごとく、魔術師の蛇を食い尽くす力がある」[207]。同様に、フランソワ・ド・ラ・モット・ル・ヴァイエ（一五八八―一六七二年）も、「あらゆる場所で見られる大量の書物の山」が新たな著者に、書くことを思いとどまらせるのではないかと心配した。近代の著者たちが、書き物がすでに氾濫しているからといって、古代の人々に対抗し凌駕することを躊躇しないようにと、彼は望んでいたのである。[208]

一七世紀の後半になると、近代派（同時代の著作が古代のものより優れていると主張した）と、古代派（古典古代の業績のほうが優れていると考えた）とのあいだで、多かれ少なかれあからさまな論争が行われ、近代派が大勢を占めるようになったが、だからといって書物の氾濫という問題が緩和されたわけではなかった。古代の権威が押し除けられた（アリストテレスとプトレマイオスがニュートンや機械論哲学に取って代わられた）自然哲学のような分野においてさえ、近代の権威ある著者や著作は、その数すでに圧倒するにあまりあるほどであった。新しい哲学に焦点を当てたレファレンス書は、莫大な素材を管理可能な次元まで減らすうえで役に立つ、と謳っていた。[209]歴史のような別の分野では、「近代性《モダニティ》」という言葉が表していたのは、古文書学的で考古学的な新しい研究と、文書や手稿の膨大な集成物の出版であった。情報過負荷に対する不満は、文芸共和国の活動を通じて繰り返し口にされた。書簡集の編集者たちは大量の資料を刈り込み、選集や抜粋集を作成し、しばしば、急いで仕事をする必要を表明していた。[210]定期刊行誌は、しばしば、多すぎる書物に対応するべく身構えた。アンリ・バスナージュ・ド・ボヴァル（一六五六―一七一〇年）は、一六八七年から一七〇九年まで『学識者著作史（*Histoire des ouvrages des savans*）』の編集者であったが、文芸共和国が「一種の書物の洪水または氾濫」の下に沈んでいることに言及し、救済策として書評を提唱した。[211]しかしながら、『スペクテイター』紙や『タトラー』誌のような定期刊行物（週刊誌を含む）や、イングランドで一八世紀初めに生まれた日刊新聞は、印刷物の量をさらに増やすことになった。

書物の氾濫に対する警告がひときわ切迫したものになったのは、たいていは、そうすることが解決法を提案した著者たちの益となるときであった。ゴットフリート・ヴィルヘルム・ライプニッツは一六八〇年に、「増え続ける書物の恐るべき量……。浜の真砂ほどいる著者たちはみなほどなく、あまねく忘れ去られるという危険にさらされることであろう」と批判し、「野蛮への回帰」は、力を結集することによって、とくにルイ一四世のような偉大な統治者の庇護のもとでのみ避けられるであろうと締めくくった。この手稿がいかなる状況のもとで書かれたのかはわからないが、ライプニッツは、よそで書いていたようにここでもまた、彼が抱えていた多くの共同プロジェクトの一つへの援助を求めていたのである。[212]迫りくる野蛮という主題は、印刷本の中でも、はっきりと語られている。デカルトの伝記を著したアドリアン・バイエ(一六四九―一七〇六年)は、息子に読ませる書物について論評した、複数巻からなる『智者の判断(*Jugement des savants*)』(一六八五年)の冒頭で、以下のように述べた。「投げ捨てるか忘れ去るかしなければならない書物と、取っておくべき書物を分別し、後者の中でも益になる本とそうでない本をさらに分別することで、この危機から逃れる努力をしなければならない。さもなければ、日々すさまじい勢いで増え続ける大量の書物によって、これからの数世紀は、ローマ帝国崩壊後の数世紀のような野蛮な状態になるであろう。そう考えてしかるべき根拠がわれわれにはある[213]」。バイエが提唱した解決法が、この「判断」(短い書評に似たもの)の集成物、九巻にわたる(しかも未完成の)この書物であった。バイエと同時代の人々は、個々の多くの点においてこの作品を非難したが、書物の氾濫がもたらした危機の由々しさをバイエがみごとなまでに劇的な感覚で捉えていたことは、とくに批判の対象とはならなかった。[214]これは明らかに、同時代の人々が賛同できる問題であったのである。

歴史家が一八世紀ヨーロッパの「読書革命」について論じていた時期がかつてあった。すなわち、権威ある少数の文献を入念に繰り返し読むという主として集中的な読書(精読)から、はるかに大量の広範な素材――とりわけ、書評、抜粋、論争、手短かな言及によって最近出版された書物に間接的に接することを可能にした、新しい定期刊行物や各国語によるレファレンス書――を走り読みしたり斜め読みしたりする、拡散的読書(多読)への急速な変化が生じたというのである。しかしながら、読書の歴史についてより詳細に研究が進むにつれて、「読書革命」という概念が示唆するような厳密な時代区分や突然の変化は今では否定されている。[215]突然の変化ではなく、私の研究によれば、新しい読書法は、古くからの方法が存続するなかで、それと並行して発展し普及していったのである。参照読みは、学識ある人々のあいだでは一八世紀以前から、少なくとも一三世紀にまで遡ってたえまなく行われていた。だから、一八世紀に生まれた、きわだって新しいタイプの読書法は参照読みではなく、成功をおさめた新しいジャンルである小説を無我夢中で読むことであった。その一方で、聖書を繰り返し読んで瞑想することと結び付けられていた「精読」もまた、少なくとも、敬虔主義者、メソディスト、カトリックの修道会など宗教関係者のあいだでは、一八世紀にも行われていた（次章で論じるように、サッキーニの精読の勧めが一七八六年に出版されていることに注目されたい）。熟達した読者の中には、何をどのような目的で読むかによって異なる種類の読み方を実践する者もいた。これは今日にも当てはまることであるし、一三世紀においても、読書の範囲はその頃さほど広くはなかったとはいえ（小説や定期刊行物は存在していなかった）、同じであったに違いない。一方、昔も今も、本を読み慣れていない人たちにとって、何をどのように読むかという選択肢はより限られていたのである。

サミュエル・ジョンソン（一七〇九―一八四年）についてのある研究によると、ジョンソン自身が実践したと言及している読書法が四つあるとされる。それは、手にペンを持って行う、学術書の「懸命な研究」、特定の情報を求めて参照のためにする「流し読み」、小説に没頭するさいの「好奇心溢れる読書」、「集中によって疲労することのない」あれこれざっと目を通すだけの「ちょっとした読書」の四種類である。[216]ジョンソンの友人であったジェイムズ・ボズウェル（一七四〇―九五年）は、書物の氾濫によって文明は衰退すると予言した人々よりは明るい口調で、己れの時代の学問の状況をこう擁護している。「当節は読む物が溢れかえり、印刷所がひしめいているが、こうした状況は良い文学を損なうと言われてきた。というのも、時流に乗るためには、価値の劣ったものを大量に読まねばならないからである。それがために、良質の作品を読む時間がなくなっているわけだが、というのも人は、最良の古典を読んだことよりも、近頃の本を読んだことで、会話における虚栄心がくすぐられるものだからである。しかし、考慮すべきは、今はこれまでになく多くの知識が普及していることである。今では女性たちもみな読書をしており、これは大きな広がりなのである」。ボズウェルは、エラスムスの不満の声をいくばくか響かせながらも、学問の水準が向上したことに満足してこう結ぶ。「古い時代の人々は、今の人々には耐えられないほど無知であっても、胸を張って平然としていた……今の世界には、過去の世界をはるかに凌駕するほどの学知がある。というのもそれは、あまねく普及しているからである」[217]。さらに、ここでボズウェルが言う「古い時代」は、古典古代や盛期中世やルネサンス期を指しており、彼が一八世紀における顕著な特徴として浮き彫りにした学問の社会的普及は、本章全体における主たる結論をうまく言い当てている。

多すぎる書物への言及は、前近代の多くの文脈でなされていたが、そのほとんどは、モラリストの立場からの批判か、なんらかの種類の新しい作品を正当化するためのものであった。だが、印刷術の衝撃によって書物が蓄積され、それが他のさまざまな要因と複合して、教養人の相当部分が書物の氾濫を実感するようになるまでは、多すぎる書物という認識は、ごく少数の学識あるエリートに限られていた。多すぎることの意味について意見は一致しなかったが（多すぎることの利点や不利益、および提案された解決法に関して）、一七世紀と一八世紀のヨーロッパにおいて、この現象が実際に起きていることにはなんら不一致はなかった。もちろん、リチャード・ヨウが指摘しているように、ある特定の本が手に入らないという個々の不満はあっただろう（だが、まこと今日でもそうしたことはありえるし、だからといって全般的な情報過負荷が否定されるものではない）[218]。〈大量の書物〉という現象は、しかしながら、新しい技術がもたらす必然の結果ではなかった。ヨーロッパでもどこでも、多すぎる書物という認識は印刷術の発明以前から存在していたし、中国では木版印刷の発明以後も何世紀ものあいだ、それが多すぎる書物の原因であるとはみなされていなかった。ヨーロッパにおける印刷術の発明が、情報蓄積熱の再燃――それに先立つ数世紀にすでに出現していたが、人文主義者たちが新たに火を搔き立てた――と一致したのである。一五世紀に始まった印刷本や手稿本による大規模な編纂物は、多すぎる情報を生み出す一因となる一方、そうした情報を管理する手本ともなった。次章では、こうした編纂物の起源をノート作成のさまざまな方法の中に探っていく。学識ある人々は、ノートを取るという活動を通じて、自分が読んだものから抜粋し、それを選別し分類して、自分自身のため、また他の人々のためになるよう、情報という宝物を蓄えたのである。

第2章

情報管理としてのノート作成

印刷術のおかげで、レファレンス書は大部になり、広域に流通し保存されて今日まで残るものになった。しかし、印刷術の存在だけではこれらの書籍の需要も供給も説明がつかない。なぜ、編纂者や著者たちは、引用やテクスト素材の大部な集積物を何冊も生み出したのだろう。レファレンス書というジャンルの商業的成功がはっきりと確立される前にしてすでに、なのだ。もっと言えば、なぜこれらのジャンルがかような成功を収めたのだろう。なぜ、知識人たちは比較的高額であるにもかかわらず、こぞってレファレンス書を購入しようとしたのだろう。答えを求めて、これまでほとんど研究されてこなかったが背景にあたりまえに存在する、一つの要素に着目することにした。それが、ノート作成という行為である。ノート作成は、レファレンス書における情報管理と切っても切れない関係にあるが、その関係がいかに密であるかは、少なくとも二つの点から明らかである。第一に、大量の読書ノートを提供する一人、ないしは多くの場合、複数、の著者がいなければ、編纂物の印刷はそもそも成立してはいまい。第二に、これらの書物に求めている情報が載っていることを知らなければ、買い手がつくはずもなかった。印刷された編纂書が何を読者に提供したのかといえば、それは、すぐに使える読書ノートだったのだ。多くの学生や学者はそうしたノートを欲しいと思いながら、時間やエネルギーが足りないとか、利用できる範囲に本がないとかいう理由で、自分では作成できなかったのである。コンラート・ゲスナーは、彼の手になるストバイオスの編纂本の中でこう述べている。「あなたがたに尋ねるが、学者なら誰でも、道徳的な事柄についての日々の読書からコモンプレイス〔トピックごとの引用に適した汎用性の高い（優れた）文章表現。それらを読書中に採取するという意味の動詞にもなる〕・ノートを取るか、さもなければ、取らなかったことを後で後悔したといった経験があるのではないだろうか」と。[1] レファレンス書は、また、たいていの人が一生のうちに収集できる量をはるかに超える抜粋の大型コレクションを、読者に提供するのがつねであった。初期近代ヨーロッパにおいて広く実践されていたノート作成を研究すれば、このように、印刷されたレファレンス書がなぜあの形式をとったのか、そして、どのように使われていたのか、を解明することになり、読むことが、話したり書いたりすることに役立つ可能性を秘めた行為へと変容するプロセスに光を当てることができる。今日、ノート作成は、初期近代ヨーロッパにおいて標準的であったかたち（書籍の余白や、ノートブック、あるいは、ばらばらの紙《ルーズ・シート》にインク書き）から、いろいろな電子的形式まで、さまざまなかたちをとる。ブログを書くことで人は読書や経験から得た情報を他者と共有することができるが、それは、一七世紀の教師たちが推奨したグループ内でのノートの共有によく似ている。とは言っても、現代のノート作成は人によってそれぞれ特異性があり、初期近代のそれとはやはり違うのである。初期近代では、教育メソッドや印刷されたレファレンス書がその標準化に寄与した一連の主題別見出しに沿って、ノートは取られていたのである。

　初期近代において大規模なノートの収集物が形成された理由は何か、それを説明するうえで、ノート作成に対する新しい考え方の存在が重要な役割を果たしていたということが、本章での私の議論の中心になる。ルネサンス期以降、ノートは、その場かぎりの一時的な道具というよりは、長期的な道具として扱われた。相当な時間と努力を投資する価値のあるもの、再利用のために保存したり、場合によっては他者（共同研究者や同僚、子孫）と共有したりする価値のあるものとして扱われた。ノートの収集物《コレクション》は、情報をたとえ当座の目的には無用のものであっても集めておくための宝庫もしくは倉庫として珍重された。ノート作成に対するこの蓄積を旨とするアプローチでは、有機的構造や検索機能にもより大きな注意を向ける必要があった。なぜならば、個々のノートが具体的に何の目的で使われるかは当初は定まっていなかったし、集積の規模も記憶で処理できる量を超えていたからである。

　ルネサンス期における大量のノートの保管蓄積を可能にしたものとして、入手可能となった紙の存在があった。紙は、羊皮紙に比べ安価で、しかも蠟板〔木の板に蠟を張った書字板で、文字を書くことも消すこともできた〕など仮のメモを書き付ける書字板と違って保存がきき、保管も容易だった。最近の研究によれば、イスラム世界で紙が広まると、それをきっかけとして多くのジャンルの書き物が爆発的に増えたという。ヨーロッパでは、一三世紀半ばのイタリアから一四世紀後期のドイツにいたる製紙業（最初の紙の使用より遅れて始まった）の広がりが、高価な羊皮紙を使うほどではないような書き物の生産と保存を急増させた。よりたくさんの私信や外交書簡、公正証書や政府の文書、商いの記録、学生のノート、それに学者の研究書類がここには含まれる。[2] 紙と羊皮紙は出版物の流通環境による地域差で割合は異なるものの、一五世紀半ばまでは両方とも使われた。その時点で、印刷術の広がりが、印刷機に供給するための紙の生産量を爆発的に増やした。[3] 紙の供給が増えたこと（当然ながらそのことによって価格も下がった）で、羊皮紙はついに衰退を余儀なくされた。以後、羊皮紙は主に製本するさいの材料として、あるいは、きわめて数の限られた贅沢な手稿本や印刷物（たとえば、高貴な身分のパトロンに献上するために一冊だけ特別に羊皮紙に印刷されることもあった）で使用されるようになる。人文主義者による最初の手書きノートの集積と印刷術の誕生とのあいだの年代的相関は、紙の増産を刺激したという点での印刷術の役割に部分的には帰すことができよう。しかし、ノートの保管蓄積を容易にする新しいテクノロジーとして紙が使用可能になったからということだけでは、ノート作成という新しい習慣を説明することはできない。

ノートの保管蓄積は、初期近代ヨーロッパにおける収集と蓄積という、より大きな文化現象の一部をなすものであった。それが、手稿、印刷を問わずテクストの編纂物を生み出しただけでなく、植物、鉱物からメダル類や絵画、「珍品（curiosities）」にいたる、自然物および人工物のコレクションを生み出していたのである。[4] 場所、物、著者についての情報を、既知、未知を問わず記録し保存し管理するのに、エリートの多くが払ったかつてない次元の注意を説明するのは、容易ではない。テクスト編纂の場合、古代の学問の喪失の再認識、そして将来を見据えた対処をしておきたいという願望が、一部の編纂者たちを動機づけていた。出版によって名声なり収入なりを得ようと、手書きでテクストの蓄積に当たった編纂者たちも中にはいただろう。印刷術が、郵便システムの改良と相まって、とくに公式、非公式の情報の流通を通じて、国際的な文芸共和国の共益のために働くという意識を学者のあいだに高めたこともあっただろう。その複雑な起源がどうあれ、テクスト情報の大コレクションをなそうという動機は、手稿、印刷を問わず、テクスト管理の旧技術の改良と新技術の開発を促進した。この章では、初期近代におけるノート作成の方法を検証し、（比較のために、古代および中世のそれにも少々注目しつつ）ノートがしばしば、それを作成した本人のみならず、その使用を希望した人々からも重要視されたことを論じる。

ノート作成の歴史に向けて

「ノート作成（note-taking）」とは、聞いたこと、読んだこと、考えたことへの反応として書かれるさまざまな書き物全般をさす用語であり、文章や（口頭なり筆記なりの）報告を作成するための準備に多かれ少なかれ直結する場合が多かった。一定の文脈で取られたノートのうち、失われずに今日まで残されて歴史家が研究対象にできるものはごくわずかしかない。多くのノートは、昔も今も、短期使用を意図され保存はされなかった。保存を計画されたノートですら、故意にであろうとなかろうと、編集作業後すぐに、あるいは今日にいたるどこかの世紀で、往々にして破棄されることとなった。結果として、ノート作成の歴史の叙述には、現存するノートのほか、ノート作成についての同時代の助言、作成方法の説明、それに最終成果物から得られる証拠をつなぎ合わせることが必要となる。[5]

近代以前のノート作成の中心的特徴は、今日まったくと言ってよいほど目に触れることがなくなったが、暫定的に書き付けておくための文字消去可能な書字板の使用である。多くの場合、これらのノートは使用後には、たんにただそのまま消去された。なかには、より整理された二次的ノートが、そこからさらに保存のきく書字面に写し取られ、保存される場合もあった。このテクニックは、講義、説教、演説のような、口述の場における<ruby>ノート作成では欠かせなかった。われわれが知っているそうしたもののほとんどは、まさに聴衆によるノート作成のおかげなのである。急いで作成された第一次ノートは、（つねにとは限らないが）しばしば話者による修正と承認を受けて、流通に回されるテクストのもとになった。たとえば、私たちに伝えられたアリストテレスの著作も、おそらく学生による講義録がもとになっていたのであって、それを師が流通前に公認したものだったであろう。同様に、シトー会士クレルヴォーのベルナール（一〇九〇―一一五三年）は、三〇〇余りのみずからの説教を記録するために、説教中に秘書たちにノートを作成させた。ベルナールは後でそれを修正し、公にしていたのである。しかし出席していたほかの聴衆たちもノートを取っていて、そこから非公認版が流通することもあった。[6] ノート作成がこうして中心的役割を果たすことで、さまざまな種類のテクストは合成されてきたのである。第4章で述べる浩瀚な編纂書もその一つである。

文字消去可能な書字板は暫定的ノートに広く使われたが、

こうした機能本位の粗末な物がそもそも残ることがあったとして、最後に使われたときに書かれたノート以外は回復不能である。蠟板は、古代からルネサンス期まで、消せる書字板としては標準的なものであった。それは、一枚あるいは多くの場合、冊子形式《コデックス》でまとめられた複数枚が、蠟で表面加工されていて、尖筆で書き付けては再利用のため消す、というものであった。[7] 初期近代イングランドではポケットサイズの紙製書字板も購入できた。付属の金属製尖筆で書いた物は少し湿り気を与えると消すことができる硬い書字面として機能するように処理が施されていたのである。[8] ヨーロッパでは一六世紀に音楽教育でスレート製黒板も使われた。グループ用か個人用かで異なるサイズがあり（今日でもこの点は変わらない）、天文学の教育では少なくとも一八世紀まで使われた。微細な砂が敷かれ棒でものを書くことができ、簡単に消すこともできる砂盆は、もう一つの息の長い媒体であった。古代バビロンと中世イスラム世界では計算に、ヨーロッパでは主として子供の習字や芸術家のスケッチに、ヴィクトリア朝まで使用された。[9] そこから作られた高次のノートが残されれば別だが、こうした暫定的ノートは、その痕跡をなんら後世に残さなかった。

　こうした暫定的ノートによって証拠が失われたことを歴史家は嘆くかもしれないが、廃棄は、効果的なノート作成のつねに中心的要素の一つであり続けてきた。廃棄は、新しいものに取って代わられた物を除去することで、保存されたノートの利便性を高める。あるイスラムの学者は、彼の公認版に競合する版を写字生が流通させてしまうことのないように、下書きを破棄したと報告した。[10] 何も破棄することなく経験のほとんど際限ない記録をすべて保存することが、技術的に容易になった今日でも、私たちは依然としてふつうに前のヴァージョンのファイルに上書き保存をしているし、紙媒体の書類や付箋を破棄し、経験のうちの選んだものだけを記録している。[11] 廃棄と忘却は効果的な情報管理にとって不可欠なのだ。しばしば訓練されたり促されたりする記憶と違って、忘却は訓練されるものでも促されるものでもない（たとえば、強烈な情緒的経験の場合、おそらく訓練されることも促されることもできない）が、かわりに記録を残さないとか思い出そうとしないとかで、受動的に達成される。[12] その忘却が、ノート作成者自身の作業プロセスに有用なのであれ、将来における評判の構築に有用なのであれ、廃棄は忘却を容易にする。ノート作成者たちの中には、死後自分のノートが残ることを予測してあらかじめ選り分けた者もいた。ロバート・ボイル〔一七世紀アイルランド出身の物理学者、化学者。「ボイルの法則」で知られ、実験科学に大きく寄与した〕は出版にいたった作業原稿を廃棄し、多くのほかの文書に（明らかに、つねに印どおりに実行されるわけではなかったが）廃棄扱いとする印を付けた。その理由は、それらが後の作品にすでに取って代わられたと感じたからであろう。[13]

他の場合では、ノートは以下の理由で残らなかった。ノートが印刷原稿に（転写されるのではなく）物理的に一体化されたからである。このノートの再利用は、転写の労力を省いたが、ノートの散逸の原因ともなった。印刷に使用される原稿は、作業過程で朱筆を入れられたあげくに、終了後は処分されるのがつねであったからである。第4章でより詳細に描くが、とくに大規模編纂物の編纂者たちはこうしたノートのばらし利用に携わった。たとえば、ピエール・ベール（一六四七―一七〇六年）〔一七世紀末フランスで活躍した、啓蒙思想の先駆をなす思想家〕はその浩瀚な『歴史批評辞典（*Dictionnaire historique et critique*）』を書き始める以前の時期に作成したノートは残したが、それ以後のものは残していない。執筆を始めてから書き留めたノートは当該作業に特化したものであったがゆえに、直接『辞典』の植字作業に使われたのである。おそらく、ベールは、受け取った手紙でもそこから抜粋したい部分があればそうしたように、印刷所へ渡す原稿に直接ノートを組み込んだのであろう。[14] 同様に、サミュエル・ジョンソン（一七〇九―八四年）の原稿のうち、彼の『英語辞典』のためのノートで唯一残っているのは、第四版の準備で用意されながら、たまたま出版から省かれたもののみである。それらは紙片に手書きされたノートで、しかるべき順序に原稿に糊付けされており、後は印刷に回されるのを待つだけになっていた。[15]

もちろん、多くの場合ノートの散逸は、ノート作成者が大事に取り溜めてきたノートが、それらに何の価値も見出さない子孫により廃棄されたり、ときには同じような壊滅的結果となるのだが、競売や売却を何度か通過するうちに散り散りとなったりすることで発生した。[16] 書物（印刷、手稿を問わず）の欄外や遊び紙に書き込まれたノートは、その本が保存されてきたおかげでしばしば偶然生き残ってきた。しかし、ノート作成や作業原稿には、しばしばばらばらの紙の組み合わせや、製本あるいは未製本のノートブックが使われた。それらが後世に残るかどうかは、多くの仲介者たちの善意次第なのであった。一種の個人アーカイヴとして作業原稿のコレクションが後世に伝わるには、多くの条件を満たさなければならない。条件には、紙自体の保存性、今日にいたるまで保存を行ってくれた組織（図書館、英国王立協会のようなアカデミー、家族といった）の存在、そして、そもそもの始まりには、たいていはその価値を認識するがゆえのことだが、記録を保存して後世や学者たちの国際的共同体に伝えようという、当人とその後継者たちの意思、が含まれる。

個人のノートや文書の研究は、已れの文書資料を国立図書館に寄託することの多かった、一九、二〇世紀の著名な文学者に焦点を当てる文学批評の一派（「生成批評」）によって先鞭が付けられた。生成批評は、読書ノートから草稿にいたる作業原稿と、編集段階での変更をすべて検証して、大作家の創作プロセスを再構築することを目指す。このアプローチは、自身の天才性を信じるにいたった大作家たちが、国家的財産への貢献の意味で、彼らの手稿を図書館に遺贈するようになった一九世紀に可能となった方法である。[17] それ以前の時代については、作家の手稿が現存するかどうかは、それほど見通せなくなる。作家の自筆資料が残っている最も早い例は、一一世紀後期のイタリアまで遡り、そこには、一四世紀のペトラルカの例も含まれる。しかし、学者の膨大な自筆資料のコレクションでは、現存するのは一五世紀のものが最初で、一六世紀、一七世紀と、その数は増えていく。多くの場合、作業原稿は個人の思考および執筆過程に光を当てる目的で研究されてきた。しかし、最近では、さまざまな文脈における作業方法について、こうした個人アーカイヴが語ることに関心が向けられてきている。[18]

パピルスが保存可能な媒体の最たるものであった古代からは、作業原稿は小さな断片で、あるいは、特殊な条件のもとでしか残っていない。たとえば、エピクロス派の哲学者フィロデモス（前一一〇―前四〇年）の論文のノートや下書きの一部がヘルクラネウムで、七〇フィートも堆積した火山灰の下から見つかった。もう一つ、エジプトのトゥーラで見つかったパピルスには、教父オリゲネス（一八五―二五四年）による論議を呼んだ作品についてのノートが見つかった。なかにはオリゲネスの『ケルソスへの反論』縮約版からの長短さまざまな忠実な抜粋やそれにもとづくノートが含まれる。[19] 多くの古代テクストはパピルスから羊皮紙へと転写されることで保存されてきたが、ノートがそのように転写されることはなかった。したがって、古典古代にどのような方法が用いられていたかについては、おおむね、今日まで残された完成稿の分析と、実際の方法について書かれた記述だけが頼りとなる。それは、たとえば、プリニウスのおびただしい読書やノート作成に言及している、彼の甥が書いた手紙といった資料である（それについては以下により詳しく述べる）。

中世からでも羊皮紙であれば、下書きは今日まで十分残ったはずである。しかし、印刷時代よりも写本時代のほうが、ノートをなしている物、つまり、最終成果物への準備などの私的用途のための、流通を意図していない書き物を評価するのは難しい。たとえば、スコラ派の神学者フォンテーヌのゴドフリー（一二五〇年以前―一三〇五年以後）は、十分ノート集と呼ぶに値する読書からの抜粋や要約のコレクションを残した。一部しか残っていないほかの手稿も、プロジェクトのためにまとめられた個人的ノートブックであった可能性がある。[20]とくに、異なるテクストを一つにまとめた（しばしば一つひとつがどこからとられたのか同定が難しく、どのような目的で集められたのかも説明が難しい）手稿雑録集は、一部の事例では長期使用のために羊皮紙に書かれたノートの集積だったと理解するのが最善かもしれない。実際、ノートのコレクションにおいてと同様、雑録の統一性はそれを作成した個人によって付与されたものだが、理由や基準がはっきりと表現されることは、通常はなかった。何世代にもわたって蓄積された聖書や法律文書への書き込みもまた、集められて一つの語注つき聖書や『教令集』といった作品になることもあった。[21]残念なことに、下書きや作業原稿で中世のものはほとんど残っていない。著述家たちは消せる書字面で仕事をすることが多かった——たとえば、一二世紀の詩人、ブルグイユのボードリは蠟板に書いて創作する姿を描写している。聖書の用語索引を書くのに用いられた羊皮紙が後世の手稿本の製本に使われたように、羊皮紙に書き付けられた作業原稿は羊皮紙そのものとして再利用されることもありえた。[22]作家たちは、よく秘書に口述筆記をさせて著述に当たった。自分で書いて執筆した場合でも、残された自筆原稿（彼ら自身の筆による）に準備段階に作られた下書き類はなく、あるのは完成稿あるいは完成直前の稿なのである。[23]

中世のノートで最もそれとわかりやすいものは、写本の欄外の書き込みである。もっとも、一冊の写本の書き込みに、複数の書き込み者によるものや、別の解釈を示すものが混じることもあった。第一段階の書き込みは、所有者が雇った職業的な読み手（a professional reader）によって、所有者のために、とくに記憶や黙想の支援やレイアウトの美化といった読むさいの補助を加える目的でなされたであろうが、ときには自己言及的な言説、もしくは潜在的な反対意見も含まれていた。[24]その後、一連の本の所有者にして読者が、さらなる訂正やコメントを書き足していくこともあった。欄外の書き込みに、用語索引やスコラ的な広範な引用を可能にしたノート作成法が垣間見られることもある。たとえば、他の箇所への相互参照や、記号や見出しで議論の対象となっている素材を示すといったもの（ロバート・グロステストの書き込みのように）である。また、レポルターシオーネス（reportationes）すなわち、説教、講義のような口述の場から取られたノート、についても研究が進んできた。[25]

もう一つ別のノート作成も、後期中世、共同生活兄弟会（一三八〇年代から一五〇〇年代に最盛期）といった新しい平信徒の信仰運動の会員たちのあいだで奨励された。ラピアリア（rapiaria）と呼ばれた彼らのノートでは、私的メモや霊的考察が信仰の書からの抜き書きとともに書き付けられた。日記がもつより広範な領域は、読書ノートを付けるノートブックのそれとは一線を画すものながら、しばしば交差した。[26]一四、一五世紀のイタリア商人は、個人的情報と実用的情報をあわせたリコルダンツェ（*ricordanze*）〔「覚え書き」を意味するイタリア語〕を付けていたことで知られている。同じ時期のジバルドーネ（*zibaldone*）〔「雑記帳」を意味するイタリア語〕は、作家、芸術家や商人たちが付けていたノートブックを指し、そこには幅広い多彩な情報――送った手紙、文書類の写し、書籍の索引、絵画のリスト、それに、詩、散文、商人の指南書、法律の典拠、重さや長さの表といったあらゆる種類の文字情報から写し取られた抜粋――が記されていた。[27]

ノート作成は明らかに、学者だけのものではなかった。商業、医学、法律といった活動分野（たとえば）では、それぞれ特定のノート作成の方式を編み出していた。医者への忠告には、権威ある論文を読んでのメモに加えて、患者の治療から得た観察や発見もメモするように、というものもあった。法律の分野では、ノート作成がとくに重要な勉強とされた。中世以来、法学書特有の大部の事例収集はこのおかげで可能となったのである。[28]一七世紀イングランドでは、議会における議事の記録を残したいという欲求が速記術の普及につながった。速記術はたくさんの異なるシステムに従って実践された。ほとんどの速記術によるメモは、完全な転写の作成に使われた後、廃棄された。しかし、サミュエル・ピープスが他人に読まれないようにするために速記術を使って日記を付けたことは有名である。[29]

初期近代の学者は、二冊のノートを付ける典型としてよく商人たちに言及した。二冊のノートとは、取引を時系列で記録するデイブック（すなわち日誌）と、複式簿記に見られるように取引をカテゴリー別に分類して記録する台帳である。加えて、フランシス・ベイコンは自分のノートブックの一つを「内容、形式、仕事、勉強、私事、礼拝そのほか、あらゆる覚え書きを、あちこちまばらにも規則的にも、いかなる束縛もなく、書き付ける商人の控え帳（waste book）」になぞらえた。[30]一八世紀の簿記の指南書は商人が付けるべき三段階の記録を次のように挙げていた。すなわち、控え帳、日誌（一貫した順番で書かれる）、それに、台帳（人、場所、商品のすべてにアクセスできる索引となる）である。この三重式ノート作成は、著述家ゲオルク・クリストフ・リヒテンベルク（一七四二―九九年）を魅了した。もっとも、彼の没後、『控え帳（*Sudelbücher*）』として出版された彼自身のノートは、警句的思考や抜粋が乱雑に集められている点で、とくに第一段階のノートを体現するものであった。[31]ノート作成は商人たちに学ぶべしとの考え（キケロが演説の一つで提唱した）は、新しい技術への変革を通じて、初期近代を超えて繰り返された。たとえば、二〇世紀初頭の索引カードの推奨者は、「現代の会計士たち」に倣って索引カードが必要、と説いたのだった。[32]

商人のノートブックを手本とするこれらの言及にもかかわらず、一五、一六世紀におけるノート作成への新しい注目の主たる起動力は、人文主義教育であった。古典ラテン語の純粋さに帰ろうと努力する中で、人文主義者たちは古典修辞学の手本を注意深く勉強することを奨励したのだが、とくに、読んだ本の中から最良の一節を抜き出してノートブックに書き写すことを勧めた。そうすれば、模倣なり引用なりに使用するためにいつでもそこから引き出すことができる。ノートブックは、口頭、筆記を問わず、人文主義者の作文において高く評価された優美な「表現の豊饒さ《コピア》」のネタ帳の役割を果たした。グァリーノ・ダ・ヴェローナ（一三七四―一四六〇年）、デシデリウス・エラスムス（一四六六―一五三六年）、そしてフアン・ルイス・ビベス（一四九二―一五四〇年）ら人文主義者たちは、主題《トピック》別見出しのもと、模倣に値するフレーズを集めるコモンプレイス・ブックの原理は説いたけれども、詳しい実践的な指南を出版して提供することはしなかった。[33] 抜粋作業、または読書からのノート作成に特化した最初の指南書は、イエズス会が設立したコレッジの上級クラスや修辞学のクラスの学生たちのために、コレジオ・ロマーノの修辞学教授、フランチェスコ・サッキーニ（一五七〇―一六二五年）によって書かれた。『有益な読書の方法に関する覚え書き（*De ratione libros cum profectu legendi libellus*）』は、一六一四年に出版されるとさらに六回版を重ね、一七八六年にはフランス語訳が出版され（ジュネーヴの牧師への献辞から判断するにカルヴァン派の使用のために）、一八三二年にはドイツ語訳が出された。[34]

同じくらい長寿で、重版数では上回るのがイェレミアス・ドレクセル（一五八一―一六三八年）の指南書であった。彼もまたイエズス会士（生まれはアウクスブルク）で、著名な説教師であり、三〇前後の道徳についての論文を出版し、その多くは何度も版を重ねた。晩年の著作の一つ、『金鉱――すべての学芸および科学の鉱脈もしくは抜粋の技能（*Aurifodina*）』は一六三八年に（二〇〇〇部）印刷され、一六九五年までにさらに一四回版を重ね、縮約版もラテン語（一六五八年）、ドイツ語（一六八四年）、そして英語、と生み出された。英語のものは、五頁仕立ての縮約版で、「故ホーン主教」著と謳って少なくとも一七九五年と一八一四年の二回（コモンプレイシングについてのジョン・ロックの助言の一部とともに）出版された。[35] 貧しい学生にとってだけでなく王侯にとっても、ノート作成がもつ重要性を強調する中で、ドレクセルはノート作成を、地道な努力はかならず報われるという意味で、優良な鉱山に喩えたのであった。[36] 一七世紀後半、ほかに少なくとも四種の指南書がドイツ（概してプロテスタント）の修辞学教授たちによって出版されたが、その多くは、ドレクセルのものから恩恵を受けていた。ノート作成の指南書は、一七世紀半ばに出現した、勉強方法について助言する参考書の一部をなしていたのである。ラテン語のこのジャンルは新旧両宗派の境界を超えて広がっていったが、とくに広くドイツ圏、すなわち、先立つ数世紀間にすでに大学の過剰状態が確立し、大学間で学生獲得と名声を競い合っていた地域で盛んに出版された。一七世紀後半までに、各国語による助言も大学外の読者向けに用意されていた。そのような指南書の一つが、シャルル・ソレル（一六〇二頃－七四年）による『良い書物の見分け方について（*De la connaissance des bons livres*）』であった。ソレルは王室付き史料編纂官であり、とくに同時代の流行りの文学に対する風刺を中心に多くの著作を残した[37]。

一七世紀に指南書が大量に出版されたのには、一つにはカリキュラム外の授業の存在があろう。これについては、現存する講義ノート（たとえば、一七世紀のヘルムシュテットやパリのものがある）というかたちで偶然に証拠が残る例もあった。初期近代の大学教師は、学生に人気のあった科目を個人教授することで臨時収入を得ていた。そうした科目に人気があったのは、当世風だから、ないしは実用的だからという理由が一般的であったが、そこには勉強の方法やノート作成についての科目も含まれていた[38]。勉強方法やノート作成は、昔から教師や他の学生たちとの個人的接触により伝授されていたはずであり、出版された指南書が手に入るようになっても、直接指示（すなわち、じかに見せて教えること）は、重要な伝達手段であり続けたに違いない。すべてを教える完全なる指南書が生まれなかったもう一つの要因は、勉強方法は秘密にしておくにしくはないという認識であった。この主題で、大学の学位論文を書いたある著者は、ほとんどの学者たちはノート作成の秘訣を他人に教えたがらない、と記した。数名の助言者たちは「勉強方法は自分だけの秘密にしておく」よう勧めたが、その理由は、理解できない業績のほうを人々はありがたがるものだから、というものであった[39]。ノート作成について教育的助言を与える指南書は、このようなわけで、著者自身の目にすらけっして完全なものにはなりえず、むろん、理想のなんたるかには光を当てるが実践の実態そのものを明らかにするものではなかった。なかには手本として抜粋帳の見本頁を添えているものもあったのだが[40]。

初期近代の場合、指南書については（それ以前の時代に比べると）比較的たくさん残っているノートと照らし合わせて検討することができる。現存するノートには、別々の稿本に書き込まれた欄外書き込み《マージナリア》やノートが含まれる。本に書き込むという習慣は、けっして印刷時代特有のものではない。中世写本でもしばしば、書き込みができるよう欄外を広く空けておくということがなされた。また、次のような証拠もある。パピルスの巻物の利用者の中にも欄外をノートとして使う者がいた。目立つのは、その内容ゆえに、あるいは後の編集作業のために、必要な一節に記号を付けたものだ[41]。印刷術は、書き込みを可能にする欄外余白や遊び紙を備えた書物を、新たに大量に生み出した。現存する初期近代の書物には、かなり高い確率で、書き込みが残されていたり、新品のきれいな状態を好む収集家によって後に書き込みが洗浄された痕跡が残っていたりするものである[42]。初期近代の書籍に残されたすべての書き込みが、読書ノートというわけではない。学校教科書として使う版(行間への書き込みができるようにダブルスペースで印字されているのでそれとわかる)では、生徒たちは授業内で口述される注解を書き取るのがつねであった。あらゆる種類の書物の中に、本文とは無関係の書き込みが見つかることがある。保管のために本の遊び紙に書き付けられた家族その他の記録から、いたずら書きや習字、レシピ、祈り、さらには詩まで、書き付けられていることがあるが、書く紙として本がそこにあったので便利に使われたのであろう[43]。しかしながら、とくにラテン語の本の場合、欄外や遊び紙に書かれた初期近代の書き込みの主流は、読書ノートであった。その後の時代によく見られる個人の感想や反応ではなく、第一義的には興味深い一節を後で見つけやすいようにするためのメモだ。書き込みはテクストに修正を加えるもの、同一の、あるいは、別の書物にある似た内容の箇所へのリンクを示すものもあれば、ときには称賛や批評の言葉であることもあった。が、何よりもまず、興味深い一節に標識を付けることが基本であった。これは、非言語的に(下線や欄外のさまざまな記号を用いて)行われることもあれば、扱われている主題や、とくに関心をそそられた箇所で引用されている例や権威書が、キーワードを用いて書き込まれることもあった。びっしりと書き込みを残した読者の中には、本文全体の索引機能を欄外に記入したキーワードにもたせたり、興味深い一節のリストをその一節が出現する頁番号を添えて遊び紙に作ったりした者もいた。

教育者たちは、欄外への書き込みを、読書から独立した抜粋帳を作るという最終目標に向かう最初の任意の一歩とみなした。実践では、もちろん、読者は本に書き込むに留まり、ノートブックに抜粋を書き写すという次の段階に進まないこともあった。一六七一年、シャルル・ソレルは、他人の所有本を読むさいはノートブックにメモし、自己所有本の場合はそこから別のノートに書き込むことなく本に直接印を付けることを、読者に対して推奨した。そうすることで、抜粋テクストを転写するという読書中の厄介な中断をなくすことができるからだ。対照的に、イエズス会士フランチェスコ・サッキーニは、ノートブックに一節を書き写すために読書中に生じる中断を、読書のスピードを抑え記憶を助けるという理由で有益なものだと推奨した。[44] 読者が抜粋の転写を読書の最中に行ったにせよ、後から欄外の書き込みを頼りに行った、さらには、他の誰かにそれをさせたにせよ、（現在にいたる何世紀にも及ぶ時間の中で失われたものが多いにもかかわらず）現存するノートのコレクションの数も規模も、初期近代ヨーロッパの知識人たちが独立した読書ノートを集めることにいかに熱心であったかをたしかに証ししている。

「覚え書き（*adversaria*）」〔「眼前にあるもの」を記したもの（adversaria scripta）〕は、当事者の言葉で読書ノートを指した。このことは、読書ノートがもう一つ別のテクストとの関係性（対抗関係［adversarial］という含意はない）の中で存在するという事実を浮かび上がらせる。[45] フランシス・ベイコンは、簡潔に次のように述べた。ノートは「摘要か短縮によって」（つまり、もとの情報を要約して）、あるいは、「見出しかコモンプレイスによって」（つまり、一節を一字一句そのままか、ほとんどそのまま書き写し、ノートブックにコモンプレイスの見出しのもとに分類して蓄積し、後に引き出して再利用する）のいずれかで作られる、と。ベイコンは後のほうの方法を「はるかに便利で使い勝手がよい」と考えており、ほとんどのノート作成に関する助言はこの抜粋の実践に焦点を当てたものであった。[46] 初期近代の教育者たちは生徒たちに、読書で出会った優れた一節を、コモンプレイス（*loci* あるいは *topoi*）と呼ばれる主題別見出しのもとに分類してノートブックに書き写すことを勧め、これを大人になっても続けるようにと指導した。ある者は、読んだ物だけでなく「見たり聞いたり」した物もノートに取るように勧めた。とくに旅行中に「見た物」をノートに取るということからは、旅行記や、経験を効果的に記録するための指南という新たなジャンルが生まれた。[47] また、ブレーズ・パスカルの『パンセ』や、ジョージ・バークリの「コモンプレイス・ブック」や、ゲオルク・リヒテンベルクの『控え帳』の場合のように、ノートは、オリジナルな思索に焦点を合わせることもあった。これらは、ほかの著者たちの書き物からの抜粋のためというよりは、もっぱらオリジナルな（みずからの）思索のために使われたのである。学者たちは、とくに一八世紀になると始まったノート作成における個人的思索の重視という一般的傾向について、注目してきた。[48] にもかかわらず、読書からの抜粋を記録することは、一九世紀さらにはそれ以降にわたって、学生、学者、そして多様な文学者たちのあいだで広く実践され続けた。遅い例としては、W・H・オーデンによる読書からの抜粋を集めたコモンプレイス・ブックが一九七〇年に出版された例を参照されたい。[49]

初期近代におけるコモンプレイシングおよびその関連型である抜粋作業の普及を、教育者たちの特異な成功に帰してしまうのは妥当とは言えない。彼らの助言が幅広く受け入れられたのは、それが既存の（たとえば、詞華集の構成となって顕在していた）ノート作成の方法を応用し、ルネサンスの新しい状況に効果的に応えていたからだと考えることもできる。教育のある幅広いエリート層が経験していた新しい状況とは、以下のことを含む。紙がどこでも入手可能になったこと、古典であれ、現代物であれ、印刷されたテクストが大量に出回るようになったこと、古典のレトリックや文化を模倣しようという気運が高まったこと、そして、失われた文献を回復し、未来に向けて情報喪失を防ぎたいという特別な熱意があったこと、である。読んだすべての著作から最良の断片を抜粋して保存可能なコレクションにすることは、教育者たちが推奨したように、新たに入手可能になったすべての情報を管理、活用する実行可能な方法を約束したのである。

古くは一四世紀後期から一五世紀、そしてその後の世紀からはぐっとその数が増えるのだが、多様な知識人たちの手になるノートや作業原稿のコレクションが残されている。そこには、文献学研究に従事していた人文主義者たち、博物学者、古物研究家、自然哲学者、それに中には神学者たちも、さらに一七世紀には、大量の読書をしてノートを作成した普通のジェントルマンたちもいた。たとえば、偉大なイタリアの人文主義者アンジェロ・ポリツィアーノ（一四五四－九四年）は何冊ものノートや手稿（papers）を残した。これらはたちまち学生や教員たちのあいだに分散した。ある者は手元に置きたいと願い、ある者は読みたいと願い、また、ある者はポリツィアーノの名を冠して、ときには冠せずに、出版したいと願ったのである。何十巻にも及ぶポリツィアーノの手書き原稿は、今日、ヨーロッパ各地の図書館に散っており、なかでも重要な彼の『雑録（*Miscellanea*）』の原稿は、ほんの二、三〇年前に再発見された。フランスを代表する人文主義者ギヨーム・ビュデ（一四六八－一五四〇年）については、七巻のノートが現存するが、それらは彼のもともと生み出した著作のうちのほんの一部にしかすぎない。それでも、それらは色分けされたインクやまだ解明されていない欄外記号で溢れている。ヨセフ・ユストゥス・スカリゲル（一五四〇－一六〇九年）の豊富なノートでは、現存するのは二、三〇巻である。博物学者では、ウリッセ・アルドロヴァンディ（一五二二－一六〇五年）が、膨大な量の情報を収集・分類しようという彼の努力の結晶である、四〇〇巻を超える手書き原稿を残した。フランス貴族、ニコラ・ファブリ・ド・ペレスク（一五八〇－一六三七年）のような歴史家や古物研究家もまた、大量のノートを蓄積した。[50]

ノート作成はしばしばある特定の環境で盛んに行われるようになり、教師からその学生たちへと広まり、ときにはグループで実践された。ドイツの異なるいくつかの大学で数学、医学、論理学、そして自然哲学の教授を務めたヨアヒム・ユンギウス（一五八四－一六五七年）は、一五万頁とされる、当代最大規模のノートのコレクションの一つをなしたが、そのうちの四万五〇〇〇頁が今も残されている。[51] 彼の学生たち――みなハンブルクを根拠地にしていたマルティン・フォーゲル、ミヒャエル・キルステン、それにフィンツェンツ・プラッツィウス――は、ノート作成の指南書を出版し、みずからもおびただしいノートを残すことで師の遺産を広めた。ミヒャエル・キルステンの蔵書を記録した競売目録には、手書き原稿が四〇ほどの見出しのもとに列挙されており、書籍の索引や概要、疑問点のリスト、そして、「執筆のための論旨や素材」が含まれていた。序文は、「キルステンが読み、ノートを取り、注解を書かなかった分野はない」と讃え、たっぷり時間に恵まれた子息なり友人なりがそれらを出版すべきだと勧めていたが、実行された形跡はない。[52] 同様に、注目すべき個人のアーカイヴのコレクションが、その保存に寄与した英国王立協会の構内に残っているが、サミュエル・ハートリブや、王立協会会員のロバート・ボイル、ジョン・イーヴリン、ロバート・フック、ジョン・ロック、アイザック・ニュートンの文書がそこには含まれている。[53]

豪商クレメント・ドレイパー（一五四一頃－一六二〇年）が負債で投獄されていた一三年間のあいだに書き溜めたノートや、サー・ウィリアム・ドレイク（一六〇六－六九年）という、ほかのことではごく普通のジェントルマンが内乱の緊張と向き合って書き溜めた、現存する二〇巻ものノートについての最近の研究は、これまで焦点が当てられてきた少数の著名人以外の人々が残したノートのコレクションも研究対象たりうるということを示唆する。[54] 最後に、最終的に印刷されたノートの集積からも、ノート作成について知ることができる（編集の手を差し引いて考えなければならないが）。パスカルの『パンセ』（初版一六七〇年）や、オーブリーの『名士小伝（*Brief Lives*）』（初版はなんと一八九八年）はその最も有名なものだ。[55] この二作品の例についてはもとのノートも残っているが、ほかの例ではそうはいかない。初期近代のレファレンス書の編纂に使用されたノートは、めったに現存することはない。というのも、大規模編纂本の編纂者たちは、印刷原稿にノートを直接転用する手法を用いたからである（第4章で論じるように）。

最近までこれら原稿のコレクションは、もっぱら重要な人物の知的展開を辿る一方法として研究された。未出版の草稿は、しばしば著者の考えや成長をより正直に映し出すと考えられた。たとえば、ミシェル・フーコーは、読書ノートや引用句を書き付けた帳面を「その人自身の興味関心のために作られる」作品であり、したがって、注目に値するものを自由に選び出す個々の読者の思考は、擬似精神分析的洞察の対象となりうることが約束されているとみなした。[56] 個人の内面に迫る洞察を目的としたノートへの関心を否定するものではないが、文化史家は、また、個人の自由な行為というよりは、学校教育で教えられ、多様な文化規範によって強化された行為として、ノート作成というものを研究対象とすることができる。ノート作成の理論は、記憶や書く行為がどのように理解されていたかについて、そして、ノート作成の実践は、初期近代ヨーロッパにおいて、テクスト情報を管理するのに最善とされたツールについて、それぞれわれわれに語ってくれる。後者のツールには、主題別見出しやアルファベット順の索引から、同僚や文筆助手から提供される助力、そして印刷されたレファレンス書の利用といったことが含まれる。

記憶の補助としてのノート作成

古典古代より初期近代にいたるまで、記憶の量と速さは知的能力だけでなく道徳的価値の証しとして高く評価されていた。[57] 古典古代や中世においてそうであったように、初期近代の学者もしばしばその記憶力のゆえに称賛された。記憶にまつわるめざましい能力が彼らに帰されている。たとえば、法学者のアントワーヌ・ミュレは三万六〇〇〇の人名を順番どおりに暗誦できたとされており、J・J・スカリゲルは『イリアス』と『オデュッセイア』を二一日間で「覚えた」とされ、エラスムスは子供時代にホラティウスとテレンティウスを全行暗誦したと言われている。[58] こうした報告のあるものは誇張されているか真実ではない可能性があるものの、記憶力というものが、文化的価値観や記憶力の鍛錬の影響を受けつつ歴史的文脈によって変化するものであること、したがって、記憶にかかわるわれわれの通常の経験にもとづいて、それらを単純に不可能と決めつけ、否定するべきではないのだということを、われわれは今日認識しておく必要もあろう。驚くべき記憶力は現在でも（たとえば、ばらばらに切られた五二枚のトランプの順番をそらんじたり、円周率の小数点以下の数字をたくさん言えたりといったような）パフォーマンスが行われている。しかし、現代の知のシステムでは、記憶力はもはや学者の技能中、最も高く評価されるものではない。[59]一七世紀後期までには、記憶力は、理解の妨げとなるのではないかとの懸念（これは以前の世紀にも聞かれた声ではある）に重きが置かれるようになった。たとえば、デカルト主義者として、オラトリオ会士ニコラ・ド・マルブランシュ（一六三八－一七一五年）は、心を混乱させ、明瞭な思考を妨げるのみならず、頭に詰め込んだ事実の量に優越感を抱かせてしまうとして、記憶術の科学を糾弾した。[60]ほぼ同じ頃、ロバート・フックは「優れた知恵の持ち主は記憶力に劣るものだ（good wits have ill memories）」という言説を「諺同然」と評したが、それが記憶力に欠けるというフックの自画像に好都合にも重なっていた。[61]記憶力に対する評価の下落は、博識と、たくさんの皮肉屋の学識者像を生み出した似非知識の両方に対する、より広い批評の一側面であった。[62]記憶力が一七世紀以前に保持していた首位の座を取り戻すことはなかった。二〇世紀初頭には、たとえば、フランスの教育者は断定的にこう述べることができた（他に比べて暗誦をより尊ぶ教育システムにあってさえ）。「過度に記憶することはより高度の知的能力にとって有害でありうる」と。[63]

フランセス・イェイツは、古代の記憶術の長い受容の歴史についての先駆的な研究により、歴史学的探究の対象として、記憶にまつわる実践への注目を呼び覚ました。記憶の技術は、覚えておかなければならないアイテムを、しばしば、建物内のいろいろな場所に関連付けられた鮮やかなイメージとともに記憶することで思い出しやすくするべく設計されていた。アリストテレスとキケロはこの方法の起源を、宴会中に死んだ〔大地震で崩れた建物の下敷きになった〕客全員を、彼らがテーブルのまわりのどこにいたかで覚えていたというシモニデスの話から説明した。今日でも記憶力を鍛えるための指南書は、鮮やかなイメージや場所と関連付けて覚えるという、似たような技法を推奨している。[64]イェイツの著作は、場所記憶法（place memory）が古典古代からルネサンスにかけての主たる記憶方法であったという印象を与えてきた。場所記憶法が、とくに、スピーチを暗記したり、記憶力の妙技を披露してみせたりするさいの短期記憶のために使われたことを否定するものではないが、私は、長期記憶の保持や情報の蓄積のためには、ノート作成がより一般的な記憶に対する補助であったことを強調しておきたい。ノート作成は、古典古代においても文献の存在（プリニウス）で確認されており、中世における詞華集や大規模な編纂物の執筆においては主要な手段となっていたと考えられる。ノート作成については、ルネサンス以降、たくさんの現存する資料から研究することができる。手稿本や印刷本では記憶の助けとしてイメージが重要視されたが、ルネサンス期の教育では反復や書写が要であった。[65]

イェイツ自身も指摘したように、一六、一七世紀のヨーロッパの教育者や学者たちは、場所記憶法に対してしだいに批判的になっていった。場所は役に立ちうると認めながらも、エラスムスは「最善の記憶力は、何よりもまず、理解、体系的方法《システム》、関心《ケア》の三つに支えられている」と主張した。博物学者ウリッセ・アルドロヴァンディ（一五二二―一六〇五年）は、場所記憶方式を学ぶことは、それによって得られる利益よりも大きな投資を必要とすると批判した。また、ガブリエル・ノーデ（一六〇〇―五三年）は、「人工的記憶は自然的「記憶」を損ね、誤らせる」という理由で、積極的に有害だとした。ドイツにおける学者たちの世界では、バルトロメウス・ケッカーマン（一五七三―一六〇九年）が、記憶術を「哲学的に誤謬で、神学的に冒瀆的」と考えた。[66] これらの人々を含む教育者たちは、人文主義の台頭期にあって記憶術のかわりにノート作成を推奨した。彼らは、ノート作成は記憶の最良の補助具である、と述べたのであった。

ノート作成指南書と記憶術についての論考は、互いにはあからさまな言及をすることのない、二つのまったく別個の伝統を形成した。[67] 実践においては、しかし、ノート作成は、図像イメージや視覚的要素を記憶の補助として援用することを妨げるものではなかった。たとえば、大量のノートを作成したコンラート・ゲスナーは、手の図像を用いてラテン語の五つの格変化を表し、それを記憶の一助とした。手は広く普及した記憶術の図像であり、その使用は複雑な場所記憶法を必要としなかったのである。[68] 頁レイアウトもまた、手稿本でも印刷本でも、出現頁の外観から記憶を呼び起こすのを助けた。同時代の人々はめったにこうした配慮について論評することはなかったが、一八世紀に、アイザック・ワッツ（一六七四―一七四八年）は、記憶を呼び起こすさいの視覚的手がかりの重要性について明白な意見をいくつか述べている。「可能な場合には、位置記憶（local memory）、すなわち、読んだ物をそれが書かれていた、あるいは印刷されていた面や頁で思い出すようにしなさい」と。ワッツはまた印刷業者が、古い版に親しんだ読者の便に配慮して、重版でも以前の版のレイアウトを模倣するよう、次のように勧めた。「文法書、詩篇、聖書などの新しい版を印刷するさい、印刷者は各章、段落、節を前の版の頁と同じ位置で印刷することがきわめて望ましい。そうできれば、位置記憶の利点を知り、そして感取さえしている若い学習者たちにとって、またとない手助けとなるだろう」と。ワッツの「位置記憶」は、イェイツの場所記憶法とは異なり、（カラザーズが中世の写本の記憶について述べたことにかなり似て）一節を頁上の位置から思い出す、ということを意味した。[69]われわれは今でも、紙で読んだ記事についてはそのような仕方で思い出すことを経験するかもしれないが、この効果は電子メディアではしばしば失われる。画面やプリントアウト上の表示が一定せず変化するからである。この効果は、また、今日の教科書出版者たちによって故意に崩される。彼らは版ごとにレイアウトや頁番号を変えて、古本の流通を最小限にしようとするのである。教師は最新版にもとづいて指示を出し、生徒は指示を正確に把握しようとするからである。

初期近代の教育者たちは、ノート作成理論に関して一般論としては合意していたが、強調する点はまちまちであった。このジャンルで一六一四年と一六三八年以降、一九世紀初頭の各国語訳や縮約版にいたるまで、最も広く再版された書物であった、イエズス会士フランチェスコ・サッキーニとイェレミアス・ドレクセルの指南書に注目しよう。サッキーニとドレクセルによれば、ノート作成は二点で記憶を助けた。第一に、ノート作成は文章そのものを書き出す過程で書き写したものを記憶に留めやすくした。サッキーニはそれぞれの文章を二回書写することを推奨した。一回目はそれらを出会った順に書き写していくノートブックに、二回目はコモンプレイス見出しのもとに分類された、独立したノートブックに転写するというものだった。ドレクセルは、書写は一回のみを推奨した。文章を書き写すのは、出会った順に書き溜めるときの一回だけ、とは言っても一方で、コモンプレイス見出しをそれらに付ける、とした。両者とも「書写されたものは心によりしっかりと印象づけられる」という点で一致していた。とくに、ノートを取ることは読書のさいにやたらに急いでしまうことを防ぎ、したがって記憶と理解とを助けるものであった。サッキーニは、トゥキディデスを八回書写したとされるデモステネスと、「蔵書が貧弱だったからではなく、そうすることによって自分のためになるからという理由で」多くの本を自分の手で書き写した聖ヒエロニムスの例を挙げた。[70]ノートはまた、後で戻って勉強するべき素材の記録を提供することで記憶を助けた。「しばらく経つと、［あなたのノートは］蔵書のかわりに選ばれた素材の小巻となり、もとの本がないところでも手元に置くことができ、どこへでも好きなところに簡単に持ち運ぶことができる」。持ち運び可能なサイズのノートブックを前提に、サッキーニは、それをどこへ行くにも持参し、暑さ寒さの厳しいときや疲労困憊時、あるいは旅行、食事、待ち時間に費やされる昼間のちょっとした隙間の時間（*horæ subsecivæ*）のような、本格的な勉強を許さない環境でそれを勉強することを勧めた。ノートブックはこうして、ノートを作るのに（蟻や蜜蜂のモデルに則って）

勤勉と忍耐を要すること、そして、いったん作ってしまえば、それがほとんどあらゆる条件下で勉強の機会を提供することで、二重に怠惰の害への対策となった。それほど厳しい要求をしない教育者は、「人間の冷えて弱りがちな記憶を掻き立て刺激する」ために、見出しだけでも何度も読み直すことを勧めた。[71]

指南書は、教育者たちがよくありがちなものと認識していた反対論に反駁することによって、ノート作成を擁護した。ドレクセルにより用いられた対話形式で、勉学意欲のない生徒、ファウスティヌスは尋ねる。「でも、ぼくは本を書きたいとは思っていません……抜粋に何の意味があるというのですか」と。教師のエウロギウス（「上手な話し方」を想起させる名前）は、ノートは本の執筆に必要なだけでなく、スピーチやあらゆる種類の作文にも必要なのです、と答える。「ノートを取ることは時間の無駄ではありません。ノートを取らずに本を読むことのほうが時間の無駄なのです。トマス・ア・ケンピスとかそういった著者の本を読む場合は別ですが。もっとも、そういう読書でもノート作成はすべきだと言いたいのです」。ドレクセルは、事実や引用のために読む本について彼が説明している方法とどこが違うのか特定はしていないが、『キリストに倣いて』に代表される信仰のための読書もまた、なんらかの種類のノート作成をともなうのだ。[72]

サッキーニは、たとえそれが余暇の時間内であっても、なにがしかを頭に記憶するかノートに書き写すかせずに、ただ読書する人は怠惰だとして切り捨てた。イエズス会の教育者たちにとっては、書かずに読むだけというのはありえなかった。要するに、「抜き書きすべきもの（*excerpendum est*）」だった。[73]

最も深刻な反対論は、ノート作成が記憶力を損なうという議論だった。ドレクセルとサッキーニは、プラトンやピタゴラス派や古代ガリアのドルイドたちが、弟子たちの教育において記憶に有害だとして書くことを避けたではないかという主張について議論した。サッキーニは書くことに対するプラトンの批判を認め、印刷によって書くことの難点は増大し、真の知恵者の数をはるかに超えて知恵を僭称する者を増加させていると指摘した。サッキーニの解決法は、ノートブックの中身は暗記すべきもの、したがって、学生たちはノートブックを満たしているに留まらず、彼らの精神をも満たしているのである、という点を強調することであった。ドレクセルは反対論をさらに深く批判して、〈古《いにしえ》の知恵（*prisca sapientia*）〉の口承伝搬の報告を問題とし、「では、どのようにして彼らの書き物が今に伝えられたというのか？」と述べた。古代人たちは「蠟、木材、樹皮、葉、鉛、革、それに羊皮紙」といったありとあらゆる書字面に書き付けたが、それには困難さと高額な出費がともなった。ドレクセルは、これと対照的に、紙や、印刷業者や「至極自在な（*expeditissima*）」書く方法が使える便利さと容易さを称揚したのだった。[74]

最後に、サッキーニもドレクセルもともに、ノートは、火や、水、盗難、虫食い、ゴキブリや犬までも（「犬が宿題を食べち／やった」のような）犬が仕事を台無しにするという決まり文句はここから始まったのかもしれない！）によって喪失や破壊にさらされるではないか、という反対論に答えた。[75]まず、サッキーニがソクラテスの弟子のアンティステネスの警句をもって応答した。アンティステネスは、ノートをなくしてしまったと嘆く学生に、「紙よりも心に託せばよかったのに」と答えたのである。サッキーニはこうして、ノートをノートブックに書き入れるだけでなく、生の記憶にも書き付けるべしという強調を繰り返した。しかし、彼はまた、すべての人間の営みにおいては、有利はつねに不利をともなうものだと、反対論により直接的に応えることもした。ドレクセルは、サッキーニとは違って反対論になんら妥協することなく、われわれの所有物はすべて喪失と破壊の対象たりうるが、だからといってそれらを所有しない理由にはならない、と述べた。[76]両者とも記憶力の例外的事例を己れの能力の目標に置くことに警鐘を鳴らした。彼らは、逆に、人間の記憶力の弱さを強調した。彼らに言わせれば、人間の記憶力は偏狭で気まぐれであり、補助に頼らなければ当てになるものではなく、負担が過重になれば記憶違いを起こしやすく、老年や病気により失われるほかない。[77]

多くの点で合意しながら、サッキーニとドレクセルは、読書とノート作成の規模、そしてそのことに関連する記憶力と検索装置のそれぞれに強調を置く度合いについては、異なるヴィジョンをもって論じていた。サッキーニは、少数の本を隅々まで読み、各抜粋を二回ずつ、すなわち、読んだ順に書くノートブックにまず一回、そして二回目にはコモンプレイス見出しで分類されたノートブックに書写すること、それから、その二冊目のノートブックをたえず勉強することによって中身を暗記することを推奨した。[78]これと対照的に、ドレクセルは一〇〇とも、六〇〇ともいう著書を一日に読んで、ノートを作成したと豪語した。これは、（なんらかの誇張を差し引いたとしても）サッキーニが推奨した、ゆっくり時間をかけ精読する読書とは異なる種類の読書であったことを示す。ドレクセルは、四つ折り判サイズのノートブックを少なくとも三冊――一冊は書誌の参照のために、もう一冊は修辞学的に興味深い一節のために、三冊目は歴史的逸話のために――を、それぞれ、アルファベット順の索引が書き込まれた別の小さなノートブックとセットで保持することを勧めた。ドレクセルは、また、各ノートブックにつき神聖な主題と世俗の主題の二つに分けて別々の索引を作るとよい、とか、医学、法学、数学、哲学、神学などそれぞれの領域に一冊ずつ別々のノートを付けるようにするとよい、とも述べた[79]。このように、何百という著者の本から書き溜めた何巻分ものノートにおいて、索引は効果的な「記憶」に欠かせないものだった。ドレクセルの方法では、書き写す工程は一回少なくして（書いて記憶への定着を図る好機を一回分犠牲にして）、ノートブックから使えるものを引き出すうえで、記憶より索引を信頼したのである。

ドレクセルはサッキーニとの違いを強調はしなかった。彼はサッキーニを賛意とともに引用したし、自身の方法について、記憶を埋め合わせるのではなく、刺激するものだとして、次のように説明した。「読んだ物すべてを覚えていられるほどの記憶力は誰も持ち合わせていない。したがって、抜粋を必要とする理由は、記憶力の鍛錬を減らすためではなく、記憶力本来の働きをより適切に伸ばすためなのだ。抜粋に索引を作っている人で記憶力を鍛錬したくない人はいない。何を抜粋したかを思い出せなくては、抜粋をする意味が完結しないのである」[80]。ノートを記憶に留めおくという理想を繰り返しながら、ドレクセルが思い描いていたのは、書いたことを忘れてしまったようなノートも引き出すことができる索引を備えた大容量に達するノートの作成と蓄積だった。より一般的にいうなら、サッキーニは伝統的な教育者としての立場を代表して、暗記、書き写し、少数の規範となる書物を徹底的に読むことを強調した。一方、ドレクセルは、飽くことなく、「広範な」分野を読む読者の興味を対象として、暗記を最小限に留め、複数のノートブックに、後でそこから取り出すさいの目印とともに書き写すことを勧めた。もしドレクセルのアプローチを「近代的」と呼ぶにせよ、われわれは、彼の方法が近代において推奨され実践された唯一のものではないことを認識すべきである。サッキーニの本は一九世紀に入っても版を重ね、その徹底的な読書と研究への呼びかけは、今日にいたるまで著名な賛同者に事欠かない。ドレクセルの本も同じくらい長寿を保っている。なかんずく彼が示した広範な読書とノート作成についての手本は、その優位性に寄与したほかの多くの人々に共有された。ジョン・ロックは、一六八六年に、ノートに索引を付けるシステムについて書いたが、それは一八世紀を通して盛んに使われ広く版を重ね、ドレクセルの助言と抱き合わせで出版されたことも少なくとも一回はあったのである[81]。

ドレクセルは、ノートを作成したらそれを覚えておくべきだとする概念を捨てなかったが、後の著者たちはときにノートを、（記憶を保持し続ける必要なく）情報の保管および系統だったかたちでの取り出しを可能にすることで、記憶力を解放するものとみなすこともあった。極端な表現では、エドガー・アラン・ポーが一八世紀の著述家、ベルナルダン・ド・サン＝ピエールの言葉だとした「紙に書いたものは、記憶から外し、したがって忘れる」という警句がある。[82] 今日でもノートは、よく、書き物や電子メディアに保存されるため、覚えておかなければならないという負担から記憶を解放するものと見られている。そうなると問題は、役に立ちそうになったとき、忘れずにノートを取り出せるようにすること、あるいはそうするための方法を覚えておくこと、である。今日の個人情報管理に関する専門家は、オフィスワーカーたちは多くの場合、彼らが直接処理して記録に保存する情報の中身を覚えることではなくて、保存した情報を呼び出すために何をしなければならないのか、どこにそのための道具があるのかを覚えることにその努力を集中させている、と述べている。[83] メディアや記憶すべき事柄の種類がいかに変わろうと、生の記憶力は知的生産性の面できわめて重要な役割を担う動因であることに変わりはないし、そしてそれはしばしば、さまざまなメディアに長期保存されたアイテムを引き出せることを当てにしているのである。初期近代の教育者や学者たちの功績の一つは、大量のノートの保管、およびそれらを有用ならしめる分類・取り出しの方法を、相当数に及ぶ規模で初めて実験したことだったのである。

書くことの補助としてのノート作成

索引付きのノートブック複数冊にノートを取ることを読者に動機づけるさい、イェレミアス・ドレクセルは、抜粋が文章作成の補助として有用であると公言し、多作な著述家たちはみな長年の読書を通して蓄積した抜粋集を利用しているのだと力説した。「真鍮のはらわたを持つ」ディディモスのような古典古代の多作家たちや、ウェルギリウス、プリニウス、アクイナスら著名な著者たち、そして多くの最近の著者たちは、抜粋作業をしていたに違いない。ドレクセルは過去の著者についてはこの主張を裏づける実証的な証拠を出していないが、もし抜粋集を使わなかったとしたらあのように多作でありえただろうかという論理的再構築によって論証したのである。ドレクセルのこの説に反して、初期近代の前およびその間、多作の著述家たちの多くは長期にわたって保存蓄積してきたノートから著述をしたのではなく、短期記憶（短期間用のノートを使ったか使わなかったかを問わず）と書物を頻繁に紐解きながら著述を行ったようだ。逆に、初期近代において大量のノートを取った人々のうちには、書き溜めたノートを使っての出版をまったく行わなかった者もいた。したがって、ノート作成は初期近代の教育者たちによって文章作成の補助として正当化されたけれども、実践においては大量のノート作成と文章多作とは、かならずしも互いに手に手を携えて進んだわけではなかった。二件の事例が、初期近代以前の文章作成の方法の多様性を物語る、貴重な例を提供している。プリニウスは大量のノートを取る代表的な人物だ。ただし、彼のノートで現存するものはなく、その仕事方法については大部分を甥の記述に頼るほかない。他方、その仕事方法について、自筆原稿や口述筆記された原稿が残っているおかげで、通常の中世の著者の場合以上に詳細に研究することが可能なトマス・アクイナスは、たくさんのノートには頼っていなかったようだ。

古典古代のテクストの実物がほんの少ししか残っていないにもかかわらず、用語や現存テクストの注意深い分析を通して、古典学者たちは、一世紀のプリニウスに体現される学問の方法について詳細な像を描くのに成功した。読んだり読んでもらっていたりするあいだ、プリニウスは興味深い一節を（口述筆記させたり自分でも書いたりして）後でそれとわかるようにした（*adnotationes*）。これらの一節は急いで蠟板（*pugillares*）に書き写されたが、多くは奴隷／秘書（*notarius*）に口述筆記させた。同じ一節（*excerpta*）は後で見出しを付けて、パピルスの巻物によりきちんとした文字で恒久的に転写された。これらの分類されたノートは「注解（*commentarii*）」と呼ばれ、プリニウスが書物を著すときに素材として使われたと考えられる。[84] 大プリニウスは間違いなく例外的な人物であった。語り継がれてきたことによれば、彼は可能なかぎりどのような時間であれ学問に捧げた。睡眠時間は最小限に留め、食事中も旅行中も入浴中も、他人に音読させ、それを聞いたという。読んだすべての本についてかならずノートを作成し、「細かい文字で頁両面に手書きされているので巻数は実際には倍になる」一六〇巻の「注解」、すなわち、分類されたノートを甥に遺したのであった。[85]

膨大なノート作成をしたプリニウスは、また著述も大いに盛んだった。三七巻の『博物誌』（これだけが現存する）だけでなく、彼の甥の言葉によれば、その他に六つの著作があり全部で六五巻にのぼったという。[86] プリニウスがどのように自分のノートを著作に使用したか、正確なところははっきりしない。「注解」は、見出しに従って構成されたか、欄外に見出しが書き込まれたかしたと思われる。本文自体の研究のおかげで、プリニウスはある一節では、なんらかのテクストからそこでの出現順どおりに素材を使っているが、他のところでは、一つの材源からの抜粋を異なるセクションに配分していることが判明した。このことは、材源と主題別見出しの両方を辿る彼の能力を物語っている。[87]

小プリニウスがおじの実践について解説しているのは、それらが並外れた勤勉さの例証だからだが、プリニウスの基本的な仕事のやり方は、古典古代における学者の仕事の多くを代表したものであった可能性が高い。秘書や奴隷に口述筆記をさせることは、古典古代や後期古典古代では一般的な著述法であった。もっとも、ポルピュリオスが、師であった三世紀の異教の哲学者プロティノスについて伝えているように、みずからの手で論文を執筆した者もいたし、多くの人々が口述筆記の落とし穴を嘆いていたのだが。[88] 同様に、両方のバランスがどうであったのかについては専門家のあいだで現在論争になっているのだが、音読は古典古代においては黙読と共存していた。[89] いずれにしても、読み書きに声を使うやり方は、プリニウスの例が物語っているように、ノートの作成やノートの集積を用いての執筆になんら障碍にならなかった。すべての作家の最良の一節を抜粋したと誇るキケロ（前一〇六―前四三年）から、そのノート（*hypomnemata*）が著作内の多くの引用に欠かせなかったであろうプルタルコス（五〇―一二〇年）まで、古典古代の著述家たちは著作の中で再利用するために抜粋をしたのである。ディオゲネス・ラエルティオスの『ギリシア哲学者列伝』の分析は、彼がプリニウス同様、興味のあるテーマについて異なる材源から作成したノートを活用していたことを示している。[90]

ノートからの著述の過程はまだ研究されていないが、少なくとも二つの事例で、ノートの集積だった、あるいはそう称されていた作品が知られている。アウルス・ゲッリウスは彼の『アッティカ夜話』（一八〇年頃出版）を、彼が読んだ本や記憶する価値ありとおぼしき聞いた話から作成した最初のノート（annotationes）を集めた「注解」と呼んでいる。「私は、決まった順番や計画などなしに、ありとあらゆる種類の興味をそそられたものを書き溜めたものだ（annotabam）。そして、そのようなノートを一種の文学の宝庫として、記憶を助けるために蓄えておいたものだ」。こうした主張を文字どおりに信じようと信じまいと、少なくともゲッリウスの主張は、著者というものは、言語や習慣についての逸話や所見を書き溜めた二〇冊にわたるノートを使って書くものだということが、当時の人々にとって納得のいくことだったことを示唆する。[91] 後期古典古代の文学的な雑録集の多くは、ノート作成が著者たちのあいだでも、そしておそらくは読者のあいだでも、広く行われていたことを示している。紀元一六一年から一八〇年にかけて皇帝であったマルクス・アウレリウスの『自省録（Meditations）』として知られるテクストについては、没後かなり経つ（おそらく四世紀）まで他人に読まれることはなかった個人的なノート一式が伝わっている。マルクス・アウレリウスは、書き下ろしやほかの作家たちからの抜粋による個人的瞑想、金言、美徳の勧めを集めたが、それはノート（*commentarii*、または *hypomnemata*）というものがいかに多くの素材を包括したかを例証している。それが今日まで伝えられることは例外的であったけれども、当時こうしたノートの作成はおそらく例外的ではなかったであろう。[92]古典古代からはこのように、ノートが執筆を刺激したさまざまな例を再構築することができるのである。

中世からは、羊皮紙の保存性を考えると驚くべきことだが、ノートであると明確に表示された大規模コレクション、たとえば、プリニウスの一六〇巻のノートに匹敵するようなノートのコレクションは伝わっていない。中世の作品と、それを書くために（雑録集や詞華集に集められたテクストや抜粋、索引などの道具を含む）予備的ノートとして役立った可能性のある原稿とを結び付ける研究は、現時点では存在しない。しかしながら、ある事例では、自筆および口述筆記での原稿、そして、仕事の方法についての同時代の報告という、一人のスコラ学者の仕事の方法を証言する例外的に十分な範囲の証拠が揃っている。トマス・アクイナス（一二二五—七四年）の、当時から今日にいたる例外的な注目度のおかげで、われわれは現存する物からだけでなく、現存していない物からも信憑性の高い議論をすることができる。ドレクセルは、アクイナスを、「抜粋をしていたに違いない」人の一人に挙げている。しかし、現存する原稿（経歴の初期の自筆原稿四本と、後の口述筆記での原稿）および、彼の仕事の方法についての当時の報告を詳細に分析すると、アクイナスは備蓄ノートをもとに仕事をしたプリニウスとは異なり、記憶と書物に直接当たって書いたのではないかと考えられる。[93]

アクイナスは、最初の数作品は自身で書いたが、（当時、理解不能もしくは解読不能と言われた）その筆跡はあまりに読みにくかったため、自筆原稿から起こされた清書が間違いだらけで、これらの作品の最終ヴァージョンは、自筆原稿をもとにアクイナスが口述筆記によって仕上げ、それ以降、じかに口述筆記で執筆するようになった。[94]口述での執筆であったという論拠は、アクイナスの成熟期の自筆原稿がないという点に置かれる。どのような自筆原稿であれ、たとえば、『神学大全』のそれは、それに比べれば重要度が高くない著作の現存する自筆原稿に結び付けられた価値に鑑みるなら、かならずや後世に伝えられたはずだ。現存する自筆原稿は崇敬をもって保存されたが、あたかも聖遺物であるかのごとき崇敬を寄せられたがために、一部の断片が取り去られることもあった。そうした断片は現在別々に保存されている（こうした慣習は、またその存在にわれわれが気づく好機を増やしもしたのであった）。[95]もしもアクイナスが羊皮紙に書かれたノートから執筆していたなら、それらのノートもまた、少なくとも断片なりとも、今日に伝えられていて当然だと期待するだろう。かわってアントワーヌ・ドンデーヌによる再構築が提唱するのは、アクイナスは執筆しながら必要に応じて書物に当たることができ、つねに複数の秘書が控えていて助手を務めてもらうことができたのだ、ということである。一度に異なる主題について三、四人の秘書に口述筆記させるアクイナスの能力は当時奇跡的とされたが、この能力はウィンストン・チャーチルにもあったとされている。アクイナスは、書ける状態になり次第、真夜中であろうと、いつでも執筆した。一度などは僚友の〔ピペルノの〕レギナルドゥスを起こして書いてもらっている。アクイナスは、またたくさんの書物をいつでも使えるように手元に置いて仕事をした。秘書たちはとくに、アクイナスが必要としたテクストを書き写す役を担っていたのである。[96]

　プリニウス同様、アクイナスは世に出した著作の質、量とも、また、その円熟期において享受した秘書たちの助力の質の高さにおいても、標準的ではなく例外的な人物であった。しかしながら、アクイナスのほかの原稿を遇してきた尊崇から推量できるとすれば、執筆の助けとなる長期保存用の個人的ノートが実際に存在していなかったということは、さほど例外的であったとは考えられない。スコラ学者たちの仕事の方法はまだ完全には研究し尽くされていないが、一三世紀に始まった参照道具《ツール》の急増は、最も恵まれた研究環境にあった学者たちにあっては、必要なときに書籍を参照し、さまざまな種類の道具（用語索引、主題別索引、あるいは、グロステストのような記号を使った方式）を用いて、求める一節を探し当て、引用リストを作り出していたことを示唆する。詞華集やその他の説教師用指南書の編纂以外では、プリニウスやあれほど多くの初期近代の読者たちが取り組んでいた大量の抜粋作業を、中世の学者たちは、どうやらそれほど行ってはいなかったようだ。

　一五世紀に始まりとくにそれ以降は、対照的に、それまでと比較にならないほどの量のノートが今日まで残されている。しかしながら、この期間であっても、多作な著述家たちがすべてノート作成をしていたわけではなかった。いくつかのケースでは、ノートの蓄積は、教師に強制されたり、具体的な執筆目的もなく読書をすることによって促進されたりした若者の活動であって、ノート作成者が著者になると終了した。その一つの例は、彼もまた多くの点で例外的な存在ではあるのだが、ミシェル・ド・モンテーニュ（一五三三―九二年）である。彼は文筆を業とする経歴の初期では書物に書き込みをしており――彼が所有していたルクレティウスの本への書き込みは、モンテーニュが三一歳であった一五六四年に始まる――後には『エセー』の私物の数冊に改訂版の準備として書き込んでいた。けれども、独立したノートは残っていない。彼は、書物を拾い読みし、けっして一時間以上一気に読み続けることはなく、自身の（彼の言によれば蔵書は一〇〇〇冊ほど）図書室で本に囲まれて書く人間だと己れを評した。[97] モンテーニュは、自分がいかに抜粋作業に頼っていないかを強調し、「コモンプレイスの寄せ集め」からの抜粋を連ねる著者たちへの侮蔑を露わにした。[98] モンテーニュの描く自己像はかならずしも信頼できるものではないが、彼は読んだものを、新しくてしばしば驚くべきものに実質的に書き直したのだと見る点で、研究者たちは一致している。そうした彼のやり方は、ヴィレイによれば、『エセー』の初版の執筆においても後の増補版の執筆においても、大量のノートにというよりは、最近読んだものからの短期記憶に頼る方法であった。[99] 同様に、大部の『覚え書き（*Adversaria*）』ほか、ある同時代人の言葉では「手押し車何台分もの」著書を世に出した後期人文主義者、カスパル・バルティウス（一五八七―一六五八年）は、抜粋をとっておくことも訂正や改訂もせず、記憶のみから執筆していることを自慢にしていた。こうした主張を報告するなかで、ピエール・ベールはバルティウスを批判してもいる。そのような粗悪なやり方で仕事をしていることをおおっぴらに認めたりするとは、読者に対して失礼である、と。[100]

アクイナス、モンテーニュ、そしてバルティウスらを含む否定的事例の前に、多作の著述家たちはみな抜粋を頼みにしているというドレクセルの主張は、それ以前から同時代にかけての仕事の方法の歴史的評価としては妥当性を欠くが、ドレクセルのノート作成へのヴィジョンを示す貴重な指標である。ドレクセルは、たとえノート作成の時点ではとくに執筆テーマを想定していなくとも、いつかそこからいくらでも執筆できる宝庫として、長期記憶とノートの蓄積を推奨したのである。索引があればユーザーはオンディマンドで必要なアイテムを取り出すことができる。ドレクセルは、書き溜めておいたノートが後で思いがけなく役に立ちうる例として、たとえば、六頁に及ぶ素材を涙というテーマで、また、より短い項目記述を古代ローマのバッコス祭や舞踏というテーマで、彼自身のノートから提供できることを誇った。「こういうものは［印刷された］索引では見つけられまい」とドレクセルは皮肉った。ドレクセルはまた、自身のノート作成のおかげで、どのような主題でも年に二冊の本が書けるとも豪語した。[101]

人文主義者や後期人文主義者たちは、修辞でも学識でも、予測不能な幅広い主題について引用や範例を繰り出せる能力を尊重した。直近の使い道がはっきりしていなくとも面白い素材を蓄積しておく有用性はここからきていた。[102] ただし、より限定された目的のもと、中世の説教師のための虎の巻は、これさえ読めばさまざまな主題で説教が書けるという素材を提供してくれるような抜粋を収集した。しかし、中世の虎の巻や、少数の精選された原典のみを精読せよというサッキーニの呼びかけとは違って、ドレクセルは、教育上あるいは宗教上の名著を超えた大規模なノート作成を念頭に置いていた。ドレクセルの選書の方針は「明らかな、ありふれた、古臭い、一〇〇〇回も繰り返された」ものを避けるというものであった。ドレクセルもサッキーニも闇雲に大量のノートを蓄積すること——「けっして役立つことはないだろう、つまらないものや愚かしいものを集めてしまう不幸な精励」には警鐘を鳴らしている。まさにゲッリウスがたんなる珍品の詰まったノートを集めた大部な一冊をもってきた友人を笑ったように、ドレクセルもまた、トマス・ハーゼルバッハなる、イザヤ書第一巻に二二年間も評釈を書き続けた人物を揶揄した。これは「学者の虚栄にして怠惰な精励」である、と。[103] サッキーニは、抜粋作業をしすぎるのとしなさすぎるのと、どちらがよくないのだろうかと考えた。中庸の道を求めて、彼は、ノートを取る量を著者の質に合わせ、偉大な著者の信頼性の高い書物を優先させることを勧めた。しかし、彼はまた、誰でも引用するような有名な人の言葉は省くのがよいとも指摘した。ドレクセルは、全然抜粋作業をしないよりはしすぎるほうをよしとしたが、判断力を働かせるべしと提唱した。ドレクセルはまた、ノート作成者は彼の助言から離れてそれぞれ独自の方法を開発してよいとも認めて、以下のように述べている。「もしノート作成のためのこれらの指示や規則が気に入らない場合は、これとは別のもっと少数で簡潔で自分の研究に即した方針を、ノートを作成し続けるかぎり、自分で編み出すとよい」と。[104] 実際、多くのノート作成者が、広範囲に及ぶノートに対して独自の管理法を考案したのである。

大量のノートを管理する

残されているノートを見ると、サッキーニやドレクセルのような教育者たちの助言は、おおむね現実の実践に照応していたことがわかる。サッキーニのノート作成法については、たとえば、アウグストゥス公爵（一五七九―一六六六年）の所有していた、書き込みのある本と学習ノートの非常に完全なセットが正確にそれをなぞっている。アウグストゥス公爵は、やがてヴォルフェンビュッテルのヘルツォーク・アウグスト図書館（ＨＡＢ）と現在呼ばれている図書館を造営し、彼自身の書物をコレクションの中核に位置づける人物である。この類似を説明するのに、ルター派環境におけるイエズス会の指南書の直接的影響ということを持ち出す必要はない。サッキーニは、一六世紀の教育環境にとって宗派と地域の境を越えて標準であったであろう助言を言語化したのである。アウグストゥス公爵は一一歳のときに、家庭教師マルティヌス・ファブリキウスのもとでノート作成を始めた。未来の公爵は本の興味を覚えたくだりに下線を引いてから、テクスト内での出現順に下線を引いたくだりをノートブックに書き写した。この最初のノートブックが、あの四三五頁からなる「諺集（*Sentenzensammlung*）」であった。ノート作成の次の段階では、アウグストゥス公爵は同じ一節を再度、今度は「ロキ・コンムネス（*loci communes*）」〔コモンプレイス〕と題された第二のノートに各見出しのもと書き写した。そうした一節の中には、複数の見出しのもとにさらに書き写されたものもあった。五年以上にわたり、アウグストゥス公爵はこのやり方で古典作家から二九一五の格言（*sententiæ*）を集めた。一五九一年に彼は似たようなノートブックを聖書からの格言のために書き始め、収録文は六四五にのぼった。[105]

対照的に、ドレクセルの助言は、教師による指導のもとにある若い読者よりも、たくさんの本に当たる大人の読者にとって、よりふさわしいものだった。学校という文脈を超えると、教師の助言よりも、教育者たち自身を駆り立てたさまざまな要因のほうが、ノート作成を強く動機づけたのである。書物の豊富さは、抜き書きして保存しておくに値する何かがまったくないほど「悪い書物などない」という原則とともに、全般的な原因であった。より個別的な動機もまた見つかっている。ある研究者たちは、（ウィリアム・ドレイクやロバート・シドニー〈息子〉のような）出版の野心をもたない英国のジェントルマンたちにとって、ノート作成は内乱時代の緊張の中、個人的な価値観や立場を打ち立てる手段として、一種の治癒的な役割を担っていたことを指摘してきた。[106]いささか異なる理由のために、古典学者のアドリアン・テュルネーブ（一五一二―六五年）は、フランス内乱〔ユグノー戦争〕のあいだ、古典古代の文学についての言語学的観察をまとめたが、「時代の不快さと国の衰退」のために「本格的な研究」に集中できなかったからであった。[107]多くの人が彼ら自身のためのみならず、同時代の人々や子孫のためにとの考えを抱いて、ノートを蓄積した。コモンプレイス・ブックはとくに家族のあいだで受け継がれるために存在した。ロバート・シドニー（父）は彼のコモンプレイス・ブックが、息子が世に出る支えとなることを願った。『スペクテイター』紙で、アディスンとスティールはコモンプレイスというものを「これから生まれてくる者の子孫たちへの贈り物」として、次世代を超えて伝えられるものと評した。[108]

公共の利に供するという考え方に動機づけられたノートの収集の最善の例は、エクス＝アン＝プロヴァンスの貴族で、自身出版はないに等しいがたくさんのノートを残したニコラ・ファブリ・ド・ペレスク（一五八〇—一六三七年）によるそれである。彼の伝記作者、ピエール・ガッサンディ（一五九二—一六五五年）は、ペレスクがつねにペンを手に読書し、「なんでも転写させるために筆耕たちを待機させていた」と伝えている。「というのも、彼自身、もしくは、他の誰かの役に立つかもしれないという希望をつねに抱いていたために、何人のものであれ、どんなに些細な発見、観察であろうと、それが失われてしまうのを見過ごすことはできなかった」。そのため「彼は備忘録（memorials）に諸事書き付けたのだったが、そうすれば、それらが忘れられてしまう危険を脱すると考えてのことであった」。ペレスクはそれからノートの中身を大量の手紙を通じて広め、文芸共和国のための情報センターの役割を担った。ペレスクはノートをルーズリーフに書き、一枚一件のみとし、後の追記のためにたくさんの余白を確保した。というのも、余白の不足で再度転写する（彼自身のでなくとも彼の文筆助手の）時間と労力の無駄をとくに嫌ったからである。彼は一枚一枚の左上に適切な見出しを付けてから、いくつもの記録簿（つまり綴じ本）に、包みに、棚に、そして床に分配した。彼はまた自分の書いた手紙をすべて転写して残し、包みにし、包みの外側には内容の一覧を記し、そして自身の書類の目録を作成した。このすべてを死にさいし兄弟に遺贈したのだった。[109]

ペレスクの書類は無秩序に見えるかもしれないが、彼にはどこに何があるかきちんと頭に入っていた。「彼は、家中のすべては混乱して消化不良の塊か山でしかない、とよく詫びたものだが、どうして、他人が彼の珍品、書籍、書類をいじったりしないかぎり、そして、あれやこれやを取ってくるように命じられた誰かが場所を変えたりしないかぎり、彼は必要な物をこの巨大な山の中から取り出すのに、いつでもさほど時間はかからなかった」とガッサンディは伝えている。[110] ペレスクは、古物研究のであろうと自然哲学のであろうと、あらゆる種類の情報のための情報センターの役割を演じ、定期的に書類に情報を登録したり、またそこから取り出したりして、必要としている人々と共有した。ペレスクは書き写し作業は文筆助手に頼ったが、どうやら書類をそれぞれの場所にしまうとか、そこから必要な情報を取り出すのは彼自身が一人で行ったようだ。初期近代の標準から見て系統化の手本たるペレスクは、ノートの管理では彼の記憶を第一の頼りにしていたのである。ノート作成においてここまで入念ではない人々にとっては、記憶はさらに中心的役割を担った。「書物中の場所ではなく、後で立ち返るつもりであった事柄と言葉への……素のレファレンス」がそのノートであった古典学者のイザク・カゾボン（一五五九―一六一四年）は、記憶を「この広大な資料の塊」に対する唯一の鍵として用いたと伝えられている。[111]

実際に、己れの書類からアイテムを取り出すことができなかった学者たちもいた。概要では体系的計画をたくさん考案したにもかかわらず、ゴットフリート・ヴィルヘルム・ライプニッツ（一六四六―一七一六年）は、未分類のノートの塊から必要なものを探し出せなかったことを報告している。「ある作業を終えた後で、私はそのことを二、三か月のうちにほぼすっかり忘れており、見出しを付けて分類する時間がない走り書きの混沌の中から探すのを諦め、同じ作業を始めからもう一度やり直すしかない」と。ライプニッツは紙や紙片にノートを書き付けたが、伝えられたところでは、ヨアヒム・ユンギウスの弟子のマルティン・フォーゲル（一六三四―一七五年）の方式に則ってのことであった。[112] ロバート・ボイルもまた、書類の整理では乱雑だったことで有名である。ボイルは、色分けされた文具を購入していたが、安定した分類システムの実践には結び付かなかったようだ。現存する手稿には、一六四〇年代からの文学的コモンプレイス・ブック、一六五〇年代からのレシピのコレクション、そして、一六六二年以降の実験や手順の記録が、特定の主題に関する出版に備えてのこれらの研究日誌からの抜粋とともに、含まれる。[113] ボイルの没後、書類の調査をした学者たちは、手稿を検索するのにボイルの記憶という道具を欠く中で、それらを「カオス、神知るの［原文ママ］ところより何倍も荒れて未整理な」と呼んだ。[114] ボイルはまたばらばらの紙に書いた。綴じていなければ、同時進行で執筆中の論文内外で並べ替えが可能になるからであったが、紙は「彼自身によってもまた文筆助手たちによっても、しばしば紛失もしくは置き違えが起きた」し、紙と紙の順序は、次に続く紙の先頭の単語が前の紙にキャッチワードとして書かれることだけで示された。結果として、ボイルは出版時に弁明をしなければならなかった。一度などは、「印刷所に送ったばらばらの紙の順序が入れ替わってしまった」ために間違った順で印刷されてしまったのだ、と。[115]

ライプニッツやボイルといった学者たちからは名誉なことに無視されたのであったが、初期近代のノート作成におけるノート管理の基本的ツールは見出し語（heading）であった。見出し語のもとにノートは蓄積され、後に取り出されるのだった。それぞれのノートに見出し語を付けていくことは、まさしくライプニッツが時間がなくてできなかったとこぼしていたことだ。その結果、ライプニッツのノートは彼自身にとってすら役に立たなかった。ノートシステムの最重要ポイントであることを考えると、教育者やノート作成者たちが見出し語の選択についてめったに議論しなかったのは驚くべきことである。何を抜粋するか、それをどの見出し語のもとに入れるかは判断（*judicium*）の問題で、効果的なノート作成にとって例外なく決定的とみなされた。しかし、これについては本の中でよりも、教師との個人的接触を通して教えられることのほうが多かった。たとえば、シャルル・ソレルは、判断それ自体を教えようとはせず、判断は「身をもって学ぶ教訓から、また、熟練者が価値を置いていることが何であるかに気づくその人の能力から」獲得される、と説明した。[116] しかし、大規模編纂物の編纂者たちが、見出し語をあてがうことが恣意的になる可能性に気づいていたことは間違いない。一つの事例では、ピエール・ベールが『歴史批評辞典』の中で、「A」の項目に入る数が大きくなりすぎたのを抑えるために、見出し語を操作した。このため、彼のアレクサンドロス大王についての議論は「マケドニア」の見出しのもとに置かれ、「アレクサンドロス」の箇所では、相互参照用字句だけが付けられた。[117] それにもかかわらず、同時代の人々が見出し語の選択に特化して議論したことといえば、とくに、該当する見出し語が複数あるか、もしくはまったくない事例といった、ほんの少数の難題だけであった。

該当する見出し語が複数ある場合では、相互参照用字句が当該箇所を二度書写する手間を省いた。相互参照は一三世紀に、グロステストによる個人的な主題別索引作成システムで用いられ、より広範な流通を遂げた作品では、アイルランドのトマスの『一つかみの花々』（一三〇六年）で用いられた。しかし、この実践について私がはっきりした叙述を見つけたのは、これまでのところ、フィンツェンツ・プラッツィウスによる一六八九年のノート作成指南書の中だけで、それを的確に指す用語がないため回りくどい説明になっている。[118] また、ブラウンシュヴァイクのアウグストゥス公爵が彼のノートブックで数回実践したように、異なる見出し語のもとに複数回、同じアイテムを書写して入れることもできた。逆に、使えそうな見出し語が多すぎる、あるいはどれもぴったりしないという理由で、一つの適当な見出し語がないときは、そのアイテムを「雑」(miscellaneous）という範疇に分類せよ、というのが一般的な助言であった。シャルル・ソレルはフランス語読者に向かってこう助言した。「アイテムが異なる見出し語に分類可能で、しかもそのことで混乱してしまいそうなときは、どれか一つの見出し語のもとに置くのではなく、漠然として見出し語を特定できないアイテム専門のノートブックを作ったほうがよい」と。この雑録用ノートブックは大部になりがちで、ソレルは、アルファベット順に並べ、頻繁に読み返して中身をよく把握しておくことを推奨した。トマス・バルトリヌスは、しっくりこない見出しに分類することを戒め、そのようなアイテムは読んだ順に見出し語のないセクションにしまっておくことを勧めた。[119] 見出し語の選択を誤る危険性は、ふたたびその抜粋を見つけ出すことができなくなるとすれば、抜粋の有用性を危うくすることにつながった。

見出し語の選択は、見出し語ごとに整理されたコモンプレイス・ブックに直接一節を記入する場合であれば読んでいる瞬間に発生し、読んだ順にとりあえず記入していき、後で見出しごとに分類する場合であれば、(サッキーニが推奨したように)再度書き写すにしろ、(以下に論じるように)最初のノートブックの欄外に見出しを付けていくにしろ、(ドレクセルが支持したように)ノートブックそのものに索引を付けるにしろ、後の段階に発生することになった。見出し語を付けるに当たっての迷いが、手書きノートに見られることがある。たとえば、モンテーニュの欄外書き込みで、彼が見出し語の一つに削除線を引き、別の見出し語に書き換えている箇所がある。[120] モンテーニュの独創性は、とくに、引用に変わった見出し語を付けることによって、しばしば予想外の目的に引用を使うことにあり、こうして思いがけない例を挙げることで、ありふれてはいないオリジナルな「教訓」を創り出した。たとえば、誤った推理推論の力を説明するために、モンテーニュは(一五八二年のユリウス暦からグレゴリオ暦への)暦の切り替えに対する不安から、魔女迫害や、共寝の相手は足の悪い女が一番という俚諺まで持ち出した。[121] モンテーニュは、蓄積されたノートからというよりは、読書から直接取り出して使うというやり方をとったと思われるので、見出し語で実験する書き込みは創造力への直接的刺激となったであろう。

アイテムを見出し語のもとに振り分けて書き入れるのに判断が必要であったように、アイテムを取り出すのにも同じことが言えた。シャルル・ソレルは蓄積量が増すにつれ、そうした判断を的確に行うのが難しくなってくることについて、次のように論評した。「たくさんの品物をもっていながらどれを使うべきかわからないために、どれも使わないというのは、なんとおかしな不運なのだろう。過剰はつねに不足より良い、とか、集めたものや提供するものすべてが大いに価値あるものであるならつねに喜ばしい、とか言う人もいるが、無駄で関連性のないアイテムはけっしてその価値を認められはしない」と。[122] ソレルはこのように(サッキーニやドレクセルがしたように)己れの目的に添わない読書ノートを使用することは、虚しく不快な学識の誇示でしかないと戒めた。

同時代の人々は、見出し語をどの程度蓄積し、細分するかの規模について、ほとんど議論しなかったが、そうした決定が重要だと判明することがあった。多すぎる見出し語には、一緒に分類されるべきアイテムをばらけさせてしまう危険がともなった。そのような欠陥のために、たとえば、ジャン・ボダンは自然哲学についての著書の別々の箇所で、（おそらくは、彼がその主題で付けておくことを推奨したコモンプレイス・ブックの別々のセクションから）豊富な樹液が接ぎ木された木の果実を甘くすると主張しておきながら、老木のほうが甘い果実を実らせるのは、まさに樹液が潤沢ではないからであると主張してしまった。[123] 逆に見出し語が少なすぎる場合は、それぞれの見出し語が過剰なアイテムを抱えることになり、効果的な参照を困難にした。助言を与える指南書は、見出し語の数についてはほとんど触れていない。エラスムスは主題の「行きすぎた細分化」には一般論としてのみ警鐘を鳴らし、話したり書いたりするさいの文章作成に最も役に立つ見出し語を「あなたの好みの順に並べる」ことを推奨した。エラスムスは、悪徳と美徳、相似物と反対物で分けると効果的だとし、みずからその助言に沿って、彼の『格言集』の一五〇八年版では二五七のコモンプレイス見出しに従って索引を付けた。[124] 見出し数分布の下端では、イエズス会教師たちがたった四〇の大見出し（general headings）のみの使用を推奨したが、それは場所が多すぎることによって引き起こされる混乱を避けるためであった。そして、分布の上端では、トマス・ハリソンが三〇〇の見出し語とさらに三〇〇の空きスペースを備えた「ノート・クロゼット（note closet）」を考案した。しかし、多くの人々はあまりに多くの見出しを導入することについては消極的であった。ベイコンは、「手本にあるよりずっと少数の見出し」を使うよう助言したし、ジョン・ロックは、ノート作成方法について慎重に考察を重ねて、およそ一〇〇の見出しを使うのが良いとした。[125]

印刷されたレファレンス書が見出し語の発想を与えたと見て間違いない事例がいくつかある。ある助言本は、ツヴィンガーの『人生の劇場』やヨーゼフ・ランゲ（ヨセフス・ランギウス）の『ポリアンテア』を含むいろいろな印刷されたレファレンス書の見出し語から、見出し語のリストを作ることを推奨した。シャルル・ソレルは、知識人の中には興味深いノートを集められそうな項目を辞書の項目から選んで見出し語にする者もいる、と述べている。[126]『総覧』すなわち『万有文庫』の索引（一五四八年）のための見出し語を作成するさい、コンラート・ゲスナーは読んでいた書籍の索引、とくにコモンプレイス・コレクションの索引によった。一六三〇年、ヨハン・ハインリッヒ・アルシュテート（一五八八―一六三八年。一七世紀前半に活躍したドイツのカルヴァン派神学者で、百科事典をはじめとして、カバラ、ルルス、コペルニクスなど自然哲学に関する幅広い著述がある）は、彼の百科事典の見出し語を抜粋の収集や分類の指針として用いるとよい、と読者に勧めた[127]。印刷された見出し語のより珍しい活用法では、チューリッヒの文献学者ヨハン・カスパー・ハーゲンブーフの例がある。彼は、印刷本の見出しをレイアウトを含めてそっくり引き写し、あいだのスペースにその本からの抜粋を書き込んだ。このようなノート作成方法はきわめて珍しかったが、一八世紀にはノート作成のかたちや見出し語が、より特異で個性的なものへと流れていく傾向が認められることに、学者たちは注目してきたのである[128]。

ノートに索引を付けることは、見出し語の選択と同様の問題を引き起こした。ノートに抜き書きした個々の一節は、キーワードのもとに索引に組み込まれるからである。ノートブック一冊につき一つの索引を作る必要がある、と助言するなかで、ドレクセルは、個々の一節の内容の要点（*caput rei*）に従いアルファベット順に索引を作ることを推奨した。たとえば、「神の恩寵（grace）の信じがたいほどの成長」を grace のGに分類する、といった具合だ。ドレクセルの説明では、索引はアルファベットの各文字に対応する紙（K、Q、X、Zのようなほとんど使われない文字は紙の節約のために、一枚のシートをそれら用に充てる）に、抜粋が書き付けられているノートブックへの参照（ドレクセルは、これらの参照の形式は特定していないが、おそらくは頁番号によるもの）を添えて作るとよいとされた[129]。どのシートとも時が経つと新しい見出しを受け入れることになるため、索引や見出し語のリストは、頭の一文字だけでアルファベット順に並べられるのがつねであった。これという見出しを見つけようとすれば、同じ文字で始まる見出し語を探し回らなければならない。この助言は一六三八年に出版されたにもかかわらず、一七世紀後期になるまで、ノートに索引を付けた人物を現在までのところ私は一人も見つけていない。ヨアヒム・ユンギウスの該博な〈遺稿（*Nachlass*）〉は、八つ折り判や四つ折り判の全紙（シート）の何百という包みからなっていたが、検索装置、頁番号、相互参照のいずれももたず、ましてや索引などはなかった。イタリアの博物学者のアルドロヴァンディは、一人の文筆助手にノートのコレクションに索引を付けるよう頼んだという。しかし、その仕事は博物誌を四本か五本執筆するより大掛かりだと愚痴をこぼして、結局取りやめにした[130]。そのかわりに、ノート作成者たちは、大きなコレクションでも見出し語を付け、付けた見出し語とノートブック、包み、その他のグルーピングにおけるその配列法を記憶することによって管理した――ここから、自分の付けた見出し語を定期的に再読し記憶に留めておくようにという助言の知恵が出てくる。

索引を付けるまでにはいたらなかったものの、（ちょうど、読者たちが印刷本の欄外に見出し語を加えたように）ノートの欄外に見出し語を書き込んだ者もいた。サミュエル・ハートリブ（一六六二年没）は、あらゆるベイコン風主題についての情報を集めては多くの文通相手に送っていたが、約三〇万語に及ぶ日誌を遺した。その日誌には内容と言及されている人物名が吹き出し型（flag）で欄外に書かれ、ある種の索引の役割を果たしていた。これに似て、シャルル・ソレルは、印刷本である種の素材を示すために用いられる記号は、手書きノートの欄外にも容易く応用できる、と解説した。[131]

ノートにも索引を付けるようにというロックの助言は、この実践の普及に決定的な役割を果たしたに違いない。最初に一六八六年にフランス語、次いで一七〇六年には英語で出版され、その後さらに版を重ねた本の中で、ロックは、ノートブックで使用した見出し語について、最初の子音と母音の順に並べ、該当の内容がどこにあるかをノートブックの頁番号で示したリストを、表紙に書き付けることを推奨した。ロックは、この方法だとあまり使われない見出し語が紙の無駄となったり、よく使われる見出し語でスペースが不足したり、という生じがちな問題を回避できることを、とくに誇らしげに述べた。しかし、すべての見出し語を、その項目が書き込まれている一続きの頁番号とともに、索引に記録するよう推奨することで、ロックは、読者にノートに索引を付けることを効果的に教えたうえ、そのお手本にと、あらかじめアルファベットが入れられた紙（grid）を提供した。ノートブックのいくつかで、最初の索引頁が失われているものの、ロックはみずからの方法に従って索引を付けた。ロック同様、英国王立協会会員であったジョン・イーヴリン（一六二〇―一七〇六年）は、抜粋がキーワードと主題ごとに並べられた彼の凝った三巻もののコモンプレイス・ブックの索引に、別の一巻を充てた。[132]

一八世紀にはノートの索引付けは、より一般的になり、ときにはきわめて凝ったものになった。サミュエル・ジョンソンのノートブックには、（今は失われてしまったが）ロックの手本に則ったコモンプレイス・ブックの索引が含まれていた。とくに注目すべき業績としては、学識豊かな小説家ジャン・パウル（一七六三―一八二五年）が、自分の抜粋集のために作成した一二〇〇頁に及ぶテーマ別索引が挙げられる。関連する実践では、偉大なギリシア学者で新古典主義の理論家であるヨハン・ヨアヒム・ヴィンケルマン（一七一七―六八年）が、後半生で、若い頃に編纂した大量の抜粋集から再度選んで抜粋集を編纂することに専念した。ヨハン・カスパー・ハーゲンブーフ（一七〇〇―六三年）は独特なノート作成者であったが、彼もまた、ヤン・グルーター（ヤヌス・グルテルス）の銘文の二四巻の印刷された索引について、一二巻の手書き索引を作成した。そこには、彼自身による所見も当該一節に関連付けられて、ところどころに置かれた。[133]

索引を付けたり見出し語を付けたりすることにともなって初期近代のノート作成者が直面した難しさは、今日のわれわれのものでもある。とくに図書館での分類がそうだ。見出し語の配置における一貫性は、図書館目録ではとくに重要である。理由は、個々の書籍やノートのコレクションの索引と異なり、図書館目録は長期間にわたる、無数の個人が同時あるいは異なる時代に働いて実現させる、共同プロジェクトだからである。一九世紀後期には目録担当者の訓練は専門化され、彼らが用いる見出し語のリストは、最初は一つの館内（たとえば、ニューヨーク公共図書館や主要な大学の図書館）で、後にデューイの十進分類法が採用されたのにともなって、より広範囲に、最後にアメリカ議会図書館による主題別見出しのリストの定期的出版（最初は一八九八年）によって、標準化された。目録作成に一貫した基準を保証するこの幅広い努力にもかかわらず、見出し語は時代とともに、また文化的文脈によって変化し、見出し語の選択は、判断力が（たとえよく訓練されていても）同僚と同じとは限らない個々の目録作成者に左右される。主題別見出しはまた、過度に概括的になったり、逆に過度に個別的になったり、という揺れが生じうる。主題別見出しがあっても、それがたった一つのアイテムしか含まないものであれば、同じ関心で他のアイテムを発見できない以上、助けにならないし、その逆に検索結果がありすぎれば、結局管理不能となってしまうだろう。近年、電子メディアが可能にしたキーワード検索が加わったことで、検索条件に補完的層が作られ、主題別見出しに課せられた負担の一端は解消された。しかしながら、主題別見出しの割り当ては、図書館目録の作成（現在、一部の出版物については、アメリカ議会図書館出版分類プログラムで集中して作成）で、今でもきわめて肝要な部分である。この事情は、言語が同一の、あるいは似たような概念に多くの異なる語を提供するかぎり、真理であろう。個々の用語に特徴づけられるキーワード検索では、当該資料を理解したうえで主題別見出しに割り付ける図書館目録作成員のようには、うまく概念を追うことはできない。実際、階層型の主題別見出しは、インターネット検索の一方法として、今でも存在しているのである[134]。

利用者の視点に立つと、どういう見出しが最適かということとは、そのアイテムがどのような目的に供されるか、ということによる。書物やノートの用いられ方の無限な可能性に鑑みるなら、長期的使用を前提に個々の書物やノートを蓄積する時点で、将来の用途を予測することは不可能である。要するに、ライプニッツが一八世紀への変わり目に論評したように、「一つの真理は、そこに含まれるさまざまな名辞（term）により、また、それが拠って立つところの中名辞（middle term）や原因（cause）によってさえ、通例、複数の異なる場所に分類することができる。……一つの真理が、関連する事柄によってたくさんのプレイスをもちうるのである」[135]。一つのアイテムに関連する見出し語の多様性についてのライプニッツのこの認識は、長いあいだには異なる見出し語のもとに分類し直される可能性のある大量のノートを保管するのに便利なように設計された、当時としてのハイテク機器に、彼が夢中になる素地となった。この機器の現存するサンプルは、今日、歴史家たちにまったく知られていないが、ある学者は一七七九年に、ライプニッツがかつて所有していた「ノート・クロゼット」が、当時ハノーファーの王立図書館に所蔵されていると報告している[136]。

ハリソンのノート・クロゼットとノート作成における紙片の使用

ライプニッツが所有していたものは、彼の無秩序をきわめる書類にはほとんど影響を与えなかったようだが、大英図書館に現在所蔵されている作者不詳の手稿の中で、初めて描写された家具であった。それは最近の研究がサミュエル・ハートリブの近くで活躍していたトマス・ハリソンの作と同定しているものである。ノエル・マルカムが明らかにしたところでは、ハリソンは、彼の「本に関する発明」すなわち「索引」について、一六四〇年代、彼が収監されていたあいだに執筆した手稿の中で説明していた。大きな報酬を引き出すことを期待してのことであった。議会は、この機器に関する説明と、蓄積された一〇万なにがしかの所見からなるハリソンの「目録」を出版することを可決したが、その企画には予算が付けられなかった。結局この開発事業で残ったのは、ハリソンの「学習の保管箱（*arca studiorum*）」を記述する原稿のみであった。このテクストがライプニッツの注意を引いたのは、フィンツェンツ・プラッツィウスを通じてであった。プラッツィウスはそれを彼の一六八九年の『抜き書きの技法（*De arte excerpendi*）』の中心をなすものとして発表した。彼はそこに改良点も加えたのだったが、そのようなクロゼットを自分用に作らせて、実際に使い始めながら叙述した[137]。プラッツィウスはこの事務家具の贅沢品を文芸のクロゼット（*scrinium literatum*）と呼んだ。

このクロゼットは、小さな鉛の飾り棚にアルファベット順に刻まれたコモンプレイスの見出し語ごとにフックが付けられていて、そこに紙片を引っ掛けて貯蔵していくように設計されていた。プラッツィウスは、この方法では一つの見出し

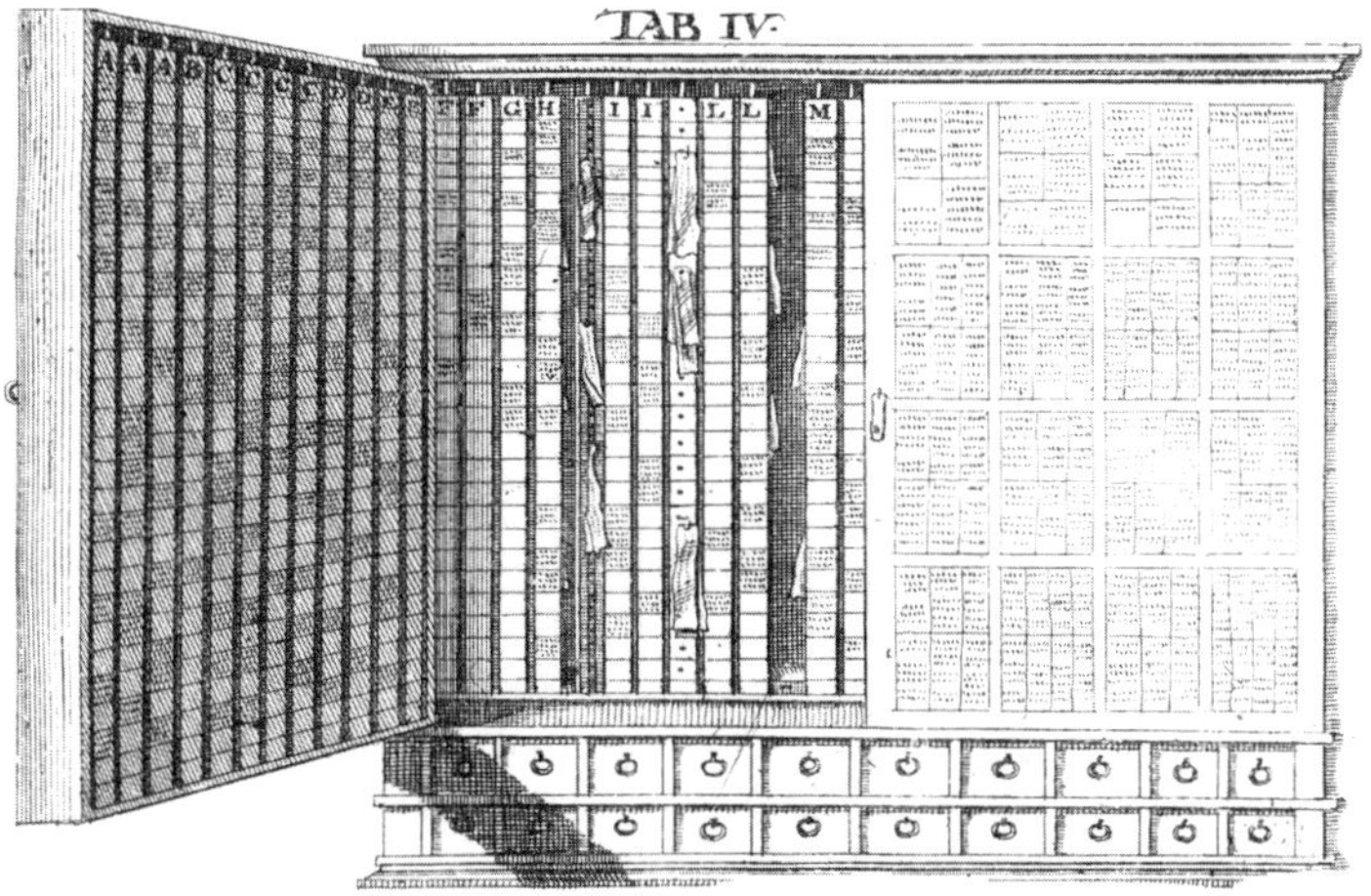

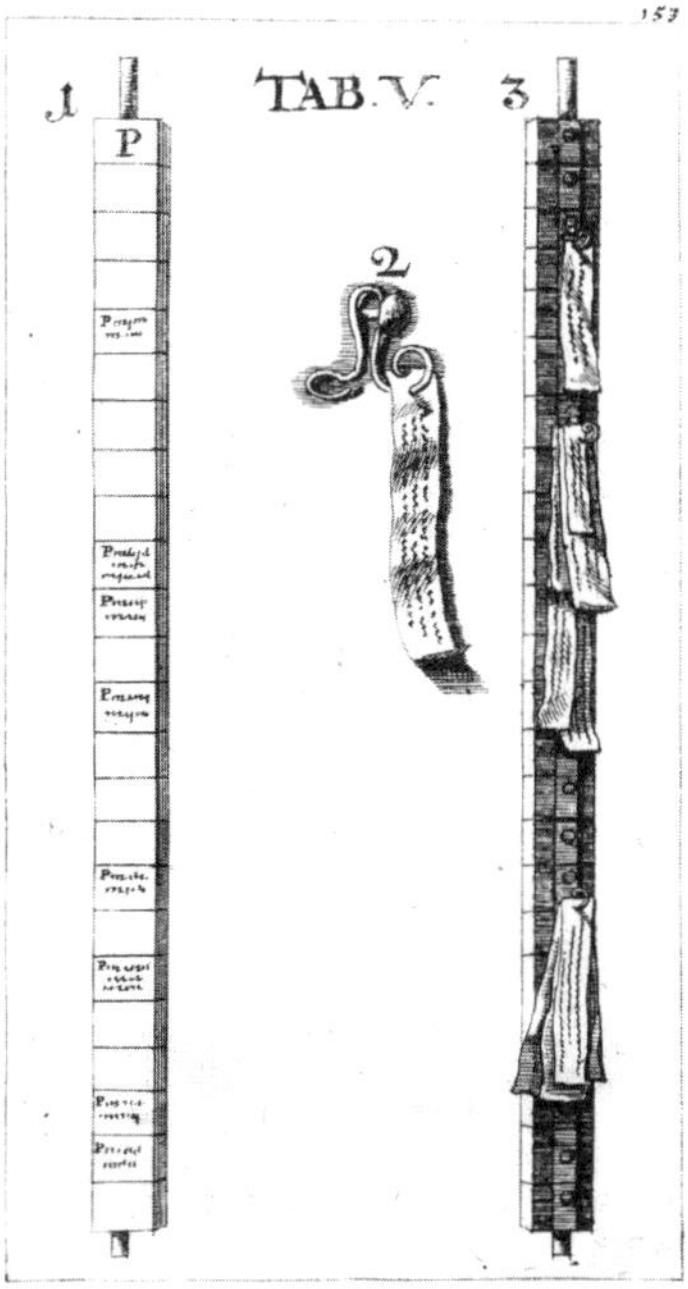

図2・1、図2・2　フィンツェンツ・プラッツィウスの『抜き書きの技法』（1689年）に描かれたノート・クロゼット。1640年代、トマス・ハリソンによる手稿にもとづく。紙片に書かれたノートは金属板に取り付けられたフックにぶら下げて保管される。フックはそれぞれ板の前面に刻まれた主題別見出しに関連付けられている。このクロゼットは3000個ないしは3300個の見出し語に対応できた。少なくとも二つのこのようなクロゼットが製作され、プラッツィウスとライプニッツが一つずつ所有していた。しかし、今日まで残っているサンプルはない。ハーヴァード大学ホートン図書館の許可を得て複製。*GC6.P6904.689d, tabula IV and V after p.153.

語に付けられる紙片の数は無制限だと誇った。片側に見出し語、別の側に対応するフックが付けられた金属板は、クロゼットの幅いっぱいに並べられ、そのため扉を開くとすべての見出し語が一度に目に入った。このクロゼットは三〇〇〇の見出し語と、追加の見出し語のためにさらに三〇〇のスロットを備えていた。もっとも、後者の追加分が見出し語のアルファベット順の配列を崩すであろうことは、プラッツィウスは認めていないのだが。クリストフ・マイネルが説明したように、このクロゼットは、ノート用の永続的メディアとして使用される紙片のために系統的な仕組みを提供する点で独特なものだった。しかし、プラッツィウスのこの道具への熱中は、ばらばらの紙を使い、一枚につき一件の所見ないしは事実のみを記録することで、簡単に順序を変えられるようにしたヨアヒム・ユンギウスにより実践され（そして教えられ）たノート作成の方法によって、準備されたものであった。[138]

（標準化されたサイズの、より硬い紙でできた）紙片やノートカードの使用の歴史は、ようやく書き始められたところである。[139] これら小型の持ち運び可能なメディアは、近代の情報管理の多くの分野で重要な役割を果たした。図書館目録は、一九世紀のあいだに合衆国で、製本された多数の巻からカードへと移行した。一八七七年の図書館目録改良のためのメルヴィル・デューイの発案には、この目的のための標準サイズのカードの販売活動も含まれた。[140] 二〇世紀初期までには、研究方法を助言する指南書は、索引カードにノートを取ることを推奨していた。[141] それ以前は、カードは、トランプやビジネスに使われる名刺のように、印刷して使うために製造されていた。ノート作成に使われたカード製品の始まりは、トランプの裏側だった。トランプの裏側は一九世紀初期までは白紙で、書き物に便利に使われていたのである。たとえば、モンテスキュー（一六八九―一七五五年）は、ときおりトランプ〔の裏〕にノートを取っていた。一七七五年にアベ・フランソワ・ロジェは、フランス科学アカデミーの出版物に索引を作成する任務を帯び、その作業のためにトランプの裏面を使用したことについて述べた。[142] ドイツの法学者ヨハン・ヤコプ・モーザー（一七〇一―八五年）とスイスの人相学者ヨハン・カスパー・ラファーター（一七四一―一八〇一年）もまた、ノートをカードに書き、箱に入れて保管した。[143] 図書館目録にカードが最初に使われたのはおそらくウィーンの宮廷図書館で、一七八〇年頃のことであった。複数の聖書のイメージが描かれたはるかに大判のカードは、宗教教育のために製造され、本のかたちで売られた。カードはその本から切り取って箱にしまうようになっていた。[144]

一八世紀に書くことにカードが使われるようになる前には、イエズス会士の博学者アタナシウス・キルヒャーによって考案され、さまざまなドイツの君主たちに配布された「数学の箱（*cista mathematica*）」で用いられたような、木の羽板が似たような目的で使われた。数学の箱は、計算を容易にするような数学や音楽の情報が刻まれた、二四本の羽板を収納した箱であった。[145]一六五三年には、数学的珍品についての論考で、詩人のゲオルク・フィリップ・ハルスデルファーが、キーワードをアルファベット順に振り分けるための二四個のセクションをもつ箱の使用を提唱した。[146]ほとんどの場合、よく全紙から切り出された紙片が、似たような目的を満たした。資料の整頓にさいしての紙片の使用については、中世に端を発してさまざまな主張がなされてきた。しかし、われわれにとってあたりまえに思われる作業方法からの論理的再構築は、（抜粋作業と多作に関するドレクセルの論理的再構築と同じように）往々にして歴史的には不正確なのである。ここでも、また第4章でも、初期近代のレファレンス書の編纂における紙片の使用についての私の議論においては、私は現存する証拠、または、同時代の描写に焦点を合わせて論じる。

紙片を糊付けしている手稿で私が気づいた最初のものは、ラピアリア、すなわち一五世紀の共同生活兄弟会の修道士たちのあいだの日誌である。そこでは紙片は、資料を整理するためというより、ノートブックに糊付けすることによって永久保存される当座のノートを取るためであった。[147]一六世紀には、紙片は索引をアルファベット順に並べるため、また、アルファベット順あるいは系統的な配列で編纂物を作るために用いられた。図書館目録やノートのコレクション、そして印刷所に送られる原稿に該当箇所に糊付けされた紙片が見つかる。一五四八年、書誌編纂者コンラート・ゲスナーはアルファベット順の索引を作成するために紙片を使用することをいち早く推奨した。アルファベット順にしたいものを紙の片面に書き付けたのち、紙片に切り分けるのである。転写の時間と労力を節約するために考案されたより極端な方法として、ゲスナーは、可能なら印刷本から一節を切り抜くことを推奨した。その場合、各頁の裏と表どちらからでも切り取ることが可能となるよう、二部必要となることにはゲスナーは気づいていたが、切り取りが行われない三冊目の本も必要であることには、驚くべきことであるが無頓着であったようだ。ゲスナーは続けて、すべての資料が集まり、アルファベット順の配列が完了するまでのあいだ、切り取った紙片をしかるべき紙の上に、一時的に作用する糊を用いて、移動させることができる程度に貼る（付箋の先駆）にはどうしたらよいかを解説した。配列が完了したその時点で、紙片は印刷なり手稿としての使用のために最終的に剝がれないように貼り付けられたのである。[148]ゲスナーは、全体的には、チューリッヒの図書館員でコレクションの詳細な目録作成で有名なコンラート・ペリカンに負うている部分があることを認めているものの、ゲスナーの技法の直接的な源泉は見つかっていない。[149]

こうした（印刷本からの切り取りではなく、手書きの）紙片の使用は、この後すぐに広範囲にわたり資料で裏づけられるようになる。[150] ウリッセ・アルドロヴァンディのノートの多くの巻は、紙やノートブックの頁に糊付けされた紙片からなっている。地図製作者のアブラハム・オルテリウス（一五二七―九八年）が保持していた「地理学の宝庫（*Thesaurus geographicus*）」は、アルファベット順に並べられた紙片に書かれたノートからなっていたが、さらなる追加のために欄外を広くとっていた。[151] 一七世紀のアルファベット順による図書館目録の多くもまた、このように作られていた。[152] これらすべての事例で、紙片の可動性はアルファベット順のリスト、索引や目録を作成する過程を容易にしたが、その仕事が完成したとみなされると可動性は捨てられ、紙片は恒久的に正しい位置に糊付けされた。このようにして作成された図書館目録は、一つながりの原稿のかたちで書かれたものとまったく同様に、いずれ旧式化する運命にあり、同じように追記を可能にする広い欄外が用意され、やがて新たな目録が必要になる時がくるのを待っていたのである。

紙片は、たまに貼り付けられていない状態で初期近代の手稿中に見つかることもある。そこには、ノート作成の指南書作家が推奨したように、コモンプレイス・ブック中に収められて長期保存されるよう意図されたと見られるものが書かれている。[153] あるものは第二代レスター伯ロバート・シドニーの書類から、畳んだ状態で本の頁に挟まれて見つかった。[154] ジョン・ダンの詩の手稿から見つかった複数の紙片には、抜粋が該当するコモンプレイス見出しの番号とともに書き写されていて、これらの抜粋がノートブック（あるいはノート・クロゼットであった可能性も）に移されるはずのものであったことを窺わせる。[155] こうしたケースでは紙片というものは（恒久的ノートと同じメディアを使用した）暫定的ノートの一形式であった。そしてそれは、（「ラピアリア」においてそうであったように）糊付けすることによって、もしくは（より普通に行われていたように）再度書き写すことによって、恒久的ノートに変容されたのであった。紙片にノートが書き込まれてから糊付けされるまでの所要時間は不透明である。一六五七年から五八年にかけて、ブレーズ・パスカル（一六二三―六二年）は、結局は執筆せずに終わったのだが、キリスト教の擁護論を執筆するために、ノートを何枚もの紙に書き溜め――各箴言《パンセ》に一片ずつ――紙片に切り出し、主題別見出し語のもとに綴じて束にした。[156] パスカルはこの仕事の完成を見ることなく世を去ったのだが、おそらく、彼の思うように紙片を並べて糊付けするつもりであったのだろう。結果として、

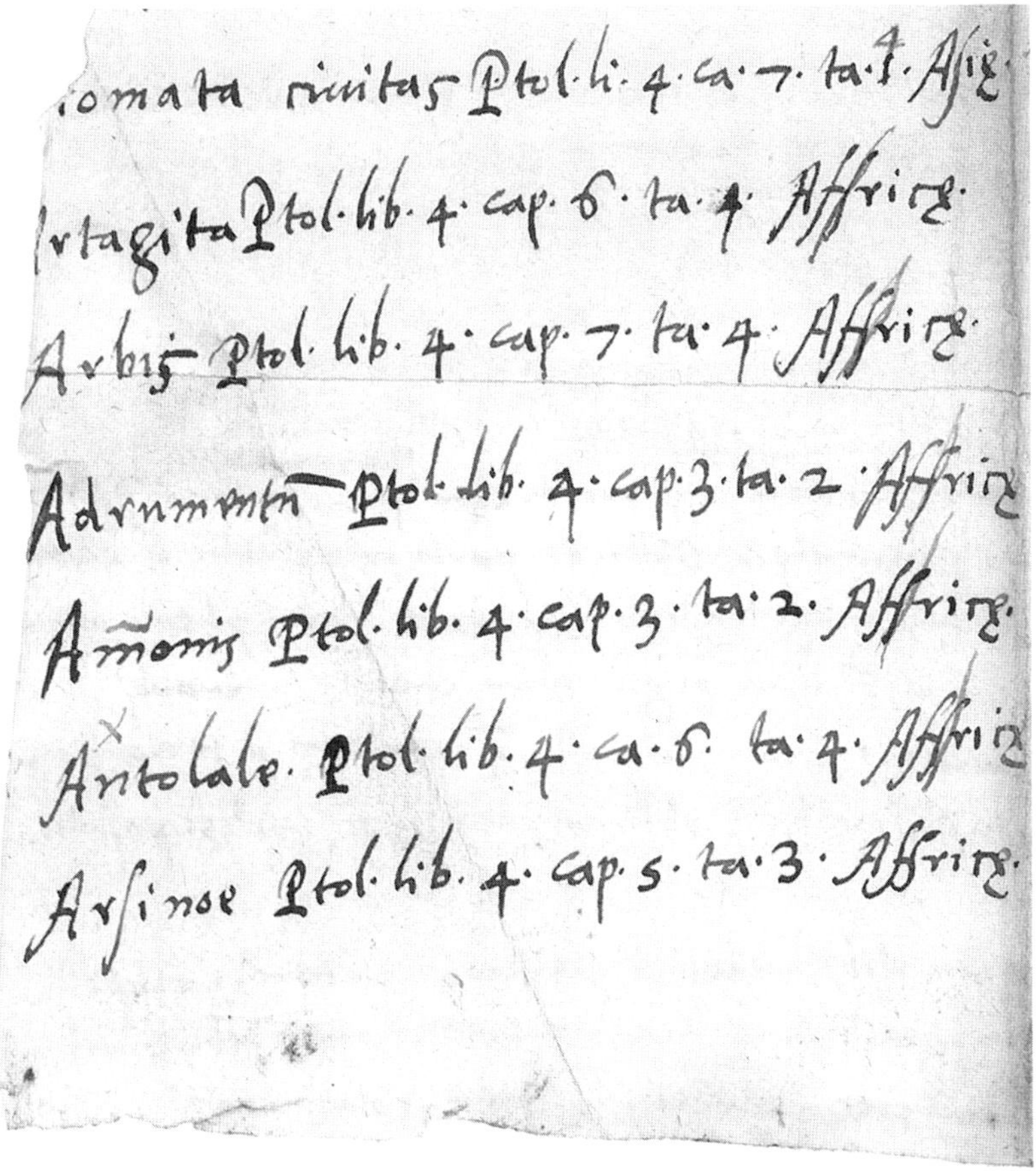
...omata civitas Ptol. li. 4. ca. 7. ta. 4. Afric
...rtagita Ptol. lib. 4. cap. 6. ta. 4. Affrice.
Arbis Ptol. lib. 4. cap. 7. ta. 4. Affrice.
Adrumentu Ptol. lib. 4. cap. 3. ta. 2. Affric
Am̃onis Ptol. lib. 4. cap. 3. ta. 2. Affrice.
Artolale. Ptol. lib. 4. ca. 6. ta. 4. Affric
Arsinoe Ptol. lib. 4. cap. 5. ta. 3. Affrice.

図2・3　コンラート・ゲスナーの手稿より、アルファベット順配列に備えて準備された参照リスト。これはゲスナーがプトレマイオスの『地理学』第4巻からアフリカの地名を章と地図（ta[bula]）番号を特定しつつ書き写した片面使いの紙の一部である。後の段階ではゲスナーは各項目を切り離して紙片にし、ほかのリストからの紙片と合わせて一つのアルファベット順のリストにしたのであった。アルファベット順配列を最初の一文字で行っていることから推測するに、ゲスナーはこのリストを何か既存の索引から転写したのかもしれない。しかし、この頁とこのセクションにおいて、アルファベット順は厳密ではない。たとえばArbisがAdrumentumの前に来ているのを見よ。チューリッヒ中央図書館の許可を得て複製。MSC50a f.348v.

一七世紀以来、編者たちは彼らが最善と考えるさまざまな紙片の配列法を提案してきた。

この全体的な文脈を考えると、トマス・ハリソンが一六四〇年にノート作成の最終生成物としての、またノートの恒久的形式としての、移動可能な紙片を考案したのは、まさに革新的なことであった。しかし、似たような方法は、同時期にドイツでも実験的に行われていたのであり、ハリソンの原稿の写しがハンブルクの数学・自然哲学教授ヨハン・アドルフ・タッシウス（一五八五―一六五四年）の文書の中から発見されたことは、それほど驚くには当たらない。件の写しの発見者はフィンツェンツ・プラッツィウスのおじのヴィンツェンツ・ガーマーズであった。こうしてプラッツィウスは、英語の手稿からドイツ語印刷本へ伝播を完遂したのである[157]。タッシウスは、一大ノート作成者であったヨアヒム・ユンギウスの親しい友人の一人だった。ユンギウスは紙片に近い物にノートを取っていた。それは、一六×一〇センチメートルの八つ折りサイズのばらばらの紙で、一枚には一つの記入事項と一つの見出し語のみが書かれていた。同じ主題について書かれた用紙は集めて真ん中で折り畳み、一束にされていた。亡くなったときには、弟子のマルティン・フォーゲルがそのような束が三三〇個あることを確認した[158]。ペレスクもまた、ばらばらの用紙にノートを取って束にしていたが、より大きな四つ折りサイズのものを主に使用していた。紙片というものも、つまるところばらばらの紙の一変形なのだが、より小さいサイズのものであった。どちらも並べ替えが容易だが、ハリソンは、小さいゆえに紙片のほうがつねに手元に置いておきやすい、したがって、ほとんどのような環境にあっても――「書斎でも公共図書館その他の場所でも、本を読みながらでも、考え事をしながらでも、また、話しながらでも」――ノートの作成が可能であると指摘した[159]。

しかし、紙片サイズの小ささはまた、ノート作成における紙片やばらばらの紙の使用がもつ重要な欠点を拡大してしまい、おそらく、そのため人々に実践をすっかり躊躇《ためら》わせてしまった。それが紛失や置き違えの危険性で、ハリソンは以下のように認めていた。「こうしたシビュラの紙葉（こう嘲りを込めて呼ぶ人も少数いるが）を使うさいには、嘆かわしい散乱と混乱を防がなければならないという重要な不都合が一つだけ残る。私も何度か［散乱を］経験し大いにがっかりしたものだ。窓やドアを不用意に開けたままにして風が入り込んだのが原因であった」と[160]。プラッツィウスは紙片を何巻にも分けて蓄積し、かつ、そこから取り外して場所を移動できるようにする可能性を論じた。しかし、明らかにハリソンの考案した装置のほうが、より洗練された解決法をもたらすものであった。文芸のクロゼットは、選んだ見出し語のところ

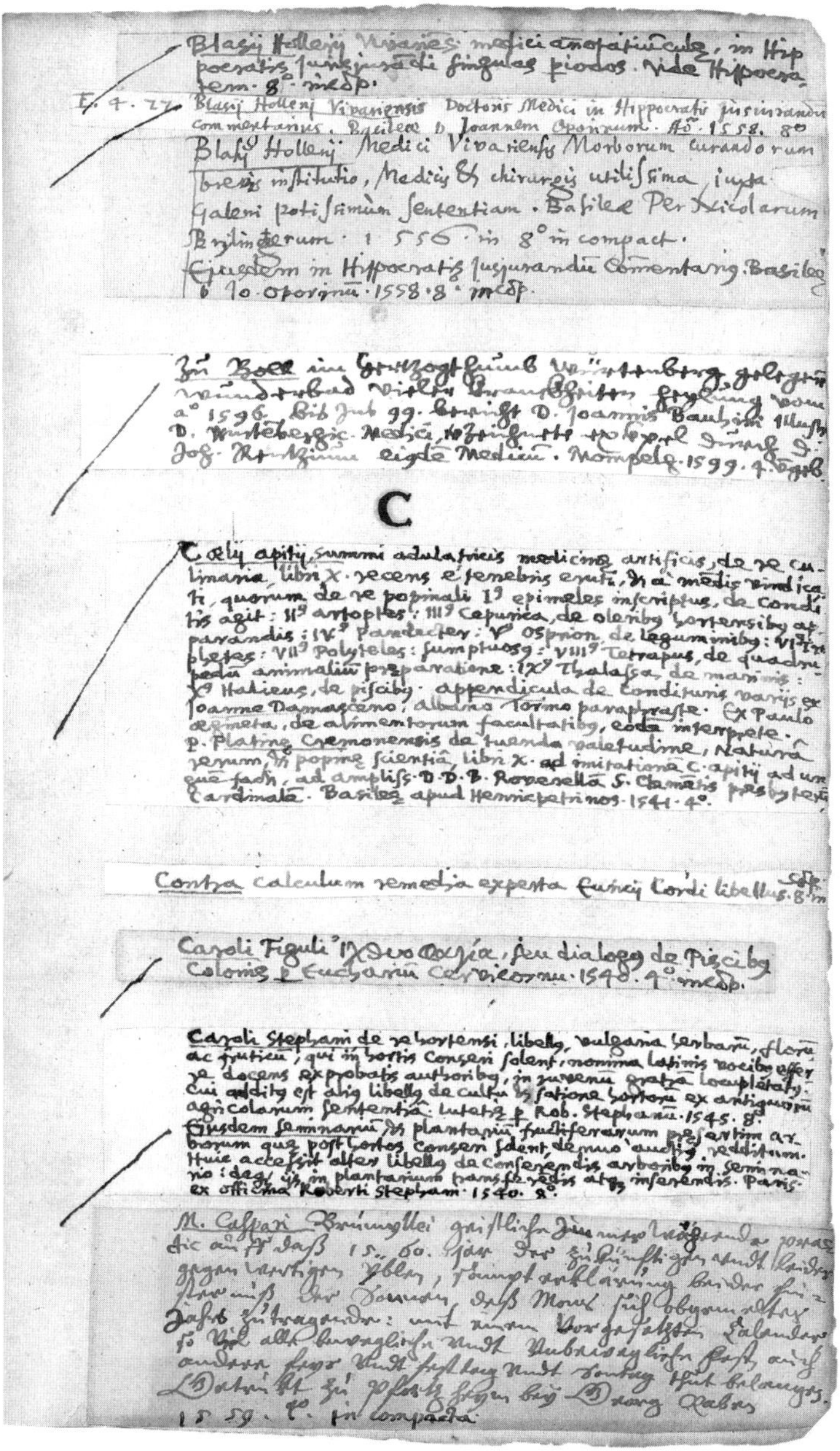

図2・4　バーゼルのアマーバッハ家の蔵書目録からの一頁（1630年）。異なる筆跡で書かれた紙片をアルファベット順に糊付けして作られている。そのいくつかのものは、以前の目録から切り取られたものであろう。Roth（1935）を参照。バーゼル大学図書館の許可を得て複製。MSARI7.

に紙片をピンで留めながら、なおかつ必要に応じて別のフックに留め直すことも可能にすることで、融通性のもつ利便性と、順序が安全に保たれることのもつ利便性の両立を約束した。ハリソンはまた、クロゼットはサイズを大きくして、もっと大きな紙片や全紙サイズの用紙に対応させることもできると指摘していた。[161]

　このクロゼットは（図はアルファベット順での処理を想像させるが）見出し語のどのような順序にも対応可能であった。一つの紙片が同時に複数の見出し語に該当する場合では、ハリソンは再度抜粋を書き写す手間を省くために、相互参照を紙片上に表示するとよい、とした。ハンブルクの修辞学教授として、プラッツィウスはまた、印刷された資料も簡単に収納できるクロゼットの利便性を、ドイツにおける大学生活から発生する出版物の洪水を処理するよき助けとなるとして、次のように称賛した。「書籍や公開質問状のような貼り札《プログラム》や他の論争から（抜粋する一節以外とくに注目すべきものがなかったり、複本があったりする場合は）切り取った断片を［クロゼットの］しかるべき場所にまとめて収納できるのも、とくに有利な点だ。貼り札は全体を収納しておくのが良いかもしれない……パテント・フォリオと呼ばれ大判で印刷され製本に適さなかった貼り札にとって、クロゼットは、とくに有用であった」。プラッツィウスは、手書きノートを、短い印刷物の全体であれ長いものの一部であれ、とにかく印刷物と混ぜて処理することを思い描いていた。「一部」が頁ごと全体を破り取ったものなのか、選び出された抜粋部分のみ切り取ったものなのか、プラッツィウスはどちらを指すのか明記していない。プラッツィウスは余計な書類に囲まれていることを嘆き、*lemmatice*（書誌情報のみ、ドレクセルの用語法）と、*verbotenus*（逐語的に）の両方の方法でノートを取り、クロゼットに収納することを推奨したのである。[162]

　最後に、ハリソンもプラッツィウスも、クロゼットの利点として彼らの言うところの「公共の使用」、すなわち、ノート作成の負担もご褒美も他者と共有できることを強調した。ハリソンは、己れのノートブックをそこから情報を得たいと考える友人と共有することの難しさを、次のように雄弁に語った。「いったい何度こんなことが繰り返されるのだろうか。あなたと離れて暮らす友人の誰かが、ある主題についてあなたが気づいたことを尋ねる、あなたも彼とそれを共有したいと思う。しかるに、彼は、あなたには研究の大いなる阻害とも幾分かの危険性ともなりかねないにもかかわらず、［抜粋を集めた］本〔ノートブック〕そのものを持ち帰ることを、期待したり要求したりする」。これに対してクロゼットは、ノートのコレクション全体を手放す、あるいは危険にさらすことなく、抜粋の他者との共有を可能にした。「見つけ出したり転写したりする時間や不快な思いも不要で、見出し語に関連する紙片を一度に取り出して渡し、返却されてきたときには空となっていた場所に戻すだけでよいのだ」[163]。特定の見出し語の紙片が貸し出されているあいだ、それ以外のノート全体はクロゼットの中に安全に留まり、使用を継続することができる。

ハリソンはさらに、クロゼットのグループ利用も想定していた。一つの大学の、あるいは一つの文芸サークルの、六人あるいはより多くのメンバーが、読むべき本や研究すべきテーマを仲間内で分担し、抜粋された一節をクロゼットに共有物として保管する。彼らは全員ただちに、そして一斉に、どのような主題についても、その多量の書物から集められた見解や典拠を検索、比較検討することができるというものだった[164]。クロゼットは、ゲスナーからライプニッツにいたる、そしてハリソンが温かい称賛を寄せたサミュエル・ハートリブも含む、初期近代ヨーロッパの学者たちのあいだで変わらぬ野心の対象であった、すべての書物に対する完全な索引の作成を可能にするかに見えた[165]。「書物を読み、抜き書きをする大勢の目と手」を使うにあたって、ハリソンは、「ある正しい方法によって批評し、判断し、著述する少数の、あるいはたった一人の判断と洞察」に従うことを推奨したが、どうすれば多数の共同研究者たちが一人の人物の判断を実行できるのかについては、詳細を語らなかった[166]。

プラッツィウスもまた「社会的抜粋」すなわち集団でのノート作成を称賛し、公式の学術団体《アカデミー》、略式の文芸サークル、学術誌を含む「今世紀に」設立された学識者サークルにとって、とくにそれが有用であると讃えた。これらのうちのいくつかは、たとえば、イタリアのクルスカ学会（*Accademia della Crusca*）〔一五八三年にフィレンツェで設立された世界で最古の言語アカデミー〕や山猫学会（*Accademia dei Lincei*）〔一六〇三年にローマで設立された科学アカデミー〕、それに、（一六一七—五〇年、ドイツの）結実協会（*Fruchtbringende Gesellschaft*）〔ドイツ語の純化育成を目指す協会〕のように、ハリソンが執筆していた一六四〇年頃に存在していた。そして、イングランドでは、サミュエル・ハートリブが、新しい考え方や研究の流布を通じて倫理的、哲学的進歩をもたらすであろう「見えないコレッジ」構想を著した。プラッツィウスが先の文章を書いた頃までには、英国王立協会やたくさんのフランスのアカデミーが根を下ろしており、最初の学術誌も発行されていた。『王立協会哲学紀要（*Philosophical Transactions of the Royal Society*）』と『学識者新報（*Journal des sçavans*）』は一六六五年に刊行を開始した。続くものとして、なかでも『ライプツィヒ学術論叢（*Acta eruditorum*）』（一六八二年刊）およびピエール・ベールによって刊行された『文芸共和国便り（*Nouvelles de la République des Lettres*）』などが、一六八四年時点で挙げられる。[167] プラッツィウスは「その多くが今世紀に始まった」多くの共同制作を称賛した。一五九〇年代にコインブラのイエズス会士らにより作成された聖書の注解集や、一六五七年のギーセン・アカデミーの教授らによる詩歌集、クルスカ学会やアカデミー・フランセーズが制作した辞書、それにベールの雑誌がそこに含まれる。しかし、プラッツィウスはまた、共同執筆される「*libri sociales*(社会的本)」は稀であって、人間の妬みや不和により往々にして妨害される、とも記した。[168] かくて、プラッツィウスはクロゼットを使うにあたって、階層性をもった共同研究についてとくに熱心であった。つまり、紙片にノートを書き込み、見出し語を付けたら、紙片をしかるべき見出しのもとに収納保管する作業を別の人(文字の読める人なら誰でも)に委嘱すればよいというものである。[169] おそらく、その同じ助手たちが必要に応じて紙片を取ってくることも命じられたであろう。クロゼットはこのように、対等な者同士の共同作業と、(より簡単な作業である)紙片の出し入れをノートや見出しの作成という判断の主体者たちに従属する助手たちへ委嘱すること、の両方を容易にしたのである。

共同ノート作成のかたち

共同ノート作成のための道具としてクロゼットの役割について語るさいに、ハリソンもプラッツィウスも披瀝したかなり強い興味は、広く知的労働の、具体的にはノート作成の、初期近代ヨーロッパにおける社会的側面を想起させる点で貴重である。ハリソンとプラッツィウスはクロゼットを、地位の等しい者同士の協働によく適合していると褒め、プラッツィウスは加えて、一部の仕事は習熟度の低い者たちが準機械的にこなすという、より階層性を備えた協働のモデルを唱えた。知的労働の対等モデルも階層モデルもどちらも同じくらい強烈に、学者は孤独に仕事をするものだという、よくある概念に異議を唱えるものであった。

初期近代の学者たちはしばしばみずからを、本のみを伴とし一人で仕事をする存在として描いた。最近の研究では、つねに秘書をともないにぎやかな家の中で働いていたことが強調されてきているにもかかわらず、モンテーニュは『エセー』の中で己れの書斎をそのように描写している。初期近代にまつわる図像的典拠においては、学者はしばしば、書物や古代の遺物や象徴的動物とともに一人で仕事をする姿で描かれた。われわれはわれわれ自身の仕事方法を遡って過去に投影してしまいがちであるゆえ、われわれもまた、学問やとくにノート作成を沈黙と孤独のうちに行う活動として想像する。[170] しかし、この何十年かで歴史学者たちは、こうした表象と自己表象の奥に目を向け、初期近代の学者たちが頼りにしていた多くの種類の助けに光を当ててきた。彼らが社会的あるいは知的に自分たちより下に位置するとみなした、文筆助手、使用人、家族からの助けや、同等とみなした同僚や友人からの助けがそれに当たる。社会的に上位にある人々から受けていた助けは財政的援助や庇護を含むことが典型としてあったが、そのいくつかの例は第4章で論じる。

科学史家はかなり前から（たとえば、『ニュー・アトランティス』で描かれている）フランシス・ベイコンの階層的グループ研究の理想に注目してきた。それが一七世紀に設立された公式、非公式の科学協会を発想させたというのである。[171] しかし最近の研究では、これとは違った協働的知的労働のモデルの存在が明らかにされてきた。それらが、ベイコンおよびベイコン主義者たち、あるいはベイコンと関係なく行われていた共同研究に、霊感を与えたかもしれないというのだ。デボラ・ハークネスは、一六世紀後期のロンドンにおける職人と商人の相互作用を特徴づけていた（競争を交えた）協働を指摘した。[172] エウセビオスの時代にそうであったように、教会史もまた一六世紀においては革新的共同研究の一分野であった。伝統的なカトリックの立場による記述に対抗すべく作成されたルター派の歴史書である『マクデブルク世紀史』は、一五五九年から一五七四年のあいだに、マッティアス・フラッキウス・イッリリクスの庇護のもと階層的計画に従って働く一五人の人々からなるチームによって、一三巻物として作成された。カトリック側では修道会が、ちょうど中世においてそれらが果たしてきたと同じように、共同制作への自然な制度的、知的環境を提供した。一七世紀には、イエズス会やボランディスト協会、その他の修道会が教会文書を編纂、編集するという巨大事業に携わった。[173] 聖職者の価値観が、個人として認知されずとも、他の修道者の、そして広くキリスト教徒の役に立つため、余分の経費を求めることなく集団の中でともに働こうという意欲を後押ししたのである。

協働的知的労働のまだあまり研究されていない一つの源は、学生間のグループワークの果たした役割である。プラッツィウスは最初にこの話題を論じた人として、グダニスクの自然学・論理学・神学教授であったバルトロメウス・ケッカーマン（一五七三―一六〇九年）を挙げた。ケッカーマンは成功の条件を以下のように概説している。

1．同等の能力と経験を有する三人の学生がともに研究する場合。2．三人すべてが同じ目標をもち、みな神学か政治学および法学もしくはその他の学部で学んでいる場合。3．彼らが等しく勤勉で熱心に勉強する場合。4．彼らが互いにまた友人に対して献身的で、それぞれが自分の意見を嫉妬心抜きに相手に向けて伝えたいと欲する場合。5．彼らが音読者を雇う場合、あるいは雇うことができない場合には、この［テクストを声に出して読み上げる］役を交代で行う場合。6．価値ある一節をノートに取るための対象となる書物があらかじめ与えられている場合。7．ノート作成は順に交代で一人ずつ担当するが、どの見出しに分類すればよいか即座には判明しない、曖昧もしくは不明瞭なものについては自分たちのあいだで意見を共有する場合。8．これら共有の書籍をそのときそれぞれが書き写すことができる、あるいはより簡便に、収集された見解をもとに、必要に応じて次のような方法で簡潔にノートを取ることができる場合。すなわち、読み上げる者以外の二人が別々の巻にノートを取り、読み上げていた三人目が後でノートを取れる、または、読み手を雇うことができるならば、彼ら全員がそれぞれ別の巻にノートを取れる、という場合。[174]

ケッカーマンは、見出し語の配当に関する難しい判断を議論し、ノートを共同で作成して各自が一冊ずつ控えるようなグループを思い描いた。ヘルボルン大学の教授、ヨハン・ハインリッヒ・アルシュテート（一五八八―一六三八年）はケッカーマンのプロジェクトを多方面で継続した。そこには、学生たちが、*collationes*（集団）あるいは*collegia*（団体）と呼ばれる三人ないし六人のグループで研究することを奨励したことも含まれる。[175]

グループスタディはドイツだけに見られる現象ではなかった。パリ大学のジャン＝セシル・フレイは次のように推奨した。すなわち「読書はけっして一人でせず、つねに聞き手をともなって行うべきである。彼が読み手であるときに聞き手のあなたがそうするのと同じように、聞き手は読み手であるあなたにノートを取るに値するものを復唱する。証明が不要なときに証明したり、証明が必要なときに証明しなかったりということは、多くの場合、単独で勉強しているときに発生するものなのだ。そのようなことは私の助言が守られていれば起きない」と。イングランドでは校長のチャールズ・フール（一六一〇―六七年）が学生たちに対し、他の学生たちが集めたコモンプレイスを互いに自分のノートブックに転写し合い、ハリソンが「学習の保管箱」の使用を提唱したのと同じように、抜き書きを溜めることを推奨した。[176]これら散見される例は、共同研究の理想が一七世紀に生じたことには、おそらく教育実践が一役買っていたことを示唆する。プラッツィウスはいずれにせよグループワークについてのケッカーマンの助言を、革新的で学問的サークルの勃興につながるものだとみなした。しかし、ノートを共有することに正式な指導や複雑な家具は必要ではなかった。コペルニクスの『天球の回転について（*De revolutionibus orbium coelestium*）』（一五四三年）の現存する複数点にまったく同じ書き込みがあることは、一六世紀半ばの天文学者たちのあいだで、この面倒な作品に有用な注釈を提供する、少なくとも二組の詳細に加えられた書き込みが回覧されていたことを立証する。[177] エラスムス・ラインホルトやヨフランクス・オフシウスの手による書き込みが、どのような状況で書き写されていったのかは判明していないものの、このことは、フールが一六六〇年の指南書の中で推奨した、他人のノートを写すという行為の早い例をなしている。

初期近代の学者たちが同僚とじかに協働した例は少ないが、一方、そのほとんどの者が知的、社会的に目下の、したがって概して表立って言及されることのない他者を助手として活用していた。たとえば、ケッカーマンは、学生グループは勉学上の助けとして読み手（reader）を雇うことができると述べた。スティーヴン・シェイピンの重要な論文が次のように指摘している。実際に、実験装置を製作し維持し操作した人々は、とくに英国王立協会では実験の報告書や実験中の様子を表す絵図からかならず削除された。絵図には、実際に実験に携わったのに「不可視」とされた人間の技術者のかわりにプット〔ルネサンス期美術に見られるキューピッド風の幼児像〕がハンドルを回し器械を操作する姿が描かれた。[178] 同様に、テクストを扱うに当たり学者たちは、しばしば不可視の他者に、読み、要約、抜粋、分類、索引作成、そして何より筆耕として口述筆記をさせたり、転写原稿を作らせたりした。

どのような人々がこうした助け手たちだったのだろうか。ある者は、とくに妻や子供たちといった学者の近親者たちであった。この者たちは、彼らとは文書による通信も正式な雇用契約も不要だったために、最も追跡しにくい人々かもしれない。独身者としての学者生活という聖職者モデルは、（オックスフォード大学やケンブリッジ大学では一九世紀まで続いたが）大陸では一五世紀に崩れ始めた。教授たちは、しだいに、収入を教会からの聖職禄に頼るのではなく、給料を受け取るようになっていったのである。ガディ・アルガーズィの研究によれば、結婚が学者たちを新しい種類の義務や人間関係に巻き込んだ。最もありふれた主題は妻子を養う負担を嘆くというものであったが、家族はときとして、一家の主《あるじ》の学者としての活動を手伝ったと感謝されることもあった。感謝の記録がない場合でも、最近の研究は、家族の果たした役割を明るみに出す典型像を提示している[179]。

フランスの文献学者、アドリアン・テュルネーブの妻は、夫の死後、息子のアドリアン・テュルネーブが亡き父親の秘書、ヨアンネス・フルディィヌスの助力を得て出版した夫の『覚え書き（*Adversaria*）』の序賦で、彼女の「勤勉」を感謝された[180]。ウリッセ・アルドロヴァンディはより具体的に、彼の五巻本『非生物語彙』を「まとめて（putting together）」くれたことに対して妻への感謝を表した。これは、夫が紙片に書き、アルファベット別に用意された粗布袋に入れていたノートを、妻がアルファベット順に並べ、糊付けする作業をしたことを表していると考えて、ほぼ間違いあるまい。彼女はおそらく、夫の六四巻に及ぶ手稿『知の百科事典（*Pandechion epistemonicon*）』のために、博物誌的主題に関する古典古代および近代の権威の著書から、抜き書きを紙片に転写する手伝いもしたと思われる[181]。一九世紀には、エミール・リトレの辞書（印刷は一八五九年から七二年）の場合、リトレの妻と娘の労働は直接的にではないが、出版社の資金提供によって補償された。女たちが、引用のチェックや読み手から提出された紙片を各項目に体系的に収納する仕事に従事するために、担うことができない家事労働をかわって担当する人を雇うための資金なのであった[182]。多くの家族がその貢献を認知も見つけもされずにきていることは疑いない[183]。訴訟手続きのおかげで、認知されない助力にたまたま光が当たることがある。アムロ・ド・ラ・ウーセイの事例がそれだが、彼は一六六〇年代と七〇年代に、パリの印刷業者レオナールのために多くの版を生み出したが、一度に数週間にもわたって印刷所で寝起きすることがあった。そのようなさいにはアムロはレオナールの娘に本文の書き写しをしてもらっていた、と同時に、（既婚者であった）彼女と不倫に及んでいたのであった[184]。

最も一般的であったのは、助手を務めた人々が家族の一員ではなく、その労働に報酬が支払われている場合であった。学者生活の独身モデルに従っていたエラスムスは、当時雇用可能だったさまざまなレヴェルの助手仕事についての恰好の事例となる。というのも、その詳細がエラスムスの書簡を通じて跡づけられているからである[185]。裕福な家庭の子弟を教育して、慎ましく暮らしていたキャリア初期、エラスムスは使用人を置く経済的ゆとりがなく小僧（*puer*）を一人置いて助手仕事をさせていた。小僧は一二歳から一六歳のあいだの少年で、個室や食事（一部は少年の両親が支払う補助金で賄われることが多かった）、それに体験しながら学ぶという機会と引き換えに、あれやこれやの臨時の仕事や、とくに書き写すという仕事をしてエラスムスを助けた。一五一六年以降、エラスムスは正規の召使（*famulus*）（年間二〇―二四フローリンから晩年には三二フローリンが、個室やエラスムスとともにする食事のほかに支払われた）を雇えるようになった。典型的な召使は二〇歳から二四歳の貧しい学生で、書写や口述筆記のみならず、校正、校合、翻訳にも当たり、メッセージや荷物を届ける出張もこなした。一五二一年、エラスムスは家事担当者を一人雇い入れ、召使たちを雑多な家事労働の負担から解放した。エラスムスは、「文筆助手（*amanuensis*）」という職名を、三人のお気に入りの召使（カンニウス、タレシウス、クザン）のみに適用した。彼らは、必要とあればやらなければならない家事労働も含めて、みなと同じ職務を遂行したが、主人の全幅の信頼とよりよい給金を享受した。たとえば、ニコラス・カンニウスがエラスムスとともに一五二六年版に向けて『格言集』の索引の改良作業に当たったことを、前の版の印刷された索引に両者の筆跡による書き込みが残されていることのおかげで、われわれは知っているのである[186]。

ジルベール・クザン（またはラテン語でコグナトゥス）は、エラスムスの文筆助手たちの中で最もよく知られた人物であった。エラスムスは彼が一五三五年、四年間勤めた後故郷の街で聖職禄を受け取ることになって辞めたとき、復帰の誘いをかけている。仕事の負担軽減に加え、エラスムスが受ける恩典のすべてを共有すると約束したのであったが、駄目であった。クザンはエラスムスが仕事の遂行が困難になったとき、エラスムスにかわって手紙を書き、彼の財産目録を作り、その注解書の幾分かにも寄与した。クザンはその後、彼自身の著作を刊行しており、その中で、文筆助手の役割については具体的に触れていないものの、よき使用人になるにはどうしたらよいかの助言も行っている[187]。クザンを諦めた後、エラスムスは次の召使、クーマンスを雇うさいには、忠誠条項を一項付け加え、エラスムスの臨終まで任務に当たれば二〇〇フローリンの特別手当を支給する、と約束した。クーマンスは師の臨終まで務めを果たした。学者がその文筆助手とどのように仕事をしたのか、その詳細は不明だが、同時代の珍しい絵が、エラスムスとクザンが大きなテーブルを挟んで向かい合って仕事をしている様子を描いている。文筆助手は、ほとんど取って仕事に従事しているとはいえ、報酬を受け対等者として扱われることもあった。実際、エラスムスの召使の中には、社会的に対等な者もいた可能性がある。誰かのために働くことは、しばしば学生の、そして将来の学者としての訓練の一段階にほかならなかったからである。ある場合では、学者が適齢の息子を召使として扱うこともあった。スカリゲル父が、口述で韻文を書き取るなどの秘書仕事を息子のJ・J・スカリゲルにさせたのはその例である[188]。

文筆助手との関係は、信頼に満ちた親密な関係に花開いた場合もある。J・J・スカリゲルのケースがそうで、彼は動産のすべて（小間使いへの三〇フローリンを除く）と書類の大部分を執事のジョナス・ルスに遺贈した。同様に、ウィリアム・ドレイクの筆耕、トマス・ケンは、彼が取る読書ノートがドレイク自身が取るものとほとんど変わらないほど、ドレイクがする判断を忠実になぞることを身に付けたが、何年にもわたった主従関係の後、ドレイクの親友にして相続人となった。しかしそのような信頼は、それに値しない人物に与えてしまうという誤りが起きる場合もあった。ジョン・ミルトンの原稿は文筆助手一年目のダニエル・スキナーの手に渡った。スキナーは、後に、異端的要素があるとの警告に従って、断念することになったものの、原稿のうちのいくつかを出版してキャリアを向上させようと目論んだのであった。[189]

このような関係には、緊張がともなうこともありえた。多くの学者が、文筆助手によって引き起こされた字句の誤りや不適切さを、そればかりか、実験道具で仕事中に手紙に焦げ跡を付けられてしまうことさえあったと嘆いている。[190]ある者たちは使用人が、主人が認めていない本文を勝手に付け加えたり盗んだりしたと訴えた。J・J・スカリゲルは、使用人が盗んだプラウトゥスの注解書を取り戻すのに、高額を支払わねばならなかった。モンテーニュの秘書の一人は『エセー』の原稿の一部を持ち逃げし、原稿がモンテーニュのもとに戻ることはなかった。[191]エラスムスは、学生に急いで口述筆記をさせた下書きが、学生の名前で出版されたのを発見したとされる。エラスムスはまた、小間使いと結託した召使の一人が、家財道具を大量に盗み出すのをすんでのところで食い止めた。[192]こうした関係には義務、不満、そして好機がつきものだった。新しい種類の関係ではなかったが、初期近代では、個人秘書が貴族階級の専有ではなくなり中流家庭でも一般的になるとともに、より普及していったのである。彼らならではの必要性を考えれば、学者たちは一人ではなく複数の文筆助手を雇ったことであろう。召使の過剰な雇用は控えるようにとエラスムスは助言していたが、エラスムス自身は一五二八年に、同時に最大八人を雇っていた。[193]

文筆助手は何をしていたのか。ある者は口述を書き留めたが、口述筆記はプリニウスやアクイナスの昔に遡る著述の変わらぬ方法であった。みずから書くことを口述より望ましいと考えた者がいたことは、一三世紀以来、しだいに数を増していく現存する自筆原稿や折々なされたコメントに明らかだ。たとえば、ペトラルカは、自分の手で書くことが素材を記憶に留めておくための助けとなると唱えたが、それはイエズス会教師たちが後にノート作成について強調したことと同じである。[194]それでもなお、初期近代の学者たちもまた口述で著述を行った。とくに、視力に苦労し、今日までに一一人の

GILBERTVS COGNATVS NOZERENVS, D. ERASmi amanuenſis: anno ætatis ſuæ 26. Chriſtiano uerò 1530.

DES. ERASMVS ROTERODAMVS, ANNO ætatis ſuæ 70. Chriſti uerò 1530.

図2・5　「ノゼロワ［フランス］のジルベール・クザン。D・エラスムスの文筆助手、1530年当時26歳。ロッテルダムのデシデリウス・エラスムス、1530年当時70歳」『ロッテルダムのD・エラスムスの肖像』（バーゼル、オポリヌス、1553年）バーゼル大学図書館の許可を得て複製。AN VI 4a, pp.7-8.

文筆助手が特定されているロバート・ボイルの例のように、健康上の理由で、あるいは、校正時に修正を要した聞き間違いから判断するに、『エセー』のある部分を口述したらしいモンテーニュの例のように、個人的な好みで口述筆記が採られた。ジャン・カルヴァンは、いろいろな病気に見舞われたが、寝台に横たわったまま傍らにノートと数冊の書物を置き口述することを好んだ。口述筆記されたテクストを彼はみずからの手で校正したが、印刷者に渡す清書の作成は他人の手に頼っていた。[195]

最も一般的には文筆助手は書かれたものから書写した。彼らは、中世の筆耕がそうしていたように、購入不可能な書物の場合、その全文を書き写した。彼らは、他人や主人（あるいは彼ら自身）の取ったノートを、新たな場所、新しいメディア、または改めて書き直す必要に応じて、書き写した。[196] 彼らは記録としてとっておくために、発送する手紙の写しも作った。とりわけ、改訂や加筆でごちゃごちゃになった作文の清書を作った。筆耕の仕事は古くから他人に委嘱するのが適切と考えられてきた。一三世紀にはすでに「学生は自分以外の説教を書き写すことで時間を無駄にしてはならないとされ、説教書きは週に一日のみにせよと戒められた」。説教書きとはつまり、他人の説教を書き写すのは、ということである。[197] ガブリエル・ノーデは、さまざまな大貴族に秘書兼司書として仕えたが、より高い名誉心をもち、悪筆のゆえに原稿を書き写す仕事を頼まれないですんだことをどうやら感謝していた。サミュエル・ハートリブはみずから筆耕仕事もこなした例外的人物であった。彼は手稿本の立派なコレクションをなしたが、文筆助手も使っており、他人に貸し出す原稿はつねに彼らのうちの誰かが転写したものだった。[198] 職業的筆耕仕事は一七世紀を通じて相当な技術と重要性をともなう仕事であり続けた。マサチューセッツ州ケンブリッジのような中央から遠い地では、学生は一七三五年まで教科書を書き写して勉学に使用していたが、ほとんどの学者は、書写を他人に頼むことで筆耕仕事を自分たちから切り離そうとした。彼らは暗に、書き写す仕事は機械的で時間の無駄とみなしていたのであった。[199] 書写仕事に対するこの態度は、書の技術と自分で書写した原稿を重んじた、中国の学者の態度とはいちじるしく異なっていた。[200]

教育者たちは、書写を委嘱すること自体については言及せず苦言も呈さなかった。しかし、彼らの多くは、判断力を要する読書や抜粋を他人に頼ることは、そのような方法が実践されていることを認めていながらも是とはしなかった。プリニウスの仕事方法を手本としたグァリーノ・ダ・ヴェローナ（一三七四―一四六〇年）は次のように勧めた。勉強では、貴族の若者は抜粋をノートブックに書き写すのに使用人を雇ってもよいが、抜粋箇所を選択し口述するのは主人たる自分ですべきである、と。[201]記憶の助けとして書き写すことを重視したサッキーニは、ノート作成における書き写しについてすら、委嘱の可能性を検討しなかった。「Notæ propriæ, notæ optimæ（自分独自のノートが最善のノートである）」、と彼は述べ、自分で取ったノートの一頁は他人のそれの「一〇、二〇、一〇〇頁」分に値するとした。ドレクセルの反論は書写がもつ記憶への効能にもとづくものではなく、読み、選ぶことをみずから行う大切さにもとづいていた。「他の筆耕たちが学びから省略したり、好奇心の欠如のため見過ごしたり、それ以外の事物にかまけて無視したり、あるいは、見つけはしたけれど抜粋が不完全だったり損なわれていたりする事がいったいどれほどの数にのぼるだろう。そのような箇所を、注意深い読者はここかしこに見つけて取り上げ、大いに自分の益となすものなのだ」。[202]ノート作成は他人に委嘱すべきではない。それは、他人では適切な注意をその過程に注力できないからだ。同様に、ドレクセルは、必要なものはすべて索引やレファレンス書から得られると考える人々を、無知な若者と退けた。[203]

しかしながら、それから五〇年ほど経つと、ダニエル・ゲオルク・モルホーフは委嘱に、より寛容な態度をとった。曰く「経済的に許すなら、学問のある文筆助手を雇い、「ノートを取る」作業に当たらせるべきである。ただし、それはソメーズ〔クラウディウス・サルマシウス。フランスの古典学者。一五八八―一六五三年〕ら傑出した人々がしてきたように、あなたの判断力を収集に生かす者でなければならない」と。よき判断力をもち、主人の判断と同じ判断ができるように訓練された文筆助手であれば、まさに、プラッツィウスのノート・クロゼットの利用者たちが信頼できる仲間たちの作成したノートに頼ることができたと同じように、ノート作成を任せられるというわけであった。[204]文筆助手の筆跡のノートが彼自身の判断の結果によるものなのか、雇用主のそれの結果なのかはかならずしも明確ではないが、文筆助手のある者は、明らかに独立してノート作成に従事していた。たとえば、学識ある古物研究家で収集家のロバート・コットン（一五七一―一六三一年）の家人の中には、ブリテン諸島の歴史にまつわる二万点以上の文書を収集し整理するために雇われた相当数の人々がおり、その中に「素材を要約したり、文書を列挙し控えたりする専門の」文筆助手が一人いた。[205]

一六二〇年代、学生や学者に特化せず政治的野心をもったジェントルマン階級の読者に向けて書きながら、フランシス・ベイコンも、他者の読みに過度に頼ることには注意が肝心だと戒めた。「一部の書籍は代理に読ませ、そこからの抜粋を他人にやらせることも可能ではある。しかし、それはそれほど重要ではない議論と取るに足らない書物の場合に限るだろう」と。ここでの委嘱の基準は書籍それ自体の質であったから、あまり重要でないテクストのみが、他人に読みの作業をさせる対象となった。親戚への私的助言でもベイコンは、読書から素材を集めることを他人にさせることは控えたほうがよいという推奨を繰り返したが、その上で、「あなたの収集者」と「要約者」の選び方に関する助言を提供するに及んで、暗黙のうちにそうした実践を認めたのであった。[206] そうしたサーヴィスに依存するという習慣は、理論上は是とされなかったが、明らかにこれらのサークルでは広く行われていた。ゲイブリエル・ハーヴェイの例は、一七世紀初頭のイングランドにおいてエリート政治サークルの中では、ある種の包括的なノート作成が職業的な読み手に委嘱される可能性があったという実例となる。ハーヴェイは、リウィウスの歴史書を要約しただけでなく、そこから導き出された教訓について思うところを、彼のパトロンであったレスター伯のために注釈を付けた所蔵本に書き付けたのであった。[207]

　文筆助手たちは、また、その主人のために書籍の選書、購入、整理にもしばしば従事した。ガブリエル・ノーデは筆耕業務を回避し、雇用主の一人のために蔵書目録を出版した。一八世紀に〔マインツ宮廷で〕司書を務めたヴィルヘルム・ハインゼは、主人であるマインツ大司教の蔵書のために選書をしただけでなく、それらの書物から抜粋を作成し大司教が読むべきものを選び出した。[208] ジョン・ロックはみずからの蔵書の管理に密接に関わり続けたが、目録作成には使用人のジルヴェスター・ブラウノーヴァーとともに当たった。個人の蔵書のための書籍購入は代行されるのが通例だったので、一七世紀のイングランドの競売目録は、代理人による購入に便利であることを誇ったほどであった。[209]

　学者の仕事のどの面を他人に委嘱し、どの面を自分で行うかという決定は、個々の人が多様な要素にもとづいて下した。これらの要素には理論的原則のみならず、時間、経済的資源、使用可能な人手などの実務的条件も含まれた。実際に適用される基準はめったに言語化されることはなかったが、該当する作業は一七世紀には何人かの著者たちによって「機械的」と認定され、委嘱すべきものと考えられていた。一六六四年、スペインの神学者で多作な著者であったフアン・カラムエルは、書物に索引を付ける、ゲスナーの方法にきわめてよく似た手順（印刷本からの切り貼りはないものの）を次のように叙述した。索引に加えたい一節の頁欄外に印を付け、文筆助手に用紙の片面だけ使ってその一節を書き写させ、「誰かに［その用紙］を鋏で紙片に切り分けさせよ。言っておくが、誰か他の人にやらせること。この作業は実に機械的なのだから自分でしてはいけない。……そののち、四名ないし六名の使用人あるいは友人を集めて」大きなテーブルの上で「紙片をアルファベットとカテゴリーで分類させよ」と。[210] 何を索引化するかという最初の決定をしたら、ファン・カラムエルは、その後の索引作成作業のほとんどを委嘱することが重要だとみなした。同様に、J・J・スカリゲルは、ヤン・グルーター（ヤヌス・グルテルス）の古代銘文の大コレクションに索引を付ける仕事について、自分が「使用人として」その仕事を遂行したと語った。[211]

私たちは、学者の仕事のうちの「機械的」な仕事の画定しがたい境界線が、一六、一七世紀に変化したことの証しをいくつか垣間見ることができる。一五二六年にエラスムスとその文筆助手たちが『格言集』のアルファベット順索引の改良に取り組み、一五四八年にゲスナーが索引作成プロセスを効率化するための記号論理学的詳細を誇らしげに説明したのであったが、一七世紀までには索引作成はすでに珍しくもない、よく理解された、学者J・J・スカリゲルの目にも神学者ファン・カラムエルの目にも機械的と映るものとなっていた。もちろん、索引作成作業の機械的な性質を彼らが認識したからといって、他の人々、たとえばフィンツェンツ・プラッツィウスが、同じ世紀のずっと後年に広範な索引とリストの作成にみずから従事する妨げとはならなかった。しかし、プラッツィウスもまた、安全に委嘱できる活動を定義づけようと試みたのであり、彼がノート・クロゼットを評価したのも、一つにはそれが未習熟な使用人に任せても安全な領域として、アルファベット順に分類するプロセスをノート作成のその他の作業段階から隔離する、という点であった。

本文研究の領域の外では、ライプニッツが、複雑な計算を一番下っ端の助手に任せられるようにすることによって、「計算という独創性のない労働」から天文学者を解放する彼の発明品である計算機を誇らしげに説明した。「優れた人々が、機械が使えれば誰に委嘱しても安全な、計算という労働に使用人のように時間を費やすのは、無意味なことである」。[212] この見解は、しかしながら流行るにはいたらず、一八世紀中、数学者たちはしばしば多くの退屈な計算に従事した。しかし、最大の計算プロジェクト、たとえば、ガスパール・ド・プロニー（一七五五―一八三九年）の数表作成においては、階層化された労働者集団が従事した。「一握りの数学者を頂点に、計算者が続き、最下位には何百万もの足し算や引き算を担当する七〇から八〇名の人々がいた」。[213]『マクデブルク世紀史』の本文操作のさいと同様、こうした計算操作は階層化された作業に分類され、最終成果を目指して集団で働く階層化された人々の手に委ねられたのである。

一九世紀には、社会的にも職業的にも階層区分はより明確に定義づけられるようになった。一九〇〇年までに、書き写しや口述の筆記、ファイリング、そして定型的な計算でさえ、こうした誰にでもできる仕事は女性が多く担当するようになっていた。一九二〇年にはシャヴィニーが読者に対し、速記術は、（専門家も心惹かれてしまうものはあろうが）専門家が習得すべきものではない「補助的仕事」であると説明し、口述筆記、速記、そして計算のための機械は、そのいずれもが、事務仕事の中の「二次的仕事」で「知力」を浪費してしまうことを回避するために、なくてはならないものだと強調した。女性は事務所で、あるいは文芸作家によって秘書として、また、とくに天文学の複雑で退屈な計算をする「計算機」として、雇用されたのである。[214]

初期近代において、判断を要する仕事と機械的とされた仕事を分ける境界は流動的で、何を他人に委嘱するかは個人が決めた。ある者は、判断力と能力において同等とみなされた仲間とともに、グループでのノート作成と研究に従事した。他の者は、妻子といった家族内のメンバーの助けを利用した。費用の負担が可能な者はほとんど誰もが、賃金を支払って、より階層化された関係における一人または複数の助手に仕事をさせた。そこでは、委ねられた仕事の性質は、機械的とみなされるものから判断力を要するものまでさまざまで、雇用者と使用人の相互関係も、懐疑や敵視から信頼や親密さまでさまざまであった。これらの多様性の全域にわたって、初期近代の学者たちは通常、単独ではなく他人と仕事をしたのであり、そのことは、見出し語選択とノート管理の過程にさらに複雑な層を追加した。ハリソンやプラッツィウスが述べたような、現実には扱いにくく費用がかさむものであったであろうノート・クロゼットを、実際に使った者はおそらくほとんどいないにしても、その魅力の一端は、それが初期近代ヨーロッパという文脈で巨大な規模のノート作成に通常かかわるさまざまな人々にとって使い勝手がよいというところにあったのである。

私から公へ　――他者に奉仕するノート

ノートはしばしば他者との協働で作成された。ちょうどそのように、ノートは持ち主にとってだけでなく、潜在的に他者にとっても有用なものだと認識されていた。この概念は初期近代に特有のものではなかった。小プリニウスはおじから「スペインでプロクラトルとして仕えていたとき、これらのノートブックを四〇万セステルスでラルキウス・リキヌスに売ることもできた、しかもその頃はノートブックの数が今よりずっと少なかった」とよく聞かされたと報告している。プリニウスが好んで語っていたらしいこの逸話は、彼のノート・コレクションの価値の大きさを強調するのに力があったが、このことは両プリニウスにとって名誉に関わる事柄であった。というのも、おじはやがてこの大事にしてきたコレクションを甥に遺贈したからである（四〇万セステルスあるいは一〇万デナリウスはプリニウスの時代、非常に少数で富裕な貴族であった騎士階級《エクィテス》の、下級クラスと認定されるための必要財産であった）[215]。プラッツィウスは一六六〇年頃の、ノート・コレクションの購入が試みられたもう一つの例を報告している。その頃、ある者が著名な法学者ヘルマン・コンリンクのノートに莫大な額を提示した。ところが、それも以下のことが判明するまでのことだった。すなわち、コンリンクは「（この偉大な人が紙にはなはだ急いで書き付けた、それもほんの少しの覚え書きのみという）抜粋よりも、記憶や判断力、そして書籍に関する大量の要約的な知識にもとづいて著作を生み出していたのであり、そのことが、傍から見る人にきわめて大部のノート・コレクションに頼っているような印象を与えていたのだ」と[216]。傍証はないが、プラッツィウスの文脈では、他人のノートを、それが一定の基準を満たしているとの仮定に立って購入しようと考えることが、理に適っていたらしいということを、彼のこの報告は少なくとも示唆する。この逸話は、そのような機会がたとえまれであろうと、コンリンクのように売る好機を逸してしまうことがないように、よいノートをしっかりとることを、暗に勧告していたのである。

著者たちが自分のノートを、結構な額を提示されても売りたがらなかった理由は、想像に難くない。多くの場合、著者たちはノートを活発に使い続けていたのであり、貴重な資料として、時期尚早に他人に売却するより、（プリニウスの場合がそうであったように）家族に遺贈したいと考えたのである。しかし、ある者は、むろん通常は大きな注意を払いつつノートを、あるいは印刷された本文のみならず書き込みも有用であるところから書籍も、貸し出すことにやぶさかではなかった。かくて、エラスムスは友人の一人に、友人の所蔵する『スーダ辞典』に記されている書き込みを、自分の使用人が書き写すことを許してほしい、と頼んだ。そうできれば「相当量の読書を」しないですむから、というのがその理由であった[217]。エラスムスのこの行動は、他人のノートを秘書に書き写させるというわけだから、二重に代理を使うことを意味した。ある者はまた、プライバシーの露見を恐れてノートを守った。一八世紀、ジャン＝ジャック・ルソーはお金に困ったとき蔵書から書籍を売却したが、買い手（彼の本の出版者だった）にはそれらの書籍の欄外書き込みを印刷することを禁じた[218]。プラッツィウスは、処世術書（prudential literature）の著者の多くが、盗まれたり侮蔑の対象とされたりしないように、他人にはノートを見せないでおくことを推奨している、と指摘した。それに対してプラッツィウス自身は、ノートを隠し立てすることなく誰とでもつねに共有した、と自慢したのだった。[219]

ノート作成者による自身のノートの売却について私が発見できた唯一の事例は、コンラート・ゲスナーの例で、彼は死の床で、植物に関する博物誌のために作ってきたノートや描画を、自身の元学生で共同研究者のカスパー・ヴォルフに、わずかな名のみの金額で正式に売り渡した。ゲスナーが売却した理由は、確実に出版してくれる人の手に渡されることを願ったからであった。しかし、ヴォルフは結局役に立たなかった。彼は何一つ出版することなく、植物の描画を（ゲスナーの相続人の許可を得たうえで）ヨアヒム・カメラリウスに売った。カメラリウスは、出典を明示しないまま一部を自分の著作に使用したのち、みずからの息子に相続させた。三代後の所有者のときにゲスナーの『植物誌（*Historia plantarum*）』は、エアランゲン大学植物学教授、カジミール・クリストフ・シュミーデルによって一七五三年と一七七七年にようやく出版された。[220] ゲスナーのこの異例の売却は、己れのノートを高く評価し、たとえば、火災時には何よりも真っ先に持ち出すことや、死後も管理を続けることを指示したノート作成者たちの行動と、いささかも矛盾するところはないのである。[221]

ノートの売却は、ノート作成者の没後であればより成立しやすかった。たとえば、ペレスクは学者の自筆原稿を購入しようと努めていた。「学者の所有していた書籍を贈与によって手に入れたり購入したりした場合、それらの書籍に学者たちが手書きで何かを挿入していればいるほど、彼はそれらの書籍を珍重した」。ペレスクはまた、遺族の同意があれば、出版するために肉筆原稿を「手に入れ」ようとしていた。同意がなければ、せめて自分の筆耕の一人に自分用の写しを作らせようとしていた。[222] 伝えられる自筆ものへの興味を考えるに、ペレスクの場合、著名な学者の何かをその人のノートを通じて所有したいという思いが、おそらく一つにはあったのかもしれない。とはいえ、テクストを出版したい、あるいはせめて、テクストの写しを作成したいというペレスクの関心は、書き込みの内容への彼の興味も示唆する。

翻って、J・J・スカリゲルの書き込みのある本は、同時代の人々に高く評価されていた。ニコラス・ハインシウス（一六二〇―八一年）は、スカリゲルの書き込みのある本を競売で、あるいは個人的に購入して二〇〇冊所蔵していたと言われる。彼もまた古典古代の言語を研究する学者であったことを考えると、彼が自身の啓発にこれらのノートを大いに役立てようとしていたことは、十分考えられる。あるいは、スカリゲルが使用人の一人に盗まれ六か月後に相当額を支払った末に取り戻した本が、たくさんの書き込みのあるものであったということもまた、偶然ではないかもしれない。書き込みは、潜在的な購買者にとっても、取り戻すために余計に支払うことを厭わない書き込んだ本人自身にとっても、書物の価値を高めるものであった。[223] ジョン・ディーの書き込みのある書物を持っていた一七世紀の所有者の一人は、それらが書き込みの存在ゆえに「はるかに価値のあるもの」となった、とはっきり述べている。[224] 最近亡くなった人物の手書きノートもまた、競売の出品図書目録に登場した。たとえば、一七〇六年の、ビゴー家（ジャン、ニコラ、リュック兄弟と彼らの息子で甥のエメリック、一六二六―八九年）の蔵書の競売目録には、中世の手稿本（表紙に広告され、その他の書物がすべて買われたのちに初めて売却対象となることになっていた）だけでなく、手書きのノートも含まれていた。たとえば、ジャン・ビゴーのものでは、「世俗および教会の法と実践に関する抜き書き、コモンプレイス、および書き込み」からなる三巻の二つ折り本、「多くのジャンルにまたがる多様なコモンプレイス」からなる一〇巻の八つ折り本、それに、「宗教書や聖俗含む著者たちから集められたもの」からなる七巻の八つ折り本が含まれていた。[225]

これらの購入事例があるとは言え、遺贈が、個人のノートが別の個人に継承される手段の主たるものであった。学者階級の外にあっても、ノートブックは遺書で具体的に言及され、その保存や息子や孫息子への遺贈が確保された。こうしたノートブックは子孫にとって貴重なものとなりえたが、それはそこに、一家の財産やビジネスの記録があったからだ。ロックが父親から相続した、父の管理していた財産記録があるノートブックが、その例である。[226] ある事例では、共通の興味や精神的傾向が、相続人が相続したノートを学者として、あるいは職業人として活用することを可能にしたようだ。初期近代における（スカリゲル家、ツヴィンガー家、フォシ家やエティエンヌ家、あるいはカゾボン家などのような）何世代にもわたる学者の家系に属する若い世代のメンバーは、（当然期待されるように）家庭での訓練や気質を通じてハビトゥス（*habitus*）〔社会学者ピエール・ブルデューの中心概念の一つで身体化された社会構造を意味する〕を、そして（書き込みを含んだかもしれない）書物を受け継いだだけでなく、持続的使用に供されたとしても不思議はない大量のノートも受け継いだことだろう。これら複数の世代にわたる人文主義者の家系について、この仮説を支持する確たる証拠を、私はほとんどもっていないのだが、初代レスター伯ロバート・シドニー（一五六三―一六二六年）が息子のロバート（一五九五―一六七七年）に遺贈したコモンプレイス・ブックの中には、息子がそれらを使い続けたことが、息子の筆跡で書き加えられた相互参照やテクストではっきりわかるものもある。[227]この小シドニーが父親から遺されたノートを拡充したり、これに対する参照を行ったりしたことは、ほかの家系、とくに複数の世代で同一職業に就いた家系に起こりえた知的プロジェクトの累積が、いかなるものでありえたかのヒントになる。ある事例では、植民地時代のハーヴァード大学による課題のテクストの写しが次世代に受け継がれ、最初に筆写した学生の息子や、その学生の友人の息子による追記が加えられている。かなり後になると、ベンジャミン・フランクリンが自伝を書くのにおじが遺したノートを使ったと述べている。このおじはまた彼に、「私〔ベンジャミン〕が思うに、私が彼の速記を学んだ場合には、それらの蔵書をもとに身を立てられるようにと、何巻もある説教の速記本をすべて」彼に遺贈すると申し出た。[228]けれどもフランクリンは説教師にはならなかった。

家族の輪を超えた職業仲間や同僚への遺贈は、ノートブックが同じ職業の別のメンバーにとって役に立つであろうという期待（そしてあるいは、加えてゲスナーが明確に期待していたように、故人の利益にもまた役立つであろうという期待）をさらに強力に示唆する。ヴァージニアで亡くなったイングランド人法律家は「ウェストミンスターの法廷で取ったノートとコモンプレイス・ブック、二つ折り本にして八巻」をイングランドに暮らす同僚に遺贈した。[229]ルーカ・ギーニ（一四九〇―一五六六年）のサークルの博物学者たちはギーニの遺産、とくにノートと標本を手中に収めようと競ったが、それらは、かならずしも出典を詳細に明かす必要がなかった出版の手助けとなることで、いかなる博物学者であれその立場と経歴を高めることができた。しかしながら、これとは対照的に、自然物（*naturalia*）の収集家の中には、子孫がコレクションの維持、とりわけ、維持に必要な経費の負担に興味をもたないのではないかと心配して、彼らにコレクションを損なうことなく維持することを強要しようと、遺書に複雑な法的条件を付ける者もあった――しかしその試みは、たいてい、ほとんど失敗あるいは完全な失敗に終わった。[230]科学的、学問的資料の遺贈はそれを評価する人の手に渡るとは限らなかった。またもう一方では、亡くなった同僚のノートを手にした学者が、それらを評価するあまり、そこから謝辞を記すことなく出版に及ぶこともあった。ラッファエーレ・レジオが、ロレンツォ・ヴァッラとポンポーニオ・レト（一四〇七―五七年）の遺した欄外注釈から引っ張ってきて、クインティリアヌスの『弁論家の教育（*Institutio oratoria*）』への注釈を一四九三年に発表したのがその例だ。[231]同様に、一四九八年に、偉大な人文主義者で印刷業者のアルドゥス・マヌティウス（アルド・マヌーツィオ）は、同時代人の誰かがアンジェロ・ポリツィアーノの紛失中の原稿を、自分のものとして出版するために持ち逃げしているのではないか、という疑惑を出版物の中で明言した。[232]

ノートの遺贈や購入の試みで見てきたこれらの事例は、もともとはノート作成者個人の使用目的で取られたノートが、他の人の役にも立つのではないかという希望にもとづいていた。しかし、多くの障碍がその成功を阻んだ。たとえば、ノート作成者は通常売却を好まなかったし、相続人にはノートを使う興味も能力もないことが多かった。ノートは、ノート作成者が初めから他の人々の使用を想定して作成したり、後からそれ用に修正したりしたとき、複数の人々のニーズに効果的に応えられることがより多くなった。大掛かりな共同事業（『ピナケス』や一三世紀の聖書の用語索引のような）では、完成作品に先立つ段階についてはほとんど知られていないのではあるが、共同で働く集団内でノートの貯蔵がおそらく行われていただろう。これほどの骨折り仕事ではないにせよ、詞華集の流通についても、その序文に書かれたことを信用するなら、研究成果物を同じ修道会の内部あるいは外部の他者と共有するという、もともとのノート作成者による決断が多くの場合ともなった。複数の利用者に役立てるためのノートを作成するこれら双方のやり方に相当するものが、印刷の世界にも存在した。プラッツィウスのような同時代の人々が指摘したように、初期近代において、人々の連携によるノート作成のかたちから、さまざまな共同プロジェクトが生まれた。さらにより広まったのが、以下の各章で詳細を論じることになる、印刷されたレファレンス書というかたちで他者にも役立てられたノートであった。それらは通常、広大な規模で、しばしば多数のノート作成者によって収集された読書ノートであり、検索装置を通して引き出して利用することができたのである。

第3章 レファレンス書のジャンルと検索装置

一五〇〇年頃から印刷本として出現した、新しいレファレンス書の最初期のものは、古代や中世の資料や手本に依存しながらも、同時に、情報管理法の新たな実験と爆発的な発展の時代をもたらした。印刷による編纂事業は中世のものより規模が拡大し、版を重ねるごとにいっそう大規模になり、同時に商業的には十分な成功の可能性を残していた。レファレンス書は大部で、高価であり、しかもラテン語を知っている人にのみ役立つものであったにもかかわらず、一定数が安定して売れていた。[1] 膨大な読書ノートの集積を促したのと同様の蓄積への欲求により、多くの初期近代のレファレンス書はきわめて大部のものになっていった。しかし、ノート作成者が記憶を頼りに自分が取ったノートのあちこちを調べることができたのに対して、印刷本のレファレンス書では、自分で作ったわけではない書物の中の項目を参照するために、形式の整った検索装置を読者に提供する必要があった。このようなツールは使用法の説明とよく一緒になっており、中世の書物の中にも同様の説明が付いたものがあったものの、初期近代の印刷本の読者が、こうした書物の使い方に習熟していないものと考えられていたことがわかる。たとえば、コンラート・ゲスナーは、アルファベット順に配列された、五巻からなる動物についての博物誌の著書（『動物誌（*Historia Animalium*）』一五五一年）の検索機能を、「［この本のような］事典は、初めから最後まで通読することで役に立つのではない。そんなことをすれば益になるどころか退屈してしまう。むしろ、折に触れて参照すること（ut consulat ea per intervalla）が役に立つ」と、説明している。[2] ここでは、通常、人や神に助言を求めて相談するときに使われる *consulere* という語が、書物に対して使われている。ゲスナーは、この語の新しい使い方をしていることを意識していた証拠に、「間欠的に（*per intervalla*）」と付け加えて、彼が心に描いていたこの本の読み方が、折に触れて読むものであり、通読するものではないことを明らかにしている。ただ、このような注釈や説明が必要なくなるのに、さほど時間はかからなかった。一六世紀後期から一七世紀初期にかけて、主にラテン語による多様な種類のレファレンス書が普及していくにつれて、幅広い層の教養ある読者たちは、参照読みの方法を身につけ、アルファベット順やその他のさまざまな検索装置に慣れていった。

本章では、一五〇〇年から一六五〇年に印刷された、ラテン語による一般的なレファレンス書の主要な種類を紹介する。ここには、たとえば、法学、医学、神学といった専門的な分野に関するレファレンス書は含まれない。こうした参考図書に備えられている検索装置は、一般的なレファレンス書と同じであったり、または、ときにはより複雑なものであったが、特定の専門家の必要に応じたものであり、より狭い範囲の読者層によって使われていたので、本章の対象からは除外してある。[3] それに対して、専門家向けでないレファレンス書は、教養人とみなされるために習得しなければならない文献へのアクセスを提供していた——ラテン語と古典文化、それに金言集や古代以来の歴史的な事例（キリスト教、異教を問わず）の中に蓄積された知恵などである。これらは、当時の学術書のベストセラーになっていたものの、それでも、関心をもっていたのは限られた数の学者だけであった。彼らは、通常、こうしたレファレンス書から、情報管理方法の実践例ではなく、一般常識となっていた考え方の例を見つけ出そうとしていたのである。

さまざまなジャンルの書物を一括りにするために、ここでは、「レファレンス書（reference book）」という、一八八九年に初めて用例の認められる近代の用語を使っている。この初めての使用例の二、三〇年前から book of reference という言葉が使われるようになっていたが、これはある著者が一八五九年に書いているように、「集成物、百科事典、語彙集、辞典など」を意味していた。[4] 一見よく似た books of references は一六一二年に用例が認められるが、これは意味が異なっていて、生徒がもつように命じられていた手書きのコモンプレイス・ブックのことを指していた。[5] このように、関連した言葉や概念がさまざまに使われているので、今日の「レファレンス書」という概念に相当するものが、初期近代にどの程度存在していたかを考えるのは有意義であろうと思われる。

近年オンラインでのレファレンス・ツールが爆発的に増えたとはいえ、レファレンス書とは、参考文献室の書架に並んでいる図書であると、定義することができる。参考文献室は、中世や初期近代の図書館にはなかった——最初に造られたのは一九世紀中頃であった。[6] 初期近代には、一部の図書を机に鎖で留めておく習慣が多くの図書館にあり、この習慣がなくなったのは、ソルボンヌの図書館では早く、一六一五年であったが、ボドリアン図書館では一七五七年まで続いていた。ただし、鎖留めされていたことがレファレンス書を意味していたわけではない。それは、書物がこっそりと盗みだされることを防ぐための防護措置であったのだ（鎖をつけたまま本が貸し出された例もいくつか存在する）[7]。また、たとえばパリ大学の付属図書館のような小さな図書館などでは、すべての蔵書を鎖で留めていたところもある。最も高価な本が、鎖留めになっていたことも多い。たとえば、ボドリアン図書館ではすべての二つ折り本が、パリのサン・ヴィクトル修道院の図書館ではすべての写本が、鎖で留められていた。オックスフォード大学のコレッジでは、特別研究員《フェロー》は、鎖で留められていない本はどれでも（鎖留めになっている本でも複数部あればその二冊目を）、一年間「選択する」、つまり、借り出すことができたし、これにはレファレンス書が含まれていたであろう。[8] レファレンス書は、多くの場合、大きく、値段が高く、使用希望者が多かったので、鎖留めになっていたことが多かったかもしれないが、その他の高価な図書と区別して扱われていたわけではなく、逆に借り出し可能になっていたこともありえた（とくに二冊目）。トマス・ハイドによる、ボドリアン図書館の一六七四年の目録には、「語彙集、用語索引、法律書、教会法などのような図書」という範疇が設けられている――「この種の本は、大勢の人が使うので、多くの蔵書を展示している」[9]。ここでは、語彙集のような人文学用のレファレンス系書籍だけでなく、法学や神学といった専門分野の主要な文献が特記されているが、いかに頻繁に使用されているか、ということが選ぶ基準となっていたことがわかる。

蔵書目録や、その他の（たとえば競売目録のような）系統的な書籍一覧の中には、レファレンス書の範疇にきわめて近い例もいくつかある。とある中世の図書館の蔵書目録（一三八九年頃）には、明示はしていないものの、八つあるセクションの最後を、古典、文法、辞典を含む教科書に充てて、このカテゴリーに接近したものがあるが、「教育用」図書というカテゴリーが明記されるようになるのは、一七世紀になってからである。[10] 初期近代の目録の多くは（図書館用であろうと競売用であろうと）判型や言語、また、学問分野（修辞学、哲学、詩など）によって分類されていたが、これらについての標準的な定義は存在しなかった。ここでレファレンス書と呼ぶ書物は、すべてラテン語の二つ折り本で、文法、修辞学、文献学（主として辞典または詞華集）の範疇の中にあったり、また「雑多な内容のラテン語著作」（以下で検討するような、寄せ集めた素材が無秩序に配列された本）として、さらには歴史書（ツヴィンガーの『人生の劇場』のように）として、さまざまに分類されていた。しかし厳密な分類や個々の図書をどの分類に入れるかは、目録ごとに異なっていた。[11]

今日のレファレンス書に似た範疇は、一七世紀に見られるようになる。とくに、蔵書構築の手引書という新しいジャンルの書物に見られるが、一方では、レファレンス書への過度の依存への批判にも見ることができる（この問題については第5章で扱う）。蔵書構築の手引きの最初のもので、かつ、最も影響力のあったものの一つは、マザランを含むさまざまなフランスの高官の秘書兼司書を務めたガブリエル・ノーデ（一六〇〇—五三年）による、『蔵書構築に関する助言（*Advis pour dresser une bibliothèque*）』（一六二七年）である。この本は一六四四年に再版され、一六六一年にはジョン・イーヴリンによる『蔵書構築に関する助言（*Advide on Erecting a Library*）』という題名の英訳が出版されている。ノーデは、蔵書において収集すべき、数々の種類の本について論じた。そこには、古今の主要作家の最良の版による作品とその注解書や、科学や特定のテーマを取り扱った書物の中の最も優れたものが含まれていただけでなく、主要作家への批判、あまり知られていない主題についての本、さらには、異教の重要な著作家による書物までが含まれている。ノーデはさらに以下のように書いている。「同様に忘れてならないのは、あらゆるコモンプレイス集、辞典、雑録（*Mixtures*）、読書録を何点か、格言集（*Collections of Sentences*）、そしてその他同様のレパートリー（*Repertories*）と称されるレファレンス書である。こうしたものはすでに何冊も書かれており、益になるように利用する勤勉さを持ち合わせた人にとっては、材料がすでに用意されている。……本当のところ、人生の短さと、今日知らなければならない物事の膨大さを考えるならば、学識ある人とみなされるために求められることのすべてを、自分自身ですることはできないので、私にとっては、こうした事典類は、きわめて有益なものであり、かつ、必要なものでもあると考えている。[12]」ここでノーデが使う「レペルトワール（*répertoire*）」という用語、そしてイーヴリンが「レパートリー（repertory）」と訳している語は、今日の「レファレンス書」という概念に一致する範疇を指している。つまりそこには、言葉に関する、または文化に関する情報を得るために参照する本としてノーデが挙げた種類の本が含まれているのである。

「レパートリー」や「レペルトワール」という語の直接の語源は中世の repertorium にあり、これは「見つける」という意味の reperire から来ている。Repertorium は、後期中世には、索引、用語解説、蔵書目録といったものを指す語として普通に使われていた。このラテン語の言葉とその俗語形は、その後数世紀にわたって、同じ意味で使われていたことが、初期近代の辞書の定義から判断できる。[13] さまざまな意味をもつこの語を、ノーデは特定の意味で使用しているが、この語は彼が使った文脈での使用に限られたものではなかった。同じ頃に、フランス人のイエズス会士であるエティエンヌ・モリニエは、範例やレファレンスを際限なく積み上げた説教を編纂するのに用いられる資料を嘲笑するさいに、おおむね似通ったものを列挙しながら、「結局のところ、独創の才がなかったり、ものを知らなかったりする人にとって、その欠乏を補うためのレパートリー、カレピーノ［すなわち辞書］、宝典（treasuries）、コモンプレイスといったものには事欠かない」と述べている。[14] レファレンス書は、称賛よりも批判が浴びせられることのほうが多かったものの、蔵書構築の助言をする著者たちには、ノーデ同様に、このジャンルに積極的な評価をする者もいた。一六三一年の手引書で、フランシスコ・アラオスは、「事物に関する辞典」を、真摯な学者にとってすら有益な、根気のよい学習の手助けになるものとして称賛しているが、その理由として、この種の書物が「事物や科学についての要約や充実した知識」を与えてくれることを挙げている。[15] 同様に、オランダのズトフェンの指導者たちに（おそらく彼らが図書館に投資するよう促す目的で）献呈した『図書館について（*De bibliothecis*）』（一六六九年）において、ヨハネス・ローマイヤーは、分類方法の複数の選択肢を提案しているが、そのどちらにも、「宝典、レファレンス書、辞典」を含む「普遍の書」または *encyclia* という範疇が入っている。[16] ローマイヤーの「普遍の書」は、ノーデのレパートリーと同じく、文法、修辞、歴史といった、専門的というよりも一般的な訴求力をもった分野に焦点を当てていた――したがって、網羅する範囲が百科事典的であった点と、ラテン語を知っている幅広い読者層の関心を引いたという二重の意味で、「普遍的」あるいは「一般的」（一般教養〈*enkuklios*〉という語が意味するように）であったと言える。

レファレンス書としてのノーデの「レパートリー」の概念は馴染み深いものに思えるが、それは、レファレンス書という分類や参照読みという習慣が、ほとんど変わることなく、初期近代から近代に移行したためである。それでも、ノーデが一六二七年にレファレンス書として挙げたジャンルの多くは、古典古代の文化や言語を中心としていた前近代・初期近代から、俗語によるジャンルや近代的なテーマと問題へと関心が移行する中で、消えてしまった。したがって、ガブリエル・ノーデによるレパートリーの一覧は、一六、一七世紀においてレファレンス書として機能していたジャンルについての指針として、有用であると言えよう。こうした大部のラテン語の書物は、参照するためのさまざまなツールや方法を、教養あるエリート層のあいだにより広範に浸透させ、馴染み深いものとしたが、これこそが、一八世紀に近代のレファレンス書が成功するための決め手となる要素だった。

ノーデによるレファレンス書のジャンル

辞典

辞典は、中世におけるその起源から今日まで、きわだって変化の少ないジャンルであり、ここでは触れないが、それ専門の書誌学を生み出してきた。他のレファレンス書のジャンルと比べると、辞典は（ヨーロッパにおいても他の文化においても）通常、真っ先に索引を内蔵することになるジャンルであった。つまり、利用者が探している項目（定義される語）に、別の検索用手引きを使うことなく容易に辿り着けるように（たとえばアルファベット順に）、内容が配列されている。ただし、アルファベット順の配列になっている図書の中にも、それ自体には辞典ほどの索引機能が備わってはいないものもある。アルファベット順索引は、一つの記事の中に出てくるいくつもの項目を指し示すことができるが、ただし記事見出しとしてそうするわけではない。したがって、『ブリタニカ百科事典』の多くの版では、読者に「まず索引を参照すること」を勧めている。

Dictionarium という語は一三世紀には使われていたことが確認されているが、一五世紀になるまで一般的ではなかった。この語を使ってはいないものの、初期の辞典としては、ピサのウグッチョの『語源』（一二世紀後期）、ブルターニュのウィリアムによる『聖書の語彙の説明（*Expositiones vocabulorum Bibliæ*）』（一二四八頃―六七年）、ジョヴァンニ・バルビの『カトリコン』（一二八六年）が挙げられる。このうち、あとの二つはアルファベット順に配列されている。一五世紀になると、中世の辞典の中には選ばれて印刷されたものも出てくるが、より多くのものが写本のかたちで残っており、なかには何百部という規模で筆写されたものも存在している。[17]

初期近代には、中世においてと同様、辞典はレファレンス書の中では最も普通に手に入るジャンルの一つだった。一四五〇年から一六五〇年のあいだに、約一五〇〇の辞典が印刷され、その多くは版を重ねたと見積もる研究者もいる。[18] その中には、（ラテン語や主要な俗語による）単一言語の辞典もあり、これらは言葉に関する情報を載せるだけでなく、主として百科事典としての役割も果たしていた。一方、一つの言語と別の一つまたは複数の言語とのあいだの翻訳を掲載した多言語の辞典もあったが、英語＝ラテン語辞典である『プロンプトリウム（*Promptorium*）』が一四四〇年に編纂され、一四九九年に印刷されるまでは、すべてがラテン語を各国語で説明したものであった。ある特定の分野の専門用語に焦点を当てた専門語辞典もまた、一六世紀から一八世紀にどんどん増えていった。印刷出版された辞典は、中世のものよりも、一貫してアルファベット順に配列されていることが多かったが、なかには語を語根によってまとめた例もあったので、かならずしもすべてがそうであるわけでもなかった。[19] 印刷の発達が人文主義の普及とおおむね同時に進行していたため、一五〇〇年以降、（『カトリコン』のような）中世の辞典は印刷されなくなり、人文主義が重視した古典古代のラテン語を扱う辞典が中世ラテン語の辞典に取って代わった。

初期近代において、最も重要で、最も広く版を重ねたレファレンス書が、アンブロージョ・カレピーノの『辞典』である。この本は、一五〇二年に出版され、一六世紀に一六五版、一七世紀に三二版、さらに一八世紀には一三版を重ねた。アンブロージョ・カレピーノ（一四四〇―一五一〇／一一年）はベルガモ出身のアウグスチノ会修道士で、ギリシア語とラテン語の文献学に関して、人文主義者としての徹底した教育を受けていた。この辞典は古典ラテン語の語法と百科事典的情報、古代の文献からの引用からなっているが、彼はこれを編纂するために三〇年ほどを費やしている。[20] 彼の死後も、多くの、しかもそのほとんどは名前が知られていない編者たちが、改訂や訂正、そしてとりわけ増補を行った。増補に関しては（たとえばロベール・エティエンヌに辛辣に批判されたように）、他の辞典からの借用がしばしば見られた。[21] カレピーノの辞書は、ラテン語単一言語による百科事典的な辞書として始まり、ギリシア語の対応する語は初めから少数含まれていたものの、一五四五年版のように、各項目に対してギリシア語と一つないしは複数の俗語による翻訳が加えられることで、多言語による辞書としての性格が付け加わることになった。すなわち、イタリア版にはイタリア語の、フランドル版にはフランス語、ドイツ語、フラマン語の翻訳が加えられたのである。後の版では、これらすべての言語に、スペイン語、ヘブライ語、ポーランド語、ハンガリー語、英語がさまざまな組み合わせでさらに加えられ、題扉に誇らしげに書かれているように、その言語の数が一一にまでなったものもある。こうした、カレピーノという名前と多言語によるラテン語辞典との連想的な結び付きは、ずっと後になって、それぞれ一八七〇年と一九一二年に出たラテン語＝日本語辞典とラテン語＝マジャル語辞典に、「カレピーノ」という名前が付けられたことにまで続いている。[22] 初期近代においてすでに、「カレピーノ」は、二〇世紀初期においても継続する、最も広く認知された辞書のブランドになっただけでなく、（先に引用した）イエズス会士のモリニエなどが用いた例のように、辞典というジャンル全体を指す語にもなった。ある著者は *calepinare* という動詞を造り、フランス語の *calepin* は、今日では「スケジュール帳」という幾分変化した意味で使い続けられている[23]。同時に、カレピーノの成功によって、dictionarium という題名と辞典というジャンルとの結びつきは強固なものになった——主要な辞典類のうち、別の題名で呼ばれたものはごくわずかで、典型的なものとしては「宝典（treasuries）」が挙げられる（これは、今日でもまだ用いられている用語である）[24]。

一六八五年にアドリアン・バイエは、非常に多くの有能な人々が（バイエが「哀れな」代物と呼んだ）カレピーノの原本の改訂と改良に参加しているので、「今では……本の題名にカレピーノとある以外、カレピーノ自身が書いたものはほとんど残っていない」と述べている[25]。多くの著者が関わり、また入れ替わり、引用元も広範囲にわたったことから、カレピーノは版によって、また、時代によって、さまざまに異なっている。それにもかかわらず、カレピーノのおおまかな目的はどの版でも変わっていない。つまり、中世や初期近代の用法はしばしば無視して、古典語をほぼ完全に網羅するという目的である。したがって、たとえば「*typographia*（活版印刷）」という語は、ほとんどすべての版の前付けに用いられているものの、語として最初に定義されるのは一六一六年になってからでしかなく、「imprimere」は、一貫して（紙への印刷という現実の実践は無視して、古代に行われていたような）蠟板への筆記という意味で定義された。語に関する文法上の情報（属格や動詞の活用形）に加えて、カレピーノには、古典古代の文献から抜粋した百科事典的な情報や、これら古典古代の文献を理解するために役に立つ情報が含まれている。たとえば、「象」という項目には、この動物は三〇〇年も生き、ピュロスが戦闘に使ったことが説明されている。こうした情報は、同時代の政治的状況や学問の発展に応じて、すばやく変化することはなかった。このような状況であったために、「*Hollandia*（オランダ）」は、この国が政治的に独立してから一五〇年経って、初めてカレピーノに収録された。また「*terra*（土、地球）」の定義は、一八世紀の最後の諸版を通じて変わることがなかった。すなわち、「四大〔四元素。火・空気・水・土〕のうち冷たく乾燥したもの……ウァッロの第四巻を参照……地球は宇宙に取り巻かれており、世界の中心に存在し、固体で球形である。キケロ、『トゥスクルム荘対談集』第一巻参照」となっている[26]。たえまなく変更され改訂されていたレファレンス書でさえ、どの新版も、その内容の大部分は、既存の情報を再利用したものでできていた。著者の側が楽をするという実際的な利点に加えて、カトリック社会で使われるための版では（一八世紀にパドヴァの神学校で作られた版のように）、「*terra*」という語について伝統的な定義を記載することは、検閲の可能性を避けるためにも必要であった。いずれにせよ、カレピーノが明らかにすることを目的としていた古典古代の作者たちの著作においては、これが「*terra*」の正確な意味内容の記述でもあった。

一五四四年以降にバーゼルで印刷されたカレピーノの版には、コンラート・ゲスナーによる固有名詞辞典の『オノマスティコン（*Onomasticon*）』が、独立して含まれるようになった。[27] 異例に長い序文において、ゲスナーは、友人たちの助けを借りてこの辞典を編纂したこと、また、ここには主として他の辞典に含まれる固有名詞が収録されており、カレピーノや一五四一年にロベール・エティエンヌによって作られた『詩文明解（*Elucidarius carminum*）』などがもとになっている、と説明している。一方でロベールの弟のシャルル・エティエンヌも、やはり重要な固有名詞辞典である『歴史と詩に関する辞典（*Dictionarium historicum ac poeticum*）』を一五五三年に著したが（一五五九年には『詩文明解』も印刷した）、この辞典は一六九三年にいたるまで何度も版を重ねることとなった。このように、辞典というジャンルの印刷史の複雑な詳細に立ち入らずとも、異なる辞典同士の、また、新しい辞典を作り出すために既存のものを利用することを厭わなかった編纂者同士の、込み入った相互関係のネットワークの一端を知ることができる。[28]

『オノマスティコン』は、明らかにカレピーノから派生したものであるが、『オノマスティコン』やそのほかの固有名詞辞典は、カレピーノのように、古代の文献に見出せる、幅広い範疇にわたる名前を解説している。すなわち、聖俗両方の文献に出てくる「男女の人名、民族、偶像、都市、河川、山、その他の地名」、さらには、異教の神々、地域、島、平野、湾、丘陵、港の名前である。[29] ゲスナーは、自分の著作は、以下の三つの点で有用であるとしている。第一に、歴史と地理についての正確で、現在でも使われている情報を提供していること。第二に、今では使われていない古典古代の固有名詞（たとえば「寓話や小話」にあるような）について注釈していること。最後に、ゲスナー自身の言葉によれば、「注解書やスコリアの執筆者は、われわれがタティアノスのギリシア人に対する演説についての注釈でしたように、読者にこれを参照させればいい。そうすれば、多くの事柄を何度も繰り返したり、それぞれの著者に関するそれぞれの注解書ごとに、同じ事柄を繰り返さないですむ。すなわち、この辞典がいわば多くの著者にとっての共通の注解書（*communis* commentarius）となる」ということである。[30]「多くの著者にとっての共通の注解書」と、みずからの固有名詞辞典を称賛することで、ゲスナーは、その射程が広いことや、この辞典ですでに説明されていることについて論評する手間が省ける点で、多くの利用者にとって価値があることを強調する。ゲスナーはここで、辞典と注解という、異なる体裁を有する二つのジャンルのあいだの密接な関係を暗示している（この問題については後述する）。

自己完結した参照方法のおかげで、初期近代の辞典は、さらなる検索装置を提供することのない、初期近代で唯一のジャンルとなっている。[31]読みやすさへの配慮は、パラグラフ分けや、多様な書体や文字サイズの活用によって生み出されているが、その中でも項目の切れ目を表すために（ルブリケーション〔装飾的な頭文字〕ではなく）一貫して改行を用いていることが、中世の辞典と大きく異なる。

詞華集または「格言集」

詞華集（florilegium）も、中世に確立し、印刷の発展にともなって非常に広く普及したジャンルとして、挙げることができる。このジャンルは他のどんなレファレンス書よりも、サイズ、値段、検索装置の有無において、多様性を示している。ここでは主としてラテン語の二つ折り本に焦点を当てるが、それは、最も洗練された方法で構成された検索装置がこの種類の書物に見られ、通読するというよりむしろ参照するためのレファレンス書として機能していたことが、明白であるからだ。だが、より値段の安い八つ折り本としてラテン語や俗語で出版された詞華集も数多くあり、これらは主として主題別見出しのもとに並べられた、道徳的または神学的な格言を収録していた。見出しはアルファベット順になっていたが、一般的に八つ折り本の詞華集には、他の検索装置は使われていない。より短いものは、信仰や道徳上の省察の材料として参照する以外の読み方でも、読まれていたのかもしれない。このジャンルに含まれる著作は多様であり、引用集や歴史上の実例集といった近接するジャンルとの区分も明確ではないので、印刷出版された詞華集の数を確定することはきわめて困難である。以下では、ノーデのリストに従って、エラスムスの『格言集』のような格言とそれに対する注釈を雑然と集めて並べたものや、テオドール・ツヴィンガーの『人生の劇場』のような、体系的に配列されたコモンプレイス・ブックの双方を、以下切り離して扱うことにする。最近の研究によると、さまざまな種類の格言や教訓話を集めた書物は、一六世紀を通じて、最大一〇〇万冊も購入可能であったことが示されている。実際の数を見積もるのは難しいが、引用集が非常に成功したジャンルであったことに疑いの余地はない。[32]

詞華集における中世的なものから人文主義への入れ替わりは、辞典の場合ほど、手稿本から印刷本への移行と時期的にきちんと並行するわけではなかった。中世の詞華集は、聖書や教会博士たちの著作の中の、精神的にも道徳的にも人を高める一節に焦点を当てていたが、このジャンルは印刷本においても継続して作られていた。とりわけ、（一三〇六年の『一つかみの花々』の著者である）アイルランドのトマスが編んだとされている二冊の詞華集は、一六世紀中葉から一八世紀中葉にかけて豊富に版を重ねていた。『神学ならびに哲学において今日まで著名であるほとんど全学者の詞華集』と『聖書詞華集』は、八つ折り本で八〇〇頁に達し、トマス自身が編纂したものよりはるかに多くを収録しているが、それでも、この中世の著者の名前を出して著書とすることは、セールスポイントになると考えられていたようである。[33] 時を同じくして、人文主義者たちは、『カトーの風紀二行詩（*Catonis Disticha moralia*）』のような古代の格言集を出版していた。この本は、やはり八つ折り本（一三六頁程度）で出版され、広く版を重ねていた。[34] さらに、新しく編纂された詞華集も数多く市場に出回っており、この中には、しばしば特定の種類の引用に特化したものもあった。たとえば、アルブレヒト・フォン・アイプの『詩の真珠（*Margarita poetica*）』（一四七二年、二つ折り本）やオクタウィアヌス・ミランドゥラの『著名な詩人の喜びの園（*Viridarium illustrium poetarum*）』（一五〇七年、四つ折り本）の中の詩である。[35] 多くの書名に見られる、特定の内容を示す語には、adagia（格言集）、apophthegmata（警句集）、parabolæ（寓話集）、proverbia（諺集）、sententiæ（格言集）、similia（喩え話集）といったものが含まれるが、実際に使われるさいには明確な区別があるわけではなかった。たとえば、寓話集と喩え話集は比較に焦点を当てており、格言集と諺集は、古代の作者によるものという理由で、または繰り返し引用されるという理由で、さらにはその両方の理由で、権威があると考えられていた所説に焦点を当てた。さらに、sententiæ は「格言（saying）」を指す広い意味の言葉であり、「警句」はある特定の逸話と関連付けると最もよく理解できる、機知に富んだ発言を意味していた。[36] したがって、ノーデは彼の「格言集」に、これらすべての種類の著作を含めたのだ。

二つ折り本で出版された詞華集の中で最も成功したものは、最も浩瀚で最も幅広い内容を収録したものでもある。すなわち一五〇三年に初めて出版された、ドメニコ・ナニ・ミラベッリの『ポリアンテア（*Polyanthea*）』である。『ポリアンテア』は一六八六年までに少なくとも四四版を重ねたが、そのあいだに増補も繰り返し、一五〇三年には約四三万語であったが、一六一九年までには二五〇万語を超え、六倍の規模に膨れ上がっていた。[37] ドメニコ・ナニ・ミラベッリ(またはたんにナニ、一四五五年頃生誕、一五二八年以後に死去)は神学校長で、リグーリア州サヴォーナの大聖堂の首席司祭を務め、さらに教皇の秘書官でもあった。[38] ナニによると、若い頃にギリシア・ラテンの人文学を学びながら、「非常に大きな堆積物から花々を」集めることが好きになったことが、この本の始まりだったという。「集めた花々」は、日々の会話や哲学の研究によってどんどん増え、ついには、「共通の使用のために、後にそれらを整理して出版することを決めたというのである。[39] 何年にもわたる学問や会話を通じて彼自身が選んで集めたものに加えて、ナニはアイルランドのトマスの『一つかみの花々』を拠り所として、主題別見出しのほとんど全部と、その内容の半分ほどを流用した。ただナニは、これが引用元であることには触れていない。[40] ナニは、同時期のほかのどの詞華集にもまして、説教者によって用いられてきた伝統的な宗教上の権威者や主題と、人文主義者の教師や学生が好んだ、新しい、また、新たに尊重されるようになった権威ある著者たちとを融合させている。ナニはまた、この本の題名に、通常使われるラテン語ではなく、ギリシア語で「多くの花々」を意味する言葉を選ぶことで、人文主義者としての編纂意図を示している。[41] 出版されたものも未出版のものも含めて、他の収集書《コレクション》からの増補は一六世紀中葉に始まり、エンブレム、寓話、教訓話といった多くの新たな内容を取り込み、この詞華集をあらゆる引用集の中で最大で、最も幅広い領域をカバーするものにした。多数の見出しのそれぞれに収められた引用があまりにも多くなったので、一六〇四年にヨーゼフ・ランゲという編者が、引用の種類(聖書、教父、詩人、哲学者、寓話、エンブレム、など)に従って各見出しの中の素材を整理するという大幅な改訂を行った。『ポリアンテア』は、辞書におけるカレピーノほどの圧倒的な影響を与えなかったかもしれないが、アルファベット順の見出しによって配列され格言を集めた詞華集として、後世の基準となっている。たとえば、『人生の大劇場(*Magnum theatrum vitæ humanæ*)』(一六三一年初版)の題扉には、ツヴィンガーの体系的な配列をアルファベット順に再配置したことを説明して、「ポリアンテアの規範によって」と書かれている。[42]

アルファベット順の見出しによって整理された作品は、索引を内蔵していると考えることもできようが、『ポリアンテア』にはさらに三つの機能強化が加わっている。これらそれぞれについては後で検討するが、概要は以下のとおりである。引用されている著者のアルファベット順の一覧(これは初期の版には付いているが、後の版にはないものもある)。項目がそのもとに並べられたアルファベット順の見出しの一覧で、これには各項目の記述が始まる頁番号も含まれている(『ポリアンテア』に新たな項目が加わったため、それはしだいに長大になっていった)。さらに、最も長い数十の項目については、主題の構成を示した概念図として樹形図が付けられた(これは版を重ねても変わることはなかった)。

「雑録」と「読書録」

ノーデによるレパートリーの一覧には、雑録(miscellanies)として、明らかに無秩序な配列をとっているために、(少なくともかなり最近までは)自動的にレファレンス書の基準から外れて見えたかもしれない書物も含まれている。初期近代における系統的な配列に関する研究においては、特定の体系による配列とアルファベット順が拮抗し、しだいに後者が優勢になっていく様子に関心が集まることが多く、雑然とした配列による寄せ集めはほとんどの場合、研究の対象になってこなかった。しかし雑多な寄せ集めの書物も、検索の助けとなるような、しっかりしたアルファベット順の索引がついていれば、レファレンス書として同じくらい十分に使うことができた。今日われわれが、一般的にアルファベット順とは無関係の電子化された参照ツールにますます頼り、サーチエンジンを用いて検索するようになったことを考えれば、一〇年前と比べてすら、このことをよく理解できるであろう。ワールド・ワイド・ウェブ自体が種々雑多な情報の巨大なごった煮であり、そこにわれわれはさまざまな(しばしば秘密にされた)アルゴリズムを使ったサーチエンジンを介して、アクセスしているのである[43]。

初期近代においては、アルファベット順の配列自体が、雑多に並べられたものの一種と考えられていた。というのも、アルファベットの文字の順番、したがって概念や事物を指す語の順番それ自体には意味がないため、結果として、概念上何の関連もない項目が隣り合って並ぶことになるからである。たとえば、アルファベット順を採用している『ポリアンテア』においては、各項目の主題は通底する論理上の関連なく、「admiration(称賛)」、「admonition(戒め)」、「adolescence(青春)」、「adoption(採用)」、「adoration(崇拝)」といった具合に並んでいる。これに対して体系的な配列は、関連する主題を一つのセクションにまとめること(たとえば、「adoration」を他の美徳と一緒にし、「adolescence」を人生における他の段階と一緒にして扱うなど)によって、事物間の自然な関係性と調和していると主張することができるので、価値のあるものとみなされていた。もちろん、実際には事物の関係性をどのように示すか、とか、最もよい体系はどのようなものか、といった点について意見の一致があったわけではない。初期近代の百科事典類には、一九もの異なる体系があったというある歴史家の研究もあり、神による創造の順番、十戒の順番、聖書の記述や公教要理の順番、さらにはさまざまな時代区分や地理学上の順番、学問分野、または「存在の大いなる連鎖」に従ったヒエラルキーの順番、などといったものが挙げられる。[44]それでも、採用されている体系が読者にわかりにくいかもしれないことを考えて、体系的に配列されたレファレンス書は、検索を容易にするためのアルファベット順の索引を一つ、または複数備えているのが普通であった。実際に、初期近代のある高名な読者が、テオドール・ツヴィンガーの『人生の劇場』の緻密な体系による配列を扱いかねて、この本を使うときには索引に頼っていた、と書き残している。[45]この例に見られるように、初期の印刷出版されたレファレンス書においては、アルファベット順の索引が一般的に使われるようになったことで、異なる体系のあいだの区別は実際には意味を失っていったのであるが、それでも、採用した配列方法について、編纂者たちは、注意深く、熱心な説明をし続けていた。

ルネサンス期に特有のものとして挙げられるものが、雑録として明確な意図をもって企画されたレファレンス書である（これは、同じ時期にも、また後にも見られるような、編纂者の意図がよくわからないために、読者にとって雑多と思えるようなものとは別物である）。ノーデが「雑録」とか「several lections（読書録）」といった名前で呼ぶこれらの書物は、中世のレファレンス書を手本とはしていない点で辞書や詞華集とは異なり、むしろ、古代の先行文献、ことに読書ノートを「でたらめに並べた」と主張する、アウルス・ゲッリウスの『アッティカ夜話』を思い出させる。[46]この雑然とした配列の採用が、*ordo fortuitus*、すなわちでたらめな秩序を美徳として重視していた、人文主義者の立場による模倣者の霊感源となっていた。

詞華集と同様、雑録も、俗語による小さな判型のものから、ラテン語の大判二つ折り本まで、いろいろと作られている。前者の中では、スペインの歴史家ペドロ・メシア（一四九六？―一五五二年？）による『さまざまな読書の森（*Silva de varia lección*）』が、翻訳、模倣、続篇を通じて、ヨーロッパ中で広く知られていた――とくにこの本は多くの場合は、索引が付かない、分厚い小さな判型の図書として出版されていた。[47]ノーデのリストに見られるその他の著作から判断すると、彼は、ラテン語やギリシア語とその用法についての論議を雑然と配列した、「さまざまな読書の記録（*variæ lectiones*）」（*diverses leçons* に当たるラテン語）や「注解（*commentarii*）」という題名が付いた、または類似の名前で呼ばれていた、数多くの大部のラテン語レファレンス書を、「雑録」とか「読書録」といった分類に入れて考えていたようである。さらに五〇年ほど後になって、アドリアン・バイエは、「さまざまな読書の記録（*diverses leçons*）」という同じ語を、アドリアン・テュルネーブの『覚え書き』について論じるときに（このようなジャンルに対して幾分冷たい態度を示しながら）使っている。こうした本は、その題名が示すように、読書ノートから意図的にそのままもってきた、ラテン語群についての文献学的な注解を、でたらめに並べた短い章から構成されていた。[48] このジャンルでは、ラテン語と俗語両方で、同じ「さまざまな読書の記録」という言葉が使われていたが、この題名は、学識ある人向けに書かれた、古典語ならびに古典文化についてのラテン語による注釈を雑多に並べた書物のことも指すものであった。[49]

このジャンルの呼び名として「lections（読書録）」という語が造られる明らかなきっかけになった重要な作品が、ルドヴィーコ・リッキエリ（一四六九―一五二五年）としても知られる、フェッラーラの修辞学教授であったカエリウス・ロディギヌスの『古典読書録（*Lectiones antiquæ*）』である。[50] ロディギヌスは、この作品を一四九一年に、古代の諺の注釈として書き始めたが、一五〇〇年に小さな本として出たエラスムスの『格言集』が、後の一五〇八年に二つ折り本として大きく増補されたことに触発され、古代文学の注解を集めたより広範な題材の書物に作り直した、と書き残している。『古典読書録』という題名は、アウルス・ゲッリウスが引用したカエセッリウス・ウィンデクスの著作に由来するものであるが、この作品はルネサンス期にはすでに失われていた。[51] ロディギヌスは、ゲッリウスの体裁に倣って、「読書をしながら書き溜めたものは何であれこの一冊にまとめ」、「蜜蜂がさまざまな花の蜜を集めてはちみつを作るように、多様なお酒を混ぜ合わせて一飲み分を作り上げた」としている。[52] 序文で約束された多様性は、短い章の巨大な集積というかたちで現れ、そのそれぞれが、古代の言い回しや、その背景にある習慣や事物（*res*）についての説明に費やされている。これらの各章は互いにまったく関連がないか、せいぜい緩やかな連想に従って並んでいる（たとえば、臭いに関する一群の章の後に、鼻やくしゃみに関する章が続いている）。[53] ロディギヌスの『古典読書録』は、一五一六年（次いで一五一七年）に、八〇〇頁もの索引が付いた、八六〇頁の二つ折り本として出版され、その後、彼の死後になって、さらにはるかに長い二六〇頁の索引付きで、甥によって大きく増補された、一一八二頁に及ぶ改訂版が、一五四二年に出版された。この改訂版は再改訂されることなく、一六六六年までにさらに七版を重ねることになった。[54]

ロディギヌスは、初版において、三種類の索引を付していることを誇っている。まずは、各章の題名を出現順に並べた一覧（今日の基準では索引と呼べるほどのものではない）。次に、ロディギヌスが校訂した著者の一覧で、『古典読書録』における関連する巻と章の頁番号をすべて示したもの。そして「これらの読書録に所収される価値のある事物の一覧、これによって読者は各自が望むものを簡単に見つけることができる」と題された、全体を網羅する主題別索引である。一五四二年以降の版には、さらに、引用された著者のアルファベット順の一覧が付けられているが、具体的な参照箇所が示されていない点で、本文中の場所が明記された、ロディギヌスが校訂した著者の一覧とは異なるものとなっている。[55] ロディギヌスは、膨大な『古典読書録』へのアクセスを容易にするためのツールの重要性を強く認識しており、古代の文献の新たな校訂の情報を得たがっている専門家と、古代の学問に関する専門家の意見を知りたいと思っている一般読者の両方に向けて、索引を用意している。このような読者の一人が、本の中でタラクシッポス（古代の戦車競走のさいに馬を脅かしたとされている精霊）への言及を見つけたさいに、ロディギヌスの『古典読書録』を参照し、該当する一節を正確に引き写して、この語が出てくる本の欄外に書き込んでいるが、これはおそらく索引を見てその箇所を発見した結果と考えられる。[56] ロディギヌスの『古典読書録』は、より小部で、校訂にのみ関心のあった専門家の読者をターゲットにした、他の数多くの「さまざまな読書の記録」に比べると、その扱う範囲においても、ターゲットとした読者層においても（とりわけ大量の一般的な情報を含んでいることを考えると）、幅広いものであった。[57]

ノーデは「雑録」という分類に、体系的な配列になっていないレファレンス書のうち、「読書録」という題名が付いていないものを入れている。ランダムな配列を人文主義者がはっきりと宣伝したのは、アンジェロ・ポリツィアーノが一四八九年に『雑録』という題名で、文献学的な注釈集を出版したのが最初である。[58] 一四八九年、著者の死後に甥によって出版された、ニッコロ・ペロッティ（一四三〇－八〇年）の『豊穣の角』は、でたらめな配列にはなっていない。なぜならこれは、マルティアリスの『見世物について（*De spectaculis*）』の二八のエピグラムで使われている言葉についての注解であり、詩の順番に従っているためである。しかしこの注解書の規模は、注釈をつけられたマルティアリスの原典を完全に凌駕し、二つ折り本で三八九頁にも及び、たとえば、八行からなる第一エピグラムについては、四八頁に及ぶ解説が付けられている。第六エピグラムに出てくる *ferant* という一つの単語について、ペロッティは、*fero*（運ぶ）という動詞の七〇〇もの使用例を、広範にわたるラテン語文献から引用している。[59]『豊穣の角』は、第一版から一〇〇頁のアルファベット順索引付き（各頁当たり二〇〇の項目を記載した）で出版されているが、これによって二万語を収めた辞書と同等の参考用図書としても使うことができるようになっている。コンラート・ゲスナーは、一五四八年刊行の『総覧』の中の「雑録を執筆した著者」というセクションに、他の辞書とともに『豊穣の角』を収録し、その理由として「ギリシア語やラテン語の辞書のほとんどは文字の順番に従っており、いかなる事物の順番にもなっていない（また、ペロッティの『豊穣の角』やビュデの『ギリシア語注解』のように、文字の順番にすらなっていないものもある）」と書いている。[60]『豊穣の角』が辞書とみなされていたことはまた、後世の辞書にこの本の内容が黙って借用されていることからも明らかであり、こうした辞書の編纂者の中には、カレピーノ、ロベール・エティエンヌ、一八世紀のフォルチェリーニ（『ラテン語大辞典〈*Lexicon totius latinitatis*〉』）が含まれる。[61]一五三六年まで、二四版を重ねるほどによく売れた『豊穣の角』が市場から退く要因になったのは、カレピーノの辞書の成功と、『豊穣の角』の最後の版が出版された五年前に刊行された、ロベール・エティエンヌの『ラテン語宝典（*Thesaurus linguae latinae*）』（一五三一年）の成功だったと思われる。

注解書と辞書との類似性は、両ジャンルの著者たちによって明確に述べられている。ペロッティの後期の版に付けられた前書きの中で、印刷者は、カレピーノの辞書よりも『豊穣の角』が優れている理由として、『豊穣の角』は近縁の類義語をまとめて解説しているので、カレピーノのアルファベット順配列による分散が避けられていることを挙げている。反対に、カレピーノやエティエンヌの『辞典』の序文では、ゲスナーが『オノマスティコン』を「集団的な注解書」と呼んだのとちょうど同じように、雑多な配列によるこれらの書物を「注解書の一種」としている。[62]辞書と注解書の違いは方法や目的によるものではなく、網羅している範囲とシステムにある。ラテン語辞典が古典ラテン語のほぼすべての語を収録しようとしているのに対して、項目をでたらめに配列した注解書や読書録の著者たちは、そのような努力はせず、むしろ、彼らの好みでは難しすぎたりあたりまえすぎたりする言葉を避けて選んだ語句や引用に注釈を加えるために、雑録という形式を利用した。「さまざまな読書の記録」は実際、独立した版本や注解書を刊行するほどではないような、短い、または断片的な文献についての簡潔な意見や単発的な校訂を集めるには、適したかたちであった。[63]ペロッティは、マルティアリスのエピグラムに注釈を付しただけでなく、それとはかけ離れた広い範囲の内容を集めているが、それと同様、雑多な注釈集を刊行した他の著者たちも、当初のテーマから離れて予期できないようなトピックを提供することで、いっそう楽しみが増えると誇らしげに語っている。このような著書の中には、逸脱した一節に読者がとくに興味をもつかもしれないことを予期して、脱線のリストを検索装置の一つとして提供しているものさえある。[64]

初期近代における最大のベストセラーの一つ（そのサイズや値段としては）が、エラスムスの『格言集』であり、一六九六年までに一六三版を重ねたが、この作品は、「格言集」のジャンルにもまたがる「注解書」であると言えよう。ここには、ギリシア・ラテンの文献から採られた四三〇〇以上の格言や言い回しが雑多に集められているだけでなく、言語的・文化的な幅広い注釈に加えて、有名な余談（digressions）も収録されていることはよく知られている。[65]『格言集』の顕著な成功の大きな原因は、機知に富んだラテン語の書き手としてのエラスムスのひときわ優れた技量と抜群の名声にあるが、今日では奇妙に思えるものの、この本のジャンルそのものも、同時代の人々を惹き付けた――まこと、ロディギヌスもきわめてよく似た書物を出版しようと計画していたほどである。エラスムスがでたらめな配列を選んだのは、実用性を避け、美的かつ文学的な目的を優先させた結果と考えられてきた。だが実際はエラスムスも、実用的な参照読みの役に立つよう、この大部の本がレファレンス書として使えるように、複数の種類の（格言ごと、コモンプレイス見出しごと、さらには「その他の語や事物」についての）質の高い索引を付けている。[66]

検索機能付きの雑録のすべてが、古典文学と文化についての注解書であったわけではない。ランダムな配列はルネサンス期に編纂された歴史、自然史、自然哲学の題材についての書物でも、普通に見られたものであった。このような書物のうちの二冊の例が、ゲッリウスの本の題名をもじっている。その一つが、アレクサンデル・アブ・アレクサンドロの『祝祭の日々（*Dies geniales*）』（一五二二年）であり、もう一つが、イタリア人の司教であったシモーネ・マイオーリによる『犬の日々（*Dies caniculares*）』（一五九七年）である（この書物は、「犬の日々〈dog days〉」と呼ばれる盛夏の時期に設定された対話集なので、このような題名が付けられた）。マイオーリは、「ここに収められた内容は、その主題について書いているほとんどすべての著者から集めてきており、自分はそれをきちんと整理して……一まとめにした」としている――これは対話形式で書かれており、さまざまな主題で分けられたいくつもの章に及び、二つ折り本で一〇〇〇頁にもわたってだらだらと続く。一方、アレクサンデル・アブ・アレクサンドロの『祝祭の日々』は、主題によって緩やかに分類された短い章によって整理された内容で、とりわけ広く印刷され、引用された。[67]なお、これらのどちらにも、広範囲に及ぶ索引が付けられている。

多くの雑録はレファレンス書として意図されていたが、なかには、きわめて大部の書物でありながら、参照用の索引提供をしていないものも、いくつかある。たとえば、モンテーニュの『エセー』は、初期近代の蔵書・競売目録では「雑録（*mélanges*）」として分類されており、初版から五〇年ほど経つまで、索引が付いていなかった。[68]

コモンプレイス・ブック

ノーデとモリニエはともに、レファレンス系書籍の一覧の中で、「コモンプレイス集（commonplaces）」に個別の分類として言及し、「格言集（collections of sentences）」とは区別している。ほとんどの詞華集が、コモンプレイスによる見出しによって配列されていることを考えると、これは驚くべきことかもしれない。ほとんどの詞華集はコモンプレイス・ブックとして分類されうるものの、「コモンプレイス集」という言葉はまた、権威ある著作家からの引用ではなく、たとえば、教訓や手本といったものを集めて整理するためにも使われていた。したがって、たとえばフィリップ・メランヒトンまたはヨハン・ハインリッヒ・アルシュテートによる、『神学総覧（*Loci communes theologici*）』と題された著作は、定義と教訓、引用と範例、そして「神の摂理について（de dei providentia）」というような大まかな見出しにまとめられた哲学的な論証を、体系的にまたはアルファベット順に配列したものの混合体である。[69]

最も初期に印刷されたコモンプレイス・ブックの一つが、ヨハンネス・ラウィシウス・テクストルの『仕事場（*Officina*）』（一五二〇年の四つ折り本）で、ここには多くの種類の範例が一覧になっているものの、これには索引や見出しは付けられていない——ただし後の版になると、両方が備わっている。「コモンプレイス集」というジャンルの中で最大で、かつ最も凝った配列がなされているものの一つに、テオドール・ツヴィンガー（一五三三—八八年）の『人生の劇場』（一五六五年）がある。ツヴィンガーはバーゼル大学において最初は修辞学の、次いで倫理学の、そして最後には医学理論の教授になった人物である。一五七一年と一五八六年の新しい版でツヴィンガーは初版を増補し、再配列したので、この書物は、当初二つ折り本で一五〇〇頁だったものが四五〇〇頁に増大した。これは、詞華集とは異なり、古代だけでなく、中世、さらには同時代の人々の行動の実例を集めたもので、いくつもの階層からなる凝った見出しのシステムに分類されている。編纂の目的は、善い例と悪い例を示して、読者がいかなる状況にあっても行動できるように、指針を提供することだと述べられている。各項目は短い記述からできているが、それらは、忘れやすさから強さまでを示す行為や、あらゆる悪徳と美徳など、人間のなんらかの種類の行動を例示している。実際には『人生の劇場』には、倫理的な論証とはじかに関係のない多くの情報も集められており、皇帝、聖者、教皇の一覧、さまざまな場所に生える植物の一覧、二〇〇を超える死に方の一覧にまで及んでいる。[70]引用の多くは警句であり、短い逸話（たとえば、冷酷さ、愚かさ、知恵を説明する）を締めくくる落ちとして使われている。ツヴィンガーの「劇場」は、彼独特の野心的な系統的な配列に則って、人のあらゆる経験を陳列したものであり、彼はそれを版を重ねるごとに大幅に改訂していった。この配列を明確にするために、ツヴィンガーは、樹形図をそれまでにないレヴェルの複雑さにまで発展させ、それは記号によって相互に結び付けられた、一二頁にも及ぶものになっていった。

ツヴィンガー自身は、この独自のシステムを、でたらめな配列と同じくらい使いにくいと感じる読者がいるかもしれないとはいっさい認めていない。だが彼は、型通りの検索装置も提供している。初版には、セクションごとの見出しが本文に出てくる順番で並べられた目次と、見出しのアルファベット順索引が付けられている。ただ、ツヴィンガーと彼の印刷業者は、見出しの内容を記載せずに見出しだけを並べた索引には限界があることを認識しており、初版では、より充実した索引が付いていないことへの謝罪が述べられている。それによると、充実した索引は「非常に深刻な黒死病」によって引き起こされたさまざまな困難のために、フランクフルトでの見本市に間に合わせることができなかったというのである。[71]ツヴィンガーは第二版では、範例や逸話のほとんどすべてについて、その中に出てくる重要な固有名詞を網羅した「範例索引（*index exemplorum*）」を付録として付け加えた。続く一五八六年版はアルファベット順の典拠一覧を、一六〇四年版（ツヴィンガーの死後に息子のヤーコプによって出版された）は「記憶すべき言葉や事物」のアルファベット順の索引を、それぞれパラテクストとして追加している。一六三一年になると、フランドルの聖職者であるラウレンティウス・バイヤーリンクが、『人生の劇場』を核として、その後継書として編纂した浩瀚な『人生の大劇場』を出版する。二つ折り本で七巻、総計七四〇〇頁、総語数で一〇〇〇万語以上の本体に加えて、索引として第八巻が付く。『人生の大劇場』は、一八世紀以前の百科事典的な編纂物の中で最大の書物であり、アルファベット順に配列された主題別見出し――それぞれの主題内においては、ツヴィンガーの階層的な下位区分による配列が大部分保存されている——のもとに配された長い解説（ときには二つ折り本で一〇〇頁にも及ぶ）を特徴とする。記載順に配列された、洗練された見出しの一覧に加えて、固有名詞と「記憶すべき言葉や事物」を一まとめにした、冒頭一文字のアルファベット順による長大な索引があり、完全な牽引が備わっていないこの書物を利用するさいの、重要な取っ掛かりとなっている。

初期近代における検索装置

ノーデによってリストアップされたレファレンス書のジャンルにおいては、多様なパラテクストの要素（前付けや後付け）が通常強調されているが、これらは、読者がそれぞれの書物の質や使い方を知る手助けとして意図されていた。[72] こうした装置には中世の方式をそのまま踏襲したものが多いが、写本に付けられたものよりも長くなり、数が増え、より複雑になり、たいていは、より使いやすくなっている。印刷業者と著者は読者を惹き付けるため、また、そこに書かれた謳い文句から判断するならば、読者に参照読みの方法を教えるために、これらの検索装置に相当の労力と資金を注ぎ込んでいた。

典拠一覧 (*catalogus auctorum*)

典拠一覧は、編纂作業にともなって作成されたパラテクストの最古のものであると思われる。これは古代にすでに存在し、中世においてはとくに法律書に引き継がれた。六世紀にはユスティニアヌス帝が、『ローマ法大全』を構成する『学説彙纂』に引用元の著者一覧を付して、そうした引用からなるこの編纂書の正統性を担保するようにと命じた。『学説彙纂』の中世における写本には、おおむね、三八名の著者とその著作名からなるそのような一覧が含まれていた。[73] ヴァンサン・ド・ボーヴェは後の筆耕によって無視されることを恐れて、テクスト本体に出典を書き込むことが好ましいとしていたが、一二世紀以降、典拠一覧は頁の余白に書かれるようになっていった。[74] ひとたびなんらかの方法で、目立つかたちで出典名を控えておけば、それらをまとめて一覧にするのは容易であった。一四世紀に作られた『カトリコン』辞典の写本には、典拠となる著者名と一部の書名のリストが付けられている。このような一覧は、引用が価値のあるものであることを保証し、また、読者が原典を参照することを促す役に立っていた。二四名の著者とその三七六冊の著書が巻末に付されている『一つかみの花々』の前書きには、こうした目的が特筆されている。まれにこのような一覧は、引用する価値のある書物についての基本的な目録として、詞華集とは別に流通することもあった。[75]

『ポリアンテア』の印刷本には、中世の原典に倣って、引用元の著者名のアルファベット順に並べられた一覧が付いているものの、書名は記載されていない。また、初期近代の著者名リストの多くがそうであるように、ここに記載された名前の中には誰を指すのかよくわからないものもときどき見られる――こうした一覧は、図書館で実際に原典を探すための正確なものではなく、きわめて多くの著者からの引用で成り立つ書物の重要性を読者に印象づけ、敬意の念をもたせることを狙っていた。また、言及されてはいないが、編纂者たちが孫引きしたものも中にはあっただろう。『ポリアンテア』の一五三九年版で典拠一覧がなくなり、これ以降の版にも付いていないものが多いが、この変化は、『ポリアンテア』が急速に増補されて拡大した時期と一致している。これは『ポリアンテア』の評判が確立し、原典を引き合いに出して権威を主張する必要がなくなったことの結果でもあるだろう。また、一折りの中に未使用の頁があるか否かといった、印刷のさいの実際的な判断も、このような一覧が付けられるか否かに影響を与えたであろう。大きく改訂された『ポリアンテア』の一六〇四年版では、著者一覧が復活し、この時点では六三〇名を含むようになっていた。

『ポリアンテア』に付けられたリストは、典拠一覧の最も一般的なかたちを示している。それはアルファベット順に配列された名前のリストであり、引用元の著作や、引用された箇所の指示は付けられていない。このような一覧は検索装置ではなく、書物の質を宣伝するための手段であった。こうしたリストが悪用される可能性に気が付いていたテオドール・ツヴィンガーは、一五七一年と一五八六年に自著の典拠一覧に付けた前書きで、次のように自著を正当化している。「著作を見たこともないのにその著者の名前を引用することは、虚飾にすぎない。あなたがたは、それと同じことをより最近の著者から学ぶことは恥ずかしいと思わないのに、彼らから何であれ学んだと認めることは、恥ずべきことと考える。しかし、役に立った著者の記憶を感謝の念とともに記録し、顕彰することは、率直かつ正直な行為である。したがって、『人生の劇場』においては、編纂のさいにその出典表記に頼った書物の著者を短い一覧に正直にまとめている。これは、索引方法がこれを必要とするからで、また、われわれがすべての編纂者によって行われている風習を最初に投げ出した人間だ、などと思われてはたまらないからである」。[76] ツヴィンガーは、実際の引用元を隠して、手に入れることもできないような古代の著者の著作から引用したふりをする人たちとは、一線を画そうとした。ツヴィンガーが「索引方法」で何を言わんとしたかったかは、はっきりしていない――ツヴィンガーの現存するノートに収集されたほとんどすべての引用には、出典が記されている。しかしツヴィンガーは、『人生の劇場』のような大部の編纂書にはこうした一覧が望まれているという考えを、みずからの拠り所としていたとも思われる。

典拠一覧が、一般的に見られる簡単なアルファベット順のリストではなく、ほかの用途にも使えるようなものになることもときにはあった。エラスムスの『格言集』の二つの版に、そうした例を見ることができる。一つは、一五三〇年に八つ折り本で出版された縮約版で、これには、引用元の主要な著者たちを、歴史家、詩人、雄弁家などの種類によって分類した一覧が付けられている。[77] 範疇によって分類されたこのリストは、小さな判型で出版された縮約版を購入した、さほど裕福ではなく、さほど高い教育を受けたわけでもない読者が、古代の著作家についていくばくかのことを知る助けになったことであろう。もう一つの例としては、印刷業者のフローベンが、教育程度の最も高い読者層に向けて、該当の頁番号とともにその中で「詳述した、あるいは校訂を行った」全著者を一覧にした索引を、一五五一年版に付しているが、これは異例のものであった。この、新たな「第四の」索引として、題扉において誇らしげに宣伝されるものこそが、ほかのどんな典拠一覧とも異なり、真に検索装置として使えるものであった。[78] このリストはきわめて例外的なもので、大変な労力を費やして作成されたその索引を、ほかの業者も容易に引き写せるようになったにもかかわらず、フローベンが一五五九年に一度再版した後は、（私の知るかぎりでは）二度とふたたび印刷されることはなかった。フローベンほど学究的でなかった印刷業者にとっては、現存する索引を自分が印刷する諸版に合わせて改変するためにさらなる時間と費用を投入することは、明らかに好ましくないものであった。頁番号付きの引用元の著者索引をつねに採用していたのは、「古典読書録（*lectiones antiquæ*）」のジャンルに属する書物だけであるが、ここに含まれているのは、人文主義者たちが校訂した古代の著者だけであった――これは人文主義者たちがとりわけ誇りにしていた貢献であった。たとえば、ロディギヌスの『古典読書録』の一五四二年版で、フローベンは、ロディギヌスが使った著者について、頁番号なしの伝統的なアルファベット順の一覧と並んで、校訂の対象となった著者たちの一覧を頁番号付きで作成している。[79]

ほとんどの種類の編纂物において、頁の指定がない著者一覧は、編纂作業の規模と権威を示すためのものであった。だがこの習慣はしだいに失われていった。これは、あるいはリストに載せなければならない著者があまりに多くなり、古代だけでなく、同時代の著者も含むようになったことで、名前が挙がらなかった著者の感情を害する危険性が生じるようになったからかもしれない。アルシュテートは引用元の著者の一覧を一六三〇年に提供しているが、バイヤーリンクはこれをしなかった（一六三一年版）。また、チェインバーズ、ツェドラー、ディドロといった人々による一八世紀の主要な編纂作業でも、このような一覧は見られない。アルファベット順の著者一覧は、現代のレファレンス系書籍でふたたび見られるようになったが、それは異なる目的のためだった——記事を書いた筆者を示す略語や（『ブリタニカ百科事典』）、例文として引用された著者（『オックスフォード英語大辞典』）を示すためである。

見出し一覧

引用元の著者の一覧と並んで、初期近代に編纂された書物に最もよく見られるリストに、本に出てくる順に並べた見出し一覧がある。これはしばしば「索引（*index*）」と呼ばれたが、現代の基準では索引には当たらないので、ここではそうは呼ばないようにしておく。こうした見出しのリストを索引と呼ぶと、書物の題扉で言及されている索引の数と、現代の読者が実際にその本で見つける索引の数にしばしばずれが生じるのである。こうした見出し一覧は目次の役を果たし、見出しごとの頁番号が付されていることもよくある。また、頁番号が印刷されていない場合には、読者が自分で書き足すこともあった。[80] だが、たとえ頁番号がなかったとしても、このような見出し（*tituli*）の一覧は、その編纂書に収録された主題を一目で見るのに役に立つツールで、読者が目的に最も適った見出しを選ぶ助けとなった。文献をまとめる見出しとして使える語がいくつもあったことを考慮に入れると、こうした見出しのリストを通じて読者はレファレンス書に慣れることができたのであり、それはちょうどノート作成者が、コモンプレイス・ブックの見出しの一覧を繰り返し読むことを求められていたことと似た機能を果たしていた。

目次は古代や初期中世の書物にはほとんど見られなかったと考えられているが、プリニウスの『博物誌』やイシドルスの『語源』といった初期の編纂書には、目次が付いているものも存在している。一二世紀の主要な編纂書、とくにグラティアヌスの『教令集』とペトルス・ロンバルドゥスの『命題集』には目次が付いており、これらの方式が一二五〇年には、とくに商業的に作られた（stationery-produced）写本の標準になっていた。ヴァンサン・ド・ボーヴェによる『大いなる鑑』の冒頭には、本文中で各セクションの名前として使われている見出しの一覧が掲載されている。[81] 一三世紀初めの編纂者であるヴィテルボのゴドフリーは、このようにして書物の内容を提示する方法を、大部の書物の「海を漕ぎ行く読者が目的とする港に行き着く案内をする」ものとして擁護している。[82] 一三世紀になると、もともとはそういうものが付いていなかった古い写本にも、章の一覧が付けられるようになってきた。[83]

したがって、ドメニコ・ナニ・ミラベッリが『ポリアンテア』の初版に頁番号なしの見出し一覧を付けたのは、中世の先例に従ったものである。ただ、ナニの一覧には、見出しに掲げられた主題の論じ方が長いか短いか（一つまたは二つの星印《アステリスク》を付けることで）、樹形図が付いているのか（付いている場合には、「樹形図付き〈*cum arbore*〉」と書かれている）、といったことが示されている。見出し一覧には、それ自体が本文で論じられるとは限らない語が、含まれていることもある。こうした事例が生じるのは、それらの語が隣接する記述の中に出てくる場合（たとえば、*abominor* が *abominatio* の記述の中に含まれる場合）か、他の見出しとのクロスレファレンスがある場合（たとえば、*absolvere* について、「*perfectio* を見よ」となっているケース）である。第二版とそれ以降の多くの版では、見出し一覧には頁番号が付けられるようになったが、それでも、一六世紀のいくつかの版には付いておらず、そのかわりに、「*definitiones*（定義集）」という題名が付けられた六頁にわたるセクションがあり、そこでは、悪徳と美徳を示す語が（その多くが見出しとなっている）、相互関係を示すように定義されている。[84] そして、一六〇四年の改訂以後の版では、見出し一覧は、八四〇ほどの項目を含むまでに拡張されている。

意図的にでたらめな配列となっている『格言集』では、エラスムス自身が、よく使われる名文の見出し索引を作成しており、およそ二五七のトピックについて、それぞれ、関連するさまざまな格言を（頁番号付きで）一覧にしている。この索引は、エラスムスが集めた四三〇〇以上もの格言の中から、特定の主題を掘り起こそうとする読者にとっては、貴重な検索装置であったに違いない。しかし最初に出たときには、この見出し一覧自体も、でたらめなものだった。そのため、拾い読みには適していても参照用にはならなかったのである。そのため、いらいらしたある読者が、自分の本にアルファベット順の見出し一覧を書き加え、印刷された見出し一覧のそれぞれの見出しに番号を振ることで、完璧な索引を作成した。次に出た版（一五一五年）では、印刷業者によって、でたらめに並んだ見出し一覧にアルファベット順の索引が付けられているものの、この索引の方式はこれほど優美なものではなかった。読者は、一覧が印刷された頁に戻って、各欄に付けられた番号を確認しなければならなかったからである。[85]

一五六五年になると、テオドール・ツヴィンガーによって、見出し一覧の強力な変種が導入された。これ以降の版で使われることになった方式では、最大三階層の字下げ（インデント）を駆使することで、『人生の劇場』に独特の体系によって配列された見出しをさらに下位区分する概要が示されている。頁番号まで付されたこの「見出し図（*series* または *catalogus titulorum*）」は、書物へのアクセスを提供する方式として、それ以降継続して使われるものとなり、バイヤーリンクも『人生の大劇場』において、これを引き続き採用した。バイヤーリンクは、ツヴィンガー独自の体系に沿った見出しの配列をやめて、アルファベット順に置き換えたものの、見出しの下位区分には、ツヴィンガーの発案とされているものの多くをそのまま使い続けた。また、彼は、『人生の大劇場』の各巻を、アルファベットごとの見出しの詳細な概要から始めているが、そこには、最大で五つの階層にも及ぶ下位区分が設定されている。その結果出来上がった「見出し索引（*elenchus* または *index titulorum*）」はきわめて長いものとなったが、同時に、二つ折り本で一〇〇頁にも及ぶことがある項目の内容構造を、最も簡単に見渡せる場所ともなっている。ツヴィンガー独自の体系に沿った配列と、バイヤーリンクのアルファベット順の配列のどちらにおいても、字下げによって見出しの下位区分は効果的に概観できるようになっており、これは、マイクロソフトのパワーポイントに、箇条書きの黒丸（ブレットポイント）こそないものの、比肩しうるものとなっている。本文の頁番号が付け加わることによって、こうした「見出し索引」は、検索装置としても概要としても役に立つものとなっている。[86]

アルファベット順の見出し索引

『ポリアンテア』や『人生の大劇場』のような、アルファベット順に配列された書物では、本文に出てくる順番に並べた見出し一覧が、そのままアルファベット順の見出し索引となっていた。しかし見出しが体系的に配列されていた場合、読者の関心にぴったり合うものを探すためには、体系的なリストを最初から終わりまで見渡すかわりに、アルファベット順の見出し一覧がさらにあれば便利であった。ヴァンサン・ド・ボーヴェが、『歴史の鑑』の初めの八巻にだけ付けたものが、アルファベット順の見出し索引の最初の例であったようである。[87] こうした索引は、本に出てくる順番に並べられた見出し一覧の中身を配列し直すだけでよかったので、きわめて容易に作成できた（したがって、時間が押しており、しかも黒死病が流行する中で、『劇場』の初版に用意されたのもこの種の索引であった）。しかしながら、見出しをいかなる方法で利用するにせよ同様であるが、この索引も、さまざまな概念や主題を表現するような、体系的なまとまりのある用語を欠いていた。ラテン語の学術語としての魅力の一つは、どんな俗語よりも信頼できかつ正確な、分類に関する語彙を提供すると考えられている点である。しかしそのラテン語においてさえも、見出し（*tituli*）として使いうる語は数多く、多様性に富んでおり、そこには古典ラテン語の語彙だけでなく、古典の先例がほとんどないかまったくない、中世のキリスト教神学や近年の教育によって発展したものまで含まれている。

ツヴィンガーは、まったく同じ、またはきわめてよく似た概念や事物を表すために、いくつかの異なる見出しが使われうることを十分に承知していた。自身が用意したアルファベット順の見出し索引の前書きで以下のように述べて、見出しの同義語がすべて含まれていることを期待しないようにと、読者に警告している。

もしある見出しの中に探しているものが見つからなかったら、その同義語の見出しを見てみなさい。たとえば、glory と honor（栄光）、wealth と riches（富）、magistrate と prince（君主）、guile と fraud（欺瞞）、cunning と shrewdness（抜け目なさ）……実際には同一のものであっても、用語としては異なるので、同義語の見出しを参照しようとしなければ、しばしば調べている者の眼をすり抜けてしまう。ここでは細かい区分を厳密に追求してはいないが、それは配慮しすぎることによって、人々の怠慢や、いやむしろ無為を助長することを避けるためなのだ。余計なものが多すぎる、欠点が多すぎると文句を言う人がいるであろう。それは否定しない。それでも、人間に関わることはどんなものでもこの書物に関係があると考えているわれわれ編纂者は、にもかかわらず率直に認めよう。人間はみずからが人間であることを順番に思い出し、そして他者に赦しを与えるさいには、知識を得るための巧みさと同じほどの平静さを示すものであることを。[88]

ここでツヴィンガーは、索引にはたくさんの役に立たないものが載っているにもかかわらず、探しているものが見つからなかったという、何十年か後にドレクセルがしたような批判に前もって対応している。[89] 索引が不備であることを謝罪しながらも、ツヴィンガーはそのことをかえって美徳にすらしている。つまり、調べたことが見つからなかったら、読者は

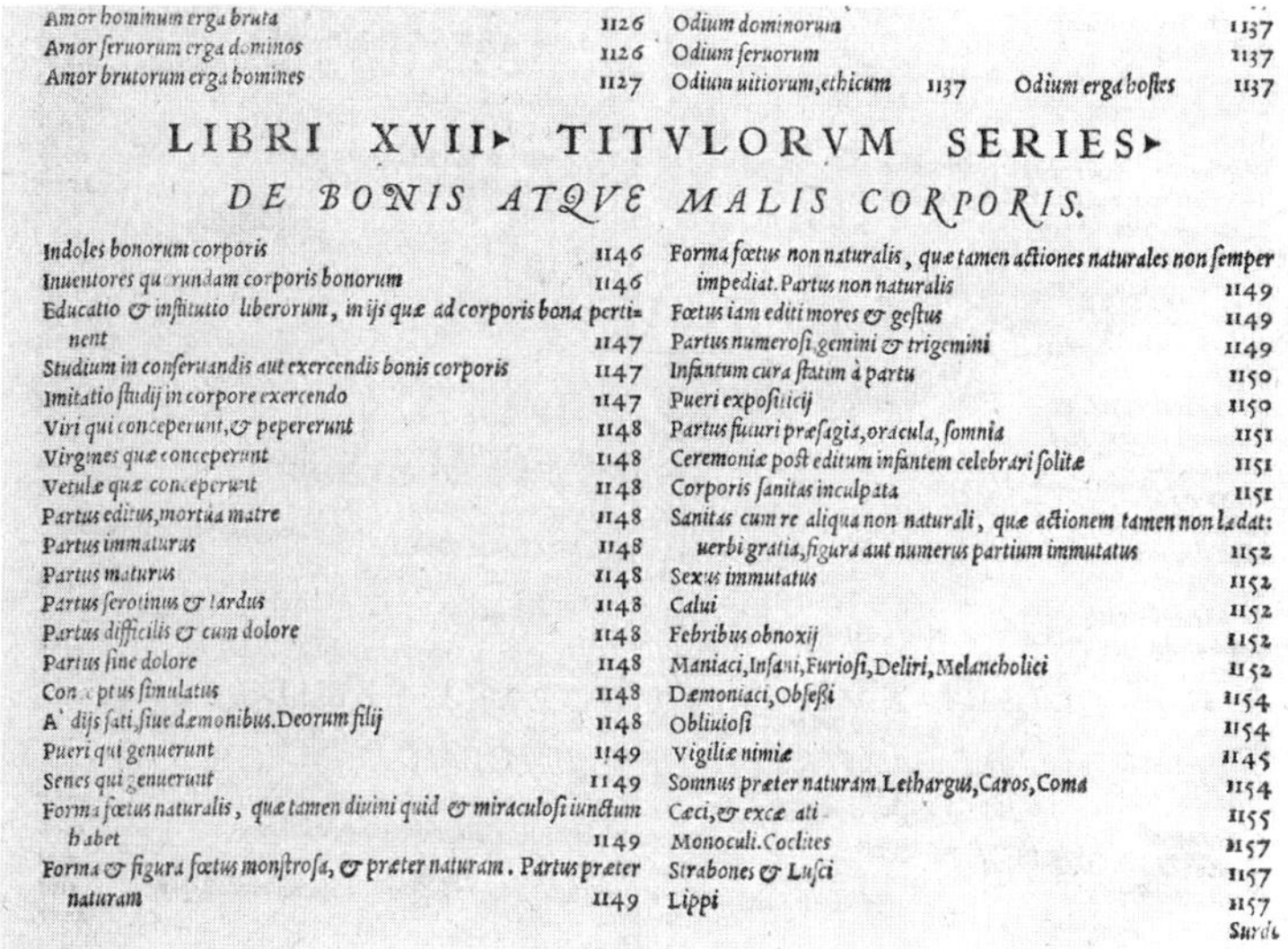
Amor hominum erga bruta 1126
Amor seruorum erga dominos 1126
Amor brutorum erga homines 1127
Odium dominorum 1137
Odium seruorum 1137
Odium uitiorum, ethicum 1137 Odium erga hostes 1137

LIBRI XVII TITVLORVM SERIES

DE BONIS ATQVE MALIS CORPORIS.

Indoles bonorum corporis 1146
Inuentores quorundam corporis bonorum 1146
Educatio & institutio liberorum, in ijs quæ ad corporis bona pertinent 1147
Studium in conseruandis aut exercendis bonis corporis 1147
Imitatio studij in corpore exercendo 1147
Viri qui conceperunt, & pepererunt 1148
Virgines quæ conceperunt 1148
Vetulæ quæ conceperunt 1148
Partus editus, mortua matre 1148
Partus immaturus 1148
Partus maturus 1148
Partus serotinus & tardus 1148
Partus difficilis & cum dolore 1148
Partus sine dolore 1148
Conceptus simulatus 1148
A' dijs sati, siue dæmonibus. Deorum filij 1148
Pueri qui genuerunt 1149
Senes qui genuerunt 1149
Forma fœtus naturalis, quæ tamen diuini quid & miraculosi iunctum habet 1149
Forma & figura fœtus monstrosa, & præter naturam. Partus præter naturam 1149
Forma fœtus non naturalis, quæ tamen actiones naturales non semper impediat. Partus non naturalis 1149
Fœtus iam editi mores & gestus 1149
Partus numerosi, gemini & trigemini 1149
Infantum cura statim à partu 1150
Pueri expositicij 1150
Partus futuri præsagia, oracula, somnia 1151
Ceremoniæ post editum infantem celebrari solitæ 1151
Corporis sanitas inculpata 1151
Sanitas cum re aliqua non naturali, quæ actionem tamen non lædat: uerbi gratia, figura aut numerus partium immutatus 1152
Sexus immutatus 1152
Calui 1152
Febribus obnoxij 1152
Maniaci, Insani, Furiosi, Deliri, Melancholici 1152
Dæmoniaci, Obsessi 1154
Obliuiosi 1154
Vigiliæ nimiæ 1145
Somnus præter naturam Lethargus, Caros, Coma 1154
Cæci, & excæcati 1155
Monoculi. Coclites 1157
Strabones & Lusci 1157
Lippi 1157
Surdi

図3・1　テオドール・ツヴィンガー『人生の劇場』（バーゼル、1565年）の、本文に出てくる順に並べた見出し一覧（*series titulorum*）。このセクションには、1154頁に書かれた *obliviosi*（記憶喪失患者）という見出しが含まれている。ハーヴァード大学ホートン図書館の許可を得て複製。*2000-512F.

怠けないで、牽引を効果的に使うために注意と知恵を働かせ、同義語や関連語を探す必要があるのだ。

ツヴィンガーはさらに、初版に付けられている二つの検索装置――見出し一覧とアルファベット順の見出し索引――を読者はどのように一緒に利用すればよいのかについて明確な指示を与えて、以下のように書いている。「ここで初めに言ったことを繰り返す。つまり索引では、細かい下位区分を厳密には追求していない。それにもかかわらず、本全体を読まずにすむように、そういうものを求める読者がいるならば、〔頁〕番号を案内として使いながら、〔本文に出てくる順に並べた〕見出し一覧を参照するようにしなさい。たとえば、『medici legati〔医療使節〕』を調べたい読者が『medici』についての言及がないことを見たならば、『使節』という見出しを参照させるのだ。そうすれば、探しているものが見つかるだろう」[90]。ツヴィンガーは、クロスレファレンスが解決手段となるような問題があると自覚していたようであるが、索引自体にはクロスレファレンスの機能はなく、本文のセクションの冒頭にだけ付けられている。同じことが『ポリアンテア』の比較的後の版にも言うことができ、ここでもクロスレファレンスは見出し一覧にはなく、いくつかの見出しの末尾に付いているだけである（たとえば、「狂気」という見出しの末尾に、「これ以上の記述については以下の『愚かしさ』と

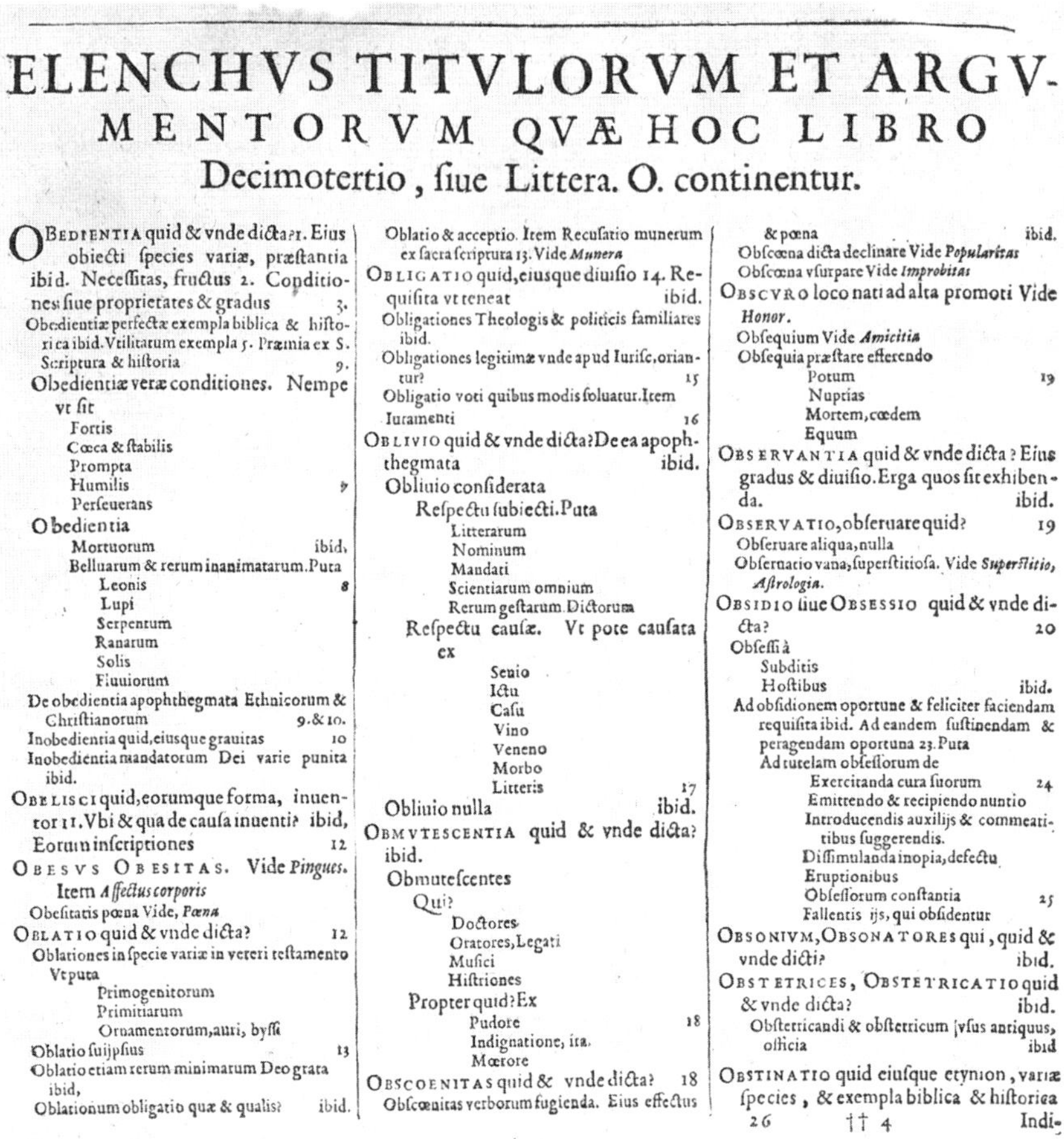

ELENCHVS TITVLORVM ET ARGV-MENTORVM QVÆ HOC LIBRO Decimotertio, siue Littera. O. continentur.

OBEDIENTIA quid & vnde dicta? I. Eius obiecti species variæ, præstantia ibid. Necessitas, fructus 2. Conditiones siue proprietates & gradus 3.
Obedientiæ perfectæ exempla biblica & historica ibid. Vtilitatum exempla 5. Præmia ex S. Scriptura & historia 9.
Obedientiæ veræ conditiones. Nempe vt sit
Fortis
Cæca & stabilis
Prompta
Humilis 9
Perseuerans
Obedientia
Mortuorum ibid.
Belluarum & rerum inanimatarum. Puta
Leonis 8
Lupi
Serpentum
Ranarum
Solis
Fluuiorum
De obedientia apophthegmata Ethnicorum & Christianorum 9. & 10.
Inobedientia quid, eiusque grauitas 10
Inobedientia mandatorum Dei varie punita ibid.
OBELISCI quid, eorumque forma, inuentor 11. Vbi & qua de causa inuenti? ibid.
Eorum inscriptiones 12
OBESVS OBESITAS. Vide *Pingues*. Item *Affectus corporis*
Obesitatis pœna Vide, *Pœna*
OBLATIO quid & vnde dicta? 12
Oblationes in specie variæ in veteri testamento Vt puta
Primogenitorum
Primitiarum
Ornamentorum, auri, byssi
Oblatio suiipsius 13
Oblatio etiam rerum minimarum Deo grata ibid.
Oblationum obligatio quæ & qualis? ibid.
Oblatio & acceptio. Item Recusatio munerum ex sacra scriptura 13. Vide *Munera*
OBLIGATIO quid, eiusque diuisio 14. Requisita vt teneat ibid.
Obligationes Theologis & politicis familiares ibid.
Obligationes legitimæ vnde apud Iurisc. oriantur? 15
Obligatio voti quibus modis soluatur. Item Iuramenti 16
OBLIVIO quid & vnde dicta? De ea apophthegmata ibid.
Obliuio considerata
Respectu subiecti. Puta
Litterarum
Nominum
Mandati
Scientiarum omnium
Rerum gestarum. Dictorum
Respectu causæ. Vt pote causata ex
Senio
Ictu
Casu
Vino
Veneno
Morbo
Litteris 17
Obliuio nulla ibid.
OBMVTESCENTIA quid & vnde dicta? ibid.
Obmutescentes
Qui?
Doctores
Oratores, Legati
Musici
Histriones
Propter quid? Ex
Pudore 18
Indignatione, ira.
Mœrore
OBSCOENITAS quid & vnde dicta? 18
Obscœnitas verborum fugienda. Eius effectus & pœna ibid.
Obscœna dicta declinare Vide *Popularitas*
Obscœna vsurpare Vide *Improbitas*
OBSCVRO loco nati ad alta promoti Vide *Honor*.
Obsequium Vide *Amicitia*
Obsequia præstare efferendo
Potum 19
Nuptias
Mortem, cœdem
Equum
OBSERVANTIA quid & vnde dicta? Eius gradus & diuisio. Erga quos sit exhibenda. ibid.
OBSERVATIO, obseruare quid? 19
Obseruare aliqua, nulla
Obseruatio vana, superstitiosa. Vide *Superstitio, Astrologia*.
OBSIDIO siue OBSESSIO quid & vnde dicta? 20
Obsessi à
Subditis
Hostibus ibid.
Ad obsidionem oportune & feliciter faciendam requisita ibid. Ad eandem sustinendam & peragendam oportuna 23. Puta
Ad tutelam obsessorum de
Exercitanda cura suorum 24
Emittendo & recipiendo nuntio
Introducendis auxilijs & commeatibus suggerendis.
Dissimulanda inopia, defectu
Eruptionibus
Obsessorum constantia 25
Fallentis ijs, qui obsidentur
OBSONIVM, OBSONATORES qui, quid & vnde dicti? ibid.
OBSTETRICES, OBSTETRICATIO quid & vnde dicta? ibid.
Obstetricandi & obstetricum usus antiquus, officia ibid
OBSTINATIO quid eiusque etymon, variæ species, & exempla biblica & historica 26

†† 4 Indi-

図3・2　ラウレンティウス・バイヤーリンクの『人生の大劇場』（ケルン、1631年）の見出し一覧より。ここでは、インデントによって示された、一つの項目内の最大5層に分かれた下位区分を見ることができる。各項目はアルファベット順に並べられているが、それぞれの項目内の内容の書き方は、ツヴィンガーの『人生の劇場』に見られるような体系的な分類が維持されており、実際にバイヤーリンクはツヴィンガーの分類の多くをそのまま使っている。このセクションでは、「忘却（*oblivio*）」という見出しが、この語の定義や語源とこの語に関する警句、忘却の対象（文字、名前、等々）、忘却の原因（老齢、打撃、転落、等々を含む）に下位区分されている。ハーヴァード大学ワイドナー図書館の許可を得て複製。CYC 25.

『愚行』の項目を参照」と書かれている）。また、アイルランドのトマスやその他の中世の原典にはクロスレファレンスがあるものの、これらを使っているナニ・ミラベッリは、一五〇三年版と一五一四年版の『ポリアンテア』にクロスレファレンスは付けていない。[91]

アルファベット順の固有名詞索引

ツヴィンガーは、一五七一年に初めて「範例索引」を追加した。ここには、それぞれの範例に出てくる個人の名前（場合によっては地名、民族名）が記載されている。索引の対象となっている例文は、あくまでもその行動や運命が読者の参考となる人で、主題や道徳的教訓自体ではないが、ときには項目の主題が載っていることもある。たとえば、「記憶（memory）」、その使い方」が、「メムノン（Memnon）」、その驚くべき像」と「メンフィス（Memphis）」、無能な役者」のあいだに挟まれているという具合である。[92] ここでは、ある名前の初出例は大文字で書かれた。だがそれ以降に出てくるときは、小文字で記されている。同一人物に関する複数の項目が一まとめになっていることもあるが、明白な理由なくして、そうなっていないこともある。ただし、それぞれに頁番号が付けられている。さらにここでも、索引の前に置かれた宣伝文句では、「きわめて多様な事物や、同じく多様なかたちで綴られている名前に一定の順序を与える」ことの難しさが説明されている。一方でツヴィンガーは、アルファベット順にすると年代順が無視されると、文句を言っている。「同じ物事でもアルファベット順に配列されると、文字の順番に応じて、初めに起こったことが中間に、または最後にくることになる」。しかし他方では、これが最も実際的な方法であると結論づけている。「文法的な配列においては、アルファベット方式を保持することが、たしかにより適しているであろう」。[93]

また、ツヴィンガーは「著者ごとに異なる固有名詞の多様さ［によって］、困難がいや増す」という問題にも取り組んでいる。人を認識できるのは、*nomen*、*prænomen*、*cognomen*、*agnomen*（大雑把に、姓、名、あだ名、添え名）によってである。さらに、多くの名前には異なる綴り方やヴァリアントが存在する。ツヴィンガーは例をいくつか紹介し、「そうした理由のため、教訓話はさまざまな文字のもとに並べられていることもよくある。それでも、重複を避けるため、それらを一か所にまとめたいと思ったので、それ以外の場所には、出典を指示する但し書きだけを残してある」と述べている。[94] ツヴィンガーはクロスレファレンスの有用性を指摘しているが、彼自身はクロスレファレンスを使うことなく、索引に複数の異なる綴りやヴァリアント（たとえば、名、姓、あだ名ごとに）を書き込み、それぞれに頁番号を付すことで、問題を解決していることが最も多い。変化に富んだ名前のために、アルファベット順の配列を採用した「索引内蔵」の書物の多くに、多様な名前の形態を列挙した、さらなる索引が用意されるようになった。たとえば、ゲスナーの『万有文庫』を補うものとして作られた一五五五年の『追録（*Appendix*）』では、姓によって分類された名前の一覧表の中で、本文の項目名として出てくるファーストネームが、（たとえば、ルターについては、「マルティンを見よ」といったように）、「それらを知らない、または覚えることができない」読者の助けとなるように記載されている。[95] 各国語で書かれた場合、一つの名前が大きく異なるものになることもあるため、『フランス文献目録（*Bibliothèque françoise*）』（一五八四年）において、ラ・クロワ・デュ・メーヌ〔フランソワ・グリュデ〕は、相異なる綴りや、いくつかの姓と名のヴァリアント（たとえば de Grenne Elisenne と Helisenne de Crenne や、Seve Maurice と Sceve Maurice）に関しては、それぞれを別々に索引に収め、クロスレファレンスが明記されていなくても、読者がじかに目的の頁に飛べるようにしている。一六三一年版の『人生の大劇場』の索引は、姓からのクロスレファレンスを採用しつつ（そうではない場合もあるが）、ファーストネーム順の配列をいまだ好んで用いていたが、一七世紀末までには、伝記辞典類では、姓による配列のほうが主流となっていた。[96] 姓名の中には不確かなものはあるものの、固有名詞の索引は最も効果的な検索装置であると思われる。現在までの数世紀にわたって、それらが概念的な範疇と比べてあまり変化することなく用いられ続けていることも、たしかにそう思える理由の一つである。

アルファベット順一般的索引

索引が充実した書物には、本文中のさまざまな項目に出てくるものの、見出しや固有名詞の索引に収録済みでない「記憶すべき言葉や事物」についての一般的索引（general index）も備えられている。ツヴィンガーの『人生の劇場』の場合、息子のヤーコプ・ツヴィンガーによって、彼の死後に出版された版（一六〇四年）に唯一追加されたのが、こうした一般的索引である。エラスムスの『格言集』の出版史において、一般的索引が付け加えられたのは、一五五〇年のフローベンによる版であるが、これは一五〇八年以来付けられていた格言のアルファベット順（格言の最初の語による）索引と、コモンプレイス見出し（これには、当初はなかったアルファベット順の索引が付くようになった）の索引の二つを補完するもので、引用著者一覧である「第四の索引」が一五五一年に加えられる直前のことであった。この「第三の索引」は、「第一の索引には含まれていない、注目に値する事物」の索引である――「親愛なる読者よ、この索引にはこの書物に含まれる、ただし第一の索引に記載されていたすべてのものが収録されていることがおわかりになるだろう。ここには、あまりに多くのものが含まれているので、何かが不足しているというのではなく、情報が多すぎるという苦情が出るのではないかと思われる。第一の索引に入っていないもので、ここに収められていないものは何もないのだ」[97]。ツヴィンガーの『人生の劇場』とエラスムスの『格言集』には、それぞれ四種類の異なる索引が付けられていったが、これらは相互に補完し、重複は避けるように作られている。結果として、初期近代のレファレンス書の索引を徹底的に利用するためには、繰り返し参照しなければならなかった――異なるキーワードによって、異なる索引を用い、索引のための索引までをも調べなければならなかったのだ。

編纂者の多くは、索引を参照するのに努力が必要であることを認識していた。たとえば、コンラート・ゲスナーは、書物に索引を付けることを奨励し、とりわけドイツ人が、ほかのほとんどどんな国民よりも索引を多く付けていると称賛しながらも、一方では、「何かを探すのにいつも索引を見なければならないのはしばしば不快なことだ」と、文句も言っている。ゲスナーは、それ自体に索引機能があるため、とくに不慣れな読者や一般の読者にとっては使いやすいという理由で、自身の博物誌に関する書物におけるアルファベット順の配列を正当化している[98]。それでも、ゲスナーの博物誌に関する書物は、いずれも複数の索引付きで出版され、生物の種類(魚類、鳥類、爬虫類等)と、ラテン語やギリシア語、ヘブライ語、さまざまな俗語といった言語(ローマ字以外の文字が必要な言語も含む)によって、分けられていた。同じように、アルドロヴァンディによる鳥類学の書物には、一七もの異なる索引が付けられていた[99]。複数の索引が付くのは、広い分野を網羅し、俗語の名前がたくさん出てくる自然史の書物に特有のことではなかった。トマス・アクイナスの『第二部第二篇(*Secunda secundæ*)』(『神学大全』の中で、実践的な道徳に適用できるため最も広く読まれた部分)の、一五六九年に出版されたクリストフ・プランタン〔一六世紀後半に活躍したアントウェルペンの印刷業者〕による版(プランタン版)には、七つの索引が付けられており、これらには、コモンプレイス見出し、聖書の引用、覚えるべき教義、否定された異端説の各索引が含まれている[100]。だが索引に関しては、数が多ければ多いほどよいというものでもない。自身の手になるストバイオスの一五五九年版において、ゲスナーは、固有名詞と主題別見出しを一つの索引にまとめて提供することで、検索しなければならない場所を減らしたと（あたかも新発明のように）自慢している。[101]

　ゲスナーの索引は、この時代における最高のものの一つであった。ゲスナーはリストに挙げられた主題についての言及のすべてを一か所に集め、しかも厳密にアルファベット順に配列している。[102] これに対して、一六世紀の索引の多くは、大判の本の欄外に印刷された要約にもとづいて、関連する項目を整理統合することにはまったく、あるいはあまり注意を払わないまま、おおむねアルファベット順になっているにすぎなかった。たとえば、グレゴール・ライシュは『学問の真珠（*Margarita philosophica*）』で、一つの主題に関して複数の項目を並べ立てており、しかも、アルファベット順が厳密でないために、あいだに別の項目が挟まったりもしている。[103]

　一七世紀前期に出版された『人生の大劇場』（一六三一年）とアルシュテートの『百科事典』〔『七分野の百科事典（*Encyclopedia septem tomis distincta*）』〕（一六三〇年）は、いずれも索引が付いている点で、一六世紀の先行作品に対して大いに優位に立っている。これらは単一の一般的索引であり、ここには固有名詞、見出し、「記憶すべき言葉や事物」が、厳密にアルファベット順に配列された一つのリストに統合されている。これらの索引においては、主要項目は下位区分されており、ある語や概念が複数の箇所に出てくる場合は、それらを適宜分別したり、グループにまとめたりするための詳細を提供してある。ヨハン・ハインリッヒ・アルシュテートは、みずからの書物の索引を自分で作ったか、少なくとも立案したと思われる。彼はおそらくは意図的に、本文の人目につかないセクションに隠れてしまいそうな一節を、索引で強調したりしている。たとえば、彼の索引では、コペルニクスの仮説は「terra, an moveat（地球、動いているのか否か）」という見出しに含まれているが、本文は自然学に関する中心的なセクションの中ではなく、「雑多な分野（*farrago disciplinarum*）」と題された、最終巻に置かれたさまざまな主題を寄せ集めた部分の中で扱われている。またアルシュテートが索引を重視していたことは、彼が亡くなったときにまさに出版されようとしていた『宗教的勝利の前駆（*Prodromus religionis triumphantis*）』に索引を付けるよう、義理の息子に死の床で言い残していたことからも推測される。[104]

　神学の学位保持者C・プリンクティウスという人物によって編纂された『人生の大劇場』の索引は、注目すべき偉業であった。この索引は、「膨大な労力と厳密な仕事ぶり」によるもので、二つ折り本で六八七頁に達していた。プリンクティウスの説明によると、これは、「素材、事物、本文で解説されている言葉、実例」をすべて漏れなくアルファベット順に配列し、「読者がどこで何を探せばよいか悩むことがないようにと、一つの目録に」とりまとめたものである。索引は、効率的かつ厳密な検索方式を採用している。まず、全二六巻のそれぞれの巻が、アルファベットの一文字で示され、その下にアルファベット順に配列された見出しが分けられる。次いで、頁番号と、頁のどの部分かを示す文字（AからGまでの）が付けられる。各記載事項のうち、見出し（イタリック体）と固有名詞（大文字）は書体の違いによって、ほかの内容から区別される。最も注目すべきは、この索引では、本文で範例が分類されている見出しとは異なる、関連する見出しの下に項目が分類されていることである。たとえば、治療にあまりに高額な価格を設定したことでパラケルススが罰せられた話は、バイヤーリンクによる本文では「強欲（*Avaritia*）」のセクションに置かれている。一方、プリンクティウスの索引では、同じ「強欲」の欄にも出てくるが、「罰せられた商業上の詐欺行為」の欄にも記載されている。この索引は、厳しいまでに正確なだけではなく、入念に考えたうえで作成されたものなのだ。「[扱う素材が]膨大であり、短時間に作られ、編者がさまざまであることに由来する誤りについては、型通りの謝罪がなされているが、私にはこの索引には間違いはほとんど見つからない。[105]「編者がさまざまである」という一節は、この索引がプリンクティウス一人で作られたものでなく、七〇〇〇頁もの本文からの内容を集めるために、ほかの人たちの手を借りたであろうことを示している。この索引に記載された、およそ三万五〇〇〇にものぼる項目（その多くは複数の下位項目をともなっている）が、どのようにして単一のリストにまとめ上げられたのか、その正確な方法については推測するしかない。

プリンクティウスによる、これほど大部の書物への、これほど高水準の索引に匹敵するものは、長いあいだ現れなかった。イフレイム・チェインバーズの『百学連環書』に索引が付けられたのは、一七四一年の第四版からである。諸事情により急いで完成された、ディドロとダランベールの『百科全書』には索引はなく、記事の中にクロスレファレンスを付けることで、読者が全一七巻の本文の中で関連する主題を追っていく手段としていた。後に、一七八〇年になって、パンクークという出版者が、『百科全書』と補遺の全三三巻についてのアルファベット順索引を、二巻本で本体とは別に販売している。[106]『ブリタニカ百科事典』の索引は、第五版への補遺とともに、一八二四年になって初めて作られている。

一七世紀の最後の数十年のあいだに、最高水準の索引のいくつかが、フランス王太子の教育を目的として、ピエール＝ダニエル・ユエによって当時の最も著名な学者たちに委託された古典作品集「フランス王太子版（*ad usum Delphini*）」の諸版に付けられた。もっともこの作品集は、王太子用とはいえ、はるかに広範な人々によって利用された。そうした索引は、作品集の本文のほうはそうでなくても、今でも学問的に価値あるものと認められている。ユエは、これらの索引をそれぞれの著者が用いた語の用語索引として構想し、最終的に全部を統合すれば完全なラテン語語彙集となりうるものを目指したが、この計画が実現されることはなかった。[107]

索引は、読者にとってきわめて役に立つものであった。印刷業者は索引が付いていることを題扉で宣伝し、索引がなければそれについての謝罪を載せていた。ゲスナーが指摘したように、一度見た文章を後でまた読んでみようと思うときの助けとしても、また、新たに文章を探そうとするときの案内としても、索引は有効な手段であった――したがって、再版時に索引部分を再利用することを容易にするために、訂正や加筆が索引に反映される一方で、他方ではドレクセルがことに苛立ちを見せたような頁番号の間違いが当初、索引の普及を妨げたりもした。ある初期近代の学者は、索引と印刷術を頑なに同じものであるとみなして、初期の印刷本や手稿本には索引が付いていなかったと主張した。[108] 実際、索引は手稿本よりも印刷本に数多く付けられ、また、概して使いやすいものが多かった。スペースを節約するために、新たな項目を前の行から続けて書き始めるスタイルの索引もいくつかの手稿本には見られるが、印刷本の索引では各項目名はつねに新しい行の冒頭に来るようになっていた。頁番号や葉番号が記載されていることも（それが正確であるならば）、探している文章を見つけることを容易にしただろう。何よりも、印刷本の索引は、その書物自体の一部として付けられており、中世においてそうであったように、別に購入する別冊として作られることはなくなっていた。索引は、長さや判型の大小にかかわらず、あらゆる種類の印刷本に続々と付けられるようになり、多くの本が簡単に参照できるようになり、つねに参照する本を自分で選択できるようになった。[109] ただ、なかでもレファレンス書が、参照読みとアルファベット順の索引の普及にとくに大きく貢献したのである。

一八世紀までには、索引はごく普通のツールになっていたので、付いているのが当然とされ、新たな使い方が工夫されるようになっていった。ドゥニ・ディドロは、一七四九年に、索引を用いて、本文では明かさなかったある著者の名前を明らかにした。というのは、この著者は当時では受け入れがたい思想をもつことで知られ、検閲官の目にとまると考えたためである。[110] 検閲官はどうやら、現代の研究者や同時代の情報通の読者ほどには、パラテクストの部分には注意を払っていなかったようだ。正誤表もまた同様に、本文に入れたならば検閲の対象になったであろう語句を記載するために使われていた。[111]「索引学習」（ジョナサン・スウィフトによる造語）は、嘲りの言葉となり、一八世紀までには、読者が本文を通読しないという事態を避けるために、みずからの著書に索引を付けることをはっきりと拒否する著者も現れた[112]。このような新たな懸念は、一八世紀の読書法において、索引が重要な位置を占めていたことを証している。

樹形図

初期近代における知識の体系化に関連し最も顕著な特徴の一つが樹形図であり、これはとくに教育を目的とした書物によく使われているが、ある種のレファレンス書にも見ることができる。この時代の人々は「表（tabula）」という語を使っているが、この語では、樹形図と縦横の行と列からなる表との区別――私はこの区別をここで維持したい――が曖昧になってしまう。樹形図は「ラムスの図（Ramist）」と呼ばれることもよくあるが、これは、ペトルス・ラムス（一五一五―七二年）がその使用を主唱したことに由来している。ラムスは、ある主題を手っ取り早く教えるための教育プログラムの一環として、とくに樹形図の中に主題を配置し、その構成部分に分割していくことを強調した。しかし樹形図は、ラムス以前から、彼の影響とは関係なく初期近代を通じて広く使われていた。縦横の行と列に素材を配列する表は、エウセビオスの年表が四世紀以来、継続的に普及し続けていたことにより、より古くから使われていた方式である[113]。だが、中世の写本でも、樹形図の使用は試みられていた[114]。中世の説教用手引書では、特定の語に焦点を当てて文章をまとめるさいに、「波括弧」がよく使われていたし、印刷本においては、「波括弧」は樹形図で使われるのが定番となった。初期刊本《インキュナブラ》の中には、括弧が手書きできるように、スペースが空けてあるものもある。かたちが似ていることで、樹形図の用途の違いが見えなくなっているかもしれない――多くの場合、樹形図はある主題の概念上の区分を示すために使われたが、検索装置として使われた例も少数ではあるが存在する。

一五〇三年以来、『ポリアンテア』には一七の見出しに樹形図が付けられ[115]（Aの項が不釣り合いなほど充実しているが、おそらくは仕事が進行していくにつれてエネルギーもお金も失われていったのだろう）、後の版でも改訂されることはなかった。樹形図で整理された項目は、概して大きなものであり、宗教上の主要な悪徳と美徳に関するものであるが、そこに付された樹形図は各項目の検索装置として機能するものではなかった。かわりに、樹形図は、権威ある追加情報を提供するものとして、本文に集められた引用と同様の機能を果たすものとなっており、そこでたえず引用されているのはトマス・アクイナスだった。なかでも、『神学大全』の中で主要な美徳について扱った『第二部第二篇』を、ほとんどの樹形図が引用している。ナニはここの引用を、中世の既存の文献から書き写した可能性がある。『ポリアンテア』における樹形図は、初版においては一頁を丸々使ったものもあるにしても、アクイナスがいくつものパラグラフからなる散文で示した区分を、鮮明かつ効率的に提示している（なお、樹形図のサイズは後の版では縮小されている）。この本の樹形図はまた、あるテーマに関する説教の概略として、説教者が詞華集から適切な引用を探すさいのさらなる方策としても、使えたかもしれない。ナニは奥付けで、この樹形図が記憶の助けとなると、注意を喚起している。「（読者が）記憶の整理箪笥にしまうのをより容易にするために、枝分かれした図で示されている引用もある」[116]。分割することで記憶に残りやすくなるという考え方は、ラムスの教育学（一六世紀の後半に発展した）の中心にあっただけではない。このような考えは、少なくとも、概念の記憶法として分割を推奨したサン・ヴィクトルのフーゴーにまで遡る、長い歴史をもっている[117]。さまざまな種類の *tabula*（表や樹形図）は、書かれた内容を要約して示す自己説明的なものであるという考え方は、初期近代の教育者のあいだに広く普及しており、具体的詳細をめぐって攻撃されることも擁護されることもないものであった[118]。

ツヴィンガーの『人生の劇場』は、樹形図の数と長さにおいて、他のどんなレファレンス書をも凌駕していたが、後継編に当たるバイヤーリンクの『人生の大劇場』では、そのすべてが削除されている。ツヴィンガーはその著作のほとんどすべてに樹形図を散りばめ、なかには樹形図が巻の大部分を構成する場合もあった[119]。現存するツヴィンガーの樹形図の草稿を見ると、彼がいかに注意深くこれを作成したかがわかる。『人生の劇場』の第一版から第三版までの樹形図は、それぞれ大幅に見直しがされているのである。この本の最初の樹形図では、全体の論理的構成の概要と、それが番号を振られた各巻、各部にどのように分割されているかが示されているが、頁番号は記載されていない。こうして書物の全体像を提示しようとするさいに、ツヴィンガーは、『総覧』において各巻への分割をやはり樹形図を使って示した、コンラート・ゲスナーの方法を踏襲している。ただ、ツヴィンガーの全体の樹形図は四頁にもわたり、小さな符号（頁のどこにあるか、わかりにくい）によって相互にリンクされているため、一目で全体の構成がわかるようなものではないし、頁番号も記載されていないために、検索装置として成功しているとは言いがたいものとなっている。

さらに、『人生の劇場』各部の冒頭に、ツヴィンガーはそこに含まれる見出しの樹形図（見出し配列図 *dispositio titulorum*）を付けているが、これもまた一〇頁またはそれ以上に及ぶことが珍しくない。この樹形図にも本文の参照すべき箇

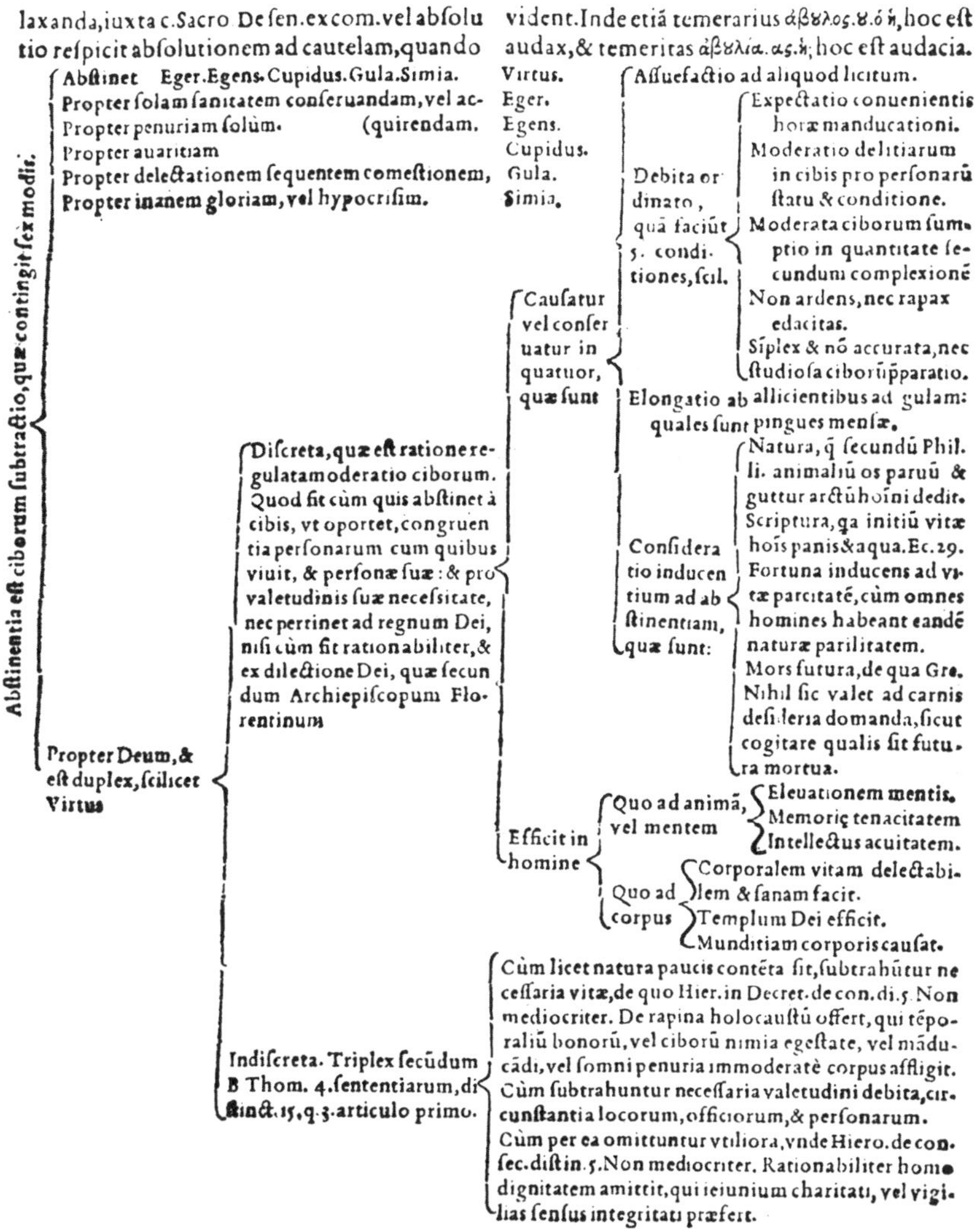
laxanda, iuxta c. Sacro De ſen. excom. vel abſolutio reſpicit abſolutionem ad cautelam, quando vident. Inde etiã temerarius ἀβουλος. ου. ὁ ἡ, hoc eſt audax, & temeritas ἀβουλία. ας. ἡ, hoc eſt audacia.

Abſtinentia eſt ciborum ſubtractio, quæ contingit ſex modis:

Abſtinet Eger. Egens. Cupidus. Gula. Simia. — Virtus.
Propter ſolam ſanitatem conſeruandam, vel acquirendam. — Eger.
Propter penuriam ſolùm. — Egens.
Propter auaritiam — Cupidus.
Propter delectationem ſequentem comeſtionem, — Gula.
Propter inanem gloriam, vel hypocriſim. — Simia.

Propter Deum, & eſt duplex, ſcilicet Virtus

Diſcreta, quæ eſt ratione regulata moderatio ciborum. Quod fit cùm quis abſtinet à cibis, vt oportet, congruentia perſonarum cum quibus viuit, & perſonæ ſuæ: & pro valetudinis ſuæ neceſsitate, nec pertinet ad regnum Dei, niſi cùm fit rationabiliter, & ex dilectione Dei, quæ ſecundum Archiepiſcopum Florentinum

Cauſatur vel conſeruatur in quatuor, quæ ſunt
- Aſſuefactio ad aliquod licitum.
- Debita ordinato, quã faciũt 5. conditiones, ſcil.
  - Expectatio conuenientis horæ manducationi.
  - Moderatio delitiarum in cibis pro perſonarũ ſtatu & conditione.
  - Moderata ciborum ſumptio in quantitate ſecundum complexionẽ
  - Non ardens, nec rapax edacitas.
  - Sĩplex & nõ accurata, nec ſtudioſa ciborũ pparatio.
- Elongatio ab allicientibus ad gulam: quales ſunt pingues menſæ.
- Conſideratio inducentium ad abſtinentiam, quæ ſunt:
  - Natura, q̃ ſecundũ Phil. li. animaliũ os paruũ & guttur arctũ hoĩni dedit.
  - Scriptura, qa initiũ vitæ hoĩs panis & aqua. Ec. 29.
  - Fortuna inducens ad vitæ parcitatẽ, cùm omnes homines habeant eandẽ naturæ parilitatem.
  - Mors futura, de qua Gre. Nihil ſic valet ad carnis deſideria domanda, ſicut cogitare qualis ſit futura mortua.

Efficit in homine
- Quo ad animã, vel mentem
  - Eleuationem mentis.
  - Memoriç tenacitatem
  - Intellectus acuitatem.
- Quo ad corpus
  - Corporalem vitam delectabilem & ſanam facit.
  - Templum Dei efficit.
  - Munditiam corporis cauſat.

Indiſcreta. Triplex ſecũdum B Thom. 4. ſententiarum, diſtinct. 15. q. 3. articulo primo.
- Cùm licet natura paucis contẽta ſit, ſubtrahũtur neceſſaria vitæ, de quo Hier. in Decret. de con. di. 5. Non mediocriter. De rapina holocauſtũ offert, qui tẽporaliũ bonorũ, vel ciborũ nimia egeſtate, vel mãducãdi, vel ſomni penuria immoderatè corpus affligit.
- Cùm ſubtrahuntur neceſſaria valetudini debita, circunſtantia locorum, officiorum, & perſonarum.
- Cùm per ea omittuntur vtiliora, vnde Hiero. de conſec. diſt in. 5. Non mediocriter. Rationabiliter homo dignitatem amittit, qui ieiunium charitati, vel vigilias ſenſus integritati præfert.

図3・3　*abstinentia*（節制、禁欲）の項目に関する『ポリアンテア』の樹形図（ケルン、1567年）。この樹形図は本文のこの項目の内容に関する検索装置を提供しているのではなく、このテーマに関する教え方や説教の仕方の概説となっている。構成はトマス・アクィナスによる論述法にもとづいており、とくに、第二階層の括弧の最下部には、ペトルス・ロンバルドゥスの『命題集』へのアクィナスの注釈が書かれた場所が明示されている。ミュンヘン、バイエルン州立図書館の許可を得て複製。書架記号2 P Lat 1074, p. 2.

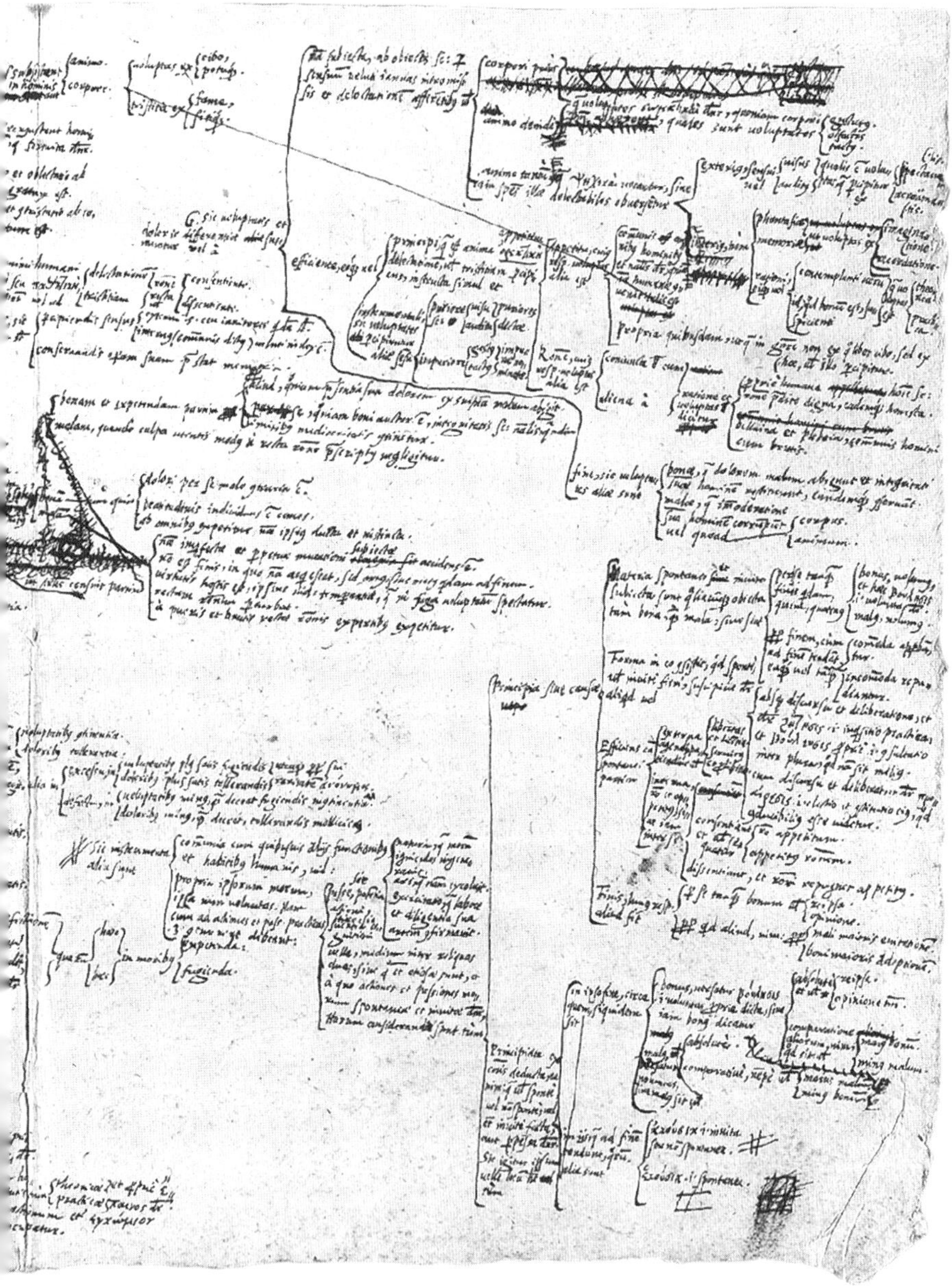

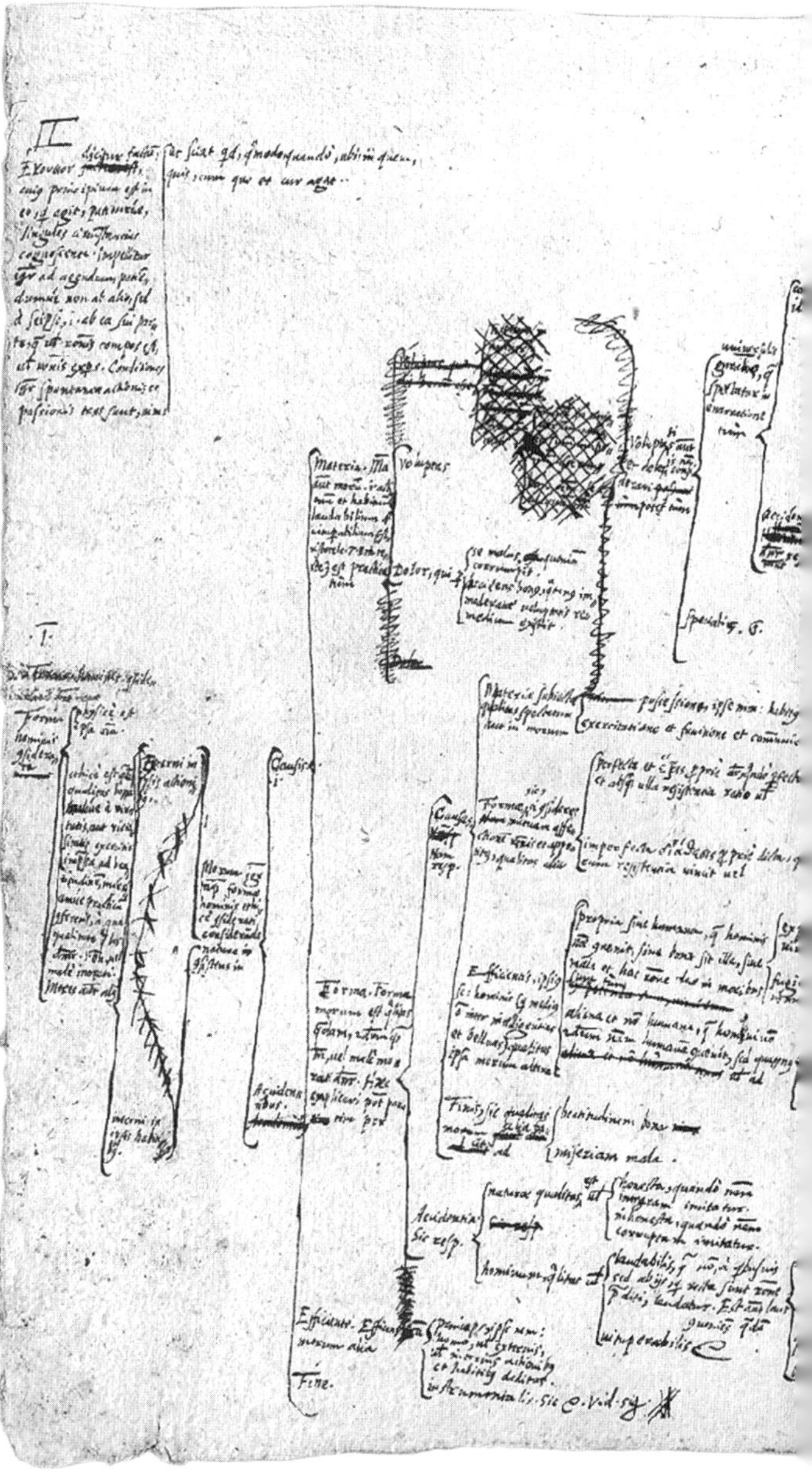

図3・4　政治学に関する樹形図の草稿。「アリストテレスの『政治学』第1巻への注解……テオドール・ツヴィンガーによる講義にもとづき、ルドヴィクス・イセリウスが筆記」と題された一連の注釈とともに、ツヴィンガーの手書き原稿の中から発見されたもの。大判の紙に書かれたこの樹形図は、（おそらくはツヴィンガー自身の手による）講義ノートとは異なる筆跡で書かれており、複雑な修正の跡が見られる。これをこのまま印刷すると、ツヴィンガーの樹形図の多くと同様に、複数頁にわたるであろう。バーゼル大学図書館の許可を得て複製。Mscr F IX 7a.

uitæ:alia Manifesta, Ενεργεια, tanquam χρῆσις & Operatio, siue Actu, siue Potētia, quæ δύναμις propriè dicitur. Iam uerò Efficiens tertiò loco cõsiderandus, partim Per se, ut instructus est bonis Animi, V. G. Doctus, Philosophus, Rhetor: Corporis, ut Pulcer, Robustus: Fortunæ, ut Rex, Iudex, Sacerdos. partim respectu Instrumenti, ut scilicet Natura, Arte, & Exercitatione nititur. Vitæ FINIS quartum locum tuetur, Beatitudo scilicet & Felicitas, tum Theorica, tum Practica.

- *Ex Fontibus prædictis porrò* RIVOS *deducamus. Vniuersitatis humanæ loci propè innumerabiles, & nisi methodum adhibeas incomprehensibiles, alij magis, alij minus uniuersales. Ab illis ad hos progrediendum esse uidetur, ὁδῷ naturali scilicet. Exemplorũ proinde eorundem cõsideratio alia instituenda uidetur quodãmodo*
  - Generalis, *quæ specialis cõsiderationis ueluti Causas & Principia cõtineat. Ordinem inter Titulos dari oportet ex Causis ipsis & Accidētibus. Etsi enim in singulis ferè exemplis omniũ causarũ ratio potest haberi: tamē unius certæ causæ primariò sub uno Titulo, reliquarũ sub aliis Titulis. Series ergo Titulorum secundùm Humanæ uitæ*
    - Causas
      - Internas *prior esto, quandoquidem simplicior esse uidetur, & sub sensum magis cadit. Vide signum* I.
      - Externas, *posterior erit, siue spectemus*
        - Effi*cientē*
          - Principem. *Sic, exēpli causa, ratione Professionis agi posset de*
            - Philosophis.
            - Mechanicis.
            - Consiliariis.
            - Regibus.
          - Instrumentalem. *De* INSTRVMENTIS *Operationum & Passionum humanarum* VOLVMEN XXI. *pertractabit. Nimirum de*
            - Natura. LIB. I.
            - Arte. LIB. II.
            - Exercitatione. LIB. III.
            - Instrumētis *Secundariis.* LIBER IV.
        - Finem. *De* BEATITVDINE *&* MISERIA *humana* VOLVMEN XXII. *differet: nempe de*
          - Beatitudine *& Felicitate.* LIB. I.
          - Miseria *& Infelicitate humanæ uitæ.* LIB. II.
    - Accidentia *duo cõmunissima, quatenus subiicitur necessitate naturali &*
      - Loco. TOPICA *humana.* VOLVMEN XXIII. *aget de* LOCO *tum*
        - Materialiter, *ut* Est. LIB. I.
        - Formaliter, *ut* Locat. LIB. II.
      - Tempori. CHRONICA *humana.* VOLVMEN XXIV. *aget de* TEMPORE *considerato respectu*
        - Numerantis. LIB. I.
        - Numerati. LIBER II.
  - Specialis, *quæ Generalis considerationis Effectus & Principiatũ censeri debet. Oritur autē ex cõplicatione Causarũ, quando initio sumto ab una causa, huic ipsi reliquæ adaptantur. Ergo initio facto à Materia, ut Homo est animal sociale, Vita alia erit*
    - Solitaria. VOLVMEN XXV. *de Vita* SOLITARIA *unico Libro pertractabit.*
    - Socialis, *causa*
      - Cognitionis. *De* ACADEMICA *uita* VOLVMEN XXVI. *Libro unico.*
      - Actionis *erga*
        - Deum *Religiosæ. De Vita* RELIGIOSA, VOLVM. XXVII. *Nempe de Religione*
          - Naturali. LIB. I.
          - Mosaica *Iudæorum.* LIB. II.
          - Christianorum. LIBER III.
          - Ethnicorũ. LIB. IV.
          - Mahumetana. LIB. V.
        - Homines *Profanæ, tum*
          - Politicæ. *De* POLITICA *Vita* VOL. XXVIII. *Videlicet de*
            - Politia *ut Totũ quiddam est.* LIB. I.
            - Politia *secundùm Causas considerata.* LIB. II.
            - Politia *secũdùm Effectus considerata.* LIB. III.
            - Politiis *singularibus.* LIBER IV.
          - Oeconomicæ. *De* OECONOMICA *Vita* VOLVM. XXIX. *De*
            - Oeconomia, *ut Totum.* LIB. I.
            - Oeconomię CAVSIS. LIB. II.
            - Oeconomiæ EFFECTIS. LIB. III.
            - Oeconomiis *singularibus.* LIB. IV.

✶ ✶ ✶

I. Titu-

所の指示は含まれていないので、検索装置として使うことはできず、ツヴィンガーによる見出しの選択とその配列のもととなる、論理構成を表すものとなっている。ここではツヴィンガーは、総説から各論への六から七階層の下位区分を、標準的な二項対立（たとえば、質料／形相、内部／外部、一般／特殊、全体／部分、否定／肯定）や、他の範疇（原因、偶有性、実体など）を使いながら、一般から特殊へと分け進んでいく〔図3・6〕。右側の欄外に示されているように、樹形図の末端の記述は、本文で扱われている見出しとおおむね一致するようになっている。樹形図に書かれた下位区分の中には、本文では省略されているものもあり、別の言い方がされているものもある。また、樹形図や本文に書かれた見出しの中には、何の記述もなく空欄のまま残されたものもあるが、これはツヴィンガーが集めた主題ではなく、論理的な枠組みによって生じた結果である。こうした樹形図は、主題一般の理想的な取り扱い方を示すことで、本文中の見出しとその配列の論理的根拠を表すものとなっている。

　ツヴィンガーが樹形図を作成し、その配列を何度も見直したのは、集めた文献を整理する必要性によるだけでなく、何よりも、真の秩序、すなわち、事物の本性にもとづき永遠に変わることのない秩序への探究心によるものであった。ツヴィンガーは、このジャンル――さまざまな読書の記録、コモンプレイス集、その他の教訓集など――の先達の多くが、場当たり的で不適切な見出しを用いていたと批判し、「彼らはきわめて少ない見出し語の中で仕事をしており、各見出しを関連付けるのではなく、ただ山のように積み重ね、しかも現実の本質からではなく彼ら自身の都合によって作り上げていた。書き手の思惑ではなく学問にもとづいた、したがって永続的なものになりうる、新たな秩序が定められなければならない。その学問の方法は、事物の本質から導き出されねばならない」と述べた。[120]ツヴィンガーは、みずから苦心して仕上げた樹形図を、事物間の真の関係を表すものとして思い描いていたので、その目標に達するために、版を重ねるごとに改訂し続けていた。

　樹形図が、ツヴィンガーの文献収集のきっかけとなった例

図3・5　ツヴィンガーが『人生の劇場』（1586年）全体の概略を示した樹形図の一部。複数頁にまたがるこの樹形図は10頁以上にわたり、符号によって相互に関連付けられている。この頁の表は第21巻から第29巻までを説明しており、各巻は一つから四つの部に下位区分されている。最上段に書かれた vide signum I（符号Iを見よ）によって、読者は、（Iという符号が付けられている）次の頁の第10部から第20部までを説明する樹形図を参照することを促される。シカゴ大学図書館、スペシャルコレクション・リサーチセンターの許可を得て複製。AE3. Z94.1587, sig. ***1v.

も見られる。一五六五年版では、土地の肥沃さに関するセクションには、(ワイン、牛乳、塩、鉛といった項目のように)本文がない空っぽの見出しだけ、また、(金や瀝青といった項目のように)ほんの一つか二つの例だけが記述された見出しが見られた。一五八六年版になると、(鉛と金、錫と鉄といった)金属についての肥沃さに関するセクションは大幅に増補されている。一方、ワイン、牛乳、塩に関しては、あたかも次回の改訂を待っているかのように、空白のまま残されている。[121]ツヴィンガーの『人生の劇場』は、人のあらゆる経験を記述しようという、理想主義的な野心によって突き動かされ、人の一生の短さによって中断された、制作途上にある作品なのである。ツヴィンガーの樹形図が示す理想的な「劇場」と、実際に集められた範例のあいだには溝が存在するが、それでも、念入りに作られた見出しと小見出しの階層と、他に例を見ないほど複雑な樹形図は、ツヴィンガーにとって、とりわけ意義深いものであった。

ツヴィンガーが樹形図をどれほど強力なものと考えていたとしても、同時代の人たちがさほど関心をもたなかったことは、証拠から示唆される。バイヤーリンクの『人生の大劇場』では、アルファベット順配列への意向ということからして当然あってよさそうな判断はとくになされず、樹形図はそっと削除された。ツヴィンガーによる下位区分の多くのものは(とくに長いものは)バイヤーリンクの項目分けにも引き継がれたが、それらの関係を示す樹形図は継承されなかった。ハイデルベルク大学、次いでダンツィヒ大学の哲学と神学の教授を務め、自身も多くの教科書の著者であったバルトロメウス・ケッカーマン(一五七三—一六〇九年)は、論理的に欠陥があり現実的には使えないもの、とツヴィンガーの方式を非難している。名文集に関する短い論説の中で、ケッカーマンは、ツヴィンガーの配列を含めて、アルファベット順から十戒に倣った配列にいたるまで、ロキ・コンムネス(*loci communes*)〔コモンプレイス〕の集成物のさまざまな構成法について論じ、以下のように書いている。「またもや大々的な配列法が、すなわち書物の大々的な規模が、ツヴィンガーの『人

図3・6 『人生の劇場』(1586年)第26巻「学校生活について」の構成を示した樹形図(4060-69頁)。私が右端の余白に書き込んだように、樹形図で表されたセクションは本文の記述と完全に一致してはいない。書き込んだ事柄は、各見出しが本文に出てくる頁番号、本文中での形態が樹形図と異なる場合にはその旨、あるいはその他の相違点などである。本文にはこの樹形図には書かれていない見出しがあり(「>」という符号が付けられている)、またいくつかの見出しは本文にはまったく存在しない。本文の見出しの中には記述内容がない空っぽのものや、この書物の他のセクションへの相互参照だけが記されたものもある。この図はシカゴ大学図書館、スペシャルコレクション・リサーチセンターの許可を得て複製。AE3.Z94.1587,vol.4, p. 4061.

VOLVMINIS XXVI.

TITVLORVM DISPOSITIO.

De Academica uita agendum

- Vniuersim, quatenus generalia capita, in quib. Academiae cōmuni ratione conueniunt, perpenduntur: Videlicet
  - Materia, siue Subiectū: Locus scilicet cum suo locato. Considerātur proinde
    - Totum, quod Academiam & Vniuersitatem & Gymnasium uocant literarium. Gymnasiorum alia
      - Publica, principali auctoritate instituta: siue ius testimoniorum
        - Habeant. quas uulgò Vniuersitates uocant.
        - Non habeāt. quae Particularia appellantur.
        -] 高等教育機関、修道院がある島々、都市 4062-6046
      - Priuata. Academiae inter priuatos institutae.] 4064 >篤学一般、4065
    - Partes, hoc est,
      - Personae Academicae, quae inter se conuersantur,
        - Per se quidem Doctrinae caussa
          - Doctores.] 4066
          - Discipuli:
            - Tirones. Medij.] 異なる見出し：「学生と聴講生」、4066
            - Prouecti, ut ipsi etiam docere possint. Titulis insigniti.] 4066
        - Per accidens uerò Conuersationis causa
          - Politicae. Vt
            - Rectores.] 4066
            - Consiliarij. Iudices. > tabelarij] 記述内容なしの見出し、4066
          - Oeconomicae. Vt
            - Hospites. > famuli] 記述内容なしの見出し、4067
            - Oeconomi.] 見出しなし、4067
      - Res in quibus cōmunicant. Nimirum
        - Priuilegia in
          - Genere.] 4067
          - Specie: siue sint
            - Ornamenta.] 1008頁への相互参照
            - Emolumenta.] 記述内容なし、4067
        - Loca. Auditoria, Gymnasia in specie dicta.] 4067
  - Forma siue Constitutio ipsa, qua inter se deuinciuntur atq; continentur. In Actionibus & Passionibus Academicis, Lex uti regula praescribens: Officium id quod praescribitur. Ratione ergo habita
    - Personarum quae agere passiue debent, Rerum aliae sunt
      - Primariae, quatenus
        - Agunt, Praesunt, tum
          - Docendo. Regendo.] 博士たち、その義務、方法、特権、4067
        - Patiuntur, Subsunt, quia
          - Docentur. Reguntur.] 学生たち、その義務、方法、特権、そして争い、4067
      - Secundariae, quae ministrant: & uel ad usum
        - Didascalicum. Politicum. Oeconomicum.] このような見出しなし
    - Rerum, quae aguntur atque fiunt, in
      - Genere, occurrit Scholae
        - Institutio
          - A quibus.] 4067-68
          - Quomodo.] 記述内容なしの見出し、4068ビベスの本への相互参照
          - Cur.] 4068
        - Dissipatio.] 4068
        - Restitutio.] 4068
      - Specie. Sic Actus alij
        - Didascalici. v.g.
          - Lectiones.] 4068
          - Disputationes.] 4068
          - Declamationes. Examina. Testimonia.] このような見出しなし
        - Politici. Puta
          - Susceptio. Dimissio.] このような見出しなし
          - Electio.] 記述内容なし、見出しは「iurisdictio」、4069
          - Iurisdictio. > iudicia] 4069
        - Oeconomici.
          - Collectio necessariorum.] このような見出しなし
          - > hospitij ius] 4069
          - Distributio munerum.] このような見出しなし
- Singillatim, quatenus in singulis Academiis praedictorum capitum singula examinari possunt.

LLLLL 2 Volu-

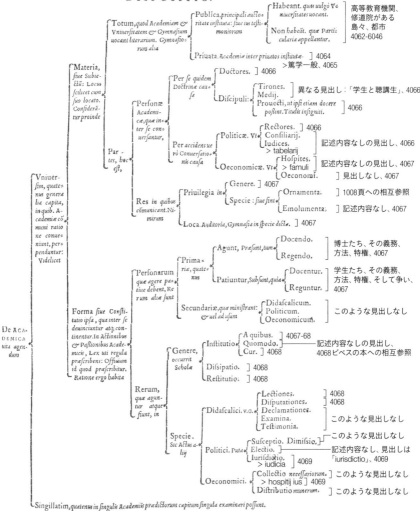

生の劇場』で規定された。この男は膨大な労力を費やして、この配列法によってあらゆる事物についての見出しを記載しようとしたが、その結果が労力に見合うものとは思えない。まこと、この配列法は、論理的に正確に構成されているわけではなく、それによってすべての事物に言及できるものでもない。さらに、目的のものを見つけ出すことが簡単にできるものでもないので、結局はアルファベット順の索引に頼らねばならない」[122]。ケッカーマンにとっては、ツヴィンガーが用意した三種類の索引（見出し、固有名詞、「記憶すべき言葉や事物」）のほうが、『人生の劇場』を参照するためには重要であった。これらがあれば、読者がこの書物を利用するさい、ツヴィンガーが構想した、複雑で、つねに変化し続ける枠組みを理解する必要もなかった。ツヴィンガーの枠組みがあまり使われていなかったさらなる証拠として、（第5章で論じるように）彼の索引には書き込みがよくなされているのに、私が見つけた樹形図への書き込みのケースは一つしかなかった。

樹形図は、それ自体はほとんど読まれることはなかったとはいえ、重要な目的を果たしていた――その作成に惜しみない注意を払った作者だけでなく、じっくりと吟味することなく、ざっと目を通すだけの読者にとっても。詳細な記述や多数の例文の収集によって編纂書が大規模になるにつれ、樹形図は、かくも広範な素材に通暁することがなおも可能であるという証明になった。一目瞭然というわけではないにせよ、複雑に相互接続した一まとまりの体系として、そのことが示されるのである。ツヴィンガーの『人生の劇場』の樹形図は、本文に膨大に集積された文献を補完するものであったが、その機能は、検索装置や記憶するための手助けではなく、きわめて複雑に関係する文献を体系的に使いこなすことが可能であることを保証するものであった。同様に、百科事典的な書物の制作に野心を燃やしていたフェデリコ・チェシは、洗練された樹形図（「養蜂所 *apiarium*」と題された蜜蜂についての、およびそのテクストについての何百頁もの注釈のような）を生み出した[123]。レファレンス書の中心はテクストにあったものの、『ポリアンテア』と『人生の劇場』は、修辞学や哲学を教えるための教材から樹形図という視覚的ツールを取り入れ、それを検索装置としてではなく、複雑な素材がどのような考え方で構成されているかを説明するための案内として、使っていたのである[124]。

レイアウトまたは頁構成（mise-en-page）

これまで述べてきたようなパラテクストによる装置に加えて、テクスト本文とそのレイアウトも、レファレンス書の参照を容易にするために重要な役割を果たしてきた。コンピュータで文章作成をするようになって、われわれは、最大の効果を発揮するよう頁をフォーマットするうえで、空白や語の配置、フォントのさまざまなサイズや種類（大文字、イタリック体、太字）が果たす役割をはっきり意識するようになった。それでも、印刷された頁の今では見慣れないものとなったさまざまな特徴が、過去の読者にどのような衝撃を与えたかを判断することは、とりわけ、レイアウトに関するコメントが同時代に見られないことを考えると、簡単なことではない。ただ、われわれが今日馴染んでいる多くの特徴は、初期の印刷本、とくにレファレンス書で発展したのである。初期近代の書物の頁が参照しやすいものであったかどうかという以下の分析は、私自身の現代の視点に影響を受けているが、少なくともその視点は、初期近代におけるレイアウトの習慣に負う部分があり、まったく無関係なものではない。著者の中にはレイアウトに口出ししようとした者もいたが、それが決まるのは、たいていは印刷所においてだった。[125] 私が考察したレファレンス書（とくに『ポリアンテア』と『人生の劇場』）の頁構成は、一つの版から次の版へと直線的に発展していったわけではなかった。印刷業者や編者の中にはレイアウトや検索装置に新たな工夫をした者もいたが、一方では、それを手本とする者もいたし、無視した者も存在した。しかしながら、全体として見ると、一七世紀の版本では、読みやすさを増すように工夫しながら、一頁に収める分量を首尾よく増やしていったことがわかる。

中世の詞華集やその他の編纂物の写本は、使い勝手に大きな差があり、この点で索引に似ている。最も高価な写本では、ルブリケーション〔装飾的な頭文字〕や余白、欄外見出しといったものを組み合わせて、見出しとそれに続く引用を強調していたが、写本の中にはこれらのいずれも使っていないものがあり、また、どれか一部だけを使っていたものが多数であった。たとえば、アイルランドのトマスの写本の一つは、ちょうど折衷案と見ることができ、新しい項目を示すために欄外見出しと朱色の大文字を使っているが、その見出しの下に置かれた各条項は次の条項と分けられることなく続いており、朱色で書かれた段落を示す記号によってのみ区分されている。また、各引用の典拠は多くの場合末尾に書き込まれているが、引用本文との区分はまったくなされていなかった。したがって、読者は、特定の項目がどこにあるかは、見出しによって簡単に見つけられるものの、目的の著者や引用を探し出すためには、その項目全体を読まなければならなかっただろう。さらに、略記法が使われていることによって、専門家でない読者にはさらなる困難が待ち受けていた。

印刷によって、頭文字の彩色は用いられなくなり（書物の所有者が手書きで色を付けることはあったものの）、それにかわって、余白および異なるフォントを使用することが、とくにレファレンス書の頁レイアウトにおける中心的な特徴となっていった。大判のレファレンス書のほとんどは、聖書やその他の大部な作品の中世写本によく見られる形式であった、本文の二段組みを踏襲していた。[126] 段組みが導入されたことで、段間に空白が置かれ、一行の横幅が狭くなったため、特定の言葉を容易に探すことができるようになった。また、改行しても失われるスペースが小さいので、このレイアウトは段落分けを容易にしていた。エラスムスの『格言集』やバイヤーリンクの『人生の大劇場』においてそうなっているように、頁の中での位置を示す文字（A―G）が置かれる最適な場所は、中央の空白部分だった。

一五〇三年に『ポリアンテア』が、ローマン体の活字を採用し、略記法の使用を少数に留めた、人文主義者の著作の新しい規範に従って印刷された。これに対して、ドイツ語圏で印刷された初期の版は、たとえば一五一七年のシュトラースブルク版のように、ゴシック体を使っていた。一六世紀において、多くのジャンルの散文作品は、（たとえば、ナニの序文やモンテーニュの『エセー』のように）段落分けをせずに印刷されていたが、個別の金言（*sententia*）を集めた『ポリアンテア』の本文では、この版でもその後の版でも、空白スペースをうまく使って、各項目とそれらの項目内の条項の輪郭を、他に類を見ないほどみごとに浮き上がらせていた。[127] 見出しの位置を示すことについては、『ポリアンテア』の印刷本において、おそらくはさしたる改良はされなかった。これは中世の手稿本においてすでに、ルブリケーションを使用することで見つけやすくする工夫がたいていはなされていたためである。各見出しはさまざまな方法で示されていた。さまざまな大きさの冒頭の飾り文字、あるいは小さな「ウンデント」（欄外へのはみ出し）、および／または、ほかよりも大きな書体、といったものが使われた。後の諸版になると、見出しを示す方法がだいたいは一定してくるので、見出しを拾い読みすることが簡単にできるようになった。中世の先例と比べた場合の印刷本の顕著な改良点は、各項目内にざっと目を通すことが容易になった点である――この改良は、アイルランドのトマスから借用した部分に、ナニによって新たな引用が付け加えられることで、各項目が大幅に長くなった時期と一致している。中世の写本とは異なり、見出しのもとに配置された引用は、それぞれが新しい行で始まるようになった。さらに、引用元の情報は、しばしば行の中央に置かれるか、ピルクロウ（段落記号：¶）によって示されるようになり、その両方が用いられることもあった。引用は、たいてい著者ごとにまとめられ、初期の諸版では、新しい著者が登場する

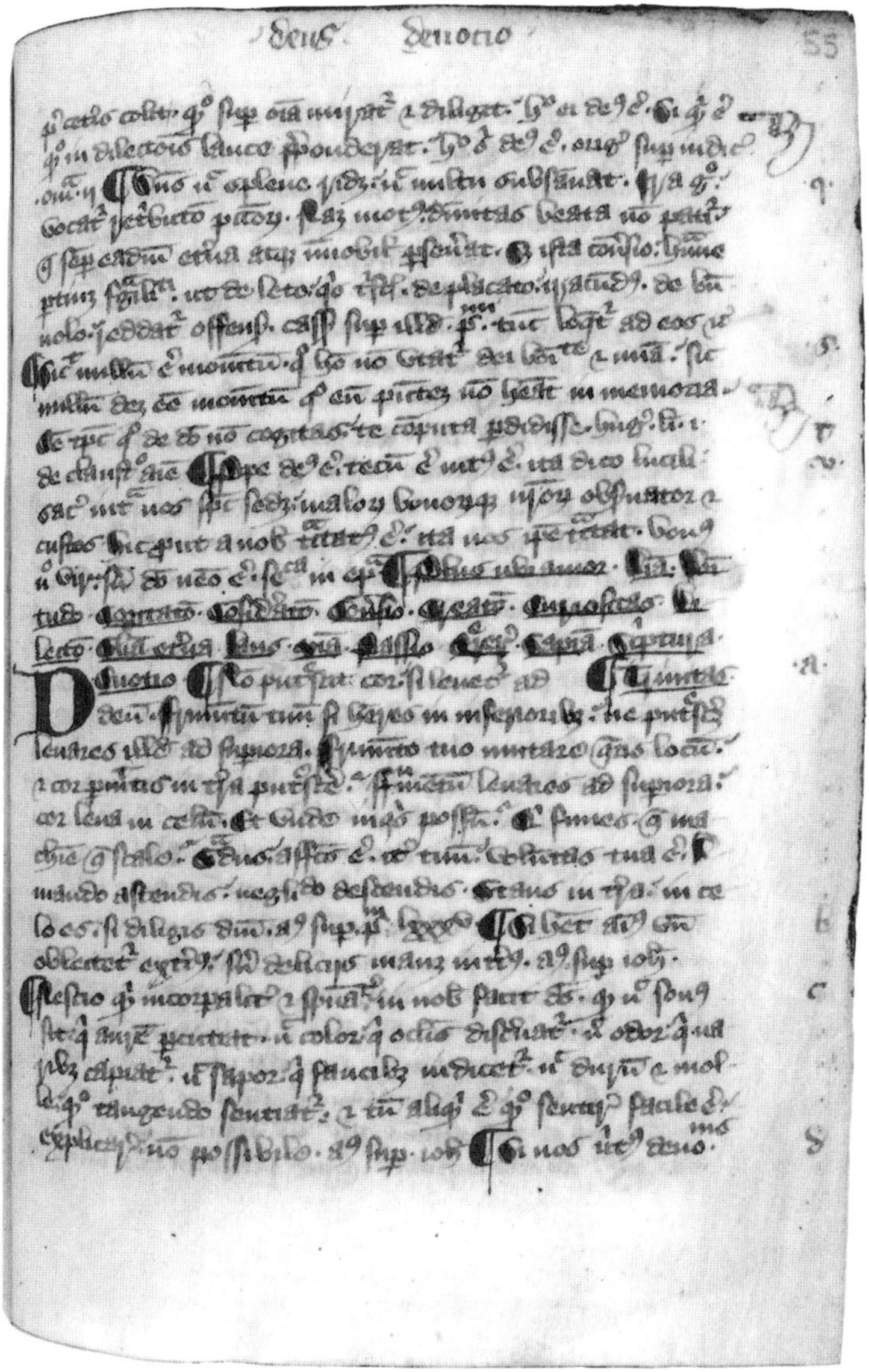

図3・7　アイルランドのトマスによる『一つかみの花々』(1306年)の14世紀の写本。きわめてよく書き写された詞華集である。この写本には参照を容易にするための数多くの工夫が見られる。頁の上部の欄外見出しは、この頁には *Deus*（神）および *devotio*（献身）の項目が含まれていることを示しており、見出しとピルクロウ（段落記号：¶）のルブリケーションによって新たな引用であることを示しているが、本文に改行は見られない。興味を惹かれた箇所を示す指差し画と、欄外の右端には各見出しの引用数を数え上げた文字（「神」の項目では「u」、すなわち21個にまで達し、「献身」はこの頁では四つ）が、読者によって書き加えられている。ケンブリッジ大学図書館の許可を得て複製。Ff.vi.35, f. 55r.

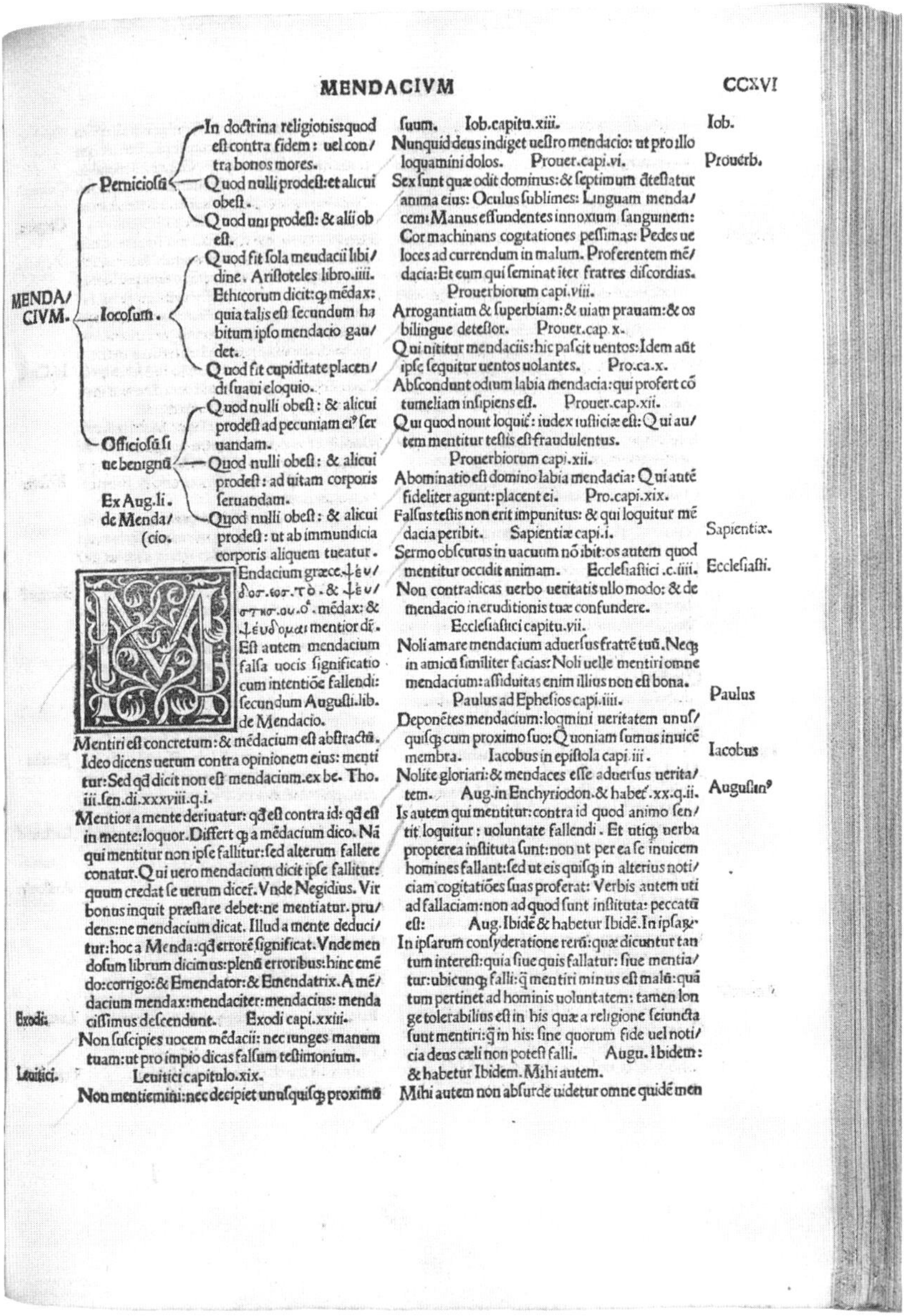

とともに、本文中では対応する引用の直前に行の中央部に記載されている。*Mendacium*（嘘）の項目には小さな樹形図が付けられている。ある読者（名前はわかっていない）が、欄外に線を引いて、多数の引用に注意を促している。ハーヴァード大学ホートン図書館の許可を得て複製。Typ 252.03.596F, ff. 215v-216r.

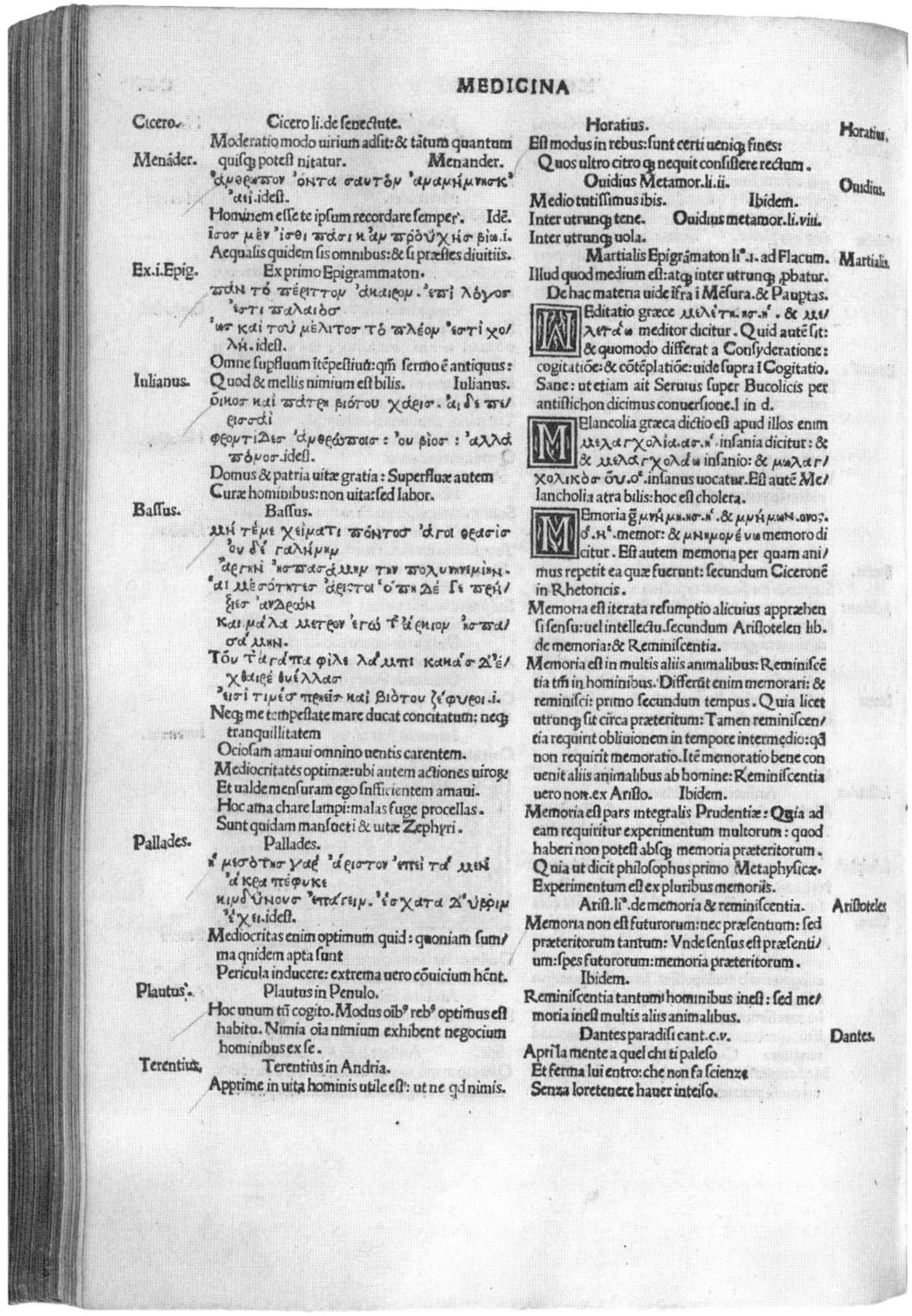

MEDICINA

Cicero. Cicero li. de senectute.
Moderatio modo uirium adsit: & tãtum quantum quisq; potest nitatur.
Menáder. Menander.
[illegible]
Hominem esse te ipsum recordare semper. Idẽ.
[illegible]
Aequalis quidem sis omnibus: & si præstes diuitiis.
Ex.i.Epig. Ex primo Epigrammaton.
[illegible]
Omne supfluum itẽpestiuũ: qñ sermo ẽ antiquus:
Iulianus. Quod & mellis nimium est bilis. Iulianus.
[illegible]
Domus & patria uitæ gratia: Superfluæ autem
Curæ hominibus: non uita: sed labor.
Bassus. Bassus.
[illegible]
Neq; me tempestate mare ducat concitatum: neq; tranquillitatem
Ociosam amaui omnino uentis carentem.
Mediocritates optimæ: ubi autem actiones uirorũ
Et ualde mensuram ego sufficientem amaui.
Hoc ama chare lampi: malas fuge procellas.
Sunt quidam mansueti & uitæ Zephyri.
Pallades. Pallades.
[illegible]
Mediocritas enim optimum quid: quoniam summa quidem apta sunt
Pericula inducere: extrema uero cõuicium hẽnt.
Plautus. Plautus in Penulo.
Hoc unum tñ cogito. Modus oib⁹ reb⁹ optimus est habitu. Nimia oia nimium exhibent negocium hominibus ex se.
Terentius. Terentius in Andria.
Apprime in uita hominis utile est: ut ne qd nimis.

Horatius. Horatius.
Est modus in rebus: sunt certi ueniq; fines:
Quos ultro citro q; nequit consistere rectum.
Ouidius. Ouidius Metamor. li. ii.
Medio tutissimus ibis. Ibidem.
Inter utrunq; tene. Ouidius metamor. li. viii.
Inter utrunq; uola.
Martialis. Martialis Epigrãmaton li°. i. ad Flacum.
Illud quod medium est: atq; inter utrunq; pbatur.
De hac materia uide ĩfra ĩ Mẽsura. & Pauptas.
Editatio græce [illegible] meditor dicitur. Quid autẽ sit: & quomodo differat a Consyderatione: cogitatiõe: & cõtẽplatiõe: uide supra ĩ Cogitatio. Sane: ut etiam ait Seruius super Bucolicis per antistichon dicimus conuersione. l in d.
Elancolia græca dictio est apud illos enim [illegible] insania dicitur: & [illegible] insanio: & [illegible] insanus uocatur. Est autẽ Melancholia atra bilis: hoc est cholera.
Emoria [illegible] memor: & [illegible] memoro dicitur. Est autem memoria per quam animus repetit ea quæ fuerunt: secundum Ciceronẽ in Rhetoricis.
Memoria est iterata resumptio alicuius appræhensi sensu: uel intellectu. secundum Aristotelen lib. de memoria: & Reminiscentia.
Memoria est in multis aliis animalibus: Reminiscẽtia tñ in hominibus. Differũt enim memorari: & reminisci: primo secundum tempus. Quia licet utrunq; sit circa præteritum: Tamen reminiscentia requirit obliuionem in tempore intermedio: qd non requirit memoratio. Itẽ memoratio bene conuenit aliis animalibus ab homine: Reminiscentia uero non. ex Aristo. Ibidem.
Memoria est pars integralis Prudentiæ: Quia ad eam requiritur experimentum multorum: quod haberi non potest absq; memoria præteritorum. Quia ut dicit philosophus primo Metaphysicæ. Experimentum est ex pluribus memoriis.
Aristoteles Arist. li°. de memoria & reminiscentia.
Memoria non est futurorum: nec præsentium: sed præteritorum tantum: Vnde sensus est præsentium: spes futurorum: memoria præteritorum.
Ibidem.
Reminiscentia tantum hominibus inest: sed memoria inest multis aliis animalibus.
Dantes. Dantes paradisi cant. c. v.
Apri la mente a quel chi ti paleso
Et ferma lui entro: che non fa scienza
Senza loretenere hauer inteiso.

図3・8　ドメニコ・ナニ・ミラベッリの『ポリアンテア』の初版（1503年）の見開き2頁。木版による大文字と空白のスペースによって各項目が分けられている（飾り文字の一つは誤って逆さまになっている）。頁上部の欄外見出しは、各頁で扱われている最初の項目名を示している。引用の著者は、欄外に示される

と、その名前が欄外に記されることで強調されていた。こうした工夫によって、ある主題についての項目内で特定の著者を探したり、ある著者の複数の引用から特定のものを探すことが、より簡単になっていった。

『ポリアンテア』が膨らんでくるにつれて、新規の項目を示したり、テクストの異文や、ときには抜粋内容の要約を追加するために、欄外を利用する版がいくつか現れるようになった。すでに度重なる増補を経た一六〇〇年までには、見出しは小さなサイズの大文字《スモール・キャピタル》（本文と区別はできるものの、はっきり目立つというほどではない）で示されるようになり、一方、各項目は、著者別に分けられた引用の一覧によって構成されていたが、長大で、ざっと目を通すのは難しいものであった。一六〇四年のヨーゼフ・ランゲによる『ポリアンテア』の改訂版では、内容だけでなくレイアウトも刷新された。ランゲは、二段組みの各段の中央に、著作家をグループ分けする範疇名を大文字で記すことで、各項目の記事を読みやすくした。聖書、教父、詩人、哲学者、などという具合である。引用元はそれぞれの項目の末尾にイタリック体で列挙されるようにし、欄外はおおむね空白のまま残された。逸話や警句に登場する主要人物の名前もまた、イタリック体で記された。一七世紀に出版された『ポリアンテア』の諸版は、一頁が大きくなりフォントが小さくなったことで、一頁当たりの文字数は一六世紀初期の諸版よりいちじるしく増大したものの、多様な大きさや種類のフォント、罫線、ピルクロウを駆使することで、楽に参照できるようになっている。

『ポリアンテア』は絶頂期には、二階層からなる見出し――項目の見出しと、引用元の種類についての一つの小見出し――のもとに引用を列挙していたが、ツヴィンガーは、『人生の劇場』において、下位分類を含めて最大五階層からなる分類法によって表示しようと試みていた。主見出しでは、大文字の見出し名とイタリック体によるその説明が、二段組みの両段にまたがるように記されていた。一方、小見出しは、一段のみを占め、つねにというわけではないが、より小さな大文字で書かれることもあった。一五六五年版では、さらに下の階層が新たに表示されることはなかった。だが一五八六年版になると、本文が三倍の長さになり、レイアウト面でも読みやすくするための新たな工夫がなされるようになった。序文は、見出しと段落を用いてセクションに分けられ（各段落は二つ折り本で二頁もの長さになることがあったが、それでも、一五六五年版の五頁よりは短くなっている）、本文では、セクション間の分割と階層の中での位置を示すために、さまざまな種類の罫線、フォント、記号活字が駆使されるようになった。ツヴィンガーは、三種類の記号活字（古代後期において句読法《パンクチュエーション》の一つの形態として使われたヘデラすなわちツ

図3・9　ラウレンティウス・バイヤーリンクの『人生の大劇場』（1631年）の見開き頁の一例。ここにはOblivio（忘却）の項目全体が示されている。1503年版よりはるかに多くの文字が1頁に詰め込まれており、欄外に印刷されたＡからＨまでの文字が、頁の中の特定の場所を指示する助けとなっている。また、各項目と左右の段は罫線によって区分されており、活字の大きさや種類の違いと、空白のスペースによって、小見出しとその本文の階層が示されている。ハーヴァード大学ワイドナー図書館の許可を得て複製。CYC 25, O16-17.

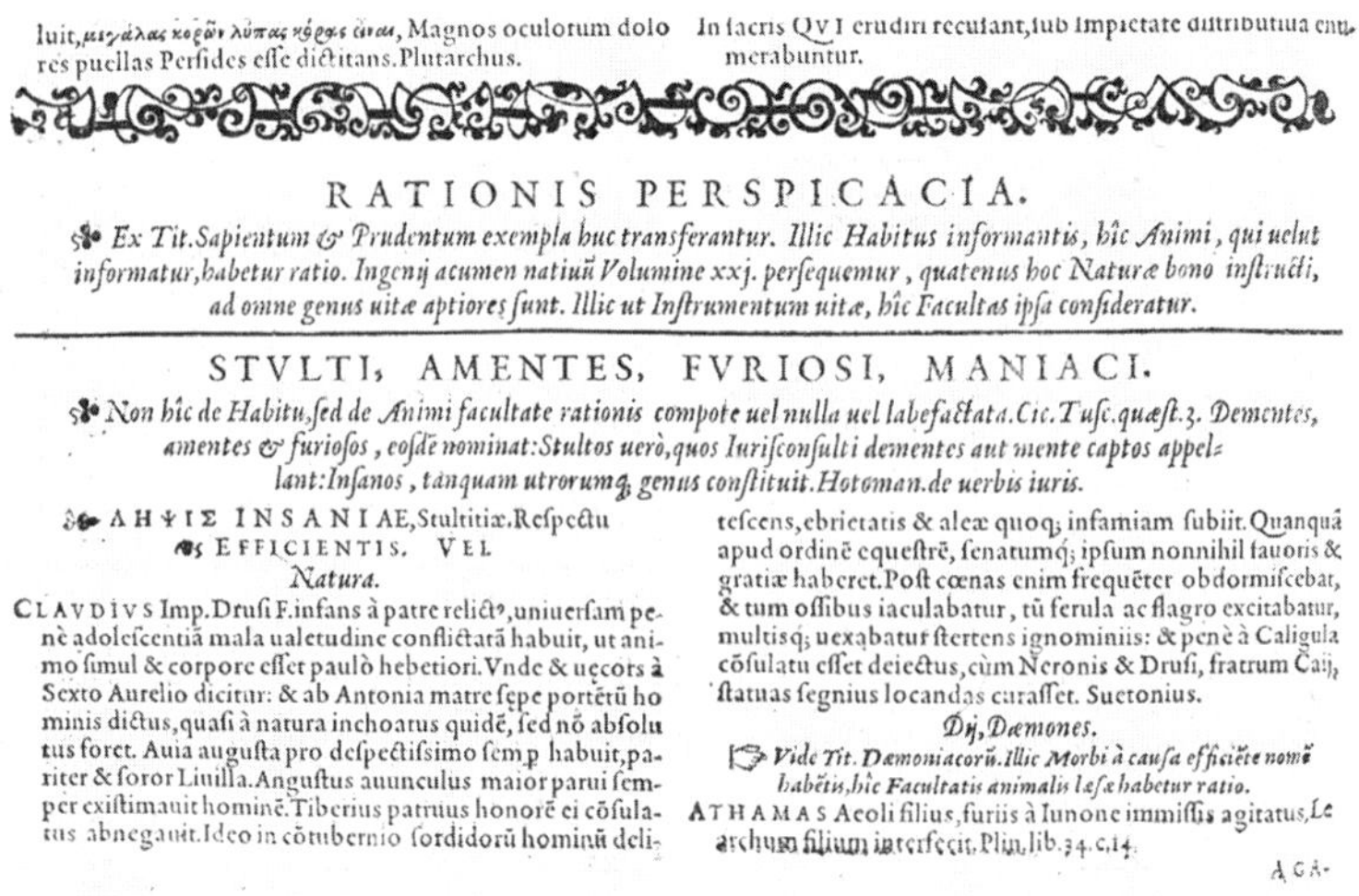
luit, μεγάλας κορῶν λύπας κόρας εἶναι, Magnos oculorum dolores puellas Perſides eſſe dictitans. Plutarchus.

In ſacris QVI erudiri recuſant, ſub impietate diſtributiua enumerabuntur.

RATIONIS PERSPICACIA.

Ex Tit. Sapientum & Prudentum exempla huc transferantur. Illic Habitus informantis, hîc Animi, qui uelut informatur, habetur ratio. Ingenij acumen natiuũ Volumine xxj. perſequemur, quatenus hoc Naturæ bono inſtructi, ad omne genus uitæ aptiores ſunt. Illic ut Inſtrumentum uitæ, hîc Facultas ipſa conſideratur.

STVLTI, AMENTES, FVRIOSI, MANIACI.

Non hîc de Habitu, ſed de Animi facultate rationis compote uel nulla uel labefactata. Cic. Tuſc. quæſt. 3. Dementes, amentes & furioſos, eoſdẽ nominat: Stultos uerò, quos Iuriſconſulti dementes aut mente captos appellant: Inſanos, tanquam utrorumq; genus conſtituit. Hotoman. de uerbis iuris.

ΛΗΨΙΣ INSANIAE, Stultitiæ. Reſpectu EFFICIENTIS. VEL

Natura.

CLAVDIVS Imp. Druſi F. infans à patre relict⁹, uniuerſam penè adoleſcentiã mala ualetudine conflictatã habuit, ut animo ſimul & corpore eſſet paulò hebetiori. Vnde & uęcors à Sexto Aurelio dicitur: & ab Antonia matre ſępe portẽtũ hominis dictus, quaſi à natura inchoatus quidẽ, ſed nõ abſolutus foret. Auia auguſta pro deſpectiſsimo ſemp habuit, pariter & ſoror Liuilla. Auguſtus auunculus maior parui ſemper exiſtimauit hominẽ. Tiberius patruus honorẽ ei cõſulatus abnegauit. Ideo in cõtubernio ſordidorũ hominũ delitescens, ebrietatis & aleæ quoq; infamiam ſubiit. Quanquã apud ordinẽ equeſtrẽ, ſenatumq; ipſum nonnihil fauoris & gratiæ haberet. Poſt cœnas enim frequẽter obdormiſcebat, & tum oſſibus iaculabatur, tũ ferula ac flagro excitabatur, multisq; uexabatur ſtertens ignominiis: & penè à Caligula cõſulatu eſſet deiectus, cùm Neronis & Druſi, fratrum Caij, ſtatuas ſegnius locandas curaſſet. Suetonius.

Dij, Dæmones.

Vide Tit. Dæmoniacorũ. Illic Morbi à cauſa efficiẽte nomẽ habẽtis, hîc Facultatis animalis læſæ habetur ratio.

ATHAMAS Aeoli filius, furiis à Iunone immiſſis agitatus, Learchum filium interfecit. Plin. lib. 34. c. 14.

AGA-

図3・10　ツヴィンガーの『人生の劇場』（1586年）で使われている記号活字。これらは見出しと関連する解説に、階層の高いほうから、クローバーの葉、右向きのトウガラシ、左向きのトウガラシの順位で添えられており、最下層に当たる下位区分には何の記号活字も使われていない。指差し図は、この本の別のセクションへの相互参照を示している。シカゴ大学図書館、スペシャルコレクション・リサーチセンターの許可を得て複製。AE3.Z94.1587, vol. 1, p. 14.

タの葉）（以下、記号類、図3・10参照）を用いて、本文の内容の重要性に応じて印を付けた。すなわち、重要性の高いほうから、クローバーの葉、右向きのヘデラ、左向きのヘデラ（または、トウガラシの実？）である。[128] また、指差し図が、クロスレファレンスを示すために初めて使われてもいる（クロスレファレンスは一五六五年版ですでに使われているが、特別なマークを付されていたわけではなかった）。[129] こうしてツヴィンガーは、かならずしも完璧ではないにせよ、四つの階層の見出しをどうにか一貫した方式で区別することができた。著者たちはレイアウトに生じた間違いによく気づいていた。たとえばゲスナーは、『総覧』のある巻につけた正誤表に、「葉番号五四cの第二九行『善き精神について、悪しき精神について』は、前の見出しに属しており、小さなサイズの活字で印刷されるべきであった」と書いている。[130]

ツヴィンガーの手の込んだシステムに見られるその他の要素と同様、体系的に使われたこれらの記号も、バイヤーリンクの『人生の大劇場』からは姿を消した。その一方で、罫線は、重要な役割を果たし続けた。項目を区切ることに加えて、二つの段のあいだの中央の空白部分に、上から下まで罫線が引かれたのである。見出しは片方の段だけに収まり、大文字かより小さなサイズのイタリック体で記された。記号活字としては、クロスレファレンスを示す指差し図と、ツヴィンガー以降に追加された見出しを示す星印だけが用いられた。その結果、とくに数十頁にも及ぶ項目は（たとえば、「*bellum*〈戦争〉」は一〇〇頁以上の長さになっている）、一五八六年版に比べて、拾い読みがしやすいとは思えないものとなっている。ツヴィンガーの『人生の劇場』は、視覚的に興味を惹くレイアウトによって、とくに目的の項目があるわけでもなく読んだり、ざっと目を通したりしたくなるようなものであったが、これに対して、バイヤーリンクの『人生の大劇場』は、各頁に記されたAからHまでの位置表示を含む精密な索引によって、効率的に目的の箇所を見つけることができる点を強調したつくりになっている。

書物についての書物（*scriptores bibliothecarii*）

これまで見てきたような、専門家を対象としないラテン語のレファレンス系書籍のジャンルは、その焦点を古典古代の言語、文学、文化、歴史的な教訓話に関する情報に当てていたが、それらは互いに重なり合うほど近くにあってひしめいており、ルネサンスの著作家、演説家、聴衆が尊んだ表現の豊饒さ（*copia*）を生み出す原動力となっていた。こうした書物は、読者が実際に読む時間や機会がない本や、読んではいてももはや内容を覚えていない本からの引用と、それらを簡単に見つけられるようにする検索装置を、使い勝手のいい一つの場所に置いていた。一六世紀初頭、しばしば中世の手本に倣って、最初に発展したのがこれらのジャンルであり、その後、大部のラテン語レファレンス書のジャンルの中でも、最も広く版を重ね、普及したものになった。こうした書物の成功によって、ラテン語を解する幅広い読者層が、参照読みと情報管理の方法に馴染んでいくようになったのである。

一七世紀の初めまでには、やはり教養ある一般読者をターゲットとした、他のより新しいレファレンス書のジャンルが、これら既存のジャンルに加わっていた。印刷術の普及の結果として個人の蔵書が急速にその数を増やし、規模を拡大していく中で、本についての情報源として、またそうした情報を管理するための手本として、書物について語った書物がしだいに手に入るようになっていった。ガブリエル・ノーデは、こうしたジャンルの有用性を、一六四三年に自身が刊行した蔵書目録の中で論じたさいに、それらを指す便利な用語を導入している。それは、*scriptores bibliothecarii*、または、同時代の他の人物の言い方によると、*scriptores bibliothecarum*（書物についての書物、または、蔵書についての書物）という言葉である。こうしたジャンルは、書物についての知識を得る助けになるものであり、蔵書目録、文献目録、販売目録に加えて、たとえば、一七世紀中葉から発達した文献目録の目録や蔵書（目録）の一覧といった、メタジャンルを含むものであった。[131] 蔵書目録や、著者略伝付き文献目録は、中世や古代に起源を有しているが、一六世紀中盤以来、こうしたジャンルにおける新たな重要な著作や新たなジャンルが出現し、図書市場の拡大とともに急速な発展を見た。その中には、書籍商や競売の目録、蔵書案内が含まれている。

蔵書目録

イングランドのフランシスコ会修道院の所蔵巻号の統合目録を例外として、中世の蔵書目録は、そのほとんどが、書物の収集に関わっている人々によって、ある特定の共同体の人々が利用するために作られた。初期近代のほとんどの蔵書目録は手書きで、中世以来の形式を踏襲し続けていた。多くの目録では、ことによると実際の書物の配架に近いかたちの、分野ごとの分類が選ばれ、著者名や書名のアルファベット順の索引は付いたり付かなかったりであった。[132] 一七世紀の初頭になると、印刷された蔵書目録は、特定の共同体のためという役割を越え、書物についての新たな情報源として浮上してきた——ノーデも、入手可能な書物についてのさらなる情報を得るための手段として、手書きの目録を書き写すことを推奨している。[133] ライデン大学図書館は、一五九五年に最初の蔵書目録を出版した図書館として知られており、これに、オックスフォード大学のボドリアン図書館が一六〇五年に続いている。そして、一六七九年に出版されたド・トゥー家の有名な蔵書の目録によって、フランスにおける蔵書目録の基準となる、七分野への分類法が確立されることとなった。[134] 個人の図書収集家たちが自身の蔵書に名声を求めるようになったのは、ヨーロッパ中のすばらしい蔵書を取り上げた本の出版に刺激されてもいた。こうした書物に記載されるための競争はきわめて激烈だったため、注目に値する蔵書の数を膨らませることで誇大広告に加担していると、このジャンルの主要な著者が非難されるほどであった。[135]

文献目録

複数の蔵書の情報が記載されているため、文献目録や、著者略伝付き文献目録のジャンルもまた、書物を探したり、収集したりするためには役に立つツールであった。文献目録を意味する bibliography という語が造られたのは一七世紀半ばになってからであり、当時は同時代の出版物に限定したかたちで使われていた。たとえば、ノーデが近刊の書物について論じた一六二三年の『政治学書誌（*Bibliographia politica*）』や、ジャコブ・ド・サン＝シャルルが『パリ文献目録（*Bibliographia parisina*）』として一六四五年から出版を始めた、パリにおける出版物の年刊の一覧などが、これに当たる。これに対して初期近代において、（近刊図書だけのリストではなく）一般的な文献目録の題名に通常使われていた語は、*bibliotheca*（俗語でそれに相当するのは *bibliothèque* や *libraria*）であった。そして一八世紀に入ると、これらの語は、定期刊行物やアンソロジーといった、書物に関する情報を集めたその他のジャンルをも指すようになっていった。[136]

文献目録の起源は、活版印刷でもなければ、初期近代でもない。古代や中世の文献目録的な著作には、（ガレノスによる自身の著作一覧のような）著者自作による文献目録、（たとえば、ディオゲネス・ラエルティオスやストバイオスによる、著者と著作の一覧のような）学説誌的出典、引用文献と推奨文献の一覧（一二世紀から作成されるようになった）、特定の宗教または地域の伝統に関わる著者と著作の一覧、といったものが含まれる。この最後の範疇に属するのが、教父ヒエロニムス（三四七－四二〇年）の『著名な人々について（*De viris illustribus*）』である。この著作は、ヒエロニムスと同時代のキリスト教徒の著作家たちの業績を紹介することを目的として書かれ、中世を通じて筆写され模倣されたが、とりわけ一二世紀以降は、特定の修道会のための文献目録がその伝統を引き継いだ。印刷された最初の文献目録である、シュポンハイム修道院長であったトリテミウス（一四六二－一五一六年）によって書かれた『教会に関する著者について（*De ecclesiasticis scriptoribus*）』（一四九四年）が、この系譜に連なる――この本には、九六三人の教会に関する著者が記載されているが、地域的にいちじるしく偏っており、近隣の修道院を代表したり、同じ地域の過去の文献目録に記載されたりしているドイツ人著者に重点が置かれている。ある例では、一四七〇年から一五三〇年にかけてヴィンデスハイム修道会（Windesheim Congregation）に属する修道院が共同で作成した文献目録は、どの修道院のどこにどの本が所蔵されているかの情報も含んでいた――これは蔵書目録と文献目録が、形式においても機能においても重なり合う場合があることを示す、もう一つの例である。[137]

コンラート・ゲスナー（一五一六－六五年）の『万有文庫』（一五四五年）は、ある特定の共同体の人々が使うために作成された、このような文献目録のモデルからはかなりかけ離れたものとなっている。ゲスナーはこの中に、ラテン語、ギリシア語、ヘブライ語で書かれた作品を――「現存していようといまいと、古代の文献であろうと、より新しい現在にまで出ているものであろうと、学術的であろうとなかろうと、出版されたものも［写本で］図書館に隠れているものも」――網羅的に収録することを試みた。[138] 網羅的というゲスナーの野心は新奇なもので、「悪書」も含まれているという批判に抗するために、みずからをいささか正当化する必要があった。彼は、「私はどんな著作家もはねつけたりしていない。それは、全員が目録に記載されたり、記憶されたりする価値があると考えているからではなく、むしろ選別をせずこれまでに書かれたすべて［の著作］の一覧をただ作りたいという、私自身が立てた計画を実現するためである……われわれはただ、すべてを一覧にしたかったのであり、選択と判断は他の人々の自由に委ねている」と書いている。その結果出来上がったのが、約三〇〇〇名の著者と一万冊の著書のアルファベット順の一覧であり、詳細な出版情報と、しばしば著者かその作品の内容、あるいはその両方に関する追加情報が付けられている。ゲスナー自身が説明しているように、この書物には「酷評、論争、序文や章見出し［からの抜粋］のすべてまたは一部が、都合よくそのようにできる場合には」記載されているが、彼自身の判断は示されていない。[139]「いかに悪い書物であれ、何かしら有益なところがある」というプリニウスの言葉を引き合いに出しながら、ゲスナーは、読者が、それもさほど高い教育を受けているわけではない読者が手を出さないよう警告する意味を込めて、酷評された本を『万有文庫』に含み、また、異教徒による散文作品でさえ、そこからも何か役に立つ良いことを学ぶことができるかもしれないという理由で記載した、と説明している。[140] ゲスナーはまた、時代と場所によって著者についての評価が変化することを強調することによって、『万有文庫』の網羅的な性格を擁護し、以下のように書いている。「ある場所でよく読まれ、有用と考えられているのに、別の場所ではほとんど読まれておらず、知られてもいない著作家はたくさんいる。またかつてきわめてよく知られていた著作家たちは、いまや学問に何の貢献もしない……今日、誰にでもよく知られている著者たちのきわめて多くの者は、一〇〇年後には忘れられ、知る者はほぼ誰もいないだろう」。網羅的な一覧を作成することによってのみ、忘れ去られた著作家についての知識を呼び覚ますことができるのである。網羅的な文献目録の作成には、「何も残存していないか、わずか数篇の、またはたった一つの序文のみ残っている、さらには、一葉の書簡のみが残されている」ような著者についての情報を、『スーダ辞典』、アテナイオス、ストバイオスといった原典から収集する必要があった。[141] どんな書物がかつて存在したかを知ることによって、その書物の発見が早まるという期待をゲスナーは抱いていた。その一方でゲスナーは、最新の資料からも情報を収集し、その情報源には、「多くの地域から」集めた印刷業者や書籍商の目録、蔵書目録、文芸共和国全体にわたって存在した、彼の数多い文通相手からの手紙や助言が含まれていた。[142]

『万有文庫』の出版は初版のみで、再版されることはなく、この本と対をなす『総覧』（一五四八年）で、『万有文庫』各巻の主題別索引を提供するというゲスナーの目的は、完全に達成されることはなかった。だが、『万有文庫』の影響力は、初版出版のみという状況から考えられるよりはるかに大きく、はるかに長く続くものであった。一七世紀と一八世紀に書かれた助言手引書において、この本は、お手本として繰り返し言及され、利用したり購入したりするよう勧められていた。[143]当初、『万有文庫』の縮約版と補遺がチューリッヒで刊行され、これは各巻に記載された情報を最小限にまで縮めたものであったが、それでも、さらに数千人も多くの著者を含むものとなっていた（一五八三年のジムラーによる補遺では、九〇〇〇人に達している）[144]。じきに、『万有文庫』と相補的な文献目録も数多く出版され、とくに俗語の本に特化した目録が作られた。俗語で書かれた作品の最初の目録は、アントン・フランチェスコ・ドーニ（一五一三―七四年）による『書誌（*Libraria*）』（一五五〇年）の第一巻で、一五九名のイタリア人作家が記載されている。ドーニは、作家の良し悪しを選別しないというゲスナーの方針を繰り返してはいるが、彼のリストは網羅的というより、独自性の強いものになっている。一五四八年になると、ジョン・ベイル（一四九五―一五六三年）が、ブリテン島の著作家の文献目録としては最初のものである『ブリテン島の著名著者概要（*Illustrium maioris Britanniæ scriptorum summarium*）』を出版した。これは、（ラテン語で書いた）ブリテン島の著者の年代順の一覧であり、ベイルが一五四〇年から一五四七年にかけて大陸を旅行したさい、ゲスナーと直接会ったことで刺激を受け、作成されたと思われる。フランスにおいては、ラ・クロワ・デュ・メーヌが『フランス文献目録』を、アントワーヌ・デュ・ヴェルディエが『文献目録（*Bibliothèque*）』をそれぞれ著し、フランスの著作家の長大なリストを作って、ドーニを凌ごうとした。ラ・クロワ・デュ・メーヌは、ゲスナーの『総覧』に対抗することを目指して、一〇〇区分（buffet）に本を分類する提案をしているが、持続的な影響力はもたなかった。かわりに、これらの著作はむしろ書誌情報源としての価値により、一八世紀にふたたび再版されている。[145]一六二五年には、ゲオルク・ドラウト（一五七三―一六三五年）が、過去一世紀以内に活躍した著者を『古典語文献目録（*Bibliotheca classica*）』に列記し、『外国文献目録（*Bibliotheca exotica*）』には、さまざまな俗語作品がまとめられている。[146]

一七世紀中盤になると、特定の主題に特化したものを含めて、数多くの文献目録が手に入るようになった。その結果として、文献案内書を作ろうという考えが初めて生まれ、イエズス会士であるフィリップ・ラベ（一六〇七―六七年）による『文献目録の目録（*Bibliotheca bibliothecarum*）』（一六五三年初版、一六六四年に増補版）がめでたく完成した。ラベは、文献目録の作者八〇〇名ほどをアルファベット順の一覧にし、八つの主題別索引によって、読者が特定の主題に関連する文献目録を検索することを可能にしている。しかしながら、このジャンルはそれ以上あまり発展せず、ようやく一八一二年になって、自身の『文献目録総覧（*Répertoire bibliographique général*）』をまったく新しいジャンルと称したガブリエル・ペニョによって、復活した。[147]

販売目録

中世には前例がなかったものの、初期近代において重要性を増していったジャンルが、書籍の販売目録である。中世においては、売りに出されたり、または筆写のために提供されていた書物の情報は、主として個人的なつながりに依存していた。書籍商は、売りに出ている写本の一覧を平板（tablet）で掲示したかもしれないが、買い手は主として買い手同士で、または仲介者を介して集めた情報に頼っていた。印刷業者や書籍商がお金をさらにかけてまで販売目録を印刷したのは、印刷業者が印刷経費への投資を早急に回収しなければならなかったためである。この種の、低価格で実用的な印刷物――最初はポスターやチラシ広告（broadside）として、次いでパンフレット、またさらには数百頁にもなる書物の形態で――はごく一部のみ現存するが、これらは当時の人々にはよく知られ利用されていた。[148] 一五六四年以降、年に二度開催されたフランクフルト書籍見本市の目録は、近刊の情報を言語（ラテン語とギリシア語）と分野ごとに分けて掲載し、「外国の書籍商と文芸（letters）の研究に携わるすべての人のために」と謳われるようになった。[149] 書物は印刷されてから多年にわたって販売されるのが普通であったため、こうした目録をまとめたものが印刷され、たとえば、一五六四年から一五九二年のフランクフルト見本市の統合目録は、一五六四年から一五九二年版までを網羅している。パリ在住の、書物の大収集家であったジャック＝オーギュスト・ド・トゥーは、この目録を所持し、そこに書き込みをしているが、すでに所有している本には星印を付け、買いたいものには斜線で印を付けている。[150] 目録は、遠方の買い手に書物についての情報を伝えただけでなく、たとえば、すべての書物を陳列するスペースをもたないパリの書籍商の例のように、地元の買い手にも役立っていた。[151] 一七世紀中盤以前には、書籍商の目録には値段が書かれていないことが普通であり、値段は直接、または代理業者を通じて、口頭で伝えられていた。値段がつねに記載されるようになるのは、英語による目録が最初であり、一六六八年からであった。[152]

本の所有者が死去して遺された蔵書を競売にかける習慣が広まった一六世紀後期になると、特別な種類の販売目録が発展した。最初の競売はオランダで一五九六年に行われ、現存している最初の競売目録は一五九九年のものである。一七世紀から一八世紀のあいだに、オランダで行われた二万五〇〇〇回から三万回の競売のうち、今でも残っている競売目録はその二〇パーセントにすぎないと推定される。ある一八世紀の観察者は、自分の好みに合う蔵書を揃えるために、死去した親戚の本を手放すさいのオランダの相続人に特有の手早さを記している――これは逆に、書物を安く買うことができる競売が頻繁に行われていたためにできたことでもある。[153] 競売はイングランドでは一六七六年に始まり、フランスでは、競売の管理をめぐって書籍商と競売業者とのあいだに軋轢が生じたこともあって開始が遅れたため、一七〇〇年頃にようやく始まったが、一八世紀に入ると書物の競売は最高潮に達した。[154] ある個人が書物を所蔵していたことの証拠として競売目録を使うさいには、注意が必要である――実際は所持していても、残された家族によって取り置かれた書物や、競売以前に売られた書物は記載されていないし、また、書籍商が、競売にかけられた本に、他の本を付け加えることもできるからだ。書籍商がこのように本を追加するのは、おそらくは、売りに出ている蔵書の持ち主である故人の学識にあやかって――競売目録でもこの点がしばしば誇らしげに宣伝される――、本の販売を促進しようとするためである。こうした習慣の最たる証拠が、「店からもってきた古臭い屑本や粗末な版本を、著名な人士の蔵書のふりをして売りつける」ことを取り締まる法令や、これに対する苦情である。[155] 一四七冊にのぼる競売目録で、ガブリエル・マルタン（一六七九―一七六一年）は分類法を発展させていったが、索引はほとんど付けられていない――そのかわり、目録を最初から最後まで通読することを勧めた。これは明らかに、そうすることで販売が増えることを期待したためであった。[156] 競売目録はしばしば何冊もまとめて装丁された状態で保存され、書物が売られた価格が書き込まれていることもときにある。[157]

この種のツールは専門的な、または、半ば専門的な書物収集家にとって魅力的であったようである。ボドリアン図書館には、オックスフォードの書籍商たちが大陸から輸入した本の在庫を宣伝した目録が、ほぼ完全なセットで、しかも大量の書き込みというおまけ付きで所蔵されている。またハンス・スローン（一六六〇―一七五三年）は貪欲な収集家で、その莫大なコレクションは大英図書館に遺贈されたが、七〇〇冊もの書物競売目録を所有していた。[158]一方で、こうした目録は、教養人の多くにとっては、たまに本を買おうとしたときの安価な案内書となっていた。たとえばジョン・イーヴリンは、約二〇冊を所有していた。[159]ある特定の書物を手に入れることが難しかったり、不可能であったりしたような場合には、販売目録や文献目録を参照することが、実際の書物を見るかわりとなっていたことであろう。また、書物の世界への入門や近刊の評定の役割も果たしていた文学史（*historia litteraria*）の授業では、競売目録が、学生や教授のためにこうした用途で使われていたと思える。実際、そうした授業がよく行われていた一七世紀後期のドイツにおいては、大学図書館が小さく充実していなかったので、教授たちは自分の蔵書に頼ったり、可能な場合には、地方貴族の蔵書を使わせてもらわざるをえなかった。[160]

書物についての書物は、書物についての情報源として有用で、（蔵書目録や競売目録のように）立派な人物が所有している、あるいは所有していたとか、（販売目録や文献目録のように）売りに出ていて入手可能である、あるいは少なくともその書物の要約だけでも入手できる、という情報を伝えていた。また、このジャンルの書物は、そこになされた書き込みによって、ある人が所有していた書物、または、所有したいと思っていた書物の記録も提供してくれる。たとえば図書館も個人も、印刷された目録に手書きされた書き込みをもとに、新しい目録を作成していた。オックスフォード大学のボドリアン図書館の一六七四年版目録は、頁が挟み込まれたり書き込みが加えられたりして、パリのマザラン図書館の手書き目録として使われていた。[161]同様に、コンラート・ゲスナーは、『万有文庫』の余白に書架記号や追加情報を書き込むことによって、所有者自身の蔵書目録としての用もなすことを説明している。ゲオルク・フッガーの息子である、フィリップ・エドゥアルト・フッガー（一五四六―一六一八年）は、彼が所有していたゲスナーの『万有文庫』の一五七四年の補遺に書き込みをして、自身の蔵書目録を作ったが、あるいはそれはゲスナーのこの助言によるものであったかもしれない。[162]

こうしたジャンルはまた、個人の蔵書や蔵書一覧を分類する手本ともなった。たとえば、一八世紀に作られた手書きの蔵書目録の中には、明らかに競売目録に倣ったものがある。[163]また、同様に、一八一〇年にジャック・シャルル・ブリュネによって体系化されたフランス式の分類法は、前の時代の蔵書目録（とくに、ジャン・ガルニエによって一六七八年に作られたパリのイエズス会学寮の目録と、一六七九年に出版されたド・トゥー家の蔵書目録）と、書籍販売（さまざまなものの中で、とくに、ガブリエル・マルタンによって一七〇三年から一七六一年のあいだに出版された競売目録）で用いられた分類法にもとづいていた。知識の分類法における複雑な仕組みは――ザムエル・クヴィッヒェベルクによる博物館計画の概要（一五六五年）、またはジュリオ・カミッロの「記憶の劇場」（一五五〇年）のような、さらに、テオドール・ツヴィンガーの『人生の劇場』やヨハン・ハインリッヒ・アルシュテートの『百科事典』の体系的な配列のような――、実用を重視した書物についての書物に現れてくることはほとんどない。このジャンルで強調されたのは、分野、言語、体裁による配列であった。[164]

新しいジャンル　――書評と文学史

書物についての書物は、実用的で多目的に使えるものであったので、古代の学問からより近代的な主題への移行（これについては第5章で詳述する）を、おおむねさしたる困難なく切り抜けることができた。しかし、古代から近代に新たに焦点が当たるようになるにつれて、新しいジャンルもまた同時に発展した。歴史辞典または伝記辞典、そして書評は、古代よりも最近の著作家に焦点を当て、しばしば俗語で書かれた。これらに加えて、ドイツの学界に独特の第三のジャンルとして、*historia litteraria*（文学史）と *notitia librorum*（書籍の知識）があり、これは、書誌学的な情報、書物についての評価、そして、学問の方法についての一般的な助言を組み合わせたものであった。大学という環境から生じたため、また、ドイツ語圏ではイングランドやフランスよりも俗語の発展が遅かったため、このジャンルの作品はラテン語で書かれ、ラテン語の著作が主たる対象となっていたが、それでもなお、古典古代の著作より最新の学問の発展に圧倒的な関心が向けられていた。

一七世紀の最後の数十年間に定期刊行物が生まれたことには、多くの理由があった――刊行機関（たとえば、英国王立協会）の設立や、定期購読による出版の発展、そして最も重要な理由として、文芸共和国からのニュースに関心をもつ読者層が拡大した結果、出版者が出版にともなうリスクを取ろうと考えるようになったことが挙げられる。[165]一七世紀後期に出版が始まった定期刊行物（短命に終わったものもあったが）の多くに共通する特徴の一つが書評であり、これは、近刊の図書の要約、ことによると多少の抜粋、そして批評で構成されていた。いくつかの例では（たとえば、一六六二年から刊行が開始された英国王立協会の『王立協会哲学紀要』）、書評は雑誌の比較的小さな部分しか占めていない。だが、書物の要約と批評を主な内容とする定期刊行物もあった。その中には、一六六五年に刊行が始まった『学識者新報』、ピエール・ベールによる『文芸共和国便り』（一六八四年に刊行開始）、『ライプツィヒ学術論叢』（ライプツィヒで一六八二年に刊行開始）、『才人のための週刊記録（*Weekly Memorials for the Ingenious*）』（一六八一年に刊行開始）といったものがあり、とくに、最後の『才人のための週刊記録』は、「いささか無味乾燥な代物［である］われらのよくある［販売］目録に毎年印刷される、ただの書名の羅列」を補足するものであると、はっきりと謳っている。[166]

書評は、書物があまりにも多くなったことへの解決策と喧伝されていたが、当然ながら、書評自体が溢れ返るという問題をすぐに引き起こした。書評というジャンルが誕生するのとほとんど同時に、実際に本を読まずに書評をしているという非難もなされるようになり、とくに目の敵とされたのが、アドリアン・バイエの複数巻からなる『智者の判断』である。「もし［バイエが］言及しているすべての本を一人の人間が読むことが不可能だとするならば、彼は、自分もまた読めていない、多くの書物についての報告をしていることを認めるべきである」と批判されたのである。[167] 一八世紀の書評における離れ業としては、アルブレヒト・フォン・ハラー（一七〇八―七七年）が（医学書から詩までの幅広いジャンルにわたって何十冊もの書物を出版するかたわら）、三一年間にわたって『ゲッティンゲン学術新聞（*Göttingische Zeitung von gelehrten Sachen*）』に書いた九〇〇〇もの書評や、『イタリア文芸新聞（*Giornale de' litterati d'Italia*）』の編者を務め、『文芸ニュース（*Novelle letterarie*）』の創始者でもある、フィレンツェで活躍したジョヴァンニ・ラミが、それぞれの本の冒頭だけに着目し、たいていは前書きの全部または大半をそのまま転載して報告した、大量の書物に関する情報の発信が挙げられる。[168] このような、ハイペースで書かれた書評の質は概して低いものであったと思われるが、そうした書評を掲載した雑誌の売り上げや評判が、その結果低下したかどうかは、はっきりしていない。

形式上、定期刊行物はレファレンス書の対極に位置するものである。これらは、小さな判型で作られた、次々と刊行される出版物で、本来永続的な性質をもつようなものではなかったが、定期刊行物の編者たちは自分たちの作品をレファレンス書と同等の地位に置こうとし、一七世紀末までには、一年分の索引や、何巻かを一まとめにした索引によって、セットで保管していれば参考のために使うこともできる定期刊行物も現れるようになっていた。[169]『ライプツィヒ学術論叢』には、第一号から年ごとの「著者ならびに事物索引（index auctorum ac rerum）」が付けられ、発刊から一〇年経った時点で、編者たちは既刊の号に関する七種類の索引からなる別巻の作成を委嘱している。そして少なくとも八人がこの膨大な仕事に従事して、別巻は一六九三年に出版された。この別巻と、一〇年ごとに作られた続巻のおかげで、『ライプツィヒ学術論叢』の定期購読者はすでに所有している各号を最大限に活用できるようになり、また、新たな定期購読者となりそうな人々に対しては、別冊索引が出版された時点から新たに定期購読を始めるのが得策であるとの宣伝ができるようになった。[170] 一方、雑誌そのものが索引を出版しなくても、別の人によって刊行されることもありえた。これには、コルネリス・ファン・ブーヘムという書籍商が、『学識者新報』の一六六五年から一六八一年までの分の索引と、「その他の大変有名な、学術的な定期刊行物」を一まとめにして作成した索引を、一六八九年から一七〇一年にかけて四巻の分冊で出版した例がある。[171]

　ドイツの大学においては、一六六〇年から一七四〇年頃に文学史が盛んになるにつれて、近刊の文芸書についての学術的な議論がよく行われるようになっていた。[172] このジャンルにおける最も包括的で影響力が強かった書物が、ダニエル・ゲオルク・モルホーフ（一六三九―九一年）による『ポリヒストル（*Polyhistor*）』であり、一六八八年にその一部が出たのを皮切りに、モルホーフの死後の一七〇八年に増補版が出版され、一七一四年、一七三二年、一七四七年には改訂版も出されている。この本は、どのように本を読み、学習するかについての手引書としての性格と、文学案内書の性格をあわせもち、長い引用と辛辣な批評を含んでいる。もともとは授業用のノートとして始まったと思われるが、教科書のように使えるものとなり、しかも、著者と主題についての二つの長大な索引をもとに参照読みすることもできた。近刊の著者についての伝記辞典も、同じくドイツの大学における学問環境の中から生じてきた。パウル・フレーアー（一六一一―八二年）による『著名な学識者たちの劇場（*Theatrum virorum eruditione clarorum*）』（一六八八年）は、著者略伝付の文献情報に加えて、さまざまな分野の著作家の小さな肖像画を多く載せている。このジャンルにおける変種としては、著者不明、または偽名で書かれた書物についての辞典があり、これは、著者名を明らかにしていない印刷本や手稿本の作者の正体を綿密に調べて明かそうと約束している。フィンツェンツ・プラッツィウス（ノート・クロゼットに関する著作でよく知られていた）が、このような書物の短い一覧を一六七四年に出版し、それを核として、『匿名著者と偽名著者の劇場（*Theatrum anonymorum et pseudonymorum*）』が、彼の死後の一七〇八年になって、二つ折り本の二巻本で出版された。[173]

百科事典

初期近代におけるレファレンス書のジャンルを、主として当時すでに存在していた分類にもとづいてこれまで概観してきたが、「encyclopedia」という近代における最も重要な語はほとんど使ってこなかった。一七二八年のイフレイム・チェインバーズの『百学連環書』と、これに刺激を受けて作られた、フランスにおける『百科全書』（一七五一―七五年）によって、この言葉およびこれと関連するジャンルの人気が高まる（第5章で論じられるように）までは、「encyclopedia」は、今日われわれにとって馴染み深いジャンルのことを意味してはいなかった。「encyclopædia」という語が一六世紀初頭に造られたとき、それは学問分野間の相互関係に関する哲学的な理想を意味しており、一七世紀を通してこの意味で使われていた。[174]「encyclopedia」として言及される書物の多くは、学問分野についての理想的な書物であったが、一六世紀後期以降、この語が教育用の書物の副題や題名に、ときおり見られるようになっていった。さまざまな当時の解釈が流通していた時期における「encyclopedia」のはっきりした定義を探るのはとりわけ困難である（この語が行為者のカテゴリーに存在しない〔すなわち、実際に存在する書物を分類するための語としては存在していなかった〕それ以前の時期よりも、あるいはより困難かもしれない）[175]。初期近代の書物の多くは複数の分野にまたがっているか、学問分野の分類法を提案したりしているか、もしくはその両方であったため、なんらかの意味において、百科事典的とみなすことができる。初期近代の百科事典の一覧を作成する、これまでで最も包括的な試みにおいて、アルフレード・セッライは、本書でこれまで論じてきたレファレンス書のジャンルを扱うとともに、さらに加えて、秘訣本、科学詩、学問諸分野の秩序と区分に関する論考といった別の種類の書物も扱っている。[176]初期近代の、幅広い分野にまたがる百科事典的知識の表現方法としては、他に、百科事典的な物語、図解入りの作品、事物の収集（たとえば、図書館、博物館、〈驚異の部屋〉における）などがある。「encyclopedia」という語のヴァリアントの一つが最初に使用されたのは、カルトゥジオ会の修道士であったグレゴール・ライシュ（一五二五年没）による教育用の書物、『学問の真珠』（初版一五〇三年）の一五八三年版に付けられた副題、「あらゆる学問分野の最も完全な百学連環書（cyclopædia）」においてである。六〇〇頁の四つ折り本として印刷された、この『学問の真珠』は、自由七科、自然哲学、道徳哲学それぞれの摘要録であり、さらに技術（mechanical arts）

についてのサブセクションが付いて、全一二巻からなっていた。[177]また、当初から、アルファベット順の索引、目次、区分や下位区分を示す明確なレイアウトを備えていたため、特定の箇所をきちんと探し当てることもできたし、拾い読みすることも容易だった。これまで見てきたレファレンス書が引用の編纂物であったのと異なり、『学問の真珠』は、教科書がそうであるように、各分野の要点を要約することを眼目としていた。また、この「百学連環書（cyclopædia）」は、学問分野の理論よりもその内容に焦点を当てていた。ヴァンサン・ド・ボーヴェの『大いなる鑑』の最後の印刷本が一六二四年に出版されたときも、やはり「cyclopædia」という語が題名に使われ、焦点も同じく学問分野の内容に当てられていた。ドゥエのベネディクト会士たちは、この大部の二つ折り本に新しい題名を付け、「全博物誌、全科学の百科事典、道徳哲学の宝典、時代と人間の行為の大劇場が展示されている、世界図書館、（自然、諸学、道徳、歴史に関する）四部構成の鑑」と謳って売り出していたが、ここにはレファレンス書に関連して用いられるようになった新たな隠喩の多くが見られる。[178]歴史（*historia*）、百科事典（*encyclopedia*）、宝典（*thesaurus*）、劇場（*theatrum*）というキーワード（題扉に赤字で印刷されている）は、そのそれぞれがヴァンサンの著作の四つのセクションを指している。encyclopedia が指しているのは、学芸と科学を扱う『諸学の鑑』であり、これらが扱っている各分野の相互関係についての理論よりも、それぞれの分野についての豊かな情報に重点を置いたものになっている。これら二つの例では、「encyclopedia」という語が、すでに百科事典的な内容と関連した使い方をされていることがわかる。

ヨハン・ハインリッヒ・アルシュテートによる一六三〇年の『七分野の百科事典（*Encyclopedia septem tomis distincta*）』が、「encyclopedia」を、余分の語や隠喩を用いて飾ったり意味を限定したりすることをせず題名に用いた初めてのレファレンス書である。四巻からなるこの書物は、一六四九年に一度再版されただけであったが、広く知られており（ゲスナーの『万有文庫』のように）、「encyclopedia」という語が題名に頻繁に使用されるきっかけとなったと考えられる。続く数十年間に、特定の分野の書物にも、多分野にまたがるものにも、「encyclopedia」という題名が多く見られるようになった。[179]アルシュテートの『百科事典』はまた、「encyclopedist（百科事典著者）」という語も生み出すことになった。ジョン・イーヴリンは一六五一年に、この言葉をアルシュテートを指すのに使っているが、クリスティアン・リベリウスは、この語（ラテン語形）でアルシュテート以外のレファレンス書の著者にも言及している。一六八一年に書かれた、書物についての助言において、リベリウスは、既存の摘要録から盗用したという批判の先回りをして、「ツヴィンガーであろうと、ロディギヌスであろうと、アルシュテートであろうと、バイヤーリンクであろうと、また他の誰であろうと、日記の書き手や百科事典の著者（encyclopedist）の書いたものを読んだり、ましてや書き写したりする時間はないし、そうしようとも思わない」と宣言している。[180] さらに、一八世紀になると、「encyclopedist」は、より限定的に、ディドロの『百科全書』として知られている書物の共作者を指すようになっていった。[181]

ライシュの『学問の真珠』から一世紀と四半世紀が経っていたが、アルシュテートが提供した百科事典の様式は、ライシュの著作に似て、あらゆる学問分野の組織的な摘要録であった。ただ、はるかに大規模で、各分野についてのより詳細な情報を含み（たとえば、「lexica（語彙辞典）」という項目では、ヘブライ語、カルデア語、シリア語、アラビア語、ギリシア語、ラテン語の主要な語根と語の語彙辞典が与えられている）、さらに、膨大な新しい分野が扱われ、その多くはアルシュテートの著作に独特のものである。また、本の冒頭にまとめられた長大な樹形図と、各所に掲載されたより短い図を用いて、学問分野の階層と下位区分を表すことによって、アルシュテートは encyclopedia の最初の意味を理解していることを示してもいる。同時に、この本は、多くの分野の情報を含み、わかりやすいレイアウトで印刷され、今日でもよく見られるような方式で各主題の項目がまとめられ下位区分された単一の詳細な索引を備えているため、レファレンス用としても有用であった。アルシュテートの『百科事典』は、あらゆる分野の情報の摘要からなり、覚えやすくするために、各章は通常、諸々の教訓および番号を振られた規則のもとに区分されていた。アルシュテートが引用元の名前を挙げることはあまりないが、『百科事典』は広い範囲にわたる同時代の手引書や概説書を使って書かれており、そこからの抜粋やそれを言い換えた表現を、彼の作品全巻を通じて、彼独自のシステムに従って配列していることが、専門家の分析によって明らかになっている。[182] この、教科書の教科書というべき書物において、アルシュテートは、名前を明示した権威ある原典からの引用によってではなく、それらを簡略化した要約によって情報を管理している。

『百科事典』を執筆するさいに行った借用をすべて明かしてはいないが、アルシュテートは、「広大な知の王国を一つの体系にまとめ上げて描写する」プロジェクトにおける、一八人の「偉大な先駆者」から受けた恩恵を進んで認めている。この先駆者のリストでは、百科事典の計画を構成する、当時の幅広い概念が説明されている。[183] アルシュテートは何年もドイツの大学で過ごしたが、そこから生み出された著作を数多く引用した。たとえば、それぞれは単一の学問分野を扱いつつも、集合体として見ると百科事典的な企画を構成するような群（「クレメンス・ティンプラーやバルトロメウス・ケッカーマンによる、数多くの『システマタ（*systemata*）』」）や、あらゆる分野にわたる定義集のみのかたちに圧縮された、ラムス哲学にもとづく子供向け教科書（トマス・フライギウスの『家庭教師（*Pædagogus*）』）などがある。[184]しかしながら、アルシュテートのリストには、イエズス会士であるアントーニオ・ポッセヴィーノによる『精選文庫（*Bibliotheca selecta*）』から、ロバート・フラッドの秘儀的な『大宇宙と小宇宙（*Macrocosmus et microcosmus*）』まで、また、知識の分類に関する論文から、ツヴィンガーの『人生の劇場』のような大部の編纂書、さらにはヤーコプ・ロルハルトの『学問の劇場（*Theatrum philosophicum*）』のような諸分野を表のみで提示したもの、そしてその他諸々の宗派やジャンルのものまでが含まれているのである。[185]

　今日の近代的な百科事典にはっきり相当するものが一八世紀以前には存在せず、また、百科事典的プロジェクトの一部をなすとみなされるものが数多く別個の要素であって、同時代の人々にとってすらそうだったことから、初期近代における百科事典の探求は困難なものとなっている。百科事典的な書物の著者は、学問分野の正しいヒエラルキーについての理論的な問題を扱うことと、大量の情報を読者に届けることの実際的な困難のあいだで引き裂かれていた。アルシュテートは、encyclopediaという語をレファレンス書の題名に初めて用いたが、彼が百科事典として提供したような、教科書的素材を体系的に配列した編纂物には、直接の模倣者は現れなかった。かわりに、一七世紀にアルファベット順の辞書が商業的に成功することが証明されたこと、および、参照読みに関心を抱く読者と、思弁的てらいのほぼ皆無な編纂者の双方にとってこの配列が便利であったことが、〔アルファベット順で配列される〕学芸と科学に関する辞書が勃興した理由となり、その結果、一八世紀におけるこのジャンルの代表的存在である百科事典は、〔アルファベット順という〕形式と「encyclopedia」または「cyclopedia」という副題をもつことになったのである。

　読者に有用な多くの情報と、注意深く展開された知識の体系の両方を重視していた初期近代における百科事典編纂をめぐる緊張は、新たな形式をとっても解消されることはなかった。チェインバーズは、自身が編纂した『百学連環書』が、巧みに構成された長い項目記事を皮切りに、クロスレファレンスを介して読み進められ、その結果読者は一つの分野全体にわたる知識を得ることができることを誇っていた。また、『百科全書』においてダランベールは、アルファベット順配列の使用を擁護し、アルファベット順の諸項目のもとに散りばめられた学問分野同士の相互関係を示す、知の樹形図を付けている。さらにディドロは、読者が一つの出発点から多くのつながりを作り上げることができるとして、クロスレファレンスの有用性を強調している[186]。

哲学的な体系と効果的な情報管理との緊張関係は、近現代の百科事典でも続いている。ある体系に沿って配列した百科事典の試みには、コールリッジによる、未完に終わった『メトロポリタン百科事典（*Encyclopedia metropolitana*）』や、主要な分野に関する長い解説を中心に構成された『ブリタニカ百科事典』第一一版が含まれる。印刷されたものとしては最後の版になる『ブリタニカ百科事典』の第一五版（一九八五年）では、三つの別々の要素を提供することで、この百科事典が目指している複数の目的が明確に述べられている。すばやく参照するための『マイクロペディア（小項目事典）』、詳しい解説記事を記載した『マクロペディア（大項目事典）』に加えて、一巻を充てた『プロペディア（総論・手引き）』は、「学問の円環」という encyclopedia の誤った語源解釈にもとづいて、知識の各分野を一〇のカテゴリーに分類し、それぞれが相互に、また中心と結び付いた円形の図で表現している[187]。この『プロペディア』は、われわれの百科事典の読み方と合致していないため、おそらくあまり利用されなかったと思われ、デジタル版の『ブリタニカ百科事典』からは削除されている。

レファレンス書がデジタル・プラットフォームに移行するのにともなって、このツールの作られ方、維持の方法、使い方は変化し始めたし、変わり続けていくことに疑いの余地はないであろう。検索機能がアルファベット順の索引に取って代わった。さらに、広がるハイパーリンクを介した、クロスレファレンスの使用が、まさにチェインバーズやディドロが推奨したように、一つのトピックから別のトピックへと移動する最善の方法として促されるようになった。長いあいだ印刷版の標準であった複数の著者による共作は、少なくとも wiki フォーマットにおいては、いまや、読者からのフィードバックと寄稿の可能性を含むようになっている。こうした変化（また、これからも間違いなく起こるであろうその他の変化）にもかかわらず、今日のレファレンス書は、過去何世紀にもわたる発達の遺産を受け継いでいる。中立の立場から、共通の利益のため、幅広い関心を満たす目的で、同時にまた時代を超えて共同して執筆する複数の寄稿者によって編纂されるレファレンス書という概念は、次章で論じるように、『ポリアンテア』や『人生の劇場』のような初期近代のラテン語によるレファレンス用図書によって磨き上げられていったのである。

第4章 編纂者たち、その動機と方法

浩瀚な作品をなすのは、それが浩瀚であるがゆえに難しい。
――サミュエル・ジョンソン『英語辞典』序文

レファレンス書の著者たちは、同時代の文脈に照らしても異例なほど大掛かりに文書情報の管理に取り組んでいる。彼らの動機や作業方法を研究することは、多くの点において啓発的である。一方では、大規模で文学的気取りのさほどないそうした作品においてこそ、通常の考え方や実践が、しばしばより鮮やかに見えてくるものである。他方では、素材が山なし時間に追われという差し迫った状況に対処するために、尋常ならざる作業方法や知的正当性に対する革新的な主張が生まれてくるはずである。まこと初期近代という時代には、大部の編纂書の原稿を作るために印刷本を切り貼りすることから、巨大な蓄積を、すべての人の趣味に合う花々を揃えた「公共の庭園」に喩えて正当化することにいたるまで、さまざまな新しい要素が生じていた。

レファレンス書の著者たちのうち、歴史研究の対象となってきたのは、ほんの一握りでしかない。最もよく研究されたのは、近代の有名な辞書を創った個人、すなわち『オックスフォード英語大辞典』(最初の分冊は一八八四年に刊行された)のジェイムズ・マレーや、『英語辞典』(一七五五年)の著者のサミュエル・ジョンソンのような人々である。そうした研究は、刻苦と創意から生まれた英雄的偉業を記録するとともに、協力者(『オックスフォード英語大辞典』には数百名の寄稿者がいたし、ジョンソンの辞書には六人の雇われ執筆者がいた)や編纂技術――紙片の利用のような低次元のものも含めて――の役割についても記述している。レファレンス書は共同作業にもとづいており、研究は往々にして難しい。たとえば、ディドロとダランベールが編集した『百科全書』の一四〇人以上の寄稿者を、歴史家たちはすべて特定できないでいる。協力者たちの意思疎通は、しばしば口頭でなされたため、記録がいっさい残されていない。[1] さらに、初期近代のレファレンス書を準備した手書き原稿やノートは、おおむねまったく残されていない。大部の編纂物のための作業原稿は、書き写す手間を省くため、えてしてそのまま印刷用原稿に組み込まれた。それらの原稿にはびっしりと指示の書き込みがされただろうし、印刷が終われば捨てられたことであろう。たとえば、一五八七年の辞書のためのそうした頁の一枚が現存しているが、それは別の書物を製本するさいの力紙として用いられたために今に残った。ジョンソンの辞書の場合、数枚の作業原稿が現存している。それらの素材は改訂版のために作成されたにもかかわらず、見落とされ加えられなかったので、残ったのである。[2] 同様に、出版のために用意されたが用いられなかったノートも、コンラート・ゲスナーやテオドール・ツヴィンガーのような、一六世紀に大規模なレファレンス書を作った編纂者の作業方法に光を当てることができる。

本章は、初期近代のレファレンス書の著者たちが、素材をいかに処理し、みずからの仕事をどう考えていたのかを再構築しようとする試みである。本章が依拠する主たる源泉は、ここでもまた諸版の印刷された書物であり、そこにはそれらの書物を産出するのに関与した人々（著者、現代風に言えば編集者《エディター》、印刷業者）によるパラテクストや、テクストの内容や提示方法の変化も含まれている。同時代人の評言および第2章で概説したノートの作成方法や共同作業の方法も、文脈から得られる貴重な証拠である。レファレンス書の著者たちは、自分は大量にノートを取る人間であると語っていることがしばしばであり、多くのレファレンス書は、個人が作成し集積した膨大なノートにもとづいている――プリニウスの『博物誌』から『英語故事成語大辞典（*Dictionary of Phrase and Fable*）』（一八七〇年）にいたるまで、そうなのである。エベニーザ・コバム・ブルーワー（一八一〇―九七年）は、『英語故事成語大辞典』を、「少年時代に始まり終生続いたノートを取る習慣」に端を発するとした。[3]

ルネサンスに生じた、ノートを蓄積することへのこの新たな志向性は、初期近代という時代に出現した数々のレファレンス書の起源と魅力をあいともに説明するうえで、決定的に重要である。印刷された編纂書を最終的に完成することは、一人ないしは、たいていは複数の執筆者が大量のノートを寄稿しなければ不可能であっただろうし、これらの書物は、読者が欲しがっているものを提供する本として認識されなければ、買い手が付かなかっただろう。すなわち、自分では作成する気になれないか作成できない既製の読書ノート、それでいて所有していたいと思うようなノートである。第2章において、私は、ノートを豊富に手書きで取って蓄積した初期近代の学者たちに着目し、彼らの動機や方法の一端を探った。本章では、印刷された編纂書を生み出した人々の動機や方法に焦点を当てる。

編纂者の態度と『ポリアンテア』の発展

ミシェル・フーコーは、「作者《オーサー》」の機能には歴史がある、と洞察をもって述べた。フーコー自身がなした時代区分は大雑把なものであったが、彼の著作〔『作者とは何か?』〕をきっかけにして、「作者」の適正な解釈をめぐり多様な主張がなされるとともに、オーサーシップの概念と性質を異なる歴史的文脈において考察する、より精緻な研究が促された。[4]「霊感を受けた天才」という近代のオーサーシップ観によれば、他のテクストからの抜粋で構成されるテクストは、作者というよりは編纂者の作品であるとみなされ、独創的な書き物をほとんど含まないために、作者が書いたテクストよりも劣っているとみなされる。それに反して、ポストモダンのオーサーシップ概念によれば、選択の過程が解釈上の重みを相当程度はらんでいるとみなされるので、編纂者を「作者」と同等の者として復権させることが可能である。だが、編纂という概念に否定的意味合いがしっかりと染み付いていることや、編纂物の多くが実利的性質のものであることが、近年まで、編纂物を学術的関心の対象にすることを妨げていた。

にもかかわらず、編纂は、実りある研究を生む沃野である。編纂に個人の判断力や創造力が働いているからというだけではなく、私の目的に即して言えば、編纂は近代以前の時代における情報管理のかたちとして広く普及していたからである。編纂者たちは、他の人々が利用しやすいように、素材となる文字テクストを選択し、要約し、分類し、提示した。編纂者たちの動機、自己提示、そして彼らの作業方法に注目することは、それゆえ、情報管理の歴史に参入するための有益な入り口になる。初期近代の編纂は、もちろん、中世の長い伝統に大いに恩恵をこうむっており、その現象に最も細やかな関心を注いできた人々は中世主義者であった。[5]

古典ラテン語において、*compilare*〔compile（編纂する）の語源〕という語には、略奪する、盗み取る（対象は主として人や建築物であり、テクストについての言及はとくにない）という否定的な意味があった。だが、七世紀までには、セビリァのイシドルスが*compilator*を、「ちょうど顔料を作る人が多くのさまざまな［色素］を乳鉢の中ですりつぶすように、他の人々の言葉を己れの言葉と混ぜ合わせる者」という道徳的に中立的な表現を用いて定義した。一三世紀までには、*compilare*という語は、他のいくつかの語（*excerpere*〈抜粋する〉、*colligere*〈結び合わせる〉、*deflorare*〈花を摘み取る〉）と置き換え可能なものとして効果的に用いられ、手持ちの原典から抜粋集を作ったり、「花々」（すなわち最も優れた断片）を精選したりすることを意味するようになった。一三世紀のあいだに、さまざまな種類の編纂物（詞華集、百科事典その他の類書）が数多く作成されるようになるが、それに応じて、編纂者たちは序文において己れの固有の役割をより厳密に明示するようになった。とりわけ、編纂者の仕事は、「作者」（*auctor*）の言葉を報告することであり、己れが権威（authority）の源泉にならず、素材の内容にではなく素材をいかに提示するかにのみ責任がある、とされた。[6] 一二五〇年頃、ボナヴェントゥラは、パリ大学の神学者であったとき、自分自身の言葉と他の人々から借りてきた言葉の割合に応じて、編纂者と作者を区別した。「書物を作るには四とおりの方法がある。ある者が他の者の［言葉］を、足すことも変えることもなく書き写すこと。そのような者は筆耕（*scriptor*）と呼ばれるにすぎない。ある者が他の者の言葉を、己れのものではない言葉を足しながら書くこと。そのような者は編纂者と呼ばれる。ある者が己れの言葉と他の者の言葉をともに書くが、他の者の言葉を主とし己れの言葉は証拠としてそれに付随させるなら、そのような者は注解者と呼ばれるが、作者ではない。ある者が己れの言葉と他の者の言葉をともに書くが、己れの言葉を主とし他の者の言葉は裏付けとしてそれに付随するものであるとするなら、そのような者こそ作者と呼ばれねばならない」。[7]

この一節は、ペトルス・ロンバルドゥスの『命題集』に関するボナヴェントゥラの注解書の序言に由来しているが、ボナヴェントゥラは明らかに、書物を生む人々の序列の頂点に立つ「作者」であるとペトルス・ロンバルドゥスを称賛するためにこの分類を用いている。だが、作者ですら部分的には他の人々の言葉に依存する者として定義されるような文学体制においては、己れの言葉を多く提供せず他の人々の言葉をまとめ合わせるからといって、編纂者がそれだけ低く見られていたわけではない。編纂は、中世から初期近代にかけて、文学的かつ学問的な活動としておおむね尊ばれていた。独創性や機智が重んじられるようになったために、編纂が批判的に評価されるようになるのは、主に一七世紀以降である。[8]

中世の編纂者、とりわけ詞華集と百科事典の編纂者は、慎ましい態度をとるのがつねであって、ときには無名でいることに甘んじ、己れの権威よりも、己れが抜粋した著者たちの権威に光を当てた。にもかかわらず、編纂者はけっしてたんなる転写者であったわけではなく、素材を広める過程で、素材を変容させたのである。[9] 編纂者は、見出しや主題別の章のもとに抜粋をまとめることによって、異なる著者や文脈から取られた一節のあいだに類似性を創り出した。そして元来の文脈においては異なる意味合いをもっていたかもしれない一節を、主題の類似性にもとづいて解釈するよう促した。編纂者は、重要な著者を典拠として引用するのに熱心であったし、ときには作品の題名を含めることもあったが、さらなる具体的な情報（たとえば、巻番号や章番号）を記すことはまれであった。編纂者は、選りすぐりの断片を統合して徳育教化の書にするという過程を円滑に進めるため、意図的にあるいは意図せずに、収録した一節にささやかな変更を黙って加えた。たとえば、異教の著者の一節に編集の手を加えて、古代の神々への言及を削除したり、複数の「神々」を一つの大文字の「神」に変えたりして、キリスト教の文脈の中で解釈し利用しやすくしたのである。詞華集の編纂者は、難しい一節は回避することによって、また、自分が選んだ一節には思慮深く手を入れることによって、異教の著者たちへ便利に「安全に」接近できることを保証した。

編纂の諸々の基本的技術は、驚くほど変化しないままであったが、編纂書の役割と規模は時代とともに変化していった。初期の詞華集は短く、作者や主題の収録数もわずかしかないし、いくつかの序言《プロローグ》では、はじめは個人で用いるために作成されたノートがやがて他の人々のあいだで（たとえば、修道会などの内部で）回覧され、それが当作品になった、と記されている。一三世紀までには、詞華集はより長くなり（たとえば、『オックスフォード詞華集（*Florilegium oxoniense*）』には一四〇〇個の引用文がある）、なかにはより広範な読者層を対象とするものもあった。ある序言は、あらゆる種類の道徳的状況について何かしらの導きを提供することができると、豪語している。「それゆえ、この［作品］を通じて、錬成されていない者がみずからを教育するよう、思慮深い者がその思慮を働かせるよう、無気力な者が情熱を、弱い者が慰めを見出すよう、願っています。本書において、病める者は己れを癒すための、健やかな者は健やかさを保つための、疲れた者は気力を回復するための、飢えた者は腹を満たすための、勉学に励む者は読むための、怠惰な者はある場合には奮い立たされ、ある場合には楽しむための［手立て］を見出すことでありましょう。学のない者にはそれなりに理解できるものを読んでいただき、心の貧しい者には書き留めるに値するものを得ていただけますように[10]」。詞華集が万人に何かしら差し出すものがあるというこの主張は、印刷された詞華集ではありふれた主題となった。というのも印刷本は、中世のこのジャンルの手稿本にもまして、できるだけ多くの購買者を惹き付けることが重要であったからである。

初期近代という時代を通じて、編纂書は、その範疇のどれを取っても規模が膨れ上がった。詞華集の平均的な大きさとして、アイルランドのトマス〔『一つかみの花々』〕では語数が数万語であったが、一五〇三年の『ポリアンテア』は四三万語に増大し、とりわけ巨大化したものとしては、ヴァンサン・ド・ボーヴェ〔『大いなる鑑』〕の四五〇万語から、バイヤーリンクの『人生の大劇場』の一〇〇〇万語がある。そうした増大は、印刷術による制作費の低下のために可能になった。だが一方で、購入しそうな人々のさまざまな関心に訴えることによって、より多くの部数を売り印刷費を回収したいという欲求によっても煽られていた。収録された素材が膨れ上がったことを正当化するため、初期近代の編纂者は、公益に奉仕する中立的な伝達者であるという姿勢を、中世の同業者たちよりもより細やかに打ち出していた。初期近代の編纂者は、自分はさまざまな状況や趣向に適う素材を収録し、善い例とともに悪い例も採用したと説明し、己れが伝えているものの真理や価値をみずから判断することは往々にして回避した。それにかわって、蓄積された素材を評価しそこから選ぶにあたってはご自身の判断力を働かせてください、と読者に訴えたのである。新しい版が出るたびに、題扉や前付け《フロント・マター》できまって繰り返される「より正確でより豊富な素材」という謳い文句は、そうした主張がこのような大冊を売るうえで効果があるとみなされていたことを示している。大きいほうがよい——あるいは、読者がそう考えるだろうと思われていたのである。大冊化は、『ポリアンテア』のように、編纂書が次々と版を重ねることによっても促された。それぞれの版は、その版を生み出すのに関わった人々だけではなく、多年にわたる歴代の編纂者たちの仕事——謝意を表して名前が記されている者もいれば、いない者もいる——もすべて含んだ共同作業の成果として、先行する諸版を養分として膨らんでいったのである。『ポリアンテア』の初版において、ナニは、中世以来お馴染みの自己正当化の主張を響かせているが、中世の慣習にはなかった新機軸も打ち出している。彼は、老いも若きも男も女も徳育教化するのにふさわしい、選りすぐりの作品を選んだと高唱し、それが「できるかぎり多くの人々にとって有益であること」を願った。ナニは、〈読者に寄せるオード〉において、己れが選んだ抜粋は良心の検閲官のごとき価値をもつ、と自著を一心に讃美した——それは、「卑しい汚物の中から黄金を摑み取る」のだ。おそらくナニは、先人たちよりも網をさらに大きく広げたので、そのことを批判されるのを恐れたのだろう。彼は一六三名の著者を抜粋元として挙げているが、そのうちの何人かは聖書を嘲り、カトリックの真実とは対立する立場にあると彼は認める。[11] だが、自分が慎重に選択したおかげで、異教時代の書き物のもつ危険な浅瀬――オウィディウスやホラティウスの淫らさやアリストテレスの曖昧さ――を避け、キリスト教徒の徳育教化へと安全に航海できる、とナニは約束する。彼は、ダンテやペトラルカのような近年の数名の著者からの引用も収録した。宗教面における教導と安全というこの主題は、最初の二つの版に付された木版画によっても強調されている。初版の題扉は、祭壇に向かって座して花籠に手を伸ばしている著者の姿を中央に据え、まわりに宗教上および世俗の権威ある人物たちを配している。その木版画は、ギリシア語の題名〔『ポリアンテア』は「多くの花々」を意味する〕の意味をはっきりと伝えるのに役立っている。ナニはまた、序文でも、詞華集〔ラテン語の florilegium も「花々を集めること」という意味〕と同義であることを読者が理解するようにと、この題名について説明している。[12]

宗教的な主題を強調すると同時に、ナニは、己れの主たる読者層は修辞学を学ぶ若者であるとしている。とりわけ彼らのために定義や説明を提供できるのは喜ばしい、とナニは語る。ギリシア語の表現にはすべてラテン語の翻訳が付されている。哲学者、歴史家、詩人によるラテン語とギリシア語の格言。そして、より大きい主題の概要を示す表。初期の『ポリアンテア』には難語辞典という側面もあり、主要な項目に加えて、きわめて短い項目も数多く含まれており、それらは語釈、ギリシア語源の解説、それに範例として一つだけ、ないしはまったく引用文が挙げられていないこともある簡略なものである。[13] 人文主義的な修辞学のための手引きおよび信仰心と説教のための手引きという『ポリアンテア』の二重の魅力は、それにどのような作品が合本されているかを見れば明らかである――語彙集や詩を読むための手引きと合本されているかと思えば、説教集が合本されていることもあるという具合なのだ。この合わせ技は一六世紀を通じて明らかに魅力的であったが、やがて『ポリアンテア』はあまりにも厚くなりすぎ、他の作品と一緒に綴じることができなくなってしまった。[14]

『ポリアンテア』はすぐさま、次々と版を重ねていくなかでたえまない改訂の的となるわけであるが、その理由は分析に値する。この種のレファレンス書は、見出しのもとに引用文を蓄えているので、見出しと内容のいずれにおいても、付加、削除、変更が容易になったことは確かである。だが、引用文を蓄積していくという形態をとる作品すべてが、作者の死後、これほど多くのさまざまな人々によって改訂されたわけではない。エラスムスは『格言集』を生涯にわたって増補し続けたが、エラスムスの死後の諸版の多くは、パラテクストのみの改訂を行い、本文自体は手つかずであった。その場合、著者としてのエラスムスの国際的な名声こそが『格言集』の売り上げを伸ばす主たる要因であると正当にも認識されていたことは明らかである。それゆえ、エラスムスの作品にあえて付け加えたり「訂正」したり、そうしたと宣言したりする編集者は誰一人としていなかった（もっとも、縮約版は市場で成功を収めたが）。エラスムスほど重要ではない作者による雑録や『古典読書録』の改訂版も、きまって、一つの最も完全な版――初版でなければ、亡き著者の残したノートにもとづいていると主張する死後出版された版――を忠実に再現していた。だが『ポリアンテア』は、カレピーノの『辞典』（『ポリアンテア』ほど大幅に編集し直されているわけではないが）のように、ある種のブランドと化し、多くの異なる編集者たちが、引用元を明記したりしなかったりしながら大掛かりな加筆や変更を行っていたのである。版によっては、新しい素材であることを示す印が付けられているものもあるが（付け落としもしばしばある）、それはおそらく、当版は先行するどの版にもまして内容が豊富であり正確であるとする題扉の主張を裏付けるためであろう[15]。『ポリアンテア』が書籍市場で早期に成功を収めたことや印刷者の投資を保護するための特認権制度が、カレピーノの辞書と同様、『ポリアンテア』がかくも頻繁に改訂された理由を説明する一助になると思われる。

それらすべてのレファレンス書が産出された大陸ヨーロッパにおいては、初期近代を通じて、特認権制度が競争を規制していた。これは、印刷業者の求めに応じて（料金と引き換えに）、ある作品を数年のあいだ独占的に印刷する権利を与えるものである。特認権の有効期間は、時代、場所、対象となる作品によって異なっていた。期間はフランスではより長くなる傾向にあり、一六世紀初期においては二年から三年、一七世紀半ばまでには一二年から一五年にもなった。特認権が効力をもつのは、神聖ローマ帝国であろうが、小さい都市国家であろうが、フランスのような王国であろうが、それを付与した機関が管轄する区域内だけであったし、新作か大幅に増補された作品にしか与えられなかった。ジョージ・ホフマンが、一六世紀フランスにおけるラブレーとモンテーニュの新版の出版時期の研究において述べているように、成功を収めた書物に付与された特認権の期限が切れかかると、印刷業者は新版を印刷しようという気になる。新しい特認権を確保するに十分なほど増補された新版を、競合者がその作品の印刷許可を得る前に出してしまおうというわけである[16]。かくして、モンテーニュの『エセー』の新版のうち二つが、その前の版に付与された特認権が切れかかる頃に印刷され、大幅な増補（フランスで特認権を得るために必要とされる「三分の一」の増補）を謳っている。このようにして、ボルドーのシモン・ミランジュやパリのアベル・ランジュリエは、一五八〇年、一五八八年、一五九五年に『エセー』の新版を印刷することによって特認権を三期にわたって確保し、『エセー』を印刷する独占権をもち続けた。同様に、『ポリアンテア』の印刷者も、旧版がよく売れた後、印刷の独占権を更新するために、『ポリアンテア』を膨らませようと思ったかもしれない。まこと、初期近代の書物が市場で成功したかどうかを示す最も明らかなしるしは、五年から一〇年のうちに同じ印刷業者がそれを再版することであった。

印刷業者には特認権を得る義務はなく、競争からの保護を保証するこの権利を費用と手間をかけて得るのは、以下のような書物に限られていた。よく売れることが見込まれる書物（教科書や学校で使用する教本も含む）、そして制作費がとりわけ高くつく書物（たとえば、挿し絵付きだったり、きわめて大部の書物だったりする場合）。『ポリアンテア』は制作費が高くよく売れたので両方の基準を満たしていた。だから、『ポリアンテア』のほとんどの版が特認権によって保護されていたということもありうる。だが、多くの場合、特認権の有無やその期間に関する確たる証拠は存在しない。そうした情報は、ときに題扉に記されていることがある（特認権を得ていると示されていることはあっても、期間の記載例はない）。あるいは、ごくたまに、特認権の内容全文が前付けに掲載されていることもあった（あるいは、折丁（紙の製本上の最小単位で、折丁をいくつも重ね糸でかがって本ができる）に白紙が一頁分生じたのかもしれない）。印刷業者の記録からもそうした情報が得られる可能性はあるが、記録そのものがほとんど残っていないので、ある書物の印刷史を再構成するときには、現存する本をよりどころにすることが、特認権や業務提携も含む産出の諸条件についての状況証拠を得るうえで有益であることが多い[17]。『ポリアンテア』の印刷史は、同一の場所において、しばしば同一の印刷業者によって、一つの特認権のもとに、ないしはそれを更新することによって、きわめて短期間のうちに版がいくつも次々と重ねられたことを示している。たとえば、ケルンではゲンネパエウスによって一五四六年と一五五二年に、次いでコリヌスによって一五六七年、一五七四年、一五七五年、一五八五年に。あるいはフランクフルトではツェツナーによって一六〇七年、一六一二年、一六一三年、一六一七年、一六二一年、一六二七年から二八年、一六六三年に[18]。

印刷業者たちが共同して働き、それから次々に、おそらくは特認権の残存期間を購入するか継承するかして仕事を引き継ぎ『ポリアンテア』を印刷するさまも、また見ることができる。リヨンにおいては、アルシによって一六一四年に。次いでアルシとラヴォーによって一六一九年、一六二〇年、一六二五年に。次いでラヴォーによって一六二六年、一六四八

出版年	出版地	印刷者／出版者	確認されている部数	題名と内容における主な変更点	語数
1612/13	フランクフルト	ツェツナー	16/35	*Novissima polyanthea*	
1614	リヨン	アルシ	6	*Novissima polyanthea*	
1616	ヴェネツィア	グエリリウス	16	*Novissima polyanthea*	
1617	フランクフルト	ツェツナー	38	*Novissima polyanthea*	
1619/20	リヨン	アルシ／ラヴォー	5/20	*Florilegium magnum* シルヴィウスによる追加	250万語
1621	フランクフルト	ツェツナー	35	*Florilegium magnum*	
1622	ヴェネツィア	グエリリウス	9	*Novissimarum novissima polyanthea*	
1624	シュトラースブルク	ツェツナー	11	*Florilegium magnum*	
1625/26	リヨン	アルシ／ラヴォー	7/5	*Florilegium magnum*	
1627/1628	フランクフルト	ツェツナー	1/26	*Florilegium magnum*	
1630	ヴェネツィア	グエリリウス	19	*Novissimarum novissima polyanthea*	
1639	シュトラースブルク	ツェツナー	2	*Florilegium magnum*	
1639	ジュネーヴ	シュトーアー	28	*Florilegium magnum*	
1645	シュトラースブルク	ツェツナー	42	*Florilegium magnum*	
1648/49	リヨン	ラヴォー／ユグタン	29/1	*Florilegium magnum*	
1659	リヨン	ユグタン／ラヴォー	30	*Florilegium magnum*	
1669	リヨン	ユグタン	41	*Florilegium magnum*	
1681	リヨン	ユグタン	41	*Florilegium magnum*	

注記　この表は、現存する本のうちオンライン蔵書目録によって所在が確認できるものにもとづいて作成したが、ここに挙げられているのは、本が少なくとも2部残存していることが明らかな版のみである。またこの表では、異なる印刷業者が提携し、ときには異なる都市で出版した、あるいは連続する年に出版した、同一の版の一部とみなすべきであると思われる本をまとめて記載してある。さまざまな出版情報をもつこれらの本が互いにどのような関係にあるのかを正確に記述するためには、異なる場所に所蔵されている関連する本を広範囲に比較検討する必要があるだろうが、それは私にとって手つかずの課題である。蔵書目録を通じてのこの調査は、2006年の春にモーガン・ソンダーエッガーによってなされたが、より詳細な結果については、https://projects.iq.harvard.edu/ablair/too-much-know-supplements をご覧いただきたい。

表4・1『ポリアンテア』の簡略印刷史　1503-1681年

出版年	出版地	印刷者／出版者	確認されている部数	題名と内容における主な変更点	語数
1503	サヴォーナ	デ・シルヴァ	20	*Polyanthea opus*	43万語
1507	ヴェネツィア	リヒテンシュタイン	28		
1507/1508	ヴェネツィア	ルスコーニ	11/9		
1512	バーゼル	アラントゼー	32		
1512	パ　リ	プティ・エ・バード	5		
1513	リヨン	ゲイナール	10		
1514	サヴォーナ	ビブリアクァ	16	他の諸版には存在しない、ミラベッリによる追加が含まれる	
1517	シュトラースブルク	シューラー／アラントゼー	20/17		
1518	トリノ（イタリア）	フェッラーリ	2		
1522	リヨン	ゲイナール	6		
1539	ゾーリンゲン	ゾテル	35		
1546	ケルン	ゲンネパエウス	19		
1552	ケルン	ゲンネパエウス	29		
1567	ケルン	コリヌス	26	アマンティウスを追加	
1574/1575	ケルン	コリヌス	5/16		
1585	ケルン	コリヌス	17	トルティウスを追加	100万語
1592	ヴェネツィア	チョッリ	14		
1600	パリ	ドゥスール	2		
1600	リヨン／ジュネーヴ	ヴィニョン	10/1	追加は「リヨンの無名氏」によるものとされる	
1604	リヨン／ジュネーヴ	カルドン／ヴィニョン	2/6		
1604	リヨン	ツェツナー	15	*Polyanthea nova* 主な改訂と追加はヨーゼフ・ランゲによってなされる	200万語
1607	フランクフルト	ツェツナー	42	*Polyanthea nova*	
1607/8	ヴェネツィア	グエリリウス	12/2	*Nova polyanthea*	

年に。ラヴォーとユグタンによって一六四九年と一六五九年に。そして最後にユグタンが単独で一六六九年と一六八一年に。印刷業者は異なる都市や管轄区域にまたがって業務提携することもできたが、それはしばしば同族内で行われた。それぞれ別の土地に住み着いた兄弟が、血縁ならではの便宜を図り合うという場合である。アラントゼー兄弟はウィーンとバーゼルで一五一二年に、そしてウィーンとシュトラースブルクで一五一七年に『ポリアンテア』を印刷した。ツェッツナー一族はフランクフルトで七つの版を印刷したばかりか、リヨンで一つ（一六〇四年）、シュトラースブルクで三つ（一六二七年、一六三九年、一六四五年）の版を印刷した。ツェツナー一族は、ほぼ六〇年間にわたって、一世代以上が関与しながら『ポリアンテア』を世に送り出した。

『ポリアンテア』の成功はすみやかだった。北イタリアのリグーリアにある、商業網の外れにある都市（サヴォーナ）で初版が出版された後、続く一〇年のあいだに、ヨーロッパの印刷と商業のいくつかの主要中心地で六つの版が印刷された。ヴェネツィア（一五〇七年と一五〇八年）、バーゼル（ウィーンと共同で一五一二年に）、パリ（一五一二年）、リヨン（一五一三年）である。[19] 現存する初版本の大半は今日イタリアに所蔵されているが（三部がイギリスに所蔵されている）、印刷業の主要な中心地で生産された版本は、地理的にはるかに広範に流通した。ヴェネツィアで一五〇七年に印刷された現存する二八部は、現在ヨーロッパの一二の国々で所蔵されており、バーゼルで一五一二年に印刷された現存する二五部は、一一の異なる国々で所蔵されている。だが一五一四年、ナニ・ミラベッリは、みずからの手で項目を書き加え、教皇によって七年間の特認権が付与されたという認可状の全文を付して、ふたたびサヴォーナで、『ポリアンテア』の増補版を出版した。ナニはこう説明する。ローマとボローニャで教会法を教えた後、「エピグラムをいくつかと他の注目するに値する事柄とともに、教皇教令の普遍的な諸命題」[20]を加えることは、「多くの人々に資するとともに、わが身にとってもきわめて有益であろう」と思った、と。ナニの教会法からの追加分としては、*lex*（法）や *papa*（教皇）といった新しい見出しとともに、法に関わる新しい箴言が既存の見出しのもとにちりばめられた。そうした法にまつわる追加は、他の版には含まれていないが、思いもよらない影響を及ぼしていた。イギリスにはサヴォーナを出版地とする（一五一四年）版が三部現存しているが、そのうちの一冊はヘンリー八世が所有していた。その本では、どの事項にもまして、「法律」、「婚姻」、「誓約」のもとに集められた法的素材に欄外書き込みが集中しており、あたかも王が、キャサリン・オブ・アラゴンと離婚することを考えながら——一五三三年に婚姻は無効となった——、『ポリアンテア』を参照したかのようである。書き込みは、事実をそのまま記したもので判断は交えておらず、さまざまなトピックを欄外に書き留めたり、指差し図、下線、あるいは他の欄外記号を用いて興味深い一節に注意を促したり、という具合である。[21]

ナニの死後、多くの編纂者が『ポリアンテア』を増補したと誇らしげに語ったが、追加したのは法に関する金言ではなく、似たような文学趣味の用例であった。シュトラースブルク版——シューラーにより一五一七年に印刷される——は、ダンテとペトラルカのイタリア語の詩行の翻訳を加えた、と高らかに告げている[22]——そして後に続く諸版には、ペトラルカからのかなりの数の散文が付け加えられることであろうとも。一六世紀の諸版のほとんどは、ナニの当初の前付けをそのまま用いていた。すなわち、オード、献辞、そして引用元の著者名のリストである。だが、版によっては編纂者の言葉が前付けに含まれているものもあり、それもまた後続の諸版で再利用できたのである。[23]ゾーリンゲン(ケルン近くのカトリックの小さな町)で印刷された一五三九年の版にはそのような序文が付されていた。書き手の名前が記されていないので、通例として印刷者が書いたと考えられるのであるが、この序文は続く一五四六年と一五五二年のケルン版に再録された。この序文は、新しい素材を追加したこと、本文がより豊かでより正確になったこと、を高々と謳っている。諸版のほとんどは、ナニの序文——他の人々の言葉を、それが善いものであれ悪いものであれ、中立的な立場から報告するという意図を明かしたもの——を再録している。「私は、ギリシアとローマ双方の哲学者たち、歴史家たち、詩人たちの名言を付け加えたが、それは、悪徳であれ美徳であれ、ある問題について各人がどう考えたかを読者が容易に看て取れるようにするためである」[24]。中世の編纂者たちは、何よりもまず道徳的に人を高める一節を約束し、そうするために必要ならば黙って修正することもあったので、この編纂者は別の路線から正当化を図っていたことになる。そして、初期近代の他の編纂者たちもこの路線を踏襲し、素材がすばらしく多様であると豪語し、読者はそこから、特性を高める判断力をみずから養えるような情報を得ることだろう、としたのである。

一五六七年、『ポリアンテア』は、ケルンの印刷業者マルティヌス・コリヌスのものとなった。コリヌスは一八年間で少なくとも三つの版を世に送り出した。一五六七年版、一五七四年版、一五八五年版の題扉は、一〇年間の特認権を皇帝から付与されたと謳っており、これら三つの版はそれぞれ異なる重要人物に献呈されている。「己れの生業に華を添え、文学研究の助けともなるような何かにわが印刷工房が取り組めるようにと……世にも名高き『ポリアンテア』」を選んだ、とコリヌスは説明する。[25] コリヌスは、一五五六年に出版されたばかりのバルトロメウス・アマンティウスによる大部の詞華集の内容を、自分の一五六七年版『ポリアンテア』に組み入れることから始めた。彼はまた、前書きを新たに加え、悪徳と美徳の定義を示したが、それを付すのが一六〇四年までの諸版の慣例となった。コリヌスは作品がいちだんと膨らみを増したことを誇り、読者は「お手頃な一冊分の本の値段で、二人の著者の汗と労力の成果に与る」ことができるだろう、と述べた。彼は、重複を削る以外はナニの原文から何一つ取りこぼさないという使命のもとに仕事を託されていた、おそらくは本文の編集責任者であろう人物の名前を挙げた。「両古典語に精通し、当地では公的なラテン語教授であられるペトルス・リンネルス殿が、これらすべての事柄において私を助けてくださった」[26]。この時点で、『ポリアンテア』は、ナニの原本の倍以上の長さになっていた。[27]

コリヌスは一五八五年に、フランキスクス・トルティウスによる詞華集の内容をさらに加えて、作品をもう一冊分増補したと主張した。この詞華集は、独立した出版物としては現存していない。手稿のかたちでのみ存在していたのかもしれないし、あるいはこの作品を加えたという主張は、先の版にアマンティウスの詞華集を組み込んで成功したことにあやかった、たんなる営業のための口上だったのかもしれない。新しい序文において、コリヌスは、こう讃美した。この集成は、古典と近代の作品から最良のものを選び――「まこと、プリニウスがいみじくも言ったように、どの書物にもどこかしら有益なところがあるものです」――、それらの作品の有用性を人間社会に伝え、名声を後世に伝えている、と。『ポリアンテア』という詞華集は、「ありとあらゆる学芸と学問の快い平易な要約」と、哲学であれ医学であれ法学であれ神学であれ、それらを求める人々に「安全なよりどころ」を与える、とした。[28] 安全なものを抜粋したと強調することは、ナニのオードと序文では主音を奏でていた。その響きはなおも聴こえてくるものの、ここでは、素材が変化に富み豊富にあること、多様な分野が網羅されていること、そして前提としてどの書物にも摘み取るべき価値あるものが含まれているということの強調、が主になっている。

（ささやかなものであるが）改訂と増補を謳う版が、さらに三度重ねられた（ヴェネツィアで一五九二年に、リヨンとジュネーヴで連携して一六〇〇年と一六〇四年に）後、ヨーゼフ・ランゲ（一五七〇頃―一六一五年）という新しい野心的な編纂者が、『ポリアンテア』に全面的な改修を施した。一六〇四年に出版されたリヨン版は、ツェツナーを印刷者とする、長期にわたる一連の諸版の最初のものであった。ランゲは新しい素材を豊富に導入した。尊敬されている著者からさらに引用するだけではなく、新しい題材として、一六世紀のエンブレム集、寓話集、教訓話集、『ヒエログリフ集（*hieroglyphica*）』（文字記号の象徴的な意味を読み解いたもの）に由来する一節も収録した。見出しのもとに収められた素材を見つけやすくするために、ランゲは各項目を系統的に整理し、素材の範疇（聖書、教父、詩人、弁論家、エンブレムなど）ごとに小区分を設けた。ランゲは、自分はこの作品の「最初の考案者」ではないが、と言いながらも、それを『新ポリアンテア（*Polyanthea nova*）』と呼ぶことを、このように正当化している。なぜなら、本作品は「読者諸君が、誤ることも倦むこともなく、［抜粋の］あれやこれやの主題から、己れの目的にふさわしいとご判断なさるであろうものをいとも容易にお選びになることができるように」という意図のもとに、「外見も形式も一新された」からである。追加された警句、喩え話、格言、エンブレム、寓話、範例は、弁論を豊かにするうえでたいそう役立ち、たくさんの書物をあれこれ漁っては調べるという退屈と焦燥から読者を解放することであろう、とランゲは説明する。[29] ランゲはまた、アイルランドのトマスの一五五三年版の『一つかみの花々』から、より伝統的な種類の引用も抜き出している。ギルベルト・ヘスは、ランゲがこの素材をいかに本体とすり合わせたかを探り当てた。ランゲは一五五三年版の詞華集のそれぞれの見出しから最初の三つの金言を選んだが、長さが三行以上ある引用句はいっさい採用しなかった。ランゲは、知的、イデオロギー的な尺度によって選択するというよりは、何よりもまず、実際的な見地から判断したのだ。すなわち彼は、簡にして要を得た引用をできるかぎり多く収録する一方で、頁数があまりに膨らみすぎないようにしたのである。ヘスはまた、こうも述べている。『新ポリアンテア』の引用にはプロテスタント色をはっきりと帯びているものもあるが、それはおそらく、ランゲの前作に収録されていたからであろう――だがそれらのほとんどは、続く諸版では削除された。[30]

ヨーゼフ・ランゲは、一六〇七年三月付けのある序文において、『ポリアンテア』を広範に改訂するにいたった動機のいくつかを説明している。ランゲはケゼルスベール（アルザス）でプロテスタントとして生まれたが、一六〇四年には、カトリックに改宗したばかりであり、その結果、妻と五人の子供を抱えながら仕事も友人も失っていた。それゆえ彼は、「本書の新版から益［すなわち、収入］を得る必要に迫られ」[31] ていた。ランゲには、この仕事をする準備が整っていた。彼はすでに、『ロキ・コンムネス（*Loci communes sive florilegium rerum et materiarum selectarum*）』あるいは『選集（*Anthologia*）』と題された集成を一冊上梓していた。それは分厚い八つ折り本で、ラテン語の金言、警句、喩え話がアルファベット順の主題別見出しのもとに提供されており、ランゲが『ポリアンテア』に後に加えることになるであろう素材を多く含んでいた[32]。ランゲは序文で異例なまでに詳しく事情を述べ、その企画をもちかけ支援するうえでシュトラースブルクの法律家フィリップ・グラザーがいかなる役割を果たしたかを説明した（私が以下に論じるように）。『選集』において、そもそもそれは『ポリアンテア』よりも小さく値段も安いのであるが、多様な読者に訴えたいという望みをランゲははっきりと述べている。ランゲは若い人々を念頭に置き、「修辞学の基礎的な知識」を即座に探り当てることができないで難儀している――グラザーがランゲに対して嘆いたように――人々のために『選集』を書いたのである。しかるに一方、その作品（ランゲはそれをブラウンシュヴァイク公爵アウグストゥス二世に献呈した）は、「宮廷や貴族階級の主要な人々」や「切迫した国事に携わる多忙な政治家たち」にとって、最高の賢者たちのすばらしい言葉や業に触れる便利な手段でもあった[33]。本書がキリスト教世界全体にとって有用であると謳うために、ランゲは『ドゥエ詞華集』で示されたさまざまな道徳的状態をなぞるかのように〔二一九頁の引用を指す。注10を参照〕、ありとあらゆる階層や年齢の人々を徳育するという美辞麗句《トロープス》を改めて繰り返す。その一方で、ランゲは、この書物には実用的な価値があると指摘する。すなわちそれは、図書館の外で利用することができ、持ち運びも簡単で、聴衆席や教室でも、そして指導教師の眼前で作文の課題をこなすときにも、携帯して利用できる――しかも、それらすべてが手頃な値段でできるのである[34]。

それに反して『ポリアンテア』は、大冊でより高価である――ランゲの版は、およそ二〇〇万語の語数を誇る、今までで最大のものであった。投資はそのぶん大きいが、儲ける機会もそのぶん大きかったことであろう[35]。フランクフルトのツェツナーとその後継者たちは、一七世紀を通じて『ポリアンテア』を出版し続け、一六一三年には『最新ポリアンテア（*Novissima polyanthea*）』と、題名に最上級を冠するにいたった。ランゲの『新ポリアンテア』も、題名を*Nova polyanthea*とわずかに変えて、ヴェネツィアでグエリリウスによって印刷され（一六〇七年から一六三〇年のあいだに五版を重ねた）、リヨンではアルシ、ラヴォー、次いでユグタンによって『大いなる詞華集（*Florilegium magnum*）』という題名のもとで印刷された（一六一四年から一六八一年のあいだに一〇版）。一六一九年のリヨン版は、さらなる追加を含んでいる――新しい見出し、いくつかのヘブライ語源、フランキスクス・シルヴィウス・インスラヌス（リールのデュボワなる人物）が重きを置いたたぐいの新しい喩え話などである。この時点で『ポリアンテア』の語数は二五〇万語以上に達しており、項目数は九七八個で、ナニの原本の六倍以上に膨れ上がっていた。一六一九年以降の諸版の題扉は、この作品を七人の編纂者の手によるものとしている（もっとも、関与した人々の数はさらに多かった）。その七人とは、ナニ・ミラベッリ、アマンティウス、トルティウス、コリヌス（ケルンの印刷業者）、リヨンの氏名不詳氏（一六〇〇年版を手がけた）、ランゲ、シルヴィウスである。[36] シルヴィウスは、みずからの序文の中で、素材の量が膨大で多様性に富むことに鑑み、伝統的な花の隠喩に新たな変奏を奏でている。すなわち、『ポリアンテア』の花々は美しく芳しい（それによって、善い振る舞いへと人々を促す）ことに加えて、多くの異なる相反しさえする癒しの成分と薬効をもち、熱することから冷ますことまで、あるいは締めつけることから開放することまでできる、としたのである。[37] シルヴィウスも、作品が多様な欲求を満たすものであることを強調した。

『ポリアンテア』は新しい主題や素材を加えながら古いものも温存していたので、自己正当化の言説から、徳育教化の目的が消えることはなかった。だが、すべての格言はすべての読者に同じ道徳的向上を促す力をもつであろうという見解（中世の詞華集が含意していたような）は放棄され、それにかわって、読者は、その欲求がいかにさまざまであろうとも、それに適う素材を見出すであろうという主張がなされるようになった。素材が膨大で読者層が多様なため、編纂者たちは、徳育教化よりも参照や利用のしやすさという問題に取り組むようになったのである。ほとんどすべての版に、引用元の著者のアルファベット順一覧表や、書物に出現する順に（あるいはアルファベット順に）配列された見出し一覧表が含まれていた。だが、次々に追加される素材が、項目内の既存の素材の末尾にただくっつけられてしまうと、それぞれの見出しの中にある素材を探索することは、ますます困難になっていった。たとえば、新たに追加されたオウィディウスからの引用が、先行版で加えられた引用からも、一五〇三年の原本に収録されている引用からも、離れた場所に別々に収められるというような場合である。この問題を、ランゲはいとも鮮やかに捌いた。彼は、素材を積み上げるかわりに、それぞれの項目を系統だて、引用を種別ごとに——哲学者、詩人など——分類したのである。素材は明快に序列化されており、聖書と教父を頂点として、（ほとんどは古典古代の）詩人や哲学者へと、さらには同時代の集成物から収集されたエンブレムやヒエログリフへと下っていくが、より近年の素材を追加することが、より伝統的な素材の権威を強化することになったのか、あるいは損なうことになったのかは判断しがたい。[38]

いずれにせよ、各版で増補に次ぐ増補を熱心に行ってきた編纂者たちによって巨大化した『ポリアンテア』を前にして、読者は、あらゆる場面で（見出しから、典拠の種類から、引用から選ぶさいに）、より小さい詞華集を手にした中世の読者よりもはるかに大胆に己れの判断力と選択眼を働かせなければならなかった。

他の諸々のジャンルでも、一六世紀の編纂者は「中立」の姿勢をはっきりと打ち出し、自分は正確に引用し伝えていると請け合うが、用例に表明されている立場を支持したりはしなかった。テオドール・ツヴィンガーは、己れの作品の形式、目的、典拠について語る長い序文の中で、自分は言葉や行いを忠実に伝えはしたが、それが真実であるかどうか、またどのような道徳的性質を帯びているかということには責任を負わないとした。「私たちは、かつて言われなかったことは何一つ言っておりません。そしてもし、あなたがたが、私たちが従う著者たちの権威を咎めだてなさるのならば、それはでたらめな非難であります。というのもそれらは、他の者たちから忠実に報告されたもの、私たちが正直に、すなわち誠意をもって提示しているものであることはあなたがたもお認めになっているからです……私たちはみな、すべてのことができるわけではありません。収集家の仕事は、他の人々の言葉や書き物を誠実にお伝えすることであり、私が言っているように、その出来事［そのもの］の正しさではなく、報告としての正しさを注視し、追求することなのです[39]」。「中立的な伝達者」というこの姿勢は、ヴァンサン・ド・ボーヴェのような中世の編纂者の中にも窺えるものであった。だがヴァンサンですら、読者が異なれば関心も異なるという問題をはっきりと取り上げてはいない。それとは逆にツヴィンガーは、自分の読者は判断や選択において相異なるであろうことを見越して、こうはっきりと述べている。「ある人にとっては真実と見えることも、他の人にとっては偽りと見えます。あなたにとっては善いものと見えても、他の人にとっては悪いものと見えるのです[40]」。ツヴィンガーの解決法は（ゲスナーの解決法と同じく）、ありとあらゆる事柄を収録し、選択と個々の判断は読者に委ねることであった。

多くの序文が繰り返し述べているように、多様性は喜びをもたらす。だが多様性は、ツヴィンガーの評価によれば、作品を有用なものとするうえの要ともなる。「イタリア人はイタリアの［範例］を好みます。ドイツ人はドイツの範例を、スキタイ人はスキタイの範例を好みます。私たちは、万人の益になるようにと心がけたので、あらゆる種類の範例を収集せねばなりませんでした。範例が異国のものであるといってあなたが拒絶なさろうと、他の者はそれを大いに気に入るでしょう。それと同じく、公共の野から、ほかの者を益するだろう植物を、あなたがそれを好まずとも引き抜いてはなりません。ひょっとして他のすべての植物があなただけのために生えているなどと思っていらっしゃらないのであれば[41]」。ツヴィンガーはここで、伝統的な花の隠喩を、医学部をもつ都市に当時創設されつつあった公共植物園への言及に結び付けている。ツヴィンガーは、医師として、そうした庭園をじかに訪れて知っており（序文の別のところでは、とくにパドヴァの植物園に言及している）、「枝、花、種子を摘み取ること、もしくは球根や根を引き抜くことは悪いことである」とする規則があることも承知していた[42]。間違いなく、そうした規則は、訪問者が己れの収集や庭園に加えるために貴重な植物を盗むのを防止するためのものであるが、ツヴィンガーは、己れの『人生の劇場』が無益なあるいは過剰に異国風であると見える植物を扱っているという批判を鎮めるために、その規則を引き合いに出している――彼が含めた植物は、どれもが誰かにとって役に立つものとなることだろう。ツヴィンガーはこのように、『人生の劇場』を、植物園のような公共空間として提示した。そこでは、多様な関心をもつ読者がみな何かしら益あるものを発見し、そこに参入するためには、他の人々を尊重するという公徳心の精神をもっていなければならない。

範例の蓄積を、異国のものと自国のもの、華やかなものと地味なもの、とさまざまな花々を取り揃えた植物園になぞらえることによって、ツヴィンガーはプリニウスの名言〔「いかに悪い書物であれ、何かしら有益なところがある」〕の優美な変奏を奏でている。書物がそうであるように、植物もまたそうである、とツヴィンガーは述べる。「いかに害毒のある薬草であれ、何かしら益になるものが含まれている」。範例もまた然り。人間の振る舞いの範例は、そのすべてが有益な目的に適っている。「古《いにしえ》［の範例］は、年を重ねたもののもつ特権によって、すこぶる威風堂々としております。今のものは、とくにそれが自国のものであれば、私たちの五感に訴え心を揺さぶる、より強い力を備えています。稀少なものは、まさにその新奇さと物珍しさのために推奨されます。ありふれたものや諺のようなものでさえ、習慣的に用いられているために権威を帯びることでしょう」。ツヴィンガーは、とりわけ、善い振る舞いとともに悪い振る舞いの範例も収録したことを正当化しようと努めた。彼は、どちらもためになるのです、と主張する――悪しきものは何を避け厭うべきかの見本として、善きものは何を真似て称賛すべきかの見本として[43]。

ツヴィンガーは、範例をどの見出しに割り振るか（同じ一節を複数の見出しのもとに収録する場合もあった）、また、彼がとりわけ心を砕いたこととして、見出しをいかに系統的に配列するかに、目配りを怠らなかった。だが、大規模な編纂物においては、多くの決断が読者に委ねられる――範例の真正さをどこまで信頼してよいのか、範例をいかに選択し解釈し利用すべきか、さまざまな判断を下さねばならないのだ。一五八六年の版において、ツヴィンガーは開口一番戒めを垂れ、この「携帯できる紙の劇場」においては、自分は読者に大いなる自由を与えた、と何にもまして強調した。「もしあなたがたが、題名が法外であるとか、範例の選択が悪いとか、歴史が忠実に再現されているかどうか疑わしいとか、配置の順番が悪いとか、咎め立てなさったうえ、居酒屋で酔いつぶれて口もきけず耳も聴こえずといった状況でもないとすれば、われわれは当節みなが勝手気儘に生きておりますので、あなたがたの自由をどうして制限できましょう。だから、お好きになさればよいのです」[44]。ツヴィンガーは、読者が彼の作品をいかに用いようと、それを自分が制御することはできないこと、そしてその自由という概念が、壮大な規模で勝手気儘に蓄積することについての、編纂者としてのみずからの自由を正当化することをよく理解していた。

精選したものを編纂するタイプの書物（ポッセヴィーノの『精選文庫』のような）が姿を消したわけではないが、読者の多様な判断に向けて素材を提供していると編纂者が強調することは、近代の各種ジャンルのレファレンス書でも決まり文句のごとく繰り返された。たとえば、一八世紀の選集は、編纂者の導きにほぼ頼ることなくあまたの文学作品に幅広く触れ判断力を養うようにと、多種多様な読者を誘っている[45]。チェインバーズの『百学連環書』やディドロの『百科全書』も、相異なる多様な関心に応えていた。だが、近代の作品の中で、一六世紀と一七世紀のラテン語レファレンス書ほど、編纂者が自由気儘な蓄積の精神のもとで、百科事典的な編纂事業を行ったものはほとんどなかった。そうした編纂書のうちで最大のもの（わけても、『ポリアンテア』、『人生の劇場』とその後継書の『人生の大劇場』）は、あまりにも巨大になったので、編纂者は仕事をするうえで、選択眼や判断力を働かせることはより少なくなり――そうした能力を行使するのは読者にますます委ねられるようになった――、より多くの労力を文書管理に費やすようになった。これらの編纂者たちの動機を、金銭と知的欲求の二面において探ることは、彼らが情報管理に携わった規模がなぜかくも巨大化したのかを説明する一助となる。

編纂者の金銭的な動機

編纂の動機はさまざまである。一方で、印刷術は、己れのなす仕事から金銭的な利益を得る可能性を編纂者に与えた。他方で、多くの編纂者は己れの活動の知的価値を強調し、儲けるために働いているわけではないと主張した。編纂者は、おおむね、旺盛なノート作成者として出発したわけであるが、なかには憑かれたようにノートを取る者もいた。編纂者が当初から出版するつもりでノートを取っていたわけではなかったにせよ、多年にわたって蓄積したノートが出版物の母胎をなすこともあった。たとえば、ドメニコ・ナニ・ミラベッリは、読書から得た「花々」を数十年間にわたって教えかつ収集した後、五〇歳を過ぎたときに『ポリアンテア』を上梓した。他の編纂者たちは驚くほど若く、おそらくは、具体的な計画を念頭に置いてノートを取っていた。ゲスナーは、『万有文庫』を上梓したときは二九歳であった。テオドール・ツヴィンガーは、『人生の劇場』の初版を上梓したときは三二歳であった。そしてカエリウス・ロディギヌスが『古典読書録』を一四九一年に作成し始めたとき、彼は二二歳であった――もっともそれは、一五一六年に一度しか出版されなかったのであるが。[46]

編纂者はしばしば、一覧表作り、収集、索引作成という多様な課題をこなしており、情報を収集し分類することは楽しく有益であると言ってはばからなかった。[47] たとえば、コンラート・ゲスナーは、『万有文庫』を作成した後、浩瀚な博物誌――四足獣、蛇、魚、鳥、植物に関する――を次々と著した。ゲスナーは、作成したすべての編纂書において、みずから読書し観察して（書物や自然物の標本から）得た情報と、ヨーロッパ全土にわたる数十名の文通相手から寄せられた情報――協力者への感謝はきちんと記されている――を組み合わせて仕事を進めた。しかしながら、多くの場合、編纂者の企画は出版にまでいたらなかったので、ほかにどのような企画が温められていたかは、まったくわからないと言ってもよい。

ある珍しい資料が、フィンツェンツ・プラッツィウス（一六四二―九九年）の、憑かれたような編纂活動の一端を見せてくれる。一六八九年のノート作成手引書（ノート・クロゼットを大々的に取り上げている）と、匿名著者と偽名著者による作品の辞典（一六七四年と一七〇八年に出版された）を著した人物として、われわれは彼にはすでに出会っている。プラッツィウスは、『抜き書きの技法』に付した書簡の中で、三〇年にわたって編纂に携わってきたと語り、こうしたことを語るのも、己れのなした過ちを他の人々におかしてほしくないからである、と説明する。プラッツィウスの意見によれば、編纂者というのは一つの性格類型である。プラッツィウスは八歳にして、「抜き書きをしたいという熱い思いに駆り立てられ」、アルファベット順に書き写さんとして書物を乳母にねだった。だが、いまや大人のプラッツィウスは、これはむやみやたらの練習であったと片付け、子供が学校にいるあいだは「ラテン語とギリシア語の成句以外は」抜き書きをさせないほうがよい、と述べる。一四歳のとき、ハンブルクのギムナジウムに入学するや、プラッツィウスの「抜き書きへの生来の才は炎のごとく燃え上がり、抑制されればされるほど激しさを増した」。プラッツィウスは、自分の家庭教師がこの情熱を抑えようとしたとほのめかしている。にもかかわらず、彼はさまざまな書物——ナターレ・コンティの『神話の手引き』のような——から系図を抜粋し集めて、それらを整理して並べた。父親が死ぬと、おそらくはその父親が給金を払っていたのだろう、家庭教師がいなくなったので、プラッツィウスは抜き書きに際限なく耽った。彼はドレクセルの『金鉱——すべての学芸および科学の鉱脈もしくは抜粋の技能』を読み、ユンギウスの弟子でありノートを豊富に作成したミヒャエル・キルステン（一六二〇—七八年）のもとで学んだ。キルステンはプラッツィウスをその兄弟とともに週に二度、一時間指導してくれたのだった。[48] プラッツィウスはその時期に、「将来の宝典《シソーラス》に加えるべきいくつかの特別な事柄」を収集し、ばらばらの紙に書き込んだ。そして、この新しい教師が彼の判断力の未熟さを懸念しているにもかかわらず、ランゲの詞華集を手本にして、金言や教訓話を「アルファベット順に」配置して「飾った大きな四つ折り本を作り始めた」。彼はばらばらの紙を中央で折り、内側に金言、外側に教訓話を書き記し、頁ごとか二頁分にまとめて題名を付けた。

いまや大人のプラッツィウスは、この時期の成果もまた「無益なもののむかつくような堆積」と言い捨てた。だが若きプラッツィウスは、ほどなく、明らかにその後もまだ大切に取り置いている作品を作り始める。プラッツィウスは、この自伝的な部分の締めくくりとして、まるで出版への問い合わせを促しているかのように、手稿のままになっている七二点の作品について記した。そこには、さまざまなかたちをした一覧や集成が含まれていた。「一巻物の詩人と弁論家の名句集」、ヴァインリッヒの『詩の宝庫（*Aerarium pœticum*）』の概要と改良版索引全二巻、女性の書き物についてのノートを紙片上にアルファベット順に配列したもの、カレピーノのラテン語辞典に載っていない稀語の索引、ゲオルク・ドラウトの図書目録への追加、神々の系図、イタリア語の名句、法に関わる名句、フランス語の名句に関する考察など。二〇頁にわたるそれらの作品の一覧は、その中でただ一つの出版された作品をもって締めくくられていた。すなわち、匿名著者と偽名著者による作品の文献目録である。[49]

プラッツィウスはことのついでに、あらゆる主題を網羅し、優美で豊富な表現のためのラテン語名句を収録した百科事典を作ろうと思っていた、と明かす。「私が名声や儲けのために書いていたなら、これはきわめてよく売れる書物になっていたことであろう」[50]。あるいは『ポリアンテア』の成功に当てつけていたのかもしれないが、プラッツィウスは、己れが名声のためにも金銭的利得のためにも書いているのではないと明らかに感じていた。それではなぜ、これほどまでに抜き書きをしたのだろう。プラッツィウスは具体的な動機は記していないが、こう推論することができる。おそらく彼は、よりよい索引、概要、選集、要約を通じて、秩序を求め書物や知識へのアクセスや精通を求めるという探究心に、主として突き動かされていたのだろう。その過程でみずからが経験した落とし穴について、プラッツィウスは一六八九年に他の人々に警告した。彼は四つの関連する問題をとりわけ遺憾とした。急いで闇雲にあまりに多くのノートを取ること、後で無益だとわかるようなノートを取ること、不完全な（誤っていたりあまりに簡略であったりする）ノートを取ること、己れの考えよりも他の人々の言葉についてより多くノートを取ること。[51]プラッツィウスは、ノートの蓄積や、索引その他の検索装置の価値についての信念を失ったわけではない。彼は、他の人々がそうした重要な仕事を最も効果的に果たす手助けをしようと、助言や警告をしたのである。

プラッツィウスは修辞学の教授であり、ハンブルク大学で教えることで生計を立てていた。だが彼は、大学だけではなく、ほとんどの教授が行っていたことであるが、私的に指導し教えていた学生たちからも収入を得ていた。自分が編纂に携わるのは金銭のためではなく、知的価値――己れのため、他の人々のために得られることが期待できる――のためであるという事実をプラッツィウスは強調したが、編纂は金銭的な報酬をもたらしうるという彼の評価は、同時代の意見や実践を代表するものであると思える。初期近代の著述業が、金儲けの機会をもたらすことは通常ほぼなかったし、もたらしたとしても、それは偶然によるものであった。著者は原稿を印刷業者に売ることができたが、対価はささやかであった。庇護者や作品を献呈した相手から心づけや無償の贈り物を得ることを当てにする者もいた。より野心的で懐具合のよい者は、しばしば印刷業者と提携して、自分の作品の出版にみずから資金を投じ、出資の割合に応じて、利益を得たり損失をこうむったりした。[52]それとは逆に、編纂は、依頼されて印刷業者のために行われることがしばしばであり、印刷業者はレファレンス書がベストセラーになれば儲かるだろうと当てこんで、諸々の経費を負担したのであった。印刷業者は縮約版や翻訳を依頼するのと同じ要領で、編纂を依頼した。編纂者の中には、明らかに、収入を得る必要に迫られて仕事をした者もいた。『新ポリアンテア』を上梓したとき、ランゲがみずからのことをそう語っていたように――改宗したばかりの彼は、「［彼の］妻と五人の子供たちを抱えて、ひどい惨状に陥り……ほぼすべての人間から見放され、活路を求めて浮浪人のごとくさすらった」[53]。

前置きの文章には、依頼を受けて仕事をした編纂者に印刷者がいかなる支援を与えたかを窺わせる手がかりが潜んでいる。ランゲは、たとえば、彼がまだプロテスタントであった一五九八年に上梓した最初の編纂書『ロキ・コンムネス』について、いかなる取り決めがなされたかを語っている。ランゲは、序文において、自分がシュトラースブルクのギムナジウムで修辞学を教えていたとき、法律家のフィリップ・グラザーが、「修辞の土台」のすべて——金言、警句、喩え話、教訓話——を一所に集めたような作品の構想をもちかけてきた、と説明した[54]。グラザーはそうした作品の価値を説き、「なかなかの学識を備えた者たちが多くこの種の集成に着手している」と述べた。だがグラザーは、自分は「より重要な仕事」があって多忙なため、それを引き受けてくれまいかとランゲに頼んだ。ランゲは序文で、以下のような取り決めがなされたと語る。「そこで、よろずのことに邪魔されず、作業が頓挫することもなく、私が円滑に仕事に取り組めるようにと、文芸共和国に対する大いに価値ある貢献であるこの研究をなすために、グラザー殿は、必要な書物や出費ばかりか、彼の義父にしてとこしえに誉れ高き崇敬すべき印刷業者ヨシアス・リヘリウス（リヘル）殿が出版経費もまかなってくださると約束なさいました。この寛大で優れた人物の話を伺い、［また］公益に対するその献身ぶりを見て、いやそればかりか、その企てが有益であることは明白でありましたので、私は心大いに動かされ、迷うことなく仕事に取り掛かったという次第です」[55]。その企画は、グラザーにしてみれば公的な慈善行為であったとランゲは語るが、それはまた、グラザー一族に連なる印刷業者たちを儲けさせもした——それは、グラザーの義父リヘリウスによって、『ロキ・コンムネス』の題名のもとで少なくともさらに六回版を重ね、ヴィルヘルム・クリスティアン・グラザー（おそらくは親戚だろう）は、それを、一六二五年と一六三一年に『選集（*Anthologia sive florilegium rerum et materiarum selectarum*）』の題名のもとで出版した。利害を超えた立場からであれ、自己利益追求のためであれ、あるいはその両方であれ、企画の支援者たちはランゲの出費をまかなった。ランゲは書物のことははっきりと口にしているが、明記されていない他の出費には、ランゲの労賃や紙、インクといった必需品の経費、それに、もしかしたら助手の人件費が含まれていたと思われる。とりわけ『ロキ・コンムネス』においては、ヨハンネス・フィリウスなる「眉目秀麗な」フランス人の若者が、カメラリウス〔一六世紀ドイツの植物学者で『象徴とエンブレム』の著者〕とアルチャーティの書物から採られた「他の寓話、エンブレム、象徴」の索引作成者として名前が挙げられている。「紙は山なしているのに、仕事をやりとげる時間はわずかなため」、加えることができなかった索引が晴れて仲間入りしたのである。[56]

他の編纂者たちも、己れの印刷者の気前のよさを讃えている。I・D・スエンティウスなる人物は、ヴェネツィアのヨアンネス・グエリリウスのために『ポリアンテア』を編纂し、グエリリウスはそれを一六〇七年に出版した後、一六三〇年までにさらに四版を重ねた。スエンティウスは「印刷者は、出費を惜しまず、作成や訂正のために熟練した人々を雇い、その心遣いはたゆみなく入念であり、その勤勉さたるや比類なきものであった。彼は、この名高き都市［ヴェネツィア］において、さらに名高き印刷者の一人であり、彼の書物は他のどの書物にもまして求められ、買われ、褒められる[57]」、と讃美した。編纂者と印刷業者のあいだで良好な関係が築けた場合、彼らは前付けの中で互いを讃え合い、結果的に作品を褒めそやすことになった。だが、そうした事細かな称賛は、例外的なものであった。ほとんどの書物は両者の関係について何も語ってはいない。場合によっては、一方が、あるいは両者がともに、緊張関係があったことを前付けや正誤表の中で明かすこともあった。[58]

編纂者にとっては、印刷業者からの資金提供が最も頼れるかたちの支援だったが、高貴な庇護者に編纂の金銭的報酬を求めた者もいた。フランソワ・グリュデ（一五五二―九二年）、すなわちラ・クロワ・デュ・メーヌは、みずからも貴族であったが、自分が編纂した『フランス文献目録』（一五八四年）に付した前書きのところで、王や王国で最も高い地位にある貴顕から庇護を募った。フランス語作品についてのこの文献目録は、彼の言によれば、一七歳のとき学生としてパリに上京してこのかた、一六年にわたって編纂を続けてきた成果であるが、ゲスナーの『万有文庫』を密に模倣したものである。ゲスナーと同様、ラ・クロワ・デュ・メーヌは、学のある者も学のない者も分け隔てなくすべての作家を収録したと説明する。そして、ある者たちを称賛することはあっても、「われわれは彼らの作品や書き物を復唱しているにすぎず、それについての判断を表明するのは他のところに譲るので」批判することは絶対にない、とした。ラ・クロワ・デュ・メーヌは、国王への献辞において、「世に出す準備が整っている」作品を他にいくつか列挙した。そこにはフランス生まれのラテン語著者たちの文献目録や、フランス貴族の家系の全一覧が含まれているが、この全一覧には二万家以上が収録され「出版時に誰の不興も買うことのないよう、アルファベット順に並んでいる」。ラ・クロワ・デュ・メーヌは、フランスその他の国々の友人たちのあいだですでに三五〇部が出回っている、自身の著した手稿本の目録を国王にお送りしますとも述べている。その目録に収録されている作品の多くは、国王、王妃、貴族の家系一覧などを含む歴史的なものであった。ラ・クロワ・デュ・メーヌは、自分ほど「数多くの書物をフランスのために」書いた者はいない、と豪語するが、「[彼が]なしたすべてのことは、クリストファー・コロンブスの航海計画にもまして拒絶の憂き目にあうことが多かった」と認めてもいる。ラ・クロワ・デュ・メーヌは、『フランス文献目録』によって王の庇護を得ようと今ひとたび試みたが、おそらくは、また失敗したのだろう（彼は一五八三年にもアンリ三世に著作を捧げている）。というのも、彼の作品は他に一つも出版されなかったからである。[59]

　大きな書物は制作費がかさむので、革新的な資金調達法が生み出された。ゼバスティアン・ミュンスターは、地理学的な情報を集めた浩瀚で図版満載の編纂書『世界誌』（一五四四年）の出版資金を募るために、書物の中で扱った諸都市に寄付を願った。額の程度の差こそあれそれに応じた都市もあれば、拒んだ都市もあった。『世界誌』は大成功を収め、初版の後ですぐに数版を重ねたが、ミュンスターは六〇グルデンを受け取っただけで、儲けの大半はリスクと出費を担った印刷業者のものになった。[60] 購買予約による出版は一七世紀初期にイングランドで生まれ、一六一七年に出版されたジョン・ミンシューの『一一の言語の語源辞典（*Etymological Dictionary of Eleven Languages*）』を嚆矢とするが、この書物には予約者の名簿が付けられていた。[61] とはいえ、大部のレファレンス書の多くは、アンリ・エティエンヌの事業を破産させそうになった『ギリシア語宝典（*Thesaurus linguæ Græcæ*）』から、クラレンドン・プレスに重い負担を強いた『オックスフォード英語大辞典』にいたるまで、その出版者に壊滅的な、もしくはそれに近い損失をもたらしたのである。[62]

編纂者の知的動機とツヴィンガーの『人生の劇場』の発展

動機が知的なものであることがことにはっきりわかるのは、大部の複雑な書物が、印刷業者や庇護者からの依頼によらず作成される場合である。テオドール・ツヴィンガーは、金銭欲ではなく、大胆な知的野望や名声欲を主たる動機とする編纂者の好例である。父親はバーゼルでは新参者であったが、母親のクリスティーナ・ヘルプスターを通じて、ツヴィンガーは、バーゼルのエリート層に生まれおちた。というのも母親は、オポリヌスとして知られる著名な印刷業者にして教授であるヨハンネス・ヘルプスターの姉妹であったからである。トマス・プラッター〔自伝によって知られるスイス生まれの人文主義者。バーゼルでは印刷業に携わるとともに、ギムナジウムの校長をつとめた〕の学校に通い、次いでバーゼル大学で学んだ後、ツヴィンガーはリヨンに旅して印刷工房で三年間働いた。それからパリに出て、ギリシア語、ヘブライ語、シリア語を学んだ。そしてパドヴァへ行き、医学の学位を取得した。バーゼルに戻ると、ツヴィンガーは大学に奉職し、まず修辞学の、次いで倫理学の、次いで医学理論の教授となった。彼は、裕福な組合親方の娘であるヴァレリア・リューディンと結婚し、訪問者の絶えない大きな屋敷を構えた。[63] 結婚による姻戚で同じく絵画収集家でもあったバジリウス・アマーバッハ〔一六世紀のバーゼル大学教授で収集家として有名〕は、ツヴィンガーの友人であり庇護者でもあった。[64] ツヴィンガーは、カステリオン〔フランス生まれの神学者でカルヴァンの宗教的不寛容を批判した。一五五二年にバーゼル大学ギリシア語教授に任命された〕の擁護や、パラケルスス主義への関心で知られており、ヨーロッパ中の一〇〇人を超える学者たちと膨大な量の手紙を取り交わしていた。[65] ツヴィンガーは、いつにない文化的活況を呈していたバーゼルに身を投じた。国外からの訪問者の存在、比較的ゆるやかだった検閲（一五五八年に厳しくなるが）、印刷業者や知識人の一群による平和的で「リベラルな」人文主義の追究が、こうした状況をさらに煽っていた。[66]

ツヴィンガーは多くの出版事業に関わった――彼は原典を翻訳し、編纂し、序文を書き、多くの学者たちの著作がバーゼルの印刷機を介して世に出るのを見届けた。[67] 彼自身も、巨大な『人生の劇場』とともに、倫理学、医学、歴史、旅行に関する著作をおびただしく出版した。[68] 一五六五年、ツヴィンガーの母方のおじであるヨハンネス・オポリヌスは、アンブロジウスとアウレリウスのフローベン兄弟と協力して『人生の劇場』の初版を出版した。フローベン兄弟は、エラスムスの印刷者のヨハン・フローベン〔兄弟の祖父〕が興した印刷所を引き継いでいた。一五七一年、フローベンの店は、ツヴィンガーが大幅に増補し整理し直した第二版を出版した。二つの版はいずれも、皇帝とフランス国王から印刷特認権を得ていた。一五七一年版の題扉には、それらの特認権が、前者は一〇年、後者は七年のあいだ作品を保護することが明示されている。一五六五年版には特認権の持続期間が記されていないが、通常用いられる期間である六年を経て、一五七一年に新版が出されたのは、どちらか一方の特認権の期限切れ（たとえばフランス国王によるものが、皇帝によるものより短いということはありそうに思える）に合わせてのことだったかもしれない。実際、一五七一年には、パリにおいても新版が出ている――この版は、ツヴィンガーによる新しい改訂を含んでおらず、一五六五年版をカトリックが利用できるよう一部削除したものであった。それは六年間の特認権とともに、二人の印刷業者名で出版された。ニコラ・シェスノーとミカエル・ソンニウスである。ニコラ・シェスノーは、一五六〇年代の宗教戦争のあいだに短い論争的な作品を数多く出版し、戦闘的なカトリックの印刷業者としては異例なほどの成功を収めていたが、一五七〇年代までには、人文主義的な野心にかられて、学問的な書物にしだいに力を入れるようになっていった。彼は、自分の印刷所の意匠としてバーゼルのヨハン・フローベンのものを用いることで（図像上ではつながっていても、フローベンの子孫とのあいだに仕事上のつながりがあったわけではない）、己れの目標を掲げていた。シェスノーはしばしば、ソンニウスと共同で仕事をした。『人生の劇場』の現存する本の出版情報を見ると、その多くがソンニウスではなくシェスノーを印刷者名にしているので、ソンニウスは『人生の劇場』の出版事業では従属的な立場にあったと思われる。このパリ版には、読者に宛てた「書籍商からの」書簡が付されていた。その中で、シェスノーは、バーゼル版の高い値段をこきおろし、宗教的誤謬は入念に削除されたと請け合い（本作品はかくも長大にして多様性に富むため、些少の見落としは予想される、と認めてはいるが）、語と事項の索引を新たに追加したと誇った（それは一五六五年版にはなかったものだ）。その索引は、「勤勉にして学識ある法学徒、ヒエロニムス・ヴェッツルティウス」によって作成されたが、彼はこの仕事をするのを多くの者が断わった後で、引き受けてくれたのである。編纂書や学問的な著作を扱う印刷業者の例に漏れず、シェスノーも公益に仕えるという動機を強調した。「私は公衆の利便に資すると思うと奮い立ちましたし、文芸にまこと関心を抱いてもおりますので、［この書物の］益を学問愛好家にもたらすことをこれ以上拒むのは、許しがたいことであると決意した次第です」[69]。一五八六年、テオドール・ツヴィンガーは、さらに巨大化した『人生の劇場』第三版を出版した（バーゼルでエピスコピウス〔ヨハン・フローベンの義理の息子〕刊）。ツヴィンガーは、その二年後に死去したが、『人生の劇場』の第三版は、彼の息子のヤーコプによってもう一度、一六〇四年に印刷された（バーゼルでヘンリク・ペトリ刊）[70]。

　素姓の確かなそのような諸版に加えて、バーゼル、フローベン刊、一五七五年という出版情報《インプリント》をもつ本が数部現存している。それは一五七一年のバーゼル版ときわめてよく似ているが、「フランドル［*Galliæ Belgicæ*］の検閲官たちによって修正され認可された」と謳っている。だが変更はわずかだったので、頁付けは全体を通じてほぼ同じである。変更箇所としては、たとえば、『マクデブルク世紀史』――何巻にも及ぶプロテスタントの教会史――を学問と勤勉さの見本として熱烈に支持する一文が、ツヴィンガーの序文から削除されている。プロテスタント讃美は、カトリック向けの削除においては、きまって取り除かれた。[71] この版は、一五七一年のバーゼル版と同様、神聖ローマ皇帝から一〇年間、フランス国王から七年間の特認権を授けられていた。わずかな部数しか現存していないことに鑑みると、一五七五年版は他の諸版よりも、発行部数がはるかに少なかったと思われるが、にもかかわらず正当に特認権を得ることができたのは、制作費が高額であったこと、そして海賊版を出せば利益を得られる可能性があったことの証しである。エピスコピウスが一五八六年に『人生の劇場』をふたたび出版したのは、一五七五年にフローベンに授けられた皇帝からの特認権の期限が切れた直後であった。『人生の劇場』は『ポリアンテア』のようなベストセラーではなかったが、その特認権は、適切な時期が来るたびにきちんと更新されたのである。

オポリヌスは、おそらくは、『人生の劇場』の初版を印刷することによって利益を得たいと願っていた。だが彼は、本文中に避けがたいことながら誤りがあるにもかかわらず正誤表が付されていないことを謝罪している感動的な一節で、そのような大部の書物を作るのは、しかも一五六三年から翌年の六四年にかけてバーゼルで黒死病が猛威を揮っていたことを考えると、至難の業であったと強調した。「私たちの目的が、金銭的な利得よりも（金目当てだと不当に謗る者もおりましょうが、それは間違っております）、文芸共和国への奉仕にあったことは誠心こめてきっぱりと誓うことができます。だからこそ、他の者たちが仕事を止めて共和国の益よりも死について思い巡らしているときに、かくも難しい作品をはなはだしい災禍の時期に引き受け、神のお恵みによって、その仕事をみごとに果たすことができたのです」[72]。オポリヌスは明らかに、印刷者は儲けることしか眼中になく粗悪な書物を短期間のうちに生産するという、多くの人文主義者たちが投げかけた非難を気にかけていた。オポリヌスは、それとは正反対の印刷者である。彼は「人文主義的な印刷者」という地位に憧れ、それを確立していたし、彼が手がけた諸々の書物（一五四三年に出版されたヴェサリウスの『人体の構造について（*De humani corporis fabrica*）』も含まれる）の質の高さや、彼みずからが古典語に精通していることによっても敬われていた。利益をあげる必要があることを心に留めていたことも確かであり、前払い方式でささやかな印刷仕事も引き受けたが、より大きい市場が見込まれたはずの俗語の書物は一冊も印刷しなかった。彼は、いくぶん広範な教養層を、市場として狙ったのだ。彼は、ある手紙の中でこう予言した。ギリシア語とラテン語の二言語版のイソクラテスとデモステネスは、最良の学者や貴族（やんごとなき殿方《グローセ・ヘレン》）の関心はそそらないが、まだ学問に長けていない「ほどほどに教養ある学校教師や学生」を惹き付けるだろう、と。逆に、「あまりに高価で重い」と彼が認める用語索引は、「ある者たちにとっては欠かせない」ものとなろうが、多くの者にとっておそらくはそうはなるまい[73]。オポリヌスは、貧困から身を起こして大いなる名声を築いた――彼はある手紙の中で、己れの印刷業がもたらした成果は、金銭や快楽、生命や健康すらも凌ぐほど価値がある、と述べた。そしてバーゼルのエリート層同士で、二度の恵まれた結婚をした。だが彼は、写本や書物を数多く所有していたにもかかわらず、亡くなったときは負債まみれで、それらは債権者たちに借金を返すために売却された[74]。『人生の劇場』で破産したわけではなかったが、『ポリアンテア』ならおそらくはもたらしたであろうほどたっぷりと、彼の金庫を潤すこともなかったのだ。

『人生の劇場』は、私が思うに、何よりもまず、作成者たち――著者、印刷業者、そしてより広くバーゼルという都市全体――の名声を高めることへの貢献を期待されていた作品であった。ツヴィンガー自身が、一五八六年の序文において、「かくも荒削りで磨かれていない[75]」にもかかわらず、初版が拍手をもって迎えられたことに驚嘆している。ダニエル・ウルハルトという人物の墓碑銘からは、そうした作品の制作に込められた、郷土の誇りの感覚をいくばくか窺い知ることができる。そこに「かの偉大なるテオドール・ツヴィンガーの『人生の劇場』第三版を手掛けた非常に経験豊かな植字工」と銘打たれているウルハルトは、一五八七年四月、本が出版された後すぐに三七歳で亡くなった。あの四五〇〇頁もの大著の制作に参画したことは、この人物のめざましい業績であり、それが彼の墓石に刻まれ、銘刻文選集の二つの印刷本にも収録されている[76]。ツヴィンガー自身はその一年後に死去したが、それを偲んでさまざまな出版物が現れた。神学教授で大聖堂の説教師であるヨハン・ヤーコプ・グリナエウスは、ツヴィンガーの葬儀で行った説教を、木版肖像画と一篇の挽歌（F・P作とあるが、おそらくはツヴィンガーの友人のフェリックス・プラッターによるものだろう）を付けて上梓した。また医学生のパウル・ツィンクと、後に法学者になったヴァレンティン・ティロという二人の学生は、同じ木版肖像画と彼ら自身が書いた挽歌を載せた追悼のための印刷物《シーツ》を上梓した。また一五八九年には、それらの詩と他のツヴィンガー称賛詩を収録した一巻の書物（ティロによるカスパル・ボアンのための挽歌も含まれている）が出された。テオドール・ツヴィンガーの名声が長きにわたったことは（彼の子孫もそれに一役買ったのかもしれない。その中には同名のテオドール・ツヴィンガーがさらに二人おり、生没年はそれぞれ、一五九七年から一六五四年、一六五八年から一七二四年である）、ツヴィンガーの墓碑銘や他の銘《モットー》が、一六六一年にいたるまで、バーゼルの有名な銘刻文を収めた選集に載っていたことから

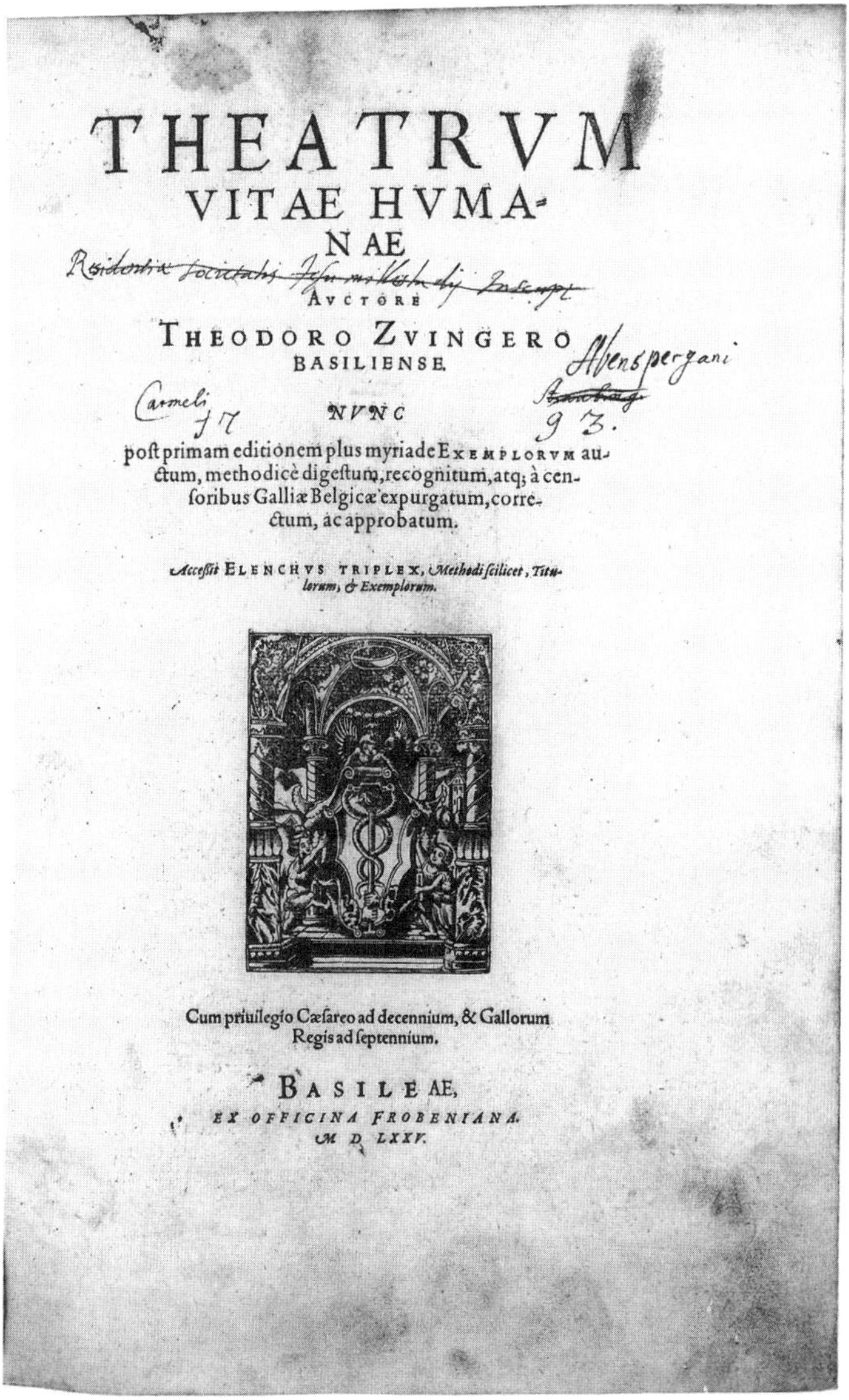
THEATRVM
VITAE HVMA-
NAE
AVCTORE
THEODORO ZVINGERO
BASILIENSE.
NVNC
post primam editionem plus myriade EXEMPLORVM au-
ctum, methodicè digestum, recognitum, atq; à cen-
soribus Galliæ Belgicæ expurgatum, corre-
ctum, ac approbatum.

Accessit ELENCHVS TRIPLEX, Methodi scilicet, Titu-
lorum, & Exemplorum.

Cum priuilegio Cæsareo ad decennium, & Gallorum
Regis ad septennium.

BASILEAE,
EX OFFICINA FROBENIANA.
M D LXXV.

図4・1　テオドール・ツヴィンガーの『人生の劇場』（1575年）の題扉。本文は「無数の範例を加えて増補され」、カトリックのフランドルの「検閲官たちによって不穏当な箇所が削除され、訂正され、認可された」、と謳っている。変更は頁数が変わるほどのものではなく、この版とツヴィンガー（1571a）の頁付けは同じである。この版の本は3部しか確認されていない。ミュンヘン、バイエルン州立図書館の許可を得て複製。書架記号2H misc 38c, vol.1.

表4・2　ツヴィンガーの『人生の劇場』とラウレンティウス・バイヤーリンクによる後継書『人生の大劇場』の印刷史　1565-1707年

出版年	出版地	印刷者／出版者	確認されている部数	題名と内容における主な変更点	全頁数（本文のみ）
1565	バーゼル	ヨハンネス・オポリヌス	60	*Theatrum vitæ humanæ*	1428頁 180万語
1571	バーゼル	フローベン	42	範例索引を含む追加が多数なされるとともに、構成を一新	3455頁
1571/2	パリ	シェスノー／ソンニウス	19/13	1565年版に追加するとともにカトリック向けの修正を加えたもの	2316頁
1575	バーゼル	フローベン	3	1571年のバーゼル版から、カトリック向けに一部削除を行ったもの	3455頁
1586/87	バーゼル	エピスコピウス／ヘンリクペトリ	80/7	*Theatrum humanæ vitæ* 増補され再構成されたもの	4373頁 630万語
1604	バーゼル	ヘンリクペトリ	58	1586年版に新たに「事物の索引」を付してヤーコプ・ツヴィンガーによって刊行される	4373頁
1631	ケルン	ヒエラトゥス	45	バイヤーリンクによって大幅に増補され、*Magnum theatrum vitæ humanæ* の題名のもとで出版される	本文7468頁および索引600頁 1000万語
1656	リヨン	ユグタンとラヴォー	54		
1665–66	リヨン	ユグタンとラヴォー	57		
1678	リヨン	ユグタン	53		
1707	ヴェネツィア	バッレオニウス／ペッツァーナ	13/17		

明らかである。[77]

ツヴィンガーは、未曾有の規模の事業に着手した動機を、個人的な信仰心によるものであるとともに、とりわけ公的な利便を思ってのことである、と語った。[78] ツヴィンガーはまた、この仕事に、みずからの尋常ならざる情報への欲望と、貴重な情報を蓄積することへの旺盛な活力を注ぎ込んだ。ツヴィンガーの義父であるコンラート・リュコステネス〔バーゼル大学の文法学教授で文献学者〕は、亡くなったとき、収集した範例を大量に遺した。ツヴィンガーは、それを母胎に『人生の劇場』の第一版を作ったが、次の二つの版では、自分で（その時々で助けを借りた人々とともに）、作品の大きさを三倍にした。ツヴィンガーは明らかに、その仕事に精魂込めて取り組んでいた。範例をかつてない規模で編纂しただけではなく、主題別見出しを階層的に分類し、複雑巧緻な体系を構築したのである。ツヴィンガーは三つの版を作成したが、どの版においても、本文は大胆に組み直され大幅に増補されている。版を重ねるたびに、ツヴィンガーが作品の典拠と構成、配列法、目的について説明するので、もともと長かった序文はますます長くなっていった。

ツヴィンガーが『人生の劇場』に付した序文の最も精細なもの〔一五八六年〕は、知識そのものの理論から説き起こしている。「知識は、主題の性質に応じて、ある時は片方の脚に、ある時はもう片方の脚によりしっかりと頼りながら、二本の脚で立っています――歴史すなわち個別的なものや範例の知識であれ、理論すなわち普遍的なものや教訓の知識であれ、理性の助けによって得られたものは、なべてみなそうなのです」[79]。ツヴィンガーの『人生の劇場』における目的は、「教訓を通っていく道は長いが、範例を通っていく道は短く効果的である」というセネカの名言に倣って、教訓よりも個別的なものや範例を通じて教え諭すことにあった。[80] だがその教えは、瞑想と行動をともに誘うという二重の目的を果たすであろう。「二一九巻に及ぶ本書に収録されている人間の歴史におけるさまざまな範例は、まず第一にそれ自体が哲学的瞑想をなすうえで有用でありますが、第二に行動を促しもします。すなわち、それらの範例に教えられ、なんらかの吟味を経て、自然学、数学、神学、倫理学、工学のうえでのよく似た行動へと熱く導かれるわけです。そしてどのような行動をするかによって、善をなす者にもなれますし悪をなす者にもなれるのです。このように、人間の歴史は、知識における経験と行動における技法《アート》にとって有益であります。これこそが目指すべき双子の目的でありまして、定義は簡略でありますが、その有用性たるやきわめて大きくて広いのです」[81]。『人生の劇場』が提示する幅広い範例は多くの学問分野に適用することができる、とツヴィンガーは述べているが、倫理学こそが彼の定めた主要な領域であった。これらの範例は、倫理理論に役立つばかりか、ある主題のもとに蓄積された個別的なものから読者が推論を行うことによって、彼らを倫理的な振る舞いに誘うという目的ももっていた。

ツヴィンガーは（われわれが見てきたように）、古代のものと今日のもの、知られていないものと有名なもの、架空のものと真実のもの、善いものと悪いもの、とありとあらゆる種類の範例を蓄積したことは正しいと弁じた。ツヴィンガーは、人間の振る舞いの全領域をあますところなく網羅したと主張した。だからわれわれは、「[過去に] 生きていた人々だけでなく、いま生きている人々だけでなく、いつの日か生きるであろう人々だけでなく、それらの人々をみな一緒に」見ることができるのである。そのありさまを、ツヴィンガーは、神が最後の審判の時に見るだろうものにあえて喩えさえする。「このように、世界の始まりから終わりまで、この世に生きたすべての人間のすべての行為と情熱が一つ所に収められておりますので、ついに完成を見たこの『人生の劇場』が、最も公正な審判者の前ですべてが吟味され明らかになるあの裁きの場にどこかしら似ているだろうと期待はせずとも夢見ることはお許しいただけることでありましょう」[82]。ツヴィンガーは、自分の『人生の劇場』を、神が人間の振る舞いをあまねくみそなわしていることになぞらえるとき、ほんのかすかな躊躇いを示している。彼は己れの百科事典的な情報欲が野心的でみごとな成果をあげたことを誇りに思っていたが、折々は謙譲の念を表明することも忘れてはいなかった。

ツヴィンガーは『人生の劇場』の第三版を、「三位格をもちながら一体である主、万物の永遠の創り主、統治者、審判者」に献呈し、その頁を大きな活字で印刷し荘重にしつらえた[83]。神を献呈先として選ぶことは、たしかに異例なことであって、一七一六年に書かれた学識に対する風刺の中で揶揄されている。ヨハン・ハインリッヒ・アルシュテートも、一六三〇年の『百科事典』を神への呼びかけから始めたが、それは、よりありふれた君主への献辞の前に、祈願というかたちで置かれていた[84]。ツヴィンガーは、自分の作品を神へ献じることによって、人間の献呈相手ならば得られたかもしれない金銭的報酬を、以前にそうした恩恵を味わったことがあったとしても、放棄しなければならなかった。ツヴィンガーはすでに、『人生の劇場』の初版と第二版を、ヴィンケルとファルケンシュタインの領主であるヨハン、クリストフ、エザイアスあるいはエリアスのヴァイトモーザー三兄弟に献呈していた。ツヴィンガーは、「六年前」の一五五九年頃、パドヴァで彼らとともに学んでおり、一五八六年版の序文でも兄弟に感謝の意を表している[85]。だが一五八六年までには、ツヴィンガーはこれまでとは異なる評価のされ方を求めるようになっていた。神への献呈は、たんなる世俗的報酬には無関心であること、そして献辞にあるように、「全人類の高貴なる似姿」であり神が目を留めて嘉するにふさわしいものを、「恭順と敬神の意をもって」提示せんとする自意識的な野心があること、を表していた。[86]

　天を衝くような野心は、ツヴィンガーの別の種類の自己表象にも見ることができるが、とりわけ、ツヴィンガーが一五七二年二月に手に入れた屋敷のファサード（正面部分）を装飾するためのハンス・ボックによる下絵と、ハンス・ボックによる肖像画（制作年は遅くとも一五八七年）にまざまざと示されている。[87] それらのイメージは、『人生の劇場』の第二版および第三版の出版とほぼ同時期に描かれており、高慢によって失墜する人間の古典的な範例に焦点を当てている。バーゼルのエリート層の慣行として（数世紀にわたる修復作業のおかげで、壁画がいくつか今日まで残っている）、ツヴィンガーは、屋敷の外面に壁画を描かせることにした。ファサードのための下絵（実際に壁画が描かれたかどうかはわからない）は、ベレロポンの主題を中心に据え、脇にパエトン（太陽神の息子で、父親の太陽の戦車を駆って暴走したため、ゼウスの雷霆を受けて墜落した）とイカロス（蠟で留めた翼で空を飛び、太陽に近づきすぎたために蠟が溶けて墜落した）を配していた。ベレロポンは（多くの英雄的な業をなした後）、天馬ペガソスに乗ってオリュムポス山に昇ろうとして神々を怒らせ、撃ち落とされた人物である。教訓をしっかりと伝えるため、ファサードには、あまりに高く昇りすぎると落ちるので心せよ、というドイツ語の格言が記されている。[88] 地元の墓碑銘や銘刻文の選集からは、敬虔や道徳を端的に説く銘刻文が、ラテン語、ギリシア語、ヘブライ語、ドイツ語でツヴィンガーの屋敷内にも記されていたことがわかる。[89] ハンス・ボックの巧緻な肖像画においては、後景にベレロポンの墜落が描かれ、前景には〈死を思え《メメント・モリ》〉の戒め（砂時計と髑髏）と栄誉の象徴である月桂冠が配されている。この絵はそれゆえ、矛盾したメッセージを発している。死と高慢による失墜に注意を促す一方で、その肖像画は、己れの作品によって不滅の名声を得んとするツヴィンガーの大いなる野心と成功を言祝いでもいる。謙譲と高慢が、『人生の劇場』の献辞におけるがごとく、この肖像画においても絡み合っているのである。[90]

　一五八六年の『人生の劇場』は、生涯をかけた仕事の総決算であった。それは、情報の分類と管理における並外れて野心的で特異な企てであり、「人間の生の劇場」全体を包括することを目指し、その目標に到達できずとも、その失敗からさえ不滅の栄光を得んとするツヴィンガーの野心によって動機付けられていた。『人生の劇場』は、ベストセラーにはならなかったが、かなりの名声を得た。他のあまたのレファレンス書と同様、『人生の劇場』も、頻用されたわりには引用

図4・2　ハンス・ボック（父）によるテオドール・ツヴィンガー（1533-88年）の彩色肖像画。スイス人のボックは壁画と板絵の当時の主要な画家であった。ツヴィンガーは、高慢（ヒュブリス）ゆえに神々に撃ち落とされたベレロポンの墜落の図を背景に、文学的栄誉の象徴（月桂冠）やメメント・モリの伝統的なモティーフ（砂時計と髑髏）とともに描かれている。バーゼル市立美術館の許可を得て複製。物品番号1877。撮影マルティン・P・ビューラー。

されることは少なかったが、ケプラーやモンテーニュをはじめ、さまざまな人々に利用されたことがわかっている。[91]この作品はプロテスタントへの言及と称賛に満ちているが、カトリック陣営もそれを熱心に利用した。アルドロヴァンディはその書物を個人で読む許可を得て、完読したと記した（遊び紙に「読了《ペルレージ》」と書くことによって）。彼はまた、『人生の劇場』の索引であると思しき、トピックとそれが出現する頁を記したアルファベット別の紙片を満載した二巻にわたるノートブックを作成した。[92]一五七一年のパリ版はカトリック教徒向けに修正されていたが、かくも浩瀚な書物の不穏当な箇所を削除する仕事には遺漏があるものである。少なくともパリ版のある利用者の目にはそう映ったのか、自分の所有する本にさらに検閲の筆を入れた。[93]最初に出版されてからまる一世紀が経過してもなお、『人生の劇場』は大部の書物の見本として言及されていた。[94]『人生の劇場』の内容が、とりわけカトリックの読者――彼ら向けに十分な売り込みがなされたわけではけっしてなかったのだが――にとって魅力を保ち続けたということは、明らかにカトリック向けのさらに巨大な『人生の大劇場』が一六三一年に出版され、一七〇七年までさらに四度版を重ねたことからも明らかである。

『人生の大劇場』

『人生の大劇場』は、おそらく、一七世紀における最も巨大なレファレンス書である。八巻の二つ折り本からなり、七四六八頁の本文と、さらに、六〇〇〇頁のアルファベット順索引を擁する――すべて合わせて、約一〇〇〇〇万語に及ぶ書物である。そもそもは、ケルンの、アントニウスとアルノルドゥスのヒエラトゥス兄弟が依頼したことから始まった。依頼主の兄弟は、この書物を、長きにわたる共同作業を経て得られた成果であるとみなしている。題扉によれば、この作品は間違いなく、「アントウェルペンの神学者、教皇庁書記長《プロトノタリウス》（名誉的な聖職位）、司教座聖堂参事会員、主席司祭」であるラウレンティウス・バイヤーリンクの手になるもので、彼の名前だけが作者として記されている。[95]だが前付け（一六三一年版の本では、前付けが付されているものと付されていないものがあるが、後年の諸版では一貫して前付けが付されている）によって、この作品を具現化するのに、他の多くの人々が関わり、さまざまな役割を果たしていたことがわかる。[96]バイヤーリンクは一六二七年に死去し、アントニウス・ヒエラトゥスは出版を見ないで亡くなった。だから前付けは、献呈の辞以外には誰が書いたかが記されていないが、おそらくはアルノルドゥスが書いたのだろう。そのような事情のためか、「テアトリ・プロスケニウム（舞台）」と題された異例の一文が加えられ、今は亡き貢献者たちを称賛しつつ、この書物の成立過程が語られている。「異なる場所と時代に生きた五人の人物が、この作品を（それぞれ独自の方法で）この完成度へと導き、今このように世に送り出したのです。最初の人物［コンラート・リュコステネス］が土台を据えました。二番目の人物［テオドール・ツヴィンガー］が建物本体を築きその形を造りました。三番目の人物［テオドールの息子ヤーコプ］は何も加えませんでしたが、それに磨きをかけました［索引を一つ加えて］。そしてしまいに、四番目と五番目の人物がかくも浩瀚な作品に仕上げの筆を入れ、奥付けを加えたわけです[97]」。四番目の貢献者はバイヤーリンクで、彼は「古いものから新しいものを生み出し、頁数でも語数でも『人生の劇場』の倍という大冊を作り上げました」。最後に、ケルン市の議員にして書籍商である印刷業者アントニウス・ヒエラトゥスの名前が、「五番目にして最後の版を主導した」五番目の貢献者として挙げられている。アントニウスは、物事を慎重に見定め、それぞれの事柄に精通した友人たちと念入に協議する、「大いなる刻苦精励」の士であると讃えられた。「彼自身と文芸共和国にとって大いに益あることながら」、彼は多くの作品を印刷し、それらはしばしば大部の書物であった。そのことは、彼が出版した五〇以上の作品（そのほとんどは、おそらくはまだ購入可能だったのだろう）の目録からも明らかである。そこには、教父たちの著作や宗教史から、クラヴィウス〔一六世紀後期に活躍したドイツ出身の数学者および天文学者〕の数学、ピエルス・ヴァレリアヌス〔一六世紀前期に活躍したイタリアの人文主義者〕の『ヒエログリフ集』、ラエリウス・ビスチオラ〔イタリアのイエズス会士〕による、誤って『連続読書録（*Successivæ lectiones*）』と記されている雑録『閑暇の時（*Horæ subsecivæ*）』（一六一一年）にいたるまで、さまざまな書物が含まれていた[98]。

版元のヒエラトゥス工房の出版物をこのように宣伝した後、彼が『人生の大劇場』をいかに支援したかが異例なまでに事細かに語られる。

> 最後に、とくにこの「劇場」に関して申すならば、ヒエラトゥスは「劇場」のバーゼル版に相続権をいくばくか有しておりました。そしてカトリック教徒が指摘する誤謬のために、とりわけスペインで、そしてイタリアでも流通させることができないと看て取り、手持ちの残部をフランクフルトのある印刷者に放出したわけですが、（その気になったとき）さらなる「劇場」を作ることがで

きるよう、権利は手放しませんでした。当時、ヒエラトゥスは「劇場」の新版を作ろうとしていました。会話や手紙によって、さまざまな友人たちに相談したうえで、彼はラウレンティウス・バイヤーリンクと、以下の条件のもとで、その仕事を始めかつ終わらせることに同意した次第です。⑴古い「劇場」の中で、誤謬の疑いがなくそのまま使用できるものは残しておくこと。⑵厳密な［系統的な］方法を歴史的素材に適用することを好まない者が多いので、見出しはアルファベット順に配列すること。⑶手で書き写すのは煩わしく厄介なので、正確に印刷された書物をばらばらにしたうえで、次の版に必要とされるさまざまな箇所を、大型本の体裁で束ねられた紙の上に貼付すること。これにおいて、アントニウス・ヒエラトゥスは、諸々の出費を担って気前よく志の高いところを示しましたし、「劇場」のこの版で己れが心に描いていたことすべてが、ついに完璧になしとげられるまで、労を惜しみませんでした。もし生命をより長く用いることが許されておりましたら、彼は作品を優れた技量をもって印刷し、彼自身にとっても（私が先に申しましたように）、そして文芸共和国にとっても、大いなる益をもたらしたことでありましょう。さて優しい読者よ、彼の骨折りの成果を利用しかつ享受し、文芸共和国に大いなる奉仕をした彼の魂の平安を祈ってくださいますように。[99]

この異例の「テアトリ・プロスケニウム」ないし序文は、何よりも、物故した印刷者を追悼したいという思いから書かれている。だがそれは、古い作品から大きな新しい作品を作り出す方法の一端を明かしてもいる。

この場合、アントニウス・ヒエラトゥスは、ツヴィンガーの古い「劇場」を多数部相続していた。[100] ヒエラトゥスはその多くをフランクフルトの印刷業者に売却したが、自分用に何冊かを残しておき、カトリックの市場を視野に入れた、『人生の劇場』の改良版を新たに作るよう依頼した。プロテスタントは『ポリアンテア』のようなカトリックの著作を利用することに、カトリック教徒がツヴィンガーの『人生の劇場』のようなプロテスタントの著作を利用する場合ほどの抵抗を示さなかった。カトリックの検閲はより中央集権化されており効果的であったが（とりわけスペインとイタリアにおいて）、それに比して、プロテスタントの検閲の努力は射程がより地域的に限られていた。さらに、プロテスタントははじめから、実際的な態度をもって、カトリックの書物を利用してきた。そうしなければ、宗教改革が起こってからさほどの時が経過していないので、読むものがほとんどなくなってしまうからだ。『人生の劇場』へのカトリックの関心という未開拓の市場があるというヒエラトゥスの推測には、明らかに事実の裏付けがあった。というのも、『人生の大劇場』はさらに四度版を重ねたからである（大きな変更なしに）。リヨンでユグタンとラヴォーによって一六五六年と一六六六年に。ユグタンが単独で一六七八年に。ヴェネツィアでパウルス・バッレオニウスによって一七〇七年に。これらの『人生の大劇場』は、いずれの版も、適切な特認権はもちろん、ケルン（初版の出版地）とアントウェルペン（著者の故郷）におけるカトリックの司教座聖堂参事会員による二通の許可状も有していた。それらの許可状は、作品が「より正確」で「より平明」な性質を備え、不穏当な箇所が入念に削除され、根気強く増補されていると讃えた。そして、カトリックの正統的な作品に反するものは本文中にいっさい含まれておらず、「神学のみならず他の学部の学位取得希望者のためにもなる健全で堅固な学説」[101]に満ちていると保証した。バイヤーリンクの削除は申し分なかった。バイヤーリンク以降の版で、読者が手書きで検閲の書き込みをしている本を私は発見していない。それどころか、自由思想家《リベルタン》でカトリックのギ・パタン（一七世紀フランスの医師で、没後に書簡集が出版された）は、『人生の劇場』を「まことに優れた本」であると称賛する一方で、「ケルンの最新版［一六三一年］では、［ツヴィンガーの原本に］散見された司祭や修道士への悪口がなくなり、本文は去勢されてしまった」と不満を漏らした。[102]ツヴィンガーがカトリック教徒によって読まれたように、バイヤーリンクの版も、ケンブリッジやオックスフォードのコレッジのようなプロテスタントの機関においても所蔵されている。レファレンス書は、他のジャンルの書物よりもさらに容易に、宗教の垣根を越え、互いに行き来したのである。

ラウレンティウス・バイヤーリンク（一五七八―一六二七年）をヒエラトゥスが選んだのは、彼がアントウェルペン市における書物検閲官であり、経験豊かな編纂者であったからである。バイヤーリンクは、一六〇八年にプランタンによって出版されたキリスト教警句集の著者であり、そこにはツヴィンガーの『人生の劇場』からの引用がいくつか含まれていた（引用元を明記したうえで）。また一六一三年には、『道徳の貯蔵庫（*Promptuarium morale*）』がヒエラトゥスによって出版された。バイヤーリンクは、神学を学び一六〇二年に叙階された後、さまざまな聖職位に就いたが、やがて地方の教区で、次いで都市部で教皇庁書記長《プロトノタリウス》の称号を得た。彼は、俗語とラテン語における雄弁の才、機智、疲れを知らぬ勤勉、そして気前のよさによって知られていた。死にさいして（ヒエラトゥスとの仕事で出向いていたのかもしれない、ケルンへの旅から戻ってきて）、彼は蔵書をルーヴェン大学に寄贈し、そこの学生のために給付金を提供した。[103]「彼は、索引以外は『人生の大劇場』をすべて仕上げておりました」が、計画していた他の仕事は、「この『人生の大劇場』の摘要録を一巻にまとめることも含めて」やり残した。[104]『人生の大劇場』の一巻本の概要を作るというバイヤーリンクの計画は頓挫し、実を結ぶことはなかった。

「テアトリ・プロスケニウム」で列挙された、バイヤーリンクが依頼を受けるうえでの三つの条件は、双方の側が関与して成り立つ契約の条項を思わせる。バイヤーリンクは古い『人生の劇場』から不必要な削除は行わないものとする――これは、一方では、バイヤーリンクの手間を省くことになるし、他方では、新しい『人生の大劇場』はカトリシズムの許容できる範囲内で古い『人生の劇場』を完璧に再現したものであるとして、出版業者が市場に売り出せることになる。新しい『人生の大劇場』は、アルファベット順に配列されることになっている――ツヴィンガーの精緻で系統的な配置や樹形図がこのような大部の書物にふさわしくないと評したのが誰だったかはわからないが、バルトロメウス・ケッカーマンがそう考えていたことはすでに見た。三番目の条件は、バイヤーリンクがいかに仕事を進めるかを定めている――内容を書き写すのではなく、ツヴィンガーの『人生の劇場』の本の印刷された頁を切り刻み、各断片を新しい紙のうえに貼り付け、そうしてできあがったものをもとにして『人生の大劇場』を印刷するのである。そしてまさしくここのところで、「テアトリ・プロスケニウム」は、ヒエラトゥスが惜しみなく出費をしたと讃えている。書物や出費を賄ってくれたことでランゲがグラザーに感謝していたように、われわれはここで、印刷業者が編纂者に気前よく書物を提供することがなぜ重要であるのかがわかるのである。印刷業者が複数部の印刷本を提供するのは、編纂者が転写の手間に煩わされることなく目当ての一節をそこから切り取れるようにするためであった。この作業方法は、編纂者が頁の表裏から切り抜くことができるようにするためにも、同じ書物を少なくとも二部必要とした。バイヤーリンクは、ツヴィンガーの複数部の『人生の劇場』だけではなく、他の印刷本からも切り貼りをしていたと思われる。なかでも特筆すべきは、ハインリヒ・フォン・ランツァウ（一五二六―九九年）〔デンマークの伯爵戦争で功績のあったヨハン・フォン・ランツァウの息子で文人〕による『天文学を愛した皇帝、国王および貴顕紳士の目録』であり、「天文学、占星術」の二〇頁ほどの項目はそこからの引用であるとバイヤーリンクは認めている。[105]この編纂方法によって――この場合は、ヒエラトゥスが売らないで取っておいた『人生の劇場』の残部から発想されたわけであるが――、印刷業者は古い書物から新しい価値を生み出せるようになった。ヒエラトゥスのバイヤーリンクへの依頼には、おそらくは編纂者ばかりか神学の学位保持者カスパル・プリンクティウスなる索引作成者に対しても、書物や他の必要な品々（たとえば紙、インク、糊など）、それに、もしかしたら生活費を賄うことが含まれていたのかもしれない。

　大部の編纂書を出版する動機は、個々の印刷業者や編纂者によって異なっていた。編纂者は、職業も、地理的・宗教的帰属も、年齢もさまざまであったが、みずからの仕事やそれが必要とする資質――幅広い知識、刻苦精勤、慎重な判断力――に、きまって誇りを抱いていた。そのうちのある者たちは、プラッツィウスのように、利得や名声のために出版することを求めないまま、多種多様なノートや情報を憑かれたように蓄える編纂者であった。だが、多くは出版するために編纂活動に従事した。庇護者を得ることをあてにしていた者もいたが（ラ・クロワ・デュ・メーヌのように）、より多くの者は、編纂書が成功すると印刷業者と編纂者がともに儲かるという理由で、印刷業者から依頼されて編纂を行った（ランゲーやバイヤーリンク）。だが編纂者や印刷業者は、ツヴィンガーやオポリヌスが明らかにそうであったように、文芸共和国に奉仕し、そこで名声を獲得したいという野心を抱いてもいた。そのような仕事に尋常ならざる労力が注がれた背景には、しばしば、多様な動機と自己正当化が存在していたのである。

編纂の方法

編纂書の前付けで決まり文句のごとく口にされたのは、いかに多大な労力が費やされたかということであって、とりわけ、編纂書が大冊化すればするほど、それはますます強調されることになった。エラスムスが『格言集』の一五〇八年版において、この主題の規定要因を定めた。というのも、一五〇〇年版には六〇〇ほどの格言しか収録されていなかったが、一五〇八年版では三〇〇〇にまで膨らんでおり、エラスムスは題扉で、「大いなる労苦」と「大いなる徹夜仕事」によるものである、と謳ったからである。一五一五年にはエラスムスの印刷者であるフローベンも、「大いなる才能」の成果である、と称賛した[106]。一五〇三年の『ポリアンテア』〔初版〕において、ミラベッリはみずからの才能に言及しているが、後の諸版では、寝る間も惜しんで働いたことをとくに強調した[107]。いかに苦労したかという主題は『人生の劇場』の諸版すべてで繰り返されている。己れが費やした労力を「不屈の（*improbus*）」と呼ぶことによって、ツヴィンガーは、労働がすべての障碍に打ち勝つであろうというウェルギリウスの主張〔『農耕詩』第一歌より。ただし improbus には「悪い」という意味もあり、否定的に解釈すると「悪しき労苦がすべてを征服した」ともなる〕をほのめかしているのである。一五七一年、ツヴィンガーはみずからの作品を「シシュポスの果てしなき労苦」になぞらえ、一五八六年には『人生の劇場』に、あたうかぎりの努力と労力を捧げたと記した。バイヤーリンクも、「かくも多くの人々の労力」の系譜の最後に自分自身を位置づけている。[108] ゲスナーも同様に、『万有文庫』の序文において、若き日に三年間集中的に取り組んだ、と多大な労力を費やしたことを強調した。ゲスナーは、書物の完成を、難破の後で陸に上がる、あるいは山登りから帰還することに喩えた。[109] そうした大規模な編纂書は、初期近代の作家たちの業績としては、間違いなく、最も骨の折れるものの中に数えられる。

編纂者たちがいかなる英雄的手段に訴えたか、ということについて、当人たちは直接語ってはいないが、類似した状況に由来する逸話がいくつかある。たとえばトマス・プラッター（一四九九―一五八二年）は、ツヴィンガーが通った学校の校長であったが、眠気に負けずより長時間勉強できるようにと、生の蕪や砂を嚙み冷水を飲んでいたと述懐した。[110] 他の策としては、冷水の盥に両足を入れておく、片目だけで読んでもう片方の目は休ませる、というものもある。ある学者は、一晩おきにしか眠らないという方法をとったが、これはあまり長続きしなかった。[111] 猛勉強は、学者の身体を消耗させるというふうに理解された。学者たちはよく、視力や健康全般が損なわれたと嘆いた。『覚え書き』という大著の著者であるアドリアン・テュルネーブ（一五一二―六五年）の妻は、夫が死んだのは、眠りもしないで書物を読み耽った夜が多すぎたためであるとした。[112] また、ルイ・モレリ（一六四三―八〇年）が三七歳で死んだのは、同時代の人々によれば、一六七四年の伝記事典〔歴史と人物に関する事項を主とする『歴史大事典』を指す〕の第二版を作るために働きすぎたからであるとされる。その第二版は一六八一年に死後出版され、その後一七五九年にいたるまでさらに一八回、（しばしば増補されて）版を重ねた。[113] 編纂者たちは、読むべき本と書くべきテクストが大量にあったため、過負荷に日常的にさらされており、仕事を軽くするための手っ取り早い方法を求めていた。

編纂者たちはまた、迫りくる時間とも戦わねばならなかった。初期近代の学者たちの多くが、時間の余裕がないことをかこち、手早く事を進めるための便法のあれこれを公然と明かしている。たとえばジローラモ・カルダーノは、本を部分読みし、難しい箇所にしるしを付けて後でまた戻れるようにしておくのがよいとした。[114] 歴史家たちも、初期近代のさまざまな著名人たち――彼らはしばしば、複数の仕事を同時にこなす名人でもあった――の仕事ぶりに慌ただしさの痕跡を見出している。あるフランスの著者は、自分が読んだ本の登場人物について間違ったことを述べたが、おそらくはひどく急いで、あるいは上の空で読んだのだろう。ジャン・カルヴァンは講義や説教の準備をする時間がほとんどなく、蒲柳の質であったため寝台で本を読み手紙を口述する習慣があった。彼の聖書注解は、側近のニコラ・デ・ガラールによって作成された。デ・ガラールがカルヴァンの教えをノートに取り清書して、それをカルヴァンが推敲したのである。カルヴァンが自分で書くときは、迅速であった――たとえば彼は、一つのパンフレットを三日で書いた[115]。カルヴァンのいたジュネーヴは、時間をきわめて厳格に律する必要があったわけだが、どこであれ学者たちは、学問への果てしない探究（それとは別の実利のための活動は言うまでもなく）を人間の限りある生に組み込もうと四苦八苦していた。ヴァンサン・ド・ボーヴェは、その問題を雄弁かつはっきりと語っているし、それよりはるか昔にも、たとえばプルタルコスは、出版のために自分のノートを大急ぎで引き渡したと述べている[116]。そうした深遠なる先例にもかかわらず、印刷が多くの学者たちの生活に浸透することによって、彼らはますます急かされることになったように思われる。

たとえばラ・クロワ・デュ・メーヌは、弁舌滑らかに己れを売り込み、剽窃の非難を免れんとして語るなかで、『フランス文献目録』――一五八四年に出版された、俗語（フランス語）で書かれた書物の文献目録――がどのようなペースで生み出されたかについて、面白い光景を覗かせてくれる。ひとたび作品の印刷が始まるや、彼は毎日、「ノートブックのかたちになった印刷用原稿」を印刷者に渡した。「そのノートブックは一二頁にわたって書かれており、（わかりやすく説明すると）三枚の大判の紙を折って一二頁にしたものです。そこに私が小さい文字でびっしりと書き込みをして、どの頁も四〇行以上あり、どの行にも音節が一二以上ありましたが、それをこの本の印刷作業に従事する二人の植字工に渡したのです」[117]。彼はまた、具体的なことは述べていないが、校正も毎日行った。本がこのような手順で作られたとすれば、ラ・クロワ・デュ・メーヌは、本の最後まで来たとき、その前の頁がすでに印刷されているために、本文を遡って修正することはできなかったことになる。イタリアの書誌編纂者であるアントン・ドーニについて、友人たちは、彼は本を書き終える前に印刷に回し、印刷業者たちの詳細な仕様書に従って本を作った、と嘲った[118]。初期近代の多くの著者はせわしなく仕事をしたが、初期近代の編纂者は、印刷業者から依頼され締め切りを課せられている場合はとくに、短時間のうちに膨大な量の素材を処理するという重圧の見本となった。

著者や印刷業者が書いた序文には、慌ただしいなかで本を作って印刷したために誤りが生じた、という謝罪がしばしば見られる。[119]『ポリアンテア』においては、これはお定まりの主題であり、急いだために生じた前作の誤りは正されたと述べるとともに、本作に生じた誤りを謝罪するという具合であった。ランゲが大幅に手を入れて作った『新ポリアンテア』の初版において、印刷者のツェツナーは、誤りがある可能性をことさらに意識しつつ、こう述べた。「巨大な作品であって、無限とも言えるほど多様な素材を扱っていること、時間が限定されているなか、きわめて多くのきわめて大きな困難という障壁を乗り越えていかねばならなかったこと、そのような理由のために、すべてを満足のいくようにはできなかったことを、ここに公然と認め隠すことなく告白します」。[120]大幅に改訂して出した新版にはとくに誤りが生じやすかったが、そうした誤りは後の諸版で訂正することができた。レファレンス書の題扉の多くは、先立つ諸版のあれやこれやの誤りをすべて正したと高らかに謳っている——もっとも、少なくとも一人の編纂者は先行版の権威が損なわれるのではないかと不安になり、そうした謳い文句を『マクデブルク世紀史』の第二版から削除するようにと求めている。[121]誤りを正したと新版が豪語していても、どこが正されたかが示されていないため（それに、おそらくは誇大宣伝という場合もある）、訂正の跡を辿るのは多くの場合、難しい。

独立した一節を無数にひしめき合わせることによって構成されているジャンルは、意図的であるにせよないにせよ、とくに容易に変更することができた。ツヴィンガーの『人生の劇場』の各版になされた再構成や追加のほかに、よく見られるものとしては項目中の引用元の表記の変更があるが、その様態は版によっていちじるしく異なっている。ある引用元が別の引用元にすげ替えられたり、ある引用元が加えられたり完全に削除されたりしているが、正確な引用元が削除されている場合もあるので、いかなる理由でそのような変更がなされたかはよくわからない。[122]そうした変更は容易く目を逃れてしまうので、同時代人は、この種の集成物が不定形なものであることをよく理解していた。たとえばスカリゲルは、エラスムスの『格言集』のいくつかのイタリア版には断りなく変更を加えたものがある、と不満を漏らした。カレピーノの一七一八年版辞典の編纂者は、作品の嵩を水増しし信じやすい利用者——とりわけ若者——を騙そうとする「生半可な学者」や印刷業者当人によって、多年のあいだに素材の山が築かれてしまったと嘆いている。[123]

不満があると言いながらも、編纂者たちは、自分自身のなした仕事であれ先人のなした仕事であれ、先行書に頼り、いわば通時的に共同して働くのがつねであった。材源とした先行書は多く明かされないままであったが、編纂者は他の著者よりも抵抗なく他のレファレンス書に言及している。ツヴィンガーはカエリウス・ロディギヌスの『古典読書録』を繰り返し引用したし、二〇冊以上の他の編纂書について各版の序文で論評した。ランゲは、一五九八年の『ロキ・コンムネス』において、多様な詞華集に依拠したと明かしており、そこにはツヴィンガーの『人生の劇場』やツヴィンガーが典拠として言及した作品が多く含まれていた。また、残存する印刷用原本の一枚の紙葉から判断するに、トマス・トマスは一五八七年の『ラテン語＝英語辞典』を作成するさい、四年前に出版された他の『ラテン語＝英語辞典』の印刷頁に書き込みを加えるという方法をとっていた。[124]

編纂者たちは、制作現場において、通時的な意味のみならず共時的な意味においても他の人々の助力に頼っていた。そうした人々についての情報は概してなきに等しいのであるが、ほとんどの編纂者には助手がいたと思われる。コンラート・ゲスナーは、懐具合が厳しいとつねに愚痴をこぼしており単独で仕事をしたとみなされていたが（多くの文通相手から材料をもらったことは認めている）、その彼でさえ文筆助手たち（複数形である）のことをふと口にしている。それは、『万有文庫』のいくつかの箇所が冗長であるのは彼らのせいだと述べているくだりである。ゲスナーはまた、ある手紙で、助手を雇うのに力を貸してほしいと頼んでいる。[125] ツヴィンガーは、『人生の劇場』第三版を作るための一五年間を、「非才なうえに頑健でもない」人間が（完成させたとき、彼は五三歳になっていた）、大学での職務、家庭での務め、医師としての仕事もこなしながら過ごした歳月であった、と述べている。序文のこのくだりで、ツヴィンガーは「唯一の助け手である、いと愛しきいとこバシリウス・ルチウス」の名を挙げ、「三年以上にわたって、忠実かつ優美な手跡で書き写してくれたうえ、一緒にしておくべきものを糊で貼る仕事をしてくれた」としている。だがツヴィンガーは、序文のはじめに、ヨアンネス・ルカ・イセリウス（イゼリン）という別の縁者の若者について言及している。イゼリンはツヴィンガーの「最愛の義理の息子」であり、彼がフランスとイタリアで学ぶために旅立っていくときは、勉強方法を概括して伝授したほどであった。イゼリンは妻のヴァレリア・リューディンが最初の結婚でもうけた息子である。イゼリンは講義で取ったノートをもとにツヴィンガーの講義録を刊行し、みずからもバーゼル大学の教授になった。[126] そうした助手に共通した特徴は、おそらくは、若いということであった。若ければ賃金も安くてすむし、仕事に取り組む体力にも優れている。カレピーノのある後年の版は、必要な書物の供給なしに四年間この版のために働いた、「きわめて強壮な若者」の助けがあったと記している。[127] ヨーゼフ・ランゲは、彼がどのような助けを受けたかについて一言も述べていないが、彼の妻と五人の子供たちを、ツヴィンガーが言及したような作業——書写と糊付け——にふさわしい助手として思い描けることは確かである。第2章に示した例は、初期近代の学者たちが、肉親やそれより遠い縁者に、可能であれば頼りがちであることを裏付けているが、そうした助力は書物の中でごくまれにしか認知されなかった。序文を書いた印刷者たちは、ときおり、金銭、書物、雇用とひきかえに、あるいは友情ゆえの行為として手伝った人々の名を挙げた。たとえばコリヌスは、『ポリアンテア』の一五六七年版でペトルス・リンネルスの助力に感謝し、一五七四年版では、ナニ・ミラベッリによって用いられたギリシア語の引用文が時間の経過とともに不正確になっているので、それを正すのに「友人で、なかなかの学者」の手を借りたと述べている。『オノマスティコン』第二版の序文において、コンラート・ゲスナーは、友人たち(名前は言及されていない)が、自分が担当したA、B、R、S、V、X、Z以外のすべてのアルファベットについて、この固有名詞辞典の素材を編纂してくれたと明かした。だがもちろん、そのような場合には、文筆助手と同じく友人たちにも、ゲスナーが指摘したように、誤りに対する責任が生じたのだ。[128]

編纂における紙片の利用

編纂の基本的な手順は、長いあいだ、変わらないままであった。中世および初期近代の編纂においては、典拠となる原本から引用箇所を選び、その一節を主題別見出しのもとに割り振って、後で検索できるように蓄積していくことが常道であった。だが、初期近代の編纂においては、いくつかの新しい技術が、ありふれたものになったり初めて導入されたりした。なかでも特筆すべきが、紙片を利用したり、印刷本から切り貼りしたりすることである。

わずかに現存する中世の作業用原稿からわかるように、一三世紀と一四世紀における秩序ある編纂の手順は、主として、見出しかアルファベット一文字の下に空白部分を残しておき、そこにだんだんと素材を付け足していくことである。一三世紀のドミニコ会の聖書用語索引もこの方法で作成された。同様に、一四世紀の歴史編纂物の手稿においても、最も重要な典拠から引いてきた素材が頁の上に書き写され、その後に異なる典拠からの抜粋が異なる筆跡で記されており、その後に今後の追加のための空白部分が置かれているという具合である――これは、多数の作成者がそれぞれ異なる典拠を読み、共同して作業したことを示している[129]。この方法でアルファベット順配列を行った場合、通常の仕上がりとしては、最初のアルファベット一文字か二文字のもとに個々の抜粋が分類されて並べられ、同じ典拠に由来する抜粋は隣り合って配置されるという具合になる。厳密なアルファベット順配列は、中世のテクストではまれであった（バルビの『カトリコン』は、そのまれな特筆すべき例である）。上記の方法を用いてアルファベット順にきちんと配列するためには、転写を何度も重ねたり、中間的な下書きの段階で蠟板を用いたりしなければならなかった[130]。アリストテレスの『ニコマコス倫理学』の用語索引である『「ニコマコス倫理学」の一覧（*Tabula libri ethicorum*）』は、トマス・アクイナスによって（明らかに文筆助手の手を借りて）一二〇四年以前に作成されたが、その近年の版（一九七一年に初めて出版された）は、テクストとその誤り（テクスト上の誤りおよびアルファベット順配列の乱れ）を根拠に、この索引は紙片を使用して作成されたのではないかとしている。だが、同じ誤りを含む同じ一節が、索引中の二つの異なる項目の中に出現するという事実は、紙片を用いたという確固たる証拠とはならない。誤りの繰り返しはそれと同じくらい、筆耕が、この一節を短時間のうちに別々の項目に相次いで書き入れたことからも生じうる。まこと、完成されたテクストからだけでは、アルファベット順に配列する過程や、より全般的な作成の過程で紙片が用いられたかどうかを確実に判断できるような証拠を得ることはおそらくはできないだろう[131]。

紙片が用いられたという納得のいく証拠はむしろ、出版物や手紙の中で紙片の利用のことがはっきりと語られていたり、物理的証拠が存在したりすることから得られる。たとえば、何通かの書簡は、デュ・カンジュ（一六一〇―八八年）（フランスの歴史家、文献学者、辞書編纂者）が、中世ラテン語辞典を作成するにあたって「小さな紙片」や「綴じられていない全紙半切り《ハーフシート》」を用いたと伝えている[132]。また、さらに良い証拠もある。ルネサンス期から個人文書のコレクションがますます多く保存されるようになったおかげで、作業原稿や下書きに紙片が用いられた例が残されているのである。編纂書の印刷本を作るために用いられた印刷用原稿が残存することはまれである。というのも、ふつう印刷の過程で、作業のためのさまざまな書き込みが入るので原稿は汚れ、しまいに廃棄されたからである。それゆえ、今に残っている原稿は、印刷に用いられなかったものであることになる。印刷用にするつもりだったのが、意図的にせよ不注意にせよ用いられなかったり、下書きや準備のための覚え書きといった、完成形の前段階のものであったりしたためである。たとえば、カエリウス・ロディギヌスの

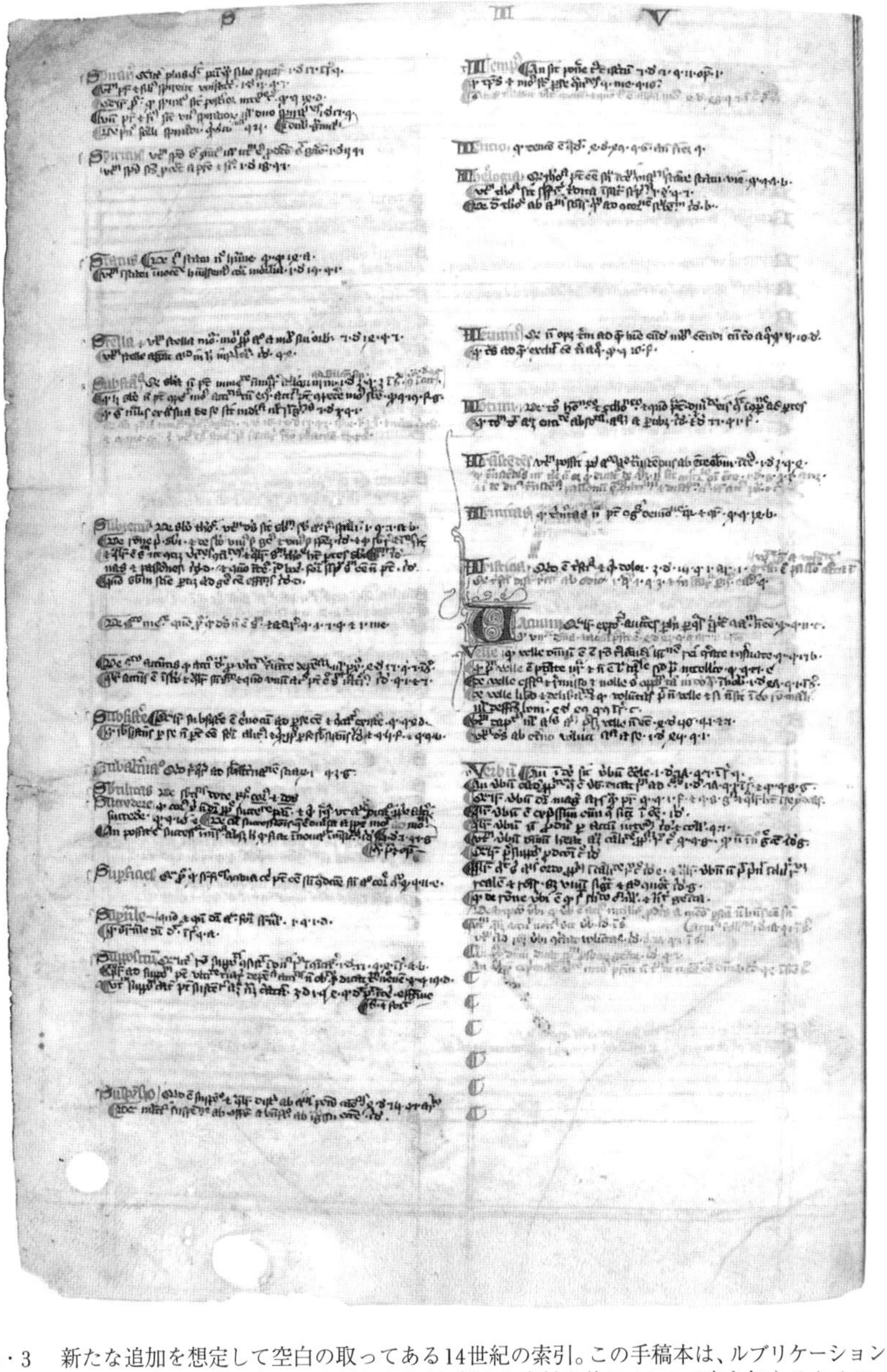

図4・3　新たな追加を想定して空白の取ってある14世紀の索引。この手稿本は、ルブリケーションや入念なレイアウトから完成の域にあることがわかるが、新たな素材を後にインクで書き加えるために、ここでは、S、T、U/V の文字の下に空白の箇所がある。ケンブリッジ大学、マスター・アンド・フェローズ・オブ・ペンブルック・コレッジの許可を得て複製。MS Pembroke 39. 写真はケンブリッジ大学図書館複写サーヴィスによる。

『古典読書録』の手稿が一枚現存しているが、それを見ると、紙一面にびっしり書かれ（手稿の一一行は印刷された本文の一三行半に相当する）、狭い欄外は書き込みでいっぱいなので、さらなる加筆は紙片になされ、それが頁の上に貼り付けられている、という具合である。紙片の上に加筆してそれを貼り付けるというこの便法は、マルセル・プルーストによって一躍世に知られるようになった。彼は、自分の原稿に書き加えたいことを記した紙片を糊でつないで長い鎖を作ったのである[133]。

よりありふれた使用法として、紙片は一六世紀には、アルファベット順配列であれ体系的配列であれ、複雑な組織構造の中に情報を振り分けるために用いられた。コンラート・ゲスナーは、読者にとって目新しい方法であると思ったのだろう、どこにでも自由に移動させることができる紙片を用いて自分がいかに索引を作成したかを詳細に述べている。ゲスナーはまた、その方法を訪問客や文通相手にも熱心に説いた（ツヴィンガーは文通相手の一人であり、一五六〇年から文通を始めている[134]）。ウリッセ・アルドロヴァンディも、第2章で論じたように、後でアルファベット順に並べることを念頭に、紙片の上に情報を書き溜めていた。ゲスナーは紙片をアルファベット順に配列するために用いたが、紙片を用いれば、素材を体系的配列に従って編纂することもまた容易い。

バーゼル大学図書館にあるテオドール・ツヴィンガーの〈遺稿（*Nachlass*）〉には、数百通の書簡とともに、二人の異なる人間の手で書かれた数枚の手稿紙片が含まれている。それらのわずかな紙片は『人生の劇場』の印刷用原稿に含まれていなかったために、今に残ったとも考えられる[135]。ツヴィンガーは、義父のコンラート・リュコステネス（ヴォルフハルト）（一五一八—六一年）が蓄えていたノートをもとにしたことはつねに認めていたが、それらのノートを『人生の劇場』において精緻に体系化した功績は自分一人にあるとした。リュコステネス自身も重要な編纂者であった。彼は、自然界の驚異を集めた、とりわけ長い売れゆきを誇った図鑑〔『異象と予兆の年代記』〕や、七〇〇〇ほどの警句を集めた警句集を上梓した。リュコステネスは一五五一年に、ゲスナーの『万有文庫』をもとにして『著者一覧（*Elenchus scriptorum omnium*）』を編集した。それは、ゲスナーの原本の各巻に盛り込まれた情報を大幅に削減する一方で、一〇〇〇名の著者を新しく追加し、それらすべてをより薄い一巻本にまとめたものであった。リュコステネスは索引も作成した——とくに重要なのは、ゼバスティアン・ミュンスターの『世界誌』、およびプトレマイオスの『地理学』のバーゼル版（一五五二年）に付された索引である[136]。卒中のため四三歳で亡くなったとき、リュコステネスは、ツヴィンガーの言葉によれば、作品のかたちや性質を定めないまま「一五年間にわたって収集された範例の山ないしは無秩序な塊」を遺した[137]。

ツヴィンガーの手稿の中に、私は、リュコステネスの筆跡になる覚え書きが記された全紙半切りを何枚か見つけた。それはおそらく、覚え書きが記された紙片の、はるかに分厚い束の一部であったと思われるが、それらが一六世紀にどのように保管されていたのかを示す証拠は残されていない（それらの紙片は、おそらくは一九世紀のあいだに、何巻もの綴じた書簡の中に貼り込まれたと思われる[138]）。範例が紙片の上に記されているが、それはまさしく『人生の劇場』で範例が印刷されているのと同じ書式で書かれている――関係する人物や人々の名前がまずブロック体で記され、最後に引用元を記すという書式である。リュコステネスの筆跡で書かれている紙片では、紙の一番上で数字とともに主題別見出しが示され、その下には一つ以上の用例が記されている。また、他の紙片と相互参照できるように、見出しと頁番号、「巻《トウム》」番号が紙の一番下に記されている紙片もある。そうした記載が示唆しているのは、紙片が巻ごとに保管されていたことであり、もしかしたらコンラート・ゲスナーが推奨したような糊の仮留めがなされていたか、あるいはもしかしたらプラッツィウスが図解したような方法で巻ごとにまとめられていたのかもしれない[139]。穴（紐やフックで留めて保管するための）が開けられた様子はないが、それらの紙片がもともとどのように保管されていたかを示す証拠はその後の数世紀のあいだに失われてしまったのかもしれない。

ツヴィンガーの〈遺稿〉には、複数個の範例が記されている紙片とともに、違う種類の紙片も残されている。それは、細い短冊状の紙片（ゲスナーが説明したように、全紙から切り取られたものであろう）の上に範例が一つだけ、乱雑で判読しにくい筆跡で記されているもので、主題を示すキーワードが欄外余白に一つだけ書かれており、番号は打たれていない（これらの紙片に付いている数字はすべて、司書が書き加えたものである）。これらの紙片は、ツヴィンガー自身（あるいは彼の助手たち）によって収集された素材の一部ではないかと思われる。リュコステネスの紙片には見出しが付けられており、範例を分類する作業がすでに始まっているが、ツヴィンガーの紙片には見出しがなく、分類がなされていない状態にある。紙片は省力化の手段である。というのも、紙片上に記されている素材は、最終的な配置が決まるまであちこち移動させることができるので、新たに転写せずともすむからである。全紙を紙片に切り分けるとなると、片面にしか書けなくなるので、紙をいささか無駄遣いすることにはなるが、時間を節約できること、そして転写のさいに起こりうる誤記が回避できることは、そうした欠点を補ってあまりあるものであった。同一内容の抜粋が決定稿で複数箇所に出現する場合、それについては新たに書き写す必要があっただろう。なぜなら、印刷業者のために用意された原稿は、最終的な場所に収まり糊付けされた紙片から構成されていただろうからである。

手稿本と印刷本からの切り貼り

書き写すことによって紙片を作るのではなく、他の出所から切り取ることで紙片を得ることができるなら、初期段階で手間が省けることになる。コンラート・ゲスナーは、ツヴィンガーよりも一世代前にバーゼル近くのチューリッヒで活躍していたが、この裏技をとりわけ有効に活用した。ツヴィンガーの〈遺稿〉中の紙片はすべて、編纂を目的として抜粋を紙の上に書き写したものであるが、ゲスナーの〈遺稿〉に残されている紙片は、他の著者たちの作品からの切り抜きを数多く含んでいる——取り交わされた手紙、印刷の過程で用いられた普通ならば捨てられていたはずの原稿、印刷本からの切り抜きである。ゲスナーは、索引を作成するときは印刷された書物から切り貼りするとよい、とはっきりと勧めていた。「この方法が可能であれば、大いに手間が省けるのです」[140]。明らかに、印刷された書物から切り抜くということがいつも実現可能とは限らなかったが、ゲスナーは、自分の本の印刷者のフロシャウアーと親しく交わっていたので、切り取り術を発揮できる立場にあった。印刷者はゲスナーのような編纂者に、印刷過程で用いられ指示の書き込みがあるために売ることができない本や、他の理由によって、ほとんどあるいはまったく市場価値のない本（たとえば、今日言うところの「ゾッキ本」など）を提供することができた。ほぼ無価値な本も、ゲスナーが提唱するこの切り刻むという方法で、ノートの収集を増やしたり、索引や新しい作品を作って印刷するのに役立てたりと、うまい具合に活用することができたのである。

ゲスナーが、手稿本や印刷物から切り貼りしたのは、索引を作成するためだけではなく、編纂書の出版へ向けてノートを収集するためでもあった。そうしたコレクションの一つが、印刷にいたらなかったため今も残っている。とはいえ、そのノート群は、ゲスナーが遺著管理人に指名したカスパー・ヴォルフ（一五二五—一六〇一年）によって、死後に数巻にまとめられた。『実用医学宝典（*Thesaurus medicinæ practicæ*）』と題された三巻の手稿集は、ヴォルフが題扉に記しているように、「ゲスナーの自筆の紙片、当時のきわめて著名な医師たちの書簡や助言、著者自身の経験と観察」[141]からなる。各巻は二つ折り本の体裁になっており、アルファベット順に記された病名をトピック別見出しとし、そのもとに紙片をずらりと貼り付けて、各頁が作られている。紙片を貼り付けて各巻ごとにまとめるこの段階にいたるまで、ゲスナーが紙片をいかに管理していたかはわからないが、おそらくは同じ見出しのもとに、紙片を束にしてか、仕切り棚や籠などを用いるかして保管していたのだろう。紙片にはそれぞれ、見出しをなす病名に関する処方、定義、所見、説明が含まれており、多種多様な紙片がある。紙片のうちのいくつかは、典型的なノートである——すなわち、ゲスナーが読書や経験から得た知識を紙に書き記し、それからその紙を紙片に切り分けたものである。ゲスナーは、手近にある便利な書字面はなんでも利用することがあったが、それは、ある場合など、仮綴じの本が売れたときに包装紙として用いたような厚手の青い紙の切れ端であったりした。また、筆跡の異なる紙片もあり、それらはゲスナーの分筆助手か、巻の題名が示しているように、ゲスナーの文通相手によって書かれたものである。ゲスナーは、もらった手紙の中に有益な一節があればそれを切り抜き、自分のノートのしかるべき場所に加えるのをつねとしていた。すなわち、ある文通相手が、あなたがしばらく前に受け取った手紙を読み返してみてくださいと書き送ると、ゲスナーはこう説明した——手紙はもはやもとの状態ではないので、そうすることができないのです[142]、と返答したのである。ゲスナーのノート群に含まれていた手紙の切り抜きを『実用医学宝典』に加えるにあたって、ヴォルフは問題に直面した。手紙はたいてい紙の表裏両面に書かれているので、紙片を頁上に糊付けすると、情報の一部が隠されてしまうのである。そのような場合、ヴォルフは、頁を窓のように切り抜き、そこに紙片を嵌め込んで縁を糊付けするという工夫をしたので、手紙の文面は両面にわたって読むことができた[143]。一世紀後、ピエール・ベールは、印刷業者に送る原稿に自分がもらった手紙を組み込んだ。このことは、現存する何通かの手紙に記された印刷業者への指示から推測できる。それらの手紙は、おそらくはとっておきたいと思ってベールが依頼したのだろう、明らかに、印刷が終わると彼に返却されたのである[144]。

『実用医学宝典』に糊付けされた手書きの紙片には、割り付け《キャスティング・オフ》——すなわち、各頁にどの程度の分量が収まり、頁の切れ目がどこになるかを植字工が計算して印刷用原稿を作成するプロセス——に特有な赤鉛筆のしるしが付いているものもいくつかある。植字工は頁番号や折丁記号を付けたほか、活字を組んだ後で本文に取消線を引くこともあったが、その習慣は、中世の書記が、ほかの場所に転写を済ませた文

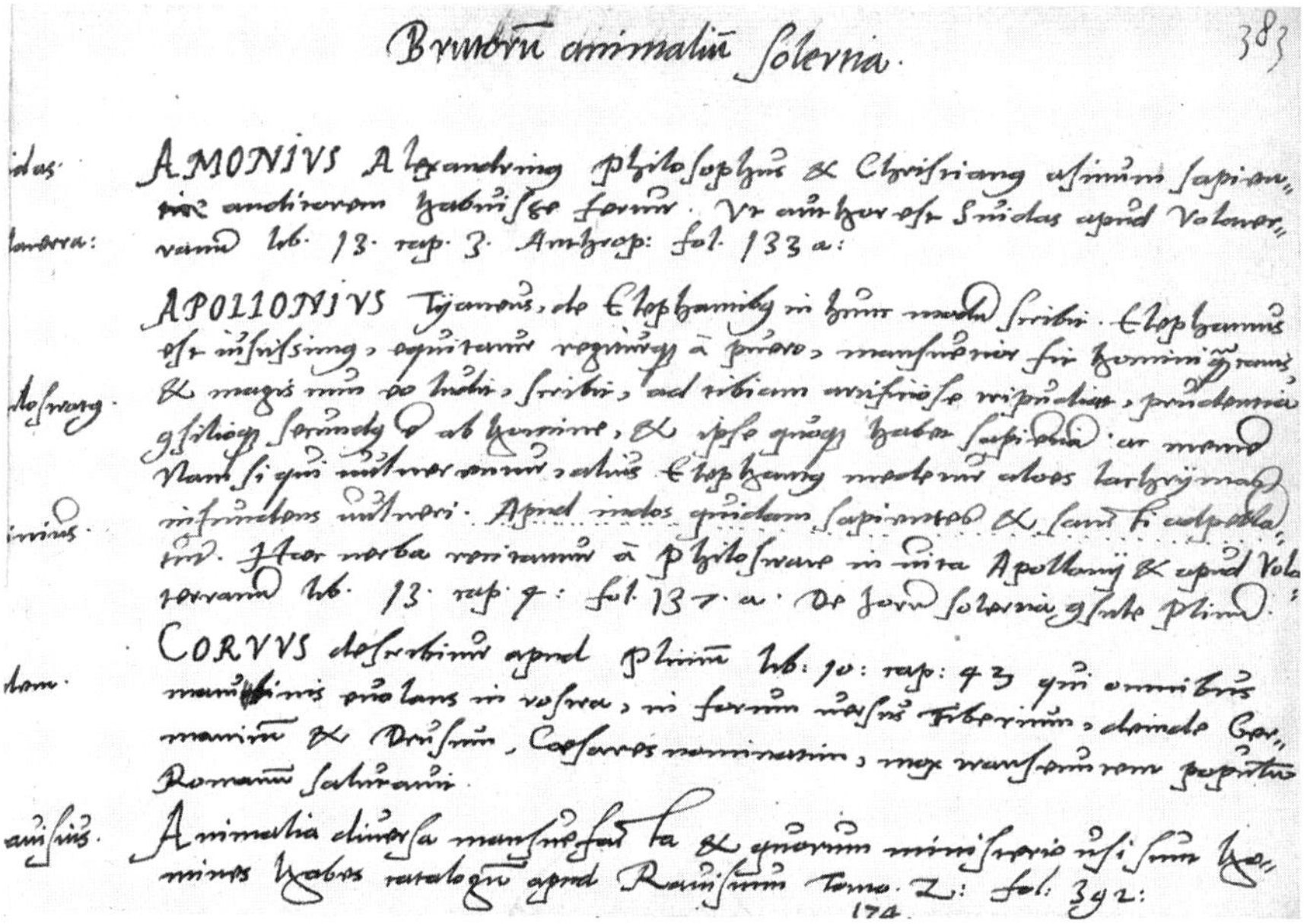

図4・4　ツヴィンガーの手稿の中に残されていた数少ない紙片のうちの1枚で、383番の「動物の巧妙さについて」。頁最下部の「174」は、後にこの紙片を目録化するさいに付された番号である。記載事項は見出しのもとにまとめられ、固有名詞は大文字で書かれており、記載事項のほとんどは末尾に出典が記されている。この書式は、ツヴィンガーの『人生の劇場』の書式と一致する。出典は欄外余白にも記されているが、端のところが切り取られてしまっている。この紙片の筆跡は、ツヴィンガーの義父であるコンラート・リュコステネス（1518〜61年）のものであると思われる。バーゼル大学図書館の許可を得て複製。Frey Mscr I, 13 #174.

章に×印を付けたことに由来するものであったかもしれない。書物が刷り上がると、それらの割り付けの跡のある頁は紙屑とみなされ廃棄されたが、ゲスナーはこうした素材を漁って再利用してもいる。[145]ゲスナー文書の中にある他の紙片にはこのほか、ドイツ語やラテン語の印刷本から切り取られたものもある。それらの印刷された一節の中にも、少数ながら割り付けの赤鉛筆の跡があるものがあり、それらが過去に印刷されたことのある作品の新版を作るための印刷用原稿であったことを示している。古い印刷本をもとにして印刷するほうが、手稿から印刷するよりもずっと容易であったため、印刷業者たちは、可能であれば新版をそこから作ろうとして書物を入手したのである。[146]新版の活字を組むために用いられた

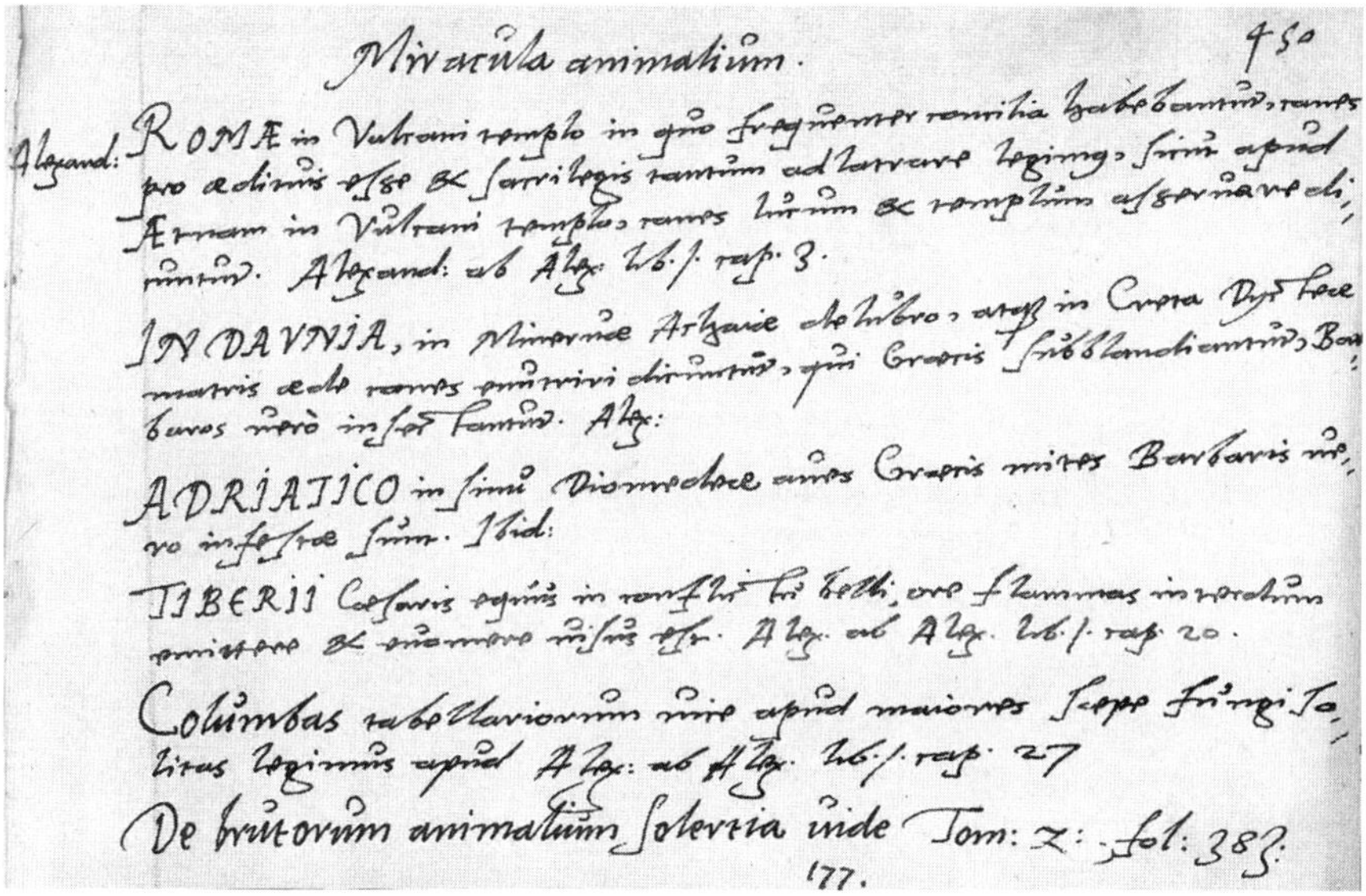

範例の印刷された一節も、印刷所の床の上で紙屑になるはずであったが、ゲスナーはそうした素材をいくつか再利用して自分のノートに加えた。ゲスナーがつねに財政的に厳しい状況にあったことを考えれば、テクストが印刷所のごみとして完全に無料で得られるのは、とくに魅力的であったことは疑いない。だがゲスナーはおそらく、索引作成についての彼の助言が示唆しているように、紙屑となる定めにない書物からも切り取ったと思われる。このような、ノート作りのために切り抜かれて損なわれた書物を私はまだ見たことはないが、それはおそらく、書物がひとたびこのような目に遭うや、欠陥品として、すぐにでなければその後の所有者によって捨てられたからであろう。

図4・5　リュコステネスの紙片の別の例。紙片450番は「動物の驚異について」であり、末尾には「巻2、葉番号383、動物の巧妙さについて」(すなわち図4・4)と、クロスレファレンスの参照先が示されている。このことから、紙片はなんらかの方法で巻ごとに分類されていたことがわかる(プラッツィウスの『抜き書きの技法』[1689年]には、紙片を巻ごとに保管しておくための仕掛けが図示されている。図版2)。この紙片に記載されている事項はすべて、アレクサンデル・アブ・アレクサンドロからの引用である。彼は、1522年に初めて出版され、その後多くの版を重ねた雑録『祝祭の日々』の著者である。バーゼル大学図書館の許可を得て複製。Frey Mscr I, 13 #177.

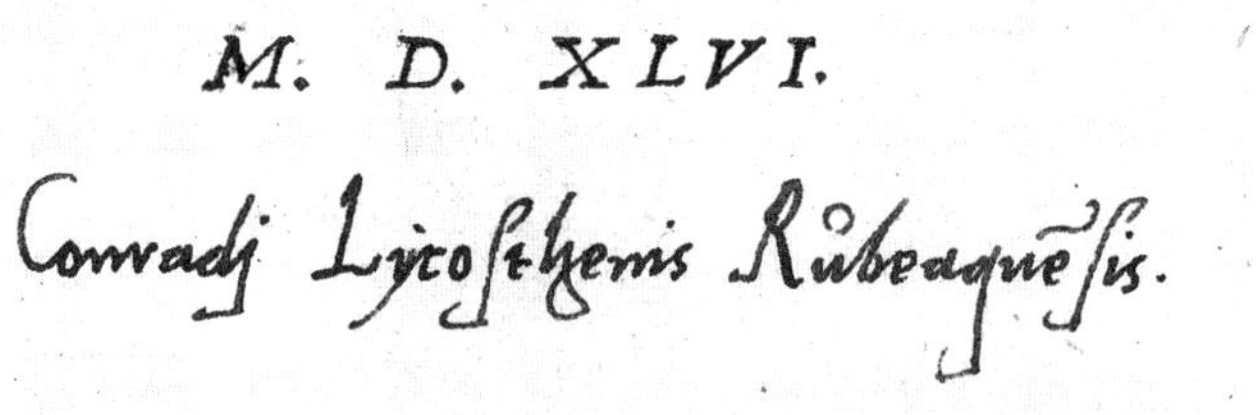

図4・6　コンラート・リュコステネスの所蔵本『ヒスパニアの聖ヨアンネス・ディアジウスの死に関する真実の話』（バーゼル、オポリヌス、1546年）に付された蔵書票。筆跡は図4・4と図4・5の紙片の筆跡と一致する。バーゼル大学図書館の許可を得て複製。書架記号 Aleph E XI 53.1.

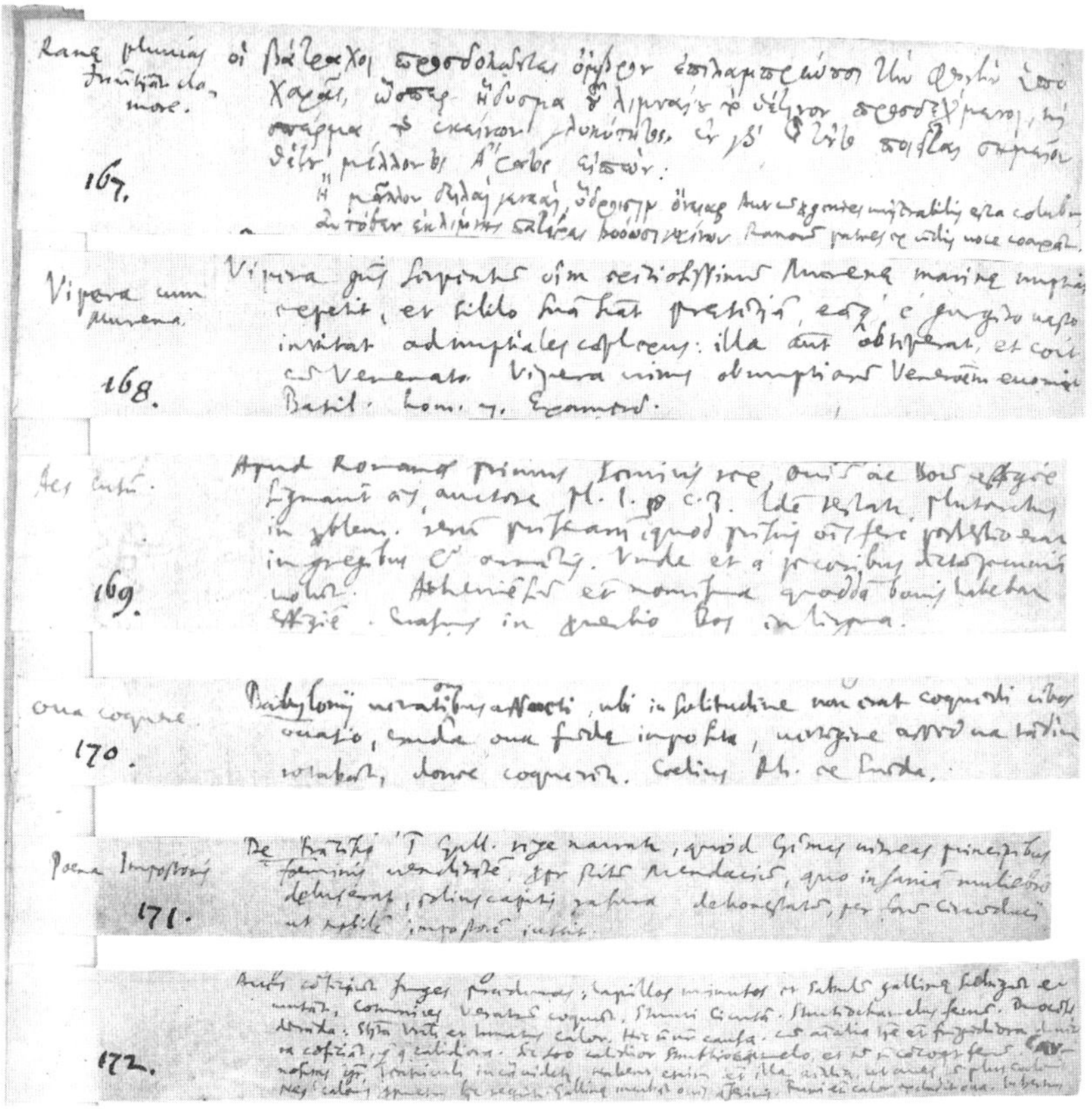

図4・7　ツヴィンガーの手稿に含まれていた別の紙片。筆跡も書式もばらばらである。これらの紙片は、早書きで読みにくいうえ、関連する記載事項をまとめたものではないが、それぞれの欄外余白に見出し語が一語添えられている。数字は図書館司書が書き加えたものである。バーゼル大学図書館の許可を得て複製。Frey Mscr I, 13 #167-72.

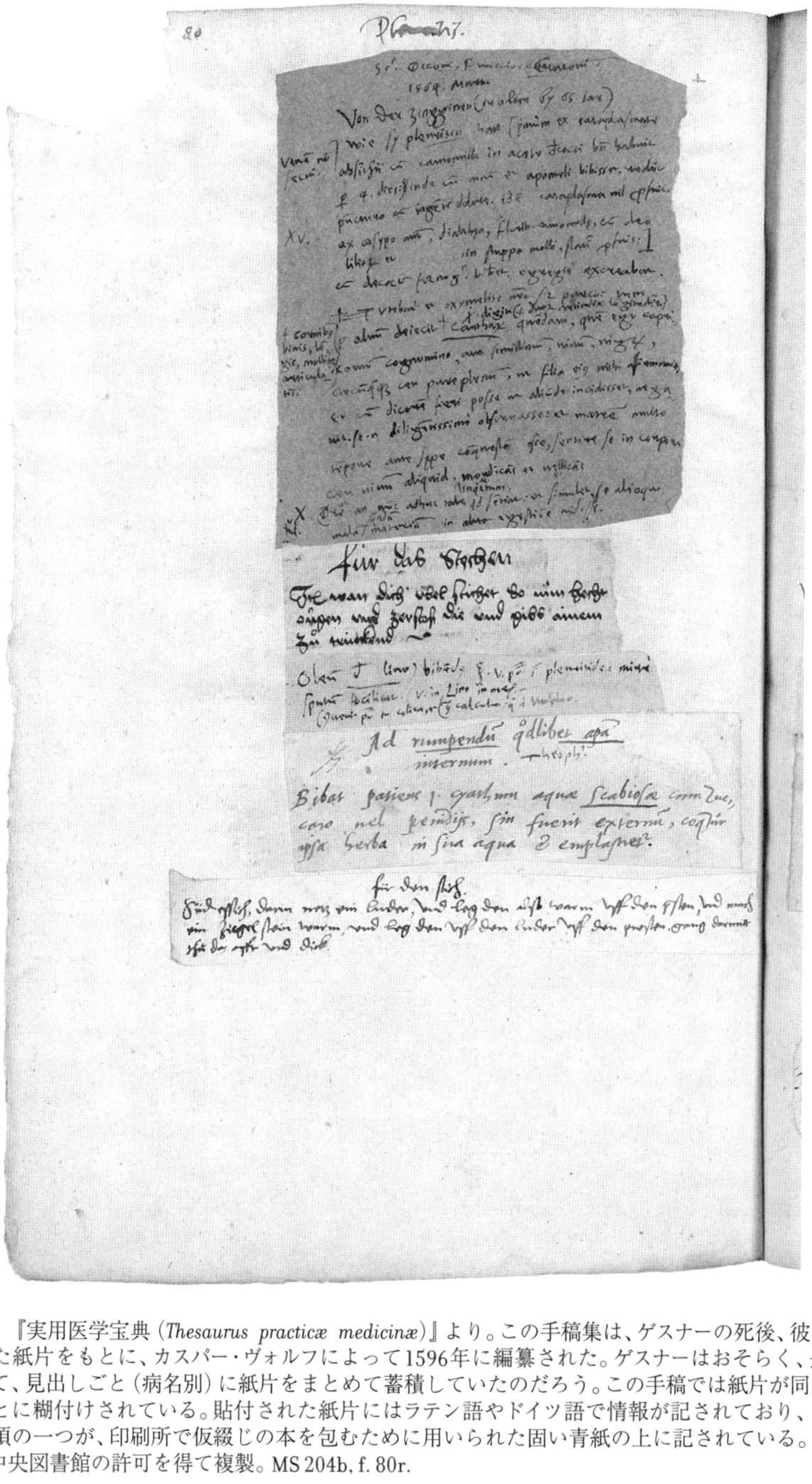

図4・8　『実用医学宝典（*Thesaurus practicæ medicinæ*）』より。この手稿集は、ゲスナーの死後、彼が収集していた紙片をもとに、カスパー・ヴォルフによって1596年に編纂された。ゲスナーはおそらく、長期にわたって、見出しごと（病名別）に紙片をまとめて蓄積していたのだろう。この手稿では紙片が同じ見出しのもとに糊付けされている。貼付された紙片にはラテン語やドイツ語で情報が記されており、この頁では事項の一つが、印刷所で仮綴じの本を包むために用いられた固い青紙の上に記されている。チューリッヒ中央図書館の許可を得て複製。MS 204b, f. 80r.

古いテクストから新しいテクストを創出するための切り貼り術は、印刷業者のあいだで生じた習慣であり、手稿を扱うときに最もよく用いられたと思える。印刷業者はしばしば、印刷する過程で印刷用原稿を切り分けた。それはとりわけ、さまざまな植字工が別々の箇所の作業を並行してできるようにするためであったが、本文を編集するためでもあった。バーゼルのオポリヌスは、切り貼りをして作業を効率よく進めたいので原稿は紙の片面だけに書いて提出してほしい、とあるとき著者にはっきりと頼んでいるが、それもこの理由による。[147] 多作な著者たちも、この切り貼り術を用いた。ジローラモ・カルダーノ〔一六世紀イタリアの数学者・医学者・自然哲学者として多彩な業績を残した〕は、本を再構成したり作成したりするときには、既存の著作物（自著、ないしは、ことによれば他の人々が書いたもの）から文章を切り貼りすればよいと述べているし、ロバート・ボイルは、出版用の本文を作成するために手書きノートを切り分けた、と語っている。[148] 印刷業者たちも、校正のさい、印刷された全紙《シート》から切り貼りした。たとえば、ゲスナーが所有していた『万有文庫』の手沢本（*Handexemplar*）には、他の現存する諸本と比較すると、ある見開きに異なる箇所がある。二つの文章が、同版の印刷時に刷られた別の全紙（頁レイアウトと活字書体が同じである）から切り取られ、頁の下の欄外余白に貼付されているのである——それらの文章は、その後『万有文庫』の「標準的な」諸本においては、印刷されて頁にきちんと組み込まれている。ゲスナーは「手沢本」に、検索を容易にするためのタブを付けたり、数多くの欄外注記を自筆で書き込んだりしている。手沢本は、ゲスナーが自分のために取り置いて作業に用いていたもので、訂正がほぼ終わりかけた段階にあると理解してよい。ゲスナーはこのようにして訂正作業を行ったので、印刷業者から一冊たりとも著者用献本を捲き上げることはなかった。[149] 最後に、印刷業者はまた、自分の在庫から本を一部持ち出し、そこに挟み紙をすることがあった。すなわち、後の版に盛り込むべき追加や変更を記録しておけるように、各見開きに白紙を挟み込むのである。ゲスナー〈遺稿〉には、頁のあいだに挟み紙のある一五八三年版『万有文庫』が一部含まれているが、この本が残存しているのは、それ以上版を重ねることがなかったからである。頁のあいだに挟まれた紙には、手書きによる追加や、フランソワ・オトマン〔一六世紀フランスのプロテスタント法学者〕の著書から破り取った目次の印刷頁が含まれており、次版に盛り込むべき情報として用意されていたことを示している。[150]

印刷された書物から本文の一節を切り貼りし、書き写す手間を省くという便法は、主として大規模編纂を行った人々によって用いられた——ゲスナーは、そうせよとはっきりと勧めており、『人生の大劇場』の「テアトリ・プロスケニウム」

によれば、この方法はバイヤーリンクが仕事をするうえでの条件となっていた（「(3)手で書き写すのは煩わしく厄介なので、正確に印刷された書物をばらばらにしたうえで……」）。サミュエル・ハートリブは、（『人生の大劇場』の前書きが彼の念頭になかったとして）ツヴィンガーもそうしていたに違いないと推論し、一六四一年の日記にこう記した。「ツヴィンガーは、古本を用い、そこから頁を丸ごと破り取ることによって抜粋集をこしらえた。何もかも自分で書いたり書き写したりしなければならなかったのであれば、かくも大量に書くことなどできるわけがないからである」[151]。バイヤーリンクもツヴィンガーも、印刷された書物から大きな断片を転用するさいには、たぶんこの便法を用いたことだろうし、また、そうしたと控え目に認めてもいる[152]。私は『ポリアンテア』がいかに作成されたかを示すような原稿上の証拠を持っていないが、新版用の印刷用原本を作るために、旧版の本がいかに仕立て直されたかは想像に難くない。

　大規模編纂に従事した一群の人々は別として、初期近代の読者たちも、手稿本や印刷本からさまざまな形態の切り貼りを行っていた。きれいな断片を漁るため、著者の意図を実行するため、はたまたあからさまな窃盗にいたるまで、その理由はさまざまであった。そうした切り貼りの中で最も広く行われたのは、中世写本や印刷本から、イルミネーション、イニシャルその他の装飾的要素を、他の写本や書物を装飾するため、あるいはたんに収集するために切り取ることで、そうした行為は一九世紀にいたるまで容認できるものとみなされていた。印刷術によって、中世の写本の価値は、一五〇〇年までには全般的に下落していた。テクストの印刷版が入手できるようになると、印刷本が写本に取って代わると考えられていたからであった。もちろん、少数の写本は、その特別な内容や来歴のおかげで価値がゆらぐことはなかったが、その一方で、おびただしい数の写本が破壊され（それが最も大々的に行われたのは、イングランドの修道院解散の時〔一五三〇年代後半〕であった）、写本の素材の羊皮紙は、瓶の口の覆い、壁紙、印刷本の製本などに転用された。一八世紀になってようやく刊本や写本の稀覯本の市場が出現し、この流れを反転させ始めたのである[153]。印刷術が登場する以前にも（早くも一四世紀には）、イルミネーションを古い写本からより新しい写本に移すために、中世写本に鋏が入れられることはときにあった。イルミネーション欲しさに写本を切り刻むことは、ほとんどの中世写本は印刷術の到来とともに無価値になったという認識によって、盛んに行われるようになった。中世写本から切り取られたイルミネーションは、そのほとんどが、他の写本や印刷本を装飾するためや、子供が集めたり遊んだりするためのおもちゃとして用いられ、一九世紀半ばになってよ

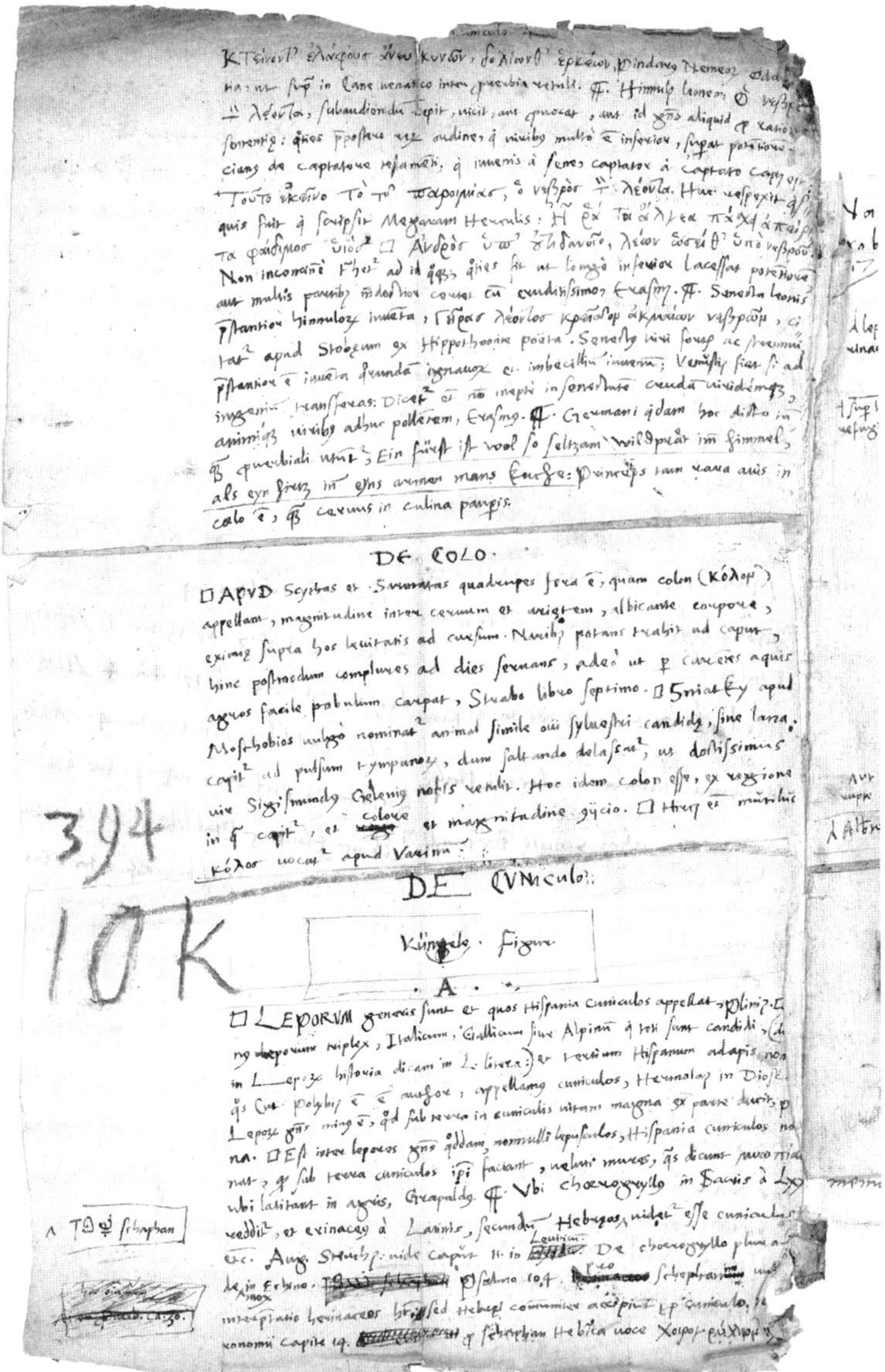

図4・9　ゲスナーの『動物誌』(1551年) の印刷に用いられた原稿のある一頁。植字工は、印刷用の原稿を割り付ける、あるいはそこに指示を書き入れるさい、印刷本になったときに割り振られる頁番号と折丁記号 (394、K) を赤鉛筆で記している。この頁には「兎について (*de cuniculo*)」のセクションの冒頭部分が含まれており、「図 (figura)」を入れるための空白 (プレイスホルダー) もそこに見える。ゲスナーの印刷された『動物誌』は、これらすべての指示に合致している。チューリッヒ中央図書館の許可を得て複製。MS C 50a, f. 355v.

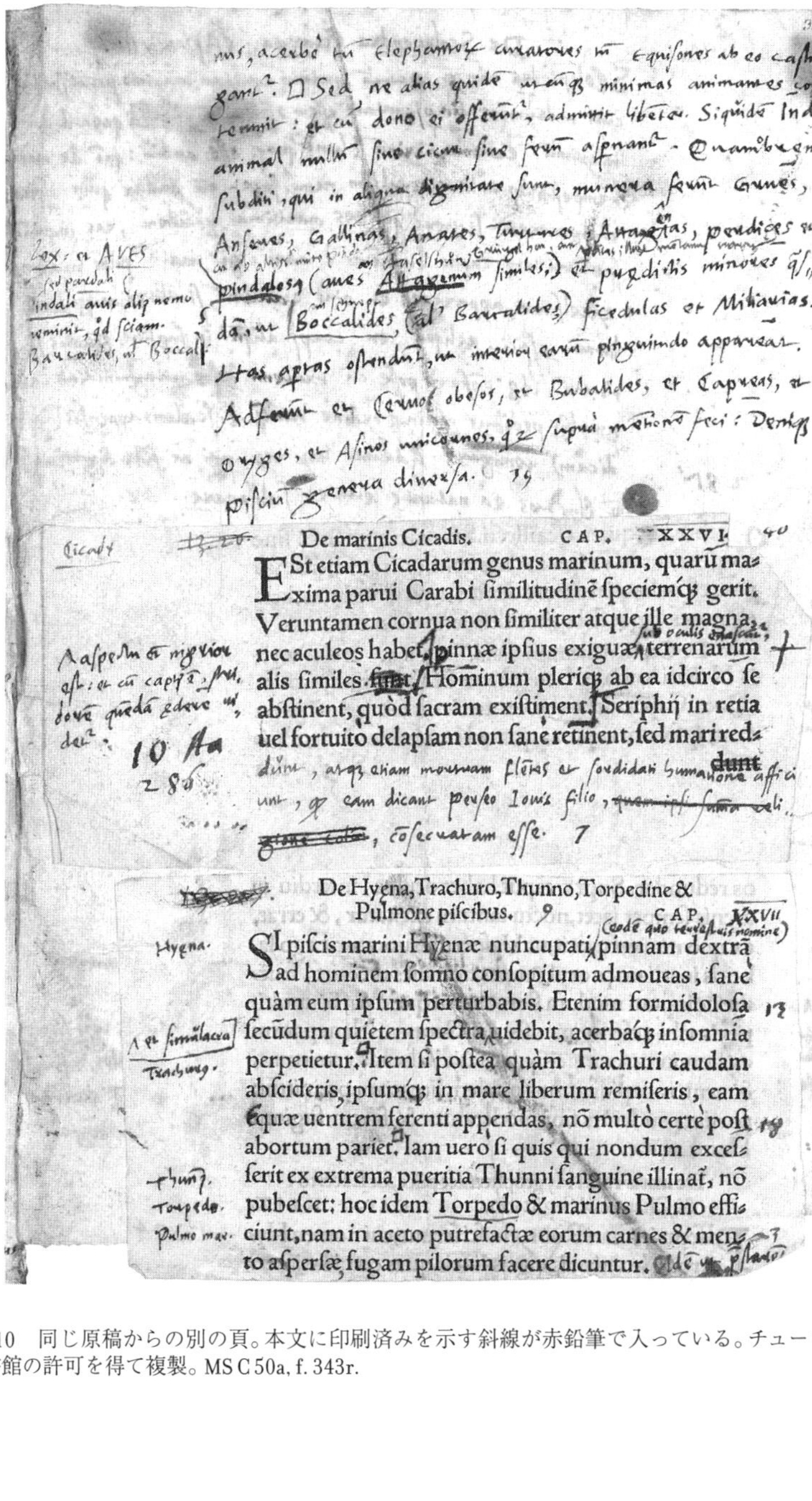
De marinis Cicadis. CAP. XXVI.

Est etiam Cicadarum genus marinum, quarũ maxima parui Carabi similitudinẽ speciemq́; gerit. Veruntamen cornua non similiter atque ille magna, nec aculeos habet, pinnæ ipsius exiguæ, terrenarum alis similes sunt. Hominum pleriq; ab ea idcirco se abstinent, quòd sacram existiment. Seriphij in retia uel fortuito delapsam non sanè retinent, sed mari reddunt

De Hyena, Trachuro, Thunno, Torpedine & Pulmone piscibus. CAP. XXVII.

SI piscis marini Hyenæ nuncupati pinnam dextrã ad hominem somno consopitum admoueas, sanè quàm eum ipsum perturbabis. Etenim formidolosa secũdum quietem spectra uidebit, acerbaq́; insomnia perpetietur. Item si postea quàm Trachuri caudam abscideris, ipsumq́; in mare liberum remiseris, eam quæ uentrem ferenti appendas, nõ multò certè post abortum pariet. Iam uero si quis qui nondum excesserit ex extrema pueritia Thunni sanguine illinat, nõ pubescet: hoc idem Torpedo & marinus Pulmo efficiunt, nam in aceto putrefactæ eorum carnes & mento aspersæ, fugam pilorum facere dicuntur.

図4・10　同じ原稿からの別の頁。本文に印刷済みを示す斜線が赤鉛筆で入っている。チューリッヒ中央図書館の許可を得て複製。MS C 50a, f. 343r.

für hoptwee   Capitis dolor.

Dis ... wider ... dz basilien blat in wasser gesotten und dz wasser getruncken ... das ... des houpts. Auch für den selben ... ist dz ... gut gestanden ... in win und den getruncken.

Basilien ... das ... [illegible]

Der ... spricht das saffran den houptwee ... damit gemacht ... saffran und gummi Arabicum, euforbium, ... ieglichs gliche vil, und temperir das mit ... wiss, und ... das ... dz houpt.

für die ungnäpt (cephalea)
hopt.... die müter im hopt, ...
... innadit, breui sanat.
folium verbasci impone ... naso, ... odorem ...

Item dise wurtzel in wasser gesoten vñ dz haubt darmit gewesch
en vertreybt den weetagen des hirns. angelica
Item mit essig zerstossen vertreibt dē wetagē des hirns vñ des miltz
(Angelica ...)

Item ... [illegible] ... öl, und da mit dz houpt geschmiert ... houptwee ...

für d' müter im hopt.
Schmeck an ... und legg es uff dz hopt
so gaat die müter darus. pb.

* Cataplasma in dolore capitis. Constat ex terræ lemniæ. ℥. cadmiæ præpratę drachmæ duæ, acaciæ sex, capitum papaueris quinq; rhussis uncia, scamonij, croci, ana. ℈. 4. ouorum luteis tribus, rosacea uncia, cum amylo in mortario diutius tudicula conterantur donec linimentum fiat, quo tempora illinantur.

das hopt wee
                    ein pflaster.
wem das hopt wee ~~thüt~~
thüt der nem somen von stab
würz gebulfert vñ dar zü
bech vñ wachs, vñ mach imme
darus ein bulfer, salbe, vñ
selbe denne die ~~[illegible]~~ äderen das
gilft.
oder nim brüne ~~[illegible]~~ kressich, vñ wäsch
in dem ~~[illegible]~~ selben wasser
do er inne stat, vñ ... da
in zerstossen, vñ bind das über
das hopt.

Zü grosse hoptwee
~~Legg~~ an eim morgen hinden uff dz genick ... in ... wasser ...

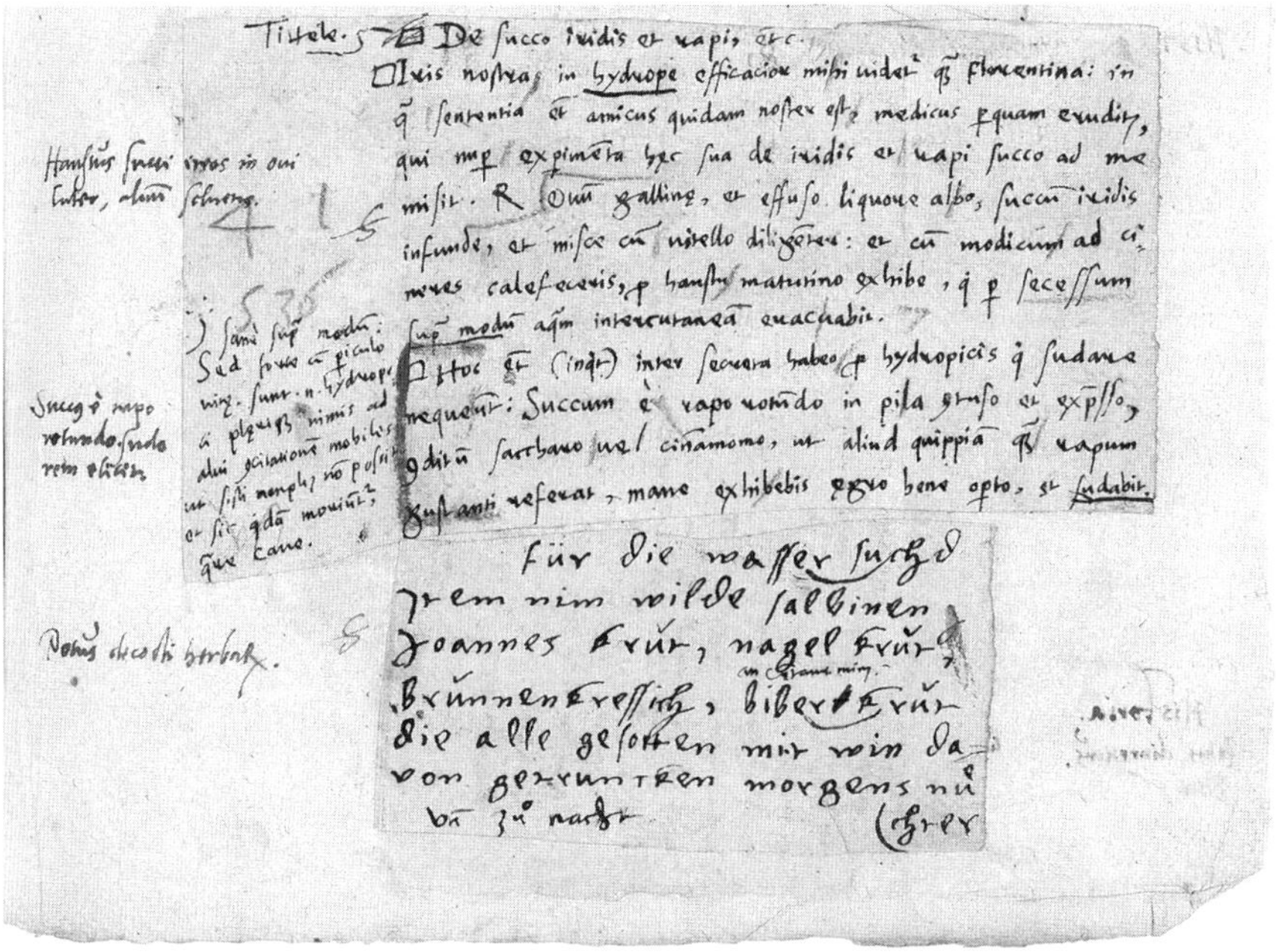

図4・12　ゲスナーの『実用医学宝典』のこの部分には、割り付けに用いられた手稿からの切り抜きが含まれている（折丁記号や頁番号を示す赤鉛筆のしるしを見よ）。ゲスナーは、書き入れがある手稿の断片をいくつも再利用して、自分のノートに加えたのである。チューリッヒ中央図書館の許可を得て複製。MS 204b, f.240r.

図4・11　ゲスナーのノートをもとに編纂された『実用医学宝典』のこの頁には、印刷本から切り取られた紙片が二つ含まれている。一つはゴシック体のドイツ語で、もう一つはローマン体のラテン語で書かれている。ラテン語の紙片には、本文に縦に引かれた赤い線も含めて（図4・10のように）、赤鉛筆の痕跡が見られる。それは、この一節が切り取られた印刷本が、たとえば、同じ作品の後の版を印刷するときなどに、割り付けに用いられたものであることを示唆している。植字工が指示を書き入れた印刷頁は廃棄されるべきものであったが、ゲスナーは、そこから文章を切り取って、自分のノートに加えたのである。チューリッヒ中央図書館の許可を得て複製。MS 204a, f.47r.

うやく、収集家が欲しがる貴重な品として高値を呼ぶようになったのである。[154]中世写本の供給がそれこそ無尽蔵であると思えた時代があまりに長く続いたので、一九世紀以前には、司書も書籍商も愛書家も手持ちの写本を切り刻むのにさほど良心の痛みを覚えなかった。また、印刷された画図やイニシャルを書物から切り取って貼り付けている例が、イングランドのジェントルマンや珍しいところではフランスの織物職人が付けていた手書き備忘録《コモンプレイス・ブック》や日記に見える。[155]印刷された書物でも、口絵、図版、あるいは贈呈の辞の付いた題扉をあ

pra milleſimum & quadringenteſimum Chriſtiani natalis, quo anno acceрſitus ad eum me contuli. Inde enim uſq; in ultimum uitæ diem ab eodem geſta & copioſius & apertius explicabo, quod eis præſens ſemper coramq; affui. Præcipue uero bellum, quod ſublato ex humanis Philippo Maria materno proauo tuo in hac noſtra ciſalpina Gallia fortiter geſſit, &c. hoc inquam bellum & re maximũ & memoria digniſſimum, cui dum gereretur aſſidue interfui, paulò diligentius ſcribere operæpretium duxi. Equidem omnia in commentarios, & eo ordine quo gerebantur in dies, ſingula celeri ſtilo depromſi, ſi minus eleganter minusq; ornate, at ueta & incorrupta fide. Nihil enim à me ſcriptum eſt, quod uel non ipſe uiderim, uel à locupletiſſimis teſtibus auctoribusq;, uel etiam ab ipſo Franciſco, dum ille de ſe modeſtiſſime loquens aliquando præteritorum temporum pericula, resq; per omnem fortunam, non tam ab ſe quàm ab alijs geſtas, recenſeret, acceperim: quod alijs haudquaquam contigit, ſi qui fortaſſis reperiantur earundem rerum ſcriptores & eruditiores. Ex epilogo operis. His Commentarijs ab primo Alphonſi in Italiam aduentu, & ab anno Domini, 1424. uſq; ad annum 1466. non diui Franciſci Sphortiæ ſolum, ſed omnium Italicorum populorũ, regum, & rerum publicarum facta domi foriſq; continentur, tanta fide & religione literis prodita, ut nihil gratiæ atq; adulationi datum eſſe conſtet.

IOAN. Sinapius, natione Germanus, illuſtriſſ. heroinæ, Herculis Ferrariæ ducis coniugis hoc tempore medicus, quædã ex Luciano Latina fecit, quæ extant impreſſa.

IOAN. Sintheimius ſcripſit Commentarios Dauentriæ, ut teſtatur Beatus Rhenanus in uita Deſ. Eraſmi.

IOAN. Sommerfelt, natione Germanus, Cracouiæ ſcripſit argumenta Latinæ æditionis epiſtolarum Libanij. Vide in Libanio.

IOANNES Soreth, natione Normannus, ordinis fratrum beatæ Mariæ ſemper uirgi- T.M.1471.
nis de monte Carmeli, quintus & uiceſimus Prior generalis, multa commendanda opuſcula ſcripſit, de quibus extant ſubiecta:

Super ſententias,	lib. 4.	Sermones uarij,	lib. 1.
In regulam ordinis ſui,	lib. 1.	In eandẽ maius cõmentum,	lib. 1.
Conſtitutiones ordinauit,	lib. 1.	Scripſit & alia complura.	

IOAN. Spangenbergius Herdeſſianus, natione Germanus, uerbi diuini præco Northuſiæ, Pſalteriũ carmine elegiaco reddidit. Liber excuſus Francofordiæ in 8.

Catechiſmum maiorem Mart. Lutheri per quæſtiones explicauit: itidẽ & Poſtillam Latinam. Vtrũq; opus excuſum eſt Francfordiæ in 8.

Eiuſdem Margarita theologica, præcipuos locos doctrinæ Chriſtianæ per quæſtiones, breuiter ac ordine explicans. Liber ſcriptus ab authore, 1540. & excuſus Baſileæ apud Vueſthemerum in 8. chartis 22. anno 1544. omnibus uerbi miniſtris præcipue utilis. Acceſſerunt autem in hac æditione eorundem locorũ confirmationes, ex orthodoxorum patrum lucubrationibus, per Ioan. Gaſtiũ paſſim Ioan. Gaſtius.
ſuis locis inſertæ. Ex præfatione Caſparis Crucigeri. Bonam operã nauauit Io. Spangebergius, qui ut adiuuaret imperitorũ ſtudia, præcipua capita & partes doctrinæ ex locis cõmunibus æditis à D. Philippo Melanchthone, cõtraxit in quæſtiones, ut in promptu ſit, unde petãt ſtudioſi quid de ſingulis reſpondendum ſit. Ex præfatione Ioan. Gaſtij. Euolui patrum quorundam lucubrationes, & ex ijs diffinitiones has deſumpſi, easq; in hunc librum inſperſi, quo uerbi miniſtri theſaurum haberent numeratum ad quamlibet uocum diffinitionem.

Index locorum & quæſtionum huius libri in calce adiectus eſt.

IOANNIS Spangher Practica procedendi contra hæreticos, impreſſa cum Malleo maleficarum.

IOAN. Stabius [illegible] & Maximiliani Cæſaris coſmographus ac hiſtoricus

Quod autẽ alius ſit Ioannes ſiue Ianus, ut illis placet, Damaſcenus Theologus, & Ioan. filius Serapionis, quos multi confundunt & pro uno authore numerant, non difficile mihi probatu uidetur. Legimus enim Io. Damaſcenũ fuiſſe theologũ, & uixiſſe circiter annũ à natiuitate Domini quadringenteſimũ: nec ullus ex ueteribus & probatis authoribus inter medicos Io. Damaſcenũ recenſet, Io. Serapionis autem medicus fuit, & ut apparet ex initijs librorũ eius, regione, lingua, & tempore, non Chriſtianus, ſed Mahometicæ ſuperſtitionis cultor, ut reliqui opinor ferè omnes medici Arabes: quorũ hunc recentiſſimũ extitiſſe conijcio, cũ pleroſq; alios in ſcriptis ſuis alleget, ac inter alios filium Meſuei, qui ſi eſt Ioannes Meſuæi filius quem claruiſſe diximus circa annum Domini, 1158. neceſſe eſt aut æqualẽ ei fuiſſe aut poſteriorem quoq; Io. Serapionis filium. Sed potius iudico æquales fuiſſe, quoniam uterq; alterius ſcriptis allegatis utitur. De Io. Damaſceno theologo uide Lilium Gyraldum in uitis poëtarum dialogo 5. ubi diuerſas ſententias refert quo tempore uixerit: maxime tamẽ probat teſtimoniũ Io. Patriarchæ Hieroſolymitani, qui in uita eius Leonis imperatoris ætati eũ adnumerat, qui imperauit circiter annum, 742. Quod ſi etiam Io. Serapionis è Damaſco natus fuerit, nõ ſequitur ſtatim eundem eſſe Ioannem Damaſcenum ſimpliciter, cum & Meſuæi filius eiuſdem originis idem prænomen habuerit.

る本から切り取って別の本に貼り付けることは、その本を改良し（ないしは「洗練させ」）商業的価値を増すための方策であると長いあいだみなされていた。一八世紀と一九世紀に作られた余分の画入り《エクストラ・イラストレイティッド》の書物は、素材が付け加えられていることを特徴とする。他の出所から切り抜かれた素材（ほとんどは画図であるが、ときには手稿や本文ということもあった）が、頁のあいだの挟み紙に糊付けされているのである。なかには、かなりの価値と名声を得て、収集家の垂涎の的となった書物もある。[156]

　初期近代の著者たちも、印刷された書物を利用した。すなわち、著者の意図に従って印刷本の頁から切り貼りするようにと読者に求めたのであるが、それは、訂正を入れたり、可動部分を加えて本を仕上げたりするためであった。一六世紀のある書物では、著者が、不良な図を訂正するために正確な図を正誤表に載せ、それを切り抜いて本文中の不正確に印刷された図の上に貼るようにと読者に求めた。[157]『スーダ辞典』の一七〇五年版のある本では、巻末に付されていた印刷された正誤表から正しい表記が切り抜かれ、本文中の該当する場所に貼付されている。[158] 他のジャンルの書物で、切り抜き部分すなわち可動部分が付いているものは、その目的を果たすために、読者や造本専門家（製本職人や、印刷された図版に彩色するルブリケーター）に切り貼りを求めている。ボルベル〔同心円の円板からなる中世の観測器具〕の図が載っている天文学の書物があるが、その図を印刷頁から切り抜いて、本の頁に糸で留め、中心の紐の周りで回転させると、天体の運行をなぞれる仕組みになっていた。解剖学の本には、（読者が糊付けする）めくり《フラップ》仕掛け付きのものがあり、それをめくると体内の臓器が見えるという仕掛けになっていた。一六八二年の告解手引書には、己れが犯した罪と赦しの履歴を記録するための札が付けられており、それは取り出してよその場所にしまっておけるようになっていた。一八世紀のシュトイ〔ドイツの説教師で後に出版者となる〕の『若人のための絵の学園（*Bilder-Akademie für die Jugend*）』〔絵で構成された百科事典〕の場合、読者は一頁大の図を切り抜いて厚紙の上に貼り付け、

図4・13　ゲスナーが個人で所蔵していた『万有文庫』（1545年）の一冊すなわち手沢本で、本全体にゲスナーの書き込みが見られる。ゲスナーは、自分が所有していたこの本を、情報を蓄えるための便利な貯蔵庫として用いたと思われる（参照を容易にするために、頁めくり用のタブを付け加えている）。ゲスナーの心には、実現することはなかったが、新版を作る可能性も浮かんでいたかもしれない。この頁には、手書きの書き込みに加えて、同じ書体で印刷された文章の一段落が含まれているが、それはおそらく同書の別の頁から切り取られて、この頁の下部に糊付けされたものであろう。『万有文庫』の他の本では、この段落はこの頁にきちんと印刷された状態になっているので、この本は印刷所での修正のために用いられ、その後販売されることなくゲスナーの所蔵本になったのであろう。チューリッヒ中央図書館の許可を得て複製。Dr M 3, 455r.

それらのカードは子供たちの道徳教育のために用いられた。[159]

より全般的に言えば、印刷術によって、印刷物の制作費は下がり数量は増えたので、書物がより無造作に扱えるようになった。ヨアヒム・リンゲルベルク（一四九九―一五三一年）〔フランドルの人文主義者で数学者〕は、各所を転々としたために蔵書をすべて持っていくことができず、自分の欄外書き込みがある頁だけを取って本そのものは捨ててしまった、と語った。[160] 一七世紀後期に、愛書家のジャン＝ニコラ・ド・トララージュは、興味を覚えた書物のことを紙片に記し、それを二つ折り判のノートブックに貼り付けて保存していた。だが、そのような手書き紙片のあいだに、印刷物の断片も少数ながら混ざっており、たとえばそこには、ベルナルダン・スリウスによる『敬虔なる巡礼者もしくはエルサレムへの旅（*Le Pieux pèlerin, ou Voyage de Jérusalem*）』の題扉が含まれていたが、これはかならずしも本から破り取られたわけではなく、本の広告ビラとして流通していたものだったかもしれない。[161] ヨハン・ヨアヒム・ヴィンケルマン（一七一七―六八年）のノートブックには、多言語辞書から破り取られた数頁が含まれていた。[162] このように、手書き文字と活字の混在は、印刷本に書き込みをすることだけではなく、印刷物を手稿の中に挿入するというかたちでも生じていた。[163] 一七世紀後期までには、そのように混在していても容易に管理できるような特別な仕組みの文書整理法が生まれたが、なかでも特筆すべきは、プラッツィウスのノート・クロゼットや、聖職にあるさまざまな好古家が研究成果を蓄えておくためにパリで用いた「紙入れ《フォルダー》」である。[164]

切り貼りは多くの場で容認されていたが、他人の所有する書物を切り抜いて損なうことは、初期近代を通じて、犯罪行為であるとみなされていた。ヴォルフェンビュッテルにあるヘルツォーク・アウグスト図書館の一五七二年の規則によれば、閲覧者がナイフや鋏を携帯すること、そのような道具を隠せるような裾の長い衣服を着用することは禁じられていた。また司書は、返却時にすべての本を調べて、損なわれていないかどうか確認することになっていた。そうした規則は明らかに、本の一部が欲しくてたまらない閲覧者が本を切り抜くのではないかという懸念があったことを示している。メルヒオール・ゴルトアスト（一五七八―一六三五年）〔スイスの歴史家で文献収集家〕は切り抜きをしたが、放免されたようである。彼は多くの図書館で中世写本から断片を切り取ったが、自分はそれらを出版することによって世に送り出しているのであると主張して、みずからの行為を正当化した。その一方で、マッティアス・フラッキウス・イッリリクス（一五二〇―七五年）は、修道士のなりをして修道院から修道院へと旅しながら書物を盗んだり切り抜いたりした、と同時代の人々から痛烈に批判された。だが現代の学者たちは、そうした非難は中傷にすぎないと考えている。[165] いずれであれこの例は、その種の犯罪は起こりうるばかりか唾棄すべきものでもあると、初期近代の人々が考えていたことを示す良い証拠となっている。切り取ったり切り裂いたりして稀覯本を損なったり、そこから盗んだりすること（とりわけ、後で個別に売るために地図や画図を失敬すること）は、近代を通じて現在にいたるまで繰り返し問題となってきた。[166]

ほとんどの場合、初期近代の著者や読者は、建設的な目的のために書物から切り貼りをしていた。すなわち彼らは、書き写す手間を省きつつ、新しい書物や改良された書物を作ろうとしていたのだ。だがときに、初期近代の学者たちが、書物に鋏を入れて、すべてをあるいはその一部を破壊すべきだと主張することもあった。検閲が誘因となって、頁や折丁全体が破り取られることもあった。情報の過負荷という不安にかられて、既存の書物を徹底的に排除すべきだという声を上げた人々も何人かいた——興味深い一節だけを選ぶか、ほんの一握りの本だけを残して、未来の世代に引き継げばよいとしたのだ。だが、おそらくそこまで極端な主張ができたのも、それが現実のものとなる可能性が、よしんばそれを望んだにせよ、皆無に等しかったからにほかならないだろう。[167]

初期近代に考案された手っ取り早い方法は、続く数世紀にも変わることなく用いられた。学者や作家が出版物や講義を準備するのに手書きノートや草稿から切り貼りをしていたことは、まだ人々の記憶の中に残っている。[168] 自分のノートや手紙や書き物の中に組み込むために、印刷された書物から一節を切り抜く者もいた。ある二〇世紀の著者は、読んだ本の気に入らなかった箇所を切り抜いたと述べている。[169] 一九世紀に登場した切り抜き帳《スクラップブック》——そして一九〇〇年頃に始まった切り抜きサーヴィス——は、新聞や雑誌といった短命で安い印刷物から文章を切り抜いた。切り貼り《カット・アンド・ペースト》が、一節を選択して再利用する過程を表す隠喩になったのは最近のことであり、切り貼りとはそれまで、印刷物が比較的安価であることを利用して転写の手間と誤記を回避するという、そのものずばりの手仕事を意味していた。[170] ウィリアム・スメリーは『ブリタニカ百科事典』の初版（一七六八年から七一年にかけて三巻に分けて発行された）の大部分を編纂した人物であるが、「自分は一丁の鋏でもって、印刷者のために必要なだけの量《クアントゥム・スッフィキト》の材料をさまざまな書物から切り抜き、〈学芸と科学の事典〉を作ったのさ、とおどけた口調でよく言っていたものだった」[171]。スメリーのこの口癖は、おそらく実際に作業をいかに進めたかについて語っていたのだと思える。ワープロのソフトウェアで「カット」と「ペースト」の語が用いられたのは、あるいは電子化される前の時代の作業方法とつながっているという感覚をもたらすためであったかもしれない。この言い回しには、道具箱の中に紙、筆、インクとともに糊と鋏を備えていた作家たちの活動が、いまや隠喩となり木霊しているのである。
印刷物の一節を切り貼りすることも含めて、紙片の利用もまた、ゲスナーやバイヤーリンク以降も長きにわたって続けられた。サミュエル・ジョンソンは辞書の材料を紙片に記し、かつ活字と手書きの文章を組み合わせることで編集を行っていたが、興味深いことにジョンソンは、この方法の手順の一部を、そうとは知らず新たに込み入ったかたちで再発明する羽目になった——ジョンソンの第一稿は紙の両面に書かれていたので、それらを紙片に切り分けるためには、紙の片面に書き写さねばならなかった。六人の助手がその作業に携わり、ジョンソンが指定した一節を紙の片面に書き写し、その紙を紙片に切り分け、アルファベット順に並べ、それらを辞書の原稿に貼り付けた。ジョンソンは、死ぬまでたえず辞書を改訂していたが、そこには、この本への金銭上の関与を保ち続ける必要に駆られて、という側面もあった。なぜなら、新しい作品だけが、新たな著作権と報酬を著者に保証するだろうからである。[172] 一八世紀のイギリスでは、新しい知的財産制度が誕生したにもかかわらず、自分の作品を改訂し増補せねばと編纂者が駆り立てられていたことや、そうするために彼らが用いた方法も、ゲスナーの時代から劇的に変化したわけではない。そのいずれもが、さらに一世紀以上後になるが、『オックスフォード英語大辞典』の作成と販売においても、なおおなじみの要素であった。知られているように、『オックスフォード英語大辞典』は、仕切り棚に蓄えられた紙片から作られた。編纂事業は、ハーバート・コールリッジ(一八三〇—六一年)のもとで始まった。彼は、一〇万枚の用例の紙片がボランティアの情報提供者から寄せられることを見越して、格子状に並べた五四個の仕切り棚を準備していたが、編纂事業が始まって二年後、Aの項の途中までしかかないうちに亡くなってしまった。ジェイムズ・マレーのもとで情報管理の規模はいちだんと大きくなり、仕切り棚は一〇二九個に増え数百万枚の紙片をそこに収納することができた。『オックスフォード英語大辞典』は、多くの編集者たちのもとで、一八八四年から一九二八年までのあいだに分冊で刊行された。[173]
既存のテクスト(手書きであれ印刷されたものであれ)を切り貼りすることは、転写の手間を省くばかりか、転写のさいに生じやすい誤記も防げる優れた便法である(もっとも私の知るところ、そうした利点を根拠にした切り貼り肯定の議論が当時なされていたわけではない)。切り貼りは、既存の編纂物や他の源泉から大量に借用することを容易にし、編纂者たちが作品に注ぎ込んだことを長いあいだ誇ってきたほどの労力や判断力の骨折りがなくとも、より大きい編纂物をより迅速に作成することを可能にした。今日では、電子ツールが、文章を自動作成するためのさらに強力な手段となり、広範な領域にわたる個別の主題に関するおよそ二〇万冊もの「書物」が、コンピュータの編集によって生み出されたのである。文章を機械的に作成するそうした電子化された方法は、独創性と創造性にもとづく現代の著作権概念の範囲はどこまでなのかと問いかけているが、そうした今日的な概念は、著作権が初期の発展を見た一八世紀には最小限の役割しか演じていなかった。著作権の発祥地であるイギリスにおいてさえ、一七一〇年のアン法は、書物の中の諸要素（たとえば、小説の場面や登場人物）をそのまま借用したり、縮約版、選集、模倣作、改訂版を作ったりする余地を残していた。ましてや初期近代においては、「機械化された」編纂方法が法律的な問題を引き起こすことはなかった。各国語のレファレンス書が一八世紀に爆発的に増加したことにともない（これについては次章で触れる）、編纂者は競争相手が自分の市場を荒らすのを防ごうとして数々の方策に訴えたが、法的手段が成功することはあまりなかった。[174] レファレンス書の作成において、紙片や切り貼りの利用によって、ある種の仕事（分類や糊付けのような）を、技能がないとみなされている助手たち（女性や子供のような）に割り振ることができるようになったが、そうした便法を使用したからといって、編纂に含まれるより大きな知的仕事に「機械的な」態度で臨むよう決定づけられたわけではない。編纂をめぐる知的営為は、つねに、編纂者のある者たちを別の者たちにもまして徹底的に鼓舞したのであった。

第5章

初期印刷レファレンス書の衝撃

初期近代ヨーロッパにおいてレファレンス書がいかなる衝撃を与えていたか、その影響を跡づけることは殊のほか困難である。こうした本は高価であったし、多くの場合、機関や団体が所有していたため、実際に使ったという個人の記録はほとんどないのである。レファレンス書はまた、ほかのジャンルの書物に比べて書き込みが少ない。というのも、一つには、利用者の書き込み行為を禁ずる図書館に所蔵されていたからであり、また、必要となる読みの種類も、おそらくは理由の一つであったと思われる。レファレンス書に書き込みがある場合、人が読んだことがわかる痕跡はしばしば下線、欄外線、または単純な記号（星印や指差し図）で文章中の一節を示すだけで、読者がどのようにその一節を使うつもりであったのかをわれわれに感じさせることはない。これらの書き込みは、読者の書体を明らかにしないいし、どれだけ多くの読者が今に残る読んだことを示す印を記したのか、あるいはどれだけ多くの別々の機会、本の前に座ったのかさえはっきりしない。最後に、昔も今もレファレンス書は、著者が出典としてはっきり示したいと思うような種類の情報源ではないということがある。それらを使った人の多くは使ったことを否定したし、著者が情報源に直接当たったかもしれない場合には、レファレンス書を使ったかどうか証明するのは難しい。と同時に、レファレンス書が広く行き渡り、使われていた、はっきりとした証拠もある——出版された作品と重版の膨大な数、多くの部数が現存していること、そして、レファレンス書が招いた学問の衰退を嘆く声を含めて、使用についての同時代の評言が存在すること、さらには、レファレンス書特有の参照装置がほかのジャンルや原稿へと普及していったこと、がその証拠である。

広範な流通（地理的、年代的、社会的）

レファレンス書は、大部分は西ヨーロッパの主要な印刷業の中心地（ライン川沿いのバーゼル、シュトラースブルク、ケルン、そして、リヨン、ヴェネツィアも）で生み出されたが、『ポリアンテア』のような最も成功したものは、宗教、政治、それに言語の境界を越えて、ヨーロッパ中に流布した。ある本の使用がどこまで広がっていたかを測定する一つの間接的証拠は、現存する一冊一冊《コピー》の本の地理的分布である。もちろん、多くの稀覯本は、現在は初期近代において使われていた場所から遠く離れた場所にある——たとえば、北アメリカ、東アジアやオーストラリアの図書館に所蔵されているコピーのほとんどすべてが、このケースに当たる。しかし、現在ヨーロッパの図書館で所蔵されているラテン語のレファレンス書は、総じて稀覯書市場で購入されたものではなく、「組織的に」遺贈、押収、合併によって収蔵されたものだ。このようなことは、地域規模で起こることがほとんどであるため、現在地は、過去において（少なくとも最終移動の時点で）どこで使われていたかをかなり正確に示す。これらのコピーが移動せず留まっているのは、こうしたレファレンス書がたいていは著名な作者名に結び付いていないこと、価値のある初版ではないこと、さらには国家遺産として重要であるとはみなされなかったという事実にも助けられている。これらの要因がとくに、ヨーロッパの機関が購入を決定する動機となっていたのである。もちろん、書物は初期近代においても、交易や、留学から帰国する学生や宗教難民といった例のように人の移動を通して、遠路旅をすることがあった。しかし、一冊の書物の最終地点は、ほぼ同時期の所有者の居住地の少なくとも一つにだいたい対応している。蔵書票その他の個人所有者の証拠は、『ポリアンテア』や『人生の劇場』の流布がイングランドから中央ヨーロッパにかけて、また、南北にわたって起きていたことを確証する。

この時代からの印刷業者の記録がほとんど残っていないことを考えると、配布網を明らかにすることは容易ではない。しかし、最近の研究は印刷業者たちの国際的な広がりを強調するようになってきた。印刷業者は地理的、言語的、宗教的な大きな隔たりを超えて、共同で事業をしたり本を交換したりした。しばしば、破産や死のプレッシャーに迫られての負債処理の結果、もともと受取人のほうから選択したわけではなかったとしても、ひとたび受取人がそれらを在庫に収めてしまえば当然売る方向を模索した、印刷済みの全紙《シート》のやりとりが起きた[1]。イタリアとイングランドの書籍販売業者間のなんらかのそうした取引を考えれば、ほかのすべての現存する本がイタリアかスペインにあるにもかかわらず、一五〇三年のサヴォーナの『ポリアンテア』三冊や一五一四年のそれ四冊が、ロンドン、オックスフォード、それにケンブリッジに現在収蔵されていることに説明がつくであろう。

印刷業者は良心の呵責なしに宗教の境界を越えて互いに商取引を交わしたが、教会や国家は宗教、倫理、政治的立場から危険と判断された書物の制作および流通を規制しようとした。検閲はプロテスタント地域でもカトリック地域でも行われたが、禁書のリストが印刷で作られていたおかげで、カトリックの事例を研究するほうがより容易い。プロテスタントの検閲は限られた地域で、ほとんどの場合出版前に行われたので、目に見えるかたちの出版後の発禁処分を生み出さなかった。カトリックは、プロテスタントの著作物を一部は受け入れ、他は完全禁止という規制方法を構築していた。とくにレファレンス書は、その有用性が認められていたので、カトリックの禁書リストでは、特定の削除を経たうえで許される著作に入れられた。たとえば、プロテスタント教徒個人やプロテスタントの教義への称賛などが削除の対象となっていた。一五九〇年代のように検閲が強化された時期には、『人生の劇場』のような著作を手に入れて使う特別許可が、宗教的に揺るぎなく信用でき、当該書籍の使用（その多くは論争目的での使用だが、この場合はおそらく百科事典としての使用）が必要と認められる人々に与えられた。その中にウリッセ・アルドロヴァンディがいた[2]。しかし、『人生の劇場』は聖職者にも有用であったと見えて、たとえば、フィエーゾレの神学校の図書館の一六四六年の所蔵巻号の中でも、その存在が特記されている。『人生の劇場』はこれら以外のカトリックの他の所有者のもとにも届いた。他の国々に混じってフランスにも届いていたことは、読者個人の妥当性の判断にもとづくものか、あるいは公布された指令に従ってか、カトリックの方針に沿って検閲された跡のあるコピーが現存することからわかる[3]。逆に、プロテスタントたちは、そのカトリック的傾向が全般的に見られるにもかかわらず、『ポリアンテア』を使うことにやぶさかではなかった。たとえば一六一〇年、シュトラースブルクでは、学生グループがランゲの『ポリアンテア』を、ランゲがシュトラースブルクの出とはいえ、その頃までにカトリックに改宗していたにもかかわらず、一冊教師に贈呈している。

レファレンス書は書物へのアクセスが限られた場所でとくに有用でありえた。ヨーロッパ域内ですら、ヤン・グルーター（ヤヌス・グルテルス）が「難民が身に着けて持ち運ぶことができる図書室」として、宗教難民の使用のためにコモンプレイス・ブックを著したさい、書物のかわりとしての詞華集の効能が認知された。グルーターは一六二二年のハイデルベルクの略奪で自身の蔵書、および仕事先であった偉大なハイデルブルク宮廷文庫を破壊され、彼自身の難民としての立場からこの必要性を認識していたのである。[4] 同様の理由で、ラテン語のレファレンス書はヨーロッパ域外在住のヨーロッパ人たちによっても珍重された。スペインの公文書館には、ツヴィンガーの『人生の劇場』の購入許可申請がフィリピンのスペイン人居留地から出されたことを記録した文書がある。[5] 中国のイエズス会宣教団は一六一八年の時点で、一五八六年版の『人生の劇場』を一冊所有していた。七巻物として製本されたこの作品は、北京での伝道に加わるはずであったドゥエのユベール・ド・サン・ローランなる人物がもってきた書籍の中に含まれていた。ユベールは旅行中に亡くなったが、彼の書物は旅を全うして宣教団の蔵書の一部になった。ユベールがドゥエのアカデミーのギリシア語教授であった兄ジャンから相続した書物であることを説明する蔵書票が付され、書中に含まれる異端の著者の引用に関する注意書きが添えられていた。曰く、「用心して読むこと……そして、［禁書対象の著者の］名前の引用・言及は最小限に留めること」[6]。スペイン領アメリカでは、『人生の大劇場』の存在は直接的にも間接的にも資料で確認できる。ある版（一六六五年とあるが、おそらく一六五六年版または一六六六年版の誤りであろう）の第二巻と第六巻は、一六八三年にメキシコの書籍商が輸入した本の中にあった。一八〇二年には、九〇〇冊にのぼる、一人の地方税関吏によって収集された最大の蔵書の一部として一七〇七年版の八巻セットが含まれていた。より間接的になるが、今日ラテンアメリカ各地の図書館に所蔵されている『ポリアンテア』八冊と『人生の大劇場』五冊のほとんどは、植民地時代から収蔵されていたと考えてよいだろう。[7] 北アメリカの植民地では、コットン・メイザーがアルシュテートの『百科事典』を〔すべての科学にとっての〕「北西航路」だと讃えた。ただし、現在ボストン公共図書館にある『人生の大劇場』（一七〇七年）は、植民地時代に入ってきたものではない――一八四〇年に当の図書館が入手した初期収蔵図書の一部である。[8]

ラテン語のレファレンス書は、出版以来長期にわたってたえまなく利用されてきた。このことは、蔵書票や、印刷出版されたのち一世紀、あるいはそれ以上経ってから書き込まれた相当多量な書き込みから判断される。これらの書物は他のほとんどのジャンルに比べて高価で大きく扱いにくいため、利用可能にするためには製本が欠かせなかった。そのおかげで、使用しても傷みにくく、長い年月を生き抜いてきやすかったのである。物理的堅牢さに加えて、これらの書物は出版後きわめて長くその価値を保った。たとえば、一五六五年版『人生の劇場』のある一冊には、一六六六年の新年の贈り物である旨の書き込みがあるが、出版後一世紀以上を経てなお、一年で最も大切な贈り物シーズンに十分ふさわしい価値を有するものとみなされていたことを示す。[9] 別の一冊には一八世紀になってもおびただしい書き込みがされた。[10] 蔵書票への加筆もまた、『人生の劇場』の入手が後になっても続いていたことを示している。たとえば、一七九三年にはアーベンスベルクのカルメル会が、ミルシュタットのイエズス会が所蔵していた一五七五年版を入手した。一五八六年版『人生の劇場』の一冊は、一七四六年にハイデルベルクのイエズス会が所蔵していた旨加筆され、それから(おそらくは数年後のイエズス会の解散を機に)ハイデルベルクの学院(*Lyceum*)の所有物となった。その後売りに出され、現在はシカゴ大学が所蔵している。[11] これらの例は、『人生の劇場』が二世紀にわたって実際に活用されていたとする、ある学者の報告を擁護するものである。[12]

『ポリアンテア』も同様に、出版から年月を経ても読まれ、書き込みが加えられた。一六一三年版は、一六九三年に入学したオックスフォード大学の学生により書き込みが行われている。[13] 一五六七年版の『ポリアンテア』は、一七三四年にアンドレアス・フェリックス・エッフェレが購入。エッフェレは愛書家ではあったが、『ポリアンテア』の内容を読まずにただ収集したのではなかった。彼はその一冊にたくさんの書き込みをした。「*munera*(贈り物)」という見出しにふさわしいドイツの諺を書き加えたり、「*lex*(法律)」という見出しのところに、一八世紀イタリア史からとった「*lex dura*(苛酷な法)」と分類されたラテン語の長い例文を書き加えたりした。[14]

ラテン語レファレンス書の書架での長寿は、一七世紀後期の安定した新版出版をとくに印象的なものにしている。というのも、新版は流通し続ける旧版との競争のもとでの販売とならざるを得なかったからである。ある所有者たち(ほぼ通常は機関)は同一のレファレンス書を複数版所有していたが、一般的に新しい版の存在は、これらの作品が直接的にも、また新版にアップグレードした人々が売りに出した旧版の販売を通して間接的にも、着実に所有者や使用者を増やしたことを示唆する。

こうした書籍の新刊当時の価格を示すものを見つけることは難しい。販売用のカタログには通常、価格表示はなく、蔵書票への補記もたまに購入価格を記録することがあったのみである。同一本でも価格にはかなりの開きがありえた。アウクスブルクで一四六九年に出版された『カトリコン』の三冊の場合、こうした印刷時代最初期の製品の価格設定では、買い手の財力が一つの要因になっていたようだ。当時、競争はなく価格はまだ随意に付けられていたのである。実際、バンベルク大聖堂はこれらの二冊を非常に高額で購入した。羊皮紙が使用されている一冊を金貨で四八フローリン、紙が使用されているもう一冊を四七フローリンで購入した。一方、バンベルクのドミニコ会はほぼ同時期にたった一六フローリンで購入した。[15]やがて、フランクフルトで定期市が開かれるようになり、印刷の中心地が各地にできたことは、そのような大幅な価格差を縮小する方向に働いたと考えられる。しかし、初期近代の価格設定は、つねに値段交渉や特定の状況(そのとき、その場所においてそれが稀少か過剰かを含む)からの圧力によって変わるのであった。二つ折り判のレファレンス書は、新本のときは当然高価であった。スペインの書籍商の一五五六年時点の在庫目録は、一五三九年版『ポリアンテア』を四〇八マラベディと査定した。これはこのリスト中、最も高価な品目の一つであった。[16]同サイズの本の値段は一六世紀半ばから一七世紀半ばにかけて下がったが、レファレンス書のサイズと価格の新記録は『人生の大劇場』によって打ち立てられた。一六三八年、ドレクセルは『人生の大劇場』の価格をばかげているとあきれて見せた。製本代は別にしても七〇フローリンもする、と彼は報告している。[17]

こうした書物は古本になると、ときには価格が急落することもあった。所有者亡き後の財産目録や、販売価格がときに書き込まれた競売目録に見られる査定から、それが窺える。縮約版ではない、二つ折り判サイズのラテン語レファレンス書のあいだでも、価格にはかなりの幅があった。どこまで低い額がつくかは『ポリアンテア』が示した。リチャード・コックス主教の一五八一年当時の蔵書目録では、二冊が各々一六ペンスと、驚くほど安価に評価されていた。[18]『ポリアンテア』はまた十分小型であるため、最も安価な製本ですむ。オックスフォードのエドワード・シルヴェスター(以下に論じる)が所有していた一冊がその一つで、柔らかい羊皮紙のカバーで製本されている。ミュンヘンのイエズス会が所有していた『ポリアンテア』は、製本に一四世紀の手書きの譜面が用いられていて、(新品の羊皮紙を使う費用を省き)さらなる節約が図られていた。[19]一六九一年発行の、トマス・バルトリヌスの蔵書の競売目録は、たくさんのレファレンス書の価格を含んでおり、それらがもつとされた価値の変動幅を例証している。一方では、最大、最新のレファレンス書が高額で売られた。(出版年不詳の)『人生の大劇場』がその競売では最も高価な本の一冊で、一七ポンドであった。これより高値であったのは、二二ポンド四シリング八ペンスで売られた一六八五年の浩瀚な『フランス史』(メズレ著)など、ほんの数点にすぎない。また、大雑把に言ってこれと同程度の価格が付けられたのは複数巻からなる最新のカルダーノの『作品集

(*Opera*)』(一六六三年刊、一三ポンド二シリング)や、ヒポクラテスとガレノスをまとめた本(一六七九年刊、一八ポンド二ペンス)であった。このカタログを通じて記録された価格が示唆することは、割増金《プレミアム》が最近の版に課されたということである。しかし、価格が、たまたまその競売に参加した人々がもっていた特定の興味の結果であることも疑いを入れない。また、もう一方では、他のレファレンス書はこれよりかなり安く売られた。一六五六年版のカレピーノは五ポンドで、ロディギヌスの(おそらく一六六六年版の)『古典読書録』は二ポンド一シリングで、そして、ボドリアン図書館の一六七四年版カタログは二ポンド一シリング二ペンスで売れた。古い著作はさらに低い値で売られた。たとえば、ゲスナーの『万有文庫』は補遺付きでわずか三シリング八ペンスで、テュルネーブの『覚え書き』(一六〇四年)は三シリング一ペンスで、といった具合だった。一六四六年刊とある諺集(著者名および判型未詳)も同じ価格帯、四シリング二ペンスで売れている。[20]

多くの現存する一冊一冊には宗教もしくは教育機関の蔵書票が付いており、これらの共同体の蔵書使用を許される特権を与えられたメンバー(たとえば、コレッジの学生はだめで、フェローのみ、など)が使うことができたと思われる。初期近代の大学やコレッジの図書館は購入ではなく、多くはフェローやかつての学生たちによる贈与ないし遺贈で蔵書を増やすのが一般的であった。遺贈された書物はしばしば、購入の日から何年も、あるいは何十年も経ってからコレッジ図書館に収められた。『人生の劇場』のある一冊は、父と息子により注を書き込まれてから、ケンブリッジの彼らの出身コレッジの財産になった。[21]そのため、これらの書物に残された書き込みが最初の所有者によるものか、後の使用者によるものか、はたまたその両方なのか、しばしば判然としないのである。カトリックの修道会、とくに反宗教改革で誕生した多くの新設修道院では、対照的に、図書購入のための特別な予算をもっていたようだ。ブクスハイムのカルトゥジオ修道会が所有していた一五三九年版の『ポリアンテア』には、覚え書きが書かれていて、そこには、教皇教令集の羊皮紙の写本を複数冊所蔵していたが、不要な一冊を三フローリンで売却し、この『ポリアンテア』を含む、必要とされたほかの書物を購入する資金として使用した旨が説明されている。[22]奇妙なことに、ブクスハイムのカルトゥジオ修道会は一五〇七年版の『ポリアンテア』も所蔵していて、両方とも現在はコーネル大学図書館に所蔵されている。明らかに、彼らは『ポリアンテア』の頁数が膨らむ版を複数所有することを、少なくとも余分の一冊を整理したりはしないという程度には、多としていたのである。同様に、ミュンヘンのイエズス会は『ポリアンテア』を複数冊所有していたが、多くは刊行直後に購入したものであった。一六〇四年版の『ポリアンテア』は一六〇四年に、一六一七年の『最新ポリアンテア』は一六一八年に、彼らのコレッジのために購入されていた。彼らは、一五五二年版の『ポリアンテア』も一冊所有していた。[23]

ラテン語のレファレンス書は、ラテン語の読み書きができる幅広い読者層によって使用された。現存する蔵書票から判断するに、『人生の大劇場』は主に、機関により所蔵されたが、『ポリアンテア』や『人生の劇場』では多くの個人所有者たちの存在が証明可能である。医師、法律家、聖職者、教師、そして貴族たちがその個人所有者に含まれていた。[24]『ポリアンテア』はそのサイズのラテン語の書物にしてはとくに幅広い読者に届いた。一五一七年のシュトラースブルクの『ポリアンテア』の一冊には、ヘブライ語表記の蔵書票（年代不詳）が付いている。おそらく、その地域のユダヤ人社会からの改宗者がもっていたか、あるいは、より可能性が高いと思われるのは、キリスト教徒に生まれた所有者がヘブライ文字に習熟していることを見せびらかしているというものであろう。[25]一六六九年版『ポリアンテア』の一冊は貴族の女性、アーデルハイト選帝侯妃の蔵書票が付いており、もう一冊は一五八五年版のもので、プラハの跣足カルメル会女子修道院の蔵書票が付いている。[26]

使用の種類

一般的なラテン語レファレンス書の序文で主張された宣伝文句の一つは、それらが「万人に何かしらを」提供することができるという万能性であった。たしかに、カレピーノの『辞典』、『ポリアンテア』、そして『人生の劇場』は、証拠は往々にして限られ不完全ではあるものの、多様な文脈において使用されていたことがわかる。序文や献辞というものは、当然ながら、著者が報酬を期待できそうな富裕な君主や実業家に向けられるものだが、多くの場合、みずからは多くを読む暇のない、忙しい行動的生を送る人々にとっての編纂物の有用性を強調した。そのような使用の最重要例が、イングランド王ヘンリー八世の書き込みのある、一五一四年版『ポリアンテア』である。彼自身にとってとくに個人的、政治的関心のあるトピック（たとえば、「法律」、「婚姻」、「教皇」）が書き込みの対象となっている。

表現の豊饒さ（*copia*）を生み出す装置として、引用文や範例の編纂物は、ラテン語でものを書き、古典と聖書両方の文字文化に対する精通ぶりで感銘を与えたいと思う、すべての人にとって便利に使えるものであった。たとえば、一六世紀後期のパリの法律家は、印刷された詞華集（エティエンヌによるギリシアの警句集、および歴史についてのコモンプレイス・ブック）から引き写し、自分のノートブックに想定弁論文を書いていた。[27] 説教師は中世の詞華集の最初の読者であり、『ポリアンテア』を使い続けた。バロック期のカトリックの説教は、「宝典様式《シソーラス・スタイル》」と呼ばれてきたスタイルを通常踏襲して、神学生たちが学びの最初から収集を始めるよう促されるたくさんの範例、引用文、百科事典的情報を詰め込むものだった。この表現の豊饒さはまた、もし自分のノートでは足りないということになれば、印刷された詞華集から取り出すこともできた。[28] たとえば、トレント公会議が各教区にてそれぞれ聖職者の養成のため神学校をもつべしと決定したのを受けて設立された、フィエーゾレの神学校の図書館は、『ポリアンテア』一冊、カレピーノの『辞典』一冊、そして、『人生の劇場』一冊を主要レファレンス書として所蔵していた。[29] 医師も引用文や症例を求めて編纂本を参照したことだろう。イタリアの医師ジローラモ・メルクリアーレは、すでに一五七一年版を所有していたにもかかわらず、ツヴィンガーに一五八六年版『人生の劇場』を送ってくれるよう繰り返し頼んでいた。だが、メルクリアーレが参照できたかもしれない少なくとも一つの事例について、彼はその版からの症例を使用しなかった。[30] ツヴィンガーは内科医として訓練を受け活動していたので、彼の『人生の劇場』は症例がとくに豊富であり、彼の通信網には多くの医療従事者が含まれていた。

人文主義ラテン語レファレンス書の主な利用者が自由七科〔リベラル・アーツ〕の教師や学生であったことは明らかだ。オックスフォード大学やケンブリッジ大学で、通常多くのほかの参照道具《ツール》の中の一つとして、『ポリアンテア』を所有していないコレッジはほとんどなかった。多くのレファレンス書が学問好きの若者に対しその有用性を誇ったが、購入時に新本、古本を問わず、学生が所有していた本であることが特定できる蔵書票はほんの数冊しかない。[31] しかしながら他のかたちの証拠によって、学生たちがレファレンス書を使ったということは確かめることができる。カレピーノの『辞典』はとくに広く所有されていた。たとえば、一五四七年から一五八七年のあいだにトゥールーズの修練院に入った二〇名のイエズス会士は、基礎的で小型のテクスト（ロベール・エティエンヌの『少年向け辞典〈*Dictionarium puerorum*〉』あるいはラウィシウス・テクストルの『形容詞辞典〈*Epitheta*〉』――現代の分類では一種の形容詞の類語辞典）から、「古典文学に親しんでいる人なら誰でも」持っている、ニゾリオの『キケロ語彙集〈*Thesaurus Ciceronianus*〉』やカレピーノの『辞典』といったより判型が大きく高額なものまで、さまざまな辞書を携えてきていた。[32] 年長の同時代人たちはこれらの辞書類を、この時代にとって何か新しいものと捉えていた。たとえば、ロベール・エティエンヌ（一五〇三－五九年）は、彼が編纂したカレピーノの『辞典』（一五五三年）の序文で次のように追想した。「学生であった頃［一五二〇年頃］、完全で誤りのない辞書というものがいかに必要か、私たちは身に沁みていたものだ」と。こうした需要を満たしつつ、エティエンヌは彼の『辞典』が、〈学究の徒たち（*studiosi*）〉が使っているテクストの中の乱れた語を特定するのにとくに役立つであろう、と主張した。[33]

この例やこの他の例において、私たちはレファレンス書が、（今日でもそうであるように）そこからほかの情報源について是としたり訂正したりできる権威ある情報の源として、使われていることを確認することができる。たとえば、アントウェルペンの人文主義者で印刷業者のプランタンは、印刷所の校正者たちのために複数のレファレンス書を購入した。一五六三年には六〇フローリンを宝典四冊、辞書七冊、聖書の用語索引二冊、ラテン語聖書一冊、そして、ギリシア語新約聖書一冊に費やし、後にもこうしたたぐいを追加購入した。[34] おそらく、これらの書物は、プランタン印刷工房が得意としていたラテン語やギリシア語の作品中の引用、綴り、そして出典を確認、訂正するさいの資料として使われたのであろう。これらの購入のさい、種々ある選択肢からどのような選択をしたのか、また、ある版をほかの版より正確さと信頼性において優れているとして選んだのかどうかについては残念ながら不明だ。

確証を得るために使うというレファレンス書の使用法に対する同時代の論評を、私はまだ見つけていない。最もよく資料の裏づけがなされている使用法は、引用文や故事情報を得るためにレファレンス書を参照するというものである。もっとも、これはしばしば批判にさらされたために、隠そうとされたのではあるが。教師たちがレファレンス書の主たる利用者だったと認定することは可能だ。一六世紀のベルガモでは、たとえば、ある教師は複数の辞書と『ポリアンテア』を含む詞華集を所有していた。[35] 古典古代の時代に、ユウェナリスは、自分の子供の教師が不可解な質問に即答することを期待する親たちを風刺した。ルネサンス期の人文主義者の教師たちも、親やパトロンに自分を印象づけるためにまったく同じプレッシャーにさらされていた。彼らは評判と職を求めて互いに競っていたのである。[36] 評判の主たる出所は、教室内で、会話中で、そして出版物の中で流布される古典のテクストについての学識溢れる注解であった。ガブリエル・ノーデは、教師たちがそうした注解を作り出す手っ取り早い道具（shortcuts）としてレファレンス書を使おうとするさまを、一六二七年頃、パリ大学で働く一教師の以下の描写の中で活写した。

そのようなわけで、人々が「カレピーノ」と言ったらあらゆる〈辞書〉を指すのだが、運営指導教授たち（*Re-gents*）はみなその「カレピーノ」で食べているようなものだともっぱら言われている。最も名の知られた人々のあいだでさえ、この状況にある人は大勢いると私が断言するとしても、それには理由がないわけではない。というのも、名の知られた人々のうちでも最も誉れ高い人物（renound：原文ママ）の一人は、五〇冊以上の辞書類を所有しており、不断にそれらを勉強していた。『多義性の書（the Book of *Equivocals*）』を贈り物としてもらった彼は、初めて見るその本で難解な言葉に遭遇すると、たちどころに辞書類の一冊を取り出して調べ、そこから引き写して件の書物の欄外を使って一頁書き付けた。それも、私と彼の共通の友人もいる中でそうしたのである。その友人に対し、彼は以下のようなことすら言ってのけたという。すなわち、この書き込みを見る人は、これを執筆するのに二日以上は費やしたに違いない、と簡単に信じ込んで疑わないだろう。実際は書き写す手間だけだったのに、と。[37]

ノーデはこの場面を共通の友人の証言どおりに報告したとしたが、そこに登場する人物はすべて匿名のままであり、言及されたテクストのみが明示された――「多義性の書」とはおそらくクセノポンの作とされているものであろう。[38]最も誉れ高い人々の一人といわれるこの先生（master）が、五〇を超える「辞書」の大コレクションの中でたえず「勉強している」と描写された。ここで使われている「辞書」とは、おそらく言語学的辞書だけをさすのではなく、アルファベット順に情報が並べられたさまざまなレファレンス書を含んでいた。これらの情報源に対するこの先生の精通（彼はそれ以外を読んだのだろうか？）が、精励と学殖の評判をもたらす、まさに恰好の学識ある注解を与えてくれる書物を、たちどころに選び出すことを可能にしたのである。情報源から書き写す手間しかかからなかった、このお手軽な報酬にほくそ笑みたくなる誘惑に抗えず、先生はこの手っ取り早い道具の使用を隠すつもりだった。先生のごまかしをそっと嘲笑しながら、ノーデは、まず第一に書き写すのに最良の一節を見つけられる、最適な書物を参照できた先生の技量には触れなかった。そのような技量は、初期近代においてレファレンス書の入手が可能となり、使用が増えることで培われたのであった。

この匿名のパリの先生の仕事ぶりにきわめてよく似たある

人物が、ほぼ同時期にオックスフォードにも見つかる。エドワード・シルヴェスターは死に臨んで、一五八六年版『人生の劇場』のおびただしい書き込みのある一冊を、ベリオール・コレッジに遺した。シルヴェスターは、一六〇四年か一六〇五年に学生としてベリオール・コレッジに入学し、のちに、少年たちに大学入学を準備させる私立の人気グラマー・スクールの運営に当たった。一六四二年に神学の学士号を取得し、フェローではなかったが、一六五三年に亡くなるまでベリオール・コレッジで暮らした。シルヴェスターはみずから所有していた『人生の劇場』の五つの巻全体にわたって、十字記号や欄外に吹き出し型の標識を用いた書き込みをし、多くの頁に、ことによるとノート作成システムと連動していたのかもしれない番号システムを検索装置として書き込んでいた。興味深い素材と出会うとシルヴェスターは、いくつかの箇所を飛ばしつつ、見開き頁ごとにツヴィンガーの引用文に一から一五あるいは二五までの一続きの数字を書き付けた。シルヴェスターの番号付けは、当該見開きにセクション区分が含まれている場合でも通しで付けられ、ツヴィンガーの見出しや小見出しも無視して付けられた。頁と引用番号のみで運用されるシルヴェスターの個人的参照システムは、ツヴィンガーの複雑な階層組織を迂回するもので、見出し語と下位見出し語からなる複層構造に対して、ただ番号を付けるだけというはるかに単純なシステムであることを考慮に入れるなら、おそらくより使いやすかったと思われる（ツヴィンガー自身は巻や部分といった、きわめて大きなセクションにのみ番号を付けていた）。

シルヴェスターによる『人生の劇場』の大々的な活用と詳細に記録された使用ぶりは、一六九一年に出版されたオックスフォード大学聖職者卒業生一覧における、彼自身が認めた描写に照らして理解することが有益である。

［シルヴェスター］は、こうしたことについては凡庸な幾人かの神学者たちが、聖マリア教会で説教する前にラテン語の説教原稿の作成、修正もしくは論評を頼んだり、（彼ら同様凡庸な）者たちがときたま出版に当たり本の中や前に置くギリシア語やラテン語の詩について同様のことを頼んだりする、学内共通の便利な僕博士（common drudge）であった。彼は生前に教え子たちの数名がこの大学の各コレッジ長になるのを見た。その中には、ジョン・オウエン・クライストチャーチ学生監、ジョン・ウィルキンズ・ウォダムコレッジ学寮長……などがいた。彼らは、ほかの教え子たち、神学、法学そして自然哲学の博士や学士、それに文学の修士たちとともに年会をもっていたが、そこに彼らの先生はつねに招待さ

れ、テーブルの上座に座らされて弟子たちの心に蘊蓄を垂れ、ラテン文法の批評を聞かせたものだった。[39]

一七世紀の第二四半世紀におけるツヴィンガーのこのパワーユーザー〔シルヴェスターを指す〕は、一六九一年のアンソニー・ウッドにとっては称賛すべき人物ではなかった。シルヴェスターはラテン語の知識と古典の学問の砦だったが、それらは少なくとも後のウッドの評価では、だんだんと流行遅れとなっていたのである。それでもまだ、ラテン語の試験に合格するためや、儀式にともなうラテン語の説教、スピーチ、そして詩を仕上げるために、助けを必要としている同僚や学生には役に立った。彼の会話に散りばめられた古典への言及は、彼よりはるかに出世を果たした成功者であった、かつての教え子たちの催す饗宴での歓迎すべき娯楽であったと描写された。「学内の便利な僕博士」は『人生の劇場』（および、おそらくはそのほかのレファレンス書）を十二分に活用していたに違いない。活用に発揮された彼の技量（独自の参照数字システムの考案を含む）が、後世の批評家たちに評価されることは絶えてなかったのだが。

使用例はこれ以外にも、文学作品の中で嘲笑対象にされたところから集めることができる。一五八三年作のあるイングランド劇の幕切れの台詞で、祝婚歌（結婚式を迎えた花嫁を讃える詩）の制作を命じられた衒学詩人は、そのために「ツヴィンガーの一覧表を紐解いて（*pervolvendis tabulis Zwinggeri*）」徹夜しようと宣言する。[40] 観客が彼の努力の成果を耳にすることはないのだが、芝居はこの時点までにこの登場人物を無能で笑える人物に仕立てていた。同様に『へぼ雄弁家』（ラテン語版が一六五九年に、ドイツ語版が一六六五年に出版された）と題する散文の風刺は、どんな場にも逸話をランゲ（『ポリアンテア』または彼の他の編纂本の一つ）から引っ張ってこられる、お利口なおしゃべり氏を揶揄した。曰く、「あなたの足が頭に当たろうが、あなたのブーツがヘルメットに当たろうが……何が起ころうと［たとえどんなにばかげていようと］黙り込みさえしなければ十分だ。ランゲの詞華集はつねにそばに置いておくがよい。破れた外衣や水着の帽子について語らなければならなくなったら、アテナイ人の時代のことを詞華集から報告すればよい。インド人に何が起こったかとか、未開のスキタイ人の風習についてとか、語ってくれたまえ……そして、たくさんの物乞いの衣装からつぎはぎされたこれらの例を、『しかし』とか『そのうえ』とか『それから』、『したがって』など、結構な単語を使って一つの話にまとめるがよい」[41]。同時代の修辞学的因襲に対するこの風刺は、『ポリアンテア』から役に立たない見当違いの引用文をあれこれ引いてきては、二、三個の接続詞でつないで、どのような状況にも対処しようとする人々を嘲笑したのであった。

否定的な描写が多いにもかかわらず、レファレンス書は一定のレヴェルの富と学識とをほのめかすことで所有者に社会的地位をもたらした。見せびらかし目的での書物の所有という主題は、セネカ以来初期近代にいたるまで嘲笑の的であった。と同時に、それは書物と学問への賛助の一形態であり、学者たちはしばしば努めて奨励した。[42] まっさらな状態で今日まで残った一部のレファレンス書は（『人生の大劇場』全八巻はとくにそうだが）、第一義的に書棚に飾って威容を誇る役に立ったに違いない。同じ理由で、レファレンス書は贈り物にも適していた——それらは高価さの面でふさわしかったし、実益と学問とを象徴していた。新年の贈り物と記された、上述にある一五六五年の『人生の劇場』の一冊に加えて、もう一冊別の本には一六〇九年、法律家バルトロメウス・フルスクから同郷のツァハリアス・フィルカーへの友情の贈り物と書き込まれていた。[43] 一六一〇年、シュトラースブルクのプレディガーコレギウムの学生たちは、彼らの教師マティアス・ベルネッガー（一五八〇—一六四〇年）に、一六〇七年版『ポリアンテア』を一冊贈呈した。ベルネッガーは、当時まだほんの駆け出し教師だった（でなければ、すでに一冊もっていた可能性が高い）。彼はその後、検索装置に高い関心を抱くようになり、古典テクストの全単語および文法的例外事例に索引を付ける、ルター派のプロジェクトを立ち上げた。[44] もちろん、贈り物としての役目が終われば、本は読まれ使用されることもあった——こうした贈呈本の少なくとも一冊（一五六五年版『人生の劇場』）には書き込みがある。

出版本の著者たちによる使用

摘要録や手っ取り早い道具の使用に結び付けられた汚名は、すでにノーデの描いた先生の行動に明らかであったし、一七世紀後期にはいっそう強調されるようになったが、ルネサンス期の学者の研究方法の評価においても、多くの場合ついてまわった。ある著者があるレファレンス書を使ったと認定することは、長いあいだ、著者の評判に泥を塗ることとされており、非難、弁護を問わず、そうした判断を下すことはおいそれとはできなかった。私の目的は、ルネサンス期の学問を、時代を超越したなんらかの標準や、「真の学識」についての現在ないし過去のなんらかの理想に照らして評価することではなく、一六、一七世紀の仕事の方法や学問に対する態度に与えたレファレンス書の影響を評価することである。

精神史家はしばしば著名な著者たちの受容史を研究し、彼らの作品にあまりに引用が多いという問題に直面してきた。引用文のうち、原文テクストから直接引用されたものは一部のみで、他はレファレンス書を含む、あいだに介在する出典から間接引用されたものだ。レファレンス書の受容の研究では、歴史家は逆の問題に向き合う――初期近代ヨーロッパでも今日でも、レファレンス書の使用を出典明示で認める利用者はほとんどいないのである。

　レファレンス書を引用する可能性が最も高い印刷本は、他のレファレンス書であった。ここまで見てきたように、後から出版されたレファレンス書は先行のものに頼ったり、同じか、もしくは関連するジャンルの著作から借用したりした。こうした借用は往々にして暗黙のうちに行われたが、編纂者は他の編纂物への謝意をたいていの作家よりも進んで表し、参照した著者名のリストに加えたり、特定の引用文に出典として明示したりした。編纂者たちが編纂物の使用を認めるに当たっては、他の人ほど良心の呵責を感じなかったのであろう。彼らはまた、使用したレファレンス用書籍に謝意を表することで、他の編纂者たちからのはっきりとした認知も期待したのかもしれない。そのような作品をより多く手にすることができるようになってくるにつれ、初期近代の編纂物は出典の中にますます多くの編纂物を含むようになっていった。たとえば、一五〇三年の『ポリアンテア』初版は、数点の古典古代から中世の編纂物を出典明示するのみであった――セビリアのイシドルス、ウァレリウス・マクシムスとウァッロは挙がっているが、たとえば、ディオゲネス・ラエルティオス、ヴァンサン・ド・ボーヴェ、ストバイオス（まだ印刷されていなかった）は挙がっていない。一六〇七年までには、『ポリアンテア』はこれらや初版年からそれまでのあいだに出版されたその他の編纂物、たとえば、ツヴィンガーの『人生の劇場』、ロディギヌスの『古典読書録』やアレクサンデル・アブ・アレクサンドロの『祝祭の日々』も挙げている。（すべての、ではないが）多くの引用文に出典を添えるさい、編纂物は概して著者名を、または著者名と題名を明記したが、一部の引用文では、巻と章あるいは頁番号を特定した。数は少ないが、「〜の引用のとおり」に相当するかたちで、中間資料とそこに明示された大本の資料を出典として提示した例もある。一六四八年の『ポリアンテア』では、たとえば、「飢饉」の項のもとで歴史上の事例として、飢饉による一一二四年のテュロスの陥落についてのテオドール・ツヴィンガーからの引用文や、「エゲシップスに借用されたカエリウス［・ロディギヌス］」のものとしてエルサレムの「恐ろしい飢饉」への言及が含まれていた。[45]

　ツヴィンガーはロディギヌス、テュルネーブ、そしてエラスムスを、使用した出典のリストに加えたほか、序文で、都合四〇人ほどの編纂者たちに触れ、彼らの作品を「この『人生の劇場』で、われわれはあるときには頻繁に、あるときには控え目に使用した」と述べている。個々の引用に続けて名前を出典として示したものもあるが、つねにかならずそうしたわけではなかっただろう。ツヴィンガーは、すでに多くの作品が存在しているジャンルで仕事をしているということを意識していた。彼は、内容の大いなる独創性を主張することはせずに、『人生の劇場』の優れた構成を誇った。ツヴィンガーが引用した名前のほとんどは、その頃に出た編纂本の著者たちで、エラスムス、ペドロ・メシア、アレクサンデル・アブ・アレクサンドロ、それに『ポリアンテア』で寄稿者として表記されているバルトロメウス・アマンティウスが含まれた。宗教上の違いを超えて、バイヤーリンクはその『警句集（*Apophthegmata*）』の出典としてエラスムス、リュコステネス、それにバプティスタ・フルゴススの編纂本とともに、ツヴィンガーを加えている。[46] しかし、編纂本以外となると、出典を明示しての引用を見つけることは難しい。

学問的引用についての今日の基準に照らしても、出版にいたった研究の過程で参照されたレファレンス書は、しばしば明示せずにすまされる。学者たちは、出典明示で信憑性を保障する必要のない一般的知識を探したり、確認したりするためにレファレンス書を使う。レファレンス書はまた、研究過程で中間的段階としても利用され、最終段階で使われたものだけが、注で明記される。たとえば、レファレンス書は実際に引用されることになる情報源につながる、書誌的な参照事項を提供するのだ。もちろん、レファレンス書の利用のほとんどは出版に結び付くことはなく、書かれたものの中に記録が残る確率はさらに低い。初期近代の著者たちはまったく同じ理由から、利用したレファレンス書を引用することはしなかったが、加えて、彼らは概して情報源の明示について、直接引用した場合ですら義務感を感じることは少なかった。初期近代の著者たちは、精度はさまざまなりに引用はしていたのだが、それは主として引用が、とくに著名な権威者の支持を付加することでみずからの主張に説得力を増すと期待したときであった。ほとんどの初期近代の著者たちにとって、情報源を明示することは、知的誠実からの行為というよりは修辞的戦略であった。たとえば、ジョン・セルデンは次のように推奨した。「本から引用するさいは、一般に読まれている著者を引用せよ。その他の著者は、あなた自身の満足のために読むのは構わないが、彼らの名前は出さないようにせよ。著者名の引用は主に事実問題の陳述のためである。で私は、ときには自由な表現に対しても、証人を作りたいときに彼らの名前を書くし、そうすれば私は原著者には謝意を表し、彼を読んだということで私自身（my-self：原文ママ）には称賛を獲得するのである」。引用は自説を権威づけ、評判に輝きを添えてくれるような著者に限られたのである[47]。

同時代の人々は、明示のない材源の使用をよく承知していた。引用されたことが、きちんと明記されないまま自著が用いられたことを知って、腹を立てる人たちもいた。他人の作品が黙って使われていることに、ただ言及するだけの人たちもいた。たとえば、コンラート・ゲスナーは、一五五九年に彼がラテン語に抄訳出版したストバイオスの格言集の使用を立証する難しさに言及している。というのも、使用してもそうと明示していないものがあったからだ。「ほとんどの人は［ストバイオス］から集められた格言を何度も引用している。名前を出してそうする人たちもいるが、どこでそれらを手に入れたかを隠している人たちもいる。なぜなら、彼らは格言を、宝典という手近な場所に隠しもっていたからだ。ファヴォリヌス・カメルスは、私は彼のギリシア語語彙辞典をもっているが、これらのコレクション（ストバイオスが編纂した本）から選んだ短い格言を何点かラテン語に翻訳している。……ウォラテッラヌスはそれらの多くを己れの著書に転写した」[48]。たとえカメルスとウォラテッラヌスがストバイオスを引用元として明示していなくとも、ゲスナーは彼らがこの古代の編纂者の本を使用した事実を確信していた。初期近代の著者たちは、己れの著述にそれらを散りばめるほど古典からの格言に、そして、それを助ける編纂本にどっぷりと浸かっていただけあって、概して今日の歴史家たちより、暗黙の引用を同定しやすい立場にいたのである。多くの初期近代の著者たちは、古代や同時代の作品から引用元を明示せずにテクストを借用していたが、同時に、他人のそうした行為には非難の声を上げた。とくに、そうした非難が、たとえばどちらが先かといったより、大きな論争の一部となった場合ではそうだった[49]。

暗黙裡の引用は、それ自体はなんら不名誉と結び付くものではなかった。それどころか、ルネサンスにおいては、情報源を明示することはしばしば不適切とみなされた。たとえば、モンテーニュは概して引用した古典作家の名前を記さなかったが、おそらくそれは、読者がわかっていることを前提にしていたからであった。たしかに、同時代人でモンテーニュのこのやり方に不満を表明する者はいなかった。著者の名をはっきりと明かすことは、教育のある読者を侮辱する危険があった。散文の流れを損なうことに加え、暗に指しているものを特定する楽しみを彼らから奪うことになるからだ。初期近代作品の現代の編者たちは、モンテーニュの作品のようなテクストに含まれる引用や暗示をきまって特定してくれるので、現代の読者にとって大いに有用な助けとなっている。しかし、古典作家への暗示箇所を同定するさい、編者たちは初期近代の著者が実際に使った出典をかならずしも追究しない――つまり、それが当該作家の初期近代の版本であったのか、レファレンス書のような中間材源であったのか、ということである。結果として、初期近代における引用および暗示の材源としてレファレンス書が同定されるのは、実際にそうであったよりはるかに少ないことは間違いない。編纂物の暗黙裡の使用を証明するのはとくに難しいと認めざるを得ないのである。

黙ってなされるレファレンス書の使用はときに同定可能となるが、それはレファレンス書からとられた素材が、レファレンス書の原本となった書物、ないしはさらに別の中間材源から直接とられた素材と区別可能なときに限られる。レファレンス書の使用について、説得力ある論拠は、通常は特徴的な誤記の存在、または素材の並べ方の特徴に依存する。アンソニー・レインは、たとえば、次のように結論づける。カルヴァンが教父の著作のアンソロジーであるリッポマンの『「創世記」注釈（*Catena in Genesim*）』を使ったという明確な証拠はどこにもない、なぜならば、嫌疑の対象となった一節はほかの中間的ソースから引かれた可能性も同程度あるからだ、と。[50] 一方、ファウスタ・ガラヴィーニは、モンテーニュがツヴィンガーの『人生の劇場』を使用していることについて、『エセー』第二巻三三章「スプリナの話」の分析の中で、有力な説を提示している。[51] このエセーのタイトルにもなっている主人公は、スプリナというエトルリア人の美少年で、望まない性的関係を迫られないようにわが身を傷つけ、醜悪にしたのだった。身体を痛めつけることによって性的欲望に抵抗する例として、モンテーニュが語る物語だ。スプリナの話は、さまざまな一六世紀の古典素材集の中に美の、慎みの、そして貞潔の例として見出せるが、ツヴィンガーの『人生の劇場』では、「むち打ち、苦痛などによる肉体の懲戒」なる見出しのもとにこの話は現れる。そして、これはモンテーニュによる物語の紡ぎ方とぴったり一致し、モンテーニュが同じエセーに統合した他の例とも一致する。[52]

レファレンス書への暗黙裡の依存についての論拠はまた、語りの詳細をめぐる特色が、特定のレファレンス書に辿ることができ、著者が原話に直接みずから当たっていたのでは取り入れることができなかったはずだという場合にも有効である。このような根拠の上に、エドマンド・スペンサーによる古代神話の指南書二点の使用が確認されている。すなわち、ボッカッチョ『異教の神々の系譜（*Genealogia deorum gentilium*）』（一三六〇―七四年）とナターレ・コンティの『神話の手引き』（一五五一年）である。[53] レファレンス書の隠れた使用を明るみに出すことはかなりの努力を要し、しかもはっきりとした結果で報われるとは限らない。対象となってきたのも、最も名高い著者たちに限られる。ウォルター・オングは、たとえば、シェイクスピアのあるソネットにおける形容詞の連なりを、修辞学的コモンプレイスのコレクション、とくに（翻訳が介在しているにもかかわらず）ラウィシウス・テクストルの『形容詞辞典』にあるラテン語の形容詞集に関連付けた。[54]シェイクスピアを含む多様なイギリス・ルネサンス期の詩人たちによる、トッテルの『詞華集』（一五五七年）の使用を跡づけた人々もいる。[55]同様に、スペインの劇作家でイエズス会の教育を受けたペドロ・カルデロン・デ・ラ・バルカ（一六〇〇―八一年）は、バイヤーリンクの『人生の大劇場』を一冊所有しており、彼の韻文と『人生の大劇場』とのあいだに関係性を示唆する類似が確認されている。[56]

レファレンス書の使用を発想力や独創性の不足に結び付ける必要はない。モンテーニュ、シェイクスピア、カルデロンの創造力は、多様な材源と接することで力を得ていた。それ自身互いに異質な材源からの素材の収集で構成されたレファレンス書は、したがって殊のほか魅力的であったはずだ。しかしながら、これらの著者たちは非常に巧みに、彼ら自身の目的に添うように材源に変化を加えたので、あるレファレンス書を彼らが用いたという説得力のある論拠を組み立てようとすると、骨の折れる分析が欠かせない。もちろん、彼らほどの大作家ではない多くの著者たちも、情報、実例、そして引用文を求めてレファレンス書に赴いた。ツヴィンガーの『人生の劇場』の影響は、そこから実例を借りたバーゼルとチューリッヒからの二本の論文中に特定されてきた。一五七五年のバーゼル発の貞潔論は、取り上げている女性の態度の実例のほとんどをツヴィンガーの『人生の劇場』から、引用元を正確に表記しないで引いたのだった。著者はツヴィンガーを使用したことを前書きで認め、ツヴィンガーの作品が印刷された当の街ですら手に取ることが難しい状況に鑑み、使用を正当化した。[57]一五八七年のルドルフ・ホスピニアヌス（一五四七―一六二六年）による寺院についての一論文は、古代図書館および教会図書館のリストをツヴィンガーから借用している。[58]

人文主義の花形学者はレファレンス書をけっして使わなかったとする報告は、より信頼できそうに見えるかもしれないが、それらがほかの証拠で裏づけられるとは限らない。ヨセフ・スカリゲル（一五四〇―一六〇九年）は、彼の話とされる談話《テーブルトーク》の中で、辞書すらその誤りを指摘する目的以外には使用しなかったと主張し、以下のように述べた。「語彙集は単純なもの以外は使ったことがありません。それも単語を引くためではなく、私が本で読んだ単語を付け加えるときだけです」と。『スカリゲル語録（*Scaligerana*）』はまた、スカリゲルのよき友、カゾボンも辞書を使わなかったと主張し、スカリゲルはゲルセニウスなる人物を、知識を摘要録から得ているとして嘲笑した。[59] 辞書がまだほとんどなかった初期ルネサンス期において、学者たちのあいだではレファレンス書なしで仕事をすることが標準だったのであろう。ギヨーム・ビュデは一五一〇年代に注釈を執筆するさい、どうやら当時あったギリシア語語彙集には当たっていなかったらしい。というのも、出典を明示しなかったが彼の注釈は、当時使用が可能であった辞書類にある議論とは一致していないからだ。[60] しかし、一六〇〇年までにはこの仕事方法はもはや持続不能に陥っていた。発見されたばかりのテクストのあいだで「戯れていた」人々とは違って、一六〇〇年の学者は「長くなっていく鎖を引きずり」[61]、有力な学者たちはみなレファレンス書をもっていたからだ。一六〇九年の競売でヨセフ・スカリゲルの圧巻の蔵書には、レファレンス書のみごとなコレクションが含まれていた。カレピーノ（一五九八年）、ペロッティ、ビュデ、テュルネーブの『覚え書き』（一五八一年）、それにエラスムスの『格言集』（一五五八年）といった辞典や言語学的な注釈書数十冊のみならず、『ポリアンテア』（一五三九年）、ツヴィンガーの『人生の劇場』（一五七一年）、それに同種の、著者名が特定されていないより小規模なコレクション、すなわち、『ラテン語の宝庫（*Thesaurus vocum latinarum*）』、『種々の著者たちの警句集（*Apophthegmata variorum authorum*）』、そして、『ラテン語辞典（*Promptuarium linguæ latinæ*）』（アントウェルペン、一五七一年）などである。[62]

ヨセフの父、ユリウス・カエサル・スカリゲルは、その古物研究の知識の幾分かをアレクサンデル・アブ・アレクサンドロの『祝祭の日々』やカエリウス・ロディギヌス（彼の師の一人とも伝えられている）の『古典読書録』のような編纂物から、また、ティブッルスやペトロニウスのあまり引用されることのない一節を詞華集から引いている。ただし、これらの出典を明示することはほとんどなかった。[63] ユリウス・スカリゲルはエラスムスの非難に反撃して、使いたいラテン語表現が正しいことを確認するのにエラスムスほど強力な記憶を持ち合わせない者にとっての道具として、索引化《インデクシング》を弁護さえした。もっとも、この例は一義的には、論争文脈の中ではJ・C・スカリゲルは、エラスムスをやり込めるためならどのような論拠も用いるにやぶさかではなかったのであり、そのためには索引などという、そうでなければ卑しいものとされたであろう「虎の巻」を褒め称えることさえしたのだ、ということを示しているのかもしれない。[64]

レファレンス書はけっして使わないというスカリゲル像は、おそらくスカリゲル自身の姿勢と自己表象から発したというよりは、失われたかに見えるかつての真の学問の時代に対する、一七世紀半ばから後期にかけて学者サークルの中で発達した郷愁に発していた。イザク・カゾボンの甥、メリックは、おじイザク・カゾボンとよき友ヨセフ・スカリゲルを含むカゾボンの同時代人たちによって、一六〇〇年頃に到達された学問の高みからの衰退感覚を雄弁に表現した。メリックは、ペトルス・ラムス（その影響力が一五七二年の没後イングランドで増大した）、ヨハンネス・コメニウス（一五九二―一六七〇年）、ルネ・デカルト、それにフランシス・ベイコンの追随者ほか、さまざまな当近の思想家によって声高に喧伝されていた、学問への近道を約束する新しい方法への熱狂を公然と非難した。メリックは、表分割による万有知識と論理に苛立ったように、実験的、数学的方法に我慢がならなかったのだ。一六六八年に書かれた未出版の論文の中で、メリック・カゾボンは、最良の方法論をめぐって議論するのではなく、精魂込めて読書し学問に勤しむことを推奨した。勤勉と努力が学識への真の鍵なのであった。[65] スカリゲル、カゾボンらルネサンス期の学者たちが真の学問と努力の手本としてもてはやされた（とくに座談や「〜語録（*-ana*）」文学を通じて）さいには、後世の模倣者たちの劣悪な仕事ぶりとの対比上、彼らがレファレンス書を使っていたとは認めることはできなかった。ルネサンス以来の偉大な学問からの衰退を非難するメリック・カゾボンらにとって、レファレンス書は、本来するべき努力を注ごうとしない人々に学問への手っ取り早い道具を提供したことで、衰退の主要な原因となったのである（これについては以下により詳しく述べる）。

手書きノート

レファレンス書の衝撃はまた、それらが手書きの編纂物や索引に使用され、模倣された度合いによっても測ることができる。さまざまな助言を与える指南書は、印刷されたレファレンス書から見出し語や素材を借りてくるよう推奨した。ティティウスは、抜き書きについてのその指南書で、見出し語を引いてくるうえでとりわけ優れた材源として彼が挙げた六冊の書物の中でランゲの『ポリアンテア』とツヴィンガーの『人生の劇場』の名を特筆した。[66] この助言に従うかたちで、たとえば、さまざまな神学書に対する主題別索引を含む一六二八年の作者不詳の手稿では、『ポリアンテア』の見出し語が非常に忠実になぞられていた。印刷された編纂物は、出典明示がない場合でも、多くの手稿コモンプレイス・ブックに見出し語や素材を供給したことだろう。ガラヴィーニがモンテーニュについて用いたと同じ種類の証拠を用い、ギルベルト・ヘスは以下のように論じた。一一歳のブラウンシュヴァイク公爵アウグストは、彼の手稿コモンプレイス・ブックに、オクタウィアヌス・ミランドゥラの『著名な詩人の詞華集（*Illustrium poetarum flores*）』から引用文を書き写している、と。公爵はその詞華集自体には言及しなかったが、見出し語や引用順、出典表示がミランドゥラのものと同じだったのである。[67]印刷されたレファレンス書はこうして、内容《コンテンツ》だけでなく、資料テクストの収集、分類、使用のためのカテゴリーの普及にも大きな役割を担ったのであり、読者はそれらを自筆のノートに転写し、後の使用に転じた。より一般的に見ても、レファレンス書は、参照読みの方法と道具に対する精通を人々にもたらした。初期近代の発明ではなかったが、こうした実践は、レファレンス書が一六世紀と一七世紀においてより広い読者層にとって参照可能な存在となるにつれ、ますます広く普及していったのである。

書き込みは、ペンを片手に読んだ人々がテクストとその付属物にどのように関わったのかを知るのに恰好の情報源である。書き込みの大部分は、（多い順に）本文への下線あるいは欄外への印――垂直線や曲がりくねった線、X《エックス》、ドット、あるいはマニキュール（指差し図）からなっている。また、それほど多くはないが、言葉による書き込みが含まれた。書き込みは通常インクで行われたが、一七世紀のイングランドでは鉛筆によるそれも見つかっており、鉛筆は初期近代にはまれにしか使われなかったとする常識が誤りであったことを示す。[68]もちろん、ある一節に書き込みがないからと言って、その部分を書き込みをした読者が読まなかったと確定的に結論づけることはできない。とはいえ、あるレファレンス書の特定の部分に残された書き込みというものは、索引などの検索装置に読書の痕跡が残されていればなおのこと、読者が参考になる情報を求めてその本を参照読みしたという事実を示唆する。きわめてまれな例では、書き込みが、レファレンス書の読破を読者が目指したことを示唆している。ロディギヌスの『古典読書録』（参照読みが意図されているだけではなく、そのばらばらな配列によって変化を楽しめそうなつくりになっていた）の二冊では、最初の四、五〇頁にはとぎれなく書き込みがあるのに、それ以降ぱったりと書き込みがなくなっている――参照されたというよりは（最後まではなかったにせよ）最初の頁から順に読まれていった本によく見られるパターンだ。[69]もう一つの事例では、パリ高等法院長官で学術書の蔵書の持ち主であった（ガブリエル・ノーデにその管理に当たらせた）アンリ・ド・メムは、両方とも参照用に作られたレファレンス書だが、『スーダ辞典』やアンリ・エティエンヌの『ギリシア語宝典』を読むのに独立したノートを作成した。しかし、ド・メムは辞書の項目から選択的に一節（語義や用例）を抜き書きしていたが、もとのアルファベット順には従っている。このことは、彼がこれらの本を一貫して通読したことを暗示する。[70]

反対に、ある特定の記事の最初から最後まで高密度に施されたものもあれば、そのほかのところにはまったく見当たらないというような、あるいは検索装置への注目が含まれるような書き込みからは、参照型読書の強力な証拠が見て取れる。バイヤーリンクの一冊では、トルコ人に関する索引部分に下線が引かれていて、対応する本文頁にもやはり筋の通った修正など読書の痕跡が見られる。[71] 他には索引に書き込みがありながら、対応する本文箇所にはそれがないという事例、そこでは、読者は初めに索引で興味のある事柄を特定し、それから、それを本文で追いかけなかったのか、追いかけはしたが、そこにほとんど興味がもてなかったのか、いったいどちらなのだろうかと疑うことが可能だ。しかしながら、索引への書き込みの中には、明らかに本文を読んだ後で加えられたものがある。とくに、索引への追加や修正は、将来参照するさいの利便を高めておきたいという意思の表れである。[72]

『ポリアンテア』への書き込みからは、それぞれ異なる読者の選択的興味が露わになる。読者がしばしば宗教的主題に特別の興味を示したことは、美徳、悪徳、そして宗教的概念をめぐって構築されたこの作品の構成を考えれば驚くには当たらない。ある一冊には、「聖体」、「婚姻」や「聖職売買」にたっぷりと書き込みがあるほか、その他いくつかの、大半は宗教的な主題にも少しだが書き込みがある。もう一冊では、「キリストの誕生」と「謙遜」にのみ書き込みがある。[73] さらに大量の書き込みのあるもう一冊では、より明確に宗教的な項目と並んで、「戦争」、「虚言」や「交易」にも、書き込みがなされた。[74] これらの事例すべてで、聖書や教父たちからの引用文に好んで標識が付けられた。逆に、『ポリアンテア』初版本の一冊の（名前も時代も不詳の）読者は、何よりも古典の引用文に興味があり、たとえば、セネカの『メデア』からの詩行を数行、「難破」といった見出し語のもとに書き加える姿をわれわれに見せる。さらに、一五六七年版の一読者は、獄中の父親に滋養のある食事を与えて看病する娘の例に印を付け、ほかの古代の物語にも読書の痕跡を残している。一五一七年版の『ポリアンテア』では、ある読者は「無知」の項に一つ引用文を加え、出典は思い出せないとメモ書きした。[75]

ツヴィンガーの『人生の劇場』への書き込みは、とくに多岐にわたった。宗教や歴史について書いたイングランドの男爵で外交官だったチャーベリーのハーバート（一五八三―一六四八年）は、蔵書中の一六〇四年版のツヴィンガーの本と『人生の大劇場』を神学書として分類していた。[76] したがって、読書における宗教重視はもっともなことだった。しかし

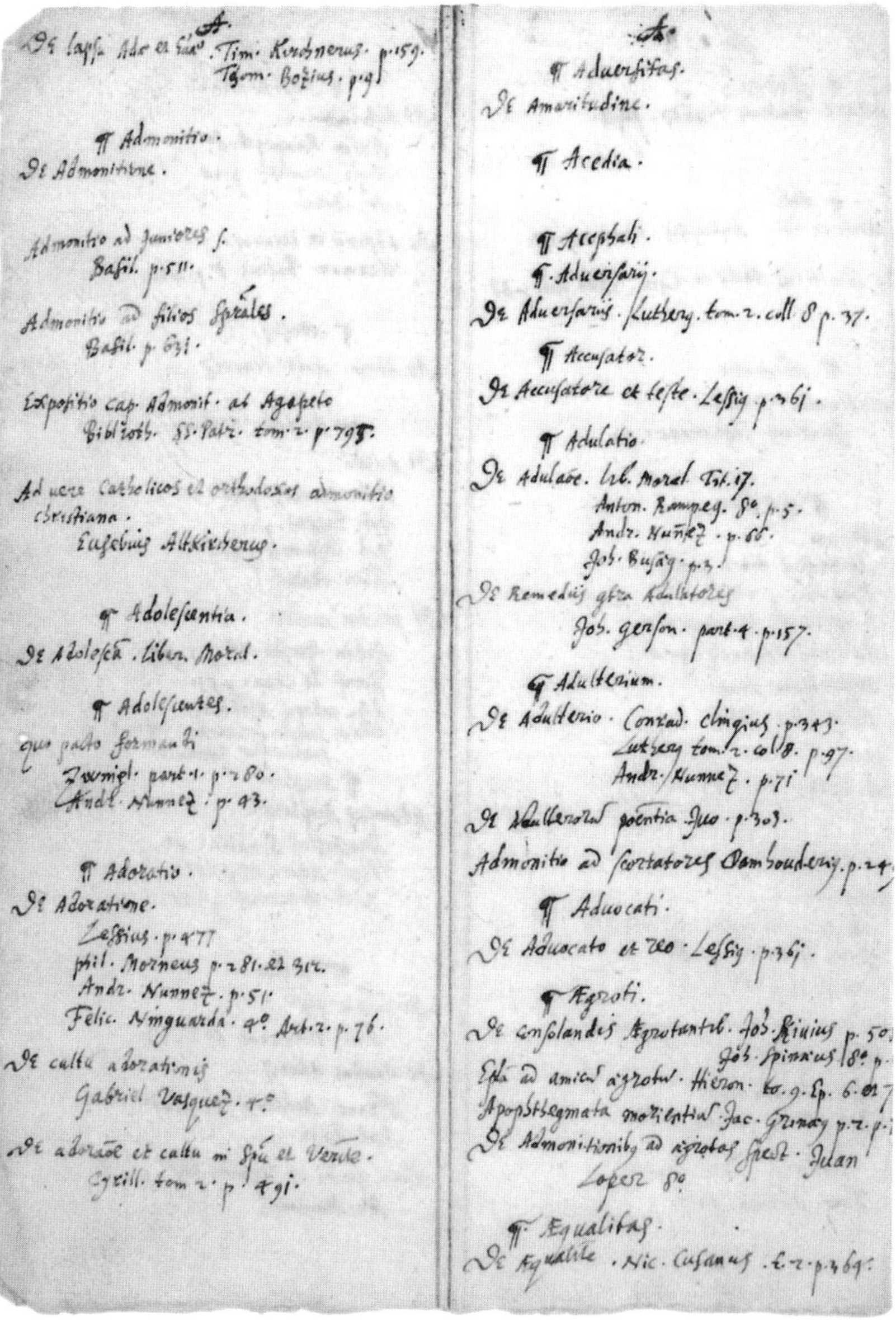

A.
De lapsu Ade et Eue. Tim. Kirchnerus. p. 159.
Thom. Bozius. p. 9

¶ Admonitio.
De Admonitione.

Admonitio ad Juniores S.
Basil. p. 511.

Admonitio ad filios spirales.
Basil. p. 631.

Expositio cap. Admonit. ab Agapeto
Biblioth. SS. Patr. tom. 2. p. 795.

Ad uere Catholicos et orthodoxos admonitio
christiana.
Eusebius Altkirchens.

¶ Adolescentia.
De Adolesca. liber. Moral.

¶ Adolescentes.
quo pacto formandi
Zwingl. part. 1. p. 280.
Andr. Nunnez. p. 43.

¶ Adoratio.
De Adoratione.
Lessius. p. 477
phil. Morneus p. 281. 22 312.
Andr. Nunnez. p. 51.
Felic. Ninguarda. 4o. Art. 2. p. 76.

De cultu adorationis
Gabriel Vasquez. 4o.

De adoratione et cultu in Spu et Verite.
Cyrill. tom. 2. p. 491.

A.
¶ Aduersitas.
De Amaritudine.

¶ Acedia.

¶ Acephali.
¶ Aduersarij.
De Aduersariis. Luther. tom. 2. coll. 8 p. 37.

¶ Accusator.
De Accusatore et teste. Lessij. p. 361.

¶ Adulatio.
De Adulatione. lib. moral. Tit. 17.
Anton. Rampeg. 8o. p. 5.
Andr. Nunnez. p. 66.
Job. Busag. p. 3.
De Remediis contra Adulatores
Job. Gerson. part. 4. p. 157.

¶ Adulterium.
De Adulterio. Conrad. Clingius. p. 343.
Lutheri tom. 2. col. 8. p. 97.
Andr. Nunnez. p. 71.
De Adulterorum poenitentia Jvo. p. 303.
Admonitio ad scortatores Bambouderij. p. 24.

¶ Aduocati.
De Aduocato et reo. Lessij. p. 361.

¶ Ægroti.
De consolandis Ægrotantib. Jos. Kinius p. 50.
Jos. Spinaeus 8o. p.
Epla ad amicum ægrotum. Hieron. to. 9. Ep. 6. et 7.
Apophthegmata morientium. Jac. Grinay p. 2. p.
De Admonitionib. ad ægrotos spect. Juan
Lopez 8o.

¶ Æqualitas.
De Æqualitate. Nic. Cusanus. L. 2. p. 369.

図5・1　1628年の「神学索引」と題された作者不詳の手稿。『ポリアンテア』の見出し語に従って、それぞれの見出し語に関連する一節のリストを書き出している。この頁の見出し語中、*acephali* と *adversarii* だけは『ポリアンテア』にはない語である。一群の見出し語がアルファベット順を逸脱しているが、右欄天辺の *adversitas* と *adulatio* に挟まれた空白のスペースに後から追記されたものと考えられる。ケンブリッジ大学図書館の許可を得て複製。MS Gg.i.28.

多くの読者は、多様な種類の百科事典的情報に注目していた。ある読者は、ヘブライの為政者たちについての項目の中心をなす情報を、欄外メモに復唱するように書き込んだ（「預言者サムエル、ヘブライ人たちにダヴィデ王を与える」）が、ツヴィンガーの選んだ抜粋におけるふとした、中心的でない情報についても、欄外に書き込みを残している（「ユダヤの地、五等分さる」）。[77]ただ、ツヴィンガーの魅力はおそらく情報だけに留まらなかった。ある読者は、生き埋めにされたり、食べ物や飲み物がもとで命を落とした人々や、あるいは息を吹き返した死者の例のような、とくに残酷と死の物語に印を付けた。[78]ツヴィンガーは暴力満載、ときにはセックスも出てくる幅広く刺激的で面白い物語を提供することで、読者の啓発を追求した。一方、よりまじめな『ポリアンテア』において、啓発とは主に、聖書の、教会の、そして古代の賢人たちの言葉からの引用を意味していた。高価で、豪華に作られた書物ではあったが、『人生の劇場』は、ラテン語や俗語による、しばしば小型で安価な体裁で流布していた驚異の物語集（ツヴィンガーが素材の一部をそこから引いた可能性のある、彼の義父のリュコステネスの作品も含む）と同種のスリルのいくつかを読者に提供したのであった。[79]機知に富んだ文章に出会えるということは、かならずしも読者の好感を呼ばなかった。ある人は、コリントを去ろうとしているキタラ奏者のストラトニコスに会った老女が言ったとされる警句、「生まれ故郷の都市があなたを一日も留め置けないというのに、あなたの母親の子宮はよくもまあ十か月もあなたを留め置いたこと。エラスムス『格言集』、アテナイオス第八巻より」の横に「ばかげている」と書き込んだ。[80]最後に、ツヴィンガーは以下の理由で一部の読者たちには興味ある存在であった。すなわち、彼は（『ポリアンテア』への寄稿者たちと違い）直接その意見が特定できる個人としての著者だった。このことは、ツヴィンガーの序文やさまざまな項の前置き部分への書き込みからわかる。[81]

印刷された検索装置の使用以外に、『ポリアンテア』や『人生の劇場』の読者たちはまた情報管理に、私たちがその組織構造を再構築することはかならずしも可能ではないにせよ、彼ら独自の方法を展開した。『人生の劇場』の読者の一人は、その版にもともと備わっている「範例索引」にあきたらなかったものと見え、同じ歴史上の人物が出てくる逸話との相互参照メモを書き込んでいる。しかし、ほんの数個を書き込んだ後、作業の膨大さに気づいたからか、作業を中止している。[82]この一冊は、ツヴィンガーの二九巻それぞれの巻にタブが付けられていることも特徴的で、通し頁番号でのみならず、（ツヴィンガーのどの索引も巻番号を表示していないのだが）巻番号でも参照したいという欲求を示している。個人的参照システムの一環として一部の読者たちは、ツヴィンガーの作品に(頁番号以外に)いちじるしく欠落している各種番号を書き加えた。キングス・コレッジ教員のロジャー・グッドと思われるある読者は、特定の項目内で注目に値するとしてみずから選び出した引用文に番号を付けた。たとえば、一五三九年版『ポリアンテア』では、見出し語「虚言」のもとに一、二、三と番号を振っている。[83] 同様に、エドワード・シルヴェスターは、興味の対象となった引用文に、見開き二頁にわたって通し番号を付けた。現在オックスフォード大学ベリオール・コレッジにあるサミュエル・ヒリアードの『ポリアンテア』では、興味の対象とされた引用文には、コモンプレイス・ブックあるいはその他のノート作成システムにおける主題別番号の役割を果たすと思われる番号(3.168や2.103だけでなく、7. 73. 473も)が一つずつ振られている。[84] 音楽の効用に関する項でさまざまな引用文に一から四の番号を付けたある読者は、ツヴィンガーの樹形図への書き込みとしては私の知るかぎり、たった一つの稀有な例を見せる。技術(mechanical arts)の巻のある図に一つの見出し語(「陶芸家(potters)」)と関連する頁番号を書き加えることで、この読者は図をその特定の問題の検索装置として使えるようにしたのだ。[85] これらの事例で読者たちは、彼らの研究やノート作成の方法に応じて、興味深い文章を取り出したり、そこに戻ったりする彼らの能力を高めるために、書き込みという手段を用いたのである。

さまざまな読書時のメモの痕跡や独立した手書きノートから判断するに、印刷されたレファレンス書は検索装置や参照のための読み方を人々のあいだに広めた。それらを読者たちは模倣し手書きノートや書き込みの中でさらに発展させた。しかし、レファレンス書の使用を証明する最も強力な証拠の一部は、初期近代ヨーロッパでしばしば上がった、声高な不満の声から集めることができる。

レファレンス書についての不満の声

抜粋や要約の集成を提供するレファレンス書の普及は、多くの文脈において、さまざまな不満の声を生むきっかけとなったが、なかには今日、グーグル・ブックスからウィキペディア、データマイニングにいたる仕事の新しい方法について発せられる懸念に似たものもある。今日の苦言に似て、昔の苦言は時代の標準とされる判断を背後に背負っているので、苦言を発した人々の不安――しばしば、特定の種類のテクストの流通や使用よりずっと広範な現象により引き起こされる不安、についての貴重な証拠を歴史家に提供する。レファレンス用書籍に関する初期近代ヨーロッパにおける不満の声には、前の時代にのぼっていた話題（不満を述べている人は先例の存在に往々にして気づいていないのだが）もあれば、一六世紀および一七世紀におけるヨーロッパに特有の展開に光を当てる新しい話題のものもあった。不満の声は、おそらく、レファレンス用書籍の使用を減らす方向ではほとんど影響力をもたなかった――実際、それらはかなりの使用を証明する十分な証拠として機能する――が、それらは、知的影響力は有しており、時代の一般的な学問実践への反動として、学問の新しい概念と理念を形成することを助けたのである。ちょうど、一三世紀に抜粋への過剰な依存についての懸念が「原典《オリジナル》」という概念の形成に寄与したように、一七世紀には、引用文の編纂物がもつ影響力についての苦言は、正確に、そしてもとの文脈への尊重をもって引用することについて当時まだ発達段階にあった理想を強化することになった。[86]

要約が、それが要約したより長い原典自体の喪失を招いたとする苦言は、とくに長い歴史をもつ。それは一〇世紀イスラム世界の学者たち（アリー・イブン・リドゥワーン）や、古代のテクストを伝承し回復する活動をしていたヨーロッパの人文主義者たち（エラスムスもその一人）が挙げていた声であった。[87] ヨーロッパでは一七世紀までに、こうした理由での喪失の恐れはさほど感じられなくなったようだ。ディゴリー・ウィーア（一五七三―一六四七年）は学問研究についての助言の中で、「摘要録がときどき世界中で大いに悪さをしてきて、古代作家の最良のいくつかを葬り去った」ことを認めたが、このジャンルを有益な出発点として推奨し、次のように述べた。「しかしだからと言ってわれわれは理に適った略記からなるこれら『摘要（*Epitomes*）』を軽蔑はしたくないものだ」と。一六八五年にはアドリアン・バイエが、摘要には、実のところ、いくつかのテクストの喪失のケースには責任がない、と結論づけた。[88]

より複雑で息の長い不満の声の一つは、編纂物に頼ることで読者たちが原典を無視し、それによって本文上の誤りや、抜粋により導入されたより深刻な誤解のために、誤った方向に導かれるという点にあった。編纂者たちの中には、ほかの編纂者たちが間違いを導入したと非難する者もあった。たとえば、ヴァンサン・ド・ボーヴェは、アリストテレスの著作からの現行の「詞華集（flowers）」が原典の語順や語形を変え、抜粋が著者の意味するところに忠実な場合ですら、原典を短縮したり、説明文を挿入したりしている、と喝破した。[89] 四〇〇年後、ピエール・ベールは『ポリアンテア』のプロジェクトをよしとしながら、それがとくに学生たちに有用となるのは、引用文が、誤りだらけの現行のものではなく原典によって修正されてからだ、と苦言を呈した。[90]他の学者たちは、彼らが認めない新思想学派の台頭を編纂物のせいだとし、さらに徹底して非難した。たとえば、ソールズベリーのジョン（一一二〇－八〇年）は、きちんとした教えのかわりに、彼の敵方たる「コルニフィキウス派（the Cornificians）」〔非明断主義（非啓蒙主義）を掲げる一派にソールズベリーのジョンが付けたあだ名〕を論理学や雄弁術の手っ取り早い道具や著作家の縮約版に頼っていると非難するとき、詞華集を念頭に置いていたと思われる。さらに直接的には、一三世紀のパリ大学の文書集《カーチュラリ》の一冊が、哲学における唯名論の台頭をアルファベット順に配列された「格言集」の使用のせいとする不満の声を記している。[91]これらの事例は両方とも、新しい哲学の学派の態度がどこから来ているかを冷静に評価したというよりは、論争目的であり、それに対する読者の憤りの感情を引き出すよう仕組まれたものであった。こうした趣旨の攻撃はなかなか廃れなかった。しばしば引用される一七〇七年の一文で、ジョン・ロックは次のように嘆いた。「『使徒書簡』はあまりに切り刻まれていて……普通の人々がたいていはその各節を別々の警句集と受け取っているばかりか、より高度な学識を有する者たちですら、それらで読むものだから、文脈が生み出す一貫性ゆえの説得力の大半を見失っている」と。ロックの苦言は、同時代の偏狭な人々、狂信的な人々の宗教的立場に対する一つの反論であって、彼らの読書習慣を観察したものではなかった。ロックの論点は、自身の聖書解釈が聖書の真の「一貫性」をつかんでいるのに対して、彼らが誤った結論に到達しているのは、誤った読みを信頼した結果に違いない、という点にある。[92]同様に、一二世紀の中国の、断片的読書では古典の真の理解に到達できないとする朱子の苦言も、哲学各派間の競争という文脈で理解することができる。[93]

抜粋集に依存することへの初期近代ヨーロッパにおける苦言はさらに、出典表示もなく、原文の文脈を無視して不見識に選ばれた引用文を積み重ねる傾向を嘆くという、より具体的なかたちもとるようになる。ペトラルカから一八世紀まで続くこうした趣旨の考え方においては、抜粋は、それを使おうとしている人が十分に考え抜いた結果選び出したものでなければ価値がないのだった。他人の抜粋に頼ることは、これすなわち機械的に文章を生産することであり、簡単で手っ取り早いが十分な個人的熟考を経ていない。かくて、教育者たちは、レファレンス用の書籍として印刷されたノート集ではなく、自分で読書ノートをとることが大事なのだと、きまって主張したのである。[94]こうした批判にもかかわらず、一部の教育者たちはそれらの使用を進んで受け入れた。たとえば、ヨハンネス・コメニウスはコモンプレイスの印刷本を批判したが、自身引用文をいくつか取り出したランゲのものは例外とした。ノーデの「よく知られた運営指導教授の先生」のように、さらにより多くの教育者たちが実際に使っていただろうことは間違いない。[95]

主張をもたずにする書き物を助長するとして、ノートの収集そのものを非難する人々もいた。この批判はモンテーニュやロバート・バートンの冗談半分の自己言及的なかたち（「私たちは互いに注釈しあってばかりいる（nous ne faisons que nous entregloser）」、または「私たちはすでに言われてきたことしか言えない」）から、後の作家たちによる辛辣な攻撃へと展開していった。たとえば、ジョナサン・スウィフトは、「頭は空っぽだがコモンプレイス・ブックが詰まっている」文章を書く人々を嘲笑したが、明らかに彼自身はそのような非難の対象には含まれないとみなしてのことだった。[96] 同様に、マルブランシュは、読んでもいない本を読んだかのように見せるためだけに長々と他人の引用をする引証文化を批判した。[97] 抜粋作業を独自の判断を損ない猿まね的な模倣と剽窃に陥りやすくするものだとする非難は、とくに一八世紀ドイツにおいて、抜粋作業自体とともに、長く続いた。[98]

レファレンス書の印刷本もまた、むやみやたらと文脈を無視して抜粋の山を築くものとして批判を浴びた。ガブリエル・ノーデは、レファレンス書の利用を推奨もしたが、「polymathy（博学）」すなわち「無批判に大部にわたって材料を積み上げること」を誤謬の三大原因の一つに挙げた。[99] 同様に、力学の論文とともに聖書注解の著者でもあるベルナール・ラミ（一六四〇―一七一五年）は、編纂物が相矛盾する引用文やもとの文脈から切り離された引用文を収集することで混乱をまいている、と不満を述べている。[100] アドリアン・バイエは、「古代の著者たちから作られた縮約、要約、抜粋、コレクション、そして編纂物に対する偏見について」というセクションでは、レファレンス書に対し概して好意的であった。とくに、レファレンス書が古代の原典の喪失を招いたとする非難を否定した。しかし、彼もまた、レファレンス書が最も役に立つのはそれらを作成した人々にとってであり、レファレンス書がしばしばターゲットとしている若者たちのような、原典そのものを知らない人々は使うべきではない、として以下のように警告した。「こうした大型の知識の貯蔵庫にある、縫い糸のほどけた布切れ［*pièces décousues*］の読者は原典の著者の意図を知るすべもなく、したがってその意図された使用法をたがえずに使うことは難しい……このことが、『人生の劇場』、『ポリアンテア』、『雄弁家の園』などといった人を惹き付けるだけの題名のもと、われわれがもっている大型編纂本への反感の原因となっているのである」。[101] バイエにとって、レファレンス書の最も深刻な欠点は原典の文脈から脈絡なく素材を切り離して蓄積することにあった。

この非難はおかしなものに見えるかもしれない。一七世紀の著者たちがきわめて常態的に材源をもとの文脈を無視して使ってきたとわれわれには思えるからだ。しかしながら、この非難はバイエに限ったことではなかった。批判されることの多かったジャンルに対するこの新手の論拠は、部分的には歴史的論証の普及がもたらした部分があるだろう。しかしそれ以上に、私は提唱したいのだが、真の学問をそう見えるだけの似非学問から峻別できるような判断基準の追究がもたらした部分もあるのではないか。[102] 中世の詞華集は、典型的には、聖書および選ばれた一群の古典古代やキリスト教の権威から取られた、権威ある格言は、まさに原文中での意図を問わず、あらゆる文脈で使用可能であるとの前提で、機能していた。初期近代の引用文、範例、そして逸話のコレクションは、素材に同じ万能性を約束したが、抜粋で読めるテクストがどんどん増えてくるにつれ、引用文のたんなる使用ではもはや学識の誇示とはならなくなった。かわって、編纂物ではしばしば欠落もしくは誤って表示されることのあった、引用文の原文中での文脈に対する知識を示すことが、原典を読んだ者という折り紙となった。より正確に言えば、そういった知への精通の証明がないことが、学識ある人々による批判——しばしば個人間や団体間の競争に動機づけられた批判、の根拠となった。[103]

学識ある人々によるレファレンス書についての不満の声のほとんどの根っこには、ラテン語に対する各国語の興隆と識字率や大学進学率や社会的流動性（もしくは、少なくとも社会的流動性の認知）の増加を含む、一六、一七世紀における広範な文化変動の中でラテン語の知が占める地位が変化していることへの、程度の差はあれ明確な認識というものがあった。ちょうど、イエロニモ・スクアルチャフィーが一四七七年に、印刷術は「誰でも学問があるふりをする」ことを可能にしてしまうと嘆いたように、編纂物もまた誰でも学問の雰囲気を纏うことを可能にしてしまったと非難された。人文主義者のコンラドゥス・ムティアヌス・ルフス（一四七一—一五二六年）は、エラスムスの『格言集』を、「学生たちに、もってもいない学問を見せびらかす手助けをする詞華集にすぎない」と非難した。[104] これは、学者たちが多くの異なる文脈で社会的地位が脅かされていると、それもしばしば十分な理由があって感じるようになるにつれ、お決まりの文句となった。イングランドでは、英国国教会の神学者で主教、リチャード・モンタギュー（一五七七—一六四一年）が、次のように述べている。「最近のものもそうだが、ずっと昔から作られてきた縮約版は学問と学者の主たる災難の一つとされている。それは人を怠惰にし、それでいて独善的で思い上がった人間にさせてしまうのだ」と。[105] フランスでは一七世紀後期までに、学者の地位は実際、急激に下降し、「学者」という登場人物は演劇では衒学者としてつねに嘲笑の的であり、ラテン語の知識はもはや尊ばれなくなった。サロンでも宮廷でもそうで、かわって「教養人（honnête homme）」の機知に富んだ会話がもてはやされた[106]。

こうした文脈の中で、ラテン語に習熟した学者たちは同時代人に見られる学問の水準の低さを容赦なく批判したのである。『メナージュ語録（*Menagiana*）』（一七一五年）、すなわち、ジル・メナージュ（一六一三―九二年）のものとされる座談は、辞書を宝くじといっしょくたに大衆の娯楽と位置づけ、こう述べた。「われわれが日々増殖するのを目にしている辞書や宝くじは、今世紀の無知と低俗のまぎれもない印だ」と[107]。同様に、ソアソンの、やがてアヴランシュの司教として、またアカデミー・フランセーズの会員でフランス王太子版（詳細な索引で知られる）の編者として、教会でも文壇でも成功したキャリアを経験したにもかかわらず、ピエール＝ダニエル・ユエ（一六三〇―一七二一年）は、「文壇の衰退の原因」を苦々しく見つめた。メリック・カゾボンに似てユエは、一六世紀後期を学問の全盛期として憧れていた。その後の衰退の主原因を、ユエは「人を識者にするために考案された新しいメソッド」にあるとした。ルネサンス期においては学問を身に付けることは難しかった。「印刷術はまだ書物を際限なく増殖させるにはいたっておらず」、そのため、書物は高価で、翻訳、序文、章分け、注、注解、それに表を欠き、文法書や辞書も少なく、あっても魅力に乏しかったので読むことが難しかった。こうした難題をすべて乗り越えることができた者は、必然的に優れた学者であった。彼らは当然のこととして同時代や未来の人々に対し彼らの精励の実りを共有し、知への道を早く楽に進めるよう整えようと努めたのだったが、それが衰退を招いた。すなわち、「彼らの仕事の成功があまりに偉大すぎて、良い目的が非常に悪い結果を生んでしまったのだ。安楽な学問は学問の弱体化のひきがねとなった。というのも、山のふもとにある偽の学殖に満足して、［今日では］人々は真の学殖が存する山の頂へと登る努力をみずからに課すことがない。あまりに多くの要約、あまりに多くの新しい学問方法、あまりに多くの索引、あまりに多くの辞書が、人を学者にする生きた情熱の勢いを削いだのである。……すべての学問（sciences）はいまや何よりもまず辞書に帰され、誰も学問の扉を開けるほかの鍵を探さない」[108]。その主張とは異なり、ユエが時代の学問の衰退の原因としている点はどれも一七世紀に始まったものではない。しかし、たしかに、索引、編纂物、そしてた多種多様なレファレンス用書籍は、最初に一三世紀に考案されて以来、おびただしく増殖してきており、広く学者たちにより、印刷術と学者のものまねをしようとする大勢の野心によってもたらされた新しい厄介者とみなされた。

学者のものまねを容易くするツールは一五〇〇年頃から印刷されて売られていたので、手に入れることができていたが、一七世紀後期に真に新しかったのは、ラテン語の学識がもっていた地位の喪失への強烈な意識だった。この喪失は一五〇年ほどをかけて徐々に進行してきていたが、一七世紀後期にはその効果は明白となっていた。ユエやほかの学者たちはレファレンス書を問題の主原因と指摘し、学問の付属物をあまりに広く流通させ、既成の権威のテクストの最良の一節への手引きを目指す企て全体の信用を失墜させたと非難した。実際、多くの文化的な力が作用して、ラテン語学問を人文主義者のあいだで占められていた最重要の地位から、アカデミックな専門家たちの管轄範囲へと追いやったのである。学校教育のカリキュラムは、あと二世紀のあいだ、何世代もの立派な教育を受けた少年たちに古典古代の文学と文化の基本を授け続けたのではあるが。

レファレンス書を非難するよりはむしろ、ルネ・デカルトの影響を人文主義の学問方法への打撃の最たるものと今日の精神史家たちは認定するのだが、興味深いことにデカルト自身、この学者たちの拠り所〔ラテン語テクストの権威への依存〕を彼らに対する非難のために用いている。メリック・カゾボンらが、デカルトを勉強や努力なしにすぐ手に入る報酬を約束する無用の方法論のもう一人の提唱者と見ていた一方で、デカルトは、自分で考えるのではなく、ラテン語学者がするようにテクストの権威に依存することこそ、まさしく手っ取り早い近道ではないか、と不満を表した。かわりにデカルトは最初の諸原理から始めて新しい哲学的体系を構築することを推奨し、同時代の人々がそうする意欲をもたないことを、次のように嘆いた。「私よりはるかに上手にできたはずの多くの稀有な才能たちの中に、これらの事物を解明するだけの忍耐力をもつ者が誰もいなかったこと、また、彼らのほとんどみなが、本道を離れ脇道（手っ取り早い近道）に分け入った末に茨や崖で行く手を阻まれ迷子になった旅人たちの真似をしたこと、は驚きだ」と。[109] このように、一七世紀末の数十年間において対立した古代派、近代派の双方とも、近道を批判し長く険しい道を推奨したが、何をもって近道とするかという点では正反対の考えをもっていた。古代派（つまり、一七世紀における古典の優位性の支持者たち）はレファレンス書を真の人文主義的学問を損なう邪道な近道として非難し、古典古代のテクストを慎重に、かつ介在物なしで直接研究することを求めた。一方、近代派に属するデカルトにとって、いやしくも古典古代の権威に依存することこそ、邪道な近道だった。かわって彼が推奨したのは最初の諸原理から理詰めで哲学的真理を構築することであった。デカルトはかくて古代派の学者たちと同様、レファレンス書に好意的ではなかった。彼は、すでに読んだことのある作品の記憶を新たにするために編纂物を使うことは容認できるとしたが、学問の外見を与えるにすぎず叡智に導くことのできない、「ばらばらにされた部品（*pièces détachées*）」を勉強することに対して反対したのである。[110]

古代派から近代派へ

後期人文主義から啓蒙主義へという複雑な知の変遷や、新しい権威に譲っての古典古代の権威の格下げを説明するには、たくさんの要素を引き合いに出さねばならない。フランスにおける古代派と近代派の論争（はじまりは一六八七年のペローの『古代人と現代人の比較伝（*Parallèle des anciens et des modernes*）』）およびこれに関連したイングランドにおける書物戦争（一六九〇－一七〇四年）は、文学や芸術から科学や技術にまで広がる分野において古典古代と同時代の業績の比較が明瞭に言語化された、二つの出来事であった。古代派は、近代の著者や著作が古典古代の業績を凌駕したとする近代派の主張に怒りを表した。ほかの論争で同様の含意をもつものは、たとえばフランスでは、公式な記載や協定文書での言語選択（ラテン語かフランス語か）、あるいは大学で教える自然哲学の種類（アリストテレスかデカルトかニュートンか——フランスの大学がニュートンを教えるのは一七三〇年代になってからだが、アリストテレスを教えるのは一六九〇年代にやめている）をめぐって起きている。[111]

七五年ほど前に、ポール・アザールは、この文化的動乱の危機的な時期として、一六八〇年から一七一五年を認定した。アザールの説は、二点について批判にさらされてきた。一つは、その時期で同定された「近代性」には先行形態があるが、彼はそれらを無視しているということ。二つ目は、焦点を当てた人物が少ないこと。しかしながら、最近の研究は、総じてアザールの主張、すなわち、一六八〇年から一七一五年にかけて知識人の興味が古代の文化や伝統についての注解から離れ、さまざまな科学の分野において、ないしは旅行を契機として形成されるとともに、文芸共和国内での人と本の行き来によって促進された新しい理論や観察についての討論へと向かっていったとする説を強化するものとなっている。[112]ラテン語のレファレンス書についての私の研究は、アザールの年代解釈《クロノロジー》を裏づけている。一六六六年と一七〇七年のあいだ、私が研究してきたラテン語のレファレンス書は印刷されたものの、それが最後になっている。ロディギヌスの『古典読書録』が一六六六年に、『ポリアンテア』が一六八一年に、そしてバイヤーリンクの『人生の大劇場』が一七〇七年に出版されている。[113] その後は、前世紀の主要なラテン語のレファレンス書のうち、カレピーノのみが依然として出版が続き、一七七九年までに一二回版を重ねた。そのうちの一回を除くすべての重版はパドヴァの神学校で行われたが、おそらくは、聖職者養成のための環境において、学生たちの用に供するためであったと思われる。[114] もちろん、大型のラテン語レファレンス書は入手可能な状態にあり続け、一八世紀のあいだ古本として買われ、読まれ、そして書き込みがされた。しかし、これらの作品は一五〇から二〇〇年間にわたって通常の重版が行われた後、一七〇七年以降は誰もあえて新しい版を出そうとはしなかった。後期人文主義文化からの離脱がどこでも同じペースで起きたわけではないにせよ、ラテン語の修辞、注釈および議論を活気づけることを目的としたレファレンス書は、一八世紀になるとヨーロッパ中どこでも十分な需要に恵まれることはもはやなかったのである。

それでも、同時代の人々はこの同じ期間に辞書の印刷本がますます豊富になっていることについて触れている。ある辞書の序文は一六九〇年にこう述べている。すなわち、「過去一五年ないしは二〇年に重版されたり新しく作られたりした辞書は、数え上げることなどとてもできない。しかも、そのほとんどがよく売れ、今もきわめてよく売れ続けている」と。[115] 主に古典文化と豊饒なラテン語作文の習得に狙いを定めたレファレンス書の出版が最後を迎えたこの同じ時期に、ほかの（しばしば新しい）種類のレファレンス書が、各国語で、古代世界のではなく当代または近年の事情に焦点を当てて書かれ、強力な売れ筋となった。一七五〇年頃、ジャン・ル・ロン・ダランベールは、最も流行している新ジャンルを辞典三種——言語辞典、歴史辞典、そして、学芸と科学の辞典——だと述べた。[116] 各国語の言語辞書は以前からあったが、一七世紀後半にはますます多くの、ますます規模の大きなそうした辞書が生み出され、一部ははっきりとラテン語の先行書籍を手本と仰いだ。歴史／伝記辞典や学芸と科学の辞典は、ラテン語の先行書への謝辞のない、おおむね新しいジャンルであったが、私の考えでは、それらもまた、さまざま間接的に、先行するラテン語のレファレンス書の成功に負うところがあった。大型レファレンス書の商業的可能性を示すことによって、共同執筆、各種の編纂方法、それに見せ方や検索装置の多様な形態を実験的に試みることによって、そして、最も基本的なことであるが、参照のために読むということへの親しみを人々のあいだに広めることによって、ラテン語のレファレンス書はこれらの新しい作品のために道を切り開いていたのである。

　ラテン語によるこのジャンル自体は、完全には消えなかったが、活躍の場と想定する読者を狭めた新しいかたちをとった。広範な想定読者の上に構想された詞華集は影を潜めたが、同義語のリスト、韻律についての情報、それに古典における有名な用例を提供する便覧《ハンドブック》が、多くの場面で一九世紀を通じて男子生徒たちに期待されていたラテン語作文を助けた。パウル・アラーの『パルナッソスへの階梯（*Gradus ad Parnassum*）』（一六九一年）は一八六二年まで絶版を免れ、その使用がスタンダール（一七八三―一八四二年）やジュール・ヴァレス（一八三二―八三年）といった名だたる文人たちによって、多かれ少なかれ直接的に認められた[117]。それと同時に、幅広い関心に対応する原典から最良の引用文を収集するという実践は各国語に及び、とくに一八世紀イングランド小説からの最良の抜粋を集めたアンソロジーは、古典作家からの抜粋を手本としていることを暗黙のうちに認めていた[118]。一九世紀中葉になるとバートレットの『引用句辞典（*Familiar Quotations*）』が古代と近代の「古典」からの引用句集の嚆矢となり、その素材のほとんどに親しめそうに見えたであろう読者層をターゲットにした。今日にいたるまで何十という新版を通して、詞華集のこの特定のブランドは、しだいに、読者に彼らに親しみのないかもしれない著者たちを紹介する目的で構想されるようになる。知る人の減少にともない古代の古典だけでなく、最も最新の諸版では、東アジアの賢人や女性およびマイノリティの作家たちもそこには含まれている[119]。また、今日市場に流通する詞華集はバートレットのもの一種ではない。初期近代編纂物の背後のあの二つの主動機を永続化すべく、『シェイクスピアの名せりふ――英米人の教養（*Brush up your Shakespeare!*）』〔一九九〇年〕は含蓄のあるシェイクスピアの名文句を提供しているし、『古代の知恵――アレクサンドロス大王、ユリウス・カエサルおよび古代ギリシア、ローマの著名な指導者たちに学ぶ不滅のビジネスレッスン』（二〇〇一年）は古典の例から現代のための実用的で道徳的な教訓を引き出すことを目指している。

「読書録」は古典学の専門家にとって専門的魅力を備えた一ジャンルになった。一九世紀の作品は「さまざまな読書の記録」という題名と、校訂や雑多な注釈の伝統の永続化を図った[120]。時を同じくして、種々雑多な配置および警句や古代の教訓話のコレクションというモデルは、古代の人物ではなく近年世を去った学者やそのほかの著名な人々のウィットや注目すべき行動を集めた「雑録」（*mélanges*）や「～語録」（*-ana*）に影響を与えた[121]。

「ロキ・コンムネス」と銘打たれた最後の作品（聖書や法学に焦点を当てた）は一八世紀初期に現れた。しかし、コモンプレイスによるノート作成は各国語で、一九世紀を通して、そしてさらにその後まできわめて長いあいだ存続した[122]。その印刷版もまた、かたちを変え、一八世紀前半に最初に出現し、リチャード・ヨウが説得的に論じたように、「過去の読書の記憶を呼び出す、あるいは、現在の知識の範囲を超えた話題を探す」ための、読者に出来合いで入手可能なコモンプレイス・ブックとして商品化され、学芸と科学の辞典として永続化が図られた[123]。これらの作品は、多くのコモンプレイス・ブックがそうであるように、アルファベット順に並べられてはいるが、ノーデのジャンルに特徴的だった古典の引用と文化情報にではなく、とくに科学分野での近年の発展に焦点が当てられていた。

この新しい各国語によるジャンルの中で、言語辞典の事例にはラテン語の先例からの最も直接的なつながりを見ることができる。一六九〇年に新しい傾向《ニュー・ウェーヴ》の言語辞典第一号（その後、一六九四年の『アカデミー・フランセーズの辞典（*Dictionnaire de l'Académie française*）』、そして一七〇四年の『トレヴーの辞典（*Dictionnaire de Trévoux*）』が続く）を刊行したアントワーヌ・フュルティエールは、自分の仕事をラテン語辞書の著者たちのそれにじかになぞらえ、それらの中からロベールとアンリのエティエンヌ父子を含む先行業績を引証した。フュルティエールは、死語の語彙より母語の語彙のほうが習得しやすいが、近代語の辞書は、死語の辞書には求められない日常会話も含めた言語全体を記述しなければならない、と認めた[124]。ラテン語辞書の代表格の「カレピーノ」に倣って、フュルティエールはまた彼の辞書の百科事典的興味を誇った。彼は、無味乾燥なところのない、大いなる多様性を備え、歴史からの事例、出典の明示、そして「博物誌、実験自然学、そして学芸の実践からの百のみごとな珍品」を載せた辞書を約束し、こう述べた。すなわち、「[ここで]あなたはたんに言葉だけではなく、無限の事物、学芸および科学の原理、規則、そして基礎も教えられるのだ」と[125]。新しい俗語辞典はカレピーノに劣らず百科辞典的であった。そうした百科事典的な意図により、イエズス会では『トレヴーの辞典』として知られるライヴァル辞書を作成した。そこではフュルティエールの本からプロテスタンティズムや非正統説への共感を匂わす痕跡がすべて消し去られた[126]。

新しい伝記辞典もまた、シャルル・エティエンヌの『歴史と詩に関する辞典』が最後に印刷された年である一六八六年まで、何度も版を重ねた、古代に焦点を当てた固有名詞辞典に負うところがあった。しかし、一七世紀中頃から出現し始めた各国語の伝記辞典は、近年の人物を中心に据え、職業や専門、あるいは地域での指導的人物への *éloges*（称賛）を収めたコレクションから素材をとっていた[127]。ルイ・モレリの

『歴史大事典（*Grand dictionnaire historique*）』（一六七四年）は俗語による最初の伝記辞典であったが、その中で彼は一頁以上費やして、シャルル・エティエンヌを含む先行事典の著者たちの名を挙げた。モレリの辞典は、カレピーノのそれに似てブランド名となり、一七五九年の第二四版までたくさんの増補を加えながらヨーロッパ中で印刷され、初期近代の人々についての伝記的情報源として今なお非常に有用なものである。[128]ピエール・ベールが彼の『歴史批評辞典』（一六九六年）を、モレリやほかの辞典の誤りを正すことを出発点として始めたことはよく知られている。もっともベールはこの初期計画を大きく逸脱して、内容、形式ともに独特な辞典を刊行した。記事自体はしばしば短く事実にもとづく書き方で、取り上げる人物も非系統的であり、聖書および古代の人物と（スピノザのような例外的な人物も含む）より近年の著者たちという範囲に及んでいた。多くの場合、記事自体よりずっと大きな場所を占める注の一段目で、ベールは、対象となっている人物の行動と先行解釈をしばしば批判的に評価し、二段目に情報の出典を明示した。[129]モレリがつねに増殖し続ける伝記情報を提供したのに対し、このベールの手法を差別化する特徴が、おそらく、多くの版を通してのこのテクストの安定性と一八世紀フランスにおけるその圧倒的な魅力を説明している。ベールはフィロゾフ〔一八世紀フランスの啓蒙思想家〕たちの先駆者として読まれていたのである。マザラン図書館の閲覧者たちは一七一五年、先を争ってこの書を読もうとしたし、一七五〇年から一七八〇年にかけての五〇〇のパリの蔵書、目録を調査した研究によれば、ベールの『歴史批評辞典』は最も広く所有された本の一つであった。[130]

　チェインバーズの『百学連環書』（一七三八年）からディドロとダランベールの『百科全書』（一七五一－八〇年）にいたる学芸と科学の辞典は、近代百科事典の直接的な手本として一般的に描かれる。科学分野の長短含む記事をアルファベット順に並べたイフレイム・チェインバーズの二巻本の記述の成功に刺激を受けたフランスの出版社は、そのフランス語訳の作成を、仕事を探していた若き著述家ドゥニ・ディドロに依頼した。長い年月を経て出来上がったものは、チェインバーズの二巻の翻訳よりはるかに長くより野心的なもの——一四〇人の著者たち（ほとんどは当時匿名のままであった）の寄稿による本文二つ折り本一七巻に図版一一巻からなっていた。この『百科全書』は、多数巻、多数の寄稿者、挿絵付き、アルファベット順配列のレファレンス書という、このジャンルの支配的な近代的概念の基準を確立した。しかしその新しいフォーマットは、当時この事典で注目を呼んだものではなかった。この『百科全書』は、ときには他から引き写した従来型の記事も含む、記事の折衷的混交を呈したとはいえ、多くの記事がディドロやダランベールだけでなく、モンテスキュー、テュルゴー、ヴォルテールほかといった重要な啓蒙思想のフィロゾフたちによって書かれていた。これらの記事にはしばしば教会や国家に対する批判が織り込まれたが、それはエリートたちを説得し改革を実現するという、フィロゾフたちの計画に沿ったものであった。この大胆な立ち位置にもかかわらず、『百科全書』は、そのあたりをさまざまな手段で隠したおかげで印刷にこぎつけた。たとえば、それらを無害そうに見える記事に埋め込んだり、危険とみなされる著者たちの名前を、たとえ本文で彼らの考えが採用されていても明記しなかったり、相互参照を使って意図的なつながりを創出したりすることによって。『百科全書』は第一巻の後はフランスでは印刷されなかったにもかかわらず、フランスで広く読まれた。検閲官長のこのプロジェクトへの共感から、本を国外で作りフランスに紛れ込ませるための巧妙に発達したネットワークにいたるまで、さまざまな理由で検閲の徹底が困難であったためである。[131]

『百科全書』の成功と名声は、ヨーロッパ中でおびただしい数の百科事典が生み出されるきっかけとなった。専門的なものも一般的なものもともにあったし、イデオロギー的にフィロゾフたちに賛成するものもあれば反対するものもあったが、ほとんどは、より単刀直入に情報を提供していた。[132] ディドロのモデルに従い、百科事典はより長くなり、たくさんの寄稿者と絵図からなることが多くなった。一八〇〇年までは大型な判型で出版されるものも若干あったが、一八世紀後期から百科事典はほとんどつねにより小型の判型で印刷された。[133] その中で、四つ折り本三巻（一七六八－七一年）でウィリアム・スメリーにより刊行された『ブリタニカ百科事典』は、単独著者による編纂という以前のモデルに立ち戻ったが、一八世紀のものとしては唯一、前の版を受け継ぎながら大幅に改訂しつつ継続的に版を重ねるブランドとなった。一九世紀半ばから『ブリタニカ』は、二〇世紀を通じて近代百科事典の標準となった。

辞典についてのダランベールの三区分（言語学、歴史学、および学芸と科学）は、一八世紀最大のレファレンス書には当てはまらない。一七三二年から一七五〇年にかけて出版されたヨハン・ハインリッヒ・ツェドラーの『万有語彙辞典（*Universal-Lexicon*）』全六四巻がそれで、伝記のほか地理、歴史、科学技術の項目、それに言語情報すら含むというわけで、ダランベールが別個のものとしたジャンル三つをすべて統合していた。ツェドラーは寄稿者たちに名前を出さないことを誓わせていたため、ツェドラーが一七三八年以降雇い、彼の死後四巻の補遺巻（一七五一－五四年）を刊行した編者カール・ギュンター・ルドヴィツィのほかに、いったい何人が記事を書いたのかはわかっていない。六七〇〇万語に及ぶ膨大な『万有語彙辞典』は二度とふたたび印刷されることはなかった。ただし、今日でもファクシミリ版あるいはオンライン版で参照されている。バイヤーリンクの『人生の大劇場』とは異なり、一八世紀最大のレファレンス書である『万有語彙辞典』と（総計約二五〇〇万語の）『百科全書』は、予約と数十年にわたる分割払いで販売された。[134] この生産方法は後の巻に何を載せるかを正確に計画すること、あるいは、後の巻に照らしてすでに印刷された巻の項目を改訂することを不可能にした。どちらの辞典も完成のほとんど直後に補遺を出した。一つにはこの問題を繕うためであったが、それでも、バイヤーリンクが各巻の冒頭でそうしたように、登載したすべての項目のリストを提供することはなかった。

近代の学芸および科学の辞典はおおむね、ラテン語のレファレンス書というジャンルを手本としては認めていなかった。[135] それでもなお、このように大型で高額、複雑な作品が、あのようにたくさんの編纂物の印刷販売に成功した過去の経験なしに、出版されたとは想像しがたい。アルファベット順に並べられた項目記事、主題別見出しそして段組みや欄外見出しをともなう参照の便を図ったレイアウトは、中世の新考案に遡ることができる。初期近代の印刷本レファレンス書はこうした特徴を印刷メディアで研ぎ澄まし、参照用の本文を整え増補しつつ実験を重ねたのである。初期の印刷本レファレンス書に導入された多くの検索装置のうちでは、唯一、相互参照が近代のそれにもつねに採用された。知識の区分と階層の全体像を提供するために、ダランベールはツヴィンガーやアルシュテートがかつてしたのとほとんど同じやり方で、階層的図表を用いたが、ツヴィンガーやアルシュテートがそれぞれ個々の主題の特殊性を深く掘り下げたのに対し、ダランベールの図は学問間の関係に焦点を当てた。一八世紀の百科事典には一般的に参考文献リスト、見出し語リストあるいは一般的索引というものがなかった。ただし、『百科全書』への索引がピエール・ムションにより、ディドロの許可なく一七八〇年に（分厚い二巻本で）別途刊行された。[136] そして、そのような索引は一九世紀にはより一般的になった。残念ながら現時点では、一八世紀の百科事典がどのように作られたかについてほとんどわかっていない。たとえば、ディドロがどのように彼自身のノートや書き物、一〇〇人を超す寄稿者たちのそれを管理したのかわれわれはほとんど知らないし、また、どのように印刷者たちがこのような大型プロジェクトを管理した経験を伝えたのかについて多くを知らないのである。

一八世紀に百科事典の執筆者たちが自分たちの仕事を正当化するのに用いた言葉は、ラテン語のレファレンス書で強調されたテーマときわめてよく似ていた。前書きはきまって、これほどたくさんの異なる読者や興味に対応する、これほどたくさんの情報を収集した作品の公共的有用性を誇った。多くは、また、費やされた大いなる労力と信頼できる判断力を強調した。一人の著者と何人かの助手といった小規模作品であれ、何百人という寄稿者――多くあることではなかったが、同じ作品が何度も版を重ねることによって――を擁した大規模作品であれ、複数の著者による共同執筆が標準であった。多数の寄稿者の参加がある場合、一八世紀の百科事典には定まった方針《ポリシー》はなかった。ツェドラーはその事実を隠そうとし、けっして寄稿者の名前を明かさなかった。一方、ディドロは、すべての記事に記号体系を用いて記名し、記号解を付けて筆者名がわかる仕組みを目論んでいた。ディドロは、他人の言葉をそれに対する責任を負うことなくただ報告するだけの存在だと、中世および初期近代の編纂者に近い言葉で自分自身を表現した。現実には、検閲が集団での執筆と責任のあり方についてのディドロの計画を複雑なものにした。第一巻が世に出た後フランスでの出版が差し止められると、多くの寄稿者たちが自分たちの名前が公表されることを望まなくなった。ことによると最後の数巻の記事の大半を彼が書いたことに読者が気づくことを回避するうえでも、前書きで約束した星印で彼自身の執筆項目を記録する件は、それが正確に行われたとは考えにくい[137]。寄稿者の特定をさらに複雑にしているのは、たくさんの項目を担当した寄稿者の中には助手を雇い、自分の担当部分の執筆の一部もしくはすべてを委嘱していた者もいるという事実である[138]。暗黙の使用と表立って行われる批判というパターンもまた、一八世紀のあいだ続いた。たとえば、モンテスキューは、編纂物を嫌悪すると述べておきながら、少なくとも彼の『誠実さへの讃歌（*Éloge de la sincérité*）』（一七一七年）で用いたたくさんの引用文についてはストバイオスに依存していた[139]。ヴォルテールは辞典の増加を嘆いた。彼自身もベストセラーの『哲学辞典（*Dictionnaire philosophique*）』の複数の版を生み出し、自分の散文や他人の散文から切り貼りするということを多くの文章でしているにもかかわらず、である[140]。

　最も重要なことは、ラテン語のレファレンス書というジャンルが、参照読みの道具や方法への親しみを、専門家の輪を超えて知的読者一般へと広めたことだ。一八世紀において、レファレンス書に、一六、一七世紀には見られた索引の使い方を説明した宣伝文句はもはや必要なくなった。索引の内蔵（self-indexing）が広く行き渡った一八世紀のレファレンス書は、アルファベット順の見出し語と相互参照の使用が定着していることを想定していた。もちろん、レファレンス書は読者に対して使い方を押し付けることはけっしてなかった――

『百科全書』の書き込みのある一冊を対象に行われた研究によると、同じ読者が三〇年以上も所有していた中で、連続して順に読んだり、別のときには参照読みをしたりしていたことが示唆される。[141] 参照読みの広がりは、それを記述する用語の誕生からも追跡することができる。コンラート・ゲスナーが一五五一年に、彼が用いた *consulere*（参照する）という語の意味を説明しなくてはならなかったのに対し、その語および各国語でのこれに相当する語は、一七世紀のあいだに問題なく通じるようになった。一六五三年、ゲオルク・フィリップ・ハルスデルファーには、本を表紙から裏表紙まで読み尽くしていないことについての懸念はなかった。彼は、学校の教科書以外の本は参照読み——今でも使われている *nachschlagen*（辞書を引く）という語を使った——のためのものが多いと認めた。アンソニー・ウッドは一六九二年に *look up* を、「本を参照する」の同義語として使った最初の人物と認定されている。フュルティエールの辞書（一六九〇年）は、*consulter* に本を参照するという概念を加えた最初の主要なフランス語辞書であった。[142]

一八世紀になると、サミュエル・ジョンソンはよく知られているように、自分の仕事のやり方を、蔵書目録と索引から大きく恩義を受けているものだと述べた。本一冊全部を読まずに自分にとって役に立つことを抜き出そうとしていたからで、「知識には二種類ある。自分自身主題を知っている〔というときの知識〕、さもなければ、それについての情報がどこを見ればわかるかを知っている〔というときの知識〕の二種類だ。いかなる主題でもそれについて調べるとき、最初にしなければならないことは、どんな本がそれについて論じているかを知ることだ。このため、われわれは図書館で目録や本の巻末を見るということをするのである」と述べた。[143] 本の巻末という言葉によって、ジョンソンはおそらく本の後ろにある索引を思い描いていたことだろう。本についてのこうした知識をジョンソンが必要としたことは、ダニエル・ゲオルク・モルホーフが『ポリヒストル』で唱道した〈文芸の知識（*notitia litterarum*）〉を想起させるが、ジョンソンはこれに負う部分があることをはっきり認めていたと伝えられる。ジョンソンはハーバート・クロフト師なる人物の「読み始めた本はいかなる本であれ最後まで読むべきだ」とする助言を、非現実的で不要なものだと考えた。かわりに彼は、「本は何の役にも経たないこともある。あるいは、その中に知る価値のあることはたった一つのみということもある。われわれはその本全体を読まなくてはならないのだろうか？」と指摘したのだった。[144] 彼の辞書を執筆する中で、先行するレファレンス書の著者の多くがそうしたように、ジョンソンもレファレンス用書籍に頼った。われわれは彼が『クラリッサ』の原典ではなく索引に頼った一例を知っているし、チェインバーズの『百学連環書』を彼が「真っ先に調べるレファレンス書」と呼んでいたことも知っている。[145] ジョンソンはもちろん尋常な読者ではないのであって、その尋常ならざる行動や業績により、彼もまた同時代の人々が特別な称賛を寄せる対象となった。たとえば、その一人、メアリ・ノールズは、次のように解説している。「彼は本を読む方法を誰よりもよく知っている。寄り道せずにまっしぐらに一冊の本の本質に到達し、本の心臓部を引きちぎってくるのである」と。[146]

ジョンソンの幅広い、参照のための読書の方法は、近代の情報管理方法の結晶例とみなせるかもしれない。それらは今日、書物や電子リソースを使う研究者に馴染み深いものに聞こえる。介在する二五〇〇年のあいだに獲得された新たなメディア、そして、参照道具や情報の蓄積と取り出しにかかわる技術に加えられたたくさんの改良は差し引くとしてだが。近代の情報管理にまつわる実践、概念、そして用語の出現に対して単一の説明を提供しようとすれば、それは幻想でしかないだろう。しかし、一五〇〇年から一七〇〇年にかけての大型のラテン語レファレンス書は、中世の技術を初期近代の編纂者、印刷者、そして読者に見合うよう伝達し変容させる、一つの重要な役割を演じたのである。

エピローグ

われわれの情報文化にとっていまだきわめて重要な情報管理と参照ツールの発展の多くは、近代の百科事典の基本的な形式が一八世紀に確立したことからもたらされた。歴史家たちは、一八七〇年から一九一〇年にかけての数十年間に、ビジネスやオフィスの情報管理技術において主要な発展が生じたと考えている。情報を画一的で管理された方法で処理するという理想、複写や垂直ファイリング法のような新しい事務処理技術、メモといった新しいジャンルの書き物が、これに含まれる。[1] 参照ツールの革新は、とりわけ、先立つ時代の文献を広範に利用する研究分野で、出版物が継続的に蓄積されていくことによっても促進された。化学は、研究者たちが「一六〇年前に遡っても、すぐ役に立つ情報を見出す」ことができる分野であるが、いまやほとんどの学問分野で広く用いられているツールは、しばしばこの分野で最初に開発されたのである。すなわち、抄録誌（一七世紀と一八世紀の先例に由来する）や、二次文献と一次文献のための三次資料として役立つガイドブック（たとえば、一八一七年から一八一九年のあいだに初めて出版され、一八七〇年までに十巻本に膨れ上がったグメリンの『無機化学ハンドブック（*Handbuch der anorganischen Chemie*）』のような）、および雑誌記事の累積索引である。[2] 引用の索引化は、一九五〇年代に理系分野で始まったが、事業に要した莫大な投資を回収するため、当初から科学に限らず社会学的、歴史学的な趣旨のために商品化された。[3] そうした技術は今日も専門領域ごとに細分化し続けており、いくつかの分野で用いられている、研究者の業績を自動的に数値化して評価するh指数もそれに当たる。

近代のレファレンス書の歴史には、形態や名称はしばしば変わるものの、今なお大いに利用されているツール以外にも、多大な人的・物的資源を投入したにもかかわらず成功することのなかった実験例も含まれている。一九一〇年から一九三四年にかけて、ポール・オトレとアンリ・ラ・フォンテーヌはブリュッセルでムンダネウム（設計はル・コルビュジエ）を構想したが、そこではおよそ一二〇〇万枚もの索引カードに情報が蓄えられ、職員はカードをもとに郵便での問い合わせに答えることになっていた。[4]一九四五年にはヴァネヴァー・ブッシュが、情報を分類し、蓄え、取り出すための機械装置「メメックス」を構想した。今日、インターネットは、彼のヴィジョンが実現されたものと考える意見が多い。もっとも、今日のヴァネヴァー・ブッシュについての頻繁な言及は、インターネットの起源を実際に説明しているというよりは、インターネットの系譜を事後的に創り出していることのほうが多いのであるが。[5]ブッシュのヴィジョンが唯一具体的なかたちをなしたのが、ラルフ・ショーが一九四九年に製作した「ラピッド・セレクター」である。それは、利用者が入力した照会コードとマイクロフィルム上の主題コードの一致を光センサーに読み取らせることによって、マイクロフィルム上に文書を自動的に呼び出す装置である。戦後、機密種別から外された膨大な量の文書を選り分けるためにラピッド・セレクターを利用しようと試みたあげく、ショーはそれが失敗であったと考え、書物こそが「情報を蓄え見つけ出すための、今なお最も効率的な道具」であると讃えた。だが、既定の見出しではなく、それぞれの利用者が個人的に設定した、項目間の連想的な結び付きの道筋を辿って情報を探し出すというブッシュのヴィジョンは、インターネット検索によってより効果的に実現された。[6]マイクロフィルム技術全般は、一九二〇年代に初めて用いられたときは、情報の蓄積と取り出しという問題を決定的に解決したとしてもてはやされたが、当初の熱狂に応えることはできなかった。とはいえ、一九九〇年代になって、マイクロフィルムの画像をデジタル化してウェブ上で利用するという初期英語書籍集成データベース（EEBO）などのプロジェクトが、何十年も前にマイクロフィルム化に注ぎ込んだ莫大な投資をようやく有効に活用することになった。[7]

技術のめまぐるしい変化はまた、とりわけここ数十年間、やがてコンピュータによって時代遅れになる作業に、途方もない人的労力が投じられてきたことを浮き彫りにした。それはときに心痛む認識であった。二〇世紀前半に着手された多くの大規模な索引作成事業は、コンピュータがちょうど広く普及しつつある頃に完了した。たとえば、科学史における出版物を扱った「Ｉｓｉｓ累積文献目録」は、六一年間に及ぶ共同作業の成果として一九八四年に完成した。[8]手作業による索引作成と今日行われているコンピュータによる索引作成とのきわだった違いを示す一例として、以下を挙げよう。バートレットの『引用句辞典』の初期の諸版の索引を完成させるには、二〇人が六か月働かねばならなかったが、現在の版の索引をコンピュータで作成すれば三時間でできてしまう――一九世紀にはのべ約一万九二〇〇時間かかっていたものが、ここまで短縮されるのである。[9] 参照ツールは、その内容だけではなく、それらを作成する方法も時代遅れになりがちである。われわれ自身が現在用いている方法や成果も、おそらく、急速に廃れてしまうことであろう。

にもかかわらず、先の世代の人々がかくも大きな犠牲を払って作成した参照ツールは、多くの点において、過去にも――そして現在も――有用であり続けている。参照ツールは、それが用いられるさまざまな現場において、利用者が多様な仕事をするのを可能にしたり、支援したりする、有用な道具として役立つ。また、利用者が自分で素材を記録して整理するさいに真似ることができるような、情報管理の手本としても役立つのである。さらに、参照ツールは、ある需要が存在することをまざまざと示しており、そうした需要に後押しされ刺激されて、情報管理が抱えるさまざまな問題点に対する新しい解決法（たとえば、ラピッド・セレクターから、自動情報収集分野における最先端技術である「データマイニング」にいたるまで）が生み出されてきたのである。[10] 歴史家にとって、参照ツールは、過去の文化体系の豊かで大きな遺物として役立ち、他の種類の資料よりもしばしばよりはっきりと、それらを作成した人々の知識や理想、作業方法を見せてくれる。

歴史研究が、現在に対して明快な教訓を与えることはめったにない。一五〇〇年から一七〇〇年にかけての、個人のノートや印刷されたレファレンス書における文書情報の管理の物語は、偉大な学識の高みから手っ取り早い道具や代用品に対する高まる依存への衰退の物語として、あるいは逆に、民主化されてどんどん洗練されていく新しい方法論の勝利の記述として、語ることができるだろう。同様に、現在および将来の発展について思いを巡らせている人々の中では、一方では破滅を予言する者、他方では情報化の熱狂的な推進論者という、両極の立場の者たちがしばしば最もかしましく主張していると思える。私は、そのような極端な立場には陥るまいとしたものの、楽観主義的な側に傾いているという自覚はある。なぜなら私は、新しい研究ツールや技術は、学術研究を思慮深くなす能力を高めるとともに、より広範な人々に向けて学知への道を広げることができると確信しているからである。衰退の物語は何世紀も繰り返されてきたし、しばしば具体的な変化というよりは漠とした不安にあおられて、今日も訴える力を持ち続けている。だが、その比喩的な言い回しの長い歴史を考えると、それが大々的に用いられたルネサンスや中世においてと同様、現在の文脈においてもそれが妥当なものであるとは思えない。[11]

技術にはいまだ、限界がある。私の分野の仕事では、文脈への理解に特徴づけられた、研究題目への個人の習熟や注意深い判断のかわりとなるようなツールは存在しない。人間の注意力はわれわれがもつ最も貴重な財産の一つであり、それを求めてたくさんの能力が、創意溢れるソフトウェアやハードウェア装置の一群と競っている。情報の保存が他の媒体に委ねられてきたにせよ、人間の記憶力は、何に、いつ、どのように留意すべきかを想起するうえで、今なお決定的な役割を果たしている。同様に、責任あるかたちで知識を創出するために、情報を選別し、評価し、統合するうえで判断力が要となることに変わりはない。誤導する情報や偏った情報に甘んじたり、インターネット検索で出てきた断片的情報に、その文脈を考慮しないで頼ったりする機会がこれほどはびこっている時代はない[12]。初期近代のレファレンス書は求めていた主題に関する素材が得られなかったということで批判されたが、インターネット検索はかならず成果をもたらす。その成果が良いものであるか否かは、検索を最大限に活用し、成果を評価するわれわれの技量にかかっている。そうした技量そのものも、サーチエンジンや検索に利用できる素材が変化していくにつれて、たえず磨き上げていく必要があるだろう。初期近代のレファレンス書の賢い利用者は、典拠となる著者や検索装置がすこぶる定番化していたので、それに慣れていればよかった。だが、インターネットに通じた利用者は、通販サイトからブログにいたるまで、政府機関の頁から巧妙な信用詐欺にいたるまで、検索結果リスト上に果てしなく増え続ける素材を見定めねばならない。膨大な量の印刷物がデジタル化されているため、レファレンス書、蔵書目録、索引、さまざまなジャンルにおける約束事を含む、印刷の世界のツールやカテゴリーを理解するのは有益なことであろう(そしてあるいは、より若い世代にとって、それはますます困難になっているのかもしれない)。こうした約束事は、電子的形態で登場することによって、わかりにくくなってしまった。

私は歴史家として、一世代もしくはそれ以上の年月にわたって暗がりの中に忘れ去られた古い源泉を再訪する能力を、われわれは失ってはならないと思っている。そのような能力は、しばしば、実り豊かなものであった——古代のテクストの中世初期の写しを再発見したルネサンスの人文主義者たちにとって、最初に出版されてから何十年も経った後でメンデルの著作を読んだ遺伝学者たちにとって、そして歴史家たちにとって。データのほとんどを電子メディア上に蓄える方向に向かうにつれて、われわれは、新しいメディアに定期的にアップデートされないものは、何であれ、伝達の連鎖から抹消していくという危険を冒している。なぜなら、ソフトウェアもハードウェアも、人の一生のうちですら何度も時代遅れになるものと予測できるからである。だが、とりわけ歴史家は、古い素材——他の人々にとっては無用で、すでに十分に掘り尽くされたと見える素材——から新たに問題提起して活力を得る。たとえば、一六世紀と一七世紀における参照ツールは、昔の文化の死んだ言語で書かれ、それよりさらに古い文化を取り扱っており、有益な知識の一片のために、さんざん掘り返されて久しい——言語辞典は定義や興味深い範例のために、歴史事典はいまだ収録するに値する人物に関する項目を現代の事典の中で満たすために。もっとも、詞華集やコモンプレイス・ブックについては、そこからじかに派生してきたものがないために、それらがいかに用いられていたかはさほどはっきりとはわからない。

初期の印刷されたレファレンス書は、作業ツールとして、今日もなお役に立つ。初期近代のテクストの編集者たちは、作品をその歴史的文脈の中で評価して解釈するためには、その時代に入手できた資料に頼るほうが、その資料の現代版に頼るよりも有用であることをすでに心得ている。精神史家も、自分が研究している著者たちの作業方法やツールに注目することによって、実りを得ると良いであろう。それらのレファレンス書の検索装置やレイアウトは、異なる時代の精神の風景を多種多様な方法で眺めて回るようにと誘っている。本書で私が示そうとしたように、ラテン語のレファレンス書は、何世代もの学者たちが古代のテクストやそれに関する注解を渉猟して行った共同でのノート作成の典型であり、公益と読者の多様な関心に訴える思慮深い言葉とともに提供された。だが、それらの書物は、謳い文句以上の働きをしてきた。すなわち、出版物が爆発的に増加した時代に文書情報を管理する革新的な方法を考案し、われわれ自身の読書法や情報処理の方法に恩恵をもたらしたのである。

謝辞

長いあいだ進行中だった仕事が終わるときの大きな喜びの一つは、その過程と成果に貢献してくださった多くの方々や機関に感謝する機会があることである。国際的な文芸共和国の中で私が頻繁に訪れている領域は、初期近代ヨーロッパを研究する精神史家、科学史家、書物史家たちが住んでいるところであり、創造的で学識豊かな学者たちがひしめいており、そうした方々の示唆や評言は、私が思考するうえでなくてはならないものであった。アンソニー・グラフトンは、二〇年以上にわたって、つねに変わらぬ鋭い洞察力をもって私の問いに答え、本書における複数の繰り返し箇所について論評し、私を誤謬から救い、探索すべき新たな水路を切り開いてくださった。イアン・マクリーンは、寛大にも、二章分のかさばる草稿を読んでくださった。デイヴィッド・ベルは、論の要となるところで有益な洞察を与えてくださった。イェール大学出版局の二人の校正者からは、すばらしい示唆をいただいた。また、イェール大学出版局の編集・制作チームに感謝したい。とりわけ、初めに熱い関心を示してくださったラーラ・ハイマートと、同じくらい献身的に最後まで私を支え続けてくださったクリストファー・ロジャーズ、多くの問いかけに辛抱強く答えてくださったローラ・ダヴァリスとマーガレット・オッツェルに、そして卓抜な原稿整理をしてくださったイライザ・チャイルズに感謝したい。

本書は、一〇年以上に及ぶ研究の成果であるが、講演の場を多くいただいたことによっても助けられている。パリでの（それぞれ異なる場面でご尽力くださった、アニヤ・シャロン＝パラン、クリスティアン・ジャコブ、クリスティアン・ジュオー、ローラン・ピニョン、ありがとう）、ケンブリッジでの（リチャード・サージャントスン）、ミュンヘンでの（マルティン・ムルソー）、ゲッティンゲンでの（ギルベルト・ヘス）、ベルリンでの（ロレイン・ダストン、ナンシー・シライシ、ジャンナ・ポマータ）、チューリッヒでの（アンヤ＝シルヴィア・ゲーインク）、そしてまた、以下に挙げる多くのアメリカの大学での聴衆と主催者に感謝する。アリゾナ州立大学、バード大学院センター、ボストン・カレッジ、ボストン大学、ブラウン大学、カリフォルニア工科大学、シカゴ大学、コーネル大学、インディアナ大学、ジョンズ・ホプキンズ大学、ハーヴァード大学およびラドクリフ高等研究所、マギル大学、ニューヨーク大学、ペンシルベニア大学、プリンストン大学、ラトガーズ大学、スタンフォード大学、ウィスコンシン大学。個別にお名前を挙げてこの場で感謝することはできないが、私は学会においても他の学者たちから貴重なご意見をいただいた。バーゼルのご自宅に私を招いてテオドール・ツヴィンガーに関する該博な知識を分け与えてくださったカルロス・ギリーに、チューリッヒで助けていただいたウルス・ロイに、オックスフォードへの研究旅行をかくも恵み深く後押ししてくださったイアン・マクリーンに、特別に感謝したい。私は多くの事柄について会話をしたり手紙やメールのやりとりをしたりすることを楽しんだが、ノート作成をめぐる意見交換はとりわけ刺激的であった。なかでも、ピーター・ビール、ピーター・バーク、ジャン・セアール（初期近代のレファレンス書の重要性を私に最初に教えてくれた）、アルベルト・チェヴォリーニ、ジャン＝マルク・シャトラン、ジョン・コンシダイン、キャンディス・ドリール、エリザベス・アイゼンステイン、マックス・アンガマール、ギルベルト・ヘス、ジョージ・ホフマン、ハワード・ホトスン、ノエル・マルカム、ピーター・ミラー、ポール・ネルズ、ブライアン・オギルヴィー、アレン・レディック、ウィリアム・シャーマン、ピーター・スタリブラス、フランソワーズ・ヴァケ、クラウス・ヴァイマー、リチャード・ヨウ、ヘルムート・ツェデルマイアーの諸氏とのやりとりである。また、個々にこうむった恩義は、原注に記した。

この研究はまた、初期近代ヨーロッパから時代も場所も遠く隔たったところへと私を導いてくれた。私が専門的な知識を持ち合わせていない領域を案内してくださった方々に感謝したい。ヒルデ・デ・ヴェールトは、一二年ほど前に初めて、中国の百科事典に関する私の質問に鮮やかに答えてくださり、本書の中国に関する部分にもご意見をくださった。彼女とルシール・チアは、二〇〇七年六月の学会に参加するようにと私を招いてくださったことも含めて、中国書物史を手ほどきしてくださった主要な方々である。イスラム関連の主題に関心がめばえたのは、二〇〇〇年のジョナサン・ブルームとの会話がきっかけであるが、二〇〇三年にはロイ・モッタヘデが学会に招いてくださり、二〇〇九年の春にはベアトリーツェ・グリュンドラーと会話をして、私の関心はさらに強くなった。イライアス・ムハンナは、私の原稿のイスラム関連領域に当たる部分を読んでくださった。古典古代の部分についてはキャスリーン・コウルマンから、ビザンティウムの部分についてはスコット・F・ジョンソンから、それぞれ貴重なご意見をいただいた。ブリジット・ブドス＝ルザックは、中世の部分を読んでくださった。彼女と、ナンシー・シライシ、マーシャ・コーリッシュ、ベヴァリ・キーンズル、ジョン・ヴァン・エンゲン、そしてリチャードとメアリのラウス夫妻の仕事を含む他の中世研究者たちは私を鼓舞し、初期近代の研究者がふつう関心を払う以上に私を中世にのめりこませた。

ハーヴァード大学では、比類ない研究環境に加えて、歴史学科や、学芸・科学部全体の快い協力的な雰囲気にも恵まれた。多くの同僚との会話はありがたいものであったし、ナンシー・コット、ラニ・グイニア、ジェイムズ・ハンキンズ、ミシェル・ラモン、ジェイン・マンスブリッジ、リア・プライス、ハリエット・リトヴォには私の草稿をご講評いただき、感謝している。また、ほとんどはハーヴァードの学生であるが、多くの学生が多年にわたって研究助手として働いてくださり、本や論文を集めたり、個々の問題を解決してくださった。みずからも研究プロジェクトを抱えているのに、余分の仕事を引き受けてくださったことについて、とりわけ以下の方々に感謝したい。アンドルー・バーンズ、チャールズ・ドラマンド、ジョン・ガニエ、マット・ロイ（文献目録の草稿を作成してくださった）、チャールズ・リグズ。モーガン・ソンダーエッガーはオンライン蔵書目録を検索してくださり、その成果を簡略にまとめたものが本書の表になっている。フェリース・ホイッタムは利用許諾を求める手紙と、索引の多くを作成してくださった。

私が仕事をした多くの図書館でご助力くださったすべての方々に、心から感謝したい。とりわけ以下の図書館にはお世話になった。バーゼル大学図書館、チューリッヒ中央図書館、ヴォルフェンビュッテルのヘルツォーク・アウグスト図書館、ミュンヘンのバイエルン州立図書館、ゲッティンゲン大学図書館。大英図書館、ボドリアン図書館、ケンブリッジ大学図書館、そしてオックスフォードとケンブリッジにある数多くのコレッジの図書館。パリの旧国立図書館、新しいフランス国立図書館、マザラン図書館。私の問い合わせに答えてくださったことに対して、ケゼルスベール（アルザス）とサヴォーナ（イタリア）の文書館、ロヴィーゴのアッカデーミア・デイ・コンコルディの図書館（とりわけミケーラ・マランゴーニ）、そしてボローニャ大学図書館に謝意を表する。何よりも、ワイドナー図書館とホートン図書館のスタッフは、私が頻繁に、それも多くの場合きわめて大きな本を請求するにもかかわらず、つねににこやかに応じていただいてありがたく思っている。

本書を完成させるのに何年もかかったが、そのあいだ、並々ならぬ支援を得て、きわめて幸運であったと感じている。全米人文科学基金からの研究奨励金のおかげで、一九九五年から九六年にかけての一年間、パリで研究することができた。ラドクリフ・カレッジのバンティング研究所とハーヴァード大学は、それぞれ一年間の研究休暇のための資金を提供してくださった。また、二〇〇二年に授与されたマッカーサー奨学金によって、さらに三学期分の研究休暇が取れることになり、そのあいだに私は本書の大部分を書くことができた。これらの奨学金を得ることを可能にしてくださったすべての方々に、深く感謝したい。

最後に、私の家族は有形無形の援助を私に与えてくれた。ジョン・ブレアとジェルーシャ・マコーマックは、私の文章に有益な助言をしてくれたし、夫のジョナサン・イェディディアは技術面で惜しみなく助けてくれた。とりわけ、夫と息子たちのおかげで、私は、仕事をしているときと同様、家にいるときも、つねに変わらず幸せな時を過ごすことができたのである。

訳者解題　初期印刷本と学術研究

本書はアン・ブレア著 *Too Much to Know: Managing Scholarly Information before the Modern Age*（New Haven & London: Yale UP, 2010）の全訳である。

「知るべきことが多すぎる（Too Much to Know）」、いわゆる情報過負荷という状況認識は、情報をコンピュータで処理し、知の共有がインターネット上でほとんど無限に行われる時代に入ったわれわれが人類史上初めてもつにいたったものであり、新たな解決方法の創出を迫られている切実かつ喫緊の課題である、と、われわれの少なくとも多くの者はそう考えていた。ためしに *OED Online* を検索すれば、インフォメーションという英語が「情報」という意味で使われるようになったのは、示されている用例で見るかぎり一四世紀末に遡り、一九四一年に初出用例を見る「情報爆発」を別とすれば、「情報化時代」、「情報過負荷」、「情報革命」といった語句の初出は一九六〇年代以降に限られることが立ちどころにわかる。ことほど左様に、われわれは情報過負荷という問題に直面した最初の人類なのだと信じてきた。こうした今では常識と化した自己像に対し、それが、ポーラ・フィンドレンの表現を借りるなら「ナルシシズムと無知が生んだ」[1]誤解にすぎないと、一八〇度の転換を迫ったのが本書の登場であった。しかも、ビザンティウム、イスラム世界、中国にも視野を広げて「異なる文化におけるレファレンス用図書を比較」し、「効果的な情報管理には印刷術や何かめだって『近代的な』または『西洋的な』特徴が必要であるという、いかなる主張も誤っている」（本書第1章）ことを示した。本書が二〇一〇年一一月の出版当時から、大きな反響を呼んでいることは『ワシントン・ポスト』紙をはじめ、各書評や著者インタヴューなどで辿ることができる。[2]

ブレアのこの学説は、専門家のあいだでは、それ以前から共有されていた。二〇〇〇年には『歴史における書物と科学』に寄せた論文、「自然哲学への注釈付けと索引作成」の冒頭の節に「情報過負荷に対処する」という小見出しを付けているし、[3]二〇〇三年には、ＪＨＩ（*Journal of the History of Ideas*）が「初期近代における情報過負荷（*Early Modern Information Overload*）」というタイトルで特集を組み、ブレアが「特集の他の論文に土台を提供する」[4]論文、「一五五〇年から一七〇〇年頃における情報過負荷に対処する読書法（Reading Strategies for Coping with Information Overload ca. 1550-1700）」を寄稿している。『情報爆発』はブレアの長年の研究の一つの集大成なのである。

アン・M・ブレアはハーヴァード大学で歴史と科学を学んだ後、ケンブリッジ大学で修士号（科学史・科学哲学）を、一九九〇年にプリンストン大学で博士号（歴史学）を、それぞれ取得している。プリンストン大学での指導教授であるアンソニー・グラフトンは、自身、『テクストの擁護者たち――近代ヨーロッパにおける人文学の誕生』（原著、一九九一年出版）ほか多くの著書を世に問い、「インテレクチュアル・ヒストリー」を英語の世界に広めただけでなく、多くの若い学者たちの領域横断的な研究を育てた歴史学者である。[5]ブレアは、その後ハーヴァード大学講師やカリフォルニア大学アーヴァイン校専任講師を経て、一九九六年からは一貫してハーヴァード大学で教鞭をとり、二〇一六年にはカール・プフォルツハイマー・ユニヴァーシティー・プロフェッサーに任ぜられ、今日にいたっている。ユニヴァーシティー・プロフェッサーという称号はハーヴァード大学で現在二六人にのみ与えられており、複数の学術領域を横断する画期的な研究の創始者と認められた名誉ある地位で、ハーヴァード大学のどの学部でも自由に研究ができる特権をともなう。本書が世に問うた彼女の研究成果が高く評価された結果と考えてよいだろう。

『情報爆発』までのブレアの仕事

ブレアの最初の単著『自然の劇場――ジャン・ボダンとルネサンス期科学』（*The Theater of Nature: Jean Bodin and Renaissance Science*（Princeton UP, 1997））は、「ジャン・ボダン再演――その文化的文脈における『万有自然劇場』（一五九六年刊）（Restaging Jean Bodin: *the Universae naturae theatrum* (1596) in its cultural context)」というタイトルで書かれた博士論文をもとにまとめられた。ジャン・ボダン（一五三〇－九六年）と言えば、一六世紀フランスの著名な政治理論家であるが、ブレアが研究対象としたのは博士論文のタイトルに記されているボダンの最後の出版となった著作、自然哲学の百科事典的作品『万有自然劇場』である。ブレアのこの単著第一作は、その研究方法と関心事において『情報爆発』の発想にまさに直結している。ブレアの仕事を理解するためにここでは、『自然の劇場――ジャン・ボダンとルネサンス期科学』の構成と主張にまずは簡単に触れておくのがよかろう。

第1章「自然哲学の種類」は、順に、「『万有自然劇場』の献辞と宗教における自然の意味」、「『本作の企てについて（*Propositio*）』と秩序の問題」、「ボダンの自然学観」、そして最後に「『万有自然劇場』と同時代の分類」という各節で構成され、『万有自然劇場』とそれが置かれた歴史的、文化的文脈を確認する。「対話としての『万有自然劇場』」、「コモンプレイスという手法」という二節で構成され、「文字情報本位の学問手法」と題された第2章では、著者は、ボダンが『万有自然劇場』をルネサンスの学校教育で推奨されていたノート作成の実践であるコモンプレイス・ブックから著作した、との仮説を立て論証している。このあたりの議論はそのまま『情報爆発』が展開する最も魅力的な議論に結び付く。

コモンプレイス・ブックについては、ブレア自身、一九九二年に論文「自然哲学における人文主義者の手法――コモンプレイス・ブック（Humanist Methods in Natural Philosophy: the Commonplace Book）」をＪＨＩに寄稿している。[6]

ノート作成については、ピーター・バークは『知識の社会史』（原著、二〇〇〇年出版）の中で、「ノート作成の歴史が書かれるということになればそれこそインテレクチュアル・ヒストリーへの重要な貢献となるであろう」と述べていた。[7]同書をブレアは書評しているのだが、バークが各章でイスラム世界や中国の該当する文化事情に短くではあるが触れていることを多とし、さらなる研究の可能性を見て取る一方、彼が「歴史の長い時間に照らして見たときの現在の特異性を明らかにし、そうする中でわれわれ自身の知のシステムを異化（de-familiarize）することを目的としている」と明記している点に言及し、同書がブレア自身にはむしろ逆の、すなわち、現代西欧の知のシステムの主要な特徴が初期近代に現れ強化される様を詳述しているという印象を与えると述べている。このことは『情報爆発』の読者にとっては示唆的ではないだろうか。[8]

そして続く第3章「議論の様式《モード》」——こちらは「弁証法的論証」、「経験」、「ボダンによる権威の折衷主義的選択」の三節からなる——では、コモンプレイスという方法をボダンがどのように使用したのかを検証している。

「ボダンの自然哲学」と題する第4章では、「神の自由意志と摂理《プロヴィデンス》」、「存在の連鎖」、「ボダンによる哲学と宗教の統合」という各節を通して、さらにボダンの議題の独自性を追究する。

次の第5章「劇場という隠喩」は、「自然の劇場」、「劇場としての書物」、「『劇場』の劇場」という各節を通して、ボダン自身がこの言葉をどのような意味で用いているかを検証するとともに、その結果を出発点として、さまざまな学問分野において一五五〇年から一七〇〇年のあいだに題名に「劇場」と謳った作品における、この語の使われ方の検証を行っている。ブレアは序文で、この部分の研究を初期近代における百科事典的情報収集(encyclopedism)についてのより大きなプロジェクトへの序章にすると述べているが、ここにも読者は『情報爆発』に発展、結実する研究の出発点を明らかに見て取ることができるであろう。

「『万有自然劇場』の受容」と題する第6章は、「現存本《コピー》通覧」、「『万有自然劇場』の学者による受容」、「各国語版の受容」の各節からなり、ボダンの『劇場』が、同時代の読者に対しどのような意味をもっていてどのように読まれていたのか、とりわけ、仏独版も含めて現存する『万有自然劇場』の個々の本《コピー》に残された読者の書き込みを丹念に読み解くことで、実証的にその受容の有り様に光を当てている。

『情報爆発』にも通じることであるが、古い版本を各地の図書館を訪ねて実地に閲覧し、書き込みを調査してしか得られない情報にもとづくブレアの記述は、圧倒的な説得力を発揮し読者を魅了してやまない。[9] ブレアは『万有自然劇場』の書き込みが残されているコピーの、全書き込みを転写し公開してもいる。個人蔵書である当該コピー(一五九七年版)は先行研究で未調査だったからである。『自然の劇場——ジャン・ボダンとルネサンス期科学』には口絵に一五九七年版題扉の画像が掲げられているが、グラフトンが目ざとく古書カタログで見つけて知らせてくれたおかげで入手できたというブレア自身の蔵書のそれである。このような研究を行う環境として、常時参照可能なコピーがファクシミリ版ででも身近にあることはきわめて重要な意味をもつ。それが実物の古書であればなおのことである。

最終章（エピローグ）「『万有自然劇場』の遺産」では、ボダンより一世代後の世代に属するフランシス・ベイコンを引き合いに、両者がすべての点で相反しているわけではなく、事例の収集という自然哲学の研究方法や、その道徳的目的において相通ずる点もあることを指摘する。時代の先端をいく少数のエリートの周囲には、ボダンに代表されるような、伝統により近い立場をとる多くの著者たち（と多くの読者たち）が時代を共有しながら学問に向き合っていたのであり、彼らもまたけっして古い価値への盲従に堕していたのではないのだ、というブレアの主張は、圧倒的な量の情報《データ》の集積が自ずと導き出すところとして鮮やかに読者を納得させる。

なお、『自然の劇場――ジャン・ボダンとルネサンス期科学』は二〇一七年にプリンストン・レガシー・ライブラリーに収録され、ペーパーバックや電子書籍版も入手可能になっている。

『情報爆発』と書物の研究

『自然の劇場――ジャン・ボダンとルネサンス期科学』は、こうして見てくると自明であろうが、ブレア自身も述べているとおり、一五九六年に初版の出版を見た『万有自然劇場』という書物についての全体史（histoire totale）とでもいうべき著作であった[10]。『情報爆発』も、基本的に同様の手法で『ポリアンテア』や『人生の劇場』その他のレファレンス書を追跡した、いうなれば、全体史の集積とみなすことができよう。書物に関する膨大な量の情報を処理した研究なのである。一次資料、二次資料合わせて原書で六〇頁に迫る引用文献リストに加えて、ハーヴァード大学のブレアのウェブサイトに用意された原語での引用文のほか、印刷史の資料となった『ポリアンテア』と『人生の劇場』ならびに『人生の大劇場』の現存本の総覧[11]は、アンジェラ・ヌオーヴォが評したように、まさに本書の主題である情報処理の実践であり手本なのである。上でも触れたポーラ・フィンドレンが、ヘラクレスの仕事を成し遂げたブレアに月桂樹の冠を捧げたいと述べるゆえんである[12]。

『情報爆発』は学問領域としては「知識をどのようにオーガナイズしたのかという点に光を当てる」インテ

レクチュアル・ヒストリー（訳文では「精神史」を充てている）の範疇でとらえることが最もふさわしかろう[13]。ブレア自身、インテレクチュアル・ヒストリーという言葉を本書中何度か使用しており、本書が追究している学者の仕事の手法という新しい分野は最近の科学史から立ち上がってきたと指摘している（本書序論）。一九九〇年代から盛んになり、近年は日本においても活発な出版が行われてきているインテレクチュアル・ヒストリーという分野については、優れた解説がすでに存在するので[14]、ここでは、『情報爆発』が処理する情報の主たる情報源である初期印刷本の世界について、少々解説を試みておきたい。

『情報爆発』が扱う書物はそのほとんどが一六世紀から一八世紀にかけて生みだされた初期印刷本である。引用文献中、一次資料に挙げられている書物は、ファクシミリやオンライン版、それに現代エディションのものを除いても一六〇点余りにのぼる。いずれも所蔵館にとっては基本的に「貴重書（rare books）」であり、歴史的文化財を次世代に引き継ぐ責任のもと厳重な保管・管理の対象である。

貴重書を閲覧するためには、たいていの場合、事前に研究目的を伝えて閲覧申請の手続きをする必要がある。閲覧許可が下りれば、「貴重書閲覧室」にて館員の立ち会いのもとに閲覧調査ができる。装丁を含む当該書物の閲覧による摩耗を極力発生させないように、取り扱いには慎重を期すことが要求されることは言うまでもない。専用の書見台（クレイドル）を用い、本を開くさいもとくにスパインと呼ばれる背の部分にかかる負担が装丁に亀裂等を発生させる原因とならないよう配慮して、クレイドルの左右の高さの調整をする。左右の頁を開く角度を、透明アクリル板で作られた器具で九〇度ないしは六〇度などに制限することで、本を保護しながらの閲覧となる場合もある。保存状態が極端によくない本の場合には閲覧不可となることが多いが、図書館の専門スタッフが頁を繰って、閲覧調査を支援してくれることもある。閲覧はこうした細心の注意を払って行われるのだが、それでも本に加えてしまう摩耗を完全にゼロにすることはできない以上（返却しようと本をクレイドルから持ち上げると、装丁の革材がボロボロと粉状にクレイドルについているのに気づくこともある）、文化財保護の観点から考えると歓迎しがたいところがあるはずだが、たいていの図書館は書物を保護しつつ研究のための閲覧支援にも熱心に取り組んでいる。

これまでも頁画像が必要な場合は、図書館の撮影部門に発注すれば入手できた（ただし、しばしば高額の費用負担がともなった）が、デジタル画像をホームページで公開するプロジェクトの各図書館での進展にともない、二〇一〇年頃からは研究目的の撮影を、一定の条件のもとで閲覧者自身にも許可する図書館が出てきた。プレスヴァリアント（後述）の調査や読者による書き込みの判読のような、とくに時間のかかる作業にとっては格段に便利になった。撮影画像を画面で見ることで拡大が可能となり、肉眼で見るよりも詳細な情報を得ることができるという面もある。一方で、現在のデジタルカメラの技術をもってしても、実物を肉眼で観察しなければ得られない情報はむろん、依然としてあるだけでなく、「モノとしての姿」がかけがえのない情報源となる学問にとっては、デジタル画像はあくまで「代用品」にすぎない[15]。今後の学問がその意味を発見することになる未知の情報も、今のわれわれが知らないだけで実はあるかもしれないのである。とはいえ、ウェブサイトでの頁画像公開が進めば、研究条件に恵まれた研究者だけでなく、幅広い研究者や学生も初期印刷本を研究対象に加えることができるようになり、研究の可能性が広がることもまた確かなことと思われる。

各図書館のオンラインカタログや各国のオンライン書籍情報検索システムも整備が進んできており、ブレアの研究でも現存コピー総覧の作成に使われている。オンラインカタログの中には、当該コピーに特有の情報（オリジナルの葉がどのようにどこまで残っているか、書き込みの有無、所有者その他の氏名、などの）を表示しているものもあり[16]、現地での閲覧調査の前にそうした情報が得られることは、貴重な研究出張を効率的に実施するうえで研究者にとってきわめて有用である。

初期印刷本からのデータを読む

『情報爆発』に大量に登場する貴重書から起こされた情報を読むさい、知っておくと理解に役立つ記述法に関する基本的約束事を含め、初期印刷本に特有の事情について以下にまとめておこう。

『情報爆発』の中で多くの読者にとってひときわ印象深い情報に、一五一四年版『ポリアンテア』についてのそれがある。最も成功したレファレンス書の一つとブレアが呼ぶ『ポリアンテア』は、ドメニコ・ナニ・ミラベッリの編纂で一五〇三年に初版が出版されるとすぐに版（エディション）を重ね始め、一六八一年までに少なくとも四一回は出版を見ていることが、第4章『ポリアンテア』の印刷略史を表した表4・1からわかる。大好評を博した書物で、ヨーロッパのさまざまな都市で印刷・出版されたが、イングランドで出版されることはなかった。イングランドではラテン語の本は大学での使用目的で印刷されるものを除いて大陸からの輸入に頼っていたのである。[17] そのすべてのエディションの中でこの版にしかない、ナニ自身が教会法から追加した増補部分を含む一五一四年版がタイミングよくイングランドに輸入され、多忙な国王ヘンリー八世の利用するところとなった歴史の妙である。彼のこの書の利用は、下線からマニキュール（指差し図）、さらには欄外への彼自身による書き込みから明らかであるが、[18]「どの事項にもまして、『法律』、『婚姻』、『誓約』、[『教皇』]のもとに集められた法的素材に欄外書き込みが集中して」いるという（本書第4章）。このエディションは、ヨーロッパ全体で一六冊（ウェブサイトの補足情報によれば、このほかアメリカ合衆国に一冊ある）現存し、イングランドにはそのうちの三冊が現在所蔵され、大英図書館が所蔵するヘンリー八世が所有していたものは、そのうちの一冊というわけである。世界に合計一七冊が現存する一五一四年版『ポリアンテア』の一冊一冊を、書誌学用語では「コピー」と呼ぶ。

書物の印刷は、まず、植字工が割り付けされた原稿を見ながら、全紙の表裏それぞれ一枚分を構成するすべての頁（二つ折り本なら二頁分、四つ折り本なら四頁分）を、活字を一つひとつ拾って組み上げ、組版（フォーム）を作る。先頭の頁が含まれる側をアウター・フォーム、反対側をインナー・フォームと呼ぶ。組み上がった組版は、印刷機担当の刷り職人が活字の表面に油性インクを載せ、紙を上から圧して活字を印字したのち、紙を剥がし、干してインクを乾かす。これを予定出版部数に見合う枚数が刷り終わるまで続ける。次に、紙の反対側に印刷するための組版に変えて、この工程を繰り返す。国によって異なるが、イングランドではインナー・フォームを先に刷ることが多かったとされる。先に印刷した面が、後からプレスされることで多少の読みにくさを生じる可能性があることから、目立ちやすいアウター・フォームを刷るのを後にしたのだという説がある。[19]

一冊の書籍を構成するすべての頁が刷り上がると、書籍販売業者のもとへ出荷するために、紙を折って折丁（ギャザリング）を作り、それを正しい順にそろえて糸でかがって製品に仕上げる。四つ折り本や八つ折り本では全紙一枚が一つの折丁となり、一つの折丁記号（シグニチャー）があてがわれる。二つ折り本の場合は、一般的には全紙三枚、ないしは四枚を重ねて二つに折り、その単位に折丁記号があてがわれた。
　折丁記号はアルファベット（IかJのどちらか、UかVのどちらか、およびWの三文字を除いたAからZ）、アステリスク、ピルクロウ（段落記号）、括弧、コロンなどの記号を一個から必要に応じて複数個重ねた折丁記号と、数字（ローマ数字またはアラビア数字）の組み合わせで印字される（1はふつう印字されない）。頁番号（ノンブル）はすべての頁に印刷されるが、折丁記号は通常ミニマムな箇所のみに印刷される。たとえば、三枚重ねて二つ折りする判のAというギャザリングの場合、A、A2、A3のみがフッター部分に印字される。四枚重ねる折丁ではA4までが印字される。ちなみに四つ折り本では通常、A、A2、A3のみが印字される。いずれの場合も頁が順にそろう正しいたたみ方を、印字された折丁記号が指示しているのである。[20] 初期印刷本では頁番号が導入されている本であっても折丁記号も印刷された。頁番号は同じ本の中の区切りごとに振り直される場合があるが、[21] 折丁記号ではそのようなことは原則としてない。頁番号には誤植があるが、折丁記号の誤植ははるかに少ない。頁番号は読者の便を図るものだが、折丁記号は本を制作する側にとって欠くことのできない装置なのである。頁番号同様、すべての頁は折丁記号で特定することができる。印字されていない頁は、前後の頁で印字されている箇所を確認し、そこから順に数えていって決定する。引用時の折丁記号は、表頁（レクト／rと表示）か裏頁（ヴァーソ／vと表示）かの記載を加えたかたちで表示する。[22]
　エディションとは、実質的に同じ活字の組版から印刷されたすべてのコピーを指し、異なる刷りを下位概念として包含する名称である。出版者や出版地が異なる題扉をもっていても、また、本文の一部がなんらかの理由で差し替えられたり、削除ないしは追加されたりしていても、本文の組版が同一のものであれば、同一エディションに属するコピーとされる。同じ版は同じ装丁で（これをエディション・バインディングという）売り出される現代の書物とは異なり、装丁は購入者・所有者の好みと予算に応じて製本工房において手作りで施されるものであり、しかも今日までの途中でしばしば新たに製本し直されるものなので、装丁の細工としてタイトルや出版年が刻印されただけであれば、エディションの同定に寄与することはない。
　エディションの同定はどのように行われるのであろうか。出版年や出版地および出版者／印刷者といった出版情報は、たいていの場合は奥書き《コロフォン》もしくは題扉に表示されているので、これらの頁が残っている場合は原則としてその表示が有力な根拠となる。とはいえ、初期印刷本は現在にいたるまでの過程で装丁のゆるみから崩壊へと進み、頁の欠損等が生じて不完全な状態となることがある。とくに最も外側の葉にはそのリスクが高かった。市場価値の高い書物、たとえばシェイクスピアのファースト・フォリオなどでは、複数の不完全なコピー（かならずしも同一エディションのという保証はない）を使って一冊の完全な（全頁がそろった）コピーを作るということが行われることもあった。したがって、題扉が実際に本体の部分と同一エディションのものかは、当該コピーの全頁を調査確認できるまでは断定できない。全頁調査では、各折丁を構成している紙に、後から別のコピー（別のエディションのコピーということもある）から補った葉が混入してはいないか、もとの一つながりの全紙のままか、を見ていくことになる。この確認には、キャッチワードが用いられている印刷物ではそのチェックや[23]、紙を透かして見るとわかる紙漉きの型の跡のチェックが欠かせない。二つ折り本や四つ折り本といった判型の判断にもこうした紙のチェック[24]が重要な決め手となる。二つ折り本ではチェインラインが縦に並ぶ一方、四つ折り本では横に並んでいるので区別がつく。

読者の書き込みをはじめとする書物の受容に注目すれば、コピーはすべてそれぞれ固有の情報を帯びている別個のものとみなされる。しかし初期印刷本では、最初の購入者の手にわたる以前に、そもそも同一エディションに属するすべてのコピーが同一の本文をもっているかというと、けっしてそうとは限らない。圧力をかけて印字する構造上、紙を剝がすさいに活字が抜けたりゆるんだりすることが起こりえた。気づいた職人が元どおりに直すことになるが、そこに活字が上下さかさまになるなどの事故が発生する余地があった。刷りの作業中に事故ではなく意図的な変更が組版に加えられることもあった。本刷りに入る前に校正刷りで必要な修正が施されたはずではあるが、本刷りに入ってからさらなる校正が入ることがあった。その場合、いったん刷り作業を中断して、植字工が必要な修正を加え、そののち、刷り作業を続行し残りの枚数を印刷する。これを、印刷機を止めての校正を意味するストップ・プレス・コレクションと呼ぶ。ストップ・プレス・コレクションは一つの組版に対し、複数回に及ぶこともあった。事故であれ校正であれ、修正前と修正後の印刷紙には本文の異同（プレス・ヴァリアント）が生じているが、どちらも製品に回された。初期近代の出版印刷業者にとって、投資のきわめて大きな部分を占めていた紙は、それだけ貴重だったのである。なかには、校正指示の入った印刷紙が混入しているコピーが見つかることもあり、貴重な資料となっている。

ストップ・プレス・コレクションの結果として、組版ごとにプレス・ヴァリアントを抱えた二種類あるいはもっと多くの種類の印刷紙が、区別されることなくギャザリングを形づくり、同様の問題が一冊をなすべてのギャザリングでも起こりうる。となると、ギャザリングを集め、組んで作る製品段階の本では、修正前後の印刷紙の組み合わせ如何で本文全体が決まり、したがって、まったく同一の本文をもつコピーは二つとないと言っていいことになる。いかなる作品であれ、本文の確定には本文批評が必要だが、初期印刷本の場合は、このためとくに、現存するすべてのコピーの本文調査が欠かせない。ブレアが前著や本書で示している現存コピー総覧は、書誌学的にも貴重な基本資料なのである。

通常の図書館利用に要する時間よりはるかに多くの時間を費やす作業が、貴重書を資料とする研究には欠かせない。しかも、各地に拡散して収蔵されているため、並べての比較作業が期待される場面でそれが不可能であることが多いのは、ブレアも言及しているとおりである。[25] しかし、こうした制約のあるなか、慎重を期して行う緊張と忍耐を強いられる長時間作業は、一面ではそれに従事した者だけが味わうことのできる喜びの源泉でもある。モノとしての書物が文字情報を伝える場合、それは制作過程にかかわった著者、印刷工房の親方や職人からその後の何世紀ものあいだの読者や所有者たち、はては所蔵館のスタッフや居合わせた閲覧研究者たち、それに館内の空気やたたずまいまで、すべての人々のなにがしかの痕跡や気配とともに伝えることになるからである。

『情報爆発』の後のブレアの仕事

現代と同様、ノート作成は学者だけのものではなかった。一六、一七世紀には、役人や商人が新技術で作られた製品を使ってノート作成をしていた様子を、本書と同年に、ブレアはピーター・スタリブラスとの共著で発表した「情報を仲介する——一四五〇—一八〇〇年（Mediating Information, 1450-1800）」[26]では扱っているほか、やはり同年に、『インテレクチュアル・ヒストリー・レヴュー』の特集号「初期近代ヨーロッパにおけるノート作成」をリチャード・ヨウと共同編集し、自身も「初期近代ヨーロッパにおけるノート作成の隆盛」を寄稿し、より広い文脈で、当時まだ緒に就いたばかりであったこの分野に読者の注意を惹いている。

初期近代からはたくさんのノート・コレクションが残っており、紙にインク書きの保存性のよさが手伝って研究されるようになってきたこと、名高い人々だけでなく、無名の人のノートも研究対象に値すること、といった指摘が幅広い読者にとって興味深いと思われる。[27] 二〇一二年にはハーヴァード大学ラドクリフ高等研究所において、「ノートを取れ（Take Note）」と題するシンポジウムをリア・プライスとともに開催している。異なる分野からの研究者の参加を得てこの分野の可能性の広がりを知らしめた。[28]

二〇一四年には、ペンシルヴァニア大学におけるローゼンバック書誌学講座として、「隠れた手――初期近代ヨーロッパにおける文筆助手とオーサーシップ」と題する三日間の講演をブレアは行っている。『情報爆発』の第2章には、初期近代ヨーロッパの著者や学者たちが、妻子、同僚、文筆助手といった人々の助けを賢く活用して仕事を遂行していた様が、資料を駆使して興味深く描きだされているが、その部分を発展させた研究成果を問う連続講演であった。[29] 目下のブレアの研究課題も、そこにあるという。[30]

謝　辞

翻訳は以下の分担で行った。住本規子は第2章、第5章の翻訳、および訳者解題を担当した。廣田篤彦は第1章と第3章の翻訳を担当した。正岡和恵は謝辞、序論、第4章、エピローグの翻訳、および用語と文体の統一調整を担当した。

生のデータを大量に扱う本書の訳出にあたって、訳者たちは少なからぬ困難に遭遇した。そうした困難を乗り越えるために、本務校その他の同僚のお世話になった。なかでも、翻訳作業の最終段階で全般的なラテン語の訳出、表記について親切なご指導をいただいた吉川斉氏ほか、折に触れ、高橋宏幸、堀内正樹、スタン・ファン・ゾン、永盛克也、ジャン＝クリストフ・メイヤー、新角桂、ダニエル・ガリモア、ジャン・E・イングルスルードの各氏には、それぞれラテン語、アラビア語、オランダ語、フランス語、ドイツ語、英語にまつわる疑問点について教えていただいた。どなたも快く専門的知見を提供してくださりありがたかった。小島令子、宮崎眞帆、撫原華子の各氏には原稿の読みやすさのチェックや資料収集で助力をいただいた。訳者一同、感謝に堪えない。

初校を献身的に検討してくださった校正者の小泉智行氏にはお礼の言葉も見つからない。氏はこの浩瀚な書の訳文全体に対して、学問的専門性に裏付けられた精緻な読みで多くの適切な助言を含む、綿密な校正を忍耐強く遂行してくださった。氏の存在は本書にとって幸運であったとしか言いようがない。まだ誤り等が残るとすれば、それらはむろん訳者の責任である。

そもそも数年前に、本書の翻訳をやってみないかと声をかけてくださったのは中央公論新社学芸局の郡司典夫氏であった。人類の知の営みそのものに迫る本書を、詳しく読み日本語にするという作業に携われたことをありがたく思う。願わくは、本書が読者の知的好奇心に応え、学術研究の胸躍る楽しさを味わっていただく一助とならんことを。

住本規子

二〇一八年五月吉日

1 Paula Findlen, "Before the Flood: Information Before the Information Age", *The Nation*, May 2, 2011, p. 35.

2 早い反応には NPR News の Talk of the Nation に取り上げられたインタヴュー（Tony Cox, host, "Information Overload Is Not Unique To Digital Age"〈https://www.npr.org/2010/11/29/131671951/information-overload-is-not-unique-to-digital-age〉最終閲覧 May 14th, 2018）があるほか、主要な書評の情報についてはブレアのウェブサイト（https://projects.iq.harvard.edu/ablair/publications-0）が参考になる。

3 Ann Blair, "Annotating and indexing natural philosophy", *Books and the Sciences in History*, eds. Marina Frasca-Spada and Nick Jardine（Cambridge: Cambridge UP, 2000）, p. 69.

4 Daniel Rosenberg, "Early Modern Information Overload", *JHI*, Vol. 64, No. 1 (2003), p. 2.

5 次を参照。ヒロ・ヒライ＋アダム・タカハシ『インテレクチュアル・ヒストリーと哲学史・思想史――対談』Kindle ASIN: B01D8VMU1Y, 2016, 783/1072.

6 *JHI*, vol. 53, No. 4 (1992), pp. 541-51. コモンプレイス・ブックについての重要な研究書としては以下の二点が挙げられる。すなわち、Sister Joan Marie Lechner, O.S.U., *Renaissance Concepts of the Commonplaces*（New York: Pageant Press, 1962）と、Ann Moss, *Printed Commonplace-Books and the Structuring of Renaissance Thought* (Oxford: Clarendon Press, 1996) である。日本語の論文に栗山啓一「イギリス・ルネサンスにおける引用辞典とコモンプレイス・ブック」『英語英米文学』、中央大学英米文学会、第三三号（一九九三年）二〇七－三一頁があり、大変参考になる。

7 Peter Burke, *A Social History of Knowledge from Gutenberg to Diderot*, Cambridge: Polity Press, 2000, p.180.（ピーター・バーク『知識の社会史』井山弘幸・城戸淳訳、新曜社、二〇〇四年、二七三頁参照）

8 Ann Blair, Book Review "Peter Burke. *A Social History of Knowledge. From Gutenberg to Diderot*. Cambridge: Polity Press, 2000. 212pp." *History of Universities*, vol. XVII (2001-2002), pp. 206-209.

9 http://history.fas.harvard.edu/files/history/files/blair-theaterofnature.pdf

10 Ann Blair, *The Theater of Nature: Jean Bodin and Renaissance Science*, Princeton: Princeton UP, 1997, p. 9.

11 ブレアのウェブサイト https://projects.iq.harvard.edu/ablair/too-much-know-supplements 参照。『ポリアンテ

ア』のコピー総覧にはウェブキャットからの情報として、一五〇八年版と一六二四年版がそれぞれ一冊ずつ日本国内に所蔵されていることが記されている。ウェブキャットによれば、東京大学総合図書館と関西大学図書館がそれらの所蔵館である。『人生の劇場』および『人生の大劇場』は残念ながら、国内の所蔵はない。

12　次をそれぞれ参照。Angela Nuovo, Review, *Renaissance Quarterly*, vol. 64, No. 3 (Fall 2011), p. 894. Paula Findlen, "Before the Flood", The Nation, May 2, 2011, p. 35.

13　前掲『インテレクチュアル・ヒストリーと哲学史・思想史』780/1072。

14　たとえば、次を参照。ヒロ・ヒライ＋小澤実「はじめに」、ヒロ・ヒライ、小澤実編『知のミクロコスモス——中世・ルネサンスのインテレクチュアル・ヒストリー』中央公論新社、二〇一四年、一—七頁。ヒロ・ヒライ「インテレクチュアル・ヒストリーの新しい時代——解題にかえて」、A・グラフトン著、ヒロ・ヒライ監訳『テクストの擁護者たち——近代ヨーロッパにおける人文学の誕生』勁草書房、二〇一五年、四六一—六八頁。前掲『インテレクチュアル・ヒストリーと哲学史・思想史』。

15　デイヴィッド・ピアソン著、原田範行訳『本——その歴史と未来』ミュージアム図書、二〇一一年、一八二頁。

16　たとえば、フォルジャー・シェイクスピア図書館のオンラインカタログ「ハムネット」。エディション共通の情報のほか、当該コピーに特化した情報も「フォルジャー・コピー・ノート」として掲載している。

17　本書第4章、注16参照。

18　"Polyanthea. MS. Notes [by Henry VIII.] Saonae, 1514. C.45.g.9." R.C. Alsto, *Books with manuscript: A short title catalogue of books with manuscript notes in the British Library*, The British Library, 1994, p. 397. この資料からわかることは、当該コピーにヘンリー八世の書き込みがあるという事実のみで、書き込みの具体的な内容と量は実際に閲覧調査しないとわからない。ブレアの報告は貴重である。

19　Philip Gaskell, *A New Introduction to Bibliography*, (Delaware: Oak Knoll, 1995) p. 127.

20　植字工の決定事項である折丁記号の種類や印字のスタイルには時代や地域によって変化が見られる。上述した内容はあくまで一般論でしかない。折丁記号に使用される記号は前付け部分でとくにさまざまな可能性があり、地域色が見られるという。詳細は次を参照。R. A. Sayce, "Compositorial Practices and the Localization of Printed Books, 1530-1800", *The Library*, 5th ser. Vol. XXI, No. 1(1966), pp. 1-45.

21　本書に登場する例では、Petrus Gassendus, *The Mirrour of True Nobility and Gentility Being the Life of the Renowned Nicolaus Claudius Fabricius, Lord of Pieresk*, Englished by W. Rand (1657) がある。一七世紀に出版されたシェイク

スピアの作品集の初版と第二版では喜劇、史劇、悲劇というジャンルごとに頁番号を振り直している。なお、第三版では通し頁番号が、第四版では、喜劇に頁番号が振られた後、史劇と悲劇には通しで新たな頁番号が振られている。明星大学シェイクスピア・コレクション・データベース（http://shakes.meisei-u.ac.jp）を参照されたい。

22 たとえば、三枚重ねて折る二つ折り本のAというギャザリングの折丁記号は頁順に以下のように並ぶ。A1r、A1v、A2r、A2v、A3r、A3v、A4r、A4v、A5r、A5v、A6r、A6v。表頁を表す「r」は省略されることもある。なお、同一本の中であっても、個々の折丁によって何枚重ねて折るように印刷されているか、異なる場合がある。

23 キャッチワードは次の頁の頭に印刷すべき単語を前の頁の右下欄外（折丁記号が植字されるフッター部分と同じ行）に記したもので、組版を整えるさいの確認に使われた。

24 横長な全紙の横方向に出る細かいレイドライン（laid line）や縦方向に出る一インチ程度の間隔のチェインライン（chain line）、それにウォーターマーク（watermark：透かし）がある。

25 本書表4・1の注記。

26 *This Is Enlightenment*, eds. Clifford Siskin and William B. Warner (Chicago: University of Chicago Press, 2010), pp. 139-63.

27 Ann Blair, "The Rise of Note-Taking in Early Modern Europe," *Intellectual History Review*, Vol. 20, No.3 (2010), p. 306.

28 アン・ブレア、ティファニー・スターン、ピーター・バークらによる当日の発表は英語字幕付きの動画で見ることができる（http://www.radcliffe.harvard.edu/video/take-note-welcome-remarks-and-presentation-take-note-virtual-exhibition）最終閲覧日、二〇一八年五月一四日。

29 講演はウェブサイトに掲載されている動画で見ることができる。"Hidden Hands: Amanuenses and Authorship in Early Modern Europe" (https://repository.upenn.edu/rosenbach/8/)（最終観覧、二〇一八年五月一四日）

30 ハーヴァード大学アン・ブレアの個人ウェブサイト（https://projects.iq.harvard.edu/ablair/biocv）による。最終閲覧日、二〇一八年五月一四日。

136 Mouchon (1780).

137 18 世紀の編纂者たちについては、Brot (2006), 87-93 と Edelstein (2009) を参照。『百科全書』における執筆者の問題については、Schwab (1969) と Kafker (1988) を参照。この点に関して有益な会話を交わしてくださったフランク・A・カフカーに心より感謝する。

138 騎士ド・ジョクールはそのような無名の秘書を一人雇っていた。Perla and Schwab (1971), 451 を参照。

139 Volpilhac-Auger (2003), 87.

140 Voltaire, "Livre" in *Dictionnaire philosophique*. Désormeaux (2001), 61 の引用のとおり。ヴォルテールの執筆方法については、Ferret et al. (2007) を参照。

141 Jouffroy-Gauja and Haechler (1997).

142 Georg Philip Harsdörffer, *Delitiæ* (1653, repr. 1990), 57. Zedelmaier (2001), 22 の引用のとおり。*OED*, "look" g. Consulter: "Il faut que je consulte mes Livres." Furetière (1690), "consulter."

143 Boswell (1934), 2: 365. Kernan (1987), 213-14 の議論のとおり。

144 Boswell (1934), 4: 308. ジョンソンがモルホーフに負うている恩義については、Boswell (1835), 2: 336-37, appendix 2, reprinting an account in the *New Monthly Magazine*, December 1818 を参照。Evans (1977), 143 の議論のとおり。

145 W. R. Keats, "Two Clarissas in Johnson's Dictionary," *Studies in Philology* (1957): 429-39. DeMaria (1997a), 89, 100 の引用のとおり。

146 Boswell (1934), 3: 284-85. Lipking (1991), 159 の議論のとおり。

エピローグ

1 テレグラフにいたるまでの技術的発展については、Headrick (2000) を参照。テレグラフからシリコンチップ、通信衛星、セルテクノロジーにいたるまでは、Feather (2004) を参照。オフィスでの情報管理については、Beniger (1986) および Yates (1989) を参照。メモについては、Guillory (2004) を参照。

2 Schofield (1999), 96.

3 Trolley and O'Neill (1999); Wouters (1999).

4 Rayward (1975); Levie (2006). オトレについて助言してくださった、アレックス・チサールに謝意を表する。

5 Bush (1945). ヴァネヴァー・ブッシュに対する冷厳な評価については、Buckland (2004) を参照。インターネットの起源については、Gillies and Cailliau (2000) およびインターネットの主要創設者であるティム・バーナーズ=リーのウェブサイトを参照。http://www.w3.org/People/Berners-Lee/ (2008 年 7 月閲覧)。

6 Varlejs (1999), 53 の引用のとおり。Yeo (2007a), 40ff を参照。

7 Cady (1999).

8 Whitrow (1999).

9 Cochrane (1992), 13. この労働時間数は、1 日 8 時間週 5 日労働という今日の基準にもとづいて算出したため、実際よりも少なく見積もられているかもしれない。

10 Menzies and Hu (2003) を参照。

11 Starn (1975) を参照。

12 Levy (2001), 101-3. 脱文脈化については、Mayer-Schönberger (2009), 78 を参照。

114 Labarre (1975), 104-9.
115 Furetière (1690), preface, sig. *3r.
116 Diderot and d'Alembert (1751-80), 4: 958, article "Dictionnaire" (signed "O" for d'Alembert). Kafker (1988), 2 を参照。
117 近代ヨーロッパ教育制度におけるラテン語の長いキャリアについては、Waquet (1998) を参照。『パルナッソスへの階梯』については、Compère and Pralon-Julia (1992), 98-108 を参照。『パルナッソスへの階梯』のようなツールにスタンダールが依拠したことについては、Didier (1996), 14 を、ジュール・ヴァレスのそれについては、Waquet (1998), 171 を、それぞれ参照。
118 Price (2000), 71 を参照。
119 M. Cohen (2003); Cochrane (1992).
120 近代の例としては、Andreas Birch, *Variæ lectiones ad textum Evangeliorum* (1801) から Raphael Rabbinovicz, *Variæ lectiones in Mischnam et in Talmud Babylonicum* (1867-86) まで及んでいる。
121 Wild (2001); Beugnot (1981).
122 コモンプレイシングの持続性については、次を参照。Havens (2001); Herrick (1998). イーディス・ウォートン、E・M・フォースター、キャサリン・マンスフィールド、それに、W・H・オーデンはコモンプレイス・ブックをつけていた。合衆国では、19 世紀にスクラップブックがコモンプレイス・ブックを凌いでいった。初期近代における各国語でのコモンプレイシングの始まりについては、Moss (2005), 47-48 を参照。
123 Yeo (2001), 116.
124 Furetière (1690), preface, sig. * [4] r-v. Merlin (2003) を参照。
125 Furetière (1690), sig. *3v.
126 A. Miller (1994) を参照。もう一方の主な対抗作品である *Dictionnaire de l'Académie* については、Quemada (1998) を参照。
127 たとえば、Lorenzo Cresso, *Elogii d'huomini letterati*（『学識者の称賛』）, Venice, 1666 を参照。フランスの哲学者伝については、Ribard (2002), ch. 4 を参照。弔辞から作成されたドイツの *Gelehrtenlexika*（『学識者辞典』）については、Nelles (2000), 56 を参照。より一般的には、次を参照。Yeo (2001), 17-18; Yeo (1996). すでに中世において、聖人、博士、あるいは地域の著名人たちの伝記のコレクションがあったが、レファレンス書らしい見た目の体裁は施されていなかった。
128 A. Miller (1981), 15-24.
129 Van Lieshout (2001), 104, 256.
130 Gasnault (1988), 143. 〔ベールの『歴史批評辞典』の〕所有者については、Mornet (1910), 460 を参照。パリ人たちがどのようにベールを読んだかについては、Labrousse (1987) を参照。
131 『百科全書』とその文脈に関する膨大な批評資料への入り口については次を参照。Kafker (1988); (1996), Darnton (1979); (1982)、最も新しいものでは Leca-Tsiomis (1999)。相互参照については、Darnton (1985), 200 を参照。ジョクールによるロックの暗黙裡の使用については、Edelstein (2009), 15-16, app. C を参照。
132 Didier (1996) を参照。1762 年、一人の同時代人は、10 年前にはほとんど知られていなかった「Enzykopädie」というドイツ語が誰でも知っている用語になっていると論評した。Friedrich Molter, *Kurze Encyklopädie oder allgemeiner Begriff der Wissenschaften* (Karlsruhe, 1762), Vorrede. Dierse (1977), 4 の引用のとおり。
133 Rétat (1984), 189. Kafker (1994b), 391-92: *Encyclopédie méthodique*（『アルファベット順百科全書』）, 1782-1832 は 158 巻の本文と 51 巻の図版からなっていた。*Oekonomische Encyklopädie*（『経済に関する百科事典』）, 1773-1858 は 242 巻に及んだ。
134 オンラインで読むことができる。http://mdz10.bib-bvb.de/~zedler/zedler2007/index.html. 〔2017年10月現在、つながらない。ただ、https://www.zedler-lexikon.de/ で読むことができる。〕Quedenbaum (1977), 299 は『万有語彙辞典』が 12 万 5142 個の段（コラム）でできていた、と具体的に述べている。私は、1 行当たり 8 語、1 段 67 行で総単語数 6707 万 6112 語と概算した。次を参照。Schneider (2004); Carels and Flory (1981).『百科全書』については、2 段組み、1 頁当たり 74 行、1 行当たり 9 語、（補遺 4 巻を含めて）21 巻の本文、1 万 9104 頁を数えてくださったマット・ロイに謝意を表する。
135 ただし、『ドイツ百科全書（*Deutsche Encyclopädie*）』（1778-1807 年）はアルシュテートに言及した。Goetschel et al. (1994), 268 を参照。

86 13世紀におけるオリジナルへの評価については本書第1章を参照。16、17世紀における文脈への興味の増大とそれに貢献した（なかでも法学、神学、史料編修といった）複数の分野については、Burke (2002), 154-58を参照。

87 リドゥワーン、ジャミーウ、それにエラスムスについては本書第1章を参照。また、ウァレリウス・フラックス〔作の『語の意味について』〕のフェストゥスによる要約本がたった1冊を除き他のすべてのオリジナル本の絶滅をいかに引き起こしたかについてのアントニオ・アグスティーンの説明も参照。Grafton (1983), 134-35.

88 Wheare (1685), 39（強調は原著）. Baillet (1685), I.11, 453, 457-58.

89 Vincent of Beauvais (1964), col. 8, prologue, 10.

90 Bayle (1740), III, 53 ("Langius").

91 John of Salisbury (1971), I.2-6, e.g., 14. Munk Olsen (1982), 160の議論のとおり。*Chartularium Universitatis Parisiensis*, III, ix, ed. Denifle and Chatelain (1894). Hamesse (1990), 228の引用のとおり。

92 John Locke, *A Paraphrase and Notes on the Epistles of St Paul* (1733), vi-vii. Stallybrass (2002), 50の引用のとおり。この点への洞察については、私の同僚のデイヴィッド・ホールに謝意を表する。

93 De Weerdt (2007a), ch.5を参照。

94 「小さな断片（little gobbets）」に頼ることに対するペトラルカの批判については、Quillen (1998), 76を参照。18世紀の例については、Byrd (2001), ch.4を参照。また、次も参照。Roger Ascham, *The scholemaster* (1570), 42v-43r. Baldwin (1956), I.698の引用のとおり。Drexel (1638), 58; Sorel (1673), 8-9. 後者は本書第2章の議論のとおり。

95 Comenius (1986), 366-67中の「ラテン語学習の完全な指導に関する教育的論究（*De Latinæ linguæ studio perfecte instituendo didactica dissertatio*）」。Mejor (1994), 658の議論のとおり。

96 次を参照。Montaigne (1988), III.13, 1069; Burton (1927), 20 ("Democritus to the Reader"). Jonathan Swift, *Tale of a Tub* (1958; first published 1704), 148. Yeo (2004a), 10の引用のとおり。

97 Malebranche, *Recherche de la vérité* (1674), IV.8.3. Compagnon (1979), 233の引証のとおり。

98 Décultot (2003a), 22-25を参照。

99 Naudé, *Apologie des grands hommes* (1625), 641-42. Bianchi (2001), 44の議論のとおり。

100 Moss (1996), 277. モスは、ラミがその批判対象からアルシュテートの『七分野の百科事典』を除外していると指摘している。

101 Baillet (1685), I.11.467 and 462.

102 この時代における歴史的論証については、次を参照。Grafton (2007); Burke (1969).

103 そのような競争の例については、Haugen (2011) ch. 4 (on Temple) を参照。

104 Grafton (2003), 39の引用のとおり。

105 Richard Montague, *Diatribe upon the first part of the Late History of Tithes* (London, 1621), 415-16. Feingold (2001), 163の引用のとおり。

106 衒学者の人物像については、Royé (2008) を参照。

107 Ménage (1715), I, 137.

108 Huet (1722), 171-73 (#74): causes de la décadence des lettres. ユエについては、Shelford (2007) を参照。

109 Descartes (1996), 10: 497-98.

110 Baillet (1987), VIII.3, in 2: 469.

111 この論争については、次を参照。Perrault (1964); Fumaroli (2001); Levine (1991); Haugen (2011). パリ大学のカリキュラムについては、Brockliss (1987) を参照。

112 Hazard (1935). 批判については、Mesnard (1985) を参照。この時代に対するより最近の解釈については、Israel (2001) を参照。

113 『このポリアンテアは、文章の最も香しい花々を含む、詞華集あるいは小作品 …… トマス・ア・ケンピス以来の匿名著者・収集家によって蓄積されたもの（*Polyanthea hoc est florilegium seu opusculum continens suavissimos sententiarum flores ... ab authore collectore congestum qui ex Thom. a Kempis amat nesciri*）』(Cologne: Johannes Petrus Muller, 1735) なるタイトルをもつ作品は、一風変わった、作者不詳で、ナニ・ミラベッリの『ポリアンテア』よりずっと短い作品である。その写しを送ってくださったイリノイ大学アーバナ・シャンペーン校図書館に謝意を表する。

照。スカリゲルの教師としてのロディギヌスについては、Morhof (1732), I.1.21, sec. 50, 247 を参照。

64 J. C. Scaliger (1999), 116. この参照箇所を教えてくださったミシェル・マニャンに謝意を表する。

65 M. Casaubon (1999), 177. 次も参照。Feingold (2001), 162-64.

66 Titius (1676), 102. Sorel (1673), 8 および、Moss (1996), 150 and quotation #183 に引用された Johannes Sturm も参照。

67 Hess (2003), 143.

68 Sherman (2008), 162 に引用されているとおり、〔ジョン・〕ブリンズリーは消せるように鉛筆を使うことを勧めた。知られているかぎり、グラファイト・ペンシルについての最初の描写は 1565 年のコンラート・ゲスナーによるものである。Stallybrass et al. (2004), 409. 鉛筆での書き込みについては次を参照。オックスフォード大学モードリン・コレッジ所蔵の Zwinger (1571a)、オックスフォード大学ベリオール・コレッジ所蔵の Zwinger (1586) および Gesner (1583)、ボドリオン図書館所蔵の Rhodiginus (1517)。オックスフォード大学ジーザス・コレッジ所蔵の *Polyanthea* (1617) には赤鉛筆の書き込みがある。ジョン・イーヴリンの鉛筆書きの予備的ノートは、おそらくは保存性を高めるために多くの場合、彼自身あるいは他の人によってインクでなぞられ、上書きされた。次を参照。Evelyn, "Miscellaneous notes," British Library MS Add 15950, e.g., 78vff. ここでは、最初鉛筆で書かれた本のリストをイーヴリンはインク書きに変えている。ジョン・オーブリーがイーヴリンの手書きノートにインクで上書きしていることについては、Yale (2008), 170-71 を参照。

69 ブレイズノーズ・コレッジ所蔵の Rhodiginus (1666)（第 1 巻中のすべての章は目次にチェックマークが入れられている）、およびオックスフォード大学セント・ジョンズ・コレッジ所蔵の Rhodiginus (1517)（55 頁まで書き込みがされている）。

70 Henri de Mesmes, *Excerpta*, BnF MS Add Lat. 8726, 105-39（『スーダ辞典』について） and 139-62（エティエンヌについて）。18 世紀には、ヴィンケルマンがベールとツェドラーから大量のノートを取った。Décultot (2003b), 94 を参照。

71 たとえば、この読者は「Me Sin」をこの行の上に「ue」と書き加えて「Muesin」に修正した。シカゴ大学ジョゼフ・レーゲンスタイン図書館所蔵の Beyerlinck (1666), VII.T231 参照。

72 ケンブリッジ大学セント・ジョンズ・コレッジ所蔵 Zwinger (1565) の索引および本文への書き込みを参照。Erasmus (1508) への書き込みを参照。本書第 3 章の議論のとおり。また、ホートン図書館所蔵の Erasmus (1515) も参照。遊び紙にホメロスから抜粋した文章の手書きリストがある。

73 ケンブリッジ大学トリニティ・コレッジ所蔵の *Polyanthea* (1514) およびケンブリッジ大学エマニュエル・コレッジ所蔵の *Polyanthea* (1575)。

74 ケンブリッジ大学キングス・コレッジ所蔵の *Polyanthea* (1539)。

75 オックスフォード大学ニュー・コレッジ所蔵の *Polyanthea* (1503), ccxxxii verso。オックスフォード大学セント・ジョンズ・コレッジ所蔵の *Polyanthea* (1567), 353。マギル大学マクナレン図書館所蔵の *Polyanthea* (Strasbourg, 1517), cviii verso。

76 オックスフォード大学ジーザス・コレッジに遺贈されたとおり。Fordyce and Knox (1937), 27-28 を参照。

77 ミュンヘンのバイエルン州立図書館所蔵の Zwinger (1575), 2860。

78 ケンブリッジ大学セント・ジョンズ・コレッジ所蔵の Zwinger (1565), 1208, 1213, 1243。

79 四つ折り判 Lycosthenes (1557) および、俗語二つ折り判 Lycosthenes (2007) を参照。『人生の劇場』は「ラテン語の作品としてはほぼこれ以上ないほど大衆向けとして出版された」。Moss (1996), 197 を参照。

80 シカゴ大学レーゲンスタイン図書館所蔵の Zwinger (1586), XV.2, 2978。

81 エマニュエル・コレッジ所蔵の Zwinger (1586), 86, 212。序文全体についての書き込みについては、ホートン図書館所蔵の Zwinger (1565)。

82 ミュンヘンのバイエルン州立図書館所蔵の Zwinger (1575), 17。

83 ケンブリッジ大学キングス・コレッジ所蔵の *Polyanthea* (1539), s.v. "mendacium"。

84 *Polyanthea* (1613). ヒリアードは 1693 年（トリニティ・コレッジに）入学。1699 年にはペティコート・レインの礼拝堂の説教者であった。彼はその後 1704 年にリンカンの聖堂参事会員に任ぜられた。

85 オックスフォード大学モードリン・コレッジ所蔵の Zwinger (1571a), 288 ff., 3191。第 19 巻の図に、関連する頁番号が書き込まれている。

36 Juvenal, *Satires*, VII, 228-43. 人文主義の教師たちについては、Grafton and Jardine (1986), chs. 1 and 4 を参照。

37 Naudé (1903), 59-60 (italics from 1661), and (1963), 65-66.

38 Giovanni Nanni (Annius of Viterbo), *Antiquitatum variarum autores* (Paris: Joannes Parvus and Jodocus Badius, 1512), bk. 4 を参照。この点に関して手を貸してくださった、リュック・ディーツに謝意を表する。

39 Wood (1691-92), II, 705.

40 Fraunce (1906), V.8, 91, lines 2707-9. この参照箇所を教えてくださったカーラ・マッツィオに謝意を表する。Mazzio (2009), 8 を参照。ここで言われた一覧表(tables)は、ツヴィンガーの二分法的樹形図を指していた可能性があるが、索引を指していた可能性もある。

41 Schupp, *Orator ineptus* (1659) and tr. Balthasar Kindermann, *Der deutsche Redner* (1665), teil 2, sig. avi. Cahn (1994), 65-66 の引用のとおり。この引用のドイツ語については、ギルベルト・ヘスとトマス・エルトマンにお世話になった。彼らに謝意を表する。

42 Seneca, *De tranquillitate animi*, IX.4 を参照。この一節によって生み出された緊張については、Nelles (1994), 134 を参照。初期近代スペインにおけるこれ見よがしの蔵書に対する広く行き渡ったカリカチュアについては、Géal (1999), 269 を参照。

43 Zwinger (1565). バイエルン州立図書館所蔵。

44 Gass (1918), 26. ケゼルスベールの「美しい金細工の施された (*in hübscher Goldschnittfassung*)」『ポリアンテア』の1冊を描写している。ただし本コピーの小口の金は後の時代に加えられた細工であろう。この情報をくださったケゼルスベール(アルザス地域圏)自治体間連合役場のアネット・ブラウンに謝意を表する。ベルネッガーについては、Malcolm (2004), 216 を参照。

45 *Polyanthea* (1648), 1007. Zwinger (1586), 656 (そのほかには正確な引用は提供されていない) および、Rhodiginus (1542), XIII.24, 494 (これ以外の版の『ポリアンテア』での XXIII.4 や XXIII.24 という出典表記には、一、二の数字に誤りがある) を参照。

46 Zwinger (1586), sig. **1v-2r. Beyerlinck (1608) を参照。

47 Selden (1689), 9-10. 引証に対する中世における類似の方針については、Goddu and Rouse (1977), 489 を参照。より一般的な引用の役割については、Compagnon (1979) を参照。

48 Gesner (1559), sig. a5v.

49 初期近代の剽窃の考え方については、Kewes (2003) および Cherchi (1998) を参照。論争例については、Jardine (1984) を参照。〔初期近代の出典表記なしの借用を是認する〕特認権制度も、18 世紀の著作権法も、どちらも表現や概念のオリジナリティを保護しようとするものではなかった。Stern (2009) を参照。

50 Lane (1999), ch. 1 を参照。

51 Garavini (1992). また、Garavini (1994), 75-81 も参照。モンテーニュの編纂物使用全般について、また、とくにツヴィンガーの使用については、Villey (1933), 2: 27-32 および 1: 270-71 を参照。

52 Zwinger (1565), 447; Montaigne (1988), II.33, 728-35.

53 Lotspeich (1932), 14-19 を参照。この手がかりを教えてくださったピーター・リンデンバウムに謝意を表する。

54 Ong (1976), 122-23. Ravisius Textor (1524) に言及している。

55 Hammond (2003); Tottel (1965).

56 Paterson (2000) を参照。

57 Hoeniger (1575). Hieronymus (1997), II, #534 の議論のとおり。

58 Nelles (1994), 209 注記のとおり。Hospinianus, *De templis* (1672), 369 および Zwinger (1586), 3816-19 を参照。

59 Scaliger (1695), 170, 83, 179-80.

60 Grafton (1997), 153.

61 Mark Pattison, *Isaac Casaubon, 1559-1614* (London, 1875), 123. Nuttall (2003), 146 の引用のとおり。

62 De Jonge (1977), 24-25, sigs. B1r-B2r.

63 次を参照。J. C. Scaliger (1994), I, 55-56 and 283n431, and III, 231n837. これらの参照箇所を教えてくださったリュック・ディーツに謝意を表する。スカリゲルの詞華集使用については、Ullman (1928), 162 を参

18 Leedham-Green (1992), # 1.26 and 1.183.

19 バイエルン州立図書館所蔵 1552 年版『ポリアンテア』。中世の手書きの譜面の断片で製本されている。似たような製本については、シカゴ大学レーゲンスタイン図書館所蔵の 1583 年版ゲスナーを参照。

20 価格の書き込みがあるフランス国立図書館所蔵の Bartholinus (1691), 45-46。Georgi (1742), 143-44 では、バイヤーリンクのコピーが 40、44、60、それに 68 ターレル(それぞれのコピーの製本具合による価格差であろうと思われる)に値付けされた。

21 1539 年版『ポリアンテア』は、1592 年にフェローのロジャー・グッドの寄贈でケンブリッジ大学キングス・コレッジに収蔵された。ケンブリッジ大学エマニュエル・コレッジ所蔵の 1586 年版『人生の劇場』には、トマス・バウネスト (BA 1590-91) と、その息子か甥とおぼしきウィリアム・バウネスト (BA 1620-21) の書き込みが残されている。

22 1539 年版『ポリアンテア』、コーネル大学図書館蔵。

23 バイエルン州立図書館所蔵の複数冊。

24 聖職者の中では、ピーターバラ主教、フランシス・ディーが 1617 年版『ポリアンテア』に 1638 年に書き込みをしている。コヴェントリーとリッチフィールドの主教、トマス・モートン師 (BA Cantab. 1586-87) は 1604 年版ツヴィンガーを寄贈した(両方ともケンブリッジ大学セント・ジョンズ・コレッジでのことだ)。医師では、医学博士でフェローのウィリアム・パディーが 1602 年に 1567 年版『ポリアンテア』を寄贈した(オックスフォード大学セント・ジョンズ・コレッジ)。リヨンの医師アンドレア・ファルコンは『人生の劇場』(1565 年)の 1 冊に書き込みをした(フランス国立図書館所蔵)。法律家たちはオックスフォード大学ブレイズノーズ・コレッジ所蔵の『ポリアンテア』(1507 年)の 1 冊、バイエルン州立図書館所蔵の 1565 年版ツヴィンガーの 1 冊に書き込みをしている。

25 大英図書館所蔵本。この 1 冊には異なるインクでラテン語による注釈も書き込まれている。その書き込みの判読で Casparus Keselmaichler という(またはこれと近い)読みを示していただいたマグダ・テーターに、さらには、所有者の特定のために手を貸してくださったエリシェヴァ・カールバック、デブラ・カプラン、とりわけスティーヴン・バーネットに謝意を表する。所有者は、ハイデルベルク大学で 1540 年に法学の学位を取得した、ランダウ(シュトラースブルク近郊だが、現在はドイツ領)のカスパー・ケッセルマイヤーなる人物であった可能性がある。Toepke (1889), 1: 574 参照。ユダヤ人は大学で勉強することを許されていなかったので、このケッセルマイヤーはキリスト教に改宗したユダヤ人、もしくはヘブライ語を知っていたキリスト教徒のどちらかであっただろう。初期近代のアルザス地方におけるユダヤ人社会は 16 世紀には約 100 から 115 家族を数えており、ランダウには 1545 年に追放されるまでユダヤ人が住民に含まれていた。Weill (1971), 53-54 参照。この参照箇所を教えてくださったチャールズ・リグズに謝意を表する。

26 『ポリアンテア』(1669 年)には「やんごとなき選帝侯妃アーデルハイト夫人の蔵書から (ex libris serenissimæ electricis Adelaidis)」と書き込まれている(このほかに書き込みはない)。バイエルン州立図書館所蔵。サヴォイアのヘンリエッテ・アーデルハイト (1636-76 年) は 1651 年からバイエルン選帝侯となったフェルディナント・マリアと結婚する。彼女は学芸の庇護者として名高い。von Bary (1980). この特定については、チャールズ・ドラマンドに謝意を表する。『ポリアンテア』(1585 年)には「跣足カルメル会プラハ女子修道院の蔵書から (ex libris conventus Pragensis Carmelitarum Discalcatarum)」と書き込まれている。コーネル大学蔵書。

27 Houllemare (2004). フランスの官僚クラスにとって詞華集がいかに大切であったかについては、Vogel (2000) を参照。

28 Bayley (1983), x-xi.

29 Comerford (1999), 203, 213.

30 Siraisi (2008), 89-90 および Agasse (2000), 239 を参照。

31 それらしき例の一つは、16 歳のトマス・アンダーヒルによる書き込みが残る 1575 年版『ポリアンテア』である。ケンブリッジ大学エマニュエル・コレッジ所蔵。

32 Aquilon (1988), 154.

33 Calepino (1554), sig. air, preface.

34 Gerritsen (1991), 157.

35 Vittori (2001), 30, 47-53. この参照箇所を教えてくださったクリストファー・カールスミスに謝意を表する。

173 *OED* の制作については、Murray (1977) および Winchester (1998), 95-96 を参照。

174 編纂の自動化については、N. Cohen (2008) を参照。この参照箇所についてはリア・プライスに謝意を表する。18 世紀におけるレファレンス書については、Stern (2009), 73-75 を参照。ツェドラーの競争相手の編纂者たちは、彼の『万有語彙辞典』は自分たちの作品から剽窃しないかぎり書くことは不可能であることを理由に、ドイツのさまざまな宮廷を利用して、その制作と配布を妨害した。Quedenbaum (1977), 68 ff を参照。

第 5 章

1 これらのやりとりの例については、Maclean (2007) を参照。

2 Fragnito (2001) および Firpo (1970) を参照。ツヴィンガーの『人生の劇場』はアントウェルペンで 1570 年に、パルマで 1580 年に、ポルトガルで 1581 年に、それぞれ禁書リストに挙げられた。1583 年と 1584 年のスペイン語索引では、パリでカトリックの読者用に作られた 1571/2 年版に対してすら、80 ほどもの削除が求められた。1596 年のローマの索引では修正が行われないかぎりすべての版の廃棄が求められた。次を参照。Bujanda (1984-2002), 4: 461-62(Portugal); 6: 57, 265, 545, 867-68 (Spain); 7: 233-34 (Antwerp); 9: 179-80 (Parma) and 724 (Rome). アルドロヴァンディに与えられた許可については、本書第 4 章を参照。

3 Comerford (1999), 206-7, 213. カリフォルニア大学サンディエゴ校の Zwinger (1586) とミネソタ大学の（カトリックのために用意された）パリ版 Zwinger (1571b) の両コピーには手書きでの文字削除の跡が多く残っている。別の例については、Hess (2015) を参照。ニコラ・ファブリ・ド・ペーレスクもまた『人生の劇場』に施されるべき修正を列挙する重要な手書き資料をもっていた。この情報を教えてくださったピーター・ミラーに謝意を表する。

4 Janus Gruterus, *Bibliotheca exulum* (Frankfurt, 1625). Moss (1996), 240 の議論のとおり。

5 Gilly (1985), 430-31 の描写のとおり。これに私の注意を喚起してくださったカルロス・ギリーに謝意を表する。

6 Verhaeren (1949), 918. この資料の存在に気づかせてくださったフローレンス・C・シアに謝意を表する。

7 Leonard (1947), 431; Bernstein (1946), 180. ブラジル、コロンビアおよびメキシコの国立図書館の蔵書を参照。

8 Mather (1994), lxiv の引用のとおり。出所（プロヴェナンス）についてのこの情報をくださったボストン公共図書館貴重書閲覧室のスタッフに謝意を表する。

9 ホートン図書館所蔵の 1 冊。新年の贈り物については、Davis (2000), 23-24, 36 を参照。

10 ジュネーヴ大学の宗教改革史研究所所蔵の 1 冊。この書物を閲覧させてくださったマックス・アンガマールに謝意を表する。

11 バイエルン州立図書館所蔵の Zwinger (1575)（図 4.1 に題扉の画像がある）およびシカゴ大学レーゲンスタイン図書館所蔵の Zwinger (1586) 参照。

12 Stagl (1995), 159-60.

13 オックスフォード大学ベリオール・コレッジ所蔵の 1613 年版『ポリアンテア』。1676 年生まれ、1693 年入学のサミュエル・ヒリアードの書き込みがある。

14 バイエルン州立図書館所蔵の 1567 年版『ポリアンテア』548 頁。彼が加えた手書き注釈はロドヴィコ・アントニオ・ムラトーリの『イタリア史の著述家たち（*Rerum Italicarum scriptores*）』(1723-51; facsimile edition Bologna: Arnaldo Forni Editore, 1975-89), vol. 16 (published 1730), col. 1067 の正確な引用である。

15 Geldner (1950), 38-39, 42 postscriptum). ゲルトナーは、48 フローリンはウシ 13 頭に相当すると指摘している。

16 Pettas (1995), 84.

17 Drexel (1638), 140. 製本にかかるコストは書籍の価格の 3 分の 1 と見積もられてきた。Aquilon (1988), 185 参照。比較のために挙げるなら、ライデン大学植物園担当学事長（アカデミックな地位としては中間どころ）が 1590 年代に 400 フローリンを年俸として受け取っていた。Molhuysen (1913-24), 1: 180 を参照。この点について助けていただいたブライアン・オギルヴィーに謝意を表する。

照。

156 本を加工し洗練させることについては、Barker (2006) を参照。『サミュエル・ジョンソン雑録』(*Johnsonian Miscellanies*, ed. George Birkbeck Hill, 2 vols. Oxford: Clarendon Press, 1897) をもとにして作成された余分の画入りの本は、肖像画や手稿などが加えられたために、〔2巻だったのが〕9巻に膨らんでいる。Houghton Library MS Hyde 75. この種の書物についてご教示くださった、ホートン図書館のスーザン・ハルパートに謝意を表する。

157 次の書物には、切り抜いて同書の別の図の上に貼り付けるための差し替え用の図が含まれている。Oronce Finé, *La théorique des cieux et sept planètes* (Paris, 1557). この参照箇所については、アニー・シャロン=パランに謝意を表する。

158 18世紀英語・英国刊行物データベース(ECCO)に収録されている『スーダ辞典』(1705年版)の1冊を参照(ECCO, I, 82, 83, 92)。そうした訂正のうちのいくつかは、ECCO収録のもう片方の1705年版における82頁と92頁を含め、他の諸本にも見られる。この例を教えてくださったことに対して、クリスティン・ホーゲンに謝意を表する。

159 Gingerich (1993). ボルベルについて専門家ならではの知識を授けてくださった、オウウェン・ギンガリッチに謝意を表する。他の種類の切り抜きについては、Lindberg (1979) および Karr (2004) を参照。解剖書については、Carlino (1999) を参照。本章で言及した告解手引書は Leutbrewer (1682) である。目録の記述については、Petit (1997), 187 を参照。シュトイについては、Te Heesen (2002) を参照。

160 Ringelberg, *De ratione studii*, in Ringelberg (1967), 58-59 ; Moss (1996), 137.

161 Mazarine Library, MS 4299 "Recueil de catalogues de livres imprimés et de manuscrits, par Jean Nicolas de Tralage (ジャン=ニコラ・ド・トララージュが著した印刷本と手稿本の目録集)". 本書で言及した題扉は、ベルナルダン・スリウス (Bernardin Surius) の『敬虔なる巡礼者もしくはエルサレムへの旅 (*Le pieux pèlerin ou voyage de Jérusalem*)』(Brussels: François Foppens, 1666) からのものである――これは、聖地の名所旧跡に関する大著である。

162 Décultot (2001), 35n11.

163 マイネルはそれを、常態化した「汚染」と呼ぶ。Meinel (1995), 166. 他の人々はそれを、「異種交配」による豊饒と呼ぶ。Hindman and Farquhar (1977), 101-56 を参照。

164 プラッツィウスのノート・クロゼットについては、本書第2章を参照。パリのヴィクトワール広場にある跣足アウグスチノ会の司書、レオナール・ド・サント・カトリーヌ神父のフォルダーないしは「紙入れ (porte-feuilles)」(1695-1706) については、Neveu (1994), ch. 1 を参照。

165 Olson (1981), 115; Mulsow (2001), 341.

166 たとえば、J・O・ハリウェル=フィリップス (1820-89年) が関与した「ケンブリッジ写本事件」〔ハリウェル=フィリップスがトリニティ・コレッジから写本を盗み出して書籍商に売ったとされる事件で、書籍商が大英博物館に写本を転売して事件が発覚した〕については、Schoenbaum (1993), ch. 3 を参照。2006年にはイェール大学で、貴重な古地図を切り裂いた犯人が逮捕された。

167 破壊への衝動を示す例については、本書序論および次を参照。Désormeaux (2001), 61-62; Yeo (2001), 90-91.

168 ピーター・バークが、1960年代にはタイプライターで書かれたノートを切り貼りして講義原稿を作成していたと教えてくださったことに対して、また、マルカム・スマッツが、ローレンス・ストーンも同じような方法を用いていたという思い出を語ってくださったことに対して、両人に謝意を表する。

169 エミリー・ディキンソンが、聖書を含め多くの書物を切り抜いていたことについては、Smith (2004) を参照。Céline, Le Bulletin des lettres 14 (January 25, 1933), 10-11 を参照。Compagnon (1979), 27 の引証のとおり。Blair (2003), 28 も参照。

170 Collingwood (1972), 257-61 を参照。

171 Robert Kerr, *Memoirs of the Life, Writings and Correspondence of William Smellie*, 2 vols. (Edinburgh: John Anderson, 1811), 1: 362-63 (emphases in the original). Richard Yeo (2001), 180 の議論のとおり。

172 Reddick (1996), 43, 38, 4-5. ジョンソン博士が紙片を用いたことについては、Samuel Johnson (2005), 419-25 を参照。カール・フォン・リンネ (リンナエウス) も1760年代に、他のさまざまな技を試した後、紙片を利用することを「再発明」したと思える。Müller-Wille and Scharf (2009), 19 ff を参照。

136 次を参照。Lycosthenes (1998); Gesner (1551a); Burmeister (1963), 138; *Geographiæ Claudii Ptolemæi Alexandrini* (Basel: Henricpetri, 1552).

137 Zwinger (1586), sig. ***4v.

138 リュコステネスの署名の特定にご助力いただいた、カルロス・ギリーに謝意を表する。

139 Placcius (1689) の 66 頁と 67 頁のあいだの図版。

140 Gesner (1548), 20r.

141 頭部の病気については、チューリッヒ中央図書館 MS 204a (vol. 1)。胸部と腹部の病気については、MS 204b (vol. 2)。肝臓、膀胱、生殖器の病気については、MS 204c (vol. 3)。翻訳付きの見本頁が、Fischer et al. (1967), 118-19 に収録されているので参照。

142 1563 年 11 月 14 日付けのゲスナーからボアンへの手紙。Gesner (1976), 28, 71. この参照箇所については、ブライアン・オギルヴィーに謝意を表する。Ogilvie (2006), 180 を参照。あるときなど、ゲスナーは自分の書いた手紙(おそらくは出そうとしている手紙の控え)を切り刻んだ。チューリッヒ中央図書館 MS 204b, f. 40v を参照。

143 一つの例として、チューリッヒ中央図書館 MS 204b, f. 93 を参照。

144 Labrousse (1963), 47-48n97.

145 割り付けについては、Hellinga (1962), 95-96 を参照。中世の書記については、Petrucci (1995), 167 を参照。

146 プランタンは切り貼りの素材とするために印刷本を購入した。Voet (1985), 66 を参照。

147 Ing (1988), 73; Steinmann (1969), 127.

148 切り貼りによって文書を作成することについては、Siraisi (1997), 18 および Grafton (1999), 4 によって論じられている、以下を参照。Cardano, *De subtilitate* (Basel: Henricpetri, 1582), book 17, 865; Cardano, *Opera Omnia* (Lyon: Huguetan et Ravaud, 1663), III, 626.「あなたの仰せに従って、あなたが熟読なさった論文を、ばらばらにするのみならず、ここは頁全面、あそこは半分、そして別のところは四分の一ほど、というふうに鋏で切り抜き、ずたずたにすることに相成りました」。Boyle (1661), sig. A3r-v. Hunter and Davis (1996), 215 を参照。

149 Gesner (1545), 434v-435r, Handexemplar at ZB Zurich, shelfmark Dr M 3. チューリッヒ中央図書館で私を助けてくださった、ウルス・ロイに謝意を表する。ゲスナーの著書については、Leu et al. (2008) を参照。切り貼りのもう一つの例を次に挙げる。フェデリコ・チェシの「養蜂所(*Apiarium*)」は大判紙(ブロードシート)〔実際は4枚の紙を組み合わせて1枚にしたもの〕に刷られているが、チェシはその校正刷りを切り抜いてノートブックに貼り付けた。Freedberg (2002), 170 を参照。

150 チューリッヒ中央図書館所蔵の Gesner (1583) の本。頁のあいだに紙を挟むことについては、Brendecke (2005) を参照。

151 Hartlib (2002), *Ephemerides* (1641), "ars excerpendi (抜粋術)".

152 ツヴィンガーは、たとえば、『教師の務め　全 2 巻(*Officiorum scholasticorum libri duo*)』(1570 年)および『キリスト教世界の学術　全 2 巻(*Academiarum orbis christiani libri duo*)』(1572 年)の著者であるヤーコプ・ミッデンドルプから「少なからぬものを拝借した」ことを認めている。Zwinger (1586), XXVI, 4062. バイヤーリンクのランゾヴィウス(ランツァウ)からの借用については、上記参照。

153 Myers and Harris (1996) を参照。

154 de Hamel (1998) を参照。中世のイルミネーション(写本装飾部分)が 16 世紀の聖書写本に貼付された例としては、Sherman (1999), 130-31 を参照。多年にわたる有益な会話に対して、ビル・シャーマンに謝意を表する。

155 Jammes (1997), 813-17. サー・ジョン・ギブソン(1606-65 年)の手稿雑録には、印刷された書物から切り抜いた画図が含まれていた。Smyth (2004a), 126 を参照。他の例については、Smyth (2004b) を参照。ルイ一四世治下の織物職人は瓦版(カナール)から画図を切り抜いて個人的な日記の中に貼り付け、それに付随する一節を書き写していた。Chartier (1985), 72. 印刷物から切り抜かれた印刷飾り文字については、たとえば、本書第 2 章で言及したオルテリウスの『地理学の宝庫』への 18 世紀の索引を参照。BnF MS Latin 14351-53. サミュエル・ピープスとハンス・スローンによる書簡形式の歴史の概観〔スクラップブックのかたちでまとめられた〕には、手稿と印刷物の切り抜きが混在している。McKitterick (1992), 47 を参場合があるため、そうした研究は困難である。

123 Scaliger (1695), 141. Calepino (1718), sig. a3r.

124 Zwinger (1565), 8, 14-16, and (1586), sigs. **r-**2r; Lange (1662), sig.):(5v; Stevenson (1958).

125 ゲスナーの単独作業については、Wellisch (1984), 18 を参照。Braun (1990) は、例文を得るための助けにのみ言及している。しかしながら、Gesner (1545), sig. 4r を参照。ゲスナーはまた、テオドール・ツヴィンガーに「文芸にそこそこの素養があり、医学に精通した、貧しく、慎ましく、善良な若者」を探すのに手を貸していただきたいと頼んでいた(1565 年 4 月 8 日付けの手紙)。Gesner (1577), 111v-112r を参照。この参照箇所について、そして有益な会話を取り交わしてくださったことについて、キャンディス・ドリールに謝意を表する。Delisle (2009), 84-85 を参照。

126 Zwinger (1586), sig. ***5r (Lucius) および sig. *6r (Iselin) を参照。これらの箇所は、Forster (1985), 24, 56 および Hieronymus (2005), 3: 1994 に言及されている。イゼリンは後にバーゼル町議会議員になった。ツヴィンガー〈遺稿〉には、「ルドヴィクス・イゼリンの手になる、ツヴィンガーの講義にもとづくアリストテレスの最初の諸著作の注解」と題された手稿が含まれている。Universitätsbibliothek Basel Mscr F IX 7a. イゼリンはまた、ツヴィンガーの教えに従って旅行ノートをつけた。Stagl (1995), 91 を参照。

127 Calepino (1718), sig. a3v.

128 *Polyanthea* (1574), dedication, sig. () 2v. Gesner (1616), sig. AAa1v. まこと、『オノマスティコン(*Onomasticon*)』の完全なかたちの題名そのものが、「一部はコンラート・ゲスナーによって、一部は彼の友人たちによって編纂された」ことを明かしている。

129 Melville (1980), 67-68 ; Melville (1988). 用語索引については、Rouse and Rouse (1974b) を参照。

130 編纂物の作成に蠟板を用いることについては、Munk Olsen (1979), 52n2 を参照。ムンク・オルセンは、アドアール (Hadoard)〔コルビー修道院の写本室と図書室の発展を9世紀に支えた司祭かつ司書〕が自著の『集成(*Collectaneum*)』に付した序文を引用している。

131 Thomas Aquinas, *Opera omnia*, tome xlviii: *Sententia libri politicorum. Tabula libri ethicorum*, cura et studio fratrum prædicatorum (Rome 1971). 序文と『「ニコマコス倫理学」の一覧(*Tabula libri ethicorum*)』(p. B45-46) の編集は、ドミニコ会修道士の René Antoine Gauthier による。Zedelmaier (2004), 197 は、紙片を用いたか否かを完成形のテクストから判断しないようにと警告する。Daly (1967), 86 は、紙片の利用を紙が入手可能であったかどうかという問題に結び付けている。

132 「小さな紙片 (Petits billets)」および「綴じられていない半々切り紙 (demies-feuilles volantes [原文ママ])」。Considine (2008), 270-71 を参照。

133 ロディギヌスの手稿は、イタリアのロヴィーゴにあるアッカデーミア・デイ・コンコルディのコンコルディア図書館が所蔵している (MS306)。ロディギヌスの直筆手稿の数頁を見本として複製し、お送りくださった、ミケーラ・マランゴーニのご厚意に謝意を表する。とりわけ、Rhodiginus (1516), X.27, 514 に対応する手稿 f. 145v は、欄外や手稿に貼り付けた紙片の上に大量の加筆があり、お送りいただいてありがたかった。マルセル・プルーストが作り出した巻紙細工 (パプロール) の一つは 2 メートルにも及んでいた。Brée (1963), 183 を参照。この点については、ヴァージニー・グリーンに謝意を表する。

134 ゲスナーは、紙片の利用を公に推奨するだけではなく、彼の索引作成法についての問い合わせに手紙でも答えていた。Gesner (1577), 136v (チューリッヒ、1561 年 8 月 29 日付けの手紙) を参照。この点については、ローラン・ピニョンに感謝する。ゲスナーは、1560 年から 1565 年 12 月に死去するその 1 か月前まで、ツヴィンガーに手紙を書いていた。Gesner (1577), 104v-115r を参照。

135 犬に関する 2 枚の紙片には 11 個の範例が書かれていたが、1586 年の『人生の劇場』にはそのうち一つしか含まれておらず、紙片に書かれた文章を忠実に再現してもいない。紙片では「犬は汚らわしい恥知らずな動物だという理由で、ディアナの神殿があったデロス島から、犬どもは遠ざけられていた (A Delo ubi Dianæ templum fuit canes arcebantur quod impurum et procax animal canis esset)」(Alex ab Alex lib 2. cap. 14) となっているが、Zwinger (1586), 66 では「汚らわしい恥知らずな動物だという理由で、ミネルウァ女神の神殿があったアテナイ人たちの城塞と、ディアナの神殿があったデロス島から、犬は遠ざけられていた (Ab arce Atheniensium, ubi Minervæ, et a Delo, ubi Dianæ templum fuit, arcebatur canis quod impurum et procax animal esset)」(Alex Lib. 2. cap. 14) となっている。この調査に手を貸してくださった、チャールズ・ドラマンドに謝意を表する。

111 F・A・ヴォルフ(1759-1824年)の用いた方法については、Pattison (1908), 1: 342 ff を参照。この点については、ジョナサン・シーアンに謝意を表する。ヨハン・ローレンツ・モースハイム(1694-1755年)が試みたが不首尾に終わった睡眠管理法については、Neumann (2001), 52n13 を参照。

112 ロバート・バートンは『憂鬱の解剖』の中で、身心両面における「学者の煩い」について論じた。Robert Burton, *Anatomy of melancholy* (1621), pt. 1, sec. 2, memb. 3, subs. 15. 目の具合がよくないとボイルが漏らしていたことについては、Boyle (1661), sig. A3v を参照。テュルネーブについては、Lewis (1998), 313 を参照。

113 次の「モレリ(Moréri)」の項目を参照。Moréri (1759), 7: 778-89.

114 Cardano (1643), ch. 39, 187 および Cardano (2002), 151 を参照。私が後のセクションで論じるように、カルダーノも既存のテクストから切り貼りして新しいテクストを作成することを推奨した。いかに時間を短縮するかは、指南書の定番の主題でもあった。たとえば、次を参照。Grotius et al. (1645); Vossius et al. (1658); Zedelmaier (1992), 53n146.

115 ドミニク・ブウールの間違いについては、Bouhours (1988), lv を参照。カルヴァンについては、Engammare (2004), 32-37 を参照。

116 Plutarch, *On the Tranquillity of the Soul*, I, 464F. Hadot (1998), 32 の引用のとおり。

117 La Croix du Maine (1584), sig. [avii] r. これについては、Balsamo and Simonin (2002), 194 で触れられているので参照。

118 ドーニが『世界と諸地獄』に収録したピエトロ・マリオ・ブオーニ・ダ・リミニとフランチェスコ・マルコリーニによる書簡を参照。Doni, *I mondi e gli inferni* (Venice, 1562), 279, 281. Bolzoni (2001), 301 の引用のとおり。

119 Turnèbe (1581), II, sig. s2v (417頁の直前)を参照。アンリ・エティエンヌは、『ヘロドトスのための弁明(*L'Apologie pour Hérodote*)』をフランス語で書いたときの速筆ぶりを詫びたが、そこで節約した時間を、自分がより価値あるものとみなしているギリシア語やラテン語の出版物に費やすつもりだ、と述べた。Boudou (2002), 57 の引用のとおり。ブドゥの引用元は *Apologie*, I, x。

120 *Polyanthea* (1604b), typographus to the reader, sig.)(3r. これとよく似た表現が、ランゲの序文(1662年、初版は1598年)、および1607年版と1612年版の『ポリアンテア』の序文にも見られる。

121 Steinmann (1969), 160.

122 私は、Zwinger (1586), 35-36 および Zwinger (1565), 1154, 18 を比較することによって、「oblivio」(忘却)の項目に記載されている出典表記の異同を調べた。二つの版を比べると、ほぼすべての出典表記に変更が加えられていた。まず、訂正されている出典表記がある。Zwinger (1565), 18 では「ラウィシ[ウス・テクストル](Ravis [ius Textor])」からの引用とされていた、(オデュッセウス、アキレウス、プリアモスの名前が思い出せなかった)カルウィシウスについての範例は、実際は Rhodiginus (1542), XIII.31, 505 からそのまま抜粋されたものであった。1586年版はこの範例を膨らませ、出典表記をロディギヌスと正確に記し、ラウィシウスという明らかな誤記をそこから削除した。索引では「愚鈍なカルウィシウス(Calvisius hebeto ingenio)」は、obliviosi に関するセクション(735)を適切な参照先としているが、逸話は実際にはそこにない。Ravisius (1552), sig. lll2r および 734-35 を参照。また、削除されている出典表記もある。「トラキア人(Thraces)」(4までしか数を数えられなかったと伝えられている)に関するある範例は、Zwinger (1565), 18 では、出典表記が Ravis [ius] と正確に記されていた。Ravisius (1552), 734-35 を参照。だが Zwinger (1586), 35 においては、逸話は記載されているが、出典表記は記されていない。また、出典表記が付加されている場合もある。(石に打たれて文字の知識を忘却してしまった)「あるアテナイ人の男性」に関する範例は、Zwinger (1565), 1154 では「ウァレ[リウス・マクシムス](Val [erius Maximus])」lib 1 c 8 に帰せられているが、Zwinger (1586), 34 では「Val lib 1 c 8」および「Plin.(プリニウス) lib. 7. cap 24」に帰せられている。また、出典表記が一変する場合もある。(5までしか数を数えられなかった)メリティデスに関する範例は、Zwinger (1565), 18 では「Brusonius(ブルソニウス) lib 3」および「Alex(アレクサンデル・アブ・アレクサンドロ) lib 2 cap. 25」に帰せられている。すなわち、1518年に最初に出版された Brusoni, *Facetiæ et exempla*(『笑話集と範例集』)および Alexander ab Alexandro, *Dies Geniales*(『祝祭の日々』1539年)のことであるが、Zwinger (1586), 36 ではプルタルコスに帰せられている。引用元がそのように変化することは、初期の印刷されたレファレンス書ではよく見られることであり、より厳密に調査するに値する。だが、適切な検索装置がなかったり検索装置そのものがなかったりするために、引用元を特定できない

92 アルドロヴァンディの読んだ本がボローニャにあるという情報をくださった、デイヴィッド・ラインズに謝意を表する。Bologna MS Aldrovandi 33 を参照。これについては、Frati (1907), 31 および Mandosio (2002), 27 に述べられている。

93 ミネソタ大学図書館所蔵の Zwinger (1571b) を参照。

94 「カルダーノの著作すべてを合わせると、『人生の劇場』に匹敵するほどの巻数になるだろう」。Guy Patin, *Lettres inédites de Charles Spon à Guy Patin*, 206. Maclean (1994), 330-31 の引用のとおり。

95 この精妙な口絵が産出された全般的な背景については、Remmert (2005) を参照。文字数は、7468 頁、1 頁につき 2 段で、1 頁につき 77 行、1 行につき 9 語で算出し、総計 1035 万語となった。

96 ケンブリッジ大学ジーザス・コレッジ所蔵の本には前付けが付いている——そこで私を助けてくださったスーザン・コボウルドに心から感謝する。ハーヴァード大学とコーネル大学の本には前付けは付いていない。

97 Beyerlinck (1666), sig. e2r (proscenium). アントン・ヒーラト (アントニウス・ヒエラトゥス) (父) (1597-1627 年) の息子であるアントン (アントニウス) とアルノルト (アルノルドゥス) のヒーラト兄弟は、1627 年から 1632 年のあいだに活躍した。Reske (2007), 467-68 を参照。

98 Beyerlinck (1666), sig. e2v, [e3] r.

99 Beyerlinck (1666), sig. [e3] v.

100 それらの書物を、『人生の劇場』の最後の版を 1604 年に印刷したバーゼルのヘンリクペトリから受け継いだと単純に考えることはできそうにない。というのも、ヘンリクペトリが死去した 1627 年までには、バイヤーリンクはすでに作品を完成させていたからである。ヒエラトゥスは複数部の『人生の劇場』を、それらを取引で入手していた別の印刷業者から受け継いだとも考えられる。書籍商のあいだでなされる国際的な商取引の複雑さを窺わせてくれるものとしては、Maclean (2007) を参照。

101 題扉は、許可 (教会からの) と特認権 (1631 年版と 1707 年版では誰が特認権を授けたかは記されてない) を得て出版したと謳っている。リヨンを出版地とする諸本は、1655 年 9 月付けと 1678 年 2 月付けの 20 年間にわたる特認権をそれぞれ授けられていた (特認状は前付けの中に収録されている)。私が比較することができた諸本には、活字の組み方が異なっている部分があるので、それらは過去に印刷されたものの増刷には当たらない。1631 年の許可状は、ケルンのフランケン・ジーアシュトッフィウスおよび、おそらくはバイヤーリンクの同僚であるアントウェルペンのペトルス・コーエンズによって授与されている。

102 Patin (1846), 1: 196, 394.

103 バイヤーリンクの生涯に関する本書の記述は、前付けに記された略伝を主たる情報源とする。現代の伝記については、Ijsewijn (1987) および Paquot (Louvain, 1768), 2: 22-24 を参照。ある検閲論争にバイヤーリンクが関与していたことについては、Verbeke (2010), 357-58 を参照。ツヴィンガーから借用された警句については、とりわけ Beyerlinck (1608), 66, 67, 93 を参照。バイヤーリンクの『道徳の貯蔵庫 (*Promptuarium morale*)』(Cologne: Hieratus, 1613) は、1634 年にいたるまで、ヒエラトゥスによって少なくともさらに 4 度版を重ねた。バイヤーリンクの説教集である『説教選集』が、彼の死の年に出版された。*Selectæ conciones* (Cologne: Antonius Hieratus, 1627).

104 Beyerlinck (1666), sig. i1v.

105 同書を参照。バイヤーリンクは、A564 の「天文学、占星術 (Astronomia, Astrologia)」の項目は長いセクションになり (A575 まで)、A575 で別のセクションになる (A586 まで) と告知している。バイヤーリンクは Ranzovius (1584) からきわめて正確に引用している。

106 Erasmus (1508), title page (題扉)。Erasmus (1515), 633.

107 Nani Mirabelli (1503), sig. aiiiv; *Polyanthea* (1567), dedication, sig. ()2r-v (1574); *Polyanthea* (1574), dedication ()2r; Lange (1662) sig. [+7] r-v.

108 Zwinger (1565), sig. E [4] v.「不屈の労働はすべてに打ち勝つ (*Labor omnia vicit improbus*)」を参照。Virgil, *Georgics*, I, 145-46. Zwinger (1571a), sig. ☞☞☞ 5v dedication. Zwinger (1586), sig. ***5r. Beyerlinck (1666), proscenium sig. 2r.

109 「3 年間ばかり私を捉えていたこの労苦からついに抜け出し、あたかも水と空気以外には何もない海の只中で難破した船のごとく港に帰着したことを私は喜び、不滅の神に感謝いたします。いまや私は、山から下山した者のごとく、わが難業を心愉しく思い出します」。Gesner (1545), [*6] r; Müller (1998), 301.

110 Le Roy Ladurie (1997), 34.

ーゼルで出版するさいツヴィンガーの助力を仰いでいる。Siraisi (2008) を参照。

68 ツヴィンガーの『旅行術(*Methodus apodemica*)』については、次を参照。Stagl (2002), ch. 2; Stagl (1995), 123 ff.; Felici (2009); Molino (2006). 倫理学に関する著作については、Lines (2007) を参照。『人生の劇場』については、Gilly (2002)、Blair (2005)、Schierbaum (2008) を参照。

69 シェスノーについては、Racaut (2009), 25-26, 37-39 を参照。Zwinger (1571b), sigs. aijv-aiijr. この版の索引は固有名詞と主題が混在しており、バーゼル諸版で提供されているどの索引とも異なっている。

70 ヤーコプ・ツヴィンガー(1569-1610年)は、ツヴィンガーの二人の息子のうちの弟のほうであった。兄のボニファチウスは1588年、パドヴァに留学しているときに亡くなった。Hieronymus (2005), 1: 29 を参照。1565年の『人生の劇場』は、1428頁からなり、1頁につき2段で平均70行、1行につき9語で、総計はだいたい180万語になる。1586年版は、4373頁からなり、1頁につき2段で80行、1行につき9語で、総計約630万語になる。

71 Zwinger (1575). ミュンヘンのバイエルン州立図書館が所蔵しているこの本に注目するようご教示くださった、マルティン・ムルソーに謝意を表する。カールスルーエ・ヴァーチャル・カタログ(KVK)によれば、ケルン大司教区大聖堂図書館とフライブルク大学図書館もこの版の書物を複数部所蔵している。ウォルター・オングは、スイスのシュタンスのヨーゼフ・ファン・マットという書籍商が在庫にあったと確言した本について言及している。Ong (1977), 171n39. 前付けにおける相違点については、Zwinger (1575) および Zwinger (1571a), 13 を参照。その結果、活字の組み方が異なっていることについては、11-12 を参照。

72 Zwinger (1565), sig. FFF [5] r. 当該の黒死病については、Karcher (1956), 46-49 を参照。

73 Steinmann (1969), 104, 139, 183.

74 オポリヌスは死に近い頃、信用貸しを断られていた。Steinmann (1969), 189-90; Steinmann (1967); Gilly (2001).

75 Zwinger (1586), sig. ***5r.

76 Tonjola (1661), 136 の「聖ペテロ教会区」のもとに収録されている。Gross (1625), 140 も参照。

77 Hieronymus (2005), 3: 1994-2002. この素材の多くとツヴィンガーを悼むさらなる葬送の挽歌が、次に収録されている。Reusner (1589), Aa2r-Cc5v(全38頁)。墓碑銘については、Gross (1625), 131-32 および Tonjola (1661), 136-37 を参照。

78 Zwinger (1586), sig. ***5r.

79 Ibid., sig. *3r.

80 Ibid., 1580.

81 Ibid., sig. [***6] r. 強調箇所は私による。

82 Ibid., sig. **3v.

83 Ibid., sig. *2r.

84 メンケは、イエスへの献辞を嘲っている。Mencke (1937), 74. Alsted (1989) の前置きは、「三位一体なる神……アーメン、アーメン(Deo uni et trino patria, ... Amen Amen)」である。アルシュテートの百科事典はトランシルヴァニア公ガーボルに献呈されている。

85 次を参照。Zwinger (1565), 3, 30; Zwinger (1571a) and (1575), dedication; Zwinger (1586), sig.***5r.

86 Zwinger (1586), dedication page.

87 Kunstmuseum Basel (1984), 55-56, 79-81, 155-56.

88 Ibid., 94.

89 それらの銘の一つは、ティコ・ブラーエ〔16世紀デンマークの天文学者〕の「私は、上を見ながら下を見る」を想起させる。これおよび他の格言については、Tonjola (1661), 400-403 および Gross (1625), 475 ff を参照。デュフルニエは、ツヴィンガーの銘は「順風を受けて漕ぐことによって」(ホメロス『オデュッセイア』第11歌640行)であったと伝えている。Dufournier (1936), 27.

90 この肖像画について有益な議論をしてくださった、イーヴリン・リンカンに謝意を表する。より早い時代に制作された肖像画については、Geelhaar (1992), 23 を参照。また別の肖像画もあるが、個人蔵であり複製されていない。

91 Grafton (1997), 198 の引用のとおり。グラフトンの引証元は、Kepler, *Gesammelte Werke*, 13: 188-97 である。モンテーニュや他の人々がツヴィンガーをいかに受容したかは本書第5章で論じた。

らの引用である。この序文についてのさらなる議論については、Blair (2005) を参照。

40 Zwinger (1586), sig. **5v. ヴァンサン・ド・ボーヴェはいくつかのくだりで「ある人間にとっては哲学であるものが、他の人間にとっては毒になるとほのめかしていると思える」とミニスは述べている。Minnis (1979), 389.

41 Zwinger (1586), sig. **3v.

42 Zwinger (1586), sig. **4v. ライデンの公共植物園の規則(1600年頃)を参照。Ogilvie (2006), 79-80の引用のとおり。

43 Zwinger (1586), sig. **4v (薬草), *4r, and ***6v (範例)。

44 Zwinger (1586), sig. *2v.

45 Baillet (1685) I, sig.a [9] r-v. アンソロジーについては、Benedict (1996) を参照。

46 ロディギヌスについては、Marangoni (1997), 7 を参照。

47 編纂の喜びについては、次を参照。Hunter (1998a), 13; Love (1993), 200; Sherman (1995), 64.

48 Placcius (1689), 190-93. キルステンの死亡時に遺されていた手稿のリストについては、Kirsten (1679) を参照。プラッツィウスとキルステンについては、Mulsow (2006), 234-35 を参照。

49 Placcius (1689), 194.

50 Ibid., 199.

51 Ibid., 226-27.

52 モンテーニュと彼の印刷者ミランジュとの提携関係については、Hoffmann (1998), ch. 3 を参照。17世紀フランスの著者たちの職業生活のあり方については、Viala (1985) を参照。

53 *Polyanthea nova* (1612), sig. 2r (dedication). 縮約版については、Ezell (1999), 91 を参照。たとえば、シュトラースブルクのヴァルター・リッフは印刷者たちに雇われて、民間療法に関する縮約版や編纂書を書いていた。次を参照。Chrisman (1982), 52 and passim.

54 ランゲの伝記については、Gass (1918), 24-26 を参照。ガスの論文のコピーをくださった、ケゼルスベール自治体間連合役場のアネッテ・ブラウンに謝意を表する。

55 Lange (1662), "to the reader," sig. +5r.

56 Lange (1662), sig. CCCC1r. ヨシアス・リヘリウスとヴィルヘルム・クリスティアン・グラザーについては、次を参照。Reske (2007), 892-93 and 901.

57 *Nova polyanthea* (1607), sig. [a3] v.

58 誤植や綴り字の選択のことでなじり合い、緊張関係にあった編纂者と印刷業者の例については、次を参照。Richardson (1994), 12 and passim.

59 La Croix du Maine (1584), sigs. avv and aviiv-aviii r (to the reader); sigs. Aijr, aiiir-v (dedication).

60 Burmeister (1963), 120.

61 ミンシュー(1560-1627年)はロンドンで語学教師をしていた。予約出版については、Clapp (1931) と(1933) を参照。学問的な企画を財政的に支えるものとしての予約については、Parry (2002) と Greengrass (1995) を参照。

62 エティエンヌについては、Considine (2008), ch.2, 93 を参照。*OED* については、Murray (1977), 251 を参照。

63 次を参照。Gilly (2002); Gilly (近刊予定), app. 1; Berchtold (1990), 2: 655-80; Dufournier (1936); Moréri (1759), "Zwinger."

64 オポリヌスはアマーバッハの姉妹と二度目の結婚をした。収集家としてのアマーバッハとツヴィンガーについては、Fischer (1936) を参照。

65 Gilly (1977-78) と、ツヴィンガーの文通相手のリストを含むギリーの近刊予定の書物を参照。そのうちの7人については、Berchtold (1990), 2: 671-78 を参照。原稿を私に読ませてくださったこと、私がバーゼルを訪問したさいに、そしてそれ以後も惜しみない助けとすばらしい助言をくださったことに対して、カルロス・ギリーに謝意を表する。伝記や背景をめぐるさらなる要素については、Hieronymus (2005), 1: 16-26 を参照。

66 Berchtold (1990), 2: 517-23 を参照。だが当局の寛容にも限度があった。オポリヌスは、自分は検閲官たちによって2度投獄されたと述べている。Steinmann (1969), 180 を参照。

67 Gilly (1985) のたとえば64頁、78頁、166頁を参照。たとえば、ジローラモ・メルクリアーレは、自著をバ

23 私は、カールスルーエ・ヴァーチャル・カタログ(KVK)に記載されている『ポリアンテア』のすべての版の本を実際に見ていないうえ、細部を比較するために諸版を横に並べて比較検討できないこともしばしばだった。だから、『ポリアンテア』に加えられた変更についての私の記述は、網羅的であるというよりは、初期近代の編纂物におけるより全般的な傾向を示すことを眼目とするものと理解してほしい。

24 *Polyanthea* (1552), preface, sig.aijv.

25 *Polyanthea* (1567), preface, sig. +2r. 1567年版は、12使徒団の聖堂参事会長でケルン選帝侯の顧問官であるヨアンネス・ガイヤーに献呈された。1574年版は、シュパイヤー大聖堂のスコラ学者でマインツとヴォルムスの参事会員であるフリードリヒ・アプ・ホルディングハウゼンに献呈された。1585年版は、ミンデン大聖堂の参事会長でヒルデスハイムの参事会員であるブルヒャルト・アー・ランゲンに献呈された。

26 *Polyanthea* (1567), preface, sig. +2v. Amantius (1556)を参照。アマンティウスはまた、当代最大のエピグラフ選集である『ローマのみならず全世界から収集された、敬うべき古代の碑銘(*Inscriptiones sacrosanctæ non illæ quidem Romanæ, sed totius fere orbis*)』(Ingolstadt: Apianus, 1534)を、ペトルス・アピアヌスとともに著した。Stenhouse (2005), 32および*Polyanthea* (Cologne: Cholinus, 1567)の序文を参照。リンネルスについては何も見つけ出せなかった。

27 ナニ・ミラベッリの1503年版は、339葉(1葉につき2頁)からなり、1頁につき2段、1段につき53行、1行につき6語含まれているので、総計約43万語となる。1585年版は1039頁あり、1頁につき2段、1段につき63行、1行につき8語含まれているので、総計約100万語となる。

28 *Polyanthea* (1585), sig. () 2r-v.

29 *Polyanthea* (1604b), sigs)(2r-3r.

30 Hess (2008), 99および(2015)を参照。ランギウス(Langius)はドイツ語に変換するとラング(Lang)。またはランゲ(Lange)となる。私はギルベルト・ヘスに倣って、ランゲを採った。ランゲによる改訂については、Moss (2003)、Mejor (1994)、Ullman (1973)も参照。

31 *Polyanthea nova* (1612), sig.2r. ケンプテン(バヴァリア)の修道院長であるヨアンネス・アダムスに献呈されている。

32 同じ作品が二つの異なる題名のもとで刊行されている。一つは『ロキ・コンムネス(*Loci communes*)』(Strasbourg: hæredes Riheij, 1598)であり、これはリヘリウス(リヘル)によって1621年、1622年、1625年に、またツェツナーによって1624年に版を重ねた。もう一つは『選集(*Anthologia*)』である(シュトラースブルクでヴィルヘルム・クリスティアン・グラザーによって1625年と1631年に、またシュトラースブルクでヨシアス・スタデリウスによって1655年、1662年、1674年に版を重ねた)。私は、マイクロフィルムで入手可能な1662年版から引用したが、そこでは序文の日付は1598年4月3日になっている。

33 Lange (1662), lectori candido(誠実なる読者へ), sig. +4v; dedication, sig+3r.

34 「それは、官職に就いていない私人を謙虚へと促し、怠惰なる者を駆り立てて油断なく励ませるだろう。苦しむ者には慰めをもたらすだろう。傲岸で幸運に酔いしれたようになっている者たちは称賛すべき節度を取り戻すことであろう。未熟な者を教え、学ある者を喜ばせることであろう。半可通(*scioli*)を懲らしめることであろう。若者には敬意の念を、男たちには勇気を、老人には智恵を、そしてすべての者に敬虔と美徳を教えるだろう。要するに、暮らしぶりや年齢にかかわらず、溢れんばかりの健やかなる泉から湧き出る水を飲むがごとく、正直な生き方と思慮深い行動への戒めをこの詞華集から得ることができない者は誰一人としていないのである」。Lange (1662), sig.+3v, dedication, sig.+5v-6r(ad lectorem〈読者へ〉)。

35 文字数は、1271頁、1頁につき2段、1段につき80行(見出しや空白行も考慮に入れて)、1行につき10語にもとづいて計算した。18世紀においてより大判の本の儲けがより大きくなったことについては、Sher (2006), 82を参照。

36 *Polyanthea* (1639), to the reader, sig. 2v. この版には、段が2987あり、1段につき75行(文字がぎっちり詰まっていない行が多くあるが、それも考慮に入れて)、1行につき12語で、総計268万8300語になる。

37 *Polyanthea* (1639), to the reader, sig. 2r.

38 Hess (2008), 100.

39 Zwinger (1586), sig. [**5] v. 諺を再利用した好例として、「私たちはみな、すべてのことができるわけではない(*non omnia possumus omnes*)」というツヴィンガーの言葉は、ウェルギリウスの『牧歌』第8歌63行かが論駁したことをふまえて、この定義を作った。Isidore of Seville (2004), 802; Isidore of Seville (2006), 216. 13世紀において「編纂者」という語がどのように用いられていたかについては、次を参照。Roest (1997); Guenée (1983), 60 ff. ; Minnis (1979), 387 ff.

7 Bonaventure (1250-52), *Commentaries on the Four Books of Sentences of Peter Lombard*. この注解書第1巻の序言に記されている討議課題の中で、4番目に「この書物が存在するに至った作用因ないしは著者とは何か？」という質問がある。Parkes (1976), 127-28の引用と議論のとおり。なお翻訳は、次のサイトにあるものを用いた。http://www.franciscan-archive.org/bonaventura/opera/bon01014.html.

8 13世紀については、Minnis (1979), 413を参照。16世紀については、Lobbes (2000), 127を参照。1696年に、たとえば詩人のロンジュピエールは、ピエール・ベールは『歴史批評辞典』(1697年)を書くことで、労力と学識だけあれば事足りる活動に己れの機知を浪費してしまった、と苦言を呈した。Nedergard (1958), 219の引用のとおり。

9 この一節はMunk Olsen (1982)に負う。

10 これは、Munk Olsen (1979), 56に引用されている『ドゥエ詞華集(*Florilegium Duacense*)』のラテン語原文を私が英訳したものである。

11 Nani Mirabelli (1503), Ad lectorem elegia(読者へのエレゲイア)。

12 口絵については、Gastert (2003), 307-8およびHess (2008), 79-81を参照。

13 Aの初めに並んでいる短い項目Ab、Abactor、Abacus、Abdicatio、Abyssus、Abuiuratio、Abominatio、Abortivus、Abrogatioを参照。後年の諸版には、それらの短い項目を、削除したり引用文をともなう項目に膨らませたりしているものもある。

14 ミュンヘンのバイエルン州立図書館は『ポリアンテア』を数多く所蔵しているが、そのうち5冊は『ポリアンテア』と他の作品との合本である。1507年のヴェネツィア版は、ディオニュシウス・ネストルの『固有の位置にアルファベットの順番に従って配列された語彙集(*Vocabula suis locis et secundum alphabeticam ordinem collocata*)』(Venice, 1506)との合本。1517年のシュトラースブルク版は、ヨハンネス・トリテミウスの『修道士への説教と戒め(*Sermones et exhortationes ad monachos*)』(Strasbourg: Joannes Knoblouch, 1516)および『使者たる牧人の懺悔(*Pastoris nuntii pœnitentiæ visiones*)』(Strasbourg: Joannes Schottus, 1522)との合本。数十年後に出版された『ポリアンテア』諸版も、同種の作品と合本されている。1546年のケルン版の1冊は、ユリウス・ヒュギヌスの『物語集、あらゆる詩人の読者に驚くほど必要な書(*Fabularum liber, ad omnium pœtarum lectionem mire necessarius*)』(Basel: Ioannes Hervagius, 1549)との合本。1552年のケルン版の1冊は、ヘンリクス・ヘルメシウスの『聖人に関する説教集(*Homiliæ de sanctis*)』(Cologne: Gennepæus, 1552)との合本。1574年のケルン版の1冊は、ステファヌス・ベッレンガルドゥスの『最も完成された箴言集(*Sententiarum volumen absolutissimum*)』(Lyon: Ioannes Tornæsius, 1569)という別の格言集との合本。

15 1514年の『ポリアンテア』の序文は、新しい項目にはXのしるしを付けたと告げているが、実際には、古い項目にXのしるしが付いていたり、新しい項目(Abbatissaのような)なのにしるしが付いていないものがある。1552年のケルン版は、ピルクロウを付して新しい一節であることを示している。1592年のヴェネツィア版は、トリウスの詞華集に由来する新しい素材にTortiusという語を付している。

16 イングランドは、オックスフォードとケンブリッジの両大学で使用するために直接生産されたものを除いて、すべてのラテン語書籍を輸入していた。Roberts (2002)を参照。フランスの特認権制度の起源については、Armstrong (1990)を参照。その影響力についてはHoffman (1993)を参照。

17 特認権と学問的な書物のための市場については、Maclean (1988)、(1990)、(1991)を参照。国際的な事業提携の様態については、Maclean (2007)を参照。

18 コリヌスについては、Reske (2007), 446を参照。

19 それらの都市のうち、パリとリヨンのみが、特認権に関する同一管轄区域を共有していた。二番手の印刷業者と特認権保有者とのあいだで金銭的な取り決めがなされたと考えるのが筋だろうが、印刷業者は、特認権保有者が法廷で賠償を求めないかぎり、処罰されずに特認権を侵害することもできただろう。

20 *Polyanthea* (1514), "ad rev. Riarium."

21 この版は11部がイタリアに現存しており、3部がイギリス(ロンドンとケンブリッジ)に現存している。ヘンリー八世旧蔵の本は大英図書館(C.45.g.9)にある。Alston (1993), 397を参照。

22 *Polyanthea* (1517)を参照。

178 Vincent of Beauvais (1964) を参照。*Bibliotheca mundi Vincentii Burgundi, ex ordine prædicatorum venerabilis episcopi Bellovacensis, speculum quadruplex, naturale, doctrinale, morale, historiale. In quo totius naturæ Historia, omnium scientiarum Encyclopedia, moralis philosophiæ Thesaurus, temporum et actionum humanarum Theatrum amplissimum exhibetur.*

179 特定の分野の例には以下が含まれる。ヨハン・フィリップ、『法学百科事典(*Encyclopedia juris*)』(1640年)、ヤーコプ・ラフェンスペルフ、『数学百科事典(*Encyclopædia mathematica*)』(1642年)、ヨハンネス・ドラエウス、『外科百科事典(*Encyclopedia chirurgica*)』(1689年)と『医学百科事典(*Encyclopedia medica*)』(1691年)。より一般的な著作には、以下が含まれる。『洗練された人士の百科事典(*Encyclopédie des beaux esprits*)』(パリ:ラミ、1657、1659年)、ヨハンネス・コメニウス、『遊戯学校、あるいは生きた百科事典(*Schola-ludus sive encyclopædia viva*)』(1657年)、ヨハンネス・ゲゼリウス、『若者たちの利用に向けた……概観的百科事典(*Encyclopædia synoptica ... in usum iuventutis*)』(1672年)。ただし、『百科全書』以前の主要作品の中で、encyclopedia に相当する語を題名に使っているのはチェインバーズだけである。この点については、Kafker (1981) を参照。

180 Evelyn, *Memoires* (1857), I, 278:「クルティウスは百科事典著者(encylopedist)のアルシュテートの学生であった」(*OED* の「encyclopedist」の項目の例文)。Liberius (1681), sig. A2r に引用。

181 *OED* は、「encyclopedist」のこの意味での初出を1796年(ハットン)としており、また、この意味は現在でも使われている。Kafker (1988) を参照。

182 Hotson (2000) と、とくに Hotson (2007), chs. 5-6 を参照。アルシュテートは、彼が推奨し、自身使用したいくつかの文献を、『百科事典』(1630年)第5章の教授学についてのセクション(I, 102)に挙げている。1991年にオックスフォード大学の博士論文の内容を共有してくれたこと、またその後の、価値ある会話と文通に関して、ハワード・ホトスンに謝意を表する。

183 Alsted (1989), I, sigs. iiiv-iiijr.

184 Iohannis Thomas Freigius, *Pædagogus, hoc est libellus ostendens qua ratione prima artium initia pueris quam facillime tradi possint* (Basel: Sebastian Henricpetri, 1582). ケッカーマンについては Hotson (2007) を、ティンプラーについては Freedman (1988) をそれぞれ参照。

185 Jacob Lorhard, *Theatrum philosophicum in quo artium ac disciplinarum philosophicarum plerarumque omnium .... præcepta in perpetuis schematismis ac typis tanquam in speculo, cognoscenda obijciuntur* (『学問の劇場』), Basel: Conrad Waldkirch, 1613 と *Ogdoas scholastica continens diagraphen typicam artium ...* (『学校教育八科概説』), Sankt Gallen: Straub, 1606. アルシュテートはおそらくは後者の題名を間違えて記憶して、この題名のかわりに、ロルハルトの「heptas philosophica」に言及している。両方の著作ともに、一つの分野について一つずつの知識の図を集めたものからできている。頁番号は通し番号になっていないが、総計で各450頁と380頁になっている。

186 チェインバーズについては Yeo (2000) を参照。Diderot and d'Alembert (1751-80), xviii-xix, xxxvi(百科全書序論)と 5: 642(「encyclopedia」についての項目)。

187 Céard (1991) を参照。

第4章

1 Winchester (2003)、Reddick (1996)、Kafker (1996) を参照。Quemada (1998) も参照。

2 トマス・トマスの『ラテン語=英語辞典』に由来するその頁については、Stevenson (1958) を参照。ジョンソンについては、Reddick (1996), 4-5 を参照。

3 P. M. C. Hayman, "E. Cobham Brewer LLD: A Brief Memoir by His Grandson." in *Brewer's Dictionary of Phrase and Fable*, ed. Ivor Evans (1970), vii-xii, esp. ix-x. Bunge (1992), 24 の引用のとおり。

4 Foucault (1977). オーサーシップに関する近年の膨大な量の文献の中でも、とりわけ Love (2002) および Ezell (1999) を参照。

5 Parkes (1976)、Minnis (1979)、Hathaway (1989)、Guenée (1983) を参照。

6 セビリァのイシドルスは、ホメロスの詩行を再利用したことは盗用に当たるという非難にウェルギリウス

150 Coron (1988), 116.

151 Mandelbrote (2000a), 55.

152 McKitterick (1992), 35, 380.

153 Charon and Parinet (2000), 6; Lankhorst (2000), 20-21.

154 Lawler (1898). 1556年以来、競売業者が競売における独占権を有していたものの、書籍販売業者は、競売での購入をしないという条件で、次第に例外を認められるようになっていた。Mandelbrote (2000a), 57を参照。

155 Clavell, *The general catalogue of books* (1680). Mandelbrote (2000b), 347に引用。学識ある書物所有者への賛辞については、Martin (1711), sig. aijr-aiiijrを参照。オランダにおける規制については、Lankhorst (2000), 25、あわせて、Charon and Parinet (2000), 7とMasson (2000), 127を参照。

156 Martin (1706), sig. ijv (#3); Martin (1711), sig. [av] r (#7); Martin (1746), vii. マルタンは、1035頁からなる『ビュルトー氏蔵書目録(*Bibliotheca bultelliana*)』の索引を含めているが、これは明らかに学識ある人々からの要求に応えるためであった。Martin (1711), sig. [av] r (#6)を参照。英語の競売目録で索引付きのものは存在しない。McKitterick (1992), 37を参照。

157 McKitterick (1992), 36. このかたちで得られた価格の中には、本書第5章注20で議論されているものもある。

158 Roberts (1997), 331. スローンについては、Mandelbrote (2000b), 357-58を参照。

159 Hofmann et al. (1995), 32.

160 Yeo (2001), 94; Grafton (1991), 161. ドイツのキールにある図書館に関しては、Nelles (2000), 50ff. を参照。

161 パリ、マザラン図書館、MSS 4138-45。

162 Gesner (1545), sig. 4v; Balsamo (1990), 39. フッガーについては、Widmann (1996), vを参照。

163 Masson (1988), 264.

164 Brunet (1810). Jolly (1988b), 379-83を参照。クヴィッヒェベルクとカミッロについては、Bolzoni (2001)とBlair (2007a)を参照。

165 Broman (2000), 225-38を参照。定期購読向けの出版に関しては、本書第4章「編纂者の金銭的な動機」を参照。

166 McKitterick (1992), 38-39に引用。

167 [Boschet] (1691), 22.

168 ハラーについてはFabian (1976)、ラミについてはDooley (1997), 162を、それぞれ参照。

169 Yeo (2001), 70-75を参照。

170 Laeven (1990), 73-76.

171 これらにはそれぞれ *La france sçavante, id est Gallia erudita*(『教養あるフランス』)と *Apparatus ad historiam litterariam novissimam*(『最新の文学史へのアパラトゥス〈参考資料〉』)という題名が付けられている(1689、1694、1699、1701)。van Lieshout (2001), 209を参照。

172 Gierl (2001).

173 Placcius (1674)とPlaccius (1708)を参照。これらの拡大版が、クリストフ・ホイマンによって、『匿名著者と偽名著者の目録、プラッツィウスの劇場への補遺と続篇(*Bibliotheca anonymorum et pseudonymorum ad supplendum et continuandum Placcii Theatrum*)』(1740年)として作られている。Lemcke (1925)とMulsow (2006)を参照。モルホーフについては、Waquet (2000)を参照。

174 *OED*は「学問の輪(circle of doctrine)」という意味での初出として1531年を挙げている。1690年にはフュルティエールが、『辞典(*Dictionnaire*)』(1690年)に同様の以下の定義を記している。「Encyclopédie: s. f. ——万物に関する学問、すなわち諸学問すべてを統合する集合体または連鎖」。この語は同時代の哲学辞典またはラテン語辞典には出てこない。詳細な歴史については、Dierse (1977)を参照。

175 初期近代の百科事典(encyclopedias)に関する文献は数多くある。とくに以下を参照。Stammen and Weber (2004), West (2002), Meier (2002), Binkley (1997), Eybl (1995), Kenny (1991), Arnar (1990), Schimidt-Biggemann (1983), Vasoli (1978).

176 Serrai (1988)と(1991)。

177 Reisch (1583). Ferguson (1929)とMünzel (1937)を参照。

123　Freedberg (2002), 170-74.

124　より一般的には、Bolzoni (2001) を参照。

125　Martin (2000), e.g. 323-25 では、レイアウトについてのデカルトの指示について論じている。ほぼ同時期の議論については、Caramuel Lobkowitz (1988), VII, 22-24。

126　例外は、ロディギヌスの『古典読書録』で、この本では、1頁にも満たない短いものも多くある各章が、頁の幅全部にわたって書かれている。13世紀の写本における段組みの出現については de Hamel (2001), 117 を参照。

127　パラグラフ分けについては、Laufer (1985) と Janssen (2005) を参照。

128　ヘデラについては Parkes (1992), 61 と Wingo (1972), 122-127 を参照。18世紀の飾り文字については、Barchas (2003), ch. 5 と 151 を参照。

129　Sherman (2008), ch. 2.

130　Gesner (1549), 157v.『総覧』第19巻は、この区画分け *Partitiones* によって構成されている。ただし、Gesner (1548) には含まれていない。

131　Naudé (1643), 132-34.「Bibliothecarum scriptores (書物についての、または、蔵書についての書物)」についての、同時代の言及には、ほかに、『(哲)学者ならびに文人一覧 (*Nomenclator philosophorum et philologicorum*)』(1598年) におけるイスラエル・シュパーフによるものや、『学問の図書館 (*Bibliotheca philosophica*)』(1616年) におけるパウルス・ボルドゥアヌスのものが挙げられる。これらの言及については、Taylor (1955), 13, 16 で論じられている。

132　Delorez (1979).

133　Naudé (1963), 25.

134　以下を参照。James (1986), vii; Pol (1975); Coron (1988), 123.

135　Jacob de Saint-Charles (1644) は、みずからの先行者として Clément (1635) によるエスコリアル宮の図書館についての記述を挙げている。ここで問題になっている非難については、Baillet (1685), II.1, 273-74 を参照。

136　"bibliography" と "bibliotheca" については、Balsamo (1990), 5 並びに、Chartier (1994), ch. 3 を参照。あわせて、Taylor (1941) と Arend (1987) も参照。

137　Rouse and Rouse (1986), esp. 147, 152; Balsamo (1990), 7-15. トリテミウスの主な典拠は、シュポンハイムから150マイルほど離れたジャンブルーのジゲベルトによって、12世紀に書かれた『著名な人々の生について (*de viris illustribus*)』である。この点については、Mertens (1983) を参照。

138　Gesner (1545). フルタイトルと sig. *3r。

139　Ibid., sig.*3r-v.

140　Ibid., sig. *3v.

141　Ibid., sig. *3v. 失われた文献についてのゲスナーの強い意識については Müller (2003), 80 を参照。

142　Zedelmaier (1992), 24; Gesner (1545), sig. *3r.

143　たとえば Wilkins (1646), 32 と Vogler (1691), 10-11 を参照。18世紀の使い方については、Zedelmaier (1992), 44-45 を参照。

144　Hejnic and Bok (1989) と Wellisch (1984) を参照。

145　ドーニについては、Chartier (1994), 72-73; Balsamo (1990), 56、Cherchi (1998), 143-65。また、Bale (1971) を参照。手書き原稿に関しては Bale (1902) を参照。ベイルは、後に散逸したイングランドの多くの図書館の蔵書から情報を集め、アルファベット順に編集したノートにもとづいて著作をしていた。La Croix du Maine (1584) と du Verdier (1585) は、『ラ・クロワ・デュ・メーヌとデュ・ヴェルディエのフランス文献目録』全6巻 (Paris: Saillant et Nyon, 1772-73) に再刊されている。

146　Draud (1625a) and (1625b).

147　Taylor (1955), 24-39, 64.

148　Wittmann (1984), 8; Hirsch (1974), 63-65. パンフレットやチラシ広告の残存状況については、Mandelbrote (2000a), 55 を参照。この種の印刷物の所有者ですら、たとえば、引っ越しのさいには処分することを主張していた。Mandelbrote (2003), 73.

149　Fabian (1972-78), I, 3、また、Pollard and Ehrman (1965), 70-84 と Flood (2007)。

95 Simler (1555), *3v -[*8]v.

96 La Croix du Maine (1584), sig.oiiijv. バイヤーリンク (1631 年) 第 8 巻ではそれぞれ次のようになっている。フス (Huss) の項目：ヤン・フス (Jan Hus) を見よ。ツヴィングリ (Zwingli) の項目：フルドリッヒ・ツヴィングリ (Huldrych Zwingli) を見よ。ただし、ユリウス・カエサル・スカリゲル (Iulius Caesar Scaliger) の項目には、スカリゲル (Scaliger) を見よとなっているにもかかわらず、スカリゲルという項目は存在しない。Beyerlinck (1631), vol. 8.

97 Erasmus (1550), sig. ff3r.

98 Gesner (1548), 19v (titulus xiii, pt. 2); Gesner (1551b), sig. b1v.「第 1 序文『誠実な読者たちへ』」。

99 Pinon (2003), 66.

100 Thomas Aquinas (1569), sig. a1r-o6v.『第二部第二篇』については、Hillgarth (1992), 4 を参照。

101 Gesner (1559), sig. HHr.

102 Wellisch (1981), 15.

103 Reisch (1517; facsimile 1973), index at back of book (巻末の索引)。

104 Alsted, *Prodromus religionis triumphantis* (1641), sig. 5T6v. この情報についてハワード・ホトスンに謝意を表する。

105 Princtius in Beyerlinck (1631). vol. 8, sig. (:) 2r.

106 Mouchon (1780).

107 Pattison (1889), 278. Volphilhac-Auger (2000) and Furno (2000). このような索引の一つへの称賛については Holford-Strevens (2003), 342 を参照。

108 Gesner (1584), 19v. Drexel (1638), 73. Bartholinus (1676), 192.

109 Cahn (1994), 73. より一般的な議論については Blair (2000)。

110 ロンドン、1749 年という偽りの情報を故意に付して出版された『盲人書簡』において、ディドロは、ジョゼフ・ラフソン (1648-1715 年) を索引にのみ記載し、本文中の匿名での引用箇所を示している。この参照箇所についてマリアン・ホブソンに謝意を表する。

111 Blair (2007b), 35 を参照。

112 スウィフトとスクリブレルス・クラブのメンバー (Scriblerians) については、Lund (1998) を参照。Zedelmaier (1992), 101 に引用されているように、イエナの歴史学教授であったマルティン・シュマイツェルは自著『学術史試論 (*Versuch zu einer Historie der Gelehrheit*)』(イエナ、1728 年) に索引を付けることを拒否していた。

113 ラムス方式の樹形図については、以下を参照。Höltgen (1965); Evans (1980); Siegel (2009), 64-80. 年表については、Brendecke (2004) を参照。

114 中世の樹形図については、Murdoch (1988) と O'Boyle (1998), 255 を参照。

115 樹形図が付けられているのは次の各項目である。Abstinentia (節制)、Abusio (誤用、乱用)、Acedia (怠惰)、Amicitia (友情)、Anima (魂) (この項目については 3 部構成で)、Avaritia (貪欲)、Fides (信仰)、Gloria (栄光)、Humilitas (謙譲)、Invidia (嫉妬)、Iustitia (正義)、Luxuria (色欲)、Mendacium (嘘)、Modestia (中庸)、Superbia (高慢)、Temperantia (節制)、Tribulatio (苦難)。*Polyanthea* (1503) and (1648).

116 Nani Mirabelli (1503), 339r (colophon〈奥付〉)。

117 Rivers (1997) and Zinn (1974).

118 Brendecke (2004), 177. ペトルス・ラムスに追随する人がいなかったパリ大学において、樹形図の使用を推奨した教授については、Crassot (1630), sig. a9r を参照。

119 ツヴィンガーはパリでの修学中にラムスの講義に出席しており、子供の一人の名付け親としてラムスの名を挙げている。この点については、Rother (2001), 14-16 と Dufournier (1936), 325 を参照。ただし、近年の研究では、ツヴィンガーの図はラムスのものより洗練されており、部分的には、たとえばフーゴー・ブロティウスのような、ほかの影響によって刺激されたことも指摘されている。Molino (2006), 49, 53 と Felici (2009) を参照。

120 Zwinger (1586), sig. **6r-v. ツヴィンガーの図についての、洞察力に満ちた分析と、さらなる複製については、Schierbaum (2008) を参照。

121 Zwinger (1565), 1313ff. と Zwinger (1586), 3969-70 を比較のこと。

122 Keckermann (1614), col. 225 (211 と誤記)。

63 Mouren (2001), 17-19.

64 Dolet (1536), II の前付け。1 頁半に及ぶ余談の一覧は秩序立っておらず、ざっと目を通すことが求められるものである。

65 この本の印刷の歴史については、Van del Haeghen (1972) を参照。

66 Balavoine (1984). ただし、批判者については、Mandosio (2003), 22-23 を参照。あわせて Michelini Tocci (1989), 39-49 も参照。

67 *Dies caniculares* (Rome, 1597) のラテン語版は 1691 年までに 5 回重版され、フランス語訳が 1612 年と 1643 年に出ている。Maioli (1614), preface, sig.):(3v。Alexander ab Alexandro (1539). KVK には、1522 年から 1667 年のあいだに出版された『祝祭の日々』の 18 の版が掲載されている。

68 索引はフランス語版では 1627 年に最初に付けられた。この点については Sayce and Maskell (1983), 110 を参照。その後、英語版では 1632 年版に初めて付けられ、このことは題扉に書かれている。「雑多な作品(*œuvre mêlée*)」としての『エセー』については、Garavini (2000) を参照。

69 Alsted (1653), 38-41; Melancthon, *Loci communes theologici* (Wittenberg, 1536). Rehermann (1974) を参照。

70 ラウィシウス・テクストルについては Moss (1996), 114-15 を、ラウィシウスとツヴィンガーについては Ong (1976) を参照。

71 Zwinger (1565), sig. E [4] v (typographus lectori).

72 パラテクストについては Genette (1997) と、von Ammon and Vögel (2008) を参照。

73 Skydsgaard (1968), 101-16. ユスティニアヌスについては Roby (2000), xxiv。

74 Rouse and Rouse (1986), 148. Vincent of Beauvais (1964), col. 3, prologue, 3.

75 Rouse (1965); カトリコンに関しては Powitz (1996), 311。

76 Zwinger (1586), sig. YYyYY [7r].

77 Erasmus (1530) の後付け。

78 Erasmus (1551), sig. hh2r-5v.

79 Rhodiginus (1542). 校訂された著者一覧はとくに長大なものとなっており、Turnèbe (1581) では、二つ折り本で 17 頁になっている。

80 ストバイオス『選集(*Stobæi collectiones*)』Venice, 1536, BL 653.a.7 には読者が見出し一覧に頁番号を書き加えている。

81 Minnis (1979), 394.

82 Melville (1980), 95 に引用。

83 Rouse and Rouse (1979), 29.

84 見出しの一覧は、たとえば、1539、1546、1567、1574 年の各版では削除されている。1567 年のコリヌスの版は悪徳と美徳に関する節を追加し、これは 1604 年のサン・ジェルヴェ版まで踏襲されたものの、同じ年のランゲによる改訂版以降、削除されるようになった。

85 エラスムスの 1508 年版(ホートン図書館所蔵)と 1515 年版を比較のこと。書き込みの実例については、Blair (2008a) を参照。

86 ツヴィンガーの「見出し索引」(1565、1586 年)とバイヤーリンク(1666 年)を比較のこと。ツヴィンガーは、1586 年版の序文に字下げも導入している。

87 写本によって異なるが、索引には 260 から 450 の項目が記載されている。von den Brincken (1972), 903 を参照。

88 Zwinger (1586), sig. AAaAAr.

89 Drexel (1638), 73.

90 Zwinger (1586), sig. CCcCC [6v] (見出し索引〈index titulorum〉の末尾)。

91 *Polyanthea* (1585): 56 (「amentia」が、「Insipientia」と「Stultitia」にクロスレファレンスされている)。アイルランドのトマスにおけるクロスレファレンスについては Moss (1996), 41 を、14 世紀の教訓話集については Bremond et al. (1982), 61-62 をそれぞれ参照。

92 Zwinger (1586), index exemplorum (範例索引), sig. QQqQQ3v.

93 Ibid., sig. DDdDD1r (範例索引の宣伝文句)。

94 Ibid., sig. DDdDD1r.

Polyantheæ universalis dispositum)」としている。Bayerlinck (1666). また、ヤヌス・グルテルスの『大詞華集、またはポリアンテア』(Strasbourg: Zetzner, 1624) は、ランゲの『ポリアンテア』をモデルにしているものの、詩の引用を詩形式によって分類する方式が好まれている。Hess (2008), 100-102 を参照。

43 たとえば Weinberger (2007) を参照。

44 Michel (2002).

45 バルトロメウス・ケッカーマンは『人生の劇場』の配列順を批判し、この書物を使うさいに索引に頼ったと記している。この件については後述。

46 Gellius (1946), I, xxvii.

47 この書物が辿った特筆すべき歴史については、Mexía (1989), I, 54-59 を参照。メシアの典拠については、de Courcelles (2003a) を参照。

48 Baillet (1685), II. 2, 202. バイエは Turnèbe (1591) に言及している。テュルネーブは自著を "observationes" (観察) と呼びたがったものの、題名を選んだのは出版社であった。Lewis (1998), 200-201.

49 雑録に関する最近の研究としては、Châtelain (1997)、de Courocelles (2003b)、そしてとくに Mandosio (2003) と Mouren (2001) が挙げられる。ルネサンス期の注釈に関する文献は膨大に存在するが、入門的な要素を含むものとしては、Céard (1981)、Most (1999)、Goulet-Cazé (2000) を参照。

50 モルホーフはロディギヌスをスカリゲルの教師と呼んでいる。この点については Morhof (1732), I.1.21, sec. 50, 247 を参照。スカリゲル自身はこのジャンルの批判はしていないものの、距離を置いており、以下のように書いている。「私はギリシア、ラテンの作者について多くのノートを取っており、そこから『さまざまな読み物』、『昔の読み物』、『雑録』といったものが大量に生み出るかもしれないが、こうしたものは今日の、自己宣伝に熱心な文献学者の手すさびにすぎない。この手の書物が無益であるとは思わないし、書き手を非難するつもりもない。そういう態度を取るのは愚かなことであると考えるが、ただ、こうした書物は私ではなくほかの人が出版するべきものと思う」。Scaliger (1927), 32 (Scaliger (1628), 47 の翻訳)。

51 Marangoni (1997)、また Marchetti (1989), 23-32 を参照。Gellius (1946) I, xxviii-xxix (preface), II, 609 (bk. 6, ch2).

52 Rhodiginus (1516), sig. AA4r.

53 Ibid., XIII, chs. 18-27.

54 Rhodiginus (1516) は 1517 年に増刷された。Rhodiginus (1542) はバーゼルで 1550 年と 1566 年、リヨンで 1560 年と 1562 年、フランクフルトで 1599 年、ジュネーヴで 1620 年、フランクフルトとライプツィヒで 1666 年にそれぞれ増刷されている。

55 Rhodiginus (1516), (1542) の前付け。

56 ジャン・ボダンの『万有自然劇場 (*Universæ Naturæ Theatrum*)』(1597 年)、407 頁の欄外に氏名不詳の読者が書き込んだ「これについてはカエルス l.13.c.17 を見よ」というメモを参照。なお、このレファレンスは正確なものである。Rhodiginus (1542), XIII, 17, 485 を参照。この件については Blair (1997), 199 も参照。

57 その他の読書録の例としては以下が挙げられる。1600 年までに 9 版を重ね、さらに、1791、1830、1888 の各年に版を重ねた、マルク=アントワーヌ・ミュレの『さまざまな読書の記録　全 8 巻』(Venice: Jordanus Zilletus, 1559. 四つ折り本)。1553 年から 1609 年に 5 版を重ねたピエル・ヴェットーリの二つ折り本『さまざまな読書の記録　第 13 巻　新刊』。Blair (2006) も参照。

58 ポリツィアーノの『雑録』はパリで 1511 年、バーゼルで 1522 年と 1524 年、さらにポリツィアーノの『作品集』として版を重ねた。ポリツィアーノの影響については Grafton (1983), 22-44; Mandosio (2991), 33-41 を参照。

59 Furno (1995), 133. 挿絵については Hankins (1993), 56-7。

60 Gesner (1548), 19r (titulus xiii, pt. 1). ギヨーム・ビュデは『ギリシア語注釈』を 1529 年に刊行した。

61 Furno (1995), 16. 当時なされた類似の評価については Morhof (1732), I.4, 9, sec. 9, 821-22 を参照。エラスムスによるペロッティのレファレンス用書籍としての利用については Charlet (1997), 603 を参照。

62 Perotti (1532), Valentinus Curio to the studious reader (ヴァレンティヌス・クリオから勤勉な読者へ). Céard (1997), 90 が指摘しているように、カレピーノの 1570 年に「辞書と呼ばれる一種の注解」という言及がある一方、ロベール・エティエンヌは自身の『辞典 (*Dictionarium*)』(1536 年) を「一種の注解書 (*hoc commentandi genus*)」としている。すでに論じたように、Gesner (1616), sig. Aaa1v を参照。

を表する。

24 Robert Etienne (1531) と Henri Etienne (1572)、ならびにこれらの書物の電子版。Jean Nicot, *Thresor de la langue françoise* (Paris: Douceur, 1606) も参照。

25 Baillet (1685), I, sig. eiijr-v (読者への忠告)。

26 Calepino (1554, 1616, 1718, 17466) s.v.「Terra」を参照。

27 Gesner (15446) ならびに 1627 年までのさらに少なくとも 18 版。

28 辞書の派生系統についての研究に関しては、Wooldridge (1977) を参照。

29 Robert Etienne (1541); Charles Etienne (1693).

30 Gesner (1616), sig. AAa1v [p.2]「読者へ、この作品の三重の有用性について」。この序文が最初に付けられたのは 1546 年である。ゲスナーはここで、自身によるタティアノスの『ギリシア人への言葉 (*Oratio contra Græcos*)』のラテン語訳と注釈について言及している (たとえば、378 頁のペロプスに関する箇所)。これらは、『とくに神学者たちの箴言あるいは語録集、修道士アントニウスならびにマクシムスにより聖俗の書物からかつて収集されたもの (*Sententiarum sive capitum, theologicorum præcipue ex sacris et profanis libris per Antonium et Maximum monachos olim collecti*)』 (Zurich: Froschauer, 1546) への付録として最初に出版された。ゲスナーの注釈は *Tatiani oratio ad Græcos* (『タティアノスのギリシア人への言葉』) (Oxford: e Theatro Sheldoniano, 1700) に含まれている。ゲスナーの『オノマスティコン』への言及には、35 頁注 4 (ゼフィルスについて) と 42 頁注 1 (リビアにおけるユピテル=アモン信仰について) が含まれる。タティアノスは紀元 2 世紀後期のキリスト教哲学者で、ギリシア語話者であった。

31 ただし、シャルル・デュ・カンジュは、自身の中世ラテン語辞典の百科事典的な内容を探し出す助けとして、主題別索引を記載している。Considine (2008), 268.

32 この数字の明確な根拠は述べられていない。Vogel (1999), 186 を参照。

33 前者のラテン語の題名は *Flores omnium pene doctorum qui tum in theologia tum in philosophia hactenus claruerunt*。KVK によると 1553 年から 1760 年のあいだに、少なくとも 30 版が印刷されている。『聖書詞華集』もまた同時期に版を重ねていたが、これほど頻繁に版を重ねてはいない。Rouse and Rouse (1979), 110 と Hess (2008), 98 を参照。

34 *Catonis Disticha moralia* (『カトーの風紀二行詩』), Augsburg: Otmar, Valentin, 1545 は、18 世紀まで何十回も版を重ねている。

35 Moss (1996), 67-73, 95-98 を参照。

36 初期近代における修辞上の *inventio* (発想) の源に関する豊富な参考図書については、Fumaroli (1980), 738-48 を参照。本書では、配列法によって詞華集と雑録に分類しているが、フマローリの研究ではこれらは一まとめに扱われている。再使用を目的として素材を集めた集成物についての参考図書については、Cherchi (1998)、Lobbes (2000) を参照。

37 『ポリアンテア』印刷の複雑な歴史と、語数計算の詳細については、本書第 4 章ならびに、表 4・1 を参照。

38 ナニ自身はドミニクス・ナヌスと名乗っていたが、本書では、他の典拠に従いナニ・ミラベッリという名前で言及している。ナニについての最初の言及は、1485 年にサヴォーナの学校長に任命されたときのものである。死去の日付は明確ではないが、1528 年以後である。2004 年に文書でこの情報を与えてくださったことについて、サヴォーナ国立文書館のマルコ・カスティーヤ博士に謝意を表する。サヴォーナのドメニコ・ナニ・ミラベッリは教会法の教育を受け、大聖堂付首席司祭 (archpriest of the cathedral) ならびに教皇秘書を務めた。SAUR 伝記集の記載によると、彼はまた詩人、医者でもあった。*Li scrittori della Liguria, e particolarmente della maritime di Raffaele Soprani* (Genoa: Pietro Giovanni Calenzani, 1667), 84 も参照。ここには、ナニはまた、「彼が日常使っていたコモンプレイスの出典である四福音書にもとづく、キリスト教徒の哲学者、詩人、雄弁家の金言ならびに引用の収集書を執筆し、これを福音の調和と呼んだ」と記されている。

39 Nani Mirabelli (1514)、ホスティエンシス司教ラファエル・リアリウスへの献呈の辞。

40 Rouse and Rouse (1979), 206.

41 ギルベルト・ヘスは、ナニはほかの詞華集より、人文主義者からの引用を多用していると論じている。Hess (2015).

42 バイヤーリンクは『人生の大劇場』を、「『ポリアンテア』の規範によって全体が配置されている (*ad normam*

レンス書には、多言語による聖書、用語索引、四福音書の並行する記述を（ときに表を使用しながら）示した和合福音書（harmonies）が含まれ、医学に関するものには、ガレノスのような権威ある医学者の全集や索引集、治療の実践集（*practica*）、薬物学や処方箋の文献集が含まれる。

4 Edwards, *Memories of Libraries* (1859), II, 634 が *OED*（第3版、オンラインで参照）の "reference" #7 の用例として引用されている。*OED* は "books of reference" の初出として、*Penny Cyclopedia* (1836)、V, 455 を記載している。

5 *OED* は Brinsley (1612) を初出例としている。Brinsley (1627), 188 を参照。

6 ボストン公共図書館は、1845年の開館以来、「閲覧室（reading room）」を呼び物にしていた。カーネギーの資金によって設立された多くの図書館の参考図書室については、van Slyck (1991), 378-79 を参照。

7 Grafton (1993c), 40, plate 34. 年代については、Artier (1988), 46、Clark (1901), 261-66。

8 Desgraves (1988), 394. James (1986), ix. オックスフォード大学のリンカン・コレッジにおいて、1543年に「選択」できる書物のリストにはカレピーノの辞書が含まれているが、この本は選択可能図書とする目的で、元フェローによってコレッジに遺贈されたものと考えられる。Ker (1986b), 479, 484 and (1986a), 456-57.

9 Hyde (1674), sig. [**4] r.

10 Stoneman (1999), 6; Meinel (1992), 66-67. アルシュテートは、「教授学（didactica）」に「学問分野に関する研究の理論」として重要な位置を与えている。Alsted (1989), I, 89ff.

11 体系的に配列された目録（アルファベット順配列のものは、ここでは関心の外にあるので除外している）の中で、私が参照したものは次のとおり。Kusukawa (1995), Leedham-Green and McKitterick (1997), de Jonge (1977), Finch (1986), Dupuy (1679), Martin (1706).

12 Naudé (1963), 51-52. Naudé (1903), 59-61 からの翻訳（強調は1661年版による）。蔵書の構成における専門書のジャンルについては、Werle (2007), 304-49 を参照。

13 Weijers (1990a), 204-5 と Weijers (1991) を参照。初期近代の辞書における定義は以下のとおり。Calepino (1554), 171「Repertorium：目録あるいは記録、個別に列挙された事物の記述を含むもの」; *Dictionnaire de Trévoux* (1704)「repertorium は、より一般的な『目録（inventaire）』を指す言葉として使われている」。「書誌目録（indices de livres）」、「一覧表（tabella）」、「常套句、クリシェ（lieux communs）」といった項目の定義にはすべて repertoire という語が使われている。これらの指摘についてジャン・セアールに謝意を表する。*OED* は、repertory について、「索引、一覧、目録、カレンダー」という意味では16-18世紀の用例とともに、また、「貯蔵庫、倉庫、保管場所」という意味では16-19世紀の用例とともに記載している。

14 Etienne Molinier, *Mystère de la croix*（『十字架の秘跡』）, 1635, sigs. e1r-v の Bayley (1983), xx における引用。

15 Araoz (1631), sig. 4v. Géal (1999), 295-96 では、アラオスがレファレンス書に高い地位を与えていることが指摘されている。

16 Lomeier (1669), 331; Lomeier (1962), 1-2. 今日訪問することができるズトフェン図書館の写真については、www.librije-zutphen.nl を参照。

17 Weijers (1990a). Hamesse (1996b). J・ショー他によって作成された文献目録については、http://www.chass.utoronto.ca/edicta/shaw/bib_b.htm を参照（2008年5月閲覧）〔2016年2月4日には上記リンクはつながらない。http://homes.chass.utoronto.ca/~wulfric/edicta/shaw/bib_b.htm 掲載の情報のことか〕。

18 自身が手書きで編纂した、初期近代の辞書についての長大なリストを共有してくださったことについて、ピーター・バークに謝意を表する。最近の研究については、Considine (2008) を参照。

19 Henri Etienne (1572) を参照。辞書については、Tonelli (2006) を参照。

20 次を参照。Labarre (1975); Strada and Spini (1994); Bravi et al. (2002). ベルガモのマイ図書館にコンタクトを取らせてくださったことについてクリストファー・カールスミスに、また、貴重な手助けについてこの図書館のスタッフに、それぞれ謝意を表する。

21 Robert Etienne (1553) を参照。この版については Furno (2001) を参照。

22 Labarre (1975), 7-8. *Lexcon latino-iaponicum* (Rome: Typis S.C. de propaganda fide, 1870) と *Calepinus latin-magyar*, ed. Melich János (Budapest: A Magyar Tudományos Akadémia, 1912) も参照。

23 Frey (1674), 2. モンテーニュは「辞書の最後まで（au bout de son calepin）」という表現を使用している。*Essais* (1988), III.13, 1069. calepinare という語についての有益な議論に関して、ハンス・ラミンガーに謝意

206 Bacon (2002), 439. Snow (1960), 373.
207 Jardine and Grafton (1990).
208 Naudé (1643). ハインゼについては、Le Moël (2003), 206-7 を参照。
209 McKitterick (1992), 35. ロックについては、Yeo (2004a), 19 を参照。
210 Caramuel Lobkowitz (1988), 30.
211 Scaliger (1927), 44 (July 27, 1602). Grafton (1975), 109 および Grafton (1993a), 504-6 を参照。
212 Jordan (1897) 307; Leibniz (1959), I, 181.
213 Daston (1994).
214 Chavigny (1920), 96-101; Price and Thurschwell (2005) and George Johnson (2005). 電子的「使用人」への変遷については Krajewski (2010) を参照。
215 Pliny the Younger (1969), III.v.17, in I, 179. リキヌスは紀元 73 年頃ヒスパニア州総督兼務のプラエトルであった。MacMullen (1974), 293-94. この点について手を貸してくださったジョン・ボデルに謝意を表する。
216 Placcius (1689), 185. ほとんど知られていないコンリンクのノート作成については、von Moeller (1915), 23-24 を参照。この手がかりを教えてくださったコンスタンティン・ファゾルトに謝意を表する。
217 Erasmus, *Adages*, II.1.1 (Festina lente) in Erasmus (2001), 149. ノートの貸し出しについては Décultot (2003a), 27 を参照。
218 Ribard (2002), 71.
219 Placcius (1689), 186-87.
220 Wellisch (1984), 24.
221 ジャン・パウルの妻への指示については、Helmreich (2003), 197 を参照。また、自分のノートを破棄してしまうかもしれない、ある学者の手にそれらが渡らないように、別の学者に遺贈したイスラムの学者の事例もある。George Makdisi (1990), 214 参照。
222 Gassendi (1657), 199-200 (second pagination sequence).
223 De Jonge (1977), 4-5. F. F. Blok, *Nicolaas Heinsius in dienst van Christina van Zweden* (Delft, 1949), 125 を引用している。
224 Sherman (1995), 84.
225 Martin (1706), V, 28.
226 Beal (1993), 134. Yeo (2004b), 9 は BL MS Add28273 に言及している(著者からの私的通信)。
227 Warkentin (2005), 238-40. この事例に注意を喚起してくださったジャーメイン・ワーケンティンに謝意を表する。ギヨーム・ビュデは、同様に、父親の書き込みのある本を通じて学問へと導かれた。Grafton (1997), 148 を参照。
228 Franklin (1985), 2-6. ハーヴァード大学のカレッジノートについては、Knoles and Knoles (2003), 37 を参照。
229 Byrd (2001), 33.
230 Findlen (2003).
231 Perosa (1981) を参照。ヴァッラとレトによる注釈が書き込まれたクインティリアヌスのテクストを含む、ヴァティカン図書館 MS Lat. 3378 の 1 頁の画像を掲載している。Ginzburg (1999), 61 を参照。
232 Poliziano, *Opera omnia* (Venice, 1498), 1v. Maïer (1965), 8 の引用のとおり。

第 3 章

1 イアン・グリーンは、「安定して売れていた」状態の基準として 30 年間に 5 版、また、「ベストセラー」の基準として 1 年に 1 回の改版を 10 年、20 年、またはそれ以上継続することを提案している。Green (2000), 173, 175 を参照。
2 Gesner (1551b), second paper "candidis lectoribus (誠実な読者たちへ)", sig. ß1v-2r.
3 法学のジャンルに関しては、Coing (1973-88) と Stinzing (1987), 69-71 (concordances〈用語索引〉)、121-48 (on alphabetized collections:アルファベット順の集成物) を参照。法学に関するレファレンス書の初期印刷本について紹介してくださったことをミュンヘンのトマス・デューヴに感謝する。神学に関するレファ

185 この部分の叙述は Bierlaire (1968) にもとづく。

186 Michelini Tocci (1989), 39-49 and figures 6-7.

187 Bierlaire (1968), 99-100; Cognatus (1535). クザンについては、Febvre (1907) を参照。

188 Grafton (1983), 101.

189 Scaliger (1927), 61. ドレイクについては Sharpe (2000), 273-74 を、ミルトンについては Mohl (1969), 8-9 を、それぞれ参照。ミルトンについての有益な会話に関して、トマス・フルトンに謝意を表する。ミルトンのコモンプレイス・ブックに書き込まれたさまざまな筆跡の役割に対する新しい評価については、Fulton (2010), app. B を参照。

190 Grafton (1991), 5 and n25, 305 が論じるところでは、ディオスコリデスのアドリアーニ版『医薬の素材について全6巻(*De materia medica libri sex*)』、f. 352v にあるさまざまな欠陥は作品の校正を急いだ文筆助手の責任だとされた。エラスムスは、彼の文筆助手か彼自身かの責任だとする誤植について謝罪している。Bierlaire (1968), 30n43. ゲスナーは彼の作品中の過度に長文のパッセージについて文筆助手を咎めた。Gesner (1545), sig. 4r. ボイルは実験室で使用人のせいで焼けてしまった手紙について謝罪をしている。Hunter (1998b), 128-29. 使用人の過ちのはなはだしい例では、1835 年に起きた、トマス・カーライルの『フランス革命史』の原稿喪失につながったものがある。原稿が火をおこすのに使用されたのである ——カーライルはもう一度『フランス革命史』を書き直した。Beal (2007), 3 参照。

191 著者非公認の増補に関するエラスムスの苦情については、Bierlaire (1968), 29 を参照。また、*Adages* 1. x.xcv には、「私には私にまったく知られずに自分の書き物を私の書き物に編み込むのを愉悦としていた秘書が一人いた」とある。Erasmus (1964), 162-63. スカリゲルの払った買い戻し金については、de Jonge (1977), 1 に引用されている *Lettres françaises*, ed. Ph. Tamizey de Larroque (1879), 341 を参照。モンテーニュについては、Hoffmann (1998), 43, 56 を参照。原稿の失われた部分は武具(armor)について書かれていた。

192 下書きの不正流用は Baillet (1685), II.2, 150 に詳述されている。未遂に終わった盗難については Bierlaire (1968), 93 を参照。

193 Hoffmann (1998), 42. 15 世紀ミラノにおける秘書の興隆については、Ianziti (1988), 10、また Nigro (1995) を参照。エラスムスの使用人については、Bierlaire (1968), 24 および 39 頁と 40 頁のあいだの図表〔Tableau Récapitulatif〕を参照。

194 Petrarch, *Familiari*, xviii.12. 3-10. Hamesse (1994), 204 の引用のとおり。

195 ボイルの文筆助手と彼らの高い離職率については、Boyle (1999-2000), 1: ci, および Hall (1987), 113 を参照。彼らが犯した聞き間違いほかの綴り字の誤りについては、Hunter and Davis (1996), 220 を参照。モンテーニュについては Hoffmann (1998), 48 および Hoffmann (1995) を参照。カルヴァンについては Gilmont (1997), 177, 180 を参照。

196 ペーレスクの最も忠実で勤勉な筆耕はフランシクス・パッロトゥスで、彼はギリシア語、アラビア語、それにトルコ語を含む多くの原稿のテクストを転写した。Gassendi (1657), 200 (second paginations sequence). シャープは、筆耕がドレイクの本から注解をノートブックに筆写した可能性があると結論づけた。Sharpe (2000), 273. モンテスキューは、自分のノートブックから使用のために選び出した素材を、文筆助手にノートカードに転写させた。Volpilhac-Auger (2003), 89.

197 D'Avray (2001), 26-27.

198 ノーデについては Nelles (1994), 219 を参照。ハートリブについては、Greengrass (1998), 43, 47 を参照。

199 Beal (1998) および Knoles and Knoles (2003), 10 を参照。

200 それでも、中国の学者たちもまたコピーのための写字生(copyists)を雇っていた。ヒルデ・デ・ヴェールトとの私的通信。

201 Moss (1996), 54.

202 Drexel (1638), 58-59.

203 Ibid., 72-73. レファレンス書へのこれやこのほかの批判は本書第 5 章で論じる。

204 Morhof (1732), I.1.21, sec. 12, 239. 知的信頼が 17 世紀のイングランドでいかに社会的地位に結び付いていたか、という点に対する示唆に富んだ分析については、Shapin (1994) を参照。

205 Tite (1994), 55.

153 たとえばウデニウスは、後で清書するための急ぎのメモを書いておく"codicilli reminiscentiæ(回想用小紙片)"について言及している。Meinel (1995), 169.
154 Warkentin (2005), 240.
155 McLeod (2003), 94. この参照箇所について、ノエル・マルカムに謝意を表する。
156 Pascal (1991), 26; Keuntz (1985), 65-72.
157 Meinel (1995), 181.
158 Ibid., 168.
159 Placcius (1689), 133.
160 Ibid., 71. アドリアン・テュルネーブも己れの読書ノートをシビュラの紙葉になぞらえたが、その理由は、シビュラの神託詩行が、それらが保管されていたユピテル神殿の破壊の後で闇雲に集められたように、彼の読書ノートも秩序を欠いているから、というものであった。Turnèbe (1581), sig. 2r-v を参照。
161 Placcius (1689), 147.
162 Ibid., 157-59.
163 Ibid., 129, 145.
164 Ibid., 146.
165 Ibid., 148-49; Malcolm (2004), 215-16.
166 Placcius (1689), 148.
167 この時代の学術誌の編集で提起された組織化の問題への洞察については、Vittu (1997) を参照。
168 Placcius (1689), 162-63. プラッツィウスはまた Morhof (1732; first published 1688), I.1.14, sec. 46-49, 149-50 にある学識者サークルについてのモルホーフの議論に触れている。*Pœtica giessensis major per Academiæ Giessenæ, nonnullos Professores ... conscripta* (Giessen: J. D. Hampel, 1657) については、Schüling (1982), 71 を参照。
169 Placcius (1689), 156 (delegation).
170 Shapin (1989). モンテーニュについては、Hoffmann (1998), ch. 2 および Montaigne (1988), III.3, 828 を参照。仕事中の学者像については、Thornton (1997) を参照。
171 Webster (2002). フランスにおけるベイコンの衝撃については、Le Doeuff (1984) を参照。
172 Harkness (2007).
173 『マクデブルク世紀史』については、Grafton (2001) および Lyons (2003) を参照。フランスのカトリック側の学殖についての入り口としては、Neveu (1994), esp. ch. 1 を参照。
174 Placcius (1689), 161. プラッツィウスの詳細なレファレンス(Cons. log. de adornandis locis communibus c.1.p.3 columna 2 circa finem〔『準備されるべきコモンプレイスに関する論理的判断』第1章、3頁2段目末尾周辺〕)は、私がテクストを見つけたただ一つの版とは別の版を指している。Keckermann (1614), cols. 222-23 [misnumbered 220-21]. ケッカーマンについては Freedman (1997) を参照。
175 ケッカーマンのプロジェクトを継続したいというアルシュテートの全般的な意向については、Hotson (2000), 33 ff. を、*collegia* については、Hotson (2007), 241-42 をそれぞれ参照。多年にわたる有益な会話や文通を取り交わしてくださった、ハワード・ホトスンに謝意を表する。
176 Frey (1674), 25-26; Hoole (1969), 183.
177 Gingerich (2002), xix-xxi.
178 Shapin (1989).
179 Algazi (2003). Harkness (1997); Cooper (2006).
180 Turnèbe (1581), 900; Lewis (1998), 204. 歴史家たちはまたイザク・カゾボンの寡婦がいかに夫の「残された文書」を「出版せよと挫けずに迫ったか」を指摘してきた。Nuttall (2003), 144.
181 Findlen (1999), 29-57, 44 and n62. 粗布袋の使用については、Tugnoli Pattaro (1977), 15 を参照。
182 Littré (1992), 30-32.
183 たとえば、1604年6月10日付け、カゾボンへの書簡中で、J・J・スカリゲルは、「奥様の御快癒について喜んでおられますが、私も同感です。……奥様は、あなたのご家族、研究、お子様方にとってまさにかけがえのない方です」と述べていることを参照。Scaliger (1927), 46.
184 Soll (1995) and Soll (2000).

は Houghton (1979), I, 248 にある。この参照箇所を教えてくださったピーター・ビールに謝意を表する。

133 DeMaria (1997), 58; Décultot (2003b), 96. Helmreich (2003), 194; Weimar (2003), 74-75. 有益な会話や文通を取り交わしてくださった、クラウス・ヴァイマーに謝意を表する。

134 初期の目録作成訓練については、Passet (1991) を、近代検索ツールにおける統制語彙とその使用については、Taylor (1999) を参照。ヤフーディレクトリは長年ワールド・ワイド・ウェブの索引を人の手で編集していた。今日ではボランティアたちのネットワークにより運営されている、オープン・ディレクトリ・プロジェクトの活動のほうが大きい。http://www.dmoz.org/ を参照〔2017年3月に閉鎖された〕。

135 Leibniz, *New Essays on Human understanding* (1981), 523-24. Malcolm (2004), 220 の引用のとおり。

136 Von Murr (1779), 211. フォン・ムルは、ハノーファーの事務官クラツィウスが己れのために作らせたノート・クロゼットを、彼の死にさいしてライプニッツが購入したと報告している。クロゼットがどの程度広く知られていたのか、あるいは、それがその他の種類の収納家具が生まれるきっかけとなったかどうか、は、はっきりしない。カール・リンナエウス〔フォン・リンネ〕の植物標本保管用クロゼット (18 世紀半ば) については Müller-Wille (2002) を参照。

137 Malcolm (2004) を参照。マルカムは、プラッツィウスは大英図書館所蔵の手稿ではなくその未確認の写しによっていると結論づけた (n58 を参照)。大英図書館所蔵、ケネルム・ディグビー文書 the Kenelm Digby Papers, MS Add 41, 846 の中の手稿に私の注意を最初に喚起してくださったウィリアム・ニューマンに謝意を表する。また、このトピックについての有益な会話を取り交わしてくださったノエル・マルカムに謝意を表する。手稿は Placcius (1689), 121-49 により出版された。Placcius (1689) から引用するさい、それらの頁のテクストの著者はハリソン、作品のそれ以外の部分と注の著者はプラッツィウスとして引用する。Yeo (2007b), 13 ff. も参照。

138 Placcius (1689), 145. Meinel (1995), 173.

139 次を参照。Krajewski (2002); Tenner (1990).

140 Krajewski (2002), 104 ff.; Petschar et al. (1999).

141 Chavigny (1920); Heyde (1931). ハイデの本を送ってくださったノエル・マルカムに謝意を表する。

142 Shackleton (1961), 181; Rozier (1775), xi-xii.

143 Zedelmaier (2003), 51 ff. 本型の小箱に収納されたカードを使ったラファーターのノートについては、2005 年、ハーヴァード大学で行われたクラウス・ヴァイマーの講演 (未出版) に教えられた。

144 Krajewski (2002), 43-64; Te Heesen (2002).

145 Miniati (1989). 実例の一つがフィレンツェの科学史博物館に、もう一つがヘルツォーク・アウグスト図書館に現存する。Konrad et al. (1985), 202-3 および Raabe and Schinkel (1979), 190-91 を参照。

146 Georg Philipp Harsdörffer, *Delitiæ philosophicæ et mathematicæ: Der philosophischen und mathematischen Erquickstunden dritter Thei* (Nuremberg, 1653), 57. Meinel (1995), 170 の議論のとおり。Zedelmaier (2004), 199.

147 ジョン・ヴァン・エンゲンとの私的通信。すべて 1450 年以降になるが、このほかのいくつかの例については、Honemann (2000b), 36-37n27, 42 を参照。ホネマンは片面印刷物、ポスター、それに *Zettel* (ノート、紙片) を分ける区分が流動的であると指摘している。

148 Gesner (1548), fol. 20r. 翻訳については、Wellisch (1981), 12 を参照。ヴェリッシュはこの方法の適用が「広範囲にわたった」(n16) と推測している。

149 Germann (1994) 参照。ゲスナーはペリカンを彼の「先生 (*præceptor*)」であると述べ、Gesner (1548), 20v, 21v では蔵書の配列についてペリカンの方法に従っている。

150 索引作成についてのゲスナーの助言は (印刷本からの切り貼りはないが) Caramuel Lobkowitz (1988), 30 で実質的に繰り返され、Placcius (1689), 85-88 では忠実に再現された。

151 Tournoy (1998), 163-64.

152 Daly (1967), 86. 蔵書目録から切り取った紙片で構成されたパリ、マザラン図書館の目録、MSS 4134-37 を参照。Gasnault (1988), 139. フランス国立図書館の MSS Latin 14351-53 "Ad Abraham Ortelii Theatrum geographicum index a Gregorio Mariette concinnatus (アブラハム・オルテリウスの『地理学の劇場』に対してグレゴリウス・マリエッタによって整えられた索引)" (作成年不明) の中の、オルテリウスに対する 18 世紀の索引も参照。

ス祭)、52-53(執筆速度について)。ドレクセルは、1618年から1638年のあいだ、毎年1本弱の割合で説教と宗教的論文を出版した。Pörnbacher (1965) を参照。

102 たとえば、コレジオ・ロマーノの修辞学教授、ファミアノ・ストラダ(1572-1649年)の就任講義はくしゃみへの反応を論じるものであったが、その目的は、そのようなテーマについても論じることができるところを見せて驚かせたいというところにあったのであろう。Neumann (2001), 56を参照。

103 Drexel (1638), 83, 103, 105. Sacchini (1614), 87は「不幸な好奇心」に警戒するよう諫めた。両者とも、Gellius, bk. 14, ch. 6, in (1946), III, 43-47から同じパッセージを引証。

104 Sacchini (1614), 86-87. Drexel (1638), 83, sig. [A8] r.

105 Hess (2003). アウグストゥスの『友人たちの書(*liber amicorum*)』については、Hess (2002) を参照。

106 Warkentin (2005), 238-39, 244. Sharpe (2000), 192——ドレイクのもう一つの動機は自己改善であった(89)。

107 Turnèbe (1581), sig.):(2r-v.

108 Warkentin (2005), 238. Joseph Addison, *Spectator* 166 (September 10, 1711), vol. 2 (London: G. Woodfall, 1822), 352——Podhurst (2004), 103-4の引用のとおり。

109 Gassendi (1657), 200, 191-92 (second pagination sequence〔同書の本文は1巻から3巻までと、4巻以降にそれぞれ独立してノンブルが振られている〕). この伝記を書くに当たってのガッサンディの動機については、Joy (1987), 50-61を参照。ペーレスクについて有益なる会話を取り交わしてくださったピーター・ミラーに謝意を表する。

110 Gassendi (1657), 197 (second pagination sequence).

111 Pattison, "Casaubon" in *Essays* (1892), 425-28. Yeo (2004a), 24の議論のとおり。

112 G. W. Leibniz, *Mathematische Schriften*, ed. C. I. Gerhardt (1962), II, 227-32. O'Hara (1998), 160の引用のとおり。フォーゲルの方法論については、次を参照。Von Murr (1779), 211; Meinel (1995), 178.

113 次を参照。Hunter (1998b), 126-27, 133-34; Hunter and Littleton (2001), 376-77. ボイルの研究日誌については、次を参照。http://www.livesandletters.ac.uk/wd/index.html.

114 ウィリアム・ウォットンよりジョン・イーヴリン宛1699年8月8日付けの手紙。大英図書館イーヴリン・コレクションMS 3.3.112。Hunter (1998b), 123の引用のとおり。この表現はドライデンの詩の言い換えである。

115 Hunter and Davis (1996), 227; Hall (1987), 111-16.

116 Sorel (1673), 14.

117 Van Lieshout (2001), 74.

118 Placcius (1689), 134.

119 Sorel (1673), 7. Bartholinus (1676), 19. また、Placcius (1689), 147も参照。関連する実践では、歴史家のクリストフ・シュレーダー(1601-80年)が、後で答えを探すべき疑問(*dubia*)を書き付ける専用のノートブックを作ることを推奨した。Brendecke (2004), 189.

120 Goyet (1987), 22-23.

121 Montaigne (1988), III .11.

122 Sorel (1673), 7.

123 Blair (1997), 74.

124 Erasmus (1508) and Moss (1996), 109 and quotation #113-14.

125 Nelles (2007), 98. Placcius (1689), 139. ベイコンについては、Snow (1960), 373を、ハリソンとロックについては、Malcolm (2004), 216をそれぞれ参照。

126 Titius (1676), 102. Sorel (1673), 8.

127 Alsted (1989), 2338を参照。Zedelmaier (2001), 20およびZedelmaier (2000), 86 (Gesner) の議論のとおり。

128 Weimar (2003), 75-76. 個性化への傾向については、Décultot (2003a), 15およびMoss (1996), 261を参照。

129 Drexel (1638), 135.

130 Meinel (1995), 166, 168. Giudicelli-Falguières (1988), 255.

131 Greengrass (1998), 44. Sorel (1673), 14.

132 Yeo (2004a), 19, 23 ff. ロックの衝撃についてはDécultot (2003a), 15-16を、イーヴリンについては、Hofmann et al. (1995), 38をそれぞれ参照。おびただしい数の仕切り棚と引き出しを備えたロックの机の描写照。オリジナルは Saint-Pierre (1840), 473 にある。忘却の手段としてのノートへのシフトについては、次を参照。Yeo (2007b), 30-31; Yeo (2007a), 34 ff.; Cevolini (2006a).

83 The "Keeping Found Things Found" project: http://kftf.ischool.washington.edu/index.htm および Jones (2007) を参照。

84 ドレクセルの主張については、Drexel (1638), 32-48 を参照。ドランディは古代のノート作成を、5 段階をふむプロセスと呼んだ (Dorandi [2000], 31-32) が、以前のある研究では 3 段階を識別している。Skydsgard (1968), 155 を参照。いずれも次をもとにしている。Pliny the Younger (1969), III.v in I, 172-79.

85 Pliny the Younger (1969), I, 177-79.

86 Dorandi (2000), 50. Pliny the Younger (1969), I, 172-75.

87 Locher (1986), 20-29. Detlefsen (1899), 22.

88 Porphyry, *Life of Plotinus*, 8, 4. Hadot (1988), 33n31 の引用のとおり。クインティリアヌスは口述筆記で作成されたテクストは修正が必要だと述べ、ヒエロニムスは、口述筆記は性急で無作法にして趣のない作文に傾きがちだとした。クインティリアヌスの *Institutio oratoria*, X, 3, 18-22 (Dorandi, [2000], 68 の引証のとおり)、および Arns (1953), 47-48 を参照。同様にアンブロシウスは、自分の手で作文をすることはより多くの熟考の時間をもたらすことになると指摘した。Dekkers (1952), 133-34.

89 この論争にかかわる文献への入り口については、次を参照。Johnson (2000) and McDonnell (1996).

90 Cicero, *De inventione*, bk. 2, II, 4. ウァッロについては、Skydsgard (1968) を、プルタルコスについては Theander (1951) および Helmbold and O'Neil (1959) を、それぞれ参照。Prentice (1930) は、トゥキディデスの『歴史』は、著者が亡くなったとき、ばらばらの紙が幾束かに括られて残されていたのを集めてまとめられた、未完の作品であると論じた。ディオゲネス・ラエルティオスについては Mejer (1978) を参照。

91 Gellius (1946), xxvi-xxvii. Skydsgard (1968), 103 は、ゲッリウスの主張を字義どおりに受け取る一方、Holford-Strevens (2003), 35 ff はテクストの技巧的性格を強調している。

92 Hadot (1998). 30-34. 彼もまた、紀元 1 世紀の教養ある女性の一人、パンピレの今は失われた the *hypomnemata* (『覚え書き』) に言及している。Skydsgard (1968), 107-9 は、*hypomnema* は *commentarii* (注解) に相当するギリシア語であると論じている。

93 Drexel (1638), 42. このセクションは Dondaine (1956) に教えられるところが多かった。また、Gils (1992) も参照。

94 *littera inintelligibilis* (「判読できない文字」) については、Hamesse (1994), 196 を参照。判読不能な悪筆は他の利点をもたらした可能性もある。内輪のおよび学校という文脈での秘密の筆跡については、Bischoff (1981) を参照。

95 Dondaine (1956), 20n19.

96 Dondaine (1956), 10-11, 17, 19. アクイナスに最も忠実であった僚友のピペルノのレギナルドゥスについては、Torrell (1993), 399-403 を参照。チャーチルについては、Ball (2003), 122-24 を参照。"Old Man, New Policy," *Time* (October 14, 1946) によれば、チャーチルは一度に 500 語ずつの塊で口述筆記させたという。

97 Screech (1998), 4. Montaigne (1988), II.10, 409, 413 and II.18, 666; Montaigne (1965), 297, 301, 505. モンテーニュと彼の蔵書については次を参照。Montaigne (1988), III.12, 1056b; Villey (1933), 1: 59-271; de Botton and Pottiée-Sperry (1997); Millet (2004). これらの点について専門家としての助言をくださったジョージ・ホフマンに謝意を表する。

98 Compagnon (1979), 300-301; Goyet (1986), 18 ff.

99 Villey (1933), 2: 28, 38. モンテーニュの読書からの独立性については、次を参照。Tournon (2000), xviii; Goyet (1986-87). モンテーニュは、「私は覚えていることがまったくできない男だ (je suis un homme de nulle retention)」(Montaigne [1988], II. 10, 408) と書いているが、ノート作成をしていないことに言及したのかもしれない。

100 次を参照。Bayle (1740), I, "Barthius." note T が "Barthius in Statium, Tom. III, pag. 466" を引証。Barthius (1624) を参照。手書きの『グロティアーナ』(グロティウスに帰せられた発言集) は、バルティウスが手押し車数台単位で (par charretes) 出版したと指摘し、ノートブックを手押し車何台分ももっていた (plein de charrettes de recueils) のだと推測している。Wild (2001), 27 の引証のとおり。

101 Drexel (1638), 95 and 88-95 (涙)、95-96 (復活)、96-98 (敵への愛)、98-99 (踊りと跳躍)、99-101 (バッコ

56 Van Hulle and van Mierlo (2004), 2; Foucault (1983), 243-46.

57 Small (1997), 130; Carruthers (1990), 12-13.

58 Drexel (1638), 9. スカリゲルとエラスムスについては、Neumann (2001), 12-13 を参照。

59 全米記憶力選手権（the American national memory championship）については、http://www.usamemorychampionship.com/、および次を参照。Anthony Ramirez, "You Must Remember This or Just Forget about It," *New York Times*, March 12, 2008.

60 Malebranche (1993), II.X.13, 196.

61 Mulligan (1992), 49 の引用のとおり。Montaigne (1988), I.9, 34. Yeo (2007b), 5, 30-31; Yeo (2007a), 37 を参照。

62 レファレンス書への苦言については、たとえば、Mencke (1937) および本書第 5 章を参照。

63 Chavigny (1920), 35.

64 Yates (1966), 2n2 におけるキケロ『弁論家について』II.lxxxvi, 351-54 の引用。Buzan (1991) を比較参照。

65 Blair (2008), 63-65. 中世および初期近代の学問における表や図については、Murdoch (1984) および Siegel (2009) を参照。

66 Erasmus, *De ratione studii*（『学習の方法について』）in Erasmus (1978), 671. アルドロヴァンディの言葉は、「準備が利益よりも大きなものである（Maior est apparatus quam emolumentum）」。Bologna, MS Aldrovandi 21, II, 166. Giudicelli-Falguières (1988), 236 の引用のとおり。Naudé (1963), 99 を、またケッカーマンについては、Hotson (2000), 83 を参照。モルホーフは、記憶術の実用性を否定はしなかった。Morhof (1732), I.2.6, sec. 96, 384 を参照。しかし、彼はノート作成のほうにより注意を注いだ。

67 Meinel (1995), 185-86.

68 図像は Braun (1990), 143 に写しがある。音楽理論の中で生まれた中世の「グイドの手」については、Murdoch (1984), 76, 81 を参照。Sherman and Lukehart (2000) も参照。

69 Watts (1761), 275-76. Carruthers (1990), ch. 7 を参照。

70 Drexel (1638), 56; Sacchini (1614), 74. 同様にビベスは、書写には良からぬ考えを寄せ付けない優れた効果があるとした。Moss (1996)、ラテン語引用句 #125 を参照。次も参照。Richard Steel, "What Are the Hindrances and Helps to a Good Memory in Spiritual Things?" (1683), 428. Knoles and Knoles (2003), 57 の引用のとおり。

71 Sacchini (1614), 77 and ch. 6; Drexel (1638), 60; Wheare (1685), 323.

72 Drexel (1638), 65, 72. ジョン・イーヴリンは信仰の書に、人は聖餐式に先立って己れと使用人たちの心と身体をどのように整えればよいかについての意見を書き込んだ。Mandelbrote (2003), 87-88 を参照。

73 このきまり文句については、次を参照。Drexel (1638), 1, 10, 45, 48, etc.; Sacchini (1614), 67-68.

74 Sacchini (1614), 71. Drexel (1638), 68-69.

75 Drexel (1638), 69.

76 Sacchini (1614), 71-73. この逸話の同様の使用については、次を参照。Mapheus Vegius, *De educatione liberorum* (1541), 237-38. Châtelain (2003), 170 の引用のとおり。Drexel (1638), 69.

77 Drexel (1638), 3. Sacchini (1614), 75. トマス・フラーは、病による記憶の喪失のリスクについて警告したという。Yeo (2004a), 12 の引用のとおり。

78 Sacchini (1614), 26, 41.

79 Drexel (1638), 87, 103, 165（聖俗の別）, 85（フィールド別のノートブック）。

80 Drexel (1638), 75（サッキーニを引証）, 66-67（記憶について）。

81 Locke (1686). 出版史と分析については Yeo (2004a), 2-3, 13 ff を参照。ロックの索引用紙（index grid）は（ロックの文章なしで）Horne (1814) にドレクセルの助言の要約とともに収められている。ロックの助言はまた、ジャン・ルクレールによって称賛され、伝えられている。ルクレールはこの 1686 年論文を自身の *Ars critica* (Amsterdam, 1712; orig. pub. 1696-97), 99-100 に掲載した。Zedelmaier (2003), 61 の引用のとおり。

82 Ferrer (2004), 9 のフランス語引用より英訳。フェレールは、ベルナルダン・ド・サン=ピエールに帰せられたこの言葉がでっちあげ（bogus）ではないかとしている。ポーはこの引用を *Democratic Review* (November 1844), 483 で使用している。http://www.eapoe.org/works/MISC/MARGD01.HTM（2008 年 7 月閲覧）を参ブルクで1695年。次も参照。Pörnbacker (1965), 104-6. ジョージ・ホーン(1730-92年)は、ハイ・チャーチ派聖公会牧師で、オックスフォード大学にて長年過ごしたのちカンタベリーの主任司祭に任ぜられ、死の少し前にはノリッチの主教に任ぜられた。『英国人名事典(*Dictionary of National Biography*)』のNigel Astonによる項およびHorne (1814)を参照。

36 Drexel (1638), dedication, sig. A4r-v.

37 ノート作成については、次を参照。「さらに簡潔なドレクセル法」を誇ったKergerus (1658); Philomusus (1684); Titius (1676); Placcius (1689); and Morhof (1688)。モルホーフには抜粋についての章もある。Zedelmaier (2000)を参照。より一般的な勉強方法については、次を参照。Vossius (1658); Grotius (1645); Alsted (1610). アルシュテートはこの主題を論じた著者名を列挙している。各国語による助言書には次のものがある。Sorel (1671, 1673); La Mothe Le Vayer (1668); Udenius (1684). Wheare (1685)は、Wheare (1625, 1637)からの翻訳である。ノート作成指南書の近代イタリア語への翻訳書選については、Cevolini (2006a)を参照。

38 Nelles (2001). パリ大学のフレイの講義録(1674年刊、初版1628年)は、パリの一学寮における課外授業での講義をもとに書かれたと思われる。Blair (1993)を参照。モルホーフは、彼の『ポリヒストル』の一部は個人教授での授業に端を発していると説明している。Morhof (1731), I.1.16, sec. 2, 171を参照。Morhof (1731)は序文の説明によれば、講義録をもとに出版された。

39 次を参照。Fichet, SJ (1649); Sidelius (1713). Morhof (1732), I.1.1515, sec.29, 160-61.

40 Drexel (1638), 88-102; Sacchini (1786), 79-96.

41 アレクサンドリアでは、ヒポクラテス全集の一部の巻に、キーワード表示に使われた記号が書き込まれている。Von Staden (1989), 501-5; Smith (1979), 199-201. ヒエロニムスは、さまざまな種類の校訂を要する聖書の一節に星印や「剣標(obeli)」で印を付ける習慣を描いている。Jerome, preface to Job(ヨブ記への序文)、http://www.ewtn.com/library/PATRISTC/PII6-17.TXT.

42 概算では初期刊本(インキュナブラ)の60パーセントから70パーセント、1590年代に出版された書籍の50パーセントに書き込みがあるとされる。しかし、書き込みのないきれいなコピーを長らく優遇した稀覯書市場からの購入により蔵書が形成されたハンティントン図書館の場合、蔵書中20パーセントのみに書き込みがある。Sherman (2002), 122-24を参照。

43 読書ノート以外のノートについてはSherman (2002), 130を、一般論としてはSherman (2008)を参照。セネカの翻訳に準法律的な証拠が書き込まれた奇妙な例があるが、あるいは保管用だったのかもしれない。Orgel (2000), 95. Blair (1997), 195-201も参照。

44 Sorel (1671), 12. Sacchini (1614), 73-74.

45 この用語については、Châtelain (1997b)を参照。より大まかな使い方だが、ケンブリッジ大学図書館の"Adv."という書架記号は、欄外書き込みのある本を指した。Sherman (1995), 65-66を参照。

46 Snow (1960), 370.

47 Drexel (1638), 83. 旅行中のノート作成については次を参照。Stagl (1995), 52-89; Alsted (1616), 301.

48 Décultot (2003a), 18-19.

49 W.H.Auden (1907-73), *A certain world: A commonplace book* (1970)についてはHavens (2001), 61を参照。

50 神学者の文書に関してはOvergaauw (2006)を、ポリツィアーノについてはMaïer (1965)を、ビュデについてはGrafton (1997), 169; (1993), 753-55を、アルドロヴァンディについてはFindlen (1994), 30およびFrati (1907)を、ペーレスクについてはMiller (2000), 2をそれぞれ参照。

51 Meinel (1995), 166, 168.

52 Kirsten (1679), sig.)o(2r-v. マルティン・フォーゲルの『遺稿(*Nachlass*)』はハノーファーのライプニッツ図書館にて保存されている。

53 サミュエル・ハートリブ、ロバート・ボイル、ロバート・フック、アイザック・ニュートン、そしてライプニッツの文書については、Hunter (1998a)を参照。イーヴリンについてはHofmann, Winterkorn, Harris, and Kelliher (1995)、およびMandelbrote (2003)を、ロックについてはYeo (2004a)を、それぞれ参照。

54 Harkness (2007), ch. 5; Sharpe (2000).

55 Pascal (2005), xi-xiv. オーブリーについては、Bennett (2000)を参照——この文献を教えてくださったエリザベス・イェールに謝意を表する。

21 雑録については、次を参照。Petrucci (1995), ch. 1; Nichols and Wenzel (1996).『標準注釈(*Glossa*)』については、Smith (2009) を、グラティアヌス『教令集』については、Winroth (2000) をそれぞれ参照。

22 Chartier (2007); Rouse and Rouse (1974b), 11.

23 次を参照。Petrucci (1995), esp. 148-50; Chiesa and Pinelli (1994); especially Hamesse (1994); Cécile (1981). 中世自筆原稿の書誌については、Lehmann (1959), 359-90 を参照。

24 次を参照。Kerby-Fulton and Hilmo (2001); Kerby-Fulton and Despres (1999), 75-81. これらの手がかりを与えてくださった、ジョン・ヴァン・エンゲンに謝意を表する。

25 次を参照。Bériou (1989), Hamesse (1986). Blair (2008) にはさらなる文献が挙がっている。

26 ラピアリアについては、van Engen (1999) を、日記については、Fothergill (1974) を、それぞれ参照。

27 次を参照。Branca (1999), Boccaccio (1915), Dotson (1994), Vasari (1938), Vecce (1998).

28 医学の分野については、Durling (1991), 195 を参照。中世の文章執筆のモデルとしての公証人によるノート作成については、Petrucci (1995), 152-57 を、トマス・ジェファソンの法律に関するノート作成については、Bilder (2010) を参照。

29 マイケル・メンドゥルは初期近代イングランドにおける速記術の文化史を準備している。Mendle (2006) を参照。またピープスについては、Pepys (1970), 1: xcvii ff を参照。

30 次を参照。Sacchini (1614), 91 (ch. 13)、Bacon (1868), 11: 62. Vickers (1996), xliii で、こうしたことが論じられている。アルドロヴァンディは項目をアルファベット順に並べるやり方を正当化するために商人の習慣を次のように引き合いに出した。「商人たちの慣習に倣って、私は、いかなる本もアルファベット順に分類していた(moreque mercatorum dividebam in ordinem alphabeticum quenlibet librum)」。Bologna MS Aldrovandi 21, II, 168-89. Giudicelli-Falguières (1988), II, 247-48, 272 の引用のとおり。ソルボンヌ図書館でこの学位論文を読む許可をくださった著者に謝意を表する。また、Meinel (1995), 172 も参照。

31 ウィリアム・ウェブスターの『簿記について』(1719年)とリヒテンベルクの比較については、Te Heesen (2005) を参照。テ・ヘーゼンはまた、逆方向の影響関係、すなわち、〈驚異の部屋〉をモデルにした商品サンプルの陳列室についても指摘している。Te Heesen (2002), 147 参照。ツェデルマイヤーは学者の情報管理方法が官僚の情報管理に対してヒントを与えたと論じている。Zedelmaier (2004), 203 を参照。リヒテンベルクについては、von Arburg (2003) を参照。

32 Chavigny (1920), 16. キケロは、商人の当座の備忘録と、恒久的記録のために意図され、より慎重に付けられた会計簿を比較した。Cicero, *Pro Roscio comœdo*, II, 7 を参照。

33 Moss (1996), 54-55. グァリーノの方法については、Guarino (2002) 中の息子バッティスタが書いた論文を参照。エラスムスはコモンプレイシングについて論じている。次を参照。*De copia*(『雄弁の能力について』)および *De ratione studii*(『学習の方法について』)(Basel, 1512), in Erasmus (1978), 605-6, 636-38, 672. ビベスも以下で論じている。*De tradendis disciplinis*(『知識の伝授について』)(1531), in Vives (1971), 108, 133.

34 Sacchini (1614)——以後「サッキーニ」へのさらなる言及をこの版に対して行う。この版の複写を共有してくださった、ヘルムート・ツェデルマイヤーに心より感謝する。さらなる版には以下のものがある。Sammieli (Saint-Mihiel, Lorraine), 1615; Ingolstadt 1616; Bordeaux 1617; Dillingen 1621; Leipzig 1711 and 1738; Venetiis Britonum (Vannes, Brittany), 1866. 同書はフランス語 (Sacchini, 1786) に、またドイツ語(*Über die Lektüre, ihren Nutzen und die Vortheile sie gehörig anzuwenden, nach dem Lateinischen des Sacchini teutsch bearbeitet und mit einem Anhange begleitet von Herrmann Walchner*, Karlsruhe, 1832)に、それぞれ翻訳された。私は見ていないが、ドイツ語版の情報についてヘルムート・ツェデルマイヤーに謝意を表する。サッキーニの『有益な読書の方法に関する覚え書き』は、Haskell (2003), 260 が論じているように、Rainierio Carsughi, *Ars bene scribendi*(『良き作文の技法』)(Rome, 1709) の種本の一つとなった。(口述によるノート作成を含む)イエズス会士のノート作成全般については、Nelles (2007) を参照。長年にわたる有益な会話を取り交わしてくださったことに対し、ポール・ネルズに謝意を表する。サッキーニについては、Dainville (1978), 224-27 も参照。

35 Drexel (1638). 以下 Zedelmaier (2003), 54 の議論のとおり、各地で版を重ねた。アントウェルペンで 1641年、1642年、1657年、1658年、1691年。ケルンで 1638年と 1643年。ミュンヘンで 1642年、ブラチスラヴァで 1659年。フランクフルトで 1670年。出版地未詳で 1671年。リヨンで 1675年。それに、ナウム

215 Engelsing (1970) と Wittmann (2003) を参照。

216 DeMaris (1997a), 1-15.

217 Boswell (1934), 3: 332-33 と 4: 217.

218 Yeo (2001), 93-94.

第2章

1 Gesner (1559), sig.a6r.

2 イスラムについては、Bloom (2001) を参照。本研究はヨーロッパへの紙の導入を綿密に記述しようとするものではない。年表については、http://www.baph.org.uk/general%20reference/early%20history%20of%20paper.htm (2008年4月閲覧。現在はNot Found) を参照。イングランドについては、Lyall (1989) を参照。君主国および教皇庁の官僚制度が勃興する15世紀イタリアにおける外交書簡の増加については、Dover (2007) を、イングランドで1422年から1509年にかけて形成されたパストン家文書については、Davis (2004) を参照。

3 De Hamel (1992), 16. 新しい製紙機については、Weiss (1983), 62-69 を参照。羊皮紙と紙との比較については、次を参照。Kwakkel (2003); Booton (2006).

4 収集文化については、次を参照。Findlen (1994); Impey and MacGregor (1985).

5 一般論については、次を参照。Blair (2004), Daston (2004), Cevolini (2006a).

6 口述の場で取られたノートについては、次を参照。Blair (2008); Jaeger (1934), 317 and passim; Leclercq (1953).

7 次を参照。Chartier (2007); Brown (1994); Rouse and Rouse (1989), 149-51. 蠟板(タブレット)の驚くべき隠し場が1973年にブリテン島のローマ帝国辺境駐屯地、ヴィンドランダ(現在のチェスターホルム)で発見された。Bowman and Thomas (1983) を参照。

8 Stallybrass et al. (2004). スペインにおける同様のタブレットについては、Chartier (2007), ch. 2 を参照。

9 黒板については、Owens (1997), ch.5, 74-107 および Dooley (1984), 129 を、砂盆については、Bloom (2001), 129 および Beal (2008), 356 をそれぞれ参照。砂盆への注意を喚起してくださった、ピーター・ビールに謝意を表する。

10 Birnbaum (1997), 245. 同様の理由でエラスムスは下書きを焼却したという。Baillet (1685), II.2, 150 を参照。

11 完全自己アーカイヴ化あるいは「ライフロギング」のプロジェクトであるMyLifeBitsについては、次を参照。http://research.microsoft.com; Wilkinson (2007). 現代の企業では日常的に96パーセントの自社書類を破棄しているという。Hodson (1972), 9.

12 次を参照。Cevolini (2006); Weinrich (1996). 初期近代の記憶論の中で稀少な忘却論については、Carruthers and Ziolkowski (2002), 251 を参照。

13 Hunter (1998b), 11, 130.

14 この所見はベールの同時代人であるデ・メゾー (Des Maizeaux) によって述べられ、Labrousse (1963)、48n97 により是認された。また、次も参照。van Lieshout (2001), 99-100, 103, 297; Nedergard (1958).

15 Reddick (1996) および Johnson (2005) を参照。有益な会話を取り交わしてくださった、アレン・レディックに謝意を表する。

16 Beal (2007) を参照。

17 国立図書館に原稿を遺贈した最初の作家はヴィクトル・ユーゴーであった。次を参照。Espagne (1998), 217; Grésillon (2000). 草稿に関する印刷学的考察については、de Biasi (1998), 36 を参照。

18 Petrucci (1995), ch. 8. ペトラルカの手稿の研究については、Baron (1985) および Wilkins (1977) を参照。Hunter (1998a) は、これら初期近代コレクションの、そしてそれらを作り出したさいの作業方法の研究を開拓した。

19 Gigante (1995), 16 および Dorandi (2000), 45 を参照。

20 いくつかの例については次を参照。Glorieux (1931); Hamesse (1994), 191 ff.; Glorieux (1968), VI, 178.

187 McKitterick (2003), 148. 現存するシェイクスピアのファースト・フォリオのあいだの異同についての研究として、Hinman (1996) を参照。

188 新刷（reissue）の判断のためには、二つの「版（editions）」のあいだで、各頁のレイアウトと印刷の完全な一致を見つけ出すことが求められる。後の版は、便宜上、前の版のレイアウトを模倣することがよくあるので、全体的な類似だけでは判断材料として不十分なのである。チャールズ・ヒンマンは、二つの頁の似た箇所同士を一目で比べるための機械（ヒンマンの校合機と呼ばれる）を創案した。初期近代の記念的な出版物における新刷の存在については、Maclean (2002) を、諸レファレンス書の中で、とくにフィリップ・ラベの『文献目録の目録』における例については、Taylor (1955), 24-39 をそれぞれ参照。

189 Blair (2000). 索引に関するさらなる議論については、本書第 3 章を参照。

190 Dane (2003), ch. 2; Needham (1999); Neddermeyer (1998). 印刷部数については、Neddermeyer (1996) もあわせて参照。

191 Balayé (1988), 210. そのような研究の一つとして、Le Roy Ladurie et al. (1996) を参照。

192 Raven (2007), 8, 20.

193 古書市場の研究は難しいテーマであるが、「何も捨てないという夢」に突き動かされて、主に保存のために本を買っていた、ジャン・ヴィンチェンツォ・ピネッリ（1535-1601 年）の購入記録によって、その一端を窺うことができる。この件については、Nuovo (2007), 43 を参照。

194 Charon-Parent (1988), 88 と、Mandelbrote (2000), 358 を比較のこと。より一般的な議論としては、Blair (2003), 15 を参照。

195 McKitterick (2003), 205 では、このような批判を「古めかしい」ものと呼んでいる。このテーマが扱われるさいの幅を強調した Werle (2010) は、*copia librorum*（書物の豊饒さ）という言い方が肯定的な意味合いをもつことが多いのに対して、*multitudo librorum*（書物の多さ）が侮蔑的な言い方として使われていたことを示唆している。

196 Brant (1944), 62-63（「役に立たない本について」）。

197 Bodin (1945), 21.

198 Erasmus (2001), II.1.1, 145-46.

199 Calvin, *Opera* (1873), XI, cols. 634-35. Gilmont (2003b), 234 n87 に引用。

200 Giovanni Nevizzano, *Inventarium librorum* (Lyon, 1522), preface. Balsamo (1990), 31 に引用。このコメントは法律図書の文献目録の序文となっている。

201 Doni (1551), 4r.

202 Gesner (1545), sigs. *3v-4r.

203 Gesner (1548), sig. 2v. Müller (1998), 295, 303 を参照。

204 Araoz (1631), sig. [¶¶¶ 8r. 書き込みはフランス国立図書館所蔵の図書になされている。アラオスについては、Géal (1999), 293-96 を、ロペ・デ・ベガによる、あまりに多すぎて混乱させられるという、書物の過多に関する記述については、Chartier (2004), 140 を、それぞれ参照。

205 Naudé (1963), 26, 51-52. この一節については、本書第 3 章でより詳細に論じる。Araoz (1631), 4v もあわせて参照。

206 Sanchez (1581), 92-93, 99.

207 Bacon (2001), II.14, 71.

208 La Mothe Le Vayer (1668), 113-14, 117.

209 Yeo (2001) の研究による。

210 Waquet (1993), 116-17.

211 Henri Basnage de Beauval, *Histoire des ouvrages des savans*（『学識者著作史』）, July 1688, 339. これについては、van Lieshout (1994), 134 で論じられている。

212 Leibniz (1951), 29-30. この件については、Yeo (2001), 88 で論じられている。Ernst (2002), 451 も参照。ライプニッツによる共著の計画については、Ramati (1996) を参照。

213 Baillet (1685), I, sig. avij v（読者への忠告）。この書物が生み出された環境とその受容については、Waquet (1988) を参照。

214 当時の批判については、[Boschet] (1691) を参照。

158 Hugh of St. Victor (1961), VI. 3, 137 と III.13, 96。Michel (2004), 259 も参照。その他の序文については、Nadeau (1997), 82 を参照。

159 Le Goff (1994), 39 では、知的作業の成果を通じて神の仕事に参画しているという新たな確信について語られている。

160 Rouse (1981), 135.

161 Vincent of Beauvais (1964), col. 7, prologue 8.

162 たとえば、Hobbins (2009), 8-10 を参照。

163 Melville (1980)、たとえば 62。

164 後期中世の百科事典については、Meier (1984), Sandler (1990) を参照。

165 Einstein (1979) と、それに対する反応として、Johns (1998)、Einstein and Johns (2002)、Grafton (1980)、Needham (1980) を参照。ドイツにおける新しい視点については、Zedelmaier (2010) を参照。

166 Eisenstein (1996); (2011).

167 この例やその他の例に関しては、McKitterick (2003), 100-101, 49 を参照。

168 Pancirolli (1629-31), II., 252 に収録されている、ヘンリクス・サルムート (1592 年生) によるコメント。

169 Gesner (1551a), sig. a [4] v-b1r.

170 アンドレア・デ・ブッシが 1468 年に語った、100 ギルダーの費用がかかった本は印刷すれば 20 ギルダーでできるであろうという言葉が、Hirsch (1974), 1, 69 に引用されている。こうした例やその他の例が、Gilmont (2003a), 49-50 ならびに Richardson (1998), 139-41 に記載されている。スクアルチャフィーコの批判については Lowry (1979), 15 と本書第 5 章を参照。また、トリテミウスによる、印刷本の耐久性のなさと品質の低さ、また、使われている紙に関する批判については、Trithemius (1974), 34-35, 64-65 を参照。

171 Richardson (1998), 141、あわせて Gesner (1551a)。

172 Monfasani (1998), Davies (1995), Hirsch (1978).

173 Needham (1982).

174 Labarre (1975).

175 「近代の本」の発展については、Febvre and Martin (1976), ch. 3 と Martin (2000) を参照。とくに、頁の白黒化 (blackening) については後者の 31 を参照。また、正誤表については Blair (2007b) と Lerer (2002) を、題扉については Gilmont and Vanautgærden (2008) と Smith (2000) を参照。

176 これらの変化については、Saenger and Heinlen (1991), 250-56 を参照。ルブリケーター (頭文字装飾職人) についての研究は数少ないが、その中には Stoneman (1994) が含まれる。専門の筆耕は存続したが、その数は大きく減少した。この点については、Beal (1998) を参照。

177 Smith (1988). 17 世紀におけるある議論については、Caramuel Lobkowitz (1988), 32 を参照。

178 引用と議論は Saenger (1996), 276-77 による。

179 Maclean (2007). たとえば、1580 年に出た、アンリ・エティエンヌによる 5 巻本の『ギリシア語宝典』は、今日でも使い続けられているほどの高い質を誇っているが (Naples: La Scuola di Pitagora, 2008)、エティエンヌはこの本の出版によって破産することとなった。この件に関しては、Pattison (1949), 25 を参照。バーゼルのオポリヌスが味わった財政上の苦難については、Steinmann (1969) を参照。

180 Stallybrass (2007).

181 部数の見積りに対する詳細な批評としては、Dane (2003), 41-51 を参照。

182 Burmeister (1963), 119-20.

183 商業的な写字室については Rouse and Rouse (2000) を参照。

184 本書ですでに論じたヴァンサン・ド・ボーヴェの例に加えて、アクイナスの著作については、部分的な写本が普及していたことについて、Hillgarth (1992), 3-4 を参照。

185 機械によって作られた書物のほうが、手書きで作られた書物の大半よりも、その生産に関してより多くの情報を提供してくれるという逆説については、Beal (1998), 18-19、13 世紀以前にもいくつかの例で題扉が存在していた件については、Derolez (2008) を、それぞれ参照。

186 ジャン・カルヴァンによるパンフレットの一つは、実際の変更は数少なく、また、表面的なものであったにもかかわらず、改訂の結果「新たな書物」のようになっていると謳っている。この件については、Engammare (2002), 36-37 を参照。

138 ヴァンサンによるカンタンプレの使用については、Wingell (1990), 52 と Roy (1990) を、ヴァンサンのその他の典拠については Verger (1997) と Schuler (1995) を参照。

139 Borst (1994), 280.

140 Lusignan (1997). 共有に関しては、Tugwell (1997), 56 を参照。

141 Paulmier-Foucart (2002), 245-46, 253. 王室図書館の使用については Minnis (1979), 399 を、ルイ九世への献辞については Guzman (1990) をそれぞれ参照。

142 Vincent de Beauvais (1964), col. 3, prologue, 4.

143 Ibid., col. 15, (prologue, 18).

144 Ibid., col. 4, (prologue, 4).

145 Wingell (1990), 45.

146 「とくに聖典において名前が付けられていない事物を調査し、記述することで、私の職業において目指されるものののやり方から大きく逸脱したことを、私自身の判断でも認める。したがって、知識欲に動かされて行動することで、私は好奇心という悪徳を犯したのである。実際、医者は医者として妥当な事柄を約束し、職人は職人仕事に専念するものである。ゆえに、私もまた、取るに足らない存在ではあっても、そのすべての研究と仕事が魂の救済の手助けとならなければならない崇高な職業の小さな一員である以上、この書物についても、とくに自分の職業にかかわる事柄については、そのように振る舞うべきであった。……にもかかわらず告白するが、この書物に含まれるあらゆる事物について、私は満足をしていない。それは、これらの事物自体が良くないもので、学問好きな人々にとって役に立たないからではなく、前記のように、それらを調査し記述したと熱心に主張することが、私の職業にとっては、適切ではないからである」。Vincent de Beauvais (1964), col. 15, prologue, 18.

147 Vincent de Beauvais (1964), col. 4, prologue, 4.

148 Voorbij (2000); (1996) ならびに Guzman (1997), 321-22 を参照。『自然の鑑』は 1473、1476、1478、1481、1494 年に、『道徳の鑑』は 1476、1477、1485、1493 年に、『歴史の鑑』は 1473、1474、1483、1494 年、あわせてフランス語版が 1495 年と 1532 年に、『諸学の鑑』は 1477、1486 年に、それぞれ印刷されている。また、全 4 部のセットである『四部構成の鑑』は 1591 年（Venice: D. Nicolinus）と 1624 年（Douai: Balthzar Beller）に印刷されている。

149 Bartholomæus Anglicus (2007). 初期の版には以下が含まれる。バーゼル、1470 年；リヨン、1480 年；シュトラースブルク、1480、1485、1491 年；ケルン、1483 年；ニュルンベルク、1483、1492 年；ハイデルベルク、1488 年；シュトラースブルク、1505 年。一方、翻訳には以下が含まれる。ビセンテ・デ・ブルゴスによるスペイン語訳：トゥールーズ、1494 年；ジャン・コルビションによるフランス語訳：リヨン、1491 年；パリ、1510、1522、1556 年；オランダ語訳：ハーレム、1485 年；ジョン・トレヴィーザによる英訳：ウェストミンスター、1495 年；ロンドン、1535 年；スティーヴン・バットマン編集による英訳版、ロンドン、1582 年。

150 Binkley (1997b), 84-86.

151 Rouse and Rouse (1979), 225. Von Den Brincken (1972)、Paulmier-Foucart (1980-81) も参照。後者では、ド・オーフュニーが、権威ある記述が続けざまに出てくるいくつかの章に徹底した索引を付け、それ以外の章にはより簡単な索引を付けた様子が論じられている。

152 Vincent de Beauvais (1964), col. 3, prologue, 3.

153 Albrecht (2000), 55-57.

154 『大いなる鑑』の共作作品としての側面については次章でふたたび論じるが、Bataillon (1997) と Congar (1980) を参照。私はドミニコ会の例に焦点を当てているが、フランシスコ会もまた同様のプロジェクトを活発に行っており、そこには、13 世紀にキルウォードビーとオックスフォードのフランシスコ会士の一団によって作られた、『イングランド図書目録』（統合目録）や教父たちの文章に対する索引が含まれる。この件については Rouse (1965), 250n29 と Callus (1948) を参照。また、バルトロメウス・アングリクスがフランシスコ会士であったことについては、Roest (1997) も参照。

155 Vincent de Beauvais (1964), col. 1, prologue, 1.

156 Minnis (1979), 403.

157 Paulmier-Foucart (1997). より一般的な議論としては、Le Goff (1994) において、アリストテレスの衝撃がより遅い時期、1260-70 年頃であったことが提唱されている。

によって、聖書に節番号が初めて付けられたことについては、Engammare (2002) を参照。ただし、1551年版のロベール・エティエンヌによる番号付けが、1560年のジュネーヴ版聖書によって普及したため、最も影響力が大きかった。Armstrong (1986) を参照。

122 Rouse and Rouse (1974b). 位置を示すために文字を使うほかの例については、以下で論じるグロステストを参照。また、ウグッチョの『語源』の作者不明の索引については、Daly and Daly (1964), 235-36 で説明されている。

123 Weinberg (1997), 324-25 では、たとえば、1272年にトレドで作られた写本について論じている。この写本は Garel (1991), 44-45 に第31項目として複写されている。一般的な年代については Weinberg (1999), 114 を参照。聖書のマソラ本文の写本の中には番号を付しているものもあるが、通常ユダヤ教では聖書の文章に言及するさい、問題となる部分の最初の数語を使っていた。

124 Wellisch (1985-86). ユダヤ教の複雑な歴史に関しては、Moore (1893) を参照。

125 Harvey (2000b). スコラ学者の仕事のやり方が、一人のユダヤ人哲学者に与えた衝撃については、Sirat (2003) を参照。

126 Théry (1935), 443n99.

127 Rouse and Rouse (1979), 23 では、索引を新たな著書の一部として作成した最初の著者として、1297-98年頃に『告白要諦 (*Summa confessorum*)』を書いた、フライブルクのヨハンネスを挙げている。

128 Hunt (1953), 242. ハントはまた、グロステストが所蔵していた写本の中には、レクト（右頁）にAからDの、ヴァーソ（左頁）にEからHの印を付けられたものがあることを指摘している。このシステムは、聖書の章をAからGの文字を使って分割する方式に似てはいるが、写本のレイアウトから独立したものではない。主題別索引はフィリップ・W・ローズマンによって、『リンカンのロバート・グロステスト著作集 (*Opera Roberti Grosseteste Lincolniensis*)』vol. 1, Turnhout: Brepols, 1995, 235-320 に編集されている。この参照箇所について、ジョン・フラッドに謝意を表する。

129 MacKinney (1938), 253-55; Rouse and Rouse (1974b), 24.

130 Balbi (1971), [127]; Daly and Daly (1964), 233-37.

131 Powitz (1996).

132 Delcorno (2000), 518. デルコルノは主として14、15世紀のイタリアにおける蔵書目録を調査している。

133 Bériou (1989), 89, Roberts (1998), 327。パリ大学の学生たちは、「短いミサと長い講義や討論」を好むことで批判の対象となっていた。

134 Rouse and Rouse (1979), 23、また De Ghellinck (1939) ならびに Guenée (1981)。これらの参照箇所について、ブリジット・ブド=ルザクに謝意を表する。

135 「これらのさえない拾遺集のために、原典の肥沃な野がさげすまれることがありませんように。炎があるのにそれを無視してわずかな火花で温まろうとしたり、泉を嫌って露の滴りで喉を潤そうとするのは、本当に思慮に欠ける者なのだから」。Rouse (1965), 249-50（アイルランドのトマスの『一つかみの花々』のラテン語原文から引用および英訳）。これの先例として、Smalley (1952), 226 に引用されたラルフ・ニジェールの『「列王記」注釈』（1191年完成）の以下の一節を参照。「私たちは、聖なる教父たちによる神聖な解説を、自分たちの研究よりも前の頁に置いた。これはちょうど、私たちが学校で講義を聞くときと同じであるが、ここには端的に言うならば、本書を読む人たちが、まさにこの部分の短さゆえに、それらを完全に知るためには原典に戻る必要があることを理解できるように、という狙いもある」。Rouse and Rouse (1982), 171 もあわせて参照。原典の一覧が伝えられていく件については Rouse (1965), 245。

136 Voorbij (2000), 39, 42. 私の語数計算は、フォールベイによる650万語よりは少なく、Guzman (1996), 705 にある「300万語以上」よりは多いものであるが、これは1624年版にもとづいている。1行当たり8語で、1段につき70行のものが、8226段である。ヴァンサン・ド・ボーヴェについては優れた研究が数多くなされてきたが、とくに Paulmier-Foucart et al. (1990)、Lusignan et al. (1997)、Paulmier-Foucart (2004) を参照。文献目録とデジタル版テクストについては、ハンス・フォールベイによって管理されている以下のウェブサイトを参照。http://www.vincentiusbelvacensis.eu/

137 Vincent of Beauvais (1964), col. 1 (prologue, 1). この序文に関しては Wingell (1990) を参照。この最終ヴァージョンと、先行する二つのヴァージョンについては、それぞれ von den Brincken (1978) と Lusignan (1979) を参照。

である。イシドルスの編纂方法については Henderson (2007), 19-21 および Fontaine (1959), 2: 763-81、受容については Bischoff (1966) を参照。

100 たとえば、戦争と遊戯についての第 18 巻は 69 章に分けられており、その内容は、戦争、勝利、軍旗、戦闘用のラッパから、サイコロ遊びの述語、サイコロの振り方、点数計算用のチップの移動、サイコロ遊びの禁止、球技に至っている。Isidore of Seville (2006), 37 参照。中世の百科事典に関する文献は数多くあるが、ヴァンサン・ド・ボーヴェについてこれ以降に引用するものに加えて、次を参照。Stammen and Weber (2004)、Meier (2002)、Meier (2001)、Meyer (2000); (1991)、Binkley (1997b)、Ribémont (2001)、Picone (1994)、Becq (1991)、de Gandillac (1966)、また『世界史ノート (*Cahiers d'histoire mondiale*)』(1966 年) 所収の多くの論文。

101 Mejor (1994), 651.『火花の書 (*liber scintillarum*)』や「矢筒 (*pharetra*)」を含む、花やその他の隠喩にもとづいた中世の書名については Rouse and Rouse (1982), 165-68 を参照。

102 この習慣に関する古代の言及については、Carruthers (1990), 175n73 に引用された、キケロの『ブルトゥス』xii.47 を参照。Reynolds (1983), 327 では、セネカの『道徳書簡』33.7 とヒエロニムス『書簡集』107.8 を引用している。中世の写本の不在については、Moss (1996), 24n1。

103 Rouse and Rouse (1982), 167.

104 Munk Olsen (1979), 52, 57 ff., 99 ff.

105 Munk Olsen (1980), 153-54.

106 Reynolds (1983), 422.

107 Munk Olsen (1982), 164.

108 Ullman (1928), 174. Ullman (1929, 1930a, 1931, 1932) と Ullman (1930b), 145-54 (ドウサとスカリゲルについて) も参照。詞華集によってマルティアリスが伝えられたことについては、Martial (2006), xxi-xxv を参照。伝承の問題をめぐる有益な会話に関して、キャスリーン・コールマンに謝意を表する。

109 Clanchy (1993).

110 Rouse and Rouse (1982), 174, 167-68 におけるラテン語の引用の私による英訳。

111 Munk Olsen (1982), 164 では、古代の名の中には秘匿されたものがあること、また、「神々」が「神」に、「ユピテル」が「造物主 (*Conditor*)」に置き換えられたことが指摘されている。写字生による変更については Reiter (1996) を、この問題についての同時代における言及については Masai (1967), 93-94 を参照。

112 Goddu and Rouse (1977), 520 におけるラテン語の引用の私による英訳。携帯のしやすさについては、Munck Olsen (1982), 163 を参照。

113 Munck Olsen (1979), 49, 52; Munk Olsen (1982), 153. 索引作成については Rouse and Rouse (1979), 14 を参照。

114 Rouse and Rouse (1991a, 1991b) を参照。

115 ベルナールについては Leclercq (1953) を参照。托鉢修道会一般については Lawrence (1994) を、初期の大学における学問の方法については Weijers (1996) を、それぞれ参照。

116 Goddu and Rouse (1977), 519. ただし、教会法において突出して早期に出現した主題別索引については、1087 年のデウスデディトゥス枢機卿の索引を参照。これについては、Rouse and Rouse (1991a), 194-95 と Somerville and Brasington (1998), 122-29, 125。

117 この語数の見積りは、プロジェクト・グーテンベルクのオンライン版全訳 (2010 年 6 月 1 日参照) に語数計算ツールを使って算出したものである。

118 Carruthers (1990), esp. 242 ff.; Parkes (1976); Rouse and Rouse (1991a), ch. 6. アラビア数字に関しては Rouse (1981), 129-31 を、同時に発達した、出典の記載を含む写本への欄外書き込み (マージナリア) については Hamesse (2002) を、それぞれ参照。

119 Delcorno (2000), 471; Bataillon (1993), IV, 200-205. D'Avray (1985), 72-75; Rouse and Rouse (1974a), 37.

120 Rouse and Rouse (1974b). 哲学書を読むことを容易にするために工夫されたその他のツールに関しては Hamesse (1996a) を、ペシア・システムについては Rouse and Rouse (1991a), 303-20 を参照。

121 1190 年から 1230 年のあいだに聖書のさまざまな章分けが試みられたことについては、Smalley (1952), 222-24。ドミニコ会の用語索引によってラングトンの章番号が標準となったことについては、Rouse and Rouse (1974b), 10 を参照。1528 年にリヨンで出版された版において、サンテ・パニーニ (1470-1541 年)

67 Atiyeh (1995)、Pedersen (1984) を参照。

68 Rosenthal (1947), 2.

69 この本はイスタンブールで最初に印刷された書物の一つである。キャーティプ・チェレビー(1835-58 年)の語数計算は私によるものである。1 行 12 語、1 頁につき 19 行の本文が、全 6 巻で 3724 頁に及ぶ。

70 Birnbaum (1997). この参照箇所について、ジェマル・カファダルに謝意を表する。

71 Rosenthal (1947), 61 (Ibn Ridwan); Meyerhof (1984), 3: 172, 174. この参照箇所について、ウィリアム・R・ニューマンに謝意を表する。

72 Ibn Khaldun (2005), 414-16、Rosenthal (1947), 61 を参照。

73 Rosenthal (1947), 20. 禁止令については、Hanebutt-Benz et al. (2002), 230 を参照。Cf. Yeo (2001), 93-94.

74 Rosenthal (1947), 2 と Makdisi (1990), 214 に従う。

75 現存するアラビア語写本について、異なる著作の流通や冊数を体系的に研究するための基礎となる目録はいまだ存在していない。

76 Chapoutot-Remadi (1991), 267-80. イブン・クタイバ、イブン・アブド・ラッビフ、アン=カズウィーニー、アル=ヌワイリーなどの著作は今日では安価な現代アラビア語版で印刷されている。こうしたテクストは、アラビア語が安定した言葉であるために、幅広い層の人々が読むことができるものとなっており、書かれた当時よりも今のほうがより多くの読者を獲得しているかもしれない。

77 Burke (1996), 202.

78 対照的に、ヨーロッパにおいては、活版印刷にはより大きな初期投資が必要であり、それは販売が見込めるだけの冊数を印刷することによって回収されることになった。両者の優れた比較分析については、Brokaw and Chow (2005), 3-54 を参照。

79 入念な筆記(*biji*)については、Fu (2007)。

80 Loewe (1987), 6.

81 中国における「百科事典」については、Bretelle-Establet and Chemla (2007)、Monnet (1996a, 1996b, 1996c)、Diény (1991)、Bauer (1966) を参照。

82 Kurz (2007); Bauer (1966), 681.

83 Drège (2007), 31-32; Bauer (1966), 686.

84 Guy (1987). http://eastasianlib.princeton.edu/skgs.htm; http://en.wikipedia.org/wiki/Wikipedia: Size_comparisons. 『ブリタニカ百科事典』(1985 年)索引巻(A-K)序文。

85 Loewe (1987), 12-16; Monnet (1996b), 350.

86 Bauer (1966), 672-76; Monnet (1996a, 1996b); Bottéro (1996). 中国における最古の辞書は、儒学の古典の一つに数えられているもので、意味ごとに分かれた 19 の主題別セクションに語をまとめている。

87 Monnet (1996a), 345-46. 科挙の詳細については、Elman (2000) を参照。

88 Drège (2007), 21.

89 Cherniack (1994).

90 Heijdra (2006), 20-21. ハーヴァードのイェンチン図書館の参考図書室と貴重書コレクションを案内してくださったことについて、ブライディ・アンドルーズとルシール・キアに謝意を表する。

91 De Weerdt (2007b), Elman (2007), Bol (1996).

92 McDermott (2005), 59, 78, 94n15.

93 Elman (2007), 138.

94 Wagner (1997), 36-37 に引用のとおり。

95 Zhu (1990), 131-33, 139. 朱子については、de Weert (2007a), ch. 5 を参照。

96 Wagner (1997), 36 に引用されたとおり。Petersen (1968) も参照。

97 中世における丁付けについては、Saenger (1996), 258, 275-76 と Stoneman (1999), 6 を参照。にもかかわらず、センジャーは、印刷によって、印刷本と手稿本の両方で丁付けの習慣が盛んになる環境が作り出されたと指摘している。

98 Cassidorus (2003)、105-10; Ribémont (2001) を参照。

99 Isidore of Seville (2006), 413(イシドルスの献辞)、24(現存する手稿本について)。この著作の規模についての私の見積りはこの翻訳にもとづいている。1 段 8 語の 2 段組みで 1 頁当たり 44 行のものが 367 頁フォード古典辞典』、s.vv.「前書き(hypothesis)」、「要約(periocha)」、「概要(epitome)」、「アレクサンドリアのクレメンス」の各項目を参照。この点に関する助言について、クリストファー・ジョーンズに謝意を表する。アイスキュロスの劇『アガメムノン』の「前書き」については、Witty (1973), 195 を参照。

41 Holford-Strevens (2003), 28 では、クインティリアヌス、1.8.18-21 とセネカ『道徳書簡』88.37 が引用されている。

42 Johnson (2006), ch. 2 および 86-89。

43 Roby (2000).

44 Blum (1983)、また Keaney (1973) も参照。

45 Gesner (1545), 160r-v.

46 Gesner (1559), sig. b2v.

47 遺されたもの(heritage)と受け継がれるもの(inheritance)の対立については、Buckland (1999) を参照。

48 Bloom (2001)、ビザンティウムについては 204-5。重すぎ、湿気を帯びやすいという点を含む、羊皮紙の欠点についての 9 世紀以来の批評については、Jahiz (1969), 211-12 を参照。

49 Wilson (1983).

50 Lemerle (1966), 605 からの引用。フランス語原文を私が英訳。

51 Constantinus Porphyrogenitus, *Opera* (Leiden, 1617). ビザンティン文化において集中した読書が好まれていた点については、Cavallo (2006) の、たとえば 70-71 を参照。

52 Photius (1994), 17-18; Treadgold (1980), 97.

53 Baldwin (2006).『スーダ辞典』(1986 年)の語数計算は私によるものである。1 行 18 語で、1 頁に平均して 15 行のラテン語本文が、5755 頁ある。

54 Mangenot (1899), col.901. この作品についてはこれが私の知る唯一の言及である。同様の環境から作り出された専門家向け百科事典については、Trombley (1997)。

55 Dionisotti (1990). McEvoy (2000), 115-16. Suidas, *Lexicon græcum* (Milan: Johannes Bissolus and Benedictus Mangius, for Demetrius Chalcondylas, 1499). Photius, *Bibliotheca*, ed. David Hoeschel (Augsburg, 1601)、あわせて、イエズス会士アンドレアス・ショットによるラテン語訳(Augsburg, 1606)。Gesner (1545), 562r-v, 604v-605r.

56 Schoeler (2009). 教授と学習の習慣については、Makdisi (1990), 202-16; Rosenthal (1947), chs. 2, 6-7 を参照。

57 Makdisi (1981), 104; Makdisi (1990), 214.

58 58. Makdisi (1990), e.g., 88, 217 ff., 67-68. イスラム世界の百科事典に関するヨーロッパ各国語の歴史記述の中には以下が含まれる。Endress (2006), Bisterfeldt (2002), Marzolph (1997), Van Berkel (1997), Van Gelder (1997), Guesdon (1996), Chapoutot-Remadi (1991), Pellat (1966).

59 Rosenthal (1947), 60.

60 Ibn al-Nadim (1970) の 200 頁にわたる伝記索引を参照。私の 21 万 7000 語という見積りは英訳にもとづくものである。1 行につき 10 語、1 頁につき 25 行で 868 頁である。Wellisch (1986) の以下を参照。11 (survival〈残存〉)、31 (obscure books〈よく知られていない書物〉)、9 (books not seen〈見られない書物〉)、37 (ヘシキュオス)。

61 Rosenthal (1947), 20 (bibliography〈文献目録〉); 37 (Mohammeds〈イスラム教徒〉)。伝記辞典については al-Qadi (2006), 67 ff.、辞書類については Blachère (1975), 21-30 をそれぞれ参照。

62 Makdisi (1990), 214; Rosenthal (1947), 39-40.

63 Al-Juzajani (1974), 69. この参照箇所は Mottahedeh (1985), 88-89 に負う。

64 例としては、イブン・クタイバ(828-89 年)、イブン・アブド・ラッビフ(860-940 年)、ザカリーヤ・アル=カズウィーニー(1283 年没)の作品が挙げられる。Van Gelder (1997) を参照。英訳に関しては、Ibn 'Abd Rabbih (2006)。さらに、Cheddadi (2006) も参照。

65 Van Berkle (1997), 167-68. インクの色に関しては、Orsatti (1993), 282 を参照。

66 この点の示唆に関して、ジョナサン・ブルームとシーラ・ブレアに謝意を表する。Orsatti (1993), 325 では、写本のレイアウトにおける革新が、イスラム世界の東方地域でまず見られるようになり、後に西方に広がったことが指摘されている。

版（パリ、1879年）は、http://books.google.com/books?id=g6Vc4QWRohwC でオンライン版が閲覧可能。ラシ（1040-1105年）による聖書とタルムード（口伝律法とその解説）に関する注釈はとくに権威のあるものであるが、この節については、「われわれに書こうとする気があったとしても、そうはできないであろう」と簡潔に述べられている。オンラインにて、http://www.chabad.org/library/bible_cdo/aid/16473/showrashi/true で参照（2010年6月1日閲覧）。現代のユダヤ教の注解書では、Fox (2004), 85に、「知恵の書を書こうとする行いは終わりなく続き、人は考えの多さに打ちのめされてしまう」とあるのを参照。この点に関する助力について、アディナ・ヨフィーとマグダ・テーターに謝意を述べる。

19 Vincent of Beauvais (1964), col. 1 (prologue, 1)、ならびに、Richard de Bury (1970), XVI, 146を参照。サン・ヴィクトルのフーゴー（1096-1141年）は『ディダスカリコン（学習論）』1961, V.7, 130で、適度の学習を擁護するためにここを引用している。

20 シーガーは1954年に「ターン、ターン、ターン」を書き、この歌は1965年にリリースされた。Dunaway (1981), 273を参照。現在では、この節に含まれる知恵の今日的な価値を強調する宗教的なウェブサイトが多数ある。

21 次を参照。Raven (2004), 12-18; MacLeod (2004), 8-10, 102; Jacob (1996), 58-59.

22 次を参照。Holtz (1997), 473; Daly (1967), 22-23.

23 Blum (1991), 226-39（アリストテレス、テオプラストスについては、それぞれ22-24と46）、およびDaly (1967), 94を参照。あわせて、Witty (1958)、また『ピナケス』における配列法についてはSchmidt (1922), 90-91を参照。

24 Daly (1967), 85-90.

25 Irigoin (2003).

26 Callimachus (1949-53), I #465.

27 セネカの『書簡集』88では、ディディモスは4000冊を書いたとされており、アテナイオスの『食卓の賢人たち』(4.139)は3500冊以上としている。「本」という語の意味については、Grafton and Williams (2006), 10-12を参照。

28 Diogenes Lærtius (1938)、テオプラストスに関してはI, 489-503の中のV, 42-50を、クリッシュポスについてはII, 289-319の中のVII, 180-202を参照。初期近代におけるこれらの作家たちや他の多作者たちへの言及については、次を参照。Jeremias Drexel (1638), 46, 65; Liberius (1681), 7-8.

29 Pliny (1967), I.12-13の中のPreface, 17。大プリニウスの受容に関しては、Borst (1994), ch. 2, 4, 6を、古代の百科事典的情報収集に関しては、Doody (2009), König and Whitmarsh (2007)を、それぞれ参照。

30 Pliny the Younger (1969), I, 176-77所収のIII.v (to Bæbius Macer)。

31 Doody (2001). 巻物の始まりについては、Holtz (1997), 472を参照。

32 Gellius (1946), I, xxxviii-lxii. 見出し（*tituli*）について、Petitmengin (1997)を、詩作品についてはSchröder (1999)を参照。

33 Pliny (1967), IV, 148-49の中のXIII.26, パラグラフ83。

34 Jacob (2001). アテナイオスによって引用された文献には、セレウコス、ニカンドロス、グラウコン、パンピロス、クレイタルコスによる『注釈集（*Glosses*）』、ヘルモンの『クレタ注釈集（*Cretan Glosses*）』、ピレモンの『アッティカ名前集（*Attic Names*）』が含まれる。この点についてはJacob (2001), lxxxviii。Johnson (2006), 185-95で論じられているように、紀元後3世紀に出版された語彙辞典には、ナウクラティスのポリュデウケス、プリュニコス、モエリス、ヘロディアノスといった人々によるものが含まれる。

35 Stobæus (1884-1912). ビザンティウムにおける詞華集とその出典については、Wachsmuth (1971)を参照。

36 エウセビオスとこの環境で生み出された書物については、Grafton and Williams (2006)、さらにArns (1953)を参照。

37 Murphy (2004), 195-96, 212.

38 フロルスについては、*Oxford Classical Dictionary*（『オックスフォード古典辞典』）、1996, Florus (1)を参照。

39 Erasmus (1964), 197-98所収の『格言集』III.1.1 "Heraculei labores"（ヘラクレスの難業）。批判については、Baillet (1685), I.11, 453, 457-58。アンソロジーへの収録によって失われた、ある作品に関する現代の評価は、Bowie (1997), 66を参照。

40 アレクサンドリアのクレメンスの『ストロマテイス』ないしは『綴織』（200-202年頃）については、『オックスては、Holmes et al. (2003) を参照。とりわけ、科学的仕事がいかなる家庭的環境のもとで行われたかについては、Cooper (2006)、Algazi (2003)、Harkness (1997) を参照。

21 たとえば Thornton (1997) および Grafton (1997) を参照。

22 通読しない断片的な読書法にはさまざまな種類がある。それについては、Stallybrass (2002) を参照。

23 〈事実〉に関する歴史叙述については、Shapiro (2000)、Daston (2001)、Poovey (1998) を参照。

24 Eisenstein (1979)、Johns (1998)、Eisenstein and Johns (2002) を参照。

25 Grafton (1980) および Needham (1980) を参照。

第 1 章

1 たとえば、Grafton (1992) を参照。

2 初期近代の日本については、Berry (2006) を、インドとペルシャについては、Colas and Richard (1996)、Scholberg (1986)、Vessel (1986) をそれぞれ参照。

3 Ogilvie (1997); (2006), 230。あわせて、Cooper (2007) と、動物学については Pinon (近刊予定) も参照。

4 この用語とその歴史については、Fowler (1997)、Céard (1991)、Dierse (1977)、De Rijk (1965) を参照。『ブリタニカ百科事典』の『プロペディア (*Propædia*)』(1985 年) もまた、輪の暗喩から始まっている。

5 どれほどの喪失であったかを定量化することは困難である。バードンは、われわれがその存在を知っているラテン語作家のうち、その著書が現存しているのは 20 パーセントにすぎないとしているが、こうした作家たちの著作の中にも失われたものがあり、さらに、私たちにはその存在の痕跡すら残されていない作家たちももちろんいたのである。Bardon (1952), 13.

6 Needham (1986), 31. Eiserman (2006) も参照。

7 1481 年にヴェネツィアで作られた、複数の注釈や補遺が付けられた聖書は 1571 頁に達し、これが最大の頁数をもつ初期刊本のようである (初期刊本総合カタログ Gesamtkatalog der Wiegensrucke #4286)。この点については、ファルク・アイザーマンの助力に謝意を表する。

8 次を参照。Posner (1972), 61; Kilgour (1998), 16; Daly (1967), 93.

9 「読み書き理論 (literacy thesis)」については、Goody (1986) と、Halverson (1992) による批判を参照。この理論を否定する証拠として、書かれた記録なしで営業してきたナイジェリアの複雑な家畜市場の実例がある。この例については、Finnegan (1988), 146 を参照。

10 『パイドロス』275-77、Plato (1973), 96-99 を参照。『ティマイオス』23 では、クリティアスがエジプト人の筆記の熟達ぶりを称賛している。また、『クリティアス』113 においては、筆記ということがアトランティスの物語の伝達における鍵となっている。

11 *Aphorisms*, I.1, Hippocrates (1953), 98-99.

12 セネカ『人生の短さについて』I.i、Seneca (1932), II, 286-87。

13 『ルキリウス宛道徳書簡』II.3、Seneca (1917), I, 6-9。『心の平静について』IX.4 も参照。

14 たとえば、ジョヴァンニ・バッティスタ・カッチャルーピの『学問の方法に関する冊子 (*Tractatus de modo studendi*)』(パヴィア、1510 年)、2v を参照。イングランドの紳士ウィリアム・ドレイクがこのアドバイスを支持しているが、彼の広範な読書を考えれば、このアドバイスは守られないことのほうが多かっただろう。Sharpe (2000), 181 を参照。蔵書についてのアドバイスを集めた書物の著者であるスペインのフランシスコ・アラオスは、軽い内容の詩やロマンスのような「有害で無益な書物は、学芸を長くするだけ」という理由で、こうした本を排除しておくことを正当化するために、セネカのきまり文句を使っている。Araoz (1631), 10r. とくに書物が多すぎる状況への反応としての、正典の形成に関しては、Most (1990) を参照。

15 Bacon (2001), II.14, 99.

16 批判にもかかわらず、ベイコンにとって書物から学ぶことは経験の一種であった。Blair (1997), 228-30 を参照。

17 Schniedewind (2004), 166, 235 n4.

18 『標準注釈 (*Glossa ordinaria*)』では、『伝道の書』12 章 12 節に注釈が付けられていない。ミーニュによる

原 注

略 語

BnF　Bibliothèque nationale de France（フランス国立図書館、パリ）
ECCO　Eighteenth Century Collections Online（18 世紀英語・英国刊行物データベース）
EEBO　Early English Books Online（初期英語書籍集成データベース）
OED　*Oxford English Dictionary*（『オックスフォード英語大辞典』）
KVK　Karlsruher Virtueller Katalog（カールスルーエ・ヴァーチャル・カタログ）世界中の主要図書館のオンライン蔵書目録を数多く収録したポータルサイト
ZB　Zentralbibliothek in Zurich, Switzerland（チューリッヒ中央図書館、スイス）

序 論

1 reference book という語および近代以前に用いられていた類語（たとえば、repertory）については、本書第 3 章で論じている。「レファレンス書（reference book）」を、私は、通読することよりも参照することを目的として作られた、大部の文書情報集成物を意味するものとして用いている。
2 コモンプレイス・ブックについては、Moss (1996) を参照。百科事典については本書第 3 章を参照。
3 *OED* における information の、とりわけ I.1a と I.3a を参照。
4 生命科学の諸領域における情報の扱い方については、Wright (2007), ch. 1 を参照。情報科学においては Shannon (1948) を参照。
5 「情報化時代」という語を生み出したのは Machlup (1962) とされる。Beniger (1986), 21 を参照。
6 情報に関する私の議論は、Nunberg (1996) および Brown and Duguid (2000), 118-20 に負う。
7 「情報」という語を過去に当てはめているほかの例については、Hobart and Schiffman (1998) を参照。ルネサンスにおける〈言葉と物（*res et verba*）〉の概念については、Kessler and Maclean (2002) を参照。
8 Lyman and Varian (2003) 冒頭の「要旨」。
9 たとえば、マガッキン金物店の取り扱い商品数は 30 万点で、多くの辞書の記載項目数に勝る。Norman (1993), 168.
10 Sutton (2002).
11 それぞれの世代が、情報過負荷を改めて認識していたという点については、Rosenberg (2003), 2 を参照。
12 この動向に沿った近年の研究には、次のものがある。知識の場については、Park and Daston (2006), part 2。収集については、Te Heesen and Spary (2002)、行政における実践については、Soll (2009)、Friedrich (2008)、Blair and Milligan (2007)、Blair and Stallybrass (2010) を参照。Soll (2009) は、相異なる場における実践が異種交配した例を豊富に示している。
13 指南書や秘訣本については、Long (2001) および Eamon (1994) を参照。
14 Descartes (1996), 10: 497-98.
15 ギボンについては、Yeo (2001), 90-91 を参照。ダランベールについては、次を参照。d'Alembert, *Mélanges de littérature, d'histoire et de philosophie*, 2 vols., Berlin, 1753, 2: 3-4. Désormeaux (2001), 61 の引用のとおり。
16 Hertz (1985), 40-60.
17 『精選文庫（*Bibliotheca selecta*）』（1606 年）におけるイエズス会士アントーニオ・ポッセヴィーノの助言を参照。対照的な態度については、Zedelmaier (1992) で論じられている。
18 Amory (1996), 51.
19 ヴァイエルスとラウス夫妻には数多くの著作があるが、なかでも Weijers (1996) と Rouse and Rouse (1991a) を参照。
20 Shapin (1989) の独創的な論文を参照。科学的な事柄を書き留めたノートブックに関する近年の研究とし

———. 2001. *Encyclopaedic Visions: Scientific Dictionaries and Enlightenment Culture*. Cambridge: Cambridge University Press.

———. 2004a. "John Locke's 'New Method' of Commonplacing: Managing Memory and Information." *Eighteenth-Century Thought* 2: 1-38.

———. 2004b. "A Philosopher and His Notebooks: John Locke (1632-1704) on Memory and Information." Griffith University Professorial Lecture Series no. 4 (2004). http://www.griffith.edu.au/ins/collections/proflects/content2.html.

———. 2007a. "Before Memex: Robert Hooke, John Locke, and Vannevar Bush on External Memory." *Science in Context* 20 (1) : 21-47.

———. 2007b. "Between Memory and Paperbooks: Baconianism and Natural History in Seventeenth-Century England." *History of Science* 45 (1) : 1-46.

Z Zachary, G. P. 1997. *Endless Frontier: Vannevar Bush, Engineer of the American Century*. New York: Free Press.

Zedelmaier, Helmut. 1992. *Bibliotheca universalis und Bibliotheca selecta. Das Problem der Ordnung des gelehrten Wissens in der frühen Neuzeit*. Cologne: Böhlau.

———. 2000. "De ratione excerpendi: Daniel Georg Morhof und das Exzerpieren." In Waquet (2000), 75-92.

———. 2001. "Lesetechniken: Die Praktiken der Lektüre in der Neuzeit." In Zedelmaier and Mulsow (2001), 11-30.

———. 2003. "Johann Jakob Moser et l'organisation érudite du savoir à l'époque moderne." In Décultot (2003c), 43-62.

———. 2004. "Facilitas inveniendi. Zur Pragmatik alphabetischer Register." In Stammen and Weber (2004), 191-203.

———. 2010. "Buch und Wissen in der frühen Neuzeit." In *Buchwissenschaft in Deutschland. Ein Handbuch*, ed. Ursula Rautenberg. 2 vols. 1: 503-33. Berlin: de Gruyter.

Zedelmaier, Helmut, and Martin Mulsow. 2001. *Praktiken der Gelehrsamkeit in der frühen Neuzeit*. Tübingen: Niemeyer.

Zinn, Grover, Jr. 1974. "Hugh of St. Victor and the Art of Memory." *Viator* 5: 211-34.

———. 1986. "The First Arab Bibliography: Fihrist al-'Ulum." Illinois University Graduate School of Library and Information Science, Occasional Paper 175.

Werle, Dirk. 2007. *Copia librorum: Problemgeschichte imaginierter Bibliotheken, 1580-1630*. Tübingen: Max Niemeyer Verlag.

———. 2010. "Die Bücherflut in der frühen Neuzeit—realweltliches Problem oder stereotypes Vorstellungsmuster?" In *Frühneuzeitliche Stereotype: Zur Produktivität und Restriktivität sozialer Vorstellungsmuster*, ed. Miroslawa Czarnecka et al., 469-86. *Jahrbuch für Internationale Germanistik*. Bern: Lang.

West, William N. 2002. *Theatres and Encyclopedias in Early Modern Europe*. Cambridge: Cambridge University Press.

Whitrow, Magda. 1999. "The Completion of the Isis Cumulative Bibliography, 1923-65." In Bowden et al. (1999), 285.

Widmann, Hans. 1966. "Nachwort" to the Facsimile Edition of Gesner's *Bibliotheca Universalis*, 2: i-xi. Osnabrück: Otto Zeller.

Wild, Francine. 2001. *Naissance du genre des Ana, 1574-1712*. Paris: Champion.

Wilkins, Ernest Hatch. 1977. *The Making of the "Canzoniere" and Other Petrarchan Studies*. Folcroft, PA: Folcroft Library Editions. (Orig. pub. Rome, 1951.)

Wilkinson, Alec. 2007. "Remember This?" *New Yorker* (May 28) : 38-44.

Wilson, Nigel G. 1983. *Scholars of Byzantium*. London: Duckworth.

Winchester, Simon. 1998. *The Surgeon of Crowthorne: A Tale of Murder, Madness and the Love of Words*. New York: Viking.

———. 2003. *The Meaning of Everything: The Story of the Oxford English Dictionary*. Oxford: Oxford University Press.

Wingell, Albert. 1990. "Rhetorical Rules and Models for the *Libellus Apologeticus* of Vincent of Beauvais." In Paulmier-Foucart et al. (1990), 34-55.

Wingo, E. Otha. 1972. *Latin Punctuation in the Classical Age*. The Hague: Mouton.

Winroth, Anders. 2000. *The Making of Gratian's* Decretum. Cambridge: Cambridge University Press.

Wittmann, Reinhard. 1984. "Bücherkataloge des 16.-18. Jahrhunders als Quellen der Buchgeschichte. Eine Einführung." In *Bücherkataloge als buchgeschichtliche Quellen in der Frühen Neuzeit*, ed. Reinhard Wittmann, 7-18. Wiesbaden: Harrassowitz.

———. 2003. "Was There a Reading Revolution at the End of the Eighteenth Century?" In Cavallo and Chartier (2003), 284-312.

Witty, Francis J. 1958. "The Pinakes of Callimachus." *Library Quarterly* 28: 132-36.

———. 1973. "The Beginnings of Indexing and Abstracting: Some Notes towards a History of Indexing and Abstracting in Antiquity and the Middle Ages." *Indexer* 8 (4) : 193-98.

Wood, Anthony. 1691-92. *Athenæ oxonienses: An exact history of all the writers and bishops who have had their education in the University of Oxford*. London: Thomas Bennet.

Wooldridge, Terence R. 1977. *Les Débuts de la lexicographie française*. Toronto: University of Toronto Press.

Wouters, Paul. 1999. "The Creation of the Science Citation Index." In Bowden et al. (1999), 127-38.

Wright, Alex. 2007. *Glut: Mastering Information through the Ages*. Washington, DC: Joseph Henry Press.

Y Yale, Elizabeth. 2008. "Manuscript Technologies: Science and the Culture of Writing in Early Modern Britain." Ph.D. diss., Department of History of Science, Harvard University.

Yates, Frances. 1966. *The Art of Memory*. Chicago: University of Chicago Press. ／フランセス・A・イエイツ『記憶術』玉泉八州男監訳、水声社、1993年

Yates, JoAnne. 1989. *Control through Communication: The Rise of System in American Management*. Baltimore: Johns Hopkins University Press.

Yeo, Richard. 1996. "Alphabetical Lives: Scientific Biography in Historical Dictionaries and Encyclopaedias." In *Telling Lives in Science: Essays on Scientific Biography*, ed. Michael Shortland and Richard Yeo, 139-69. Cambridge: Cambridge University Press.

———. 2000. "Big Books of Science: Ephraim Chambers' *Cyclopædia* as 'The Best Book in the Universe.'" In Frasca-Spada and Jardine (2000), 207-24.

———. 1978. "Geschichtsbetrachtung bei Vincenz von Beauvais." *Deutsches Archiv für Erforschung des Mittelalters* 34: 410-99.

Von Moeller, Ernst. 1915. *Hermann Conring, der Vorkämpfer des deutschen Rechts, 1606-81*. Hannover: Ernst Geibel.

Von Murr, Christoph Gottlieb. 1779. *Journal zur Kunstgeschichte und zur allgemainen Litteratur*. 7ter Teil. Nürnberg: Johann Eberhard Zeh.

Von Staden, Heinrich, ed. and tr. 1989. *Herophilus: The Art of Medicine in Early Alexandria*. Cambridge: Cambridge University Press.

Voorbij, Johannes B. 1996. "Gebrauchsaspekte des *Speculum maius* von Vinzenz von Beauvais." In *Der Codex im Gebrauch, Akten des Internationalen Kolloquiums 11-13 Juni 1992*, ed. Christel Meier, Dagmar Hüpper, and Hagen Keller, 226-39. Munich: Wilhelm Fink.

———. 2000. "Purpose and Audience: Perspectives on the Thirteenth-Century Encyclopedias of Alexander Neckham, Bartholomæus Anglicus, Thomas of Cantimpré, and Vincent of Beauvais." In Harvey (2000b), 31-45.

W Wachsmuth, Curt. 1971. *Studien zu den griechischen Florilegien*. Amsterdam: Rodopi. (Orig. pub. 1882.)

Wagner, Rudolf G. 1997. "Twice Removed from the Truth: Fragment Collection in Eighteenth- and Nineteenth-Century China." In *Collecting Fragments. Fragmente sammeln*, ed. Glenn Most, 34-52. Göttingen: Vandenhoeck and Ruprecht.

Waquet, Françoise. 1988. "Pour une éthique de la réception: *Les Jugemens des livres en général* d'Adrien Baillet (1685)." *Dix-septième siècle* 159: 157-74.

———. 1993. "Les éditions de correspondances savantes et les idéaux de la République des Lettres." *Dix-septième siècle* 178: 99-118.

———. 1997. "La communication des livres dans les bibliothèques d'Ancien Régime." In Barbier (1997), 371-80.

———. 1998. *Le latin ou l'empire d'un signe*. Paris: Albin Michel.

———, ed. 2000. *Mapping the World of Learning: The Polyhistor of Daniel Georg Morhof*. Wiesbaden: Harrassowitz.

Warkentin, Germaine. 2005. "Humanism in Hard Times: The Second Earl of Leicester (1595-1677) and His Commonplace Books, 1630-60." In *Challenging Humanism: Essays in Honour of Dominic Baker-Smith*, ed. Ton Hoenselaars and Arthur Kinney, 229-53. Newark: University of Delaware Press.

Webster, Charles. 2002. *The Great Instauration: Science, Medicine and Reform, 1626-60*, 2nd ed. Oxford: Peter Lang.

Weijers, Olga. 1990a. "Les dictionnaires et autres répertoires." In Weijers (1990b), 197-208.

———, ed. 1990b. *Méthodes et instruments du travail intellectuel au Moyen Age: Etudes sur le vocabulaire*. Brepols: Turnhout.

———. 1991. *Dictionnaires et répertoires au Moyen Age: Une étude du vocabulaire*. Turnhout: Brepols.

———. 1996. *Le maniement du savoir: Pratiques intellectuelles à l'époque des premières universités (XIIIe-XIVe siècles)*. Turnhout: Brepols.

Weill, Georges. 1971. "Recherches sur la démographie des Juifs d'Alsace du XVIe au XVIIIe siècle." *Revue des études juives* 130 (January-March) : 51-89.

Weimar, Klaus. 2003. "Les comptes savants de Johann Caspar Hagenbuch." In Décultot (2003c), 65-78.

Weinberg, Bella Hass. 1997. "The Earliest Hebrew Citation Indexes." *Journal of the American Society for Information Science* 48 (4) : 318-30. Repr. in Hahn and Buckland (1998), 51-63.

———. 1999. "Indexes and Religion: Reflections on Research in the History of Indexes." *Indexer* 21 (3) : 111-18.

Weinberger, David. 2007. *Everything Is Miscellaneous: The Power of the New Digital Disorder*. New York: Times Books.

Weinrich, Harald. 1996. *Gibt es eine Kunst des Vergessens?* Basel: Schwabe.

Weiss, Wisso. 1983. *Zeittafel zur Papiergeschichte*. Leipzig: VEB Fachbuchverlag.

Wellisch, Hans H. 1978. "Early Multilingual and Multiscript Indexes in Herbals." *Indexer* 11: 81-102.

———. 1981. "How to Index a Book—Sixteenth-Century Style: Conrad Gessner on Indexes and Catalogs." *International Classification* 8: 10-15.

———. 1984. *Conrad Gessner: A Bio-Bibliography*. Zug, Switzerland: IDC.

———. 1985-86. "Hebrew Bible Concordances, with a Biographical Study of Solomon Mandelkern." *Jewish Book Annual* 43: 56-91.

Ṣubḥ al-aʿshā by al-Qalqashandī, 1355-1418." In Binkley (1997a), 159-68.
Van der Haeghen, Ferdinand. 1972. *Bibliotheca erasmiana: Répertoire des œuvres d'Erasme*. Nieuwkoop: B. de Graaf.
Van Engen, John. 1999. "The Work of Gerlach Peters (d. 1411), Spiritual Diarist and Letter-Writer, a Mystic among the Devout." *Ons geestlike erf* 73: 150-77.
Van Gelder, Geert Jan. 1997. "Compleat Men, Women and Books: On Medieval Arabic Encyclopaedism." In Binkley (1997a), 241-59.
Van Hulle, Dirk, and Wim van Mierlo. 2004. "Reading Notes: Introduction." *Variants: The Journal of the European Society for Textual Scholarship* 2/3: 1-6.
Van Lieshout, H. H. M. 1994. "Dictionnaire et diffusion du savoir." In *Commercium litterarium, 1600-1750: La communication dans la République des Lettres*, ed. Hans Bots and Françoise Waquet, 131-50. Amsterdam: APA-Holland University Press.
———. 2001. *The Making of Pierre Bayle's Dictionnaire Historique et Critique*. Amsterdam: APA-Holland University Press.
Van Slyck, Abigail. 1991. "'The Utmost Amount of Effectiv [*sic*] Accommodation': Andrew Carnegie and the Reform of the American Library." *Journal of the Society of Architectural Historians* 50 (4) : 359-83.
Varlejs, Jana. 1999. "Ralph Shaw and the Rapid Selector." In Bowden et al. (1999), 48-55.
Vasoli, Cesare. 1978. *L'enciclopedismo del Seicento*. Naples: Bibliopolis.
Vecce, Carlo. 1998. *Gli zibaldoni di Iacopo Sannazaro*. Messina: Sicania.
Verbeke, Demmy. 2010. "'Condemned by Some, Read by All': The Attempt to Suppress the Publications of the Louvain Humanist Erycius Puteanus in 1608." *Renaissance Studies* 24 (3) : 353-64.
Verger, Jacques. 1997. "Conclusion." In Lusignan and Paulmier-Foucart (1997), 343-49.
Verhaeren, Hubert, ed. 1949. *Catalogue de la Bibliothèque du Pé-T'ang*. Peking: Imprimerie des Lazaristes.
Vessel, Ziva. 1986. *Les encyclopédies persanes: Essai de typologie et de classification des sciences*. Paris: Editions Recherche sur les Civilisations.
Viala, Alain. 1985. *Naissance de l'écrivain: Sociologie de la littérature à l'âge classique*. Paris: Editions de Minuit.
Vickers, Brian, ed. 1996. *Francis Bacon*. Oxford: Oxford University Press.
Villey, Pierre. 1933. *Les sources et l'évolution des Essais de Montaigne*, 2nd ed. 2 vols. Paris: Hachette.
Vittori, Rodolfo. 2001. "Le biblioteche di due maestri bergamaschi del Cinquecento." *Bergomum* 96 (2) : 23-55.
Vittu, Jean Pierre. 1997. *Le Journal des savants et la république des lettres, 1665-1714*. Thèse de doctorat, Université Paris I.
Voet, Leon. 1985. "Plantin et ses auteurs. Quelques considérations sur les relations entre imprimeurs et auteurs sur le plan typographique-littéraire au XVIe siècle." In *Trasmissione dei testi a stampa nel periodo moderno*, ed. Giovanni Crapulli, 61-76. Rome: Edizioni dell'Ateneo.
Vögel, Sabine. 1999. *Kulturtransfer in der frühen Neuzeit. Die Vorworte der Lyoner Drucke des 16. Jahrhunderts*. Tübingen: Mohr Siebeck.
———. 2000. "Der Leser und sein Stellvertreter. Sentenzensammlungen in Bibliotheken des 16. Jahrhunderts." In *Lesen und Schreiben in Europa, 1500-1900. Vergleichende Perspektiven*, ed. Alfred Messerli and Roger Chartier, 483-501. Basel: Schwabe.
Volpilhac-Auger, Catherine, ed. 2000. *La collection Ad usum delphini. L'antiquité au miroir du Grand Siècle*. Grenoble: ELLUG.
———. 2003. "L'ombre d'une bibliothèque: Les cahiers d'extraits de Montesquieu." In Décultot (2003c), 79-90.
Von Ammon, Frieder, and Herfried Vögel, eds. 2008. *Die Pluralisierung des Paratextes in der Frühen Neuzeit: Theorie, Formen, Funktionen*. Berlin: LIT.
Von Arburg, Hans Georg. 2003. "Un homme obligé de commencer par se plonger dans ses extraits ou dans sa bibliothèque est à coup sûr un artefact: Lichtenberg, les cahiers de l'extrait et le problème de l'originalité." In Décultot (2003c), 111-33.
Von Bary, Roswitha. 1980. *Henriette Adelaide von Savoyen, Kurfürstin von Bayern*. Munich: Süddeutscher Verlag.
Von den Brincken, Anna-Dorothee. 1972. "Tabula Alphabetica." *Festschrift für Hermann Heimpel*. 2 vols. 2: 900-24. Göttingen: Vandenhoeck & Ruprecht.

Strauss, Gerald. 1965. "Sebastian Münster's *Cosmography* and its Editions." In *From the Renaissance to the Counter-Reformation: Essays in Honor of Garrett Mattingly*, ed.Charles H. Carter, 145-63. New York: Random House.

Sutton, John. 2002. "Porous Memory and the Cognitive Life of Things." In *Prefiguring Cyberculture: An Intellectual History*, ed. Darren Tofts, 130-41. Sydney, Australia: Power Publications.

T Taylor, Archer. 1941. *Renaissance Reference Books: A Checklist of Some Bibliographies Printed before 1700*. Berkeley: University of California Press.

———. 1955. *A History of Bibliographies of Bibliographies*. New Brunswick, NJ: Scarecrow Press.

Taylor, Arlene G. 1999. *The Organization of Information*. Englewood, CA: Libraries Unlimited.

Te Heesen, Anke. 2002. *The World in a Box: The Story of an Eighteenth-Century Picture Encyclopedia*, tr. Ann M. Hentschel. Chicago: University of Chicago Press.

———. 2005. "Accounting for the Natural World: Double-Entry Bookkeeping in the Field." In *Colonial Botany: Science, Commerce and Politics in the Early Modern World*, ed. Londa Schiebinger and Claudia Swan, 237-51. Philadelphia: University of Pennsylvania Press.

Te Heesen, Anke, and E. C. Spary, eds. 2002. *Sammeln als Wissen: Das Sammeln und seine wissenschaftsgeschichtliche Bedeutung*. Göttingen: Wallstein.

Tenner, Edward. 1990. "From Slip to Chip: How Evolving Techniques of Information-Gathering and Retrieval Have Shaped the Way We Do Mental Work." *Princeton Alumni Weekly* (Nov. 21) : 9-14.

Theander, Carl. 1951. *Plutarch und die Geschichte*. Lund: C. W. K. Gleerup.

Théry, P. G. 1935. "Thomas Gallus et les Concordances bibliques." In *Aus der Geisteswelt des Mittelalters. Studien und Texte Martin Grabmann... gewidmet*, ed. Albert Lang, Joseph Lechner, Michael Schmaus, 427-446. Münster: Verlag der Aschendorffschen Verlagsbuchhandlung.

Thornton, Dora. 1997. *The Scholar in His Study: Ownership and Experience in Renaissance Italy*. New Haven: Yale University Press.

Tite, Colin G. C. 1994. *The Manuscript Library of Sir Robert Cotton*. London: British Library.

Tonelli, Giorgio. 2006. *A Short-Title List of Subject Dictionaries of the Sixteenth, Seventeenth and Eighteenth Centuries*, ed. Eugenio Canone and Margherita Palumbo. Florence: Olschki.

Torrell, Jean-Pierre. 1993. *Initiation à St Thomas d'Aquin*. Fribourg: Editions universitaires de Fribourg.

Tournon, André. 2000. *Montaigne, la glose et l'essai: Edition revue et corrigée, précédée d'un réexamen*. Paris: Champion.

Tournoy, Gilbert. 1998. "Abraham Ortelius et la poésie politique de Jacques van Baerle." In *Abraham Ortelius, 1527-98: Cartographe et humaniste*, 160-67. Turnhout: Brepols.

Treadgold, Warren. 1980. *The Nature of the Bibliotheca of Photius*. Dumbarton Oaks, Washington, DC: Center for Byzantine Studies.

Trolley, Jacqueline, and Jill O'Neill. 1999. "The Evolution of Citation Indexing—From Computer Printout to the Web of Science." In Bowden et al. (1999), 124-26.

Trombley, Frank. 1997. "The *Taktika* of Nikephoros Ouranos and Military Encyclopaedism." In Binkley (1997a), 261-274.

Tugnoli Pattaro, Sandra. 1977. *La formazione scientifica e il "discorso naturale" di Ulisse Aldrovandi*, Quaderni di Storia e Filosofia della Scienza 7. Trent: Unicoop.

Tugwell, Simon. 1997. "Humbert of Romans, 'Compilator.'" In Lusignan and Paulmier-Foucart (1997), 47-76.

U Ullman, Berthold Louis. 1928. "Tibullus in the Mediæval Florilegia." *Classical Philology* 23: 128-74.

———. 1929. "Text, Tradition and Authorship of the Laus Pisonis." *Classical Philology* 24: 109-32.

———. 1930a. "Petronius in the Mediæval Florilegia." *Classical Philology* 25: 11-21.

———. 1930b. "The Text of Petronius in the Sixteenth Century." *Classical Philology* 25: 128-54.

———. 1931. "Valerius Flaccus in the Mediæval Florilegia." *Classical Philology* 26: 21-30.

———. 1932. "Classical Authors in Certain Mediæval Florilegia." *Classical Philology* 27: 1-42.

———. 1973. "Joseph Lang and his Anthologies." *Studies in the Italian Renaissance*, 2nd ed., 383-99. Rome: Edizioni di Storia e Letteratura.

V Van Berkel, Maaike. 1997. "The Attitude towards Knowledge in Mamlūk Egypt: Organisation and Structure of the

Library.
Smith, Martha Nell. 2004. "Emily Scissorhands." *Variants: Journal of the European Society for Textual Scholarship* 2/3: 279-91.
Smith, Wesley. 1979. *The Hippocratic Tradition*. Ithaca: Cornell University Press.
Smyth, Adam. 2004a. *"Profit and Delight": Printed Miscellanies in England, 1640-1682*. Detroit: Wayne State University Press.
———. 2004b. "'Rend and Teare in Peeces': Textual Fragmentation in Seventeenth-Century England." *Seventeenth Century* 19 (1) : 36-52.
Snow, Vernon F. 1960. "Francis Bacon's Advice to Fulke Greville on Research Techniques." *Huntington Library Quarterly* 23: 369-79.
Soll, Jacob. 1995. "The Hand-Annotated Copy of the *Histoire du Gouvernement de Venise* or How Amelot de la Houssaye Wrote His History." *Bulletin du bibliophile* 2: 279-93.
———. 2000. "Amelot de La Houssaye (1634-1706) Annotates Tacitus." *Journal of the History of Ideas* 61: 167-87.
———. 2009. *The Information Master: Jean-Baptiste Colbert's Secret State Intelligence System*. Ann Arbor: University of Michigan Press.
Somerville, Robert, and Bruce C. Brasington, ed. and tr. 1998. *Prefaces to Canon Law Books in Latin Christianity: Selected Translations, 500-1245*. New Haven: Yale University Press.
Stagl, Justin. 1995. *A History of Curiosity: The Theory of Travel, 1550-1800*. Chur, Switzerland: Harwood Academic Publishers.
———. 2002. *Eine Geschichte der Neugier, die Kunst des Reisens, 1550-1800*. Vienna: Böhlau.
Stallybrass, Peter. 2002. "Books and Scrolls: Navigating the Bible." In Andersen and Sauer (2002), 42-79.
———. 2007. "'Little Jobs': Broadsides and the Printing Revolution." In Baron et al. (2007), 301-14.
Stallybrass, Peter, Roger Chartier, J. Franklin Mowery, and Heather Wolfe. 2004. "Hamlet's Tables and the Technologies of Writing in Renaissance England." *Shakespeare Quarterly* 55 (4) : 379-419.
Stammen, Theo, and Wolfgang E. J. Weber. 2004. *Wissenssicherung, Wissensordnung und Wissensverarbeitung: Das europäische Modell der Enzyklopädien*. Berlin: Akademie Verlag.
Starn, Randolph. 1975. "Meaning-Levels in the Theme of Historical Decline." *History and Theory* 14: 1-31.
Steinmann, Martin. 1967. *Johannes Oporinus, ein Basler Buchdrucker um die Mitte des 16. Jahrhunderts*, Basler Beiträge zur Geschichtswissenschaft Bd. 105. Basel and Stuttgart: Helbing & Lichtenhahn.
———. 1969. "Aus dem Briefwechsel des Basler Druckers Johannes Oporinus." *Basler Zeitschrift für Geschichte und Altertumsgeschichte* 69: 103-203.
———. 1997. "Sieben Briefe aus der Korrespondenz von Theodor Zwinger." In *Im Spannungsfeld von Gott und Welt. Beiträge zu Geschichte und Gegenwart des Frey-Grynæischen Instituts in Basel, 1747-1997*, ed. Andreas Urs Sommer, 181-210. Basel: Schwabe.
Stenhouse, William. 2005. *Reading Inscriptions and Writing Ancient History: Historical Scholarship in the Late Renaissance. Bulletin of the Institute of Classical Studies*, Supplement 86. London: Institute of Classical Studies.
Stern, Simon. 2009. "Copyright, Originality and the Public Domain in Eighteenth-Century England." In *Originality and Intellectual Property in the French and English Enlightenment*, ed. Reginald McGinnis, 69-101. New York: Routledge.
Stevenson, Allan. 1958. "Thomas Thomas Makes a Dictionary." *The Library: Transactions of the Bibliographical Society*, 5th ser., 3: 235-46.
Stinzing, Roderich. 1867. *Geschichte der populären Literatur des römischen-kanonischen Rechts in Deutschland*. Leipzig: G. Hirzel.
Stoneman, William, 1994. "Georg Sparsgüt, Rubricator." *Princeton University Library Chronicle* 55 (2) : 323-28.
———, ed. 1999. *Dover Priory*. Corpus of British Medieval Library Catalogues. London: British Library in association with the British Academy.
Strada, Annalisa, and Gianluigi Spini. 1994. *Ambrogio da Calepio, "il Calepino."* Trescore Balneario, Bergamo: Editrice San Marco.

Schüling, Hermann. 1982. *Giessener Drucke, 1650-1700*. Giessen: Universitätsbibliothek.
Schwab, Richard. 1969. "The Diderot Problem, the Starred Articles and the Question of Attribution in the *Encyclopédie* (Parts I and II)." *Eighteenth-Century Studies* 2 (3) : 240-285 and 2 (4) : 370-438.
Screech, Michael A., 1998. *Montaigne's Annotated Copy of Lucretius: A Transcription and Study of the Annotations, Notes and Pen-Marks*. Geneva: Droz.
Serrai, Alfredo. 1988. *Storia della Bibliografia*, vol. 1: *Bibliografia e Cabala. Le Enciclopedie rinascimentali (I)*, ed. Maria Cochetti. Rome: Bulzoni.
———. 1991. *Storia della Bibliografia*, vol. 2: *Le Enciclopedie rinascimentali (II)*, ed. Maria Cochetti. Rome: Bulzoni.
Shackleton, Robert. 1961. *Montesquieu: A Critical Biography*. London: Oxford University Press.
Shannon, Claude E. 1948. "A Mathematical Theory of Communication." *Bell System Technical Journal* 27: 379-423 and 623-56.
Shapin, Steven. 1989. "The Invisible Technician." *American Scientist* 77: 554-63.
———. 1991. "'The Mind Is Its Own Place': Science and Solitude in Seventeenth-Century England." *Science in Context* 4: 191-218.
———. 1994. *A Social History of Truth: Civility and Science in Seventeenth-Century England*. Chicago: University of Chicago Press.
Shapiro, Barbara. 2000. *A Culture of Fact: England, 1550-1720*. Ithaca: Cornell University Press.
Sharpe, Kevin. 2000. *Reading Revolutions: The Politics of Reading in Early Modern England*. New Haven: Yale University Press.
Shelford, April. 2007. *Transforming the Republic of Letters: Pierre-Daniel Huet and European Intellectual Life, 1650-1720*. Rochester: University of Rochester Press.
Sher, Richard B. 2006. *The Enlightenment and the Book: Scottish Authors and Their Publishers in Eighteenth-Century Britain, Ireland and America*. Chicago: University of Chicago Press.
Sherman, Claire Richter, and Peter Lukehart, eds. 2000. *Writing on Hands: Memory and Knowledge in Early Modern Europe*. Carlisle, PA: Trout Gallery, Dickinson College.
Sherman, William. 1995. *John Dee: The Politics of Reading and Writing in the English Renaissance*. Amherst: University of Massachusetts Press.
———. 1999. "Impressions of Readers in Early English Printed Bibles." In *The Bible as Book*, ed. Paul Saenger and Kimberly van Kampen, 125-34. Newcastle, DE: Oak Knoll Press, and London: British Library.
———. 2002. "What Did Renaissance Readers Write in Their Books?" In Andersen and Sauer (2002), 119-37.
———. 2008. *Used Books: Marking Readers in Renaissance England*. Philadelphia: University of Pennsylvania Press.
Siegel, Steffen. 2009. *Tabula: Figuren der Ordnung um 1600*. Berlin: Akademie Verlag.
Siraisi, Nancy. 1997. *The Clock and the Mirror: Girolamo Cardano and Renaissance Medicine*. Princeton: Princeton University Press.
———. 2001. "The Physician's Task." In *Medicine and the Italian Universities, 1250-1600*, 157-83. Leiden: Brill.
———. 2008. "Mercuriale's Letters to Zwinger and Humanist Medicine." In *Girolamo Mercuriale: medicina e cultura nell'Europa del Cinquecento. Atti del convegno "Girolamo Mercuriale e lo spazio scientifico e culturale del Cinquecento"* (Forlì, 8-11 novembre 2006), ed. Alessandro Arcangeli and Vivian Nutton, 77-95. Florence: Olschki.
Sirat, Colette, Sara Klein-Braslavy, and Olga Weijers, eds. 2003. *Les méthodes de travail de Gersonide et le maniement du savoir chez les scolastiques*. Paris: Vrin.
Skydsgaard, Jens Erik. 1968. *Varro the Scholar: Studies in the First Book of Varro's* De Re Rustica. Copenhagen: Einar Munksgaard.
Small, Jocelyn Penny. 1997. *Wax Tablets of the Mind: Cognitive Studies of Memory and Literacy in Classical Antiquity*. London: Routledge.
Smalley, Beryl. 1952. *The Study of the Bible in the Middle Ages*. Oxford: Blackwell.
Smith, Lesley, ed. 2009. *The* Glossa ordinaria*: The Making of a Medieval Bible Commentary*. Leiden: Brill.
Smith, Margaret M. 1988. "Printed Foliation: Forerunner to Printed Page-Numbers?" *Gutenberg-Jahrbuch* 63: 54-70.
———. 2000. *The Title-Page: Its Early Development, 1460-1510*. Newcastle, DE: Oak Knoll Press, and London: British

———. 1979. *Preachers, Florilegia and Sermons: Studies on the* Manipulus Florum *of Thomas of Ireland.* Toronto: Pontifical Institute of Mediæval Studies.
———. 1982. "Florilegia of Patristic Texts." In *Les genres littéraires dans les sources théologiques et philosophiques médiévales: Actes du Colloque International de Louvain-la-Neuve,* 165-80. Louvain-la-Neuve: Institut d'Etudes Médiévales.
———. 1986. "Bibliography before Print: The Medieval *De Viris Illustribus.*" In *The Role of the Book in Medieval Culture,* ed. Peter Ganz, 133-54. Turnhout: Brepols.
———. 1989. "The Vocabulary of Wax Tablets." In *Vocabulaire du livre et de l'écriture au Moyen Age,* ed. Olga Weijers, 149-51. Turnhout: Brepols.
———. 1991a. *Authentic Witnesses: Approaches to Medieval Texts and Manuscripts.* Notre Dame, IN: University of Notre Dame Press.
———. 1991b. *Registrum Anglie de libris doctorum et auctorum veterum.* London: British Library in association with the British Academy.
———. 2000. *Manuscripts and Their Makers: Commercial Book Production in Medieval Paris, 1200-1500.* Turnhout: Harvey Miller.
Roy, Bruno. 1990. "La trente-sixième main: Vincent de Beauvais et Thomas de Cantimpré." In Paulmier-Foucart et al. (1990), 241-51.
Roye, Jocelyn. 2008. *La figure du pedant de Montaigne à Molière.* Travaux du Grand Siècle 31. Geneva: Droz.
S Saenger, Paul. 1996. "The Impact of the Early Printed Page on the History of Reading." *Bulletin du bibliophile* 3: 237-301.
Saenger, Paul, and Michael Heinlen. 1991. "Incunable Description and Its Implication for the Analysis of Fifteenth-Century Reading Habits." In *Printing the Written Word: The Social History of Books, 1450-1520,* ed. Sandra Hindman, 225-58. Ithaca: Cornell University Press.
Sandler, Lucy Freeman. 1990. "*Omne Bonum*: *Compilatio* and *Ordinatio* in an English Illustrated Encyclopedia of the Fourteenth Century." In *Medieval Book Production: Assessing the Evidence, Proceedings of the Second Conference of the Seminar in the History of the Book to 1500, Oxford 1988,* ed. Linda L. Brownrigg, 183-200. Los Altos Hills, CA: Anderson-Lovelace, Red Gull Press.
Sayce, Richard A., and David Maskell. 1983. *A Descriptive Bibliography of Montaigne's Essays, 1580-1700.* London: Bibliographical Society, and Oxford: Oxford University Press.
Schaer, Roland, ed. 1996. *Tous les savoirs du monde.* Paris: Flammarion/Bibliothèque nationale de France.
Schierbaum, Martin. 2008. "Paratexte und ihre Funktion in der Transformation von Wissensordnungen am Beispiel der Reihe von Theodor Zwingers *Theatrum Vitæ Humanæ.*" In von Ammon and Vögel, 255-82.
Schmidt, Friedrich. 1922. *Die Pinakes des Kallimachos.* Berlin: Emil Ebering.
Schmidt-Biggemann, Wilhelm. 1983. *Topica universalis: Eine Modellgeschichte humanisticher und barocker Wissenschaft.* Hamburg: Meiner.
Schneider, Ulrich. 2004. "Die Konstruktion des allgemeinen Wissens in Zedler's *Universal-Lexicon.*" In Stammen and Weber (2004), 81-101.
Schniedewind, William M. 2004. *How the Bible Became a Book: The Textualization of Ancient Israel.* Cambridge: Cambridge University Press.
Schoeler, Gregor. 2009. *The Genesis of Literature in Islam: From the Aural to the Read,* in collaboration with and tr. Shawkat M. Toorawa. Edinburgh: Edinburgh University Press.
Schoenbaum, S. 1993. *Shakespeare's Lives,* new ed. Oxford: Oxford University Press.
Schofield, Helen. 1999. "The Evolution of the Secondary Literature in Chemistry." In Bowden et al. (1999), 94-106.
Scholberg, Henry. 1986. *The Encyclopedias of India.* New Delhi: Promilla.
Schröder, Bianca-Jeanette. 1999. *Titel und Text: zur Entwicklung lateinischer Gedichtüberschriften, mit Untersuchungen zu lateinischen Buchtiteln, Inhaltsverzeichnissen und anderen Gliederungsmitteln.* Berlin: Walter de Gruyter.
Schuler, Stefan. 1995. "*Excerptoris morem gerere:* Zur Kompilation und Rezeption klassisch-lateinischer Dichter im 'Speculum historiale' des Vinzenz von Beauvais." *Frühmittelalterliche Studien* 29: 312-48.

645. Berlin: Erich Schmidt Verlag.
Reiter, Eric. 1996. "The Reader as Author of the User-Produced Manuscript: Reading and Rewriting Popular Latin Theology in the Late Middle Ages." *Viator* 27: 151-70.
Remmert, Volker. 2005. *Widmung, Welterklärung und Wissenschaftslegitimierung: Titelbilder und ihre Funktionen in der Wissenschaftlichen Revolution*. Wiesbaden: Harrassowitz in Kommission.
Reske, Christoph. 2007. *Die Buchdrucker des 16. und 17. Jahrhunderts im deutschen Sprachgebiet. Auf der Grundlage des gleichnamigen Werkes von Josef Benzing*. Wiesbaden: Harrassowitz.
Rétat, Pierre. 1984. "L'âge des dictionnaires." In *Histoire de l'édition française*, vol. 2: *Le livre triomphant, 1660-1830*, ed. Henri-Jean Martin, Roger Chartier, and Jean-Pierre Vivet, 186-98. Paris: Promodis.
Rettig, James, ed. 1992. *Distinguished Classics of Reference Publishing*. Phoenix, AZ: Oryx Press.
Reynolds, L. D., ed. 1983. *Texts and Transmission: A Survey of the Latin Classics*. Oxford: Clarendon Press.
Ribard, Dinah. 2002. "La philosophie mise en recueils." In *De la publication entre Renaissance et Lumières*, ed. Christian Jouhaud and Alain Viala, 61-75. Paris: Fayard.
Ribémont, Bernard. 1997. "On the Definition of an Encyclopaedic Genre in the Middle Ages." In Binkley (1997a), 47-61.
———. 2001. *Les origines des encyclopédies médiévales: D'Isidore de Séville aux Carolingiens*. Paris: Champion.
Richardson, Brian. 1994. *Print Culture in Renaissance Italy: The Editor and the Vernacular Text, 1470-1600*. Cambridge: Cambridge University Press.
———. 1998. "The Debates on Printing in Renaissance Italy." *La bibliofilia* 100: 135-55.
Rivers, Kimberly. 1997. "Memory, Division, and the Organisation of Knowledge in the Middle Ages." In Binkley (1997a), 147-58.
Roberts, Julian. 1997. "Importing Books for Oxford, 1500-1640." In Carley and Tite (1997), 317-333.
———. 2002. "The Latin Trade." In *A History of the Book in Britain, IV: 1557-1695*, ed. John Barnard and D. F. McKenzie, 141-73. Cambridge: Cambridge University Press.
Roberts, Phyllis. 1998. "Medieval University Preaching: The Evidence in the Statutes." In *Medieval Sermons and Society: Cloister, City, University*, ed. Jacqueline Hamesse et al., 317-28. Louvain-la-Neuve: Fédération Internationale des Instituts d'Etudes Médiévales.
Roby, Henry John. 2000. *An Introduction to the Study of Justinian's Digest*. Union, NJ: Lawbook Exchange. (Orig. pub. 1884.)
Roest, Bert. 1997. "Compilation as Theme and Praxis in Franciscan Universal Chronicles." In Binkley (1997a), 213-25.
Rosenberg, Daniel. 2003. "Early Modern Information Overload: Introduction." *Journal of the History of Ideas* 64 (1) : 1-9.
Rosenthal, Franz. 1947. *The Technique and Approach of Muslim Scholarship*. Rome: Pontificium Institutum Biblicum.
Roth, Carl. 1935. "Conrad Pfister, Basilius Iselin und die amerbachische Bibliothek." In *Festschrift Gustav Binz*, 179-200. Basel: Schwabe.
Rother, Wolfgang. 2001. "Ramus and Ramism in Switzerland." In *The Influence of Petrus Ramus*, ed. Mordechai Feingold, Joseph Freedman, and Wolfgang Rother, 9-37. Basel: Schwabe.
Rouse, Richard. 1965. "The List of Authorities Appended to the *Manipulus Florum*." In *Archives d'histoire doctrinale et littéraire du Moyen Age*, 243-50.
———. 1976. "Cistercian Aids to Study in the Thirteenth Century." *Studies in Medieval Cistercian History. II*, ed. John R. Sommerfeldt, 123-34. Kalamazoo, MI: Cistercian Publications.
———. 1981. "L'évolution des attitudes envers l'autorité écrite: Le développement des instruments de travail au XIIIe siècle." *Culture et travail intellectuel dans l'Occident médiéval*, ed. Geneviève Hasenohn and Jean Longère, 115-44. Paris: Editions du Centre National de la Recherche Scientifique.
Rouse, Richard, and Mary Rouse. 1974a. "Biblical *Distinctiones* in the Thirteenth Century." *Archives d'histoire doctrinale et littéraire du Moyen Age* 41: 27-37.
———. 1974b. "The Verbal Concordance to the Scriptures." *Archivum Fratrum Prædicatorum* 44: 5-30.

du Colloque de Chantilly, ed. Jean-Claude Fredouille et al., 491-507. Paris: Institut d'Etudes Augustiniennes.

Petrucci, Armando. 1995. *Writers and Readers in Medieval Italy: Studies in the History of Written Culture*, ed. Charles M. Radding. New Haven: Yale University Press.

Petschar, Hans, Ernst Strouhal, and Heimo Zobernig. 1999. *Der Zettelkatalog: Ein historisches System geistiger Ordnung*. Vienna: Springer.

Pettas, William. 1995. "A Sixteenth-Century Bookstore: The Inventory of Juan de Junta." *Transactions of the American Philosophical Society* 85 (1) : 1-247.

Picone, Michelangelo, ed. 1994. *L'enciclopedismo medievale*. Ravenna: Longo editore.

Pinon, Laurent. 2003. "Entre compilation et observation: L'écriture de l'ornithologie d'Ulisse Aldrovandi." *Genesis* 20: 53-70.

———. Forthcoming. *Des arches de papier: Les livres de zoologie dans l'Europe de la Renaissance*. Geneva: Droz.

Podhurst, Suzanne. 2004. "An Uncommon History: The Commonplace Book in Seventeenth-Century Great Britain." Senior thesis, Harvard College, 2004.

Pol, Elfriede Hulshoff. 1975. "The Library." In *Leiden University in the Seventeenth Century*, ed. Lunsingh Scheurleer and G. H. M. Posthumus Meyjes, 394-459. Leiden: Brill.

Pollard, Graham, and Albert Ehrman. 1965. *The Distribution of Books by Catalogue from the Invention of Printing to AD 1800*. Cambridge: Roxburghe Club.

Poovey, Mary. 1998. *A History of the Modern Fact: Problems of Knowledge in the Sciences of Wealth and Society*. Chicago: University of Chicago Press.

Pörnbacher, Karl. 1965. *Jeremias Drexel: Leben und Werk eines Barockpredigers, Beiträge zur altbayerischen Kirchengeschichte*, Bd. 24, Heft 2. Munich: F. X. Seitz.

Posner, Ernst. 1972. *Archives in the Ancient World*. Cambridge: Harvard University Press.

Powitz, Gerhardt. 1996. "Le Catholicon—Esquisse de son histoire." In Hamesse (1996b), 299-336.

Prentice, William K. 1930. "How Thucydides Wrote His History." *Classical Philology* 25: 117-27.

Price, Leah. 2000. *The Anthology and the Rise of the Novel from Richardson to George Eliot*. Cambridge: Cambridge University Press.

Price, Leah, and Pamela Thurschwell, eds. 2005. *Literary Secretaries/Secretarial Culture*. Aldershot, Eng.: Ashgate.

Q Quedenbaum, Gerd. 1977. *Der Verleger und Buchhändler Johann Heinrich Zedler, 1706-51*. Hildesheim: Olms.

Quemada, Bernard, ed. 1998. *Le Dictionnaire de l'Académie française et la lexicographie institutionnelle européenne: Actes du colloque international, 17, 18 et 19 novembre 1994*. Paris: Honoré Champion.

Quillen, Carol. 1998. *Rereading the Renaissance: Petrarch, Augustine, and the Language of Humanism*. Ann Arbor: University of Michigan Press.

R Raabe, Paul, and Eckhard Schinkel, eds. 1979. *Sammler, Fürst, Gelehrter Herzog August zu Braunschweig und Lüneburg, 1579-1666*. Wolfenbüttel: Die Bibliothek.

Racaut, Luc. 2009. "Nicolas Chesneau, Catholic Printer in Paris during the French Wars of Religion." *Historical Journal* 52 (1) : 23-41.

Ramati, Ayval. 1996. "Harmony at a Distance: Leibniz's Scientific Academies." *Isis* 87 (3) : 430-52.

Raven, James. 2004. "Introduction: the Resonances of Loss." In *Lost Libraries: The Destruction of Great Book Collections since Antiquity*, ed. James Raven, 1-40. Houndmills, Eng.: Palgrave Macmillan.

———. 2007. *The Business of Books: Booksellers and the English Book Trade*. New Haven: Yale University Press.

Rayward, W. Boyd. 1975. *The Universe of Information: The Work of Paul Otlet for Documentation and International Organisation*. Moscow: International Federation for Documentation.

———. 1998. "Visions of Xanadu: Paul Otlet (1868-1944) and Hypertext." In Hahn and Buckland (1998), 65-80.

Reddick, Allen. 1996. *The Making of Johnson's Dictionary, 1746-1773*, rev. ed. Cambridge: Cambridge University Press. (Orig. pub. 1990.)

Rehermann, Ernst Heinrich. 1974. "Die protestantischen Exempelsammlungen des 16. und 17. Jahrhunderts. Versuch einer Übersicht und Charakterisierung nach Aufbau und Inhalt." In *Volkserzählung und Reformation: Ein Handbuch zur Tradierung und Funktion von Erzählstoffen und Erzählliteratur im Protestantismus*, ed. Wolfgang Brückner, 579-

———. 2006. *The Science of Describing*. Chicago: University of Chicago Press.
O'Hara, James G. 1998. "'A Chaos of Jottings That I Do Not Have the Leisure to Arrange and Mark with Headings': Leibniz's Manuscript Papers and Their Repository." In Hunter (1998a), 159-70.
Olson, Oliver. 1981. "'Der Bücherdieb Flacius'—Geschichte eines Rufmords." *Wolfenbütteler Beiträge* 4: 111-46.
Ong, Walter J. 1976. "Commonplace Rhapsody: Ravisius Textor, Zwinger and Shakespeare." In *Classical Influences on European Culture, 1500-1700*, ed. R. R. Bolgar, 91-126. Cambridge: Cambridge University Press.
———. 1977. *Interfaces of the Word: Studies in the Evolution of Consciousness and Culture*. Ithaca: Cornell University Press.
Orgel, Stephen. 2000. "Margins of Truth." In *The Renaissance Text: Theory, Editing, Textuality*, ed. Andrew Murphy, 91-107. Manchester: Manchester University Press.
Orsatti, Paola. 1993. "Le manuscrit islamique: Caractéristiques matérielles et typologie." In *Ancient and Medieval Book Materials and Techniques*, ed. Marilena Maniaci and Paola F. Munafo, II, 269-331. *Studi e Testi* 357-58. Vatican: Biblioteca Apostolica Vaticana.
Overgaauw, Eef. 2006. "Die Autographen des Domikanertheologen Jakob von Soest (c. 1360 bis c. 1440)." *Scriptorium* 60: 60-79.
Owens, Jessie Ann. 1997. *Composers at Work: The Craft of Musical Composition*. Oxford: Oxford University Press.
P Park, Katharine, and Lorraine Daston, eds. 2006. *Cambridge History of Early Modern Science*. Cambridge: Cambridge University Press.
Parkes, Malcolm B. 1976. "The Influence of the Concepts of Ordinatio and Compilatio on the Development of the Book." In *Medieval Learning and Literature: Essays Presented to Richard William Hunt*, ed. J. J. G. Alexander and M. T. Gibson, 115-41. Oxford: Clarendon Press.
———. 1992. *Pause and Effect: An Introduction to the History of Punctuation in the West*. Aldershot, Eng.: Scolar Press.
Parry, Graham. 2002. "Patronage and the Printing of Learned Works for the Author." In *A History of the Book in Britain, IV: 1557-1695*, ed. John Barnard and D. F. McKenzie, 174-88. Cambridge: Cambridge University Press.
Passet, Jean. 1991. "Entering the Professions: Women Library Educators and the Placement of Female Students, 1887-1912." *History of Education Quarterly* 31 (2) : 207-28.
Paterson, Alan K. G. 2000. "The Great World of Don Pedro Calderón's Theatre and the Beyerlinck Connection." *Bulletin of Hispanic Studies* 77: 237-53.
Pattison, Mark. 1889. *Essays*. 2 vols. Oxford: Clarendon Press.
———. 1949. *The Estiennes: A Biographical Essay*. San Francisco: Book Club of California.
Paulmier-Foucart, Monique. 1980-81. "Présentation et édition de la *Tabula super Speculum Historiale Fratris Vincentii*." *Spicæ* 2 (1980) : 19-203 and 3 (1981) : 7-208.
———. 1997. "Les protecteurs séculiers de Vincent de Beauvais." In Lusignan and Paulmier-Foucart (1997), 215-31.
———. 2002. "Le plan et l'évolution du *Speculum maius* de Vincent de Beauvais: De la version bifaria à la version trifaria." In Meier (2002), 245-67.
———. 2004. *Vincent de Beauvais et le grand miroir du monde*. Turnhout: Brepols.
Paulmier-Foucart, Monique, Serge Lusignan, and Alain Nadeau, eds. 1990. *Vincent de Beauvais: Intentions et réceptions d'une œuvre encyclopédique au Moyen-Age*. Saint-Laurent: Bellarmin and Paris: Vrin.
Pedersen, Johannes. 1984. *The Arabic Book*, tr. Geoffrey French. Princeton: Princeton University Press.
Pellat, Charles. 1966. "Les encyclopédies dans le monde arabe." *Cahiers d'histoire mondiale* 3: 631-58.
Perla, George A., and Richard N. Schwab. 1971. "The Authorship of the Unsigned Articles in the *Encyclopédie*." *Eighteenth-Century Studies* 4: 447-57.
Perosa, Alessandro. 1981. "L'edizione Veneta di Quintiliano coi commenti del Valla, di Pomponio Leto e di Sulpizio da Veroli." In *Miscellanea Augusto Campana*, 2: 575-610. Padua: Editrice Antenore.
Peterson, Willard J. 1968. "The Life of Ku Yen-wu, 1613-1682." *Harvard Journal of Asiatic Studies* 28: 114-56.
Petit, Nicolas. 1997. *L'éphemère, l'occasionnel et le non livre à la bibliothèque Sainte-Geneviève (XVe-XVIIIe siècles)*. Paris: Klincksieck.
Petitmengin, Pierre. 1997. "Capitula païens et chrétiens." In *Titres et articulations du texte dans les œuvres antiques, Actes*

Murray, Katherine. 1977. *Caught in the Web of Words: James A. H. Murray and the Oxford English Dictionary*. New Haven: Yale University Press.

Myers, Robin, and Michael Harris, eds. 1996. *Antiquaries, Book Collectors, and Circles of Learning*. Winchester: St. Paul's Bibliographies, and Newcastle, DE: Oak Knoll Press.

Myers, Robin, Michael Harris, and Giles Mandelbrote, eds. 2007a. *Books on the Move: Tracking Copies through Collections and the Book Trade*. New Castle, DE: Oak Knoll Press, and London: British Library.

———, eds. 2007b. *Fairs, Markets, and the Itinerant Book Trade*. New Castle, DE: Oak Knoll Press, and London: British Library.

N Nadeau, Alain. 1997. "Faire œuvre utile: Notes sur le vocabulaire de quelques prologues dominicains du XIIIe siècle." In Lusignan and Paulmier-Foucart (1997), 77-96.

Neddermeyer, Uwe. 1996. "Möglichkeiten und Grenzen einer quantitativen Bestimmung der Buchproduktion im Spätmittelalter." *Gazette du livre médiéval* 28: 23-32.

———. 1998. *Von der Handschrift zum gedruckten Buch: Schriftlichkeit und Leseinteresse im Mittelalter und in der frühen Neuzeit. Quantitative und qualitative Aspekte*. 2 vols.Wiesbaden: Harrassowitz.

Nedergard, Leif. 1958. "La genèse du *Dictionnaire historique et critique* de Bayle." *Orbis litterarum: Revue internationale d'études littéraires* 13: 210-27.

Needham, Paul. 1980. Review of Elizabeth Eisenstein, *The Printing Press as an Agent of Change*. *Fine Print: The Review for the Arts of the Book* 6 (1) : 23-35.

———. 1982. "Johann Gutenberg and the Catholicon Press." *Papers of the Bibliographical Society of America* 76 (4) : 395-456.

———. 1986. *The Printer and the Pardoner: An Unrecorded Indulgence Printed by William Caxton*. Washington, DC: Library of Congress.

———. 1999. "Counting Incunables: The IISTC CD-ROM." *Huntington Library Quarterly* 61: 457-529.

Nelles, Paul. 1994. "The Public Library and Late Humanist Scholarship in Early Modern Europe: Antiquarianism and Encyclopædism." Ph.D. diss., Johns Hopkins University.

———. 2000. "*Historia litteraria* and Morhof: Private Teaching and Professorial Libraries at the University of Kiel." In Waquet (2000), 31-56.

———. 2001. "*Historia litteraria* at Helmstedt: Books, Professors and Students in the Early Enlightenment University." In Zedelmaier and Mulsow (2001), 147-76.

———. 2007. "Note-Taking Techniques and the Role of Student Notebooks in the Early Jesuit Colleges." *Archivum Historicum Societatis Jesu* 76: 75-112.

Neumann, Florian. 2001. "Jeremias Drexels Aurifodina und die Ars excerpendi bei den Jesuiten." In Zedelmaier and Mulsow (2001), 51-62.

Neveu, Bruno. 1994. *Erudition et religion aux XVIIe et XVIIIe siècles*. Paris: A. Michel.

Nichols, Stephen G., and Siegfried Wenzel, eds. 1996. *The Whole Book: Cultural Perspectives on the Medieval Miscellany*. Ann Arbor: University of Michigan Press.

Nigro, Salvatore. 1995. "The Secretary." In *Baroque Personae*, ed. Rosario Villari, tr. Lydia Cochrane, 82-99. Chicago: University of Chicago Press.

Norman, Donald. 1993. *Things That Make Us Smart*. Reading, MA: Addison-Wesley.

Norris, Dorothy May. 1939. *History of Cataloguing and Cataloguing Methods, 1100-1850*. London: Grafton.

Nunberg, Geoffrey. 1996. "Farewell to the Information Age." In *The Future of the Book*, ed.Geoffrey Nunberg, 103-38. Berkeley: University of California Press.

Nuovo, Angela. 2007. "The Creation and Dispersal of the Library of Gian Vincenzo Pinelli." In Myers et al. (2007a), 39-67.

Nuttall, A. D. 2003. *Dead from the Waist Down: Scholars and Scholarship in Literature and the Popular Imagination*. New Haven: Yale University Press.

O O'Boyle, Cornelius. 1998. *The Art of Medicine: Medical Teaching at the University of Paris, 1250-1400*. Leiden: Brill.

Ogilvie, Brian W. 1997. "Encyclopaedism in Renaissance Botany: From *historia* to *pinax*." In Binkley (1997a), 89-99.

Molino, Paola. 2006. "Alle origini della *Methodus Apodemica* di Theodor Zwinger: la collaborazione di Hugo Blotius, fra empirismo ed universalismo." *Codices Manuscripti, Zeitschrift für Handschriftenkunde* 56/57: 43-68.
Monfasani, John. 1988. "The First Call for Press Censorship: Niccolò Perotti, Giovanni Andrea Bussi, Antonio Moreto, and the Editing of Pliny's *Natural History*." *Renaissance Quarterly* 41: 1-31.
Monnet, Nathalie. 1996a. "Le classement des connaissances." In Schaer (1996), 348-50.
———. 1996b. "Les spécificités et la place de l'encyclopédie chinoise." In Schaer (1996), 344-47.
———. 1996c. "La tradition des grands projets éditoriaux de la Chinese impériale." In Schaer (1996), 351-66.
Moore, G. F. 1893. "The Vulgate Chapters and Numbered Verses in the Hebrew Bible." *Journal of Biblical Literature* 12 (1) : 73-78.
Mornet, Daniel. 1910. "Les enseignements des bibliothèques privées, 1750-1780." *Revue d'histoire littéraire de la France* 17: 449-496.
Moss, Ann. 1996. *Printed Commonplace-Books and the Structuring of Renaissance Thought*. Oxford: Clarendon Press.
———. 2003. "Emblems into Commonplaces: The Anthologies of Joseph Langius." In *Mundus Emblematicus: Studies in Neo-Latin Emblem Books*, ed. Karl A. E. Enenkel and Arnoud S. Q. Visser, 4: 1-16. Imago Figurata Studies. Turnhout: Brepols.
———. 2005. "Locating Knowledge." In Enenkel and Neuber (2005), 35-49.
Most, Glenn W. 1990. "Canon Fathers: Literacy, Mortality, Power." *Arion*, 3rd ser., 1 (1) : 35-60.
———, ed. 1999. *Commentaries-Kommentare*. Göttingen: Vandenhoeck and Ruprecht.
Mottahedeh, Roy. 1985. *The Mantle of the Prophet: Religion and Politics in Iran*. New York: Pantheon Books.
Mouren, Raphaëlle. 2001. "La varietas des philologues au XVIe siècle." In de Courcelles (2001), 5-31.
Müller, Jan-Dirk. 1998. "Universalbibliothek und Gedächtnis. Aporien frühneuzeitlicher Wissenskodifikation bei Conrad Gesner (Mit einem Ausblick auf Antonio Possevino, Theodor Zwinger und Johann Fischart)." In *Erkennen und Erinnern in Kunst und Literatur. Kolloquium Reisensburg, 4-7 Januar 1996*, ed. Wolfgang von Frühwald et al., 285-310. Tübingen: Max Niemeyer.
———. 2003. "Wissen ohne Subjekt? Zu den Ausgaben von Gesners *Bibliotheca universalis* im 16. Jahrhundert." In *Zukunft der Literatur—Literatur der Zukunft: Gegenwartsliteratur und Literaturwissenschaft*, ed. Reto Sorg, Adrian Mettauer, and Wolfgang Pross, 73-91. Munich: Wilhelm Fink.
Müller-Wille, Staffan. 2002. "Carl von Linnés Herbarschrank: Zur epistemischen Funktion eines Sammlungsmöbel." In Te Heesen and Spary (2002), 22-38.
Müller-Wille, Staffan, and Sara Scharf. 2009. "Indexing Nature: Carl Linnæus (1707-78) and His Fact-Gathering Strategies." Working Papers on the Nature of Evidence: How Well Do "Facts" Travel? No. 36/08 at http://www.lse.ac.uk/collection/economichistory. (2009年7月閲覧)
Mulligan, Lotte. 1992. "Robert Hooke's 'Memoranda': Memory and Natural History." *Annals of Science* 49: 47-61.
Mulsow, Martin. 2001. "Gelehrte Praktiken politischer Kompromittierung. Melchior Goldast und Lipsius' Rede *De duplici concordia* im Vorfeld der Entstehung der protestantischen Union." In Zedelmaier and Mulsow (2001), 307-47.
———. 2006. "Practices of Unmasking: Polyhistors, Correspondence, and the Birth of Dictionaries in Seventeenth-Century Germany," tr. Ulrich Grœtsch. *Journal of the History of Ideas* 67 (2) : 219-50.
Munk Olsen, B. 1979. "Les classiques latins dans les florilèges médiévaux antérieurs au XIIIe siècle." *Revue d'histoire des textes* 9: 47-121.
———. 1980. "Les classiques latins dans les florilèges médiévaux antérieurs au XIIIe siècle (suite)." *Revue d'histoire des textes* 10: 115-64.
———. 1982. "Les florilèges d'auteurs classiques." *Les genres littéraires dans les sources théologiques et philosophiques médiévales, Actes du colloque international de Louvain-la-Neuve*, 151-64. Louvain-la-Neuve: Institut d'études médiévales.
Münzel, Gustav. 1937. *Der Kartäuserprior Gregor Reisch*. Freiburg i. B.: J. Waibel.
Murdoch, John. 1984. *Antiquity and the Middle Ages*. Album of Science. New York: Charles Scribner's Sons.
Murphy, Trevor. 2004. *Pliny the Elder's Natural History: The Empire in the Encyclopedia*. Oxford: Oxford University Press.

Meinel, Christoph. 1992. *Die Bibliothek des Joachim Jungius: Ein Beitrag zur Historia litteraria der frühen Neuzeit.* Göttingen: Vandenhoeck and Ruprecht.

———. 1995. "Enzyklopädie der Welt und Verzettelung des Wissens: Aporien der Empirie bei Joachim Jungius." In Eybl (1995), 162-87.

Mejer, Jørgen. 1978. *Diogenes Lærtius and His Hellenistic Background.* Hermes Einzelschriften, Heft 40. Wiesbaden: Frank Steiner Verlag.

Mejor, Mieczyslaw. 1994. "*Polyanthea nova* von Joseph Lange: Ein Exempel der neulateinischen Florilegia." In *Acta conventus neo-latini hafniensis*, ed. Ann Moss, 651-88. Binghamton, NY: Medieval and Renaissance Texts and Studies.

Melville, Gert. 1980. "Spätmittelalterliche Geschichtskompendien—Eine Aufgabenstellung." *Römische historische Mitteilungen* 22: 51-104.

———. 1988. "Kompilation, Fiktion und Diskurs. Aspekte zur heuristischen methode der mittelalterlichen Geschichtsschreiber." In *Historische Methode*, ed. Christian Meier and Jörn Rüsen, 133-53. Munich: DTV.

Mendle, Michael. 2006. "The 'Prints' of the Trials: The Nexus of Politics, Religion, Law, and Information in Late Seventeenth-Century England." In *Fear, Exclusion and Revolution: Roger Morrice and Britain in the 1680s*, ed. Jason McElligott, 123-37. Aldershot, Eng.: Ashgate.

Menzies, Tim, and Ying Hu. 2003. "Data Mining for Very Busy People." *Computer* (October) : 18-25.

Merlin, Hélène, ed. 2003. *Le Dictionnaire universel de Furetière. Littératures classiques* 47.

Mertens, Dieter. 1983. "Früher Buchdruck und Historiographie." In *Studien zum stadtischen Bildungswesen des späten Mittelalters und der frühen Neuzeit: Bericht über Kolloquien der Kommission zur Erforschung der Kultur des Spätmittelalters, 1978-81*, ed. Bernd Moeller et al., 83-111. Göttingen: Vandenhoeck & Ruprecht.

Mesnard, Jean. 1985. "La Crise de la conscience européenne: Un demi-siècle après Paul Hazard." In *De la mort de Colbert à la Révocation de l'Édit de Nantes: Un monde nouveau?* ed. Louise Godard de Donville, 185-98. Marseille: Centre Méridional de Rencontres sur le XVIIe siècle.

Meyer, Heinz. 1991. "Ordo Rerum und Registerhilfen in mittelalterlichen Enzyklopädiehandschriften." *Frühmittelalterliche Studien* 25: 315-39.

———. 2000. *Die Enzyklopädie des Bartholomäus Anglicus: Untersuchungen zur Überlieferungs- und Rezeptionsgeschichte von "De proprietatibus rerum."* Munich: W. Fink.

Meyerhof, Max. 1984. "Sultan Saladin's Physician on the Transmission of Greek Medicine to the Arabs." In *Studies in Medieval Arabic Medicine: Theory and Practice*, ed. Penelope Johnstone. London: Variorum Reprints.

Michel, Paul. 2002. "Ordnungen des Wissens: Darbietungsweisen des Materials in Enzyklopädien." In *Populäre Enzyklopädien. Von der Auswahl, Ordnung and Vermittlung des Wissens*, ed. Ingrid Tomkowiak, 35-83. Zürich: Chronos.

———. 2004. "'Nihil scire felicissima vita': Wissens- und Enzyklopädiekritik in der Vormoderne." In Stammen and Weber (2004), 247-89.

Michelini Tocci, Luigi. 1989. *In officina Erasmi: L'apparato autografo di Erasmo per l'edizione 1528 degli* Adagia *e un nuovo manoscritto del* Compendium vitæ. Rome: edizione di storia et letteratura.

Miller, Arnold. 1981. "Louis Moréri's *Grand Dictionnaire Historique.*" In Kafker (1981), 13-52.

———. 1994. "The Last Edition of the *Dictionnaire de Trévoux.*" In Kafker (1994b), 5-50.

Miller, Peter N. 2000. *Peiresc's Europe: Learning and Virtue in the Seventeenth Century.* New Haven: Yale University Press.

Millet, Olivier. 2004. "Avatars du livre et expérience de la lecture." In *Désirs et plaisirs du livre: Hommage à Robert Kopp*, ed. Regina Boohalder Mayer et al., 81-95. Paris: Champion.

Miniati, Mara. 1989. "Les *cistæ mathematicæ* et l'organisation des connaissances au XVIe siècle." In *Studies in the History of Scientific Instruments*, ed. Christiane Blondel, 43-51. London: Rogers Turner Books.

Minnis, Alastair J. 1979. "Late Medieval Discussions of *Compilatio* and the Role of the *Compilator.*" *Beiträge zur Geschichte der deutschen Sprache und Literatur* 101: 385-421.

Mohl, Ruth. 1969. *John Milton and His Commonplace Book.* New York: Frederick Ungar Publishing.

Molhuysen, P. C. 1913-24. *Bronnen tot de Geschiedenis der Leidsche Universiteit.* The Hague: Nijhoff.

Mandelbrote, Giles. 2000a. "La nouvelle édition de Graham Pollard et Albert Ehrman, *The Distribution of Books by Catalogue from the Invention of Printing to AD 1800* : Bilan des travaux préparatoires: Catalogues français." In Charon and Parinet (2000), 49-76.

———. 2000b. "Scientific Books and Their Owners: A Survey to c. 1720." In *Thornton and Tully's Scientific Books, Libraries, and Collectors: A Study of Bibliography and the Book Trade in Relation to the History of Science*, ed. Andrew Hunter, 4th ed., 333-66. Aldershot, Eng.: Ashgate.

———. 2003. "John Evelyn and His Books." In *John Evelyn and His Milieu*, ed. Frances Harris and Michael Hunter, 71-94. London: British Library.

Mandosio, Jean-Marc. 2001. "La 'docte variété' chez Ange Politien." In de Courcelles (2001), 33-41.

———. 2002. "Méthodes et fonctions de la classification des sciences et des arts, XVe-XVIIe siècles." *Nouvelle revue du seizième siècle* 20 (1) : 19-30.

———. 2003. "La miscellanée: Histoire d'un genre." In de Courcelles (2003b), 7-36.

Mangenot, E. 1899. "Concordances de la Bible." In *Dictionnaire de la Bible*, ed. F. Vigouroux, cols. 891-905. Paris: Letouzey et Ané.

Marangoni, Michela. 1997. *L'armonia del sapere: i Lectionum Antiquarum libri de Celio Rodigino. Memorie, classe di scienza morali, lettere ed arti* 68. Venice: Istituto Veneto di Scienze, Lettere ed Arti.

Marchetti, Valerio. 1989. "*Detestanda libido*: La sessualità nei 'Lectionum antiquarum libri triginta' di Lodovico Ricchieri." In *Eresie, magia, società nel Polesine tra '500 e '600*, ed. Achille Olivieri, 23-32. Rovigo: Associazione Culturale Minelliana.

Martin, Henri-Jean. 2000. *La naissance du livre moderne: Mise en page et mise en texte du livre français, XIVe-XVIe siècles*. Paris: Editions du Cercle de la Librairie.

Marzolph, Ulrich. 1997. "Medieval Knowledge in Modern Reading: A Fifteenth-Century Arabic Encyclopaedia of *omni re scibili*." In Binkley (1997a), 407-19.

Masai, François. 1967. "Fra Salimbene et la codicologie." *Scriptorium* 21: 91-99.

Masson, Nicole. 1988. "Catalogues de vente." In Jolly (1988a), 262-65.

———. 2000. "Typologie des catalogues de vente." In Charon and Parinet (2000), 119-37.

Mayer-Schönberger, Viktor. 2009. *Delete: The Virtue of Forgetting in the Digital Age*. Princeton: Princeton University Press.

Mazzio, Carla. 2009. *The Inarticulate Renaissance: Language Trouble in an Age of Eloquence*. Philadelphia: University of Pennsylvania Press.

McDermott, Joseph. 2005. "The Ascendance of the Imprint in China." In Brokaw and Chow (2005), 55-104.

McDonnell, Myles. 1996. "Writing, Copying, and Autograph Manuscripts in Ancient Rome." *Classical Quarterly*, n.s., 46 (2) : 469-91.

McEvoy, J. J. 2000. *Robert Grosseteste*. Oxford: Oxford University Press.

McKitterick, David. 1992. "Bibliography, Bibliophily and the Organization of Knowledge." In David Vaisey and David McKitterick, *The Foundations of Scholarship: Libraries and Collecting, 1650-1750*, 31-61. Los Angeles: William Andrews Clark Memorial Library.

———. 2003. *Print, Manuscript, and the Search for Order, 1450-1830*. Cambridge: Cambridge University Press.

McLeod, Randall. 2003. "Obliterature: Reading a Censored Text of Donne's 'To His Mistress Going to Bed.'" In *English Manuscript Studies, 1100-1700*, vol 12: *Scribes and Transmission in English Manuscripts, 1400-1700*, ed. Peter Beal and A. S. G. Edwards, 83-138. London: British Library.

Meier, Christel. 1984. "Grundzüge der mittelalterlichen Enzyklopädik." In *Literatur und Laienbildung im Spätmittelalter und in der Reformationszeit. Symposion Wolfenbüttel 1981*, ed. Ludger Grenzmann and Karl Stackmann, 67-503. Stuttgart: J. B. Metzlersche Verlagsbuchhandlung.

———. 2001. "Tendenzen der neueren Forschung zur Enzyklopädie des Mittelalters." In *Jacob van Mærlants 'Der naturen blœme' und das Umfeld*, ed. Amand Berteloot and Detlev Hellfaier, 29-47. Niederlande-Studien 23. Münster: Waxmann.

———, ed. 2002. *Die Enzyklopädien im Wandel vom Hochmittelalter bis zur frühen Neuzeit*. Munich: Wilhelm Fink.

Lotspeich, Henry Gibbons. 1932. *Classical Mythology in the Poetry of Edmund Spenser*. Princeton: Princeton University Press.

Love, Harold. 1993. *Scribal Publication in Seventeenth-Century England*. Oxford: Clarendon Press.

———. 2002. *Attributing Authorship: An Introduction*. Cambridge: Cambridge University Press.

Lowry, Martin. 1979. *The World of Aldus Manutius*. Ithaca: Cornell University Press.

Lund, Roger D. 1998. "The Eel of Science: Index Learning, Scriblerian Satire, and the Rise of Information Culture." *Eighteenth-Century Life* 22 (2) : 18-42.

Lusignan, Serge. 1979. "Préface au *Speculum maius* de Vincent de Beauvais: Réfraction et diffraction." *Cahiers d'études médiévales* (Montréal) 5: 11-145.

———. 1997. "Vincent de Beauvais dominicain et lecteur à l'abbaye de Royaumont." In Lusignan and Paulmier-Foucart (1997), 287-302.

Lusignan, Serge, and Monique Paulmier-Foucart, eds. 1997. *Lector et compilator: Vincent de Beauvais frère prêcheur*. Grâne, France: Creaphis.

Lyall, R. J. 1989. "Materials: The Paper Revolution." In *Book Production and Publishing in Britain, 1375-1475*, ed. Jeremy Griffiths and Derek Pearsall, 11-29. Cambridge: Cambridge University Press.

Lyman, Peter, and Hal R. Varian. 2003. "How Much Information 2003?" http://www2.sims.berkeley.edu/research/projects/how-much-info-2003.（2009年9月5日閲覧）

Lyons, Gregory B. 2003. "Baudouin, Flacius and the Plan for the Magdeburg Centuries." *Journal of the History of Ideas* 64: 253-72.

M Machlup, Fritz. 1962. *The Production and Distribution of Knowledge in the United States*. Princeton: Princeton University Press.

MacKinney, Loren C. 1938. "Medieval Medical Dictionaries and Glossaries." In *Medieval and Historiographical Essays in Honor of James Westfall Thompson*, ed. James Lea Cate and Eugene N. Anderson, 240-68. Chicago: University of Chicago Press.

Maclean, Ian. 1988. "L'économie du livre érudit: Le cas Wechel, 1572-1627." In *Le livre dans l'Europe de la Renaissance, Actes du XXVIIIe colloque international d'études humanistes de Tours*, ed. Pierre Aquilon and Henri-Jean Martin, 230-39. Paris: Promodis.

———. 1990. "Philosophical Books in European Markets, 1570-1630: The Case of Ramus." In *New Perspectives on Renaissance Thoughts: Essays in the History of Science, Education, and Philosophy*, ed. John Henry and Sarah Hutton, 253-63. London: Duckworth.

———. 1991. "The Market for Scholarly Books and Conceptions of Genre in Northern Europe, 1570-1630." In *Die Renaissance im Blick der Nationen Europas*, ed. George Kauffmann, 17-31. Wiesbaden: Harrassowitz.

———. 1994. "Cardano and His Publishers, 1534-1663." In *Girolamo Cardano: Philosoph, Naturforscher, Arzt*, ed. Eckhard Kessler, 308-88. Wiesbaden: Harrassowitz.

———. 2002. "Melanchthon at the Book Fairs, 1560-1601: Editors, Markets, and Religious Strife." In *Melanchthon-Schriften der Stadt Bretten*, vol. 6, pt. 2: *Melanchthon und Europa: Westeuropa*, ed. Günter Frank and Kees Meerhoff, 211-32. Stuttgart: Jan Thorbecke.

———. 2007. "Murder, Debt, and Retribution in the Italico-Franco-Spanish Book Trade: The Beraud-Michel-Ruiz Affair, 1586-1591." In Myers et al. (2007b), 61-106.

MacLeod, Roy, ed. 2004. *The Library of Alexandria: Centre of Learning in the Ancient World*. London: I. B. Tauris.

MacMullen, Ramsay. 1974. *Roman Social Relations, 50 B.C. to A.D. 284*. New Haven: Yale University Press.

Maïer, Ida. 1965. *Les manuscrits d'Ange Politien*. Geneva: Droz.

Makdisi, George. 1981. *The Rise of Colleges: Institutions of Learning in Islam and the West*. Edinburgh: Edinburgh University Press.

———. 1990. *The Rise of Humanism in Classical Islam and the Christian West: With Special Reference to Scholasticism*. Edinburgh: Edinburgh University Press.

Malcolm, Noel. 2004. "Thomas Harrison and his 'Ark of Studies': An Episode in the History of the Organization of Knowledge." *Seventeenth Century* 19: 196-232.

Leca-Tsiomis, Marie. 1999. *Ecrire l'Encyclopédie: Diderot, de l'usage des dictionnaires à la grammaire philosophique*. Oxford: Voltaire Foundation.

Leclercq, J. 1953. "Etudes sur S. Bernard et le texte de ses écrits." *Analecta Cisterciensia* 9: 45-67.

Le Dœuff, Michèle. 1984. "Bacon chez les grands au siècle de Louis XIII." In *Francis Bacon: Terminologia e fortuna nel XVII secolo*, ed. Marta Fattori, 155-78. Rome: Edizioni dell'Ateneo.

Leedham-Green, Elisabeth. 1992. *Private Libraries in Renaissance England: A Collection and Catalogue of Tudor and Early Stuart Book-Lists*. Binghamton, NY: Medieval and Renaissance Texts and Studies.

Leedham-Green, Elisabeth, and David McKitterick. 1997. "A Catalogue of Cambridge University Library in 1583." In Carley and Tite (1997), 153-235.

Le Goff, Jacques. 1994. "Pourquoi le XIIIe siècle a-t-il été plus particulièrement un siècle d'encyclopédisme?" In Picone (1994), 23-40.

Lehmann, Paul. 1959. "Autographe und Originale Nahmhafter Lateinischer Schriftsteller des Mittelalters." In *Erforschung des Mittelalters. Ausgewählte Abhandlungen und Aufsätze*, 359-90. Stuttgart: Hiersemann. (Repr. of 1941 edition.)

Lemcke, Johannes. 1925. *Vincentius Placcius und seine Bedeutung für die Anonymen und Pseudonymenbibliographie*. Hamburg: Bibliothek.

Lemerle, Paul. 1966. "L'encyclopédisme à Byzance." *Cahiers d'histoire mondiale* 3: 596-616.

———. 1971. *Le premier humanisme byzantin: Notes et remarques sur enseignement et culture à Byzance des origines au Xe siècle*. Paris: Presses Universitaires de France.

Le Moël, Sylvie. 2003. "Wilhelm Heinse et sa bibliothèque manuscrite." In Décultot (2003c), 199-218.

Leonard, Irving. 1947. "On the Mexican Book Trade, 1683." *Hispanic American Historical Review* 27 (3) : 403-35.

Lerer, Seth. 2002. *Error and the Academic Self*. New York: Columbia University Press.

Lerner, Michel-Pierre. 1995. *Tommaso Campanella en France au XVIIe siècle*. Naples: Bibliopolis.

Le Roy Ladurie, Emmanuel. 1997. *The Beggar and the Professor: A Sixteenth-Century Family Saga*. Chicago: University of Chicago Press.

Le Roy Ladurie, Emmanuel, Yann Fauchoise, Annette Smedley-Weill, and André Zysberg. 1996. "L'édition francophone, 1470-1780: Paris-Province- 'Etranger' par tranches diachroniques." *Histoire, économie et société* 15: 507-23.

Leu, Urs, Raffael Keller, and Sandra Weidmann. 2008. *Conrad Gessner's Private Library*. Leiden: Brill.

Levie, Françoise. 2006. *L'homme qui voulait classer le monde: Paul Otlet et le Mundaneum*. Brussels: Impressions nouvelles.

Levine, Joseph M. 1991. *The Battle of the Books: History and Literature in the Augustan Age*. Ithaca: Cornell University Press.

Levy, David. 2001. *Scrolling Forward: Making Sense of Documents in the Digital Age*. New York: Arcade Publishing.

Lewis, John. 1998. *Adrien Turnèbe, 1512-65: A Humanist Observed*. Geneva: Droz.

Lindberg, Sten. 1979. "Mobiles in Books: Volvelles, Inserts, Pyramids, Divinations, and Children's Games," tr. William S. Mitchell. *Private Library* 2: 49-82.

Lines, David. 2007. "Theodor Zwinger's Vision of Ethics: Three Unpublished Writings." In *Ethik—Wissenschaft oder Lebenskunst? Modelle der Normenbegründung von der Antike bis zur Frühen Neuzeit*, ed. Sabrina Ebbersmeyer and Eckhard Kessler, 243-65. Berlin: LIT.

Lipking, Lawrence. 1991. "Inventing the Common Reader: Samuel Johnson and the Canon." In *Interpretation and Cultural History*, ed. Joan H. Pittock and Andrew Wear, 153-74. Basingstoke: Macmillan.

Lobbes, Louis. 2000. "Les recueils de citations au XVIe siècle: Inventaire." In *La Transmission du savoir dans l'Europe des XVIe et XVIIe siècles*, ed. Marie Roig Miranda, 127-37. Paris: Champion.

Locher, A. 1986. "The Structure of Pliny the Elder's Natural History." In *Science in the Early Roman Empire: Pliny the Elder, His Sources and Influence*, ed. Roger French and Frank Greenaway, 20-29. London: Croom Helm.

Loewe, Michael. 1987. *The Origins and Development of Chinese Encyclopedias*. London: China Society.

Long, Pamela O. 2001. *Openness, Secrecy, Authorship: Technical Arts and the Culture of Knowledge from Antiquity to the Renaissance*. Baltimore: Johns Hopkins University Press.

Books with Moving Parts." *Yale University Library Gazette* 79: 101-27.
Keaney, J. J. 1973. "Alphabetization in Harpocration's Lexicon." *Greek, Roman, and Byzantine Studies* 14: 415-23.
Kenny, Neil. 1991. *The Palace of Secrets: Béroalde de Verville and Renaissance Conceptions of Knowledge.* Oxford: Oxford University Press.
———. 2000. "Books in Space and Time: Bibliomania and Early Modern Histories of Learning and 'Literature' in France." *Modern Language Quarterly* 61 (2) : 253-86.
Ker, N. R. 1986a. "The Provision of Books." In *The History of the University of Oxford*, vol. 3: *The Collegiate University*, ed. James McConica, 440-77. Oxford: Clarendon Press.
———. 1986b. "Lincoln College Election Lists." In *The History of the University of Oxford*, vol. 3: *The Collegiate University*, ed. James McConica, 479-86. Oxford: Clarendon Press.
Kerby-Fulton, Kathryn, and Denise L. Despres. 1999. *Iconography and the Professional Reader: The Politics of Book Production in the Douce Piers Plowman.* Minneapolis: Univeristy of Minnesota Press.
Kerby-Fulton, Kathryn, and Maidie Hilmo. 2001. *The Medieval Professional Reader at Work: Evidence from Manuscripts of Chaucer, Langland, Kempe, and Gower.* Victoria, Canada: English Literature Studies.
Kernan, Alvin. 1987. *Printing Technology, Letters, and Samuel Johnson.* Princeton: Princeton University Press.
Kessler, Eckhard, and Ian Maclean, eds. 2002. *Res et Verba in der Renaissance.* Wiesbaden: Harrassowitz in Kommission.
Keuntz, Pierre. 1985. "Les ciseaux de Pascal." In Laufer (1985), 65-72.
Kewes, Patricia, ed. 2003. *Plagiarism in Early Modern England.* Houndmills, Eng.: Palgrave Macmillan.
Kilgour, Frederick G. 1998. *The Evolution of the Book.* Oxford: Oxford University Press.
Knoles, Thomas, and Lucia Zaucha Knoles. 2003. "'In Usum Pupillorum': Student-Transcribed Texts at Harvard College before 1740." In Thomas Knoles, Rick Kennedy, and Lucia Zaucha Knoles, *Student Notebooks at Colonial Harvard: Manuscripts and Educational Practice, 1650-1740*, 7-88. Worcester, MA: American Antiquarian Society.
König, Jason, and Tim Whitmarsh, eds. 2007. *Ordering Knowledge in the Roman Empire.* Cambridge: Cambridge University Press.
Konrad, Ulrich, Adalbert Roth, and Martin Staehelin. 1985. *Musikalischer Lustgarten, Ausstellung der Herzog August Bibliothek Wolfenbüttel.* Wolfenbüttel: Herzog August Bibliothek.
Krajewski, Markus. 2002. *Zettelwirtschaft: Die Geburt der Kartei aus dem Geiste der Bibliothek.* Berlin: Kadmos.
———. 2010. "Ask Jeeves: Servants as Search Engines." *Grey Room* 38: 6-19.
———. 2010. *Der Diener: Mediengeschichte einer Figur zwischen König und Klient.* Frankfurt: Fischer.
Kunstmuseum Basel. 1984. *Spätrenaissance am Oberrhein: Tobias Stimmer, 1539-1584.* Basel: Kunstmuseum.
Kurz, Johannes. 2007. "The Compilation and Publication of the *Taiping Yulan* and the *Cefu Yuagui.*" In Establet-Bretelle and Chemla (2007), 39-76.
Kusukawa, Sachiko. 1995. *A Wittenberg University Library Catalogue of 1536.* Cambridge: LP Publications.
Kwakkel, Erik. 2003. "A New Type of Book for a New Type of Reader: The Emergence of Paper in Vernacular Book Production." *The Library: Transactions of the Bibliographical Society* 4: 219-48.
L Labarre, Albert. 1975. *Bibliographie du dictionarium d'Ambrogio Calepino, 1502-1779.* Baden-Baden: Valentin Koerner.
Labrousse, Elisabeth. 1963. *Pierre Bayle*, vol. 1: *Du pays de Foix à la cité d'Erasme.* The Hague: Martinus Nijhoff.
———. 1987. "Reading Pierre Bayle in Paris." In *Anticipations of Enlightenment in England, France and Germany*, ed. Alan Kors and Paul J. Korshin, 7-16. Philadelphia: University of Pennsylvania Press.
Laeven, Hubert. 1990. *The "Acta Eruditorum" under the Editorship of Otto Mencke, 1644-1707: The History of an International Learned Journal between 1682 and 1707*, tr. Lynne Richards. Amsterdam: APA-Holland University Press.
Lane, Anthony N. S. 1999. *John Calvin: Student of the Church Fathers.* Edinburgh: T&T Clark.
Lankhorst, Otto. 2000. "Les ventes de livres en Hollande et leurs catalogues, XVIIe-XVIIIe siècles." In Charon and Parinet (2000), 11-28.
Laufer, Roger, ed. 1985. *La notion de paragraphe.* Paris: Editions du CNRS.
Lawler, J. 1898. *Book Auctions in England in the Seventeenth Century, 1676-1700.* London: Elliot Stock.
Lawrence, C. H. 1994. *The Friars: The Impact of the Early Mendicant Movement on Western Society.* London: Longman.

J Jackson, Heather J. 2001. *Marginalia: Readers Writing in Books*. New Haven: Yale University Press.

Jacob, Christian. 1996. "Navigations alexandrines." In *Le pouvoir des bibliothèques*, 47-83. Paris: Albin Michel.

———. 2001. Introduzione. *Athenæus, I deipnosofisti*, tr. and ed. Luciano Canfora. 4 vols.1: i-cxxi. Rome: Salerno Editrice.

———, ed. 2003. *Des Alexandries II: Les métamorphoses du lecteur*. Paris: Bibliothèque nationale de France.

Jaeger, Werner. 1934. *Aristotle: Fundamentals of the History of his Development*, tr. Richard Robinson. Oxford: Clarendon Press.

James, Thomas. 1986. *The First Printed Catalogue of the Bodleian Library, 1605: A Facsimile*. Oxford: Clarendon Press.

Jammes, André. 1997. "De la destruction des livres." In Barbier (1997), 813-17.

Janssen, Frans A. 2005. "The Rise of the Typographical Paragraph." In Enenkel and Neuber (2005), 9-32.

Jardine, Lisa, and Anthony Grafton. 1990. "Studied for Action: How Gabriel Harvey Read His Livy." *Past and Present* 129: 30-78.

Jardine, Nicholas. 1984. *The Birth of History and Philosophy of Science: Kepler's* A Defence of Tycho against Ursus *with Essays on Its Provenance and Significance*. Cambridge: Cambridge University Press.

Jayne, Sears. 1956. *Library Catalogues of the English Renaissance*. Berkeley: University of California Press.

Johns, Adrian. 1998. *The Nature of the Book: Print and Knowledge in the Making*. Chicago: University of Chicago Press.

Johnson, George. 2005. *Miss Leavitt's Stars: The Untold Story of the Woman Who Discovered How to Measure the Universe*. New York: W. W. Norton.

Johnson, Scott F. 2006. *The Life and Miracles of Thekla: A Literary Study*. Washington, DC: Center for Hellenic Studies.

Johnson, William A. 2000. "Toward a Sociology of Reading in Classical Antiquity." *American Journal of Philology* 121: 593-627.

Jolly, Claude, ed. 1988a. *Histoire des bibliothèques françaises: Les bibliothèques sous l'Ancien Régime, 1530-1789*. Paris: Promodis, Editions du Cercle de la Librairie.

———. 1988b. "Naissance de la 'science' des bibliothèques." In Jolly (1988a), 379-83.

Jones, William. 2007. *Keeping Found Things Found: The Study and Practice of Personal Information Management*. San Francisco: Morgan Kaufmann Publishers.

Jordan, W. 1897. "Die Leibniz'sche Rechenmaschine." *Zeitschrift für Vermessungswesen* 26: 289-315.

Jouffroy-Gauja, Françoise, and Jean Haechler. 1997. "Une lecture de *l'Encyclopédie*: Trente-cinq ans d'annotations par un souscripteur anonyme." *Revue française d'histoire du livre* 96-97: 329-76.

Joy, Lynn Sumida. 1987. *Gassendi the Atomist*. Cambridge: Cambridge University Press.

K Kafker, Frank A., ed. 1981. *Notable Encyclopedias of the Seventeenth and Eighteenth Centuries*. Oxford: Voltaire Foundation.

———. 1988. *The Encyclopedists as Individuals: A Biographical Dictionary of the Authors of the* Encyclopédie. Oxford: Voltaire Foundation.

———. 1991. "La place de l'*Encyclopédie* dans l'histoire des encyclopédies." In Becq (1991), 97-108.

———. 1994a. "The Influence of the *Encyclopédie* on the Eighteenth-Century Encyclopedic Tradition." In Kafker (1994b), 389-99.

———, ed. 1994b. *Notable Encyclopedias of the Late Eighteenth Century: Eleven Successors of the* Encyclopédie. Oxford: Voltaire Foundation.

———. 1996. *The Encyclopedists as a Group: A Collective Biography of the Authors of the* Encyclopédie. Oxford: Voltaire Foundation.

Kafker, Frank A., and Jeff Loveland. 2009. *The Early Years of the* Encyclopaedia Britannica, *1768-1803: The Growth of an Outstanding Encyclopedia*. Oxford: Voltaire Foundation.

Kane, W. 1940. "Jean Garnier, Librarian." *Mid-America* (April 1940) : 75-95 and (July 1940) : 191-222.

Karcher, Johannes. 1956. *Theodor Zwinger und seine Zeitgenossen; Episode aus dem Ringen der Basler Ärzte um die Grundlehren der Medizin im Zeitalter des Barocks*. Basel: Helbing & Lichtenhahn.

Karr, Suzanne. 2004. "Constructions Both Sacred and Profane: Serpents, Angels, and Pointing Fingers in Renaissance

———. 1995. "Writing without Leisure: Proofreading as Work in the Renaissance." *Medieval and Renaissance Studies Journal* 25: 17-31.

———. 1998. *Montaigne's Career*. Oxford: Clarendon Press.

Hofmann, Theodore, Joan Winterkorn, Frances Harris, and Hilton Kelliher. 1995. *John Evelyn in the British Library*. London: British Library.

Holford-Strevens, Leofranc. 2003. *Aulus Gellius: An Antonine Scholar and His Achievement*. Oxford: Oxford University Press.

Holmes, Frederic L., Jürgen Renn, and Hans-Jörg Rheinberger, eds. 2003. *Reworking the Bench: Research Notebooks in the History of Science*. Dordrecht: Kluwer Academic Publishers.

Höltgen, Karl. 1965. "Synoptische Tabellen in der medizinischen Literatur und die Logik Agricolas und Ramus." *Sudhoffs Archiv* 49: 371-90.

Holtz, Louis. 1997. "Titre et incipit." In *Titres et articulations du texte dans les œuvres antiques, Actes du Colloque de Chantilly*, ed. Jean-Claude Fredouille, Marie-Odile Goulet-Cazé, Philippe Hoffmann, and Pierre Petitmengin, 469-89. Paris: Institut d'Études Augustiniennes.

Honemann, Volker, et al., eds. 2000a. *Einblattdrucke des 15. und frühen 16: Jahrhunderts. Problème, Perspektiven, Fallstudien*. Tübingen: Max Niemeyer.

———. 2000b. "Vorformen des Einblattdruckes. Urkunden—Schrifttafeln—Textierte Tafelbilder—Anschläge—Einblatthandschriften." In Honemann (2000a), 1-43.

Hornblower, Simon, and Antony Spawforth, eds. 1996. *Oxford Classical Dictionary*. Oxford: Oxford University Press.

Hotson, Howard. 2000. *Johann Heinrich Alsted, 1588-1638: Between Renaissance, Reformation, and Universal Reform*. Oxford: Clarendon Press.

———. 2007. *Commonplace Learning: Ramism and Its German Ramifications, 1543-1630*. Oxford: Oxford University Press.

Houghton, Arthur Amory. 1979. *Books and Manuscripts from the Library of Arthur A. Houghton, Jr*. London: Christie, Manson & Woods.

Houllemare, Marie. 2004. "Un avocat parisien entre art oratoire et promotion de soi (fin XVIe siècle)." *Revue historique* 630 (2) : 283-302.

Hunt, R. W. 1953. "Manuscripts Containing the Indexing Symbols of Robert Grosseteste." *Bodleian Library Record* 4: 241-55.

Hunter, Michael, ed. 1998a. *Archives of the Scientific Revolution: The Formation and Exchange of Ideas in Seventeenth-Century Europe*. Woodbridge, Eng.: Boydell Press.

———. 1998b. "Mapping the Mind of Robert Boyle: The Evidence of the Boyle Papers." In Hunter (1998a), 121-36.

Hunter, Michael, and Edward B. Davis. 1996. "The Making of Robert Boyle's *Free Enquiry into the Vulgarly...* (1686)." *Early Science and Medicine* 1: 204-71.

Hunter, Michael, and Charles Littleton. 2001. "The Work-Diaries of Robert Boyle: A Newly Discovered Source and Its Internet Publication." *Notes and Records of the Royal Society* 55: 373-90.

I Ianziti, Gary. 1988. *Humanist Historiography under the Sforzas; Politics and Propaganda in Fifteenth-Century Milan*. Oxford: Clarendon Press.

Ijsewijn, Jozef. 1987. "Beyerlinck, Laurentius." In *Nationaal Biografisch Woordenboek*, 12: 59-67. Brussels: Paleis der Academiën.

Impey, Oliver, and Arthur MacGregor. 1985. *The Origins of the Museum: The Cabinet of Curiosities in Sixteenth- and Seventeenth-Century Europe*. Oxford: Clarendon Press.

Ing, Janet. 1988. *Johann Gutenberg and His Bible*. New York: Typophiles.

Irigoin, Jean. 2003. "Lire c'est d'abord chercher à comprendre." In Jacob (2003), 197-206.

Israel, Jonathan. 2001. *Radical Enlightenment: Philosophy and the Making of Modernity*. Oxford: Oxford University Press.

Ithurria, Etienne. 1999. *Rencontres: Du Lycosthenes aux Essais de Montaigne*. Saint-Pierre-du-Mont: Presses Interuniversitaires.

Hazard, Paul. 1935. *La Crise de la conscience européenne, 1680-1715*. Paris: Boivin.／ポール・アザール『ヨーロッパ精神の危機——1680-1715』野沢協訳、法政大学出版局、1973年

Headrick, Daniel. 2000. *When Information Came of Age: Technologies of Knowledge in the Age of Reason and Revolution, 1700-1850*. Oxford: Oxford University Press.

Heijdra, Martin J. 2006. "Tale of Two Aesthetics: Typography versus Calligraphy in the Premodern Chinese Book." In *The Art of the Book in China*, ed. Ming Wilson and Stay Pierson, 15-27. London: University of London, Percival Davis Foundation of Chinese Art.

Hejnic, Josef, and Vaclav Bok. 1989. *Gesners europäische Bibliographie und ihre Beziehung zum Späthumanismus in Böhmen und Mähren*. Vienna: Böhlau.

Hellinga, Wytze Gs. 1962. *Copy and Print in the Netherlands: An Atlas of Historical Bibliography*. Amsterdam: North-Holland Publishing.

Helmbold, William Clark, and Edward N. O'Neil. 1959. *Plutarch's Quotations*. Baltimore: American Philological Assocation.

Helmreich, Christian. 2003. "Du discours érudit à l'écriture romanesque: Recherches sur les cahiers d'extraits de Jean Paul." In Décultot (2003c), 179-98.

Henderson, John. 2007. *The Medieval World of Isidore of Séville*. Cambridge: Cambridge University Press.

Herrick, George. 1998. *The Commonplace Book*. A presentation before the Club of Odd Volumes, January 12, 1998. North Brookfield MA: Sun Hill Press.

Hertz, Neil. 1985. *The End of the Line: Essays on Psychoanalysis and the Sublime*. New York: Columbia University Press.

Hess, Gilbert. 2002. *Literatur in Lebenszusammenhang: Text- und Bedeutungskonstituierung im Stammbuch Herzog August des Jüngeren von Braunschweig-Lüneburg, 1579-1666*. Frankfurt: Peter Lang.

———. 2003. "Fundamenta fürstlicher Tugend: Zum Stellenwert der Sentenz im Rahmen der voruniversitären Ausbildung Herzog August d. J." In Frank Büttner et al. (2003), 131-74.

———. 2008. "Formen der Validierung in Frühneuzeitlichen Florilegien und Enzyklopädien." In *Eule oder Nachtigall? Tendenzen und Perspektiven kulturwissenschaftlicher Werteforschung*, ed. Marie Luisa Allemeyer, Katharina Behrens, and Katharina Ulrike Mersch, 73-103. Göttingen: Wallstein Verlag.

———. 2015. "Florilegien." In *Erschliessen und Speichern von Wissen in Frühen Neuzeit: Formen und Funktionen*, ed. Frank Grunert and Anette Syndikus, 97-138. Berlin: Akademie Verlag.

Hieronymus, Frank. 1997. *1488 Petri-Schwabe 1988: Eine traditionsreiche Basler Offizin im Spiegel ihrer frühen Drucke*. 2 vols. Basel: Schwabe.

———. 2005. *Theophrast und Galen—Celsus und Paracelsus: Medizin, Naturphilosophie und Kirchenreform im Basler Buchdruck bis zum Dreissigjährigen Krieg*. 4 vols. Publikationen der Universitätsbibliothek, Nr 36. Basel: Universitätsbibliothek.

Hillgarth, J. N. 1992. *Who Read Thomas Aquinas?* Toronto: Pontifical Institute of Mediaeval Studies.

Hindman, Sandra, and James Douglas Farquhar. 1977. *Pen to Press: Illustrated Manuscripts and Printed Books in the First Century of Printing*. College Park: University of Maryland.

Hinman, Charlton, ed. 1996. *The First Folio of Shakespeare*. New York: W. W. Norton.

Hirsch, Rudolf. 1974. *Printing, Selling and Reading, 1450-1550*. Wiesbaden: Harrassowitz.

———. 1978. "Pre-Reformation Censorship of Printed Books." In *The Printed Word: Its Impact and Diffusion*. London: Variorum Reprints.

Hobart, Michael E., and Zachary S. Schiffman. 1998. *Information Ages: Literacy, Numeracy, and the Computer Revolution*. Baltimore: Johns Hopkins University Press.

Hobbins, Daniel. 2009. *Authorship and Publicity before Print: Jean Gerson and the Transformation of Late Medieval Learning*. Philadelphia: University of Pennsylvania Press.

Hodson, J. H. 1972. *The Administration of Archives*. Oxford: Pergamon Press.

Hoffmann, Friedrich Lorenz. 1855. "Martin Fogel." *Serapeum* 16: 97-110.

Hoffmann, George. 1993. "The Montaigne Monopoly: Revising the Essais under the French Privilege System." *Proceedings of the Modern Language Association* 108 (2) : 308-19.

Guillory, John. 2004. "The Memo and Modernity." *Critical Inquiry* 31: 108-32.

Guy, Kent. 1987. *The Emperor's Four Treasuries: Scholars and the State in the Late Ch'ien-Lung Era*. Cambridge: Council on East Asian Studies, Harvard University.

Guzman, Gregory G. 1990. "Vincent of Beauvais' *Epistola Auctoris ad Regem Ludovicum*: A Critical Analysis and a Critical Edition." In Paulmier-Foucart et al. (1990), 57-85.

———. 1996. "Encyclopedias." In *Medieval Latin: An Introduction and Bibliographical Guide*, ed. F. A. C. Mantello, 702-7. Washington, DC: Catholic University of America Press.

———. 1997. "The Testimony of Medieval Dominicans Concerning Vincent of Beauvais." In Lusignan and Paulmier-Foucart (1997), 303-26.

H Hadot, Pierre. 1998. *The Inner Citadel: The Meditations of Marcus Aurelius*, tr. Michael Chase. Cambridge: Harvard University Press.

Hahn, Trudi Bellardo, and Michael Buckland, eds. 1998. *Historical Studies in Information Science*. Medford NJ: Information Today.

Hall, Marie Boas. 1987. "Boyle's Method of Work: Promoting His Corpuscular Philosophy." *Notes and Records of the Royal Society* 41: 111-143.

Halverson, John. 1992. "Goody and the Implosion of the Literacy Thesis." *Man* 27: 301-317.

Hamesse, Jacqueline. 1986. "Reportatio et transmission de textes." In *The Editing of Theological and Philosophical Texts from the Middle Ages*, ed. Monika Asztalos, 11-34. Stockholm: Almquist and Wiksell International.

———. 1990. "Le vocabulaire des florilèges médiévaux." In Weijers (1990b), 209-30.

———. 1994. "Les autographes à l'époque scolastique: Approche terminologique et méthodologique." In Chiesa and Pinelli (1994), 179-205.

———. 1996a. "Lexiques et glossaires philosophiques inédits." In Hamesse (1996b), 453-480.

———, ed. 1996b. *Les manuscrits des lexiques et glossaires de l'antiquité tardive à la fin du Moyen Age, actes du colloque international organisé par le "Ettora Majorana Centre for Scientific Culture" (Erice, 23-30 Septembre 1994)*. Louvain-la-Neuve: Fédération Internationale des Instituts d'Études Médiévales.

———. 2002. "Les marginalia dans les textes philosophiques." In *Talking to the Text: Marginalia from Papyri to Print, Proceedings of a Conference Held at Erice, 26 September-3 October 1998 as the 12th Course of International School for the Study of Written Records*, ed. Vincenzo Fera, Giacomo Ferrarù, and Silvia Rizzo. 2 vols. 1: 301-19. Messina: Centro Interdipartimentale di Studi Umanistici.

Hammond, Paul. 2003. "Sources for Shakespeare's Sonnets 87 and 129 in Tottel's *Miscellany* (1557) and Puttenham's *The Arte of English Poesie*." *Notes and Queries* 50 (4) : 407-10.

Hanebutt-Benz, Eva, et al., eds. 2002. *Middle Eastern Languages and the Print Revolution: A Cross-Cultural Encounter*. Mainz: Gutenberg-Museum.

Hankins, James. 1993. "The Popes and Humanism." In Grafton (1993b), 46-85.

Harkness, Deborah. 1997. "Managing an Experimental Household: The Dees of Mortlake and the Practice of Natural Philosophy." *Isis* 88: 247-62.

———. 2007. *The Jewel House: Elizabethan London and the Scientific Revolution*. New Haven: Yale University Press.

Harvey, Steven. 2000a. "The Hebrew Translations of the Middle Ages." In Harvey (2000b), 468-519.

———, ed. 2000b. *The Medieval Hebrew Encyclopedias of Science and Philosophy*. Dordrecht: Kluwer Academic Publishers.

Hasenohr, Geneviève. 1988. "L'essor des bibliothèques privées aux XIVe et XVe siècles." In *Histoire des Bibliothèques Françaises I: Les Bibliothèques médiévales, du VIe siècle à 1530*, ed. André Vernet, 215-63. Paris: Promodis.

Haskell, Yasmin Annabell. 2003. *Loyola's Bees: Ideology and Industry in Jesuit Latin Didactic Poetry*. London: British Academy.

Hathaway, Neil. 1989. "Compilatio from Plagiarism to Compiling." *Viator* 20: 19-44.

Haugen, Kristine. 2011. *Richard Bentley: Poetry and Enlightenment*. Cambridge: Harvard University Press.

Havens, Earle. 2001. *Commonplace Books: A History of Manuscripts and Printed Books from Antiquity to the Twentieth Century*. New Haven: Beinecke Rare Book and Manuscript Library, Yale University.

Moyen Age, 65-186.

Goddu, A. A., and R. H. Rouse. 1977. "Gerald of Wales and the Florilegium Angelicum." *Speculum* 52: 488-521.

Goetschel, Willi, Catrion Macleod, and Emery Snyder. 1994. "The Deutsche Encyclopädie." In Kafker (1994b), 257-333.

Goody, Jack. 1986. *The Logic of Writing and the Organization of Society*. Cambridge: Cambridge University Press.

Goulet-Cazé, Marie-Odile. 2002. *Commentaire entre tradition et innovation*. Paris: Vrin.

Goyet, Francis. 1986-87. "A propos de 'ces pastissages de lieux communs' (le rôle des notes de lecture dans la genèse des Essais)." *Bulletin de la Société des Amis de Montaigne* 5-6 (1986) : 11-26 and 7-8 (1987) : 9-30.

Grafton, Anthony. 1975. "J. J. Scaliger's Indices to J. Gruter's *Inscriptiones Antiquæ*: A Note on Leiden University Library Ms Scal. 11." *Lias: Sources and Documents Relating to the Early Modern History of Ideas* 2: 109-13.

———. 1980. "The Importance of Being Printed." *Journal of Interdisciplinary History* 11: 265-86.

———. 1983. *Joseph Scaliger: A Study in the History of Classical Scholarship*, vol. 1: *Textual Criticism and Exegesis*. Oxford: Clarendon Press.

———. 1991. *Bring Out Your Dead*. Cambridge: Harvard University Press.

———. 1992. *New Worlds, Ancient Texts: the Power of Tradition and the Shock of Discovery*. Cambridge: Harvard University Press.

———. 1993a. *Joseph Scaliger: A Study in the History of Classical Scholarship*, vol. 2: *Historical Chronology*. Oxford: Clarendon Press.

———, ed. 1993b. *Rome Reborn: The Vatican Library and Renaissance Culture*, 3-45. New Haven: Yale University Press, and Washington, DC: Library of Congress, in association with Biblioteca Apostolica Vaticana, Vatican City.

———. 1993c. "The Vatican and Its Library." In Grafton (1993b), 3-45.

———. 1997. *Commerce with the Classics: Ancient Books and Renaissance Readers*. Ann Arbor: University of Michigan Press.

———. 1999. *Cardano's Cosmos: The Worlds and Works of a Renaissance Astrologer*. Cambridge: Harvard University Press.／アンソニー・グラフトン『カルダーノのコスモス――ルネサンスの占星術師』榎本恵美子・山本啓二訳、勁草書房、2007年

———. 2001. "Where Was Salomon's House? Eccelesiastical History and the Intellectual Origins of Bacon's New Atlantis." In *Die europäische Gelehrtenrepublik im Zeitalter des Konfessionalismus, Wolfenbütteler Forschungen* 96: 21-39.

———. 2003. "Les lieux communs chez les humanistes." In Décultot (2003c), 31-42.

———. 2007. *What Was History? The Art of History in Early Modern Europe*. Cambridge: Cambridge University Press.

Grafton, Anthony, and Lisa Jardine. 1986. *From Humanism to the Humanities*. Cambridge: Harvard University Press.

Grafton, Anthony, and Megan Williams. 2006. *Christianity and the Transformation of the Book: Origen, Eusebius, and the Library of Caearea*. Cambridge: Belknap Press of Harvard University Press.

Green, Ian. 2000. *Print and Protestantism in Early Modern England*. Oxford: Oxford University Press.

Green, James N., and Peter Stallybrass. 2006. *Benjamin Franklin, Writer and Printer*. Newcastle, DE: Oak Knoll Press, Philadelphia: Library Company of Philadelphia, and London: British Library.

Greengrass, Mark. 1995. "The Financing of a Seventeenth-Century Intellectual: Contributions for Comenius, 1537-41." *Acta Comeniana* 11: 71-87.

———. 1998. "Archive Refractions: Hartlib's Papers and the Workings of an Intelligencer." In Hunter (1998a), 35-47.

Grésillon, Almuth. 2000. "Lire pour écrire: Flaubert lector et scriptor." In *Lesen und Schreiben in Europa, 1500-1900: Vergleichende Perspektiven. Perspectives comparées. Perspettive comparate*, ed. Alfred Messerli and Roger Chartier, 593-608. Basel: Schwabe.

Guenée, Bernard. 1981. "'Authentique et approuvé': Recherches sur les principes de la critique historique au Moyen Age." In *La lexicographie du latin médiéval et ses rapports avec les recherches actuelles sur la civilisation du Moyen Age (Paris, 18-21 Octobre 1978)*, 215-29. Paris: Editions du Centre National de la Recherche Scientifique.

———. 1983. "Lo storico e la compilazione nel XIII secolo." In *Aspetti della letteratura latina nel secolo XIII*, ed. Claudio Leonardi and Giovanni Orlandi, 57-76. Perugia: Regione dell'Umbria, and Florence: La Nuova Italia.

Guesdon, Marie-Geneviève. 1996. "Encyclopédies en langue arabe." In Schaer (1996), 118-135.

Geldner, Ferdinand. 1950. "Der Verkaufspreis des Günther Zainer'schen 'Catholicon' von 1469 (GW 3183)." In *Festschrift für Eugen Stollreither zum 75: Geburtstage gewidmet*, ed. Fritz Redenbacher, 37-42. Erlangen: Universitätsbibliothek.

Genette, Gérard. 1997. *Paratexts: Thresholds of Interpretation*, tr. Jane E. Lewin. Cambridge: Cambridge University Press. (Orig. pub. 1987 as *Seuils*.)

Germann, Martin. 1994. *Die reformierte Stiftsbibliothek am Grossmünster Zürich im 16. Jahrhundert und die Anfänge der neuzeitlichen Bibliographie: Rekonstruktion des Buchbestandes und seiner Herkunft, der Bücheraufstellung und des Bibliotheksraumes: mit Edition des Inventars 1532/1551 von Conrad Pellikan*. Wiesbaden: Harrassowitz.

Gerritsen, Johan. 1991. "Printing at Froben's: An Eye-Witness Account." *Studies in Bibliography* (Charlottesville, VA) 44: 144-62.

Giard, Luce, and Christian Jacob, eds. 2001. *Des Alexandries I: Du livre au texte*. Paris: Bibliothèque nationale de France.

Gierl, Martin. 2001. "Kompilation und die Produktion von Wissen im 18. Jahrhundert." In Zedelmaier and Mulsow (2001), 63-94.

Gigante, Marcello. 1995. *Philodemus in Italy: The Books from Herculaneum*, tr. Dirk Obbink. Ann Arbor: University of Michigan Press.

Gillies, James, and Robert Cailliau. 2000. *How the Web Was Born: The Story of the World Wide Web*. Oxford: Oxford University Press.

Gilly, Carlos. 1977-78. "Zwischen Erfahrung und Spekulation: Theodor Zwinger und die religiöse und kulturelle Krise seiner Zeit." *Basler Zeitschrift für Geschichte und Altertumskunde* 77 (1977) : 57-137 and 78 (1978) : 125-223.

———. 1985. *Spanien und der Basler Buchdruck bis 1600. Ein Querschnitt durch die Spanische Geistesgsechichte aus der Sicht einer europäischen Buchdruckerstadt*, Basler Beiträge zur Geschichtswissenschaft 151. Basel and Frankfurt: Helbing & Lichtenhahn.

———. 2001. *Die Manuskripte in der Bibliothek des Johannes Oporinus. Verzeichnis der Manuskripte und Druckvorlagen aus dem Nachlass Oporins anhand des von Theodor Zwingers und Basilius Amerbach erstellten Inventariums*. Basel: Schwabe.

———. 2002. "Theodor Zwinger's *Theatrum humanæ vitæ*: From Natural Anthropology to the 'Novum Organum' of Sciences." In *Magia, alchimia, scienza dal '400 al '700: L'influsso di Ermete Trismegisto*, ed. Carlos Gilly and Cis van Heertum, 253-73. Florence: Centro Di.

———. Forthcoming. *Theodor Zwinger e la crisi culturale della seconda metà del Cinquecento*. Florence: Olschki.

Gilmont, Jean-François. 1997. *Jean Calvin et le livre imprimé*. Geneva: Droz.

———. 2003a. *Le Livre et ses secrets*. Geneva: Droz.

———. 2003b. "Protestant Reformations and Reading." In Cavallo and Chartier (2003), 213-37.

Gilmont, Jean-François, and Alexandre Vanautgaerden, eds. 2008. *La page de titre à la Renaissance*. Turnhout: Brepols.

Gils, P. M. 1992. "St. Thomas écrivain." In *S. Thomæ de Aquino Opera omnia iussu Leonis XIII P. M. edita*, 50: 173-209. Rome: Commissio Leonina and Paris: Editions du Cerf.

Gingerich, Owen. 1993. "Astronomical Paper Instruments with Moving Parts." In *Making Instruments Count: Essays on Historical Scientific Instruments presented to Gerard L'Estrange Turner*, ed. R. G. W. Anderson et al., 63-74. Aldershot, Eng.: Variorum.

———. 2002. *An Annotated Census of Copernicus'* De revolutionibus (Nürnberg, 1543, and Basel, 1566). Leiden: Brill.

Ginzburg, Carlo. 1999. "Lorenzo Valla on the 'Donation of Constantine.'" In *History, Rhetoric, and Proof*, 54-70. Hanover, NH: University Press of New England.

Giudicelli-Falguières, Patricia. 1988. "Invention et mémoire: Aux origines de l'institution muséographique, les collections encyclopédiques et les cabinets de merveilles dans l'Italie du XVIe siècle." Thèse de doctorat, Paris I, dir. Daniel Roche.

Glorieux, Palémon. 1931. "Un recueil scolaire de Godefroid de Fontaines (Paris, Nat. lat. 16297)." *Recherches de théologie ancienne et médiévale* 3: 37-53.

———. 1968. "L'enseignement au Moyen Age: Techniques et méthodes." *Archives d'histoire doctrinale et littéraire du*

Fragnito, Gigliola, ed. 2001. *Church, Censorship, and Culture in Early Modern Italy*, tr. Adrian Belton. Cambridge: Cambridge University Press.

Frängsmyr, Tore, ed. 2001. *The Structure of Knowledge: Classifications of Science and Learning since the Renaissance*. Berkeley: Office for History of Science and Technology.

Franklin, Alfred. 1875. *Précis de l'histoire de la Bibliothèque du Roi*. Paris: Léon Willem.

Frasca-Spada, Marina, and Nick Jardine, eds. 2000. *Books and the Sciences in History*. Cambridge: Cambridge University Press.

Frati, Lodovico, with Alessandro Ghigi and Albano Sorbelli. 1907. *Catalogo dei manoscritti di Ulisse Aldrovandi*. Bologna: N. Zanichelli.

Freedberg, David. 2002. *The Eye of the Lynx: Galileo, His Friends and the Beginnings of Modern Natural History*. Chicago: University of Chicago Press.

Freedman, Joseph S. 1988. *European Academic Philosophy in the Late Sixteenth and Early Seventeenth Centuries: The Life, Significance, and Philosophy of Clemens Timpler, 1563/4-1624*. Hildesheim: G. Olms.

———. 1997. "The Career and Writings of Bartholomew Keckermann." *Proceedings of the American Philosophical Society* 141: 305-64.

Friedrich, Markus. 2008. "Government and Information-Management in Early Modern Europe: The Case of the Society of Jesus, 1540-1773." *Journal of Early Modern History* 12: 539-63.

Fu, Daiwie. 2007. "The Flourishing of Biji or Pen-Notes Texts and Its Relations to History of Knowledge in Song China, 960-1279." In Bretelle-Establet and Chemla (2007), 103-30.

Fulton, Thomas. 2010. *Historical Milton: Manuscript, Print and Political Culture in Revolutionary England*. Amherst: University of Massachusetts Press.

Fumaroli, Marc. 1980. *L'âge de l'éloquence*. Geneva: Droz.

———. 2001. "Les abeilles et les araignées." In *La querelle des anciens et des modernes*, ed. Anne-Marie Lecoq, 7-218. Paris: Gallimard.

Furno, Martine. 1995. *Le Cornucopiæ de Niccolò Perotti: Culture et méthode d'un humaniste qui aimait les mots*. Geneva: Droz.

———. 2000. "Indices vocabulorum." In *La Collection Ad Usum Delphini: L'Antiquité au Miroir du Grand Siècle*, ed. Catherine Volpilhac-Auger, 253-60. Grenoble: ELLUG.

———. 2001. "Le mariage du Calepin et du Thesaurus sous l'olivier de Robert Estienne à Genève, en 1553." *Bibliothèque d'Humanisme et Renaissance* 63: 511-32.

G Garavini, Fausta. 1992. "Montaigne et le Theatrum Vitæ Humanæ." In *Montaigne et l'Europe. Actes du colloque international de Bordeaux, 21-23 mai 1992*, ed. Claude-Gilbert Dubois, 31-45. Mont-de-Marsan: Editions InterUniversitaires.

———. 1993. "Montaigne rencontre Theodor Zwinger à Bâle." *Montaigne Studies: An Interdisciplinary Forum* 5: 191-205.

———. 1994. "Au 'sujet' de Montaigne: De la leçon à l'écriture du moi." *Carrefour Montaigne*, ed. Jules Brody et al., 63-93. Pisa: Edizioni ETZ and Geneva: Editions Slatkine.

———. 2000. "Les *Essais*, œuvre mêlée? Montaigne lu par Charles Sorel (et revisité par André Tournon)." In *"D'une fantastique bigarrure." Le texte composite à la Renaissance. Etudes offertes à André Tournon*, ed. Jean-Raymond Fanlo, 135-44. Paris: Champion.

Garel, Michel. 1991. *D'une main forte: Manuscrits hébreux des collections françaises*. Paris: Seuil, Bibliothèque Nationale.

Gasnault, Pierre. 1988. "De la bibliothèque de Mazarin à la bibliothèque Mazarine." In Jolly (1988a), 135-45.

Gass, Joseph. 1918. *Berühmte Kaysersberger*. Colmar: Oberels. Verl.-Anst.

Gastert, Sabine. 2003. "Der Autor im Bild, das graphische Autorenportrait in gedruckten Enzyklopädien des 16. Jahrhunderts." In Büttner et al. (2003), 301-24.

Géal, François. 1999. *Figures de la bibliothèque dans l'imaginaire espagnol du Siècle d'Or*. Paris: Champion.

Geelhaar, Christian. 1992. *Kunstmuseum Basel: The History of the Paintings Collection and a Selection of 250 Masterworks*. Zürich: Palladion.

F Fabian, Bernhard. 1976. "Der Gelehrte als Leser." *Librarium* 19: 160-68.

Feather, John. 2004. *The Information Society: A Study of Continuity and Change*, 4th ed. London: Facet. (1st ed. pub. 1994.)

Febvre, Lucien. 1907. "Un secrétaire d'Erasme. Gilbert Cousin et la Réforme en Franche-Comté." *Bulletin de la Société Française du Protestantisme* 56: 97-179.

Febvre, Lucien, and Henri-Jean Martin. 1976. *The Coming of the Book*, tr. David Gerard. London: Verso.／リュシアン・フェーヴル、アンリ=ジャン・マルタン『書物の出現』関根素子他訳、上・下、筑摩書房、1985年

Feingold, Mordechai. 2001. "English Ramism: A Reinterpretation." In *The Influence of Petrus Ramus: Studies in Sixteenth and Seventeenth Century Philosophy and Sciences*, ed. Mordechai Feingold, Joseph S. Freedman, and Wolfgang Rother, 127-76. Basel: Schwabe.

Felici, Lucia. 2009. "Theodor Zwinger's *Methodus Apodemica*: Observatory of the City as Political Space in the Late Sixteenth Century." *Cromohs. Cyber Review of Modern Historiography* 14: 1-18. http://www.cromohs.unifi.it/.

Ferguson, John. 1929. *The Margarita Philosophica of Gregorius Reisch*. London: Bibliographical Society.

Ferrer, Daniel. 2004. "Towards a Marginalist Economy of Textual Genesis." *Variants: Journal of the European Society for Textual Scholarship* 2/3: 7-36.

Ferret, Olivier, Gianluigi Goggi, and Catherine Volphilhac-Auger. 2007. *Copier/Coller. Ecriture et réécriture chez Voltaire*. Actes du colloque international (Pise, 30 juin-2 juillet 2005). Pisa: Edizioni Plus.

Finch, Jeremiah, ed. 1986. *A Catalogue of the Libraries of Sir Thomas Browne and Sir Edward Browne, His Son*. Leiden: Brill.

Findlen, Paula. 1994. *Possessing Nature: Museums, Collecting and Scientific Culture in Early Modern Italy*. Berkeley: University of California Press.／ポーラ・フィンドレン『自然の占有——ミュージアム、蒐集、そして初期近代イタリアの科学文化』伊藤博明・石井朗訳、ありな書房、2005年

———. 1999. "Masculine Prerogatives: Gender, Space, and Knowledge in the Early Modern Museum." In *The Architecture of Science*, ed. Peter Galison and Emily Thompson, 29-57. Cambridge: MIT Press.

———. 2003. "The Death of a Naturalist: Knowledge and Community in Late Renaissance Italy." Unpub. paper delivered at the Renaissance Society of America.

Finnegan, Ruth. 1988. *Literacy and Orality: Studies in the Technology of Communication*. Oxford: Basil Blackwell.

Firpo, Luigi. 1970. "The Flowering and Withering of Speculative Philosophy—Italian Philosophy and the Counter Reformation: The Condemnation of Francesco Patrizi." In *The Late Italian Renaissance*, ed. Eric Cochrane, 266-84. New York: Harper & Row.

Fischer, Hans, et al. 1967. *Conrad Gessner, 1516-65: Universalgelehrter, Naturforscher, Arzt*. Zürich: Orell Füssli.

Fischer, Otto. 1936. "Geschichte der öffentlichen Kunstsammlung." *Festschrift zur Eröffnung des Kunstmuseums*, 7-118. Basel: Birkhäuser.

Flood, John. 2007. "'Omnium totius orbis emporiorum compendium': The Frankfurt Fair in the Early Modern Period." In Myers et al. (2007b), 1-42.

Fontaine, Jacques. 1959. *Isidore de Séville et la culture classique dans l'Espagne wisigothique*. Paris: Etudes Augustiniennes.

Fordyce, C. J., and T. M. Knox. 1937. *The Library of Jesus College, Oxford*. Oxford: University Press. Repr. from *Proceedings and Papers of the Oxford Bibliographical Society*, vol. 5, pt. 2.

Forster, Leonard. 1980. *Christoffel van Sichem in Basel und der frühe deutsche Alexandriner*. Amsterdam: North Holland Publishing.

Fothergill, Robert A. 1974. *Private Chronicles: A Study of English Diaries*. Oxford: Oxford University Press.

Foucault, Michel. 1977. "What Is an Author?" In *Language, Counter-Memory, Practice: Selected Essays and Interviews*, tr. Donald F. Bouchard and Sherry Simon, 113-38. Ithaca: Cornell University Press.／ミシェル・フーコー「作者とは何か？」清水徹・根本美作子訳、『ミシェル・フーコー思考集成 III』、筑摩書房、1999年

———. 1983. "On the Genealogy of Ethics." In *Michel Foucault: Beyond Structuralism and Hermeneutics*, ed. Hubert L. Dreyfus and Paul Rabinow, 229-64. Chicago: University of Chicago Press.

Fowler, Robert L. 1997. "Encyclopaedias: Definitions and Theoretical Problems." In Binkley (1997a), 3-29.

Fox, Michael V. 2004. *The JPS Bible Commentary: Ecclesiastes*. Philadelphia: Jewish Publication Society.

Chemla (2007), 19-38.
Dufournier, B. 1936. "Th. Zwinger de Bâle et la scolastique de l'histoire au XVIe siècle." *Revue d'histoire moderne* 9 (24): 323-31.
Dunaway, David King. 1981. *How Can I Keep from Singing: Pete Seeger*. New York: McGraw Hill.
Durling, Richard J. 1991. "Girolamo Mercuriale's De Modo Studendi." In *Renaissance Medical Learning: Evolution of a Tradition*, ed. Michael McVaugh and Nancy G. Siraisi. *Osiris*, 2nd ser., 6: 181-95.
E Eamon, William. 1994. *Science and the Secrets of Nature: Books of Secrets in Medieval and Early Modern Culture*. Princeton: Princeton University Press.
Eco, Umberto. 1988. "An Ars Oblivionalis? Forget It!" *Proceedings of the Modern Language Association* 103: 254-61.
Edelstein, Dan. 2009. "Humanism, l'Esprit Philosophique, and the Encyclopédie." *Republics of Letters: A Journal for the Study of Knowledge, Politics, and the Arts* 1 (1). http://rofl.stanford.edu/node/27. 2009年8月29日閲覧。
Eisenstein, Elizabeth. 1979. *The Printing Press as an Agent of Change*. Cambridge: Cambridge University Press.／E・L・アイゼンステイン『印刷革命』別宮貞徳監訳、みすず書房、1987年
———. 1996. *Printing as Divine Art: Celebrating Western Technology in the Age of the Handpress*. Oberlin, OH: Oberlin College.
———. 2011. *Divine Art/Infernal Machine: The Reception of Printing in the West*. Philadelphia: University of Pennsylvania Press.
Eisenstein, Elizabeth, and Adrian Johns. 2002. "AHR Forum: How Revolutionary Was the Print Revolution?" *American Historical Review* 107 (1) : 84-128.
Eisermann, Falk. 2000. "Auflagenhöhen von Einblattdrucken im 15. und frühen 16. Jahrhundert." In Honemann (2000a), 143-78.
———. 2006. "The Indulgence as a Media Event: Developments in Communication through Broadside in the Fifteenth Century." In *Promissory Notes on the Treasury of Merits: Indulgences in Late Medieval Europe*, ed. R. N. Swanson, 309-30. Leiden: Brill.
Elman, Benjamin. 2000. *A Cultural History of Civil Examinations in Late Imperial China*. Berkeley: University of California Press.
———. 2007. "Collecting and Classifying: Ming Dynasty Compendia and Encyclopedias (Leishu)." In Bretelle-Establet and Chemla (2007), 131-58.
Enderle, Wilfried. 1994. "Die Druckverleger des katholischen Deutschlands zwischen Augsburger Religionsfrieden 1555 und Westfälischem Frieden 1648." In *Bücher für die Wissenschaft. Bibliotheken zwischen Tradition und Fortschritt. Festschrift für Günter Gatterman zum 65. Geburtstag*, ed. Gert Kaiser, 37-59. Munich: K. G. Saur.
Endress, Gerhard, ed. 2006. *Organizing Knowledge: Encyclopaedic Activities in the Pre-Eighteenth-Century Islamic World*. Leiden: Brill.
Enenkel, Karl A. E., and Wolfgang Neuber. 2005. *Cognition and the Book: Typologies of Formal Organisation of Knowledge in the Printed Book of the Early Modern Period*. Leiden: Brill.
Engammare, Max. 2002. "Sante Pagnini, traducteur *ad litteram* et exégète *secundum allegoriam* de l'Ecriture, 1520-1536." In *Philologie et subjectivité: Actes de la journée d'études organisée par l'École des Chartes, 2001*, ed. Dominique de Courcelles, 41-52. Paris: Ecole des Chartes.
———. 2004. *L'ordre du temps: L'invention de la ponctualité au XVIe siècle*. Geneva: Droz.
Engelsing, Rolf. 1970. "Die Perioden der Lesergeschichte in der Neuzeit." *Archiv für Geschichte des Buchwesens* 10: 946-1000.
Ernst, Ulrich. 2002. "Standardisiertes Wissen bei Schrift und Lektüre, Buch und Druck. Am Beispiel des enzyklopädischen Schrifttums vom Mittelalter zur Frühen Neuzeit." In Meier (2002), 451-94.
Espagne, Michel. 1998. *De l'archive au texte: Recherches d'histoire génétique*. Paris: Presses Universitaires de France.
Evans, Michael. 1980. "The Architecture of the Mind." *Architectural Association Quarterly* 12: 32-55.
Evans, R. W. J. 1977. "Learned Societies in Germany in the Seventeenth Century." *European Studies Review* 7: 129-52.
Eybl, Franz M. 1995. *Enzyklopädien der frühen Neuzeit: Beiträge zu ihrer Forschung*. Tübingen: Niemeyer.
Ezell, Margaret J. M. 1999. *Social Authorship and the Advent of Print*. Baltimore: Johns Hopkins University Press.

De Jonge, H. J., ed. 1977. *The Auction Catalogue of the Library of J. J. Scaliger*. Utrecht: HES Publishers.

Dekkers, E. 1952. "Les autographes des Pères latins." In *Colligere fragmenta: Festschrift A. Dold zum 70. Geburtstag*, ed. B. Fischer and V. Fiala, 127-29. Beuron in Hohenzollern: Beuroner Kunstverlag.

Delcorno, C. 2000. "Medieval Preaching in Italy, 1200-1500." In *The Sermon*, ed. Beverly Mayne Kienzle, 81-83, 449-560. Turnhout: Brepols.

Delisle, Candice. 2009. "Establishing the Facts: Conrad Gessner's Epistolæ Medicinales between the Particular and the General." PhD diss., University College London.

DeMaria, Robert, Jr. 1997a. "Johnson's Dictionary." In *The Cambridge Companion to Samuel Johnson*, ed. Greg Clingham, 85-101. Cambridge: Cambridge University Press.

———. 1997b. *Samuel Johnson and the Life of Reading*. Baltimore: Johns Hopkins University Press.

De Rijk, L. M. 1965. "'Enkuklios paideia': A Study of Its Original Meaning." *Vivarium: A Journal for Mediaeval Philosophy and the Intellectual Life of the Middle Ages* 3 (1) : 24-93.

Derolez, Albert. 1979. *Les catalogues de bibliothèques*. Typologie des sources du Moyen Age occidental fasc. 31. Turnhout: Brepols.

———. 2008. "La page de titre dans les manuscrits." In Gilmont and Vanautgaerden (2008), 17-36.

Desgraves, Louis. 1988. "La bibliothèque de l'abbaye de Saint-Victor et son inspection en 1684." In Jolly (1988a), 394-95.

Desgraves, Louis, and Catherine Volpilhac-Auger. 1999. *Catalogue de la Bibliothèque de Montesquieu à La Brède*. Naples: Liguori.

Désormeaux, Daniel. 2001. *La figure du bibliomane: Histoire du livre et stratégie littéraire au XIXe siècle*. St. Genouph: Nizet.

Detlefsen, D. 1899. *Untersuchungen zur Zusammensetzung der Naturgeschichte des Plinius*. Berlin: Weidmannsche Buchhandlung.

De Weerdt, Hilde. 2007a. *Competition over Content: Negotiating Standards for the Civil Service Examinations in Imperial China, 1127-1279*. Cambridge: Harvard University Asia Center.

———. 2007b. "The Encyclopedia as Textbook: Selling Private Chinese Encyclopedias in the Twelfth and Thirteenth Centuries." In Bretelle-Establet and Chemla (2007), 77-102.

Didier, Béatrice. 1996. *Alphabet et raison: Le paradoxe des dictionnaires au XVIIIe siècle*. Paris: Presses Universitaires de France.

Diény, J.-P. 1991. "Les encyclopédies chinoises." In Becq (1991), 195-200.

Dierse, Ulrich. 1977. *Enzyklopädie: Zur Geschichte eines philosophischen und Wissenschaftstheoretischen Begriffs. Archiv für Begriffsgeschichte*, Supplementheft 2. Bonn: Bouvier Verlag Herbert Grundmann.

Dionisotti, A. C. 1990. "Robert Grosseteste and the Greek encyclopedia." In *Rencontres de cultures dans la philosophie médiévale. Traductions et traducteurs de l'antiquité tardive au XIVe siècle. Actes du colloque international de Cassino, 15-17 juin 1989*, ed. Jacqueline Hamesse and Marta Fattori, 337-54. Louvain-la-Neuve and Cassino: Institut d'Etudes Médiévales de l'Université Catholique de Louvain.

Dondaine, Antoine. 1956. *Secrétaires de Saint Thomas*. 2 vols. Rome: Commissio Leonina.

Doody, Aude. 2001. "Finding Facts in Pliny's Encyclopaedia: The Summarium of the *Natural History*." *Ramus: Critical Studies in Greek and Roman Literature* 30: 1-22.

———. 2009. "Pliny's *Natural History*: Enkuklios Paideia and the Ancient Encyclopedia." *Journal of the History of Ideas* 70 (1) : 1-21.

Dooley, Brendan. 1984. "Science Teaching as a Career in Padua in the Early Eighteenth Century: The Case of Giovanni Poleni." *History of Universities* 4: 115-51.

———. 1997. "Reading and Reviewing History in the Early Modern Period." *Storiographia: Rivista annuale di storia* 1 (1) : 51-68.

Dorandi, Tiziano. 2000. *Le stylet et la tablette: Dans le secret des auteurs antiques*. Paris: Les Belles Lettres.

Dover, Paul. 2007. "Deciphering the Diplomatic Archives of Fifteenth-Century Italy." *Archival Science* 7 (4) : 297-316.

Drège, Jean-Pierre. 2007. "Des ouvrages classés par catégories: Les encyclopédies chinoises." In Bretelle-Establet and

Cambridge University Press.
Cooper, Alix. 2006. "Homes and Households." In Park and Daston (2006), 224-37.
———. 2007. *Inventing the Indigenous: Local Knowledge and Natural History in Early Modern Europe*. Cambridge: Cambridge University Press.
Coron, Antoine. 1988. "Ut prosint aliis: Jacques-Auguste de Thou et sa bibliothèque." In Jolly (1988a), 101-25.
D Dainville, François. 1978. "Ratio discendi et docendi de Jouvancy." In *L'éducation des Jésuites, XVIe-XVIIIe siècles*, ed. Marie-Madeleine Compére, 209-66. Paris: Editions de Minuit. (Orig. pub. in *Archivum Historicum Societatis Jesu*, 1951.)
Daly, Lloyd W. 1967. *Contributions to a History of Alphabetization in Antiquity and the Middle Ages*. Brussels: Latomus.
Daly, Lloyd W., and B. A. Daly. 1964. "Some Techniques in Mediaeval Latin Lexicography." *Speculum* 39 (2) : 229-39.
Dane, Joseph A. 2003. *The Myth of Print Culture: Essays on Evidence, Textuality and Bibliographical Method*. Toronto: University of Toronto Press.
Darnton, Robert. 1979. *The Business of Enlightenment: A Publishing History of the Encyclopédie, 1775-1800*. Cambridge: Belknap Press of Harvard University Press.
———. 1982. *The Literary Underground of the Old Regime*. Cambridge: Harvard University Press.／ロバート・ダーントン『革命前夜の地下出版』関根素子・二宮宏之訳、岩波書店、1994年
———. 1985. "Philosophers Trim the Tree of Knowledge: The Epistemological Strategy of the *Encyclopédie*," *The Great Cat Massacre*, 191-213. New York: Vintage.／同『猫の大虐殺』海保真夫・鷲見洋一訳、岩波書店、1986年
Daston, Lorraine. 1994. "Enlightenment Calculations." *Critical Inquiry* 21 (1) : 182-202.
———. 2001. "Perché i fatti sono brevi?" In *Fatti: storie dell'evidenza empirica*, ed. Simona Cerutti and Gianna Pomata, special issue of *Quaderni Storici* 108: 745-70.
———. 2004. "Taking Note(s) " *Isis* 95: 443-48.
Davies, Martin. 1995. "Making Sense of Pliny in the Quattrocento." *Renaissance Studies* 9: 240-57.
Davis, Natalie Zemon. 2000. *The Gift in Sixteenth-Century France*. Madison: University of Wisconsin Press.
D'Avray, D. L. 1985. *The Preaching of the Friars: Sermons Diffused from Paris before 1300*. Oxford: Clarendon Press.
———. 2001. *Medieval Marriage Sermons: Mass Communication in a Culture without Print*. Oxford: Oxford University Press.
De Biasi, Pierre-Marc. 1998. "Qu'est-ce qu'un brouillon? Le cas Flaubert: Essai de typologie fonctionnelle des documents de genèse." In *Pourquoi la critique génétique? Méthodes, théories*, ed. Michel Contat and Daniel Ferrer, 31-60. Paris: CNRS éditions.
De Botton, Gilbert, and Francis Pottiée-Sperry. 1997. "A la recherche de la 'librairie' de Montaigne." *Bulletin du bibliophile* 2: 254-80.
De Courcelles, Dominique, ed. 2001. *La varietas à la Renaissance*. Paris: Ecole des Chartes.
———. 2003a. "Le mélange des savoirs: Pour la connaissance du monde et la connaissance de soi au milieu du XVIe siècle dans la *Silva de varia lección* du Sévillan Pedro Mexía." In de Courcelles (2003b), 103-15.
———, ed. 2003b. *Ouvrages miscellanées*. Paris: Ecole des Chartes.
Décultot, Elisabeth. 2001. "Lire, copier, écrire: Enquête sur la bibliothèque manuscrite de Johann Joachim Winckelmann." In *Bibliothèques d'écrivains*, ed. Paolo D'Iorio and Daniel Ferrer, 29-50. Paris: CNRS éditions.
———. 2003a. "Introduction." In Décultot (2003c), 7-28.
———. 2003b. "L'art winckelmannien de la lécture: Reprise et subversion d'une pratique érudite." In Décultot (2003c), 91-110.
———. ed. 2003c. *Lire, copier, écrire*. Paris: CNRS.
De Gandillac, Maurice, et al. 1966. *La pensée encyclopédique au Moyen Age*. Neuchâtel: Editions de la Baconnière.
De Ghellinck, J., SJ. 1939. "'Originale' et 'Originalia.'" *Archivum Latinitatis Medii Aevi* 14 (2) : 95-105.
De Hamel, Christopher. 1992. *Scribes and Illuminators*. Toronto: University of Toronto Press.
———. 1998. *Cutting Up Manuscripts for Pleasure and Profit: The 1995 Sol M. Malkin Lecture in Bibliography*. Charlottesville, VA: Book Arts Press.
———. 2001. *The Book: A History of the Bible*. London: Phaidon.

筑摩書房、1996年
———. 1994. *The Order of Books*. Stanford: Stanford University Press.
———. 2004. "Languages, Books, and Reading from the Printed Word to the Digital Text." *Critical Inquiry* 31 (1) : 133-52.
———. 2007. *Inscription and Erasure: Literature and Written Culture from the Eleventh to the Eighteenth Century*, tr. Arthur Goldhammer. Phildelphia: University of Pennsylvania Press.
Châtelain, Jean-Marc. 1997a. "Encyclopédisme et forme rhapsodique au XVIe siècle." In Bouffartigue and Mélonio (1997), 97-111.
———. 1997b. "Les recueils d'adversaria aux XVIe et XVIIe siècles: Des pratiques de la lecture savante au style de l'érudition." In Barbier (1997), 169-86.
———. 2003. "Les lecteurs humanistes à la Renaissance." In Jacob (2003), 167-76.
Cheddadi, Abdesselam. 2006. "L'encyclopédisme dans l'historiographie: Réflexions sur le cas d'ibn Khaldūn." In Endress (2006), 187-98.
Cherchi, Paolo. 1998. *Polimatia de riuso: Mezzo secolo di plagio, 1539-1589*. Rome: Bulzoni.
Cherniack, Susan. 1994. "Book Culture and Textual Transmission in Sung China." *Harvard Journal of Asiatic Studies* 54 (1) : 5-125.
Chiesa, Paolo, and Lucia Pinelli, eds. 1994. *Gli autografi medievali. Problemi paleografici e filologici*, Atti del convegno di studio della Fondazione Ezio Franceschini, Erice 25 Settembre-2 Ottobre 1990. Spoleto: Centro Italiano di studi sull'alto mediœvo.
Chrisman, Miriam Usher. 1982. *Lay Culture, Learned Culture: Books and Social Change in Strasbourg, 1480-1599*. New Haven: Yale University Press.
Clanchy, Michael. 1993. *From Memory to Written Record: England, 1066-1307*. 2nd ed. Oxford: Oxford University Press.
Clapp, Sarah. 1931. "The Beginnings of Subscription Publication in the Seventeenth Century." *Modern Philology* 29: 199-224.
———. 1933. "The Subscription Enterprises of John Ogilby and Richard Blome." *Modern Philology* 30: 365-79.
Clark, John Willis. 1901. *The Care of Books: An Essay on the Development of Libraries and Their Fittings, from the Earliest Times to the End of the Eighteenth Century*. Cambridge: Cambridge University Press.
Cochrane, Kerry. 1992. "'The Most Famous Book of Its Kind': Bartlett's *Familiar Quotations*." In Rettig (1992), 9-17.
Cohen, Michael David. 2003. "Bartlett's *Familiar Quotations*: 'A Glancing Bird's Eye View' by a 'Morbid Scholiast.'" *Harvard Library Bulletin* 14 (2) : 55-74.
Cohen, Noam. 2008. "He Wrote 200,000 Books (But Computers Did Some of the Work)." *New York Times* (April 14).
Coing, Helmut, ed. 1973-88. *Handbuch der Quellen und Literatur der neueren europäischen Privatrechtsgeschichte*. Munich: Beck.
Colas, Gérard, and Francis Richard. 1996. "Encyclopédisme en Inde et en Perse." In Schaer (1996), 146-53.
Collingwood, R. G. 1972. *The Idea of History*. Oxford: Oxford University Press. ／R・G・コリングウッド『歴史の観念』小松茂夫・三浦修訳、紀伊國屋書店、2002年
Comerford, Kathleen M. 1999. "What Did Early Modern Priests Read? The Library of the Seminary of Fiesole, 1646-1721." *Libraries and Culture* 34: 203-21.
Compagnon, Antoine. 1979. *La seconde main ou le travail de la citation*. Paris: Seuil.
Compère, Marie-Madeleine, and Dolorès Pralon-Julia, eds. 1992. *Performances scolaires de Collégiens sous L'Ancien Régime: Etude d'exercices latins rédigés au collège Louis-le-Grand vers 1720*. Paris: Institut National de Recherche Pédagogique, Publications de la Sorbonne.
Congar, Yves. 1980. "'In dulcedine Societatis Quærere Veritatem': Notes sur le travail en équipe chez S. Albert et chez les prêcheurs au XIIIe siècle." In *Albertus Magnus Doctor Universalis, 1280-1980*, ed. Gerbert Meyer and Albert Zimmermann, 47-57. Mainz: Matthias-Grünewald Verlag.
Considine, John. 2008. *Dictionaries in Early Modern Europe: Lexicography and the Making of Heritage*. Cambridge:

and Ian Jarvie, *Poznan Studies in the Philosophy of the Sciences and the Humanities* 48: 193-206.
——. 2000. *A Social History of Knowledge, 1500-1800: From Gutenberg to Diderot*. Cambridge: Polity Press.／ピーター・バーク『知識の社会史——知と情報はいかにして商品化したか』井山弘幸・城戸淳訳、新曜社、2004年
——. 2002. "Context in Context." *Common Knowledge* 8 (1) : 152-77.
Burmeister, Karl Heinz. 1963. *Sebastian Münster: Versuch eines biographischen Gesamtbildes*. Basel und Stuttgart: Helbing und Lichtenhahn.
Bush, Vannevar. 1945. "As We May Think." *Atlantic Monthly* 176 (July) : 101-8.
Büttner, Frank, Markus Friedrich, and Helmut Zedelmaier, eds. 2003. *Sammeln, ordnen, veranschaulichen:* Zur *Wissenskompilatorik in der Frühen Neuzeit*. Münster: LIT.
Buzan, Tony. 1991. *Use Your Perfect Memory: Dramatic New Techniques for Improving Your Memory*. New York: Plume.
C Cady, Susan A. 1999. "Microfilm Technology and Information Systems." In Bowden et al. (1999), 177-86.
Cahn, Michael. 1994. "Hamster: Wissenschafts- und mediengeschichtliche Grundlagen der sammelnden Lektüre." In *Lesen und Schreiben im 17. und 18. Jahrhundert*, ed. Paul Goetsch, 63-78. Tübingen: Günther Narr.
Calabi Limentani, Ida. 1987. "Note su classificazione e indici epigrafici dall Smetio al Morcelli: Antichità, retorica, critica." *Epigraphica* 49: 177-202.
Callus, D. A. 1948. "The 'Tabulæ super originalia patrum' of Robert Kilwardby." In *Studia mediævalia in honorem admodum Reverendi Patris Raymundi Josephi Martin*, 243-70. Bruges: de Tempel.
Carels, Peter, and Dan Flory. 1981. "Johann Heinrich Zedler's Universal Lexicon." In Kafker (1994b), 165-96.
Carley, James P., and Colin G. C. Tite, eds. 1997. *Books and Collectors, 1200-1700: Essays Presented to Andrew Watson*. London: British Library.
Carlino, Andrea. 1999. *Paper Bodies: A Catalogue of Anatomical Fugitive Sheets, 1538-1687*, tr. Noga Arikha. London: Wellcome Institute for the History of Medicine.
Carruthers, Mary. 1990. *The Book of Memory: A Study of Memory in Medieval Culture*. Cambridge: Cambridge University Press.／メアリー・カラザース『記憶術と書物——中世ヨーロッパの情報文化』別宮貞徳監訳、工作舎、1997年
Carruthers, Mary, and Jan Ziolkowski, eds. 2002. *The Medieval Craft of Memory: An Anthology of Texts and Pictures*. Philadelphia: University of Pennsylvania Press.
Cavallo, Guglielmo. 2006. *Lire à Byzance*, ed. and tr. P. Odorico and A. Segonds. Paris: Les Belles Lettres.
Cavallo, Guglielmo, and Roger Chartier. 2003. *A History of Reading in the West*, tr. Lydia G.Cochrane. Amherst: University of Massachusetts Press.／ロジェ・シャルティエ、グリエルモ・カヴァッロ『読むことの歴史——ヨーロッパ読書史』田村毅他訳、大修館書店、2000年
Céard, Jean. 1981. "Les transformations du genre du commentaire." In *L'automne de la Renaissance, 1580-1630: 22e colloque international de Tours*, ed. Jean Lafond and André Stegmann, 101-15. Paris: Vrin.
——. 1991. "Encyclopédie et Encyclopédisme à la Renaissance." In Becq (1991), 57-67.
——. 1997. "Le Commentaire ou l'encyclopédisme non méthodique de la Renaissance." In Bouffartigue and Mélonio (1997), 79-95.
Cécile, Monique. 1981. "Auteurs latins et autographes des XIe et XIIe siècles." *Scrittura e civilta* 5: 77-107.
Cevolini, Alberto. 2006a. *De arte excerpendi. Imparare a dimenticare nella modernità*. Biblioteca dell' "Archivum Romanicum," serie 1: Storia, Letteratura, Paleografia, 333. Florence: Leo S. Olschki Editore.
——. 2006b. "Teoria e storia della schedatura." *Storiografia* 10: 1-26.
Chapoutot-Remadi, Mounira. 1991. "Les encyclopédies arabes à la fin du Moyen Age." In Becq (1991), 267-80.
Charlet, Jean-Louis. 1997. "Niccolò Perotti (1429/30-1480)." In *Centuriæ latinæ. Cent une figures humanistes de la Renaissance aux Lumières offertes à Jacques Chomarat*, ed. Colette Nativel, 601-5. Geneva: Droz.
Charon, Annie, and Elisabeth Parinet. 2000. *Les ventes de livres et leurs catalogues, XVIIe-XXe siècle*. Paris: Ecole des Chartes.
Charon-Parent, Annie. 1988. "Les grandes collections du XVIe siècle." In Jolly (1988a), 85-99.
Chartier, Roger. 1985. *Pratiques de la lecture*. Marseille: Rivages.／ロジェ・シャルチエ『書物の秩序』長谷川輝夫訳、

Borst, Arno. 1994. *Das Buch der Naturgeschichte: Plinius und seine Leser im Zeitalter des Pergaments*. Heidelberg: Universitätsverlag C. Winter.

Bottéro, Françoise. 1996. *Sémantisme et classification dans l'écriture chinoise: Les systèmes de classement des caractères par clés du* Shuowen Jiezi *au* Kangxi Zidian, Mémoires de l'Institut des Hautes Etudes Chinoises, vol. 37. Paris: Collège de France, Institut des Hautes Etudes Chinoises.

Boudou, Bénédicte. 2002. "La place de la mémoire dans la composition chez Henri Estienne." *Nouvelle revue du seizième siècle* 20: 57-72.

Bouffartigue, Jean, and Françoise Mélonio, eds. 1997. *L'entreprise encyclopédique*, Littérales 21. Paris: Centre des Sciences de la Littérature, Paris-X Nanterre.

Bowden, Mary Ellen, Trudi Bellardo Hahn, and Robert V. Williams, eds. 1999. *Proceedings of the 1998 Conference on the History and Heritage of Science Information Systems*. Medford, NJ: Information Today.

Bowie, Ewen. 1997. "The Theognidea: A Step toward a Collection of Fragments?" In *Collecting Fragments: Fragmente sammeln*, ed. Glenn W. Most, 53-66. Göttingen: Vandenhoeck and Ruprecht.

Bowman, Alan K., and J. David Thomas. 1983. *Vindolanda: The Latin Writing-Tablets*. London: Society for Roman Studies.

Branca, Vittore, ed. 1999. *Merchant Writers of the Italian Renaissance*, tr. Murtha Baca. New York: Marsilio Publishers.

Braun, Lucien. 1990. *Conrad Gesner*. Geneva: Editions Slatkine.

Bravi, Giulio Orazio, Maria Giuseppina Ceresoli, and Francesco Lo Monaco, eds. 2002. *Manoscritti e edizioni del Calepino nell civica bibliotheca "A. Mai."* Special issue of *Bergomum, Bollettino ella Civica Biblioteca Angelo Mai de Bergamo* 97 (1).

Brée, Germaine. 1963. "Les manuscrits de Marcel Proust." *French Review* 37 (2) : 182-87.

Bremond, Claude, Jacques Le Goff, and Jean-Claude Schmitt. 1982. *L'exemplum: Typologie des sources du Moyen Age occidental*, fascicule 40. Turnhout: Brepols.

Brendecke, Arndt. 2004. "Tabellen in der Praxis der frühneuzeitlichen Geschichtsvermittlung." In Stammen and Weber (2004), 157-89.

———. 2005. "'Durchgeschossene Exemplare': Über eine Schnittstelle zwischen Handschrift und Druck." *Archiv für Geschichte des Buchwesens* 59: 50-64.

Bretelle-Establet, Florence, and Karine Chemla, eds. 2007. *Qu'est-ce qu'écrire une encyclopédie en Chine?* Special issue (hors série) of *Extrême-Orient, Extrême-Occident*.

Brockliss, Laurence W. B. 1987. *French Higher Education in the Seventeenth and Eighteenth Centuries: A Cultural History*. Oxford: Clarendon Press.

Brokaw, Cynthia. 2005. "On the History of the Book in China." In Brokaw and Chow (2005), 2-54.

Brokaw, Cynthia J., and Kai-Wing Chow, eds. 2005. *Printing and Book Culture in Late Imperial China*. Berkeley: University of California Press.

Broman, Thomas. 2000. "Periodical Literature." In Frasca-Spada and Jardine (2000), 225-38.

Brot, Muriel. 2006. "Ecrire sans écrire: les compilateurs au XVIIIe siècle." In *Ecriture, identité, anonymat au XVIIIe siècle*, ed. Nicole Jacques-Lefèvre and Marie Leca-Tsiomis, 87-104. Littérales 37. Nanterre: Université Paris X-Nanterre.

Brown, John Seely, and Paul Duguid. 2000. *The Social Life of Information*. Boston: Harvard Business School Press.

Brown, Michelle. 1994. "The Role of the Wax Tablet in Medieval Literacy: A Reconsideration in Light of a Recent Find from York." *British Library Journal* 20 (1) : 1-16.

Buckland, Michael. 1999. "Overview." In Bowden et al. (1999), 3-7.

Bujanda, Jesus Martinez de. 1984-2002. *Index des livres interdits*. 8 vols. Sherbrooke, Canada: Université de Sherbrooke and Geneva: Droz.

Bunge, Charles. 1992. "An 'Alms-Basket' of 'Bric-a-Brac': Brewer's Dictionary of Phrase and Fable." In Rettig (1992), 24-30.

Burke, Peter. 1969. *The Renaissance Sense of the Past*. London: Edward Arnold.

———. 1996. "Reflections on the History of Encyclopedias." In *The Social Philosophy of Ernest Gellner*, ed. John A. Hall

Birnbaum, Eleazar. 1997. "Katib Chelebi (1609-1657) and Alphabetization: A Methodological Investigation of the Autographs of His Kashf al-Zunun and Sullam al-Wuṣūl." In *Scribes et manuscrits du Moyen-Orient*, ed. François Déroche and Francis Richard, 236-62. Paris: Bibliothèque nationale de France.

Bischoff, Bernhard. 1966. "Die europäische Verbreitung der Werke Isidors von Sevilla." In *Mittelalterliche Studien*, 1: 171-94. Stuttgart: Anton Hiersemann.

———. 1981. "Übersicht über die nichtdiplomatischen Geheimschriften des Mittelalters." In *Mittelalterliche Studien*, 3: 120-48. Stuttgart: Anton Hiersemann.

Bisterfeldt, Hans Heinrich. 2002. "Arabisch-islamische Enzyklopädien: Formen und Funktionen." In Meier (2002), 43-84.

Blachère, Régis. 1975. *Analecta*. Damascus: Institut français de Damas.

Blair, Ann. 1993. "The Teaching of Natural Philosophy in Early Seventeenth-Century Paris: The Case of Jean-Cécile Frey." *History of Universities* 12: 95-158.

———. 1997. *The Theater of Nature: Jean Bodin and Renaissance Science*. Princeton: Princeton University Press.

———. 2000. "Annotating and Indexing Natural Philosophy." In Frasca-Spada and Jardine (2000), 69-89.

———. 2003. "Reading Methods for Coping with Information Overload, ca. 1550-1700." *Journal of the History of Ideas* 64 (1) : 11-28.

———. 2004. "Note-Taking as an Art of Transmission." *Critical Inquiry* 31: 85-107.

———. 2005. "Historia in Theodor Zwinger's *Theatrum humanæ vitæ*." In *Historia: Empiricism and Erudition in Early Modern Europe*, ed. Gianna Pomata and Nancy Siraisi, 269-96. Cambridge: MIT Press.

———. 2006. "The Collective Commentary as Reference Genre." In *Der Kommentar in der Frühen Neuzeit*, ed. Ralph Häfner and Markus Völkel, 115-31. Tübingen: Max Niemeyer Verlag.

———. 2007a. "Organizations of Knowledge." In *Cambridge Companion to Renaissance Philosophy*, ed. James Hankins, 287-303. Cambridge: Cambridge University Press.

———. 2007b. "Errata Lists and the Reader as Corrector." In Baron et al. (2007), 21-41.

———. 2008a. "Corrections manuscrites et listes d'errata à la Renaissance." In *Esculape et Dionysos: Mélanges en l'honneur de Jean Céard*, ed. Jean Dupèbe, Franco Giacone, Emmanuel Naya, and Anne-Pascale Pouey-Mounou, 269-86. Geneva: Droz.

———. 2008b. "Textbooks and Methods of Note-Taking in Early Modern Europe." In *Scholarly Knowledge: Textbooks in Early Modern Europe*, ed. Emidio Campi, Simone de Angelis, Anja-Silvia Goeing, and Anthony Grafton, 39-73. Geneva: Droz.

Blair, Ann, and Jennifer Milligan, eds. 2007. *Toward a Cultural History of Archives*. Special issue of *Archival Science* 7, no. 4 (December) : 289-397.

Blair, Ann, and Peter Stallybrass. 2010. "Mediating Information, 1450-1800." In *This Is Enlightenment*, ed. Clifford Siskin and William Warner, 139-63. Chicago: University of Chicago Press.

Blanck, Horst. 1992. *Das Buch in der Antike*. Munich: C. H. Beck.

Bloom, Jonathan. 2001. *Paper before Print: The History and Impact of Paper in the Islamic World*. New Haven: Yale University Press.

Blum, Rudolf. 1983. *Die Literaturverzeichnung im Altertum und Mittelalter: Versuch einer Geschichte der Biobibliographie von den Anfängen bis zum Beginn der Neuzeit*. Frankfurt: Buchhändler-Vereinigung.

———. 1991. *Kallimachos: The Alexandrian Library and the Origins of Bibliography*, tr. Hans H. Wellisch. Madison: University of Wisconsin Press.

Bol, Peter K. 1996. "Intellectual Culture in Wuzhou, ca. 1200 — Finding a Place for Pan Zimu and the Complete Source for Composition." *Proceedings of the Second Symposium on Sung History*, 738-88. Taipei.

Bolzoni, Lina. 2001. *The Gallery of Memory: Literary and Iconographic Models in the Age of the Printing Press*, tr. Jeremy Parzen. Toronto: University of Toronto Press.／リナ・ボルツォーニ『記憶の部屋――印刷時代の文学的 - 図像学的モデル』足達薫・伊藤博明訳、ありな書房、2007年

Booton, Diane. 2006. "Notes on Manuscript Production and Valuation in Late Medieval Brittany." *The Library: Transactions of the Bibliographical Society* 7 (2) : 127-52.

Early Modern Italy, ed. Gigliola Fragnito, tr. Adrian Belton, 50-78. Cambridge: Cambridge University Press.

Barbier, Frédéric, et al., eds. 1997. *Le livre et l'historien: Etudes offertes en l'honneur du Professeur Henri-Jean Martin*. Geneva: Droz.

Barchas, Janine. 2003. *Graphic Design, Print Culture and the Eighteenth-Century Novel*. Cambridge: Cambridge University Press.

Bardon, Henry. 1952. *La Littérature latine inconnue*. Paris: Klincksieck.

Barker, Nicolas. 2006. "Sophistication." *The Book Collector* 55 (1) : 11-27.

Baron, Hans. 1985. *Petrarch's Secretum: Its Making and Its Meaning*. Cambridge, Mass.: Medieval Academy of America.

Baron, Sabrina Alcorn, Eric N. Lindquist, and Eleanor F. Shevlin, eds. 2007. *Agent of Change: Print Culture Studies after Elizabeth L. Eisenstein*. Amherst: University of Massachusetts Press, in association with the Center for the Book, Library of Congress, Washington DC.

Bataillon, Louis-Jacques. 1993. "Les instruments de travail des prédicateurs au XIIIe siècle." In *La prédication au XIIIe en France et Italie: Etudes et documents*, 4: 200-205. Aldershot, Eng.: Variorum, 1993. Repr. from *Culte et travail intellectuel dans l'Occident médiéval*. Paris: Editions du CNRS, 1981, 197-209.

———. 1997. "L'activité intellectuelle des Dominicains de la première génération." In Lusignan and Paulmier-Foucart (1997), 9-20.

Bauer, Wolfgang. 1966. "The Encyclopedia in China." *Cahiers d'histoire mondiale* 3: 665-91.

Bayley, Peter, ed. 1983. *Selected Sermons of the French Baroque, 1600-1650*. New York: Garland Publishing.

Beal, Peter. 1993. "Notions in Garrison: The Seventeenth Century Commonplace Book." In *New Ways of Looking at Old Texts: Papers of the Renaissance English Society, 1985-1991*, ed. W. Speed Hill, 131-47. Binghamton, NY: Medieval and Renassiance Text Studies in conjunction with the Renaissance English Text Society.

———. 1998. *In Praise of Scribes: Manuscripts and Their Makers in Seventeenth-Century England*. Oxford: Clarendon Press.

———. 2007. "'Lost': The Destruction, Dispersal and Rediscovery of Manuscripts." In Myers et al. (2007a), 1-16.

———. 2008. *A Dictionary of English Manuscript Terminology, 1450 to 2000*. Oxford: Oxford University Press.

Becq, Annie, ed. 1991. *L'Encyclopédisme: Actes du Colloque de Cæn, 12-16 Jan. 1987*. Paris: Klincksieck.

Benedict, Barbara. 1996. *Making the Modern Reader: Cultural Mediation in Early Modern Literary Anthologies*. Princeton: Princeton University Press.

Beniger, James R. 1986. *The Control Revolution: Technological and Economic Origins of the Information Society*. Cambridge: Harvard University Press.

Bennett, Kate. 2000. "Editing Aubrey." In *Ma(r)king the Text: The Presentation of Meaning on the Literary Page*, ed. Joe Bray, Miriam Handley, and Anne C. Henry, 271-90. Aldershot, Eng.: Ashgate.

Berchtold, Alfred. 1990. *Bâle et l'Europe*. 2 vols. Lausanne: Payot.

Bériou, Nicole. 1989. "La réportation des sermons parisiens à la fin du XIIIe siècle." *Medievo e Rinascimento* 3: 87-123.

Bernstein, Harry. 1946. "A Provincial Library in Colonial Mexico, 1802." *Hispanic American Historical Review* 26 (2) : 162-183.

Berry, Mary Elizabeth. 2006. *Japan in Print: Information and Nation in the Early Modern Period*. Berkeley: University of California Press.

Beugnot, Bernard. 1981. "Forme et histoire: le statut des ana." In *Mélanges offerts à Georges Couton*, ed. Jean Jehasse, 85-102. Lyon: Presses Universitaires de Lyon.

Bianchi, Lorenzo. 2001. "Erudition, critique et histoire chez Gabriel Naudé, 1600-1635." In *Philologie und Erkenntnis: Beiträge zu Begriff und Problem frühneuzeitlicher "Philologie,"* ed. Ralph Häfner, 35-55. Tübingen: Max Niemeyer Verlag.

Bierlaire, Franz. 1968. *La familia d'Erasme*. Paris: Vrin.

Bilder, Mary Sarah. 2010. "James Madison, Law Student and Demi-Lawyer." *Law and History Review* 28 (2) : 389-449.

Binkley, Peter, ed. 1997a. *Pre-Modern Encyclopædic Texts: Proceedings of the Second COMERS Congress, Groningen, 1-4 July 1996*. Leiden: Brill.

———. 1997b. "Preachers' Responses to Thirteenth-Century Encyclopædism." In Binkley (1997a), 75-88.

Z Zedler, Johann Heinrich. 2007. *Universallexicon* (1731–54). http://mdz10.bib-bvb.de/~zedler/zedler2007/index.html. (2007年5月閲覧)

Zhu, Xi. 1990. *Learning to Be a Sage: Selections from the Conversations of Master Chu, Arranged Topically*, tr. and commentary by Daniel K. Gardner. Berkeley: University of California Press.

Zwinger, Theodor. 1565. *Theatrum vitæ humanæ*. Basel: Oporinus and Froben.

———. 1571a. *Theatrum vitæ humanæ*. Basel: Froben.

———. 1571b. *Theatrum vitæ humanæ*. Paris: Nicolas Chesneau/Michael Sonnius.

———. 1575. *Theatrum vitæ humanæ*. Basel: Froben.

———. 1586. *Theatrum humanæ vitæ*. Basel: Episcopius.

• 二次資料

A Agasse, Michel. 2000. "La bibliothèque d'un médecin humaniste: l'"Index librorum' de Girolamo Mercuriale." In *Les Cahiers de l'humanisme* 1: 201-53.

Albrecht, Eva. 2000. "The Organization of Vincent of Beauvais' *Speculum maius* and of Some Other Latin Encyclopedias." In Harvey (2000b), 46-70.

Algazi, Gadi. 2003. "Scholars in Household: Refiguring the Learned Habitus, 1480-1550." *Science in Context* 16: 9-42.

Al-Qadi, Wadad. 2006. "Biographical Dictionaries as the Scholars' Alternative History of the Muslim Community." In Endress (2006), 23-75.

Alston, R. C. 1993. *Books with Manuscript: A Short Title Catalogue of Books with Manuscript Notes in the British Library*. London: British Library.

Amory, Hugh. 1996. "The Trout and the Milk: An Ethnobibliographical Talk." *Harvard Library Bulletin* new series 7 (1) : 50-65.

Andersen, Jennifer, and Elizabeth Sauer, eds. 2002. *Books and Readers in Early Modern England*. Philadelphia: University of Pennsylvania Press.

Aquilon, Pierre. 1988. "Petites et moyennes bibliothèques, 1530-1660." In Jolly (1988a), 181-205.

Arend, Elisabeth. 1987. *"Bibliothèque": Geistiger Raum eines Jahrhunderts. Hundert Jahre französischer Literaturgeschichte im Spiegel gleichnamiger Bibliographien, Zeitschriften und Anthologien, 1685-1789*. Bonn: Romanistischer Verlag.

Armstrong, Elizabeth. 1986. *Robert Estienne, Royal Printer: An Historical Study of the Elder Stephanus*, rev. ed. Oxford: Sutton Courtenay Press.

———. 1990. *Before Copyright: The French Book-Privilege System, 1498-1526*. Cambridge: Cambridge University Press, 1990.

Arnar, Anna Sigrídur. 1990. *Encyclopedism from Pliny to Borges*. Chicago: University of Chicago Library.

Arns, Evaristo. 1953. *La technique du livre d'après Saint Jérôme*. Paris: E. de Boccard.

Artier, Jacqueline. 1988. "Les bibliothèques des universités et de leurs collèges." In Jolly (1988a), 45-55.

Atiyeh, George N., ed. 1995. *The Book in the Islamic World: The Written Word and Communication in the Middle East*. Albany: State University of New York Press; [Washington, DC]: Library of Congress.

B Balavoine, Claudie. 1984. "Bouquets de fleurs et colliers de perles: Les recueils de formes brèves au XVIIe siècle." In *Les Formes brèves de la prose et le discours discontinu, XVIe-XVIIe siècles*, ed. Jean Lafond, 54-71. Paris: Vrin.

Balayé, Simone. 1988. "La Bibliothèque du Roi, première bibliothèque du monde, 1664-1789." In Jolly (1988a), 209-33.

Baldwin, Barry. 2006. "Aspects of the Suda." *Byzantion: Revue Internationale des Etudes Byzantines* 76: 11-31.

Baldwin, Thomas Whitfield. 1956. *Shakespeare's Small Latine and Lesse Greeke*. Urbana: University of Illinois Press.

Ball, Stuart. 2003. *Winston Churchill*. New York: New York University Press.

Balsamo, Jean, and Michel Simonin. 2002. *Abel l'Angelier et François de Lauron, 1574-1620*. Geneva: Droz.

Balsamo, Luigi. 1990. *Bibliography: History of a Tradition*, tr. William A. Pettas. Berkeley: Bernard M. Rosenthal.

———. 2001. "How to Doctor a Bibliography: Antonio Possevino's Practice." In *Church, Censorship and Culture in*

Scaliger, Julius Cæsar. 1994. *Pœtices libri septem*, ed. Luc Deitz and Gregor Vogt-Spira. Stuttgart-Bad Cannstatt: Frommann-Holzboog.

———. 1999. *Oratio pro M. Tullio Cicerone contra Des. Erasmum (1531). Adversus Des. Erasmi Roterd. Dialogum Ciceronianum Oratio secunda (1537)*, ed. and tr. Michel Magnien. Geneva: Droz.

Selden, John. 1689. *Table-Talk, Being the Discourses of John Selden, Esq., or His Sence of Various Matters of Weight and High Consequence Relating Especially to Religion and State*. London: printed for E. Smith.

Seneca. 1917. *Ad Lucilium epistulæ morales*, tr. Richard Gummere. 3 vols. Cambridge: Harvard University Press.／セネカ『ルキリウスへの手紙／モラル通信』塚谷肇訳、近代文芸社、2005年

———. 1932. *Moral Essays*, tr. John Basore. 3 vols. London: Heinemann.／セネカ『道徳論集』茂手木元蔵訳、東海大学出版会、1989年

Sidelius Fridericus. 1713. *Positiones xxxiv de studio excerpendi*. Iena: Fickelscher.

Simler, Josias. 1555. *Appendix Bibliothecæ Conradi Gesneri*. Zurich: Froschauer.

Sorel, Charles. 1671. *De la connaissance des bons livres*. Paris: Pralard.

———. 1673. *Supplement des traitez de la connoissance des bons livres*. Paris: Pralard.

Stobaeus, Johannes. 1884–1912. *Anthologion*, ed. Curtius Wachsmuth and Otto Hense. 5 vols. Berlin: Weidmann.

Suda lexicon. 1986. *Suidæ lexicon: Græce et latine*, ed. Thomas Gaisford and Godofredus Bernhardy. Reprint of 1853 edition. 5 vols. Osnabrück: Biblio.

———. 1705. *Suidæ Lexicon*. Cambridge: typis academicis. ECCOで2006年5月17日に閲覧。

T Thomas Aquinas. 1569. *Summa theologica: Secunda secundæ*. Antwerp: Plantin.／トマス・アクィナス『神学大全』I・II、山田晶訳、中央公論新社、2014年、他

———. 1971. *Opera omnia*, vol. 48: *Sententia libri politicorum: Tabula libri ethicorum, cura et studio fratrum prædicatorum*. Rome: ad Sanctæ Sabinæ.

Titius, Johannes Petrus. 1676. *Manuductio ad excerpendum*. Dantzig: Mannsklapp.

Toepke, Gustav, ed. 1889. *Die Matrikel der Universität Heidelberg von 1386 bis 1662*, vol. 1. Heidelberg: Selbstverlag des Herausgebers.

Tonjola, Johann. 1661. *Basilea sepulta retecta continuata*. Basel: E. König.

Tottel, Richard. 1965. *Tottel's Miscellany, 1557-1587*, ed. Hyder Edward Rollins. Cambridge: Harvard University Press.／『トテル詩選集　歌とソネット　1557』上利政彦訳、九州大学出版会、2009年

Trithemius, Johannes. 1974. *In Praise of Scribes: De laude scriptorum*, ed. Klaus Arnold, tr. Roland Behrendt. Lawrence, KS: Coronado Press.

Turnèbe, Adrien. 1581. *Adversariorum tomi III*. Basel: Thomas Guarinus.

U Udenius, Just. Christoph. 1684. *Excerpendi ratio nova*. Nordhausen: J. Dauderstat.

V Vasari, Giorgio. 1938. *Lo zibaldone di Giorgio Vasari*, ed. Alessandro del Vita. Rome: Istituto d'archeologia e storia dell'arte.

Vincent of Beauvais. 1964. *Bibliotheca mundi Vincentii Burgundi*, vol. 1: *Speculum naturale*. Facsimile: Graz: Akademische Druck- und Verlaganstalt. (Orig. pub. Douai: Baltazar Bellerus, 1624.)

Vives, Juan Luis. 1971. *Vives: on education*, tr. Foster Watson. Totowa NJ: Rowman and Littlefield. (Repr. of 1913 edition.)

Vogler, Valentin Henricus. 1691. *Introductio universalis in notitiam cujuscunque generis bonorum scriptorum*. Helmstedt: Georg Wolfgang Hammius.

Vossius, Gerard, et al. 1658. *Dissertationes de studiis bene instituendis*. Utrecht: Theod. Ackersdyk et Gisb. Zylai.

W Watts, Isaac. 1761. *The Improvement of the Mind*, 4th ed. London: T. Longman.

Wheare, Degory. 1625. *De ratione et methodo legendi historias dissertatio*. Oxford: Lichfield and Turner.

———. 1637. *Relectiones hyemales, de ratione et methodo legendi utriusque historias, civiles et ecclesiasticas*. Oxford: Lichfield.

———. 1685. *The Method and Order of Reading Both Civil and Ecclesiastical Histories*, tr. Edmund Bohun. London: M. Flesher for Charles Brome.

Wilkins, John. 1646. *Ecclesiastes, or a discourse concerning the gift of preaching*. London: Gellibrand.

MARGD01.HTM.（2008年5月閲覧）。／アラン・ポー『覚書――マルジナリア』吉田健一訳、芝書店、1935年
Polyanthea.（ここに挙げたのは、私が個別的に論じた諸版である。より完全なリストについては、表4・1を参照）
———. 1503. Savona: Da Silva.
———. 1514. Savona: Bibliaqua.
———. 1517. Strasbourg: Schürer.
———. 1552. Cologne: Gennepæus.
———. 1567. Cologne: Cholinus.
———. 1574. Cologne: Cholinus.
———. 1585. Cologne: Cholinus.
———. 1604a. St Gervais [Geneva]: Vignon.
———. 1604b. *Polyanthea nova*, ed. Joseph Lange. Lyon: Zetzner.
———. 1607. *Nova polyanthea*. Venice: Guerilius.
———. 1612. *Polyanthea nova*. Frankfurt: Zetzner.
———. 1639. *Florilegium magnum*. Geneva: Jacob Stoer.
Porphyrogenitus, Constantinus. 1617. *Opera*, ed. Ioannes Meursius. Leiden: Elzevir.
Possevinus, Antonius. 1607. *Bibliotheca selecta de ratione studiorum*. Cologne: Ioannes Gymnicus.
Ptolemy. 1552. *Geographiæ Claudii Ptolemæi Alexandrini*. Basel: Henricpetri.

R

Ranzovius, Henricus. 1584. *Catalogus imperatorum regum et virorum illustrium qui artem Astrologicam amarunt, exercuerunt et ornarunt*. Leipzig: Georgius Defner.／プトレマイオス『プトレマイオス地理学』中務哲郎訳、東海大学出版会、1986年
Rashi (1040-1105). *The Judaica Press Complete Tanach with Rashi*. http://www.chabad.org/library/article_cdo/aid/16473/showrashi/true/jewish/Chapter-12.htm.（2008年7月閲覧）
Ravisius Textor, Johannes. 1524. *Epitheta*. Paris: Reginald Chaudière.
———. 1552. *Officina*. Basel: N. Bryling.
Reisch, Gregor. 1583. *Margarita philosophica*. Basel: Henricpetri.
———. 1973. *Margarita Philosophica* (Basel, 1517). Facsimile: Düsseldorf: Stern-Verlag, Janssen.
Reusner, Nicolaus. 1589. *Icones aliquot clarorum virorum... cum elogiis et parentalibus factis Theodoro Zwingero*. Basel: Conr. Valdkirch.
Rhodiginus, Ludovicus Cælius. 1516. *Lectionum antiquarum libri sedecim*. Venice: Aldus.
———. 1542. *Lectionum antiquarum libri xxx*. Basel: Froben and Episcopius.
Ringelberg, Joachim. 1967. *Opera* (Lyon, 1531). Facsimile: Nieuwkoop: de Graf.
Rozier, François. 1775. *Nouvelle table des articles contenus dans les volumes de l'Académie Royale des Sciences de Paris depuis 1666 jusqu'en 1770*. Paris: Ruault.

S

Sacchini, Francisco. 1614. *De ratione libros cum profectu legendi libellus*. Ingolstadt: Ex typographeo Ederiano.
———. 1786. *Moyens de lire avec fruit*, tr. Durey de Morsan. La Haye [Paris: Guillot].
Saint-Charles, Louis Jacob de. 1644. *Traicté des plus belles bibliothèques publiques et particulières, qui ont esté et qui sont à present dans le monde*. Paris: Rolet le Duc.
Saint-Pierre, Bernardin de. 1840. *Oeuvres de Saint-Pierre*, ed. L. Aimé. Paris: Ledentu, 1840. http://books.google.fr/books?id=o5MGAAAAqAAJ. 2008年5月閲覧。
Sanchez, Francisco. 1581. *Quod nihil scitur*. Lyon: Gryphius.
Scalich, Paul. 1559. *Encyclopædiæ, seu Orbis disciplinarum, tam sacrarum quam prophanarum, Epistemon*. Basel: Ioannes Oporinus.
Scaliger, Joseph Justus. 1628. *Epistolæ omnes quæ reperiri potuerunt*. Frankfurt: Aubry et Clemens Scheichius.
———. 1695. *Scaligerana ou bons mots, rencontres agréables et remarques judicieuses et sçavantes de Joseph Scaliger*, avec des notes de Mr. le Fevre et de Mr. de Colomies. Cologne: chez ***.
———. 1927. *Autobiography of Joseph Scaliger*, tr. George W. Robinson. Cambridge: Harvard University Press.

nage, recueillies par ses amis, ed. Antoine Galland et al. 3rd ed. 4 vols. Paris: Delaulne.
Mencke, Johann Burkhard. 1937. *The Charlatanry of the Learned. De charlataneria eruditorum, 1715*, tr. Francis E. Litz. New York: Alfred A. Knopf.
Mexía, Pedro. 1570. *Diverses leçons de Pierre Messie*. Lyon: Gabriel Cotier.
———. 1989. *Silva de varia lección*, ed. Antonio Castro. 2 vols. Madrid: Catedra.
Montaigne, Michel de. 1965. *The Complete Essays*, tr. Donald Frame. Stanford: Stanford University Press.
———. 1988. *Essais*, ed. Pierre Villey. 3 vols. Paris: Presses Universitaires de France.／モンテーニュ『エセー』原二郎 訳、全6巻、岩波書店、1965-1967年、他
Moréri, Louis. 1759. *Grand dictionnaire historique*. Paris: Les libraires associés.
Morhof, Daniel Georg. 1731. *De legendis, imitandis et excerpendis auctoribus: Libellus posthumus*. Hamburg: apud Christian Wilhelm Brandt.
———. 1732. *Polyhistor*, 3rd ed. Lübeck: Petrus Bœckmannus. (1st ed. pub. 1688.)
Mouchon, Pierre. 1780. *Table analytique et raisonnée des matières contenues dans les XXXIII volumes du Dictionnaire des sciences, des arts et des métiers*. Paris: Panckoucke.
Muret, Marc-Antoine. 1559. *Variarum lectionum libri VIII*. Venice: Jordanus Zilletus.

N Nani Mirabelli, Domenico. 1503. *Polyanthea*. Savona: Da Silva.
———. 1514. *Polyanthea*. Savona: Bibliaqua.（他の諸版については *Polyanthea* の項を参照）
Naudé, Gabriel. 1643. *Bibliothecæ Cordesianæ catalogus*. Paris: Vitray.
———. 1903. *Instructions Concerning Erecting of a Library*, tr. John Evelyn. Facsimile: Cambridge, MA: Houghton Mifflin. (Orig. pub. 1661.)
———. 1963. *Advis pour dresser une bibliothèque*. Leipzig: Edition Leipzig. (Orig. pub. 1627.)

P Pancirolli, Guido. 1629-31. *Rerum memorabilium sive deperditarum pars prior commentariis illustrata*. Frankfurt: Godefridus Tampachius.
Paquot, J. Noël. 1768. *Mémoires pour servir à l'histoire littéraire des Pays-Bas*, vol. 2. Louvain: Impr. académique.
Pascal, Blaise. 2005. *Pensées*, ed. Roger Ariew. Indianapolis: Hackett.／パスカル『パンセ』塩川徹也訳、上・中・下、岩波書店、2015~2016年、他
Patin, Guy. 1846. *Lettres de Gui Patin*, ed. J.-H. Reveillé-Parise. 3 vols. Paris: J.-B. Baillière.
Pepys, Samuel. 1970. *The Diary*, ed. Robert Latham and Wiliam Matthews. Berkeley: University of California Press.／サミュエル・ピープス『サミュエル・ピープスの日記』臼田昭・岡照雄・海保眞夫訳、全10巻、国文社、1987~2012年
Perotti, Niccolò. 1532. *Cornucopiæ*. Basel: Valentin. Curio.
Perrault, Charles. 1964. *Parallèle des anciens et des modernes*, ed. H. R. Jauss. Facsimile: Munich: Eidos Verlag, 1964. (Orig. pub. 1688.)
Philomusus [pseudonym for the publisher Labhart]. 1684. *Industria excerpendi brevis, facilis, amœna a multis impedimentis quibus adhuc tenebatur, exsoluta*. Konstanz: Joannis Jacobus Labhart.
Photius. 1606. *Bibliotheca*, tr. into Latin by Andreas Schott. Augsburg: Pinus.
———. 1994. *The Bibliotheca: A Selection*, ed. and tr. Nigel Wilson. London: Duckworth.
Placcius, Vincent. 1674. *De Scriptis et scriptoribus anonymis syntagma*. Hamburg: Christian Guthius.
———. 1689. *De arte excerpendi, vom Gelährten Buchhalten liber singularis quo genera et præcepta excerpendi*. Stockholm and Hamburg: Gottfried Liebezeit.
———. 1708. *Theatrum anonymorum et pseudonymorum*, ed. Matthias Dreyer. Hamburg: Vidua Gothofredi Liebnernickelii.
Plato. 1973. *Phædrus: Phædrus and the Seventh and Eighth Letters*, tr. Walter Hamilton. New York: Penguin.／プラトン『パイドロス』藤沢令夫訳、岩波書店、1967年
Pliny the Elder. 1967. *Natural History*, ed. H. Rackham. 10 vols. Cambridge: Harvard University Press.／プリニウス『プリニウスの博物誌』中野定雄他訳、I~VI、雄山閣、2013年
Pliny the Younger. 1969. *Letters and Panegyricus*, tr. Betty Radice. 2 vols. Cambridge: Harvard University Press.
Poe, Edgar Allan. 1844. "Marginalia." *New Democratic Review* (November). http://www.eapoe.org/works/MISC/

K Kâtip Çelebi. 1835-58. *Lexicon bibliographicum et encyclopædicum*, ed. and tr. Gustavus Fluegel. 7 vols. London: R. Bentley for the Oriental Translation Fund of Great Britain and Ireland.

Keckermann, Bartholomæus. 1614. "Consilium logicum de adornandis et colligendis locis communibus, rerum et verborum." In *Opera omnia*, vol. 2, cols. 220-42. Geneva: Aubertus.

Kergerus, Martinus. 1658. *Methodus excerpendi drexeliana succinctior*. Antwerp: Cnobbari.

Kirsten, Michael. 1679. *Catalogus librorum*. Hamburg: Georgius Rebenlinus.

L La Croix du Maine, François Grudé, sieur de. 1584. *Premier volume de la bibliothèque*. Paris: l'Angellier.

La Mothe Le Vayer, François de. 1668. *Observations diverses sur la composition et sur la lecture des livres*. Paris: Louis Billaine.

Lange, Joseph. See *Polyanthea*, 1604 and following.

———. 1662. *Anthologia sive Florilegium rerum et materiarum selectarum*. Strasbourg: Wilhelm Christian Glaser. (First published as *Loci communes sive florilegium rerum et materiarum selectarum præcipuarum sententiarum, apophthegmatum, similitudinum, exemplorum, hieroglyphicorum*. Strasbourg: Rihel, 1598.)

Leibniz, Gottfried Wilhelm. 1951. "Precepts for Advancing the Sciences and the Arts." In *Leibniz. Selections*, ed. Philip Wiener, 29-46. New York: Scribner's Sons.／ライプニッツ「諸学問を進展させるための格率」小林道夫訳、『ライプニッツ著作集 10』、工作舎、1991年

———. 1959. "Leibniz on His Calculating Machine," tr. Mark Kormes. In *A Source Book in Mathematics*, ed. David Eugene Smith, 1: 173–81. New York: Dover.

Leutbrewer, Christoph. 1682. *La confession coupée ou la méthode facile pour se préparer aux confessions particulières et générales*. Paris: chez Denys Thierry.

Liberius, Christian. 1681. *Bibliophilia sive de scribendis, legendis et æstimandis libris exercitatio parænetica*. Utrecht: Franciscus Halma.

Littré, Emile. 1992. *Comment j'ai fait mon dictionnaire*, ed. Jacques Cellard. Arles: Editions Bernard Coutaz.

Locke, John. 1686. "Nouvelle méthode de dresser des recueils." *Bibliothèque universelle et historique*, 2: 315-59.

Lomeier, Johannes. 1669. *De bibliothecis liber singularis*. Zutphen: Henricus Beerren.

———. 1962. *A Seventeenth-Century View of European Libraries: Lomeier's* De bibliothecis, *Chapter X*, ed. and tr. John Warwick Montgomery. University of California Publications in Librarianship, vol. 3. Berkeley: University of California Press.

Lorhard, Jacob. 1606. *Ogdoas scholastica continens diagraphen typicam artium*. Sankt Gallen: Straub.

———. 1613. *Theatrum philosophicum in quo artium ac disciplinarum philosophicarum plerarumque omnium... præcepta in perpetuis schematismis ac typis tanquam in speculo, cognoscenda obijciuntur*. Basel: Conrad Waldkirch, 1613.

Lycosthenes, Conrad. 1551. *Elenchus scriptorum omnium*. Basel: Oporinus.

———. 1557. *Prodigiorum ac ostentorum chronicon*. Basel: Petri.

———. 1998. *Conrad Lycosthenes.* Apophthegmata *et son annotation manuscrite*, ed. and intro. Etienne Ithurria. 2 vols. Geneva: Slatkine Reprints.

———. 2007. *Wunderwerck*, ed. Pia Holenstein Weidmann and Paul Michel. Zürich: Olms.

M Maioli, Simone. 1614. *Dies caniculares, hoc est colloquia tria et viginti physica*. Mainz: Joannes Theobaldus Schönwetter.

Malebranche, Nicolas. 1993. *Treatise on Ethics (1684)*, tr. Craig Walton. Dordrecht; Kluwer Academic Publishers.

Martial. 2006. *Valerii Martialis liber spectaculorum*, ed. Kathleen M. Coleman. Oxford: Oxford University Press.

Martin, Gabriel. 1706. *Bibliotheca Bigotiana*. Paris: Jean Boudot, Charles Osmont, Gabriel Martin.

———. 1711. *Bibliotheca Bultelliana seu catalogus librorum Bibliothecæ Caroli Bulteau*. Paris: Pierre Gifffart and Gabriel Martin.

———. 1738. *Catalogus librorum bibliothecæ... Comitis de Hoym*. Paris: Gabriel Martin.

———. 1746. *Catalogue des livres de feu M. l'abbe d'Orléans de Rothelin*. Paris: Gabriel Martin.

Mather, Cotton. 1994. *The Christian Philosopher*, ed. Winton U. Solberg. Urbana: University of Illinois Press.

Melanchthon, Philipp. 1536. *Loci communes theologici*. Wittenberg: P. Seitz. (1st ed. pub. 1521.)／メランヒトン『神学総論——ロキ・コンムーネス』藤田孫太郎訳、新教出版社、1949年

Menage, Gilles. 1715. *Menagiana ou bons mots et remarques critiques, historiques, morales et d'érudition de Monsieur Mé-*

Gesner, Conrad. 1545. *Bibliotheca universalis sive Catalogus omnium scriptorum locupletissimus, in tribus linguis, Latina, Græca et Hebraica: Extantium et non extantium, veterum et recentiorum in hunc usque diem, doctorum et indoctorum, publicatorum et in bibliotheca latentium.* Zurich: Froschauer.

———. 1548. *Pandectarum sive partitionum universalium... libri xxi.* Zurich: Froschauer.

———. 1549. *Partitiones theologicæ.* Zurich: Froschauer.

———. 1551a. *Elenchus scriptorum omnium, veterum scilicet ac recentiorum, extantium et non extantium, publicatorum atque hinc inde bibliothecis latitantium, qui ab exordio mundi usque ad nostra tempora in diversis linguis, artibus ac facultatibus claruerunt ac etiamnum hodie vivunt*, ed. Conrad Lycosthenes. Basel: Oporinus.

———. 1551b. *Historiæ Animalium lib. I de Quadrupedibus viviparis.* Zurich: Froschauer.

———. 1559. *Ioannis Stobæi sententiæ ex thesauris Græcorum delectæ.* Zurich: Froschauer.

———. 1577. *Epistolarum medicinalium libri III.* Zurich: Froschauer.

———. 1583. *Bibliotheca instituta et collecta*, ed. Iohannes Iacobus Frisius. Zurich: Froschauer.

———. 1616. *Onomasticon propriorum nominum virorum, mulierum, sectarum etc.* in Calepino, 1616. Basel: Henricpetri.（最初に出版されたのは1544年であるが、序文は後の1546年に加えられた）

———. 1976. *Vingt lettres à Jean Bauhin fils, 1563-1565*, tr. Augustin Sabot. Saint-Etienne: Publications de l'Université de Saint-Etienne.

Gross, Johann Georg. 1625. *Urbis Basil. Epitaphia et inscriptiones.* Basel: J. J. Genathi.

Grosseteste. 1995. *Opera Roberti Grosseteste Lincolniensis*, ed. Philip W. Roseman, vol. 1. Turnhout: Brepols.

Grotius, Hugo, et al. 1645. *Dissertationes de studiis instituendis.* Amsterdam: Elzevir.

Gruterus, Janus. 1624. *Florilegium magnum seu polyanthea.* Strasbourg: Zetzner.

Guarino, Battista. 2002. *De ordine docendi et studendi.* In *Humanist Educational Treatises*, ed. and tr. Craig Kallendorf, 260-309. I Tatti Renaissance Library. Cambridge: Harvard University Press. (Orig. pub. 1459.)

H

Hartlib, Samuel. 2002. *The Hartlib Papers: A Complete Text and Image Database of the Papers of Samuel Hartlib (c. 1600–62) Held in Sheffield University Library.* Sheffield: Online Humanities Research Institute.

Heyde, Johannes Erich. 1931. *Technik des wissenschaftlichen Arbeitens. Zeitgemässe Mittel und Verfahrensweisen: Eine Anleitung, besonders für Studierende*, 3rd ed. Berlin: Junker und Dünhaupt.

Hippocrates. 1953. *Aphorisms*, tr. W. H. S. Jones. Cambridge: Harvard University Press.／ヒポクラテス『新訂ヒポクラテス全集1』大槻真一郎訳、エンタプライズ、1997年

Hoeniger, Nicolas. 1575. *Propugnaculum, castitatis et pudicitiæ... tam virginum quam uxorum.* Basel: Henricpetri.

Hoole, Charles. 1969. *A New Discovery of the Old Art of Teaching Schoole, 1660.* Facsimile: Menston, UK: Scolar Press.

Huet, Pierre-Daniel. 1722. *Huetiana ou pensées diverses de M. Huet.* Paris: Jacques Estienne.

Hugh of St. Victor. 1961. *Didascalicon, a Medieval Guide to the Arts*, tr. Jerome Taylor. New York: Columbia University Press.

Hyde, Thomas, ed. 1674. *Catalogus impressorum librorum Bibliothecæ Bodleianæ in Academia Oxoniensi.* Oxford: e Theatro Sheldoniano.

I

Ibn 'Abd Rabbih. 2006. *The Unique Necklace*, tr. Issa Boullatta. Reading, UK: Garnet Publishing.

Ibn al-Nadīm, Muhammad ibn Ishāq. 1970. *The Fihrist of al-Nadīm: A Tenth-Century Survey of Muslim Culture*, ed. and tr. Bayard Dodge. New York: Columbia University Press.

Ibn Khaldūn. 2005. *The Muqaddimah: An Introduction to History*, tr. Franz Rosenthal, abridged N. J. Dawood. Princeton: Princeton University Press.

Isidore of Séville. 2006. *The Etymologies of Isidore of Séville*, tr. Stephen A. Barney, W. J. Lewis, J. A. Beach, Oliver Berghof, with the collaboration of Muriel Hall. Cambridge: Cambridge University Press.

J

Jāhiz. 1969. *The Life and Works of Jāhiz*, ed. and tr. Charles Pellat. Berkeley: University of California Press.

John of Salisbury. 1971. *The Metalogicon: A Twelfth-Century Defense of the Verbal and Logical Arts of the Trivium*, tr. Daniel D. McGarry. Gloucester, MA: Peter Smith.

Johnson, Samuel. 2005. *Samuel Johnson's Unpublished Revisions to His Dictionary of the English Language*, ed. Allen Reddick, with the collaboration of Catherine Dille and assistance from Regula Bisang and Antoinina Bevan Zlatar. Facsimile: Cambridge: Cambridge University Press.

Drexel, Jeremias, SJ. 1638. *Aurifodina artium et scientiarum omnium; excerpendi sollertia*. Antwerp: vidua Ioannis Cnobbari.

Dupuy, Pierre, and Jacob Dupuy. 1679. *Catalogus Bibliothecæ Thuanæ*. Paris.

Du Verdier, Antoine. 1585. *La bibliothèque*. Lyon: Barthelemy Honorat.

E *Encyclopedia Britannica*. 1985. 15th ed. Chicago: Encyclopedia Britannica.／『ブリタニカ国際大百科事典』第3版、ティビーエス・ブリタニカ、1996年、他

Erasmus, Desiderius. 1508. *Adagiorum chiliades tres*. Venice: Aldus.

———. 1515. *Adagiorum chiliades tres*. Basel: Froben.

———. 1530. *Adagiorum omnium, tam græcorum quam latinorum aureum flumen*, per Theodoricum Cortehœvium selectum. Antwerp: Martinus Cæsar.

———. 1550. *Adagiorum chiliades quatuor*. Basel: Froben.

———. 1551. *Adagiorum chiliades quatuor*. Basel: Froben.

———. 1964. *The Adages of Erasmus: A Study with Translations*, tr. Margaret Mann Phillips. Cambridge: Cambridge University Press.

———. 1978. *Collected Works of Erasmus*, vol. 24: *Literary and Educational Writings 2*, tr. and ed. Betty Knott and Brian McGregor. Toronto: University of Toronto Press.

———. 2001. *The Adages of Erasmus*, tr. Margaret Mann Phillips, ed. William Barker. Toronto: University of Toronto Press.／エラスムス『格言選集』金子晴勇訳、知泉書館、2015年。

Estienne, Charles. 1553. *Dictionarium historicum ac pœticum*. Paris: Charles Estienne.

———. 1693. *Dictionarium historicum, geographicum, pœticum: Gentium, hominum, deorum gentilium, regionum, insularum, locorum, civitatum, æquorum, fluviorum, sinuum, portuum, promontoriorum ac montium, antiqua recentioraque, ad sacras et profanas historias, pœtarumque fabulas intelligendas necessaria nomina*. Geneva: de Tournes. (Orig. pub. 1553.)

Estienne, Henri. 1572. *Thesaurus Linguæ Græcæ*. Geneva: Henri Estienne.

Estienne, Robert. 1531. *Dictionarium seu latinæ Linguæ thesaurus*. Paris: Robert Estienne.

———. 1536. *Dictionarium*. 2nd ed. Paris: Robert Estienne.

———. 1541. *Dictionarium propriorum nominum virorum, mulierum, populorum, idolorum, urbium, fluviorum, montium cæterorumque locorum*. Paris: Robert Estienne.

———. 1553. *Ambrosii Calepini dictionarium quarto et postremo ex R. Stephani latinæ linguæ thesauro auctum*. Geneva: Robert Estienne.

F Fabian, Bernhard, ed. 1972-78. *Die Messkataloge des sechzehnten Jahrhunderts, 1564-92*. 4 vols. Hildesheim: Olms.

Fichet, Alexander, SJ. 1649. *Arcana studiorum omnium methodus et bibliotheca scientiarum librorumque earum ordine tributorum universalis*. Lyon: Guillelmus Barbier.

Franklin, Benjamin. 1985. *Autobiography*, ed. J. A. Leo Lemay and P. M. Zall. New York: W. W. Norton.

Fraunce, Abraham. 1906. *Victoria: A Latin Comedy*, ed. G. C. Moore Smith. Louvain: Uystrpruyst.

Freigius, Iohannis Thomas. 1582. *Pædagogus, hoc est libellus ostendens qua ratione prima artium initia pueris quam facillime tradi possint*. Basel: Sebastian Henricpetri.

Frey, Jean-Cécile. 1674. *Via ad divas scientias artesque linguarum notitiam, sermones extemporaneos, nova et expeditissima*. Arnstad: typis Meurerianis. (Orig. pub. 1628.)

Furetière, Antoine. 1690. *Dictionaire universel, contenant généralement tous les mots françois tant vieux que modernes, et les termes de toutes les sciences et des arts...* The Hague: Arnout & Renier Leers.

G Garnier, Jean. 1678. *Systema bibliothecæ Collegii Parisiensis Societatis Jesu*. Paris: Cramoisy.

Gassendi, Pierre. 1657. *The Mirrour of True Nobility and Gentility Being the Life of the Renowned Nicolaus Claudius Fabricius Lord of Peiresk*, tr. W. Rand. London: J. Streater for Humphrey Moseley.

Gellius, Aulus. 1946. *The Attic Nights*, tr. John C. Rolfe. 3 vols. Loeb Classical Library. Cambridge: Harvard University Press.／アウルス・ゲッリウス『アッティカの夜 1』大西英文訳、京都大学学術出版会、2016年（全2巻で、『アッティカの夜 2』は出版予定）

Georgi, Theophilus. 1742. *Europäisches Bücher-lexikon*. Leipzig: Theoph. Georgi.

ing.

Bury, Richard de. 1970. *Philobiblon*, tr. E. C. Thomas. Oxford: Blackwell.

Byrd, William. 2001. *The Commonplace Book of William Byrd II of Westover*, ed. Kevin Berland, Jan Kirsten Gilliam, and Kenneth A. Lockridge. Chapel Hill: University of North Carolina Press for the Omohundro Institute of Early American History and Culture.

C Caccialupi, Giovanni Battista. 1510. *Tractatus de modo studendi*. Pavia: Jacob de Burgofranco.

Calepino, Ambrogio. 1554. *Ambrosii Calepini dictionarium*. Geneva: Robert Estienne.

———. 1616. *Dictionarium undecim linguarum*. 2 vols. Basel: Henricpetri.

———. 1718. *Septem linguarum Calepinus hoc est lexicon latinum, variarum linguarum interpretatione adjecta*, ed. Jacobus Facciolatus. Padua: ex typographia Seminarii.

———. 1746. *Septem linguarum Calepinus*. Padua: ex typographia Seminarii.

Callimachus. 1949–53. *Callimachus*, ed. Rudolf Pfeiffer. 2 vols. Oxford: Clarendon.

Caramuel Lobkowitz, Juan. 1988. *Theologia præterintentionalis... Est theologiæ fundamentalis tomus IV* (Lyon, 1664). Repr. in V. Romani, *Il "syntagma de arte typographica" di Juan Caramuel ed altri teste secenteschi sulla tipografia e l'edizione*. Manziana: Vecchiarelli editore.

Cardano, Girolamo. 1643. *De propria vita liber*. Paris: Jacobus Villery.

———. 2002. *The Book of My Life*, tr. Jean Stoner, ed. Anthony Grafton. New York: New York Review of Books.／G・カルダーノ『わが人生の書——ルネサンス人間の数奇な生涯』青木靖三・榎本恵美子訳、社会思想社、1989年

Casaubon, Meric. 1999. *Generall Learning: A Seventeenth-Century Treatise on the Formation of the General Scholar by Meric Casaubon*, ed. Richard Serjeantson. Cambridge: RTM Publications.

Cassiodorus. 2003. *Institutions of Divine and Secular Learning, and On the Soul*, tr. James Halporn. Liverpool: Liverpool University Press.

Chavigny, Paul Marie Victor. 1920. *Organisation du travail intellectuel: Recettes pratiques à l'usage des étudiants de toutes les facultés et de tous les travailleurs*, 5th ed. Paris: Librairie Delagrave.

Clément, Claude. 1635. *Musei sive bibliothecæ tam privatæ quam publicæ extructio, instructio, cura, usus*. Lyon: sumptibus Jacobi Prost.

Cognatus, Gilbert. 1535. *Οικετης sive de officio famulorum*. Paris: Wechel.

Colle, Ioannis. 1618. *De idea, et theatro imitatricium et imitabilium ad omnes intellectus, facultates, scientias et artes: Libri aulici*. Pesaro: Ioanns Boatius.

Comenius, Jan Amos. 1986. *Opera omnia*. Prag: Academia Praha.

Crassot, Jean. 1630. *Institutiones absolutissimæ, in universam Aristotelis Philosophiam*. Paris: Denys Thierry. (Orig. pub. 1617.)

D Davis, Norman, ed. 2004. *Paston Letters and Papers of the Fifteenth Century*. Oxford: Oxford University Press.

Descartes, René. 1996. "Recherche de la verité par la lumière naturelle." In *Oeuvres de Descartes*, ed. Charles Adam and Paul Tannery, 10: 495-532. Paris: Vrin.／R・デカルト『真理の探究』井上庄七訳、『デカルト著作集』第4巻、白水社、1973年

Diderot, Denis, and Jean le Rond d'Alembert. 1751-80. *Encyclopédie*. 35 vols. Facsimile: Stuttgart-Bad Cannstatt: Frommann, 1966.

Diogenes Lærtius. 1938. *Lives, Teachings, and Sayings of Eminent Philosophers*, tr. R. D.Hicks. 2 vols. Cambridge: Harvard University Press.／ディオゲネス・ラエルティオス『ギリシア哲学者列伝』全3巻、加来彰俊訳、岩波書店、1984~1994年、他

Dolet, Etienne. 1536. *Commentariorum linguæ latinæ tomus primus*. 2 vols. Lyon: Gryphius.

Doni, Anton Francesco. 1551. *La secunda libraria del Doni*. Venice.

Dotson, John E., tr. and intr. 1994. *Merchant Culture in Fourteenth-Century Venice: The Zibaldone da Canal*. Binghamton, NY: Medieval and Renaissance Texts and Studies.

Draud, Georg. 1625a. *Bibliotheca classica*. Frankfurt: Balthasar Ostern.

———. 1625b. *Bibliotheca exotica*. Frankfurt: Balthasar Ostern.

Araoz, Franciscus. 1631. *De bene disponenda bibliotheca*. Madrid: ex officina Francisci Martinez.

B Bacon, Francis. 1868. *The Works of Francis Bacon*, ed. James Spedding, Robert Leslie Ellis, and Douglas Denon Heath. 14 vols. London: Longmans, Green.

———. 2001. *Advancement of Learning*. New York: Modern Library./フランシス・ベーコン『学問の進歩』服部英次郎・多田英次訳、岩波書店、1974年

———. 2002. *Essays*. In *Francis Bacon: The Major Works*, ed. Brian Vickers. Oxford: Oxford University Press./フランシス・ベーコン『ベーコン随想集』渡辺義雄訳、岩波書店、1983年、他

Baillet, Adrien. 1685. *Jugemens des sçavans sur les principaux ouvrages des auteurs*. Paris: Antoine Dezallier.

———. 1987. *La vie de Monsieur Descartes* (Paris, 1691). 2 vols. Facsimile: New York: Garland Publishing.

Balbi, Giovanni. 1971. *Catholicon*. Westmead, Eng.: Gregg International.

Bale, John. 1902. *Index Britanniæ scriptorum... John Bale's Index of British and Other Writers*, ed. Reginald Lane Poole with Mary Bateson. Oxford: Clarendon Press.

———. 1971. *Scriptorum illustrium Maiores Brytanniæ catalogus:* Basle 1557, 1559. Farnborough, Hampshire: Gregg International Publishers.

Barthius, Caspar. 1624. *Adversariorum commentariorum libri lx*. Frankfurt: Wechel, Daniel and David Aubry, and Clement Schleichius.

Bartholinus, Thomas. 1676. *De libris legendis dissertationes vii*. Copenhagen: Daniel Paul.

———. 1691. *Catalogus librorum... Thomæ Bartholini*. Copenhagen: Bockenhoffer.

Bartholomæus Anglicus. 2007. *De proprietatibus rerum*, ed. Christel Meier et al. Turnhout: Brepols.

Bayle, Pierre. 1740. *Dictionnaire historique et critique*. Amsterdam: Brunel et al./ピエール・ベール『歴史批評辞典』野沢協訳、『ピエール・ベール著作集』第3~5巻、法政大学出版局、1982~1987年

Beyerlinck, Laurentius. 1608. *Apophthegmata christianorum*. Antwerp: Plantin.

———. 1666. *Magnum theatrum vitæ humanæ... ad normam Polyantheæ universalis dispositum*. 8 vols. Lyon: Huguetan and Ravaud. (Orig. pub. 1631.)

Boccaccio, Giovanni. 1915. *Lo zibaldone boccaccesco Mediceo Laurenziano plut. xxix-8*. Facsimile ed. Guido Biagi. Florence: Leo Olschki.

Bodin, Jean. 1597. *Universæ naturæ theatrum*. Frankfurt: Wechel.

———. 1945. *Method for the Easy Comprehension of History*, tr. Beatrice Reynolds. New York: Columbia University Press.

———. 1979. *Six Bookes of a Commonweale*, ed. Kenneth McRae. New York: Arno Press.

Bonaventure. 1250–52. *Commentaries on the Sentences of Peter Lombard*, online at http://www.franciscan-archive.org/bonaventura/opera/bon01001.html.

[Boschet, Antoine.] 1691. *Reflexions sur les jugemens des sçavans, envoyées à l'auteur par un académicien*. La Haye: Arnout Leers.

Boswell, James. 1835. *The Life of Samuel Johnson... to which are added anecdotes... by various hands*. 10 vols. London: John Murray.

———. 1934. *Boswell's Life of Johnson*, ed. G. B. Hill. 6 vols. Oxford: Clarendon Press./J・ボズウェル『サミュエル・ジョンソン伝』全3巻、中野好之訳、みすず書房、1981~1983年、他

Bouhours, Dominique. 1988. *La manière de bien penser dans les ouvrages de l'esprit*, ed. Suzanne Guellouz. Toulouse: Atelier de l'Université de Toulouse-Le Mirail. (Orig. pub. 1687.)

Boyle, Robert. 1661. *Some Consideration Touching the Style of the H. Scriptures*. London: Henry Herringman.

———. 1999–2000. *Works of Robert Boyle*, ed. Michael Hunter and Edward B. Davis. 14 vols. London: Pickering and Chatto.

Brant, Sebastian. 1944. *The Ship of Fools (Narrenschiff)*, tr. and ed. Edwin H. Zeydel. New York: Columbia University Press./ゼバスティアン・ブラント『阿呆船』上・下、尾崎盛景訳、現代思潮新社、2010年

Brinsley, John. 1627. *Ludus literarius: or, The grammar schoole*. London: Felix Kyngston for John Bill.

Brunet, Jacques Charles. 1810. *Manuel du libraire*. Paris: Brunet, Leblanc.

Burton, Thomas. 1927. *The Anatomy of Melancholy*, ed. Floyd Dell and Paul Jordan-Smith. New York: Tudor Publish-

引用文献

• 一次資料　手稿

バーゼル、バーゼル大学図書館

Theodor Zwinger *Nachlass*. Frey Mscr I 13, Mscr F IX 7a.

ケンブリッジ、ケンブリッジ大学図書館

Anon. Index (fourteenth century) appended to Robert Kilwardby, *Tabulæ super originalia* and a *Tabula super sententias*. Pembroke College MS 39.

Anon. Index to various theological works, 1628. MS Gg.i.28.

Thomas of Ireland, *Manipulus florum*, MS Ff.vi.35.

ロンドン、大英図書館

John Evelyn. Miscellaneous notes, MS Add 15950.

パリ、マザラン図書館

Mazarine Library catalogs. MSS 4134–37 and MSS 4138–45.

Jean-Nicolas de Tralage. Notes MS 4299.

パリ、フランス国立図書館（BnF）

Anon. "Ad Abraham Ortelii Theatrum geographicum index a Gregorio Mariette concinnatus," MS Latin 14351–53.

Henri de Mesmes. "Excerpta," MS Add Lat. 8726.

Jean de Hautfumey, index to the Vincent of Beauvais's *Speculum historiale*, MS Lat 14355 and 14356.

チューリッヒ、チューリッヒ中央図書館

Conrad Gesner *Nachlass*. MS C 50a: miscellaneous Gesner manuscripts.

MS S 204a, 204b, 204c: "Thesaurus medicinæ practicæ e Conradi Gesneri schedis autographis et celeberrimorum sui ævi medicorum epistulis, consiliis scriptis propriaque experientia et observatione collectus a Casparo Wolphio Phys. Prof. et archiatro Zuriceri." 1596.

• 一次資料　印刷物

A Alembert, Jean le Rond d'. 1753. *Mélanges de littérature, d'histoire et de philosophie*. 2 vols. Berlin.

———. 1995. *Preliminary Discourse*, tr. Richard N. Schwab. Chicago: University of Chicago Press.

Alexander ab Alexandro. 1539. *Genialium dierum libri sex*. Paris: Joannes Roigny.

Al-Juzajani. 1974. *The Life of Ibn Sina*, ed. and tr. William E. Gohlman. Albany: State University of New York Press.

Alsted, Johann Heinrich. 1610. *Consiliarius academicus et scholasticus, id est methodus formandorum studiorum*. Strasbourg: Lazarus Zetznerus.

———. 1616. *Orator, sex libris informatus*. Herborn: Corvinus.

———. 1653. *Loci communes theologici perpetuis similitudinibus illustrati*. Frankfurt: Ioannis Pressius.

———. 1989. *Encyclopedia septem tomis distincta* (Herborn, 1630). Facsimile: Stuttgart-Bad Cannstatt: Frommann-Holzboog.

Amantius, Bartholomæus. 1556. *Flores celebriorum sententiarum Græcarum et Latinarum*. Dilingen: Mayer.

ウスの死に関する真実の話（エンシナス） 270
非生物語彙（アルドロヴァンディ） 131
一つかみの花々（アイルランドのトマス） 54, 56, 112, 156, 157, 167, 193, 220, 229, *1-135
ピナケス（文献目録通覧）（カッリマコス） 26, 31, 145, *1-23
火花の書（デフェンソル） 47, *1-101
百学連環書（チェインバーズ） 20, 179, 210, 213, 234, 320, 325
百科事典（アルシュテート） 178, 207, 211, 212, 248, 287, *3-182
百科全書 20, 179, 210, 212, 213, 216, 234, 320, 321, 322, 324, *3-179, *5-131, *5-134
ビュルトー氏蔵書目録（マルタン） *3-156
標準注釈（ロンバルドゥス） 51, *1-18, *2-21
フランス王太子版 179
フランス革命史（カーライル） *2-190
フランス史（メズレ） 289
フランス文献目録（ラ・クロワ・デュ・メーヌ） 176, 203, 239, 240, 258
ブリタニカ百科事典 42, 151, 169, 179, 214, 281 321, *1-4, *1-84
ブリテン島の著名著者概要（ベイル） 203
ブルトゥス（キケロ） *1-102
プロペディア 214, *1-4
プロンプトリウム（ガルフリドゥス・グランマティクス？） 152
文芸共和国便り（ベール） 127, 208
文芸ニュース（ラミ） 208
文献目録（デュ・ヴェルディエ） 203
文献目録総覧（ペニョ） 204
文献目録の目録（ラベ） 204, *1-188
文選（ストバイオス） 29
へぼ雄弁家 296
ヘロドトスのための弁明（エティエンヌ） *4-119
弁論家の教育（クインティリアヌス） 144
弁論家について（キケロ） *2-64
法学百科事典（フィリップ） *3-179
豊穣の角（ペロッティ） 66, 161, 162
簿記について（ウェブスター） *2-31
ポリアンテア（ナニ・ミラベッリ） 14, 17, 114, 156-158, 167, 170, 171, 173, 175, 181-183, 190-192, 195, 196, 214, 217, 220-223, 225-231, 234, 235, 237, 239, 243, 244, 253, 256, 259, 261, 273, 285-293, 296-299, 303, 304, 306-310, 312, 317, *3-37, *3-42, *4-14, *4-15, *4-23, *4-120, *5-13, *5-14, *5-19, *5-21, *5-24, *5-26, *5-31, *5-44, *5-45, *5-113
ポリヒストル（モルホーフ） 209, 324, *2-38

マ

マイクロペディア 214
マクデブルク世紀史 129, 139, 242, 259, *2-173
マクロペディア 214
見世物について（マルティアリス） 161
無機化学ハンドブック（グメリン） 326
名士小伝（オーブリー） 94
命題集（ロンバルドゥス） 50, 168, 183, 219
名文集（エリック） 48
メデア（セネカ） 306
メトロポリタン百科事典（コールリッジ） 214
メナージュ語録（メナージュ） 314
盲人書簡（ディドロ） *3-110
目録の書（アル=ナディーム） 36, 38, 39
最も完成された箴言集（ベッレンガルドゥス） *4-14
森の森（ベイコン） 24

ヤ

憂鬱の解剖（バートン） *4-112
有益な読書の方法に関する覚え書き（サッキーニ） 89, *2-34
遊戯学校、あるいは生きた百科事典（コメニウス） *3-179
友人たちの書（アウグストゥス） *2-105
雄弁の能力について（エラスムス） *2-33
良い書物の見分け方について（ソレル） 90
養蜂所（チェシ） 190, *4-149
良き作文の技法（カルスーギ） *2-34
四部構成の鑑（ヴァンサン・ド・ボーヴェ） *1-148

ラ

ライプツィヒ学術論叢 127, 208, 209
ラ・クロワ・デュ・メーヌとデュ・ヴェルディエのフランス文献目録 *3-145
ラテン語=英語辞典（トマス・トマス） 260, *4-2
ラテン語辞典 303
ラテン語大辞典（フォルチェリーニ） 162
ラテン語の宝庫 303
ラテン語宝典（ロベール・エティエンヌ） 162
リンカンのロバート・グロステスト著作集（ローズマン） *1-128
ルキリウス宛道徳書簡（セネカ） *1-13
歴史（トゥキディデス） *2-90
歴史大事典（モレリ） 257, 320
歴史注解（パンピレ） 34
歴史と詩に関する辞典（シャルル・エティエンヌ） 154, 319
歴史の鑑（ヴァンサン・ド・ボーヴェ） 58, 59, 67, 68, 171, *1-148
歴史批評辞典（ベール） 85, 112, 320, *4-8, *5-130
「列王記」注釈（ラルフ・ニジェール） *1-135
連続読書録（ビスキオラ） 252
ロキ・コンムネス（ランゲ） 229, , 238, 260
六欄組聖書（オリゲネス） 29
ローマ建国史（リウィウス） 30
ローマ建国史梗概（フロルス） 30
ローマのみならず全世界から収集された, 敬うべき古代の碑銘（アマンティウス） *4-26

ワ

若者たちの利用に向けた……概観的百科事典（ゲゼッリウス） *3-179
若人のための絵の学園（シュトイ） 279

植物対照表（ボアン） 20
書誌（ドーニ） 203
神学総覧（アルシュテート） 164
神学大全（トマス・アクイナス） 51, 105, 177, 181,
神学ならびに哲学において今日まで著名であるほとんど全学者の詞華集（トマス） 156
人生の劇場（ツヴィンガー） 6, 17, 114, 149, 155, 159, 164, 165, 167, 168, 171, 173, 174, 176, 177, 182, 187, 188, 190, 191, 196, 198, 199, 207, 213, 214, 233-235, 240-249, 251-257, 259, 260, 264, 265, 268, 285-288, 290-292, 295-299, 301-304, 306, 308, 312, *3-45, *4-68, *4-70, *4-94, *4-100, *4-135, *5-2, *5-3, *5-21, *5-24, *5-79
人生の大劇場（バイヤーリンク） 14, 157, 165 171, 174, 176, 178, 182, 188, 192, 197-199, 220, 234, 246, 251, 252, 254, 255, 272, 273, 287, 289, 291, 297, 302, 306, 317, 322, *3-42
人生の短さについて（セネカ） *1-12
人体の構造について（ヴェルサリウス） 243
新ポリアンテア（ナニ・ミラベッリ、アマンティウス、トルティウス、ランゲ） 229, 230, 237, 259
神話の手引き（コンティ） 236, 301
数学百科事典（ラフェンスペルフ） *3-179
スーダ辞典 31, 35, 36, 62, 141, 202, 279, 305, *1-53, *4-158, *5-70
スカリゲル語録（スカリゲル） 302
ストロマテイス（クレメンス） 30, *1-40
政治学書誌（ノーデ） 201
誠実さへの讃歌（モンテスキュー） 323
聖書の語彙の説明（ブルターニュのウィリアム） 151
聖書詞華集（トマス） 156, *3-33
聖人に関する説教集（ヘルメシウス） *4-14
精選文庫（ポッセヴィーノ） 213, 234, *intr-17
世界誌（ミュンスター） 69, 240, 264
世界史ノート *1-100
世界と諸地獄（ドーニ） *4-118
説教選集（バイヤーリンク） *4-103
選集（ストバイオス） 29, *3-80
選集（ランゲ） 229, 230, 238, *4-32
洗練された人士の百科事典（ソニエ） *3-179
蔵書構築に関する助言（イーヴリン） 149
蔵書構築に関する助言（ノーデ） 149
「創世記」注釈（リッポマン） 301
総覧（ゲスナー） 74, 114, 162, 182, 198, 203

タ

大宇宙と小宇宙（フラッド） 213
大詞華集、またはポリアンテア（グルテルス） *3-42
第二部第二篇（トマス・アクイナス） 177, 181, *3-100
太平御覧 41
ダマスカスの歴史 38
知識の伝授について（ビベス） *2-33
智者の判断（バイエ） 77, 208
知の百科事典（テュルネーブ） 132
注釈集（クレイタルコス） *1-34
著者一覧（リュコステネス） 264
著名な学識者たちの劇場（フレーアー） 209
著名な詩人の詞華集（ミランドゥラ） 305
著名な詩人の喜びの園（ミランドゥラ） 156
著名な人々について（ヒエロニムス） 201
著名な人々の生について（ジゲベルト） *3-137
地理学（プトレマイオス） 123, 264
地理学の劇場（オルテリウス） *2-152
追録 176
ディダスカリコン（学習論）（サンヴィクトルのフーゴー） *1-19
ティマイオス（プラトン） *1-10
哲学辞典（ヴォルテール） 323
(哲)学者ならびに文人一覧 *3-131
天国の華 49
天球の回転について（コペルニクス） 131
伝道の書 24, 25
天文学を愛した皇帝，国王および貴顕紳士の目録（ランツァウ） 255
ドゥエ詞華集 49, 230, *4-10
トゥスクルム荘対談集（キケロ） 153
道徳の鑑（ヴァンサン・ド・ボーヴェ） 58, *1-148
道徳の貯蔵庫（バイヤーリンク） 254, *4-103
動物誌（ゲスナー） 146, 274
匿名著者と偽名著者の劇場（プラッツィウス） 209
匿名著者と偽名著者の目録、プラッツィウスの劇場への補遺と続篇（ホイマン） *3-173
図書館について（ローマイヤー） 150
図書総覧（フォティオス） 34, 35
トレヴーの辞典 319

ナ

七分野の百科事典（アルシュテート） 178, 211, *5-100
何も知られていない（サンチェス） 75
ニコマコス倫理学（アリストテレス） 262
「ニコマコス倫理学」の一覧（トマス・アクイナス？） 262, *4-131
ニュー・アトランティス（ベイコン） 129
抜き書きの技法（プラッツィウス） 118, 119, 235, 269

ハ

パイドロス（プラトン） *1-10
博物誌（大プリニウス） 27, 29, 57, 103, 169 216
花摘みの書 49
パリ文献目録（サン=シャルル） 201
パルナッソスへの階梯（アラー） 318, *5-117
パンセ（パスカル） 92, 94
万有語彙辞典（ツェドラー） 321, 322, *4-174, *5-134
万有自然劇場（ボダン） *3-56
万有文庫（ゲスナー） 74, 114, 176, 201-203, 206, 211, 235, 239, 257, 260, 264, 272, 279, 290
ヒエログリフ集（ヴァレリアヌス） 229, 252
控え帳（リヒテンベルク） 88, 92
ヒスパニアの聖ヨアンエス・ディアジ

160, 257, 290, 303
覚え書き（パンピレ） *2-92

カ

外国文献目録（ドラウト） 203
格言集（エラスムス） 32, 53, 66, 72, 114, 133 139, 155, 160, 163, 168, 170, 176, 177, 192, 221, 222, 256, 259, 303, 308, 313, *1-39
学識者新報 127, 208, 209
学識者著作史（バスナージュ・ド・ボヴァル） 76, *1-211
学習の方法について（エラスムス） *2-33, *2-66
学術史試論（シュマイツェル） *3-112
学説彙纂（ユスティニアヌス帝） 30, 31, 166
学問の劇場（ロルハルト） 213, *3-185
学問の初歩の手引き（パピアス） 54
学問の真珠（ライシュ） 178, 210-212
学問の図書館（ボルドゥアヌス） *3-131
学問の方法に関する冊子（カッチャルーピ） *1-14
学校教育八科概説（ロルハルト） *3-185
家庭教師（クライギウス） 213
カトーの風紀二行詩（カトー） 156
カトリコン（バルビ） 55, 64, 151, 152, 166, 262, 288
ガリア詞華集 48
閑暇の時（ビスキオラ） 252
キケロ語彙集（ニゾリオ） 292
教育方法論（カッシオドルス） 46
教会に関する著者について（トリテミウス） 201
教師の務め 全二巻（ミッデンドルプ） *4-152
教養あるフランス *3-171
教令集（グラティアヌス） 50, 87, 169, *2-21
ギリシア語宝典（アンリ・エティエンヌ） 240, 305, *1-179
ギリシア語注解（ビュデ） 162
キリスト教世界の学術 全二巻（ミッデンドルプ） *4-152
金鉱──すべての学芸および科学の鉱脈もしくは抜粋の技能（ドレクセル） 89, 236
クラリッサ（リチャードソン） 324
クリティアス（プラトン） *1-10
クレタ注釈集（ヘルモン） *1-34
グロティアーナ（グロティウス？） *2-100
警句集（バイヤーリンク） 299
敬虔なる巡礼者もしくはエルサレムへの旅（スリウス） 280, *4-161
形容詞辞典（テクストル） 292, 302
外科百科事典（ドラエウス） *3-179
ゲッティンゲン学術新聞（ラミ） 208
ケルソスへの反論 86
語義識別表（コメストルとリールのアラン） 51, 55
告白要諦（フライブルクのヨハン） *1-127
語源（イシドルス） 46, 47, 56, 57, 169
語源（ウグッチョ？） 55, 151, *1-122
古今図書集成 42
心の平静について（セネカ） *1-13
古代人と現代人の比較伝（ペロー） 316
古代の知恵───アレクサンドロス大王、ユリウス・カエサルおよび古代ギリシア、ローマの著名な指導者たちに学ぶ不滅のビジネスレッスン（フィゲイラ、ブレナン、スタンバーグ） 318
古典語文献目録（ドラウト） 203
古典読書録（ロディギヌス） 160, 161, 168, 222, 235, 260, 264, 290, 298, 303, 305, 317, *3-126

サ

才人のための週刊記録 208
最新の文学史へのアパラトゥス〈参考資料〉 *3-171
最新ポリアンテア（ナニ・ミラベッリ、アマンティウス、トルティウス、ランゲ） 230, 291
作品集（カルダーノ） 289
雑録（ポリツィアーノ） 93, 161, *3-58
さまざまな読書の記録 第13巻 新刊（ピエル・ヴェットーリ） *3-57
さまざまな読書の記録 第8巻（ミュレ） *3-57
さまざまな読書の森（メシア） 159
サミュエル・ジョンソン雑録 *4-156
四庫全書 41, 44
シェイクスピアの名せりふ──英米人の教養（マクローン） 318
詞華集（トッテル） 302
仕事場（テクストル） 164
使者たる牧人の懺悔（トリテミウス） *4-14
システマタ（ケッカーマン） 213
自然の鑑（ヴァンサン・ド・ボーヴェ） 58, 59, *1-148
実用医学宝典（ヴォルフ） 266, 267, 271, 277
辞典（エティエンヌ） 162, *3-62
辞典（カレピーノ） 64, 152, 162, 222, 291, 292, 293
辞典（フュティエール） *3-174
詩の真珠（アイプ） 156
詩の宝庫（ヴァインリッヒ） 236
事物の本性について（マウルス） 47
事物の本性について（トマ） 47, 56
事物の本性について（ネッカム） 47
詩文語彙用例集（ミコ） 48
詩文明解（ロベール・エティエンヌ） 154
一一の言語の語源辞典（ミンシュー） 240
宗教的勝利の前駆（アルシュテート） 178
十字架の秘跡（モリニエ） *3-14
集成（アドアール） *4-130
修道士への説教と戒め（トリミテウス） *4-14
祝祭の日々（アレクサンドロ） 163, 269, 298, 303, *3-67, *4-122
種々の著者たちの警句集 303
小華集（ヨハンネス・デ・フォンテ） 60
少年向け辞典（ロベール・エティエンヌ） 292
笑話集と範例集（ブルソーニ） *4-122
諸学の鑑（ヴァンサン・ド・ボーヴェ） 58, 211, *1-148
書簡集（セネカ） *1-27
書簡集（ヒエロニムス） *1-102
食卓の賢人たち（アテナイオス） 29, *1-27
植物誌（ゲスナー） 142

ヤ

ユウェナリス　48, 293
ユエ、ピエール=ダニエル　179, 180, 314, 315
ユグタン、オラス　226, 230, 254
ユスティアヌス帝　30, 31, 166
ユンギウス、ヨアヒム　94, 111, 115, 120, 124, 236
葉夢得　44
ヨウ、リチャード　79, 319

ラ

ラ・クロワ・デュ・メーヌ（フランソワ・グリュデ）　176, 203, 239, 240, 256, 258
ラ・フォンテーヌ、アンリ　327
ラ・モット・ル・ヴァイエ、フランソワ・ド　76
ライシュ、グレゴール　178, 210, 212
ライプニッツ、ゴットフリート・ヴィルヘルム　76, 77, 111, 112, 117-119, 127, 139
ラインホルト、エラスムス　131
ラヴォー、ピエール　223, 226, 230, 254
ラウス夫妻、リチャードとメアリ　50, 57, 60
ラファーター、ヨハン・カスパー　120
ラブレー、フランソワ　222
ラベ、フィリップ　204
ラミ、ジョヴァンニ　208
ラミ、ベルナール　312
ラムス、ペトルス　181, 182, 213, 304
ラングトン、スティーヴン　52
ランゲ、ヨーゼフ（ヨセフス・ランギウス）　114, 157, 196, 228-231, 236-238, 255, 256, 259, 260, 286, 296, 304, 312
ランジュリエ、アベル　223
ランツァウ（ランゾヴィウス）、ハインリヒ・フォン　255
リウィウス　30, 138
リキヌス、ラルキウス　140
リチャード・デ・バリー　25
リトレ、エミール　132
リヒテンベルク、ゲオルク・クリストフ　88, 92
リベリウス、クリスティアン　211
リヘル（リヘリウス）、ヨシアス　238
リュコステネス、コンラート　247, 252, 264, 265, 268-270, 299, 308
リューディン、ヴァレリア　241, 260
リンゲルベルク、ヨアヒム　280
リンネルス、ペトルス　228, 261
ルイ九世　57
ルイ一四世　77
ルカヌス　48
ルクレティウス　20, 106
ルス、ジョナス　134
ルソー、ジャン=ジャック　141
ルチウス、バシリウス　260
ルドヴィツィ、カール・ギュンター　321
ルプス（フェリエールの）　48
ルフス、コンラドゥス・ムティアヌス　313
レイン、アンソニー　301
レオナール（印刷業者）　132
レギナルドゥス　106
レジオ、ラッファエーレ　144
レト、ポンポーニオ　144
ロジェ、フランソワ　120
ロック、ジョン　89, 94, 101, 114, 116, 138, 143, 311
ロディギヌス、カエリウス（リッキエリ、ルドヴィーコ）　160, 161, 163, 168, 212, 235, 260, 262, 290, 298, 303, 305, 317
ローマイヤー、ヨハネス　150
ロルハルト、ヤーコプ　213
ワーズワス、ウィリアム　12

ワ

ワッツ、アイザック　97

書　名

◎ *に先立たれた数字は、巻末の注を示している。前が章、後ろが注番号であり、序論はintrとした。

ア

アカデミー・フランセーズの辞典　319
アガメムノン（アイスキュロス）　*1-40
アッティカ名前集（ピレモン）　*1-34
アッティカ夜話（ゲッリウス）　28, 31, 104, 159
阿呆船　72
医学百科事典（ドラエウス）　*3-179
異教の神々の系譜（ボッカッチョ）　301
イタリア史の著述家たち（ムラトーリ）　*5-14
イタリア文芸新聞（ラミ）　208
犬の日々（マイオリ）　163
医薬の素材について　全6巻（ディオスコリデス）　*2-190
イングランド図書目録（キルウォードビー）　*1-154
引用句辞典（バートレット）　318, 327
ウァレリウスとゲッリウスの選集　48
英語故事成語大辞典（ブルーワー）　216
英語辞典（ジョンソン）　85, 215
英国人名事典　*2-35
永楽大典　41, 42, 62
エセー（モンテーニュ）　65, 107, 128, 134, 136, 164, 192, 222, 223, 301, *3-68
王立協会哲学紀要　127, 207
大いなる鑑（ヴァンサン・ド・ボーヴェ）　50, 56-60, 62, 169, 211, 220, *1-154
大いなる詞華集（ユグタン）　230
オックスフォード英語大辞典　169, 215, 240, 282
オックスフォード古典辞典　*1-38, *1-40
オックスフォード詞華集　219
オノマスティコン（ゲスナー）　154, 162, 261, *3-30, *4-128
オノマトログス（ヘシュキオス）　36
覚え書き（テュルネーブ）　107, 132,

フォティオス　34, 35
フォルチェリーニ、エジディオ　162
フーゴー（サン・ヴィクトルの）　60, 182
フーコー、ミシェル　95, 217
フッガー、ゲオルク　206
フッガー、フィリップ・エドゥアルト　206
フック、ロバート　94, 96
ブッシ、アンドレア・デ（ジョヴァンニ・アンドレア）　63
ブッシュ、ヴァネヴァー　327
プトレマイオス　76, 123, 264
ブーヘム、コルネリス・ファン　209
フュルティエール、アントワーヌ　319, 324
フライギウス、トマス　213
プラウトゥス　134
ブラウノーヴァー、ジルヴェスター　138
ブラウリオ　47
プラッター、トマス　241, 257
プラッツィウス、フィンツェンツ　94, 112, 118－120, 124, 126－129, 131, 137, 139－142, 145, 209, 235－237, 256, 265, 269, 280
フラッド、ロバート　213
フラバヌス・マウルス　47
プラトン　23, 75, 99
フランクリン、ベンジャミン　144
プランタン、クリストフ　177, 254, 293
ブラント、ゼバスティアン　72
プリニウス（小）　27, 104, 140, 141
プリニウス（大）　21, 27－32, 46, 57, 60, 64, 74, 86, 96, 102－106, 134, 136, 140, 141, 169, 202, 216, 228, 233
ブリュネ、ジャック・シャルル　206
プリンクティウス、カスパル　178, 179, 256
フール、チャールズ　130, 131
フルゴスス、バプティスタ　299
プルースト、マルセル　264
プルタルコス　104, 258
フルディヌス、ヨアンネス　132
ブルーワー、エベニーザ・コバム　216
フレーアー、パウル　209
フレイ、ジャン=セシル　130
フレゴノス（トラレスの）　34
フロシャウアー　266
プロティノス　104
プロニー、ガスパール・ド　139
フローベン、アウレリウス　241
フローベン、アンブロジウス　241
フローベン、ヨハネス　66, 168, 176, 241－243, 256
フロルス、ルキウス・アンナエウス　30
ベイコン、フランシス　12, 24, 75, 88, 92, 114, 116, 129, 137, 138, 304
ベイル、ジョン　203
ヘシュキオス（ミレトスの）　36
ヘス、ギルベルト　229, 304
ペトラルカ　20, 21, 86, 134, 221, 227, 311
ペトルス・コメストル　51
ペトルス・デ・アリンギオ　55
ペトルス・ロンバルドゥス　50, 169, 183, 218
ペトロニウス　303
ペニョ、ガブリエル　204
ペリカン、コンラート　122
ベール、ピエール　85, 107, 112, 127, 128, 208, 267, 310, 320
ベルナール（クレルヴォーの）　50, 83
ベルナルダン・ド・サン=ピエール、ジャック=アンリ　102
ベルネッガー、マティアス　297
ヘルプスター、クリスティーナ　240
ペレスク、ニコラ・ファブリ・ド　93, 110, 124, 142
ペロー、シャルル　316
ペロッティ、ニッコロ　66, 161, 162, 303
ヘンリー八世　226, 291
ポー、エドガー・アラン　101
ボアン、カスパル　20, 244
ボイル、ロバート　84, 94, 111, 136, 272
ボエティウス　31
ボズウェル、ジェイムズ　78
ホスピニアヌス、ルドルフ　302
ボダン、ジャン　72, 114
ボッカッチョ　301
ボック、ハンス　249, 250
ポッセヴィーノ、アントーニオ　213, 234
ボードリ（ブルグイユの）　87
ボナヴェントゥラ　218
ホフマン、ジョージ　222
ホメロス　25, 33, 34
ホラティウス　20, 48, 95, 221
ポリツィアーノ、アンジェロ　93, 144, 161
ボルシュト、アルノ　56
ポルピュリオス　104

マ

マイオーリ、シモーネ　163
マイネル、クリストフ　120
マクロビウス　46
マザラン　149
マーシュ、アダム　54
マヌティウス、アルドゥス（アルド・マヌーツィオ）　47, 66, 144
マルカム、ノエル　118
マルクス・アウレリウス　104
マルタン、ガブリエル　205, 207
マルティアヌス・カペッラ　46
マルティアリス　66, 161, 162
マルブランシュ、ニコラ・ド　96, 312
マレー、ジェイムズ　215, 282
ミコン・ケントゥレンシス（サン・リキエのミコ）　48
ミュレ、アントワーヌ　95
ミュンスター、ゼバスティアン　69, 240, 264
ミランジュ、シモン　223
ミランドゥラ、オクタウィアヌス　156, 305
ミルトン、ジョン　134
ミンシュー、ジョン　240
ムション、ピエール　322
メイザー、コットン　287
メシア、ペドロ　159, 299
メナージュ、ジル　314
メランヒトン、フィリップ　164
メルクリアーレ、ジローラモ　292
モーザー、ヨハン・ヤコプ　120
モリニエ、エティエンヌ　150, 153, 164
モルホーフ、ダニエル・ゲオルク　137, 209, 324
モレリ、ルイ　257, 319, 320
モンタギュー、リチャード　313
モンテスキュー　120, 321, 323
モンテーニュ、ミシェル・ド　65, 106 107, 113, 128, 134, 136, 164, 192, 222, 251, 300－302, 304, 312

タラクシッポス　161
ダランベール、ジャン・ル・ロン　12, 179, 213, 216, 317, 320-322
タレシウス　133
ダン、ジョン　122
ダンテ、アリギエーリ　221, 227
チェインバーズ、イフレイム　20, 169, 179, 210, 213, 214, 234, 320, 325
チェシ、フェデリコ　190
チャーチル、ウィンストン　106
ツィンク、パウル　244
ツヴィンガー、テオドール　6, 17, 21, 114, 149, 155, 157, 159, 164, 165, 167, 168, 171-177, 182, 185, 187, 188, 190, 196, 198, 199, 207, 212, 213, 216, 232-235, 240-242, 244-250, 252-257, 259-261, 264-266, 268, 270, 273, 287, 292, 295, 296, 298, 299, 301-304, 306, 308, 309, 322
ツヴィンガー、ヤーコプ　165, 176, 242, 252
ツェツナー家　223, 226, 228, 230, 259
ツェドラー、ヨハン・ハインリッヒ　169, 321, 323
デ・ガラール、ニコラ　258
ディー、ジョン　143
ディオゲネス・ラエルティオス　27, 30, 46, 104, 201, 298
ディオスコリデス　20, 54
ティティウス　304
ディディモス　27, 102
ディドロ、ドゥニ　169, 179, 180, 212, 214, 216, 234, 320-323
ティブッルス　303
ティロ、ヴァレンティン　244
テオプラストス　26, 27
デカルト、ルネ　11, 12, 75, 77, 304, 315, 316
テクストル、ヨハンネス・ラウィシウス　164, 292, 302
デフェンソル（リギュジェの）　47
デモステネス　98, 243
デューイ、メルヴィル　117, 120
デュ・ヴェルディエ、アントワーヌ　203
デュ・カンジュ、シャルル　262
テュルネーブ、アドリアン　109, 132, 160, 257, 290, 298, 303
テレンティウス　95
トゥキディデス　98
ドゥサ、ヤヌス　48
トッテル　302
ド・トゥー、ジャック=オーギュスト　204
ド・トゥー家　200, 206
ドーニ、アントン・フランチェスコ　63, 74, 203, 258
トマ（カンタンプレの）　47, 56, 59
トマス（アイルランドの）　56, 112, 156, 157, 175, 191-193, 220, 229
トマス、トマス　260
トマス・アクィナス　51, 53, 102, 103, 105-107, 134, 177, 181-183, 262
トマス・ア・ケンピス　99
ドメニーキ、ルドヴィーコ　63
ド・メム、アンリ　305
ドラウト、ゲオルク　203, 236
トララージュ、ジャン=ニコラ・ド　280
トリテミウス　201
トルティウス、フランキスクス　228, 231
ドレイク、サー・ウィリアム　94, 109, 134
ドレイパー、クレメント　94
ドレクセル、イェレミアス　89, 90, 98-102, 105, 107-109, 113, 115, 121, 126, 137, 172, 180, 236, 289
ドンデーヌ、アントワーヌ　106

ナ

ナニ・ミラベッリ、ドメニコ　14, 156, 157, 170, 175, 182, 192, 195, 220, 221, 226-228, 231, 235, 261,
ニゾリオ　292
ニュートン、アイザック　76, 94, 316
ネヴィッツァーノ、ジョヴァンニ（アスティの）　73
ネッカム、アレクサンダー　47
ネロ　34
ノーデ、ガブリエル　74, 97, 136, 138, 149-151, 155, 156, 158, 159, 161, 164, 166, 199, 200, 293, 294, 397, 305, 312, 319

ハ

バイエ、アドリアン　77, 153, 160, 208, 310, 312, 313
ハイド、トマス　148
バイヤーリンク、ラウレンティウス　14, 165, 169, 171, 174, 179, 182, 188, 192, 197-199, 212, 220, 246, 251-257, 273, 282, 299, 302, 306, 317, 322
ハインシウス、ニコラス　142
ハインゼ、ヴィルヘルム　138
ハーヴェイ、ゲイブリエル　138
パウル、ジャン　116
ハークネス、デボラ　129
バークリ、ジョージ　92
ハーゲンブーフ、ヨハン・カスパー　115, 116
パスカル、ブレーズ　92, 94, 122
ハーゼルバッハ、トマス　108
パタン、ギ　254
バッレオニウス、パウルス　254
ハートリブ、サミュエル　94, 115, 118, 127, 136, 273
バートレット、ジョン　318, 327
バートン、ロバート　312
バナージュ・ド・ボーヴァル、アンリ　76
ハーバート（チャーベリーの）　306
パピアス　54
ハラー、アルブレヒト・フォン　208
パラケルスス　179, 241
ハリソン、トマス　114, 118, 119, 124-128, 130, 140
ハルスデルファー、ゲオルク・フィリップ　121, 324
バルティウス、カスパル　107
バルトリヌス、トマス　113, 289
バルトロメウス・アマンティウス　228, 299
バルトロメウス・アングリクス（イングランドのバーソロミュー）　58, 59
バルビ、ジョヴァンニ　55, 151, 262
パンクーク、シャルル=ジョゼフ　179
パンピレ　34
ヒエラトゥス兄弟（アントニウスとアルノルドゥス）　251-255
ヒエロニムス　30, 98, 201
ビゴー家　143
ピープス、サミュエル　88
ビベス、フアン・ルイス　89
ヒポクラテス　23-25, 32, 290
ビュデ、ギヨーム　93, 162, 303
ヒリアード、サミュエル　309
ファブリキウス、マルティヌス　109
フィロデモス　86
フォーゲル、マルティン　94, 111, 124

カルヴァン、ジャン　73, 89, 114, 136, 241, 258, 301
カルダーノ、ジローラモ　257, 272, 289
カルデロン・デ・ラ・バルカ、ペドロ　302
ガルニエ、ジャン　206
カルボーネ、ルドヴィーコ　63
ガレノス　70, 201, 290
カレピーノ、アンブロージョ（『辞典』を含む）　64, 152-154, 157, 162, 222, 236, 259, 260, 290-294, 303, 317, 319, 320
カント、イマヌエル　12
カンニウス、ニコラス　133
キケロ　20, 48, 88, 96, 104, 153
ギーニ、ルーカ　144
ギボン、エドワード　12
キャーティプ・チェレビー（ハジ・ハリファ）　38
キルウォードビー　53
キルステン、ミヒャエル　94, 236
キルヒャー、アタナシウス　120
クインティリアヌス　144
グエリリウス、ヨアンネス　230, 239
クザン（コグナトゥス）、ジルベール　133, 135
クセノポン　294
グッド、ロジャー　309
グーテンベルク、ヨハネス　55, 64, 70
グメリン、レオポルト　326
クラヴィウス、クリストファー　252
グラザー、ヴィルヘルム・クリスティアン　238
グラザー、フィリップ　230, 238, 255
グラティアヌス　50, 169
クリッシュポス　27
グリナエウス、ヨハン・ヤーコプ　244
グリュデ、フランソワ　→ラ・クロワ・デュ・メーヌ
グルーター、ヤン（ヤヌス・グルテルス）　116, 139, 286, 287
クレメンス（アレクサンドリアの）　30
グロステスト、ロバート　35, 54, 87, 106, 112
ゲスナー、コンラート　17, 31, 35, 74, 80, 97, 114, 121-123, 127, 138, 139, 142, 144, 146, 154, 155, 162, 176-178, 180, 182, 198, 201-203, 206, 211, 216, 232, 235, 239, 257, 260, 261, 264-269, 271, 272, 274, 277, 279, 282, 290, 300, 324
ケッカーマン、バルトロメウス　97, 129-131, 188, 190, 213, 255
ゲッリウス　28, 30, 31, 46, 48, 104, 108, 159, 160, 163
ケプラー、ヨハネス　251
ケルソス　29
ケン、トマス　134
ゲンネパエウス　223
乾隆帝　41
顧炎武　45
コックス、リチャード　289
コットン、ロバート　137
ゴドフリー（ヴィテルボの）　170
ゴドフリー（フォンテーヌの）　53, 86
コペルニクス　114, 131, 178
コメニウス、ヨハンネス　304, 311
コリヌス、マルティヌス　223, 227, 228, 231, 261
ゴルトアスト、メルヒオール　280
コールリッジ、ハーバート　214, 282
コロンブス、クリストファー　240
コンスタンティノス七世（ポルフュロゲネトス）　34, 35
コンティ、ナターレ　236, 301
コンリンク、ヘルマン　141

サ

サッキーニ、フランチェスコ　24, 78, 89, 92, 98-101, 108, 109, 113, 137
サンチェス、フランシスコ　75
シェイクスピア、ウィリアム　302, 318
シェイピン、スティーヴン　131
シェスノー、ニコラ　242
シーガー、ピート　25
シドニー、ロバート（父子）　109, 122, 143
ジムラー、ヨシアス　203
シモニデス　96
シャヴィニー、ポール　140
ジャコブ・ド・サン=シャルル、ルイ　201
ジャン・ド・オーフュニー　59, 67, 68
朱子　44, 45, 311
シュトイ、ヨハン・ジグムント　279
シュミーデル、カジミール・クリストフ　142
小プリニウス　→プリニウス（小）
ショー、ラルフ　327
ジョン（ソールズベリーの）　311
ジョンソン、サミュエル　78, 85, 116, 215, 216, 282, 324, 325
シルヴィウス・インスラヌス、フランキスクス　230, 231
シルヴェスター、エドワード　289, 295, 296, 309
真宗　41
スウィフト、ジョナサン　180, 312
スエトニウス　48
スエンティウス、ヨアンネス・D　239
スカリゲル、ユリウス・カエサル　133, 303
スカリゲル、ヨセフ・ユストゥス　48, 93, 95, 133, 134, 139, 142, 259, 302-304
スキナー、ダニエル　134
スクアルチャフィーコ、イエロニモ　63, 313
スタンダール　318
ストバイオス　29-31, 46, 80, 177, 201, 202, 298, 300, 323
スピノザ、バルーフ　320
スペンサー、エドマンド　301
スメリー、ウィリアム　281, 321
スリウス、ベルナルダン　280
スローン、ハンス　71, 205
セクストゥス・エンピリクス　20
セッライ、アルフレード　210
セネカ　23, 24, 27 32, 48, 49, 64, 72, 247, 297, 306
セビリャのイシドルス　31, 46, 47, 56, 57, 169, 217, 298
セルデン、ジョン　299
セレヌス　27
ソクラテス　100
ソメーズ、クロード（クラウディウス・サルマシウス）　137
ソリヌス　27
ソレル、シャルル　90, 91, 112-114, 116
ソンニウス、ミカエル　242

タ

太宗（北宋）　41
大プリニウス　→プリニウス（大）
タッシウス、ヨハン・アドルフ　124
タティアノス　154

索　引

人　名

ア

アイゼンステイン、エリザベス　16
アイプ、アルブレヒト・フォン　156
アイリアノス　30
アヴィセンナ（イブン・スィーナー）　37, 56
アウグスティヌス　53
アウグストゥス二世（ブラウンシュヴァイク公爵アウグスト）　108, 109 112, 230, 305
アクイナス　→トマス・アクイナス
アザール、ポール　316
アテナイオス　29, 30, 202, 308
アーデルハイト（ヘンリエッテ・アーデルハイト・フォン・ザヴォイエン）　241
アベラール、ピエール　61
アマーバッハ、バジリウス　241
アマンティウス、バルトロメウス　228, 231, 299
アラー、パウル　318
アラオス、フランシスコ　74, 150
アラン（リールの）　51
アリストテレス　26, 51, 53, 56, 60, 61, 70, 75, 76, 83, 96, 185, 221, 262, 310, 316
アルガーズィ、ガディ　131
アル=カルカシャンディー、アフマド　37, 62
アル=ジャーヒズ　36
アル=ジュザジャーニー　37
アルシ（スイスの出版業一族）　223, 230
アルシュテート、ヨハン・ハインリッヒ　114, 130, 164, 169, 178, 207, 211-213, 248, 287, 322
アルチャーティ、アンドレア　20, 238
アルドゥス・マヌティウス（アルド・マヌーツィオ）　47, 66, 73, 144
アルドロヴァンディ、ウリッセ　93, 97, 115, 122, 132, 177, 251, 264, 286
アル=ファーラビー　36
アレクサンドロ、アレクサンデル・アブ　163, 268, 298, 299, 303
アンティステネス　100
イーヴリン、ジョン　94, 116, 149, 206, 211
イェイツ、フランセス　96, 97
イセリウス（イゼリン）、ヨアンネス・ルカ　260
イセリウス、ルドヴィクス　185
イソクラテス　243
イツァーク・ナータン・ベン・カロニモス（アルルの）　53
イッリリクス、マッティアス・フラッキウス　129, 280
イブン・アサーキル　38
イブン・アル=ナディーム　36
イブン・ジャミーウ　39
イブン・ハルドゥーン　39
イブン・リドゥワーン、アリー　38, 310
ヴァイトモーザー兄弟　248
ヴァインリッヒ、メルヒオール　236
ヴァッラ、ロレンツォ　144
ウァッロ　27, 29, 153, 298
ヴァレス、ジュール　318
ヴァレリアヌス、ピエルス　252
ウァレリウス・マクシムス　30, 48, 298
ヴァンサン・ド・ボーヴェ　25, 48, 50, 56-60, 62, 67, 68, 166, 169, 171, 211, 220, 232, 258, 298, 310
ウィーア、ディゴリー　310
ウィリアム（ブルターニュの）　151
ヴィンケルマン、ヨハン・ヨアヒム　116, 280
ヴェサリウス　243
ウェスパシアヌス帝　29
ヴェッルティウス、ヒエロニムス　242
ウェルギリウス　48, 102, 256
ヴェルディエ、アントワーヌ・デュ　203
ヴェローナ、グァリーノ・ダ　89, 136
ヴォルテール　321, 323
ヴォルフ、カスパー　142, 266, 267, 271
ウグッチョ（ピサの）　55, 151
ウッド、アンソニー　296, 324
ウルハルト、ダニエル　244
永楽帝　41
エウセビオス　29-31, 46, 129, 181
エッフェレ、アンドレアス・フェリックス　288
エティエンヌ、アンリ　240, 305, 319
エティエンヌ、シャルル　154, 319, 320
エティエンヌ、ロベール　152, 154, 162, 292, 293, 319
エピスコピウス　242
エラスムス、デシデリウス　30, 32, 53, 66, 72, 73, 78, 89, 95, 97, 114, 132-135, 139, 141, 155, 160, 163, 168, 170, 176, 177, 192, 221, 222, 241, 256, 259, 299, 303, 308, 310, 313
エリック（オセールの）　48
オウィディウス　20, 48, 221, 231
オギルヴィー、ブライアン　20
オーデン、ウィスタン・ヒュー　92
オトマン、フランソワ　272
オトレ、ポール　327
オフシウス、ヨフランクス　131
オーブリー、ジョン　94
オポリヌス、ヨハンネス（ヨハネス・ヘルプスター）　240, 241, 243, 244, 256, 272
オリゲネス　29, 86
オルテリウス、アブラハム　122
オング、ウォルター　302

カ

カエセッリウス・ウィンデクス　160
カステリオン　241
カゾボン、イザク　110, 302, 304
カゾボン、メリック　304, 314, 315
ガッサンディ、ピエール　110
カッシオドルス　31, 46
カッリマコス　26, 31
ガーマーズ、ヴィンツェンツ　124
カミッロ、ジュリオ　207
カメラリウス、ヨアヒム　20, 142, 238
ガラヴィーニ、ファウスタ　301, 304
カラザーズ、メアリ　51, 97
カラムエル、フアン　138, 139

アン・ブレア　Ann M. Blair

1961年生まれ。ハーヴァード大学で歴史と科学を学ぶ。その後、ケンブリッジ大学で修士号（科学史と哲学を専攻）を、プリンストン大学で博士号（歴史学）を取得。1996年以降、ハーヴァード大学で教鞭をとる。著書に、『自然の劇場——ジャン・ボダンとルネサンス期科学』（1997年）がある。

訳　者

住本規子　すみもと・のりこ

1950年、東京都生まれ、東京大学大学院博士課程単位取得退学。明星大学人文学部教授。論文に、「18世紀の版本」（『シェイクスピア大事典』所収）、"Updating Folios: Readers' Reconfigurations and Customisations of Shakespeare" (*Early Modern Literary Studies*, Special Issue 21)、共著に『新編シェイクスピア案内』などがある。

廣田篤彦　ひろた・あつひこ

1967年、愛知県生まれ。Claremont Graduate University, PhD (English). 京都大学大学院文学研究科教授。*Interweaving Myths in Shakespeare and His Contemporaries* (Manchester University Press, 2017)、*The Cambridge Guide to the Worlds of Shakespeare* (Cambridge University Press, 2016) などに論文を執筆。

正岡和恵　まさおか・かずえ

1954年、愛媛県生まれ。東京大学大学院博士課程単位取得退学。成蹊大学文学部教授。著書に『シェイクスピアを教える』（共著）、訳書に、『ジョン・フローリオ』（フランシス・A・イェイツ著、共訳）、『シェイクスピアの生ける芸術』（ロザリー・L・コリー著）などがある。

情報爆発《じょうほうばくはつ》

初期近代《しょききんだい》ヨーロッパの情報管理術《じょうほうかんりじゅつ》

2018年8月25日　初版発行

著　者　アン・ブレア
訳　者　住本規子
　　　　廣田篤彦
　　　　正岡和恵
発行者　松田陽三
発行所　中央公論新社
〒一〇〇-八一五二
東京都千代田区大手町一の七の一
電　話　販売　〇三（五二九九）一七三〇
　　　　編集　〇三（五二九九）一八四〇
印　刷　図書印刷
製　本　小泉製本

定価はカバーに表示してあります。落丁本・乱丁本はお手数ですが小社販売部宛お送り下さい。送料小社負担にてお取り替えいたします。

©2018 Ann M. BLAIR / Noriko SUMIMOTO / Atsuhiko HIROTA / Kazue MASAOKA
Published by CHUOKORON-SHINSHA, INC.　Printed in Japan　ISBN978-4-12-005110-4　C1022

http://www.chuko.co.jp/

本書の無断複製（コピー）は著作権法上での例外を除き禁じられています。また、代行業者等に依頼してスキャンやデジタル化を行うことは、たとえ個人や家庭内の利用を目的とする場合でも著作権法違反です。